国家级一流本科专业建设·金融学教学用书

上海财经大学双一流拔尖创新人才培养项目

金融工程学

第2版

王明涛　编著

上海财经大学出版社

图书在版编目(CIP)数据

金融工程学/王明涛编著．—2 版．—上海：上海财经大学出版社，2023.7
国家级一流本科专业建设·金融学教学用书
ISBN 978-7-5642-4192-6/F·4192

Ⅰ.①金…　Ⅱ.①王…　Ⅲ.①金融学-高等学校-教材　Ⅳ.①F830

中国国家版本馆 CIP 数据核字(2023)第 100410 号

□ 责任编辑　刘光本
□ 编辑电话　021—65904890
□ 编辑邮箱　lgb55@126.com
□ 封面设计　张克瑶

金融工程学
（第二版）
王明涛　编著

上海财经大学出版社出版发行
（上海市中山北一路 369 号　邮编 200083）
网　　址：http://www.sufep.com
电子邮件：webmaster@sufep.com
全国新华书店经销
上海颛辉印刷厂有限公司印刷装订
2023 年 7 月第 2 版　　2023 年 7 月第 1 次印刷

787mm×1092mm　1/16　25.5 印张(插页：2)　653 千字
定价：78.00 元

前　言
PREFACE

《金融工程学》第一版出版发行至今已近八年。这段时间无论是我国的证券期货市场还是高等学校的教学改革都发生了重要变化。随着中国经济深层次改革，中国资本市场的改革步伐也不断加快。中国的科创板市场、北京证券交易所相继开设，我国金融期货期权市场交易新产品不断推出，金融衍生品市场的大力发展与繁荣必将使金融工程在我国得到广泛应用，因此培养金融工程方面的人才具有重要意义。为适应经济金融市场的变化，我国高等学校在经济和金融教学改革中对于金融工程学的教学越来越重视，一些非金融专业的经济管理类专业也把金融工程学作为一门重要课程列入专业教学计划中，这说明金融工程学的重要性在高等学校经济管理专业的教学中得到普遍提升。

金融工程学是以现代经济和金融理论为理论基础，融工程技术与计算机信息技术为一体的综合性学科，其内容涵盖了经济学、投资学、数学、统计学、会计学、法学等学科的理论与方法。金融工程学具有运用基础理论知识多、创新性大等特点，是学习难度较大的课程之一。目前国内外有关金融工程学方面的教材较多，不乏优秀的金融工程学教材，但编者在教学中发现，这些教材中有些理论性过强，结合中国实际不够，学生不容易理解；有些则显得理论性不足。本书的编者从事金融工程科研与本科生及研究生教学多年，在参考大量金融工程学教材的基础上，结合自己多年的教学实践，希望编写一本适合中国实际的有特色的金融工程学教材。为此，编者根据党的二十大精神对第一版的《金融工程学》进行了较大规模的修订，主要安排如下：

(1)突出金融工程风险管理的特征。金融工程的主要目的是风险管理，因此在《金融工程学》编著的过程中，始终以风险管理为主线安排各章的内容，这是本次修订的一大特点。在第二章金融现货市场中，除介绍现货市场外，还对每类现货市场投资面临的风险进行分析，为其投资风险管理奠定基础；在介绍各类衍生品时，也以其管理现货市场风险为主展开论述；本书最后三章主要介绍市场风险、利率风险及信用风险的计量与管理，并突出风险管理的内容。

(2)增加衍生品自身交易的风险管理。金融衍生品在管理现货市场风险、套利或投机交易时，自身也面临市场、信用等风险，如何管理衍生品自身交易的风险也是学生或实际交易者所关注的重要问题。本书在介绍各类衍生品后重点介绍了各类衍生品的交易策略、面临的主要风险及其风险管理。这是很多金融工程学教材所没有的，也是本次修订的另一大特点。

(3)大量配置我国证券、期货期权市场的实际案例。衍生品市场是比较复杂的市场，同时涉及标的现货市场，学生在学习时往往感性认识较少，也不甚了解衍生品在我国经济中的应用，理解有一定难度。为此，本书结合中国证券、期货期权市场实际配置了大量应用案例，便于学生在学习时了解中国衍生品市场及对所学知识的掌握。特别是在介绍现货及衍生品市场时专门有一部分内容介绍中国的现货及衍生品市场，在应用实例中尽可能用中国市场的例子，以强化学生对中国现货及衍生品市场的了解。

(4)每章后面尽可能配置实际应用的案例，供学生了解各种衍生品在实际中的应用及风险管理，使学习内容更紧密联系实际。

(5)优化了理论分析的内容，加大了应用的内容。《金融工程学》的有些内容运用的数学知识较多，对部分学生有些难度。为此，本次修订将理论分析过多的内容作为附录放于各章之后，一方面可以降低部分学生的学习难度，同时不降低对知识完整性的理解，也可以为数理基础较好学生提供更多的参考资料。另外，削减了一些过于理论化或应用不多的内容。

(6)根据我国证券、衍生品市场的发展现状和投资者的需要，对各章的内容进行了调整，增加了适合我国证券、衍生品市场变化和投资者需要的内容。各章调整的主要内容如下：

第一章概论部分，增加了中国市场的实例和金融工程应用案例。

第二章金融现货市场中，更新了中国现货市场的现状，增加了各类金融现货产品投资的策略及所面临的风险。

第三章金融远期及其应用中，更新了中国金融远期市场特别是债券远期市场的现状，增加了金融远期交易的风险与防范内容。

第四章金融期货及其应用中，以中国期货市场为例进行介绍与分析，突出中国市场特点；更新了中国金融期货市场内容，更新了实例，增加了期货投机的内容；增加了金融期货交易的风险防范内容，给出了实际应用案例；将套期保值率确定的一般模型作为附录列于本章之后。

第五章金融互换及其应用中，更新了中国金融互换市场内容，增加了利率互换的策略交易以及金融互换交易的风险与防范内容，增加了实际应用案例。

第六章金融期权及其应用中，更新了中国金融期权市场内容，去掉了信用衍生品定价的内容，将复杂的定价理论推导及拓展分析作为附录列于本章之后，使正文的内容更为直观与简洁；增加了以沪深300指数期权为例的交易策略实例；增加了金融期权交易的风险与防范的内容；增加了实际应用案例。

第七章市场风险的计量与管理中，更新了案例，增加了市场风险制度化管理方法内容，增加了实际应用案例。

第八章利率风险的计量与管理中，消减了利率的计算方法，增加了利率风险的管理内容，将久期与利率期限结构变化的内容作为附录列于本章之后。

第九章信用风险的计量与管理中，增加了信用风险影响因素的分析，增加了公司股票和债券定价的莫顿方法，增加了信用风险管理的一般方法，增加了实际应用案例。

另外，每一章的实例都进行了更新或重新修订。

经过这样较大规模的修改，相信本书能为读者更深刻地理解和应用金融工程学的理论提供帮助。

(7)每章增加了引言、小结与关键词,便于学生对所学知识的理解。

本书在修订过程中,博士研究生杨瑞彪与李茜参与了案例的修改和有关图形的绘制,在此表示感谢!

本书根据编者长期的教学实践,在参考国内外大量文献的基础上撰写而成。参考的书目与文献列于每章后的参考文献中;若有遗漏,万望鉴谅。因时间仓促,加之作者水平有限,本书难免有不尽人意的地方,恳请广大读者提出宝贵意见。

王明涛

2023 年 7 月

目　录
CONTENTS

第一章

概　论

引　言

金融工程是应用工程的理念与方法解决复杂金融问题的学科，是20世纪80年代中后期在西方发达国家金融领域出现的一门新兴学科，是金融领域发展的最新阶段。它应用计算机技术、数理分析、数学模型、数值计算、人工智能等方法，开发金融产品，创造性地解决各种复杂的金融问题。作为"金融业的高科技"，目前金融工程已被广泛应用于资产风险管理、企业兼并重组、公司融资/投资、现金管理及解决股权分置问题(warrant)等多个方面，使金融领域呈现全新的面貌及宽广的发展前景。

第一节　金融工程的基本概念

一、工程的概念与特征

金融工程是将工程的思维方法引入金融领域，综合运用各种工程技术方法，借助计算机技术、数理统计理论、金融理论及各类信息技术等来研究和解决各种金融财务问题的学科，是工程的一种。

人们所说的工程一般指机械工程，是指将若干机械零件组成一个复杂的产品，使其协调工作，以实现所要求的目标或获得某种功能上的完善。

随着科学技术的发展，机械工程的原理渗透到自然科学和社会科学等多个领域，深刻影响并改变着人类的生存环境及相应学科的发展。例如，在生命科学领域有生物工程、遗传工程；在物理领域有量子工程、航天工程；在电子领域有计算机工程、通信工程；在企业管理领域有管理工程；在建筑领域有建筑工程；在社会科学领域有马克思主义理论研究建设工程；在金融学领域则有金融工程。无论何种工程，都具有工程的一般特征。

(一)工程的含义

工程是使用一定的工具、设备或部件，按照一定的方法(工艺、程序)，将这些部件组合成具有规定用途或目的的组合(产品),这些组合是有机的,而不是杂乱无章的摆放,如建筑工程、机械工程等。

(二)工程的特征

任何工程都有以下共同特征:

1. 目的性,即任何工程都有一定的目的(或用途)

人们实施的各种工程,都是为了实现一定的目标、达到一定目的的,没有无目的的工程。目的性是工程的重要特征,也是一个工程区别于其他工程的主要依据,如通信工程与建筑工程的目的性不同。

2. 有组成产品的部件

要实施一个工程,在工程目标确定后,必须有构建工程的部件,这是工程的组成部分。没有构建工程的要素,就不可能形成工程,如建筑工程中的水泥、钢筋、土地等。工程的组成部件也称为组成部分、工具、设备,即要素。

3. 有一定的(工艺)方法

工程不是组成部分杂乱无章的堆砌,而是根据其实现目标进行的有机结合,要有一定的理论与方法。为了达到其目标,每项工程都有将其要素进行有机组合的理论与方法,如住宅建筑工程中都有设计的理念和图纸、建筑的方法等。

4. 工程是一个系统

系统是指由若干相互作用和相互联系的部分组成的、具有特定功能的有机整体。要素是构成系统的基本单元,要素之间存在有机的联系和相互作用。系统都具有一定的功能或特征,这些功能或特征是其任何一个部分都不具备的,系统的整体功能一般大于各要素功能之和。工程具有系统的一般特征,因此工程是一个系统。

二、金融工程的概念

(一)金融工程的含义

有关金融工程的含义,不同学者给出了不同的定义。目前,最有代表性的定义有以下几种:

美国金融学家约翰·芬纳蒂认为,金融工程包括创新性金融工具和金融过程的设计、开发和运用以及对企业整体金融问题的创造性解决方略。

英国金融学家洛伦茨·格里茨认为,金融工程是应用金融工具将现有的金融结构重组,以获得人们所希望的结果。

美国罗彻斯特大学教授斯密斯和大通曼哈顿银行经理史密森认为,金融工程创造的是导致"非标准现金流"的金融合约,主要是指用基础的资本市场工具组合成新工具的工程。

芬纳蒂的定义强调金融工程的创新性和创造性;斯密斯和史密森的定义则强调金融工程的着眼点是创造"非标准现金流"的金融工具;而洛伦茨的定义更强调金融工程的目标是重组金融结构以获得所希望的结果。

本书认为金融工程应当是工程的一个子集,应具有工程的一般特征。本书给出以下金融工程的定义:金融工程是使用金融工具,按一定的金融理论、方法和技术,对现有的金融结构进行新的有机组合或构造新的金融结构,以达到或实现金融目标的学科。

(二)金融工程的特征

金融工程是工程的一种,它也具有工程的一般特征:

1. 具有目标性

金融工程的目标是实现所要求的财务目标。具体来说,对投资者,金融工程使其在一定投资风险情况下实现投资收益最大化,或在保证一定投资收益的情况下实现投资风险最小化;对筹资者,金融工程使其实现筹资成本最小化。

2. 构成要素(即组成产品的部件或工具)

金融工程为实现其目标,需要组成金融工程产品的部件或工具,即构成要素。与其他工程不同,金融工程的要素除了债券、股票等现货产品外,主要是一些衍生产品,如远期、期货、期权与互换等。

3. 理论与方法

金融工程的理论与方法,是将其要素进行有机组合的理论与方法,如套期保值技术、套利技术、积木分析方法等。

同样,金融工程也是一个系统,具有一般系统的共同特征。

(三)金融工程基本概念的理解

金融工程是一门有别于其他学科的学科,有自己的理论与方法,可以从以下几个方面理解:

1. 有自己的理论基础

金融工程以现代经济、金融理论为基础,这些理论包括宏观、微观经济理论,价值理论,资产组合理论,资产定价理论,套利与套期保值理论,金融市场结构理论等,也包括相关的会计、法律制度及技巧等。金融工程师与金融理论研究者不同,前者是在研究者提供的金融理论基础上解决实际问题,为后者提高检验理论正确性的平台,并为其进一步发展理论提供依据。这种理论与实践相互促进的关系在金融工程领域体现得淋漓尽致。

2. 有自己的操作工具

金融工程所使用的操作工具主要是一些金融衍生品,如远期利率、汇率协议、期货、期权、互换等。这是金融工程区别于其他工程的主要特征。

3. 创造性

创新性与创造性是金融工程的重要特征。金融工程在解决实际问题时,往往推出创新性的金融产品和创造性的解决方案,如互换市场的产生、垃圾债券发行、CDO 等都体现金融工程的创造性。目前,国内频繁出现的金融创新和金融衍生品都是金融工程创造的产品,而这些产品在反复使用中再加以标准化、流通化并集中交易后,成为今后金融工程创新的工具。

4. 实现特定的财务目标

金融工程有自己的目标,其目标是实现投资者或筹资者所希望的特定财务目标。这些目标主要有:投资收益最大化、投资风险最小化或筹资成本最小化等。

三、金融工程的目标

金融工程的总目标是实现既定的财务目标,其主要目标是管理金融风险。这是由金融工程产生的背景与性质所决定的。

从第二次世界大战后到20世纪60年代，以布雷顿森林体系为主的国际货币体系使美国及西方世界的经济稳定发展。然而，随着美国经济实力的衰退和20世纪70年代全球石油危机的爆发，石油的冲击带动其他原材料价格大幅上涨，导致布雷顿森林体系崩溃（1976年《牙买加协议》），国际货币进入浮动汇率时期，货币汇率大幅波动；西方各国纷纷放松金融管制，鼓励金融机构交叉经营，形成金融自由化潮流，市场利率出现大幅度变化；生产和经营全球化导致跨国公司的出现，成本最小化和报酬最大化的动机驱使它们使用任何发达的金融市场。全球化与自由化使价格易变性扩散到每个国家或地区，世界市场风险急剧增大，各国股市也出现大幅波动。为了防范风险，金融创新与金融衍生品大量涌现，这成为金融工程产生的原始动力。因此，金融工程的最初或主要目标是管理金融风险。

（一）金融风险

1. 风险的基本含义

金融风险是风险的一个子集。风险是一个复杂的概念，有人认为风险是事情未来结果的不确定性，是收益的来源；有人认为风险是事情出错的概率；也有人认为风险是事情出错时造成损失的大小；一般认为，风险是与损失的不确定性联系在一起的概念，但对于这一基本概念，经济学、决策学、金融保险学尚无统一的定义，许多学者从不同方面对此进行了探讨。总结起来，有以下几种观点：

第一种观点（古典决策理论的观点）认为，风险是事件未来可能结果的不确定性，它可能使事情变好也可能使事情变坏，从而用可能结果概率分布的方差描述。

第二种观点认为，风险是事情出错的可能性或损失的可能性，可用损失的概率表示。

第三种观点（现代决策理论的观点）将风险定义为损失的不确定性。

第四种观点认为，风险是可能的损失，即风险是不利结果的程度，它仅从损失量的角度定义风险。

第五种观点认为，风险包括两个方面：一是损失的概率，二是可能损失的数量。这种观点既考虑了风险的损失机会和可能性，又考虑了损失量的大小，是一个综合的概念，得到了许多学者的赞同。

上述关于风险的五种观点可归纳为风险的两种不同定义：一是以未来不确定性作为风险的定义，如第一种观点；二是以损失的不确定性定义风险，第二到第五种观点属于这种定义。

2. 金融风险的基本含义

关于金融风险的基本含义也有两种观点：

第一种观点认为，金融风险是指由于金融资产价格的波动，造成投资收益率的不确定性或易变性，这种易变性可用收益率的方差或标准差度量。

第二种观点认为，金融风险是由于金融资产价格波动给投资者造成损失的可能性或损失的不确定性。该观点认为只有在价格波动给投资者造成损失时才有风险，不造成损失的任何波动都不应视为风险。

（二）金融风险的分类

对金融风险的分类，一般有两种方法：一是按风险的来源分类，二是根据风险的性质分类。

1. 按风险的来源分类

根据产生风险的来源，风险可分为主观风险和客观风险、市场风险、利率和汇率风险、违约风险、流通风险、购买力风险、经营风险与破产风险、操作风险、政策风险、偶然事件风险等多种。这里主要介绍市场风险、利率风险、汇率风险和信用风险等。

(1)市场风险

市场风险是指由于市场各种因素(如利率、汇率、通货膨胀率等)变化引起资产价格的波动而导致投资者亏损的可能性。当市场各种因素变化较大或较频繁时,投资者遭受损失的可能性或数额也会变大。市场风险一般是指资产价格波动的风险。

(2)利率风险

利率风险是指由于利率的变动给投资者带来损失的可能性,或是指由于预期利率水平和到期时的实际市场利率水平产生差异而给投资者带来损失的可能性。这是固定收益证券持有者面临的主要风险。

(3)信用风险

信用风险也称违约风险,是指受信方拒绝或无力按时、全额支付所欠债务时给信用提供方带来的潜在损失,包括由于借款人的信用评级的变动和履约能力的变化导致其债务的市场价值变动而引起损失的可能性。

(4)汇率风险

汇率风险是指由于汇率变动给投资者带来损失的可能性。这是持有外汇现金流的投资者面临的主要风险。

2. 按风险的性质分类

按风险的性质,风险可分为系统风险和非系统风险。

(1)系统风险

系统风险是指由于某种全局性因素引起的投资收益下降的可能性,市场中所有证券资产的收益都会受到这些因素的影响。它与市场的整体运动相关联,如购买力风险、利率汇率风险和政治风险都是系统风险。

系统风险是所有投资者共同面临且无法避免的风险,该类风险的重要特征是不可通过分散化投资予以消除。也就是说,投资者不可能通过多元化的投资消除或降低系统风险。

(2)非系统风险

非系统性风险是指由个别资产本身的各种因素造成的收益不稳定性,如破产风险、违约风险、经营风险等均属此类风险。该类风险的重要特征是可通过分散化投资予以消除,也就是说,投资者可通过多元化的投资消除或降低非系统风险。

一般来说,总风险等于系统风险与非系统风险之和。

需要指出的是,上述分类是相对的和有条件的,同时在内容上存在交叉,这主要是由于各种不确定因素相互交织在一起的缘故。

由于非系统风险可以用分散化投资予以消除,因此,金融工程管理的金融风险主要是系统风险。

四、金融工程处理风险的方法

任何风险的管理都是从风险的认识与定义为出发点的。对风险的定义不同,其管理的方法也不同。由于金融风险有两种不同的含义,因此,金融工程处理风险的方法也有两种:一是用确定性取代不确定性;二是消除不利风险,保留有利风险。

1. 用确定性取代不确定性

如果认为风险是投资未来结果的不确定，那么，金融工程可以应用互换合约、远期合约等金融工程工具，使未来投资结果不确定性变为确定性，进而规避投资风险。

[例 1-1] 应用利率互换合约，将浮动利率转换为固定利率。

假设某公司 2022 年 9 月 20 日以浮动利率借款 1 000 万美元。银行要求企业在未来的两年中每半年付一次利息，利息率为 6 个月的 SHIBOR＋100 个基点。第一期利率为现在的 SHIBOR＋100 个基点，并且先付利息。利率每 6 个月修订一次。

公司认为浮动利率是未来借款的风险，因此希望将浮动利率借款转化为固定利率借款，可以通过利率互换协议做到这一点。设互换协议允许公司以 SHIBOR 与 10.5%的固定利率进行交换。

这样，无论未来两年 SHIBOR 如何变化，公司所付的固定利率为：

10.50%＋1.00%＝11.50%

即公司每 6 个月的净利息支出总和是 575 000 美元。

这样可以消除借款利率不确定的风险。

2. 消除不利风险，保留有利风险

如果认为风险是投资的损失或损失的不确定性时，为了消除投资结果的不利风险，同时保留投资结果的盈利，可以应用期权等金融工程工具达到防范这类风险的目的。

[例 1-2] 应用金融期权，消除不利风险，保留有利风险。

假设投资者预计沪市在以后 3 个月内会出现上涨行情，但他 3 个月后才有一笔款项到账，为了防范股市上涨给他带来的成本增加，他可以购买上证 50ETF 看涨期权。

华夏上证 50ETF 当前单位净值为 2.65 元，而华夏上证 50ETF 的执行价格为 2.65 元的三月后到期的看涨期权售价为 0.142 5 元/份。这样，投资者 3 个月后买入 100 000 份上证 50ETF，现在只需花 14 250 元购买上证 50ETF 看涨期权即可。假设 3 个月后华夏上证 50ETF 单位净值上升为 2.925 元，此时该投资者执行该期权，只需花费 265 000 元即可买入 100 000 份华夏上证 50ETF，可节省 12 250 元(26 500－14 250)。如果沪市出现下跌行情，该期权价值为 0，投资者尽管损失 14 250 元，但可以以更低的价格购买华夏上证 50ETF。

第二节　金融工程学的产生与应用

一、金融工程学的产生与发展

(一)金融工程的产生

有人认为金融工程的思想早在 2000 多年前就已经产生。据说，在古希腊时期就有期权思想的萌芽。从 16 世纪欧洲出现的“郁金香热”，到 17 世纪初阿姆斯特丹银行利用金融工程思想尝试发行银行券，再到 1848 年美国芝加哥商品交易所成立并开始交易商品期货，可以看出具有金融工程性质的活动很早就已出现，金融业已经将数理分析技术引入金融业务与交易的决策中。

进入 20 世纪 80 年代，伦敦的一些大银行首先提出了金融工程的概念。这些银行聘请有关专家，应用期货、期权等金融衍生工具，进行组合，设计出公司风险管理方案，出售给企业，即金融工程。随着经济全球化、金融自由化和金融创新的发展，形形色色的新型金融产品被创造出来并投放市场，使金融活动极大丰富，大大增强了市场流动性，提高了市场效率。进入 20 世纪 90 年代，金融工程向商业银行和保险业渗透，金融工程为保险业提供了风险量化的手段与保险产品创新的技术，为商业银行管理风险创造出了各种各样的新技术和新工具。到 20 世纪 90 年代后期，信用衍生品市场产生，使信用风险可以通过市场交易进行转移与配置，满足信用风险管理的需要。目前，这一新型市场仍处在发展中。

金融工程作为一门科学，出现在 20 世纪 80 年代后期。美国金融学家芬尼迪教授(John Finnerty)首先对金融工程给予界定，1989 年第一次金融工程的学术会议在康奈尔大学召开。此后，金融工程学在西方发达国家迅速发展起来。

(二)金融工程产生与发展的原因

金融工程的产生与发展是多种因素共同作用的结果，主要包括经济因素、技术因素和理论因素等。

1. 经济因素

经济因素是金融工程产生的主要原因。第二次世界大战以后，美国经济实力大大提升，布雷顿森林体系的建立使世界经济步入稳定发展时期。但对外战争(如朝鲜战争、越南战争)及 20 世纪 70 年代的石油危机使美国经济实力大为削弱，使其无力支撑布雷顿森林体系，导致 20 世纪 70 年代布雷顿森林体系的崩溃。布雷顿森林体系的崩溃直接导致汇率波动增大，经济活动中的不确定因素增加，各类商品价格波动性也增加。根据“利率平价”理论，汇率波动增大引起利率波动加大，20 世纪 70 年代的石油危机导致全球性的通货膨胀加剧，通货膨胀的压力导致市场浮动利率盛行。利率波动又导致各类资产价格的剧烈波动，使各项投资风险增大。为避免利率与汇率风险，各种衍生工具和风险管理技术应运而生，如期货、期权、套期保值等。但 20 世纪 80 年代以前，西方各国对金融机构实行严格管制。为了逃避金融管制，金融机构纷纷进行组织创新和工具创新，金融创新的迅猛发展推动了金融工程的产生与发展。

2. 技术因素

除经济因素外，推动金融工程发展的还有技术因素，主要包括数理分析技术、计算机信息技术以及数值计算和仿真技术等。

数理分析技术主要包括数学方法和统计计量学方法，其内容十分广泛，从代数、微积分、概率论和线性代数、运筹学，到博弈论、模糊数学、非参数估计、随机过程和时间序列等，还包括混沌理论、遗传算法、神经网络和复杂系统理论等，这些理论在金融理论与实务中得到了广泛应用。

计算机信息技术对金融工程的发展起到了关键性的推动作用。应用计算机可以进行巨量数据分析和高速的复杂运算，能使证券交易员快速发现定价错误并进行套利操作。而且，信息技术也为金融交易员提供在线分析工具，并利用金融市场的实时数据进行计算，这样大大缩短了金融产品的开发和进行交易决策的时间。

数值计算和仿真技术的发展也对金融工程的发展起到了很大的推动作用。我们知道，理论模型对深刻理解金融的实质极为重要，但它们都是在一定假设前提下成立的，而这些假设前提往往使模型失去应有的功能或缺乏灵活性。而采用数值计算和仿真技术建立的模型要灵活得多，也容易推广。基于数值计算和仿真技术建立金融产品股价模型的方法大大提高了金融产品创新的速度。

3. 理论因素

金融工程的发展是以金融理论的发展与应用为基础的。现代金融学理论可以追溯到1896年阿尔文·费雪(Irving Fisher)提出的资产定价关系原理。1934年本杰明·格莱汉(Benjiaming Graham)和大卫·道得(David Dodd)提出了证券定价理论。但是,金融学真正从一门描述性科学向分析性科学转变始于20世纪50年代哈里·马柯维茨(Harry Markowits)的资产组合理论和莫迪格里阿尼—米勒的M—M理论。20世纪60~70年代资本资产定价模型(CAPM)和套利定价模型(APT)的出现,标志着分析性的现代金融和财务理论走向成熟。

在芝加哥证券交易所推出股票期货的同时,1973年布莱克和斯科勒斯(Black-Scholes)提出了期权定价模型,为衍生品的定价提供了有力的工具。此后,金融学家对其进行了修正,按照实际情况改造模型使其适应美式期权与欧式期权的定价等。围绕定价问题,20世纪80年代达莱尔·达菲(Darrel Duffie)等人在不完全资本市场一般均衡理论方面的经济学研究,为金融创新与金融工程的发展提供了重要的理论支持。他们的研究从理论上证明了金融创新与金融工程的合理性和对提高社会资本资源配置效率的重大意义。

20世纪80年代末,一些从事金融与财务理论与应用的学者开始意识到,金融作为一门学科正在从分析的科学向工程的科学转变。20世纪90年代初,许多有创新思想的银行家和金融从业人员开始从新的角度认识自己的行为,“金融工程”的说法开始流传,一些有远见的人员开始以“金融工程师”作为职业,一些金融机构也创立了金融工程部门,如美洲银行等。

金融工程学与金融学的关系是什么?一般认为,金融工程是金融学中的尖端、前沿学科,是金融学的组成部分。我们认为,金融工程是金融学发展到工程化阶段的产物,属于现代金融学。从金融工程的学科内容看,利率期限结构、现金流价值估计、资产组合理论、资本资产定价理论、衍生品定价、套利理论等也是现代金融学的内容。

总之,金融工程的发展是多种因素共同作用的结果。如果说经济因素是金融工程产生和发展需求方面的因素的话,那么,技术因素与理论因素则是金融工程产生和发展的供给方面的因素。

二、金融工程的应用

金融工程的运用十分广泛,不仅运用于投资银行、商业银行、保险公司、金融信托等金融机构,也运用于现代化的企业管理。从实际情况看,金融工程大体有如下一些应用领域:

(一)金融风险的管理

金融工程的最主要应用是风险管理,特别是系统风险的管理。随着经济环境的不断变化和科学技术的发展,企业在经营过程中、人们在投资过程中面临的风险越来越复杂多变,传统的风险防范方法越显无能为力。在此背景下,金融工程学为风险管理提供了创造性的解决方案。金融工程学运用各种金融工具(特别是金融衍生品),应用特有的金融工程方法,构造投资组合,实现管理金融风险的目标。例如,应用远期合约或互换合约,锁定未来某一时点标的商品的价格,防范商品的价格风险;应用股指期货交易对现货资产组合进行对冲交易,实现Alpha零风险交易策略。应用期权合约及交易,在消除现货资产价格不利变化的同时,还可以保留现货资产价格有利变化的收益。因此,风险管理在金融工程中处于核心地位,是金融工程最主要的应用领域。

(二)套利投资

套利是指利用一个或多个市场存在的不合理价格关系，通过买入价格被低估的资产，卖出价格被高估的资产，不需要任何现金投入即可获得无风险收益的交易策略。金融工程应用各种资产的定价模型分析资产定价的合理性，发现被低估或高估的资产，进而发现套利机会。通过构造套利组合，获取无风险投资收益。套利交易策略涉及不同的地点、时间、金融工具、风险、税收等方面的套利机会。因此，发现套利机会、获取无风险投资收益也是金融工程的应用领域。对冲基金常采用套利策略实现其投资目标。

(三)投机与投资

投机是指一些人希望利用对金融期货市场价格变动趋势的预测，低买高卖而获利的交易方式。投机者参与金融衍生品市场的主要目的不是对现货资产进行保值或套利，而是赚取资产远期价格与未来实际价格之间的差额，他们是对资产远期价格变化的赌博。

投机策略既可以使用金融基础产品也可以使用金融衍生产品，两者的重大区别在于：

首先，金融衍生产品具有杠杆作用，可以给投机者“以小博大”的机会。

其次，金融衍生产品具有组合复杂交易策略的能力。它可以人为地构造特定的价格波动风险，利用这些价格波动获取收益。

最后，一些投机机会不使用金融衍生产品就无法把握。如当市场价格波动性缩小到一定范围时，不使用期权工具就无法进行投机。因此，应用金融工具进行投机也是金融工程的应用领域。

金融衍生产品的出现及其创新为市场提供了更多投资工具，丰富了投资品种，也为投资者提供了更多投资机会。

(四)其他应用

金融工程在公司金融、公司购并、投资以及现金管理、解决股权分置问题等都有广泛应用。

金融工程师可以根据公司融资性质和融资成本的要求，选择一些金融工具或创造一种特殊性质的工具，或将多种证券组合起来运用，以确保大规模经营所需要的资金。在企业重组、兼并收购方面，金融工程师不断采用金融工程方法促成交易。如国际上为了保证兼并收购与杠杆赎买所需资金，金融工程引入了垃圾债券和桥式融资，仅 20 世纪 80 年代就有数以千亿美元的垃圾债券出售来为并购交易提供资金。

在投资以及现金管理方面，金融工程开发了许多新的投资工具，如“高收益”共同基金、对冲基金、私募股权基金等，这些产品在运作过程中很好应用了金融工程，取得了很好的效果。

在我国股权分置改革中，宝钢股份、武钢股份分别推出认购、认沽权证，很好地解决了股权分置问题。很多企业推出股权激励计划，在债券融资过程中推出可转换债券、加入回售条款等均为金融工程的应用。

另外，针对特定的交易和风险暴露，应用金融工程方法，创造性构建新的证券组合，提出解决问题的方案，以满足特定的需要，也是金融工程创新性的体现。

第三节 金融工程学的基本理论与工具

一、金融工程的基本理论

与其他工程一样，金融工程也有自己的基本理论，这些是金融工程实现自身目标的基础。金融工程以现代经济和金融理论为其理论基础，结合工程的方法，形成自己的理论方法。这些理论主要包括：资产组合理论，资产定价理论，套利与套期保值理论，此外还包括宏观、微观经济理论，金融市场结构理论，统计学，以及会计、法律等方面的理论与方法。因此，经济学、投资学、资产定价理论、统计学、会计学、法学等是学习金融工程的必修学科。

（一）资产组合理论

资产组合理论认为，投资多样化不但可以为投资者提供更多的投资机会，还可以有效降低投资者把所有资金投资于单个证券所承担的风险。例如，一个证券组合 P 由证券 A 和 B 组成，当满足一定条件时，组合 P 的风险不大于证券 A 或证券 B 的风险，这称为投资组合效应。投资组合效应的大小主要取决于构成投资组合的证券之间相互关联的程度。当构成投资组合的证券之间关联程度越低甚至负相关时，通过组合投资降低风险的效果就越明显。当然，投资证券组合并不能规避整个系统的风险。另外，分散投资未必是投资在数家不同公司的股票上，而是分散在股票、债券、房地产等多类资产上。

从某种程度上讲，金融工程就是将拟保值的资产与金融衍生品进行适当的组合以解决投资风险问题，因此，资产组合理论是金融工程学的重要理论基础。

（二）资产定价理论

资产定价理论是确定各类资产价值的理论，主要包括资本资产定价理论、套利定价理论以及期权、期货定价理论等。资本资产定价理论描述风险资产收益与系统风险之间的关系；套利定价理论描述风险资产收益与风险因素之间的关系；期权、期货定价理论主要描述衍生品价值（价格）与标的资产价格之间的关系。

在金融工程的构造过程中，各种工具的价值是要认真分析的内容，它决定构造金融工程产品的成本及金融工程目标的实现，因此也是金融工程学的重要理论基础。

（三）套期保值理论

套期保值是指在现货市场交易一笔资产的基础上，在期货市场做一笔价值相当、期限相同但方向相反的交易，并在期货合约到期前对冲，以期货的盈利（亏损）弥补现货亏损（盈利）的方法，以达到套期保值和防范风险的目的。

套期保值之所以能够达到规避价格风险的目的，其基本原理是：同一品种的商品，其期货价格与现货价格受到相同因素的影响和制约，虽然波动幅度会有不同，但其价格的变动趋势和方向有一致性。一旦保值者在期货市场上建立了与现货市场相反的头寸，则无论市场价格朝哪一方向变动，均可避免风险、实现保值。

套期保值是利用现货资产与衍生品资产在价格上同方向变化的特点，在一个市场上做多、另一个市场做空，以一个市场的盈利弥补另一个市场的亏损，是防范金融风险的主要方法。它实质上是资产组合理论的应用，是金融工程管理风险的主要方法之一。

（四）套利理论

套利是指不需要任何现金投入即可获得无风险收益的交易策略。例如，期初有两个投资项目 A 和 B，它们的投资期限相同，期末获得的利润、维持成本也相同。假如两者的期初定价不一致，如项目 A 的定价低于项目 B，则套利者将卖空定价高的项目 B，买入定价相对低的项目 A，两项收入的差即为期初实现的利润，为套利利润。套利利润的出现会引发一些套利者大量买入 A，使 A 的价格上涨；大量抛售 B，使 B 的价格下跌，结果 A 和 B 的价差迅速消失，套利机会被消灭。投资 A 和 B 的期初价格趋于相同。

套利的存在是市场不均衡的表现，套利机会消失使市场达到均衡。套利理论主要应用在资本资产定价上。其原理是：两个具有相同盈亏的证券组合，应具有相同的价格；如果违反此原则，则必定出现套利机会。此时，买入现值较低的投资组合，卖出较高的投资组合，并持有到期，可获得无风险收益。无套利定价方法是：构建两个投资组合，若其终值相等，则现值一定相等，确定的资产价格是不存在套利机会时的均衡价格。

套利存在于现货与期货、期权之间，也存在于衍生品之间。套利理论是金融工程的主要理论基础之一。

二、金融工程的工具

要实现金融工程的目标，除金融工程的基本理论外，金融工程工具是金融工程最重要的内容。金融工程的主要工具是金融衍生品。金融远期、期货、期权及互换是四类运用最多的金融衍生品。本书后面的有关章节将对这些工具的具体运用进行详细的讲述。这里，我们主要分析这些工具的基本含义与特征。

（一）远期合约

远期合约是指交易双方同意在将来某一确定日期，按事先规定的价格，买卖一定数量某种资产的一种协议。合约中规定在将来买入标的物的一方称为多方，在未来卖出标的物的一方称为空方，合约中规定的未来买卖标的物的价格称为交割价格。每一种远期合约都是唯一的（客户定做），而且不必在交易所交易。

例如，农场主最关心的是小麦收割时的现货市场价格。如果在小麦播种时就与面粉加工厂签订小麦收割时卖出的价格，农场主就可以防范小麦的价格风险，安心致力于农作物的生产了。这样的合约就是远期合约。其中，小麦为标的物，合约中小麦出售的价格为交割价格或称远期价格，农场主为空方，面粉加工厂为多方。

当远期合约的标的物为金融产品时，远期合约即为金融远期合约，也称为金融远期。例如，远期外汇合约的标的为外汇。常见的金融远期合约有远期利率协议和远期外汇合约。

应用远期合约，可以提前锁定购买或出售商品的未来价格，用来防范商品的价格风险。当金融价格风险为多头风险（标的资产价格下跌风险），可以运用空头远期交易来保值。如果面临的是空头风险（标的资产价格上涨风险），则可运用多头远期交易来保值。上例中，农场主面临的是多头风险（小麦价格下跌的风险），他可以通过空头远期交易防范小麦的价格风险。

远期合约存在的最大风险是信用风险，远期合约的履约没有保证，当价格变动对一方有利时，对方有可能无力或无诚意履行合约，因此远期合约的违约风险较高。使用远期合约防范价格风险的同时,还要防范远期合约的违约风险。由于每份远期合约千差万别,这就给远期合约的流通造成较大不便,远期合约的流动性较差。另外,在合约到期前,双方不存在任何现金支付。

(二)期货合约

期货合约是指协议双方同意在约定的将来某个日期按约定的条件(包括价格、交割地点、交割方式)买入或卖出一定标准数量某种资产的标准化协议。合约中规定的价格称为期货价格。

在合约中,同意在将来某个确定的日期以某个确定的价格购买标的资产的一方称为多头;同意在同样的日期以同样的价格出售该标的资产的一方称为空头。

无论投资者的初始交易是购买还是出售期货合约,这一行为都称为开仓;无论投资者是持有多头头寸还是空头头寸,这一行为都称为持仓。

投资者在持仓过程中,会根据市场价格的波动决定是否有必要将持仓合约在合约到期以前转让给其他交易者。若持仓者在到期日之前改变其已有头寸,在市场上买卖与自己合约品种、数量相同但方向相反的期货合约,就称这一交易行为为期货合约的对冲交易。期货交易者最主要的交易是对冲交易,而非进行交割。

相对于远期合约,期货合约是在有组织的期货交易所集中进行场内交易。交易所对合约进行标准化以增强其流动性。大多数期货合约并不进行实物资产的交割,而是合约持有人在合约到期前买入或卖出相同交割月份的合约来进行对冲交易。

期货交易的主要功能有两个:一个是价格发现功能,另一个是避险功能。价格发现是指通过期货市场推断现货市场的未来价格。在期货合约的买卖中,交易者同意于未来某特定时间,根据目前决定的价格,进行某特定商品的交割。当期货市场高度发达时,期货交易公平、公正、公开,此时确定的期货价格就是特定商品交割时价格的预期值。

避险功能是指期货市场的参与者,利用期货价格与现货资产价格同方向变化的特点,在一个市场上做多、另一个市场做空,以一个市场的盈利弥补另一个市场的亏损,是防范现货价格波动风险的方法。

期货主要有商品期货与金融期货两大类。商品期货的标的物是商品,而金融期货的标的物是金融相关商品。金融期货主要有利率期货、股价指数期货和外汇期货等。目前金融期货的交易量已占期货总交易量的80%以上,是期货交易的主要品种。

(三)期权合约

期权是指当期权购买者支付给期权出售者一定的期权费后,赋予购买者在规定期限内按双方约定的价格购买或出售一定数量某种标的资产的权利,它是通过期权合约来规定的。

期权合约是一种赋予期权购买者在规定的有效期内以规定的价格买入或卖出一定数量某种资产权利的合约。期权交易是以这种权利为交易对象的交易,即期权合约的交易。

购买期权的一方也称期权的多方,可在期权合约规定的某一特定时间,以事先确定的价格向期权卖方买进或卖出一定数量的某种金融商品或金融期货合约。在期权合约规定的时间内,期权的买方既可以执行他所拥有的这一权利,也可以放弃这一权利,也可以在期权最后交易日前通过卖出期权对冲多头部位。期权买方只有权利而无义务。

期权的卖方也称为期权的空方,他有在规定的时间内履行该期权合约的义务。期权卖方可以买回期权了结头寸。如果期权买方让期权过期,则期权卖方亦放弃期权的执行,净得期权费;如果期权买方执行期权,那么期权卖方必须按期权条款执行期权。期权卖方只有义务而无权利。

期权是构造金融工程产品的主要工具,具有套期保值和投机等多种功能。例如,预计某种资产价格未来将上涨,为了减少将来购买该资产的成本,又不愿意放弃资产价格上涨带来的好处,投资者可以购买该资产的看涨期权。这样,当将来该资产价格上涨时,投资者可以用较低的期权协议价购买该资产;当将来该资产价格下跌时,投资者又可以用较低的市场价购买该资产,起到资产保值的效果。

期权的类型很多。按期权购买者的权力分类,期权可分为看涨期权和看跌期权两类。看涨期权是赋予期权的购买者在预先规定的时间以执行价格从期权出售者手中买入一定数量标的资产权利的合约。看跌期权是赋予期权的购买者在预先规定的时间以协定价格向期权出售者出售一定数量标的资产权利的合约。

期权有标准期权与非标准期权两类。标准期权是场内交易,期权合约是标准化的;非标准期权是场外期权,期权合约是非标准化的。

(四)互换合约

互换合约是有关双方约定在将来某段时期内根据合约条款交换一系列现金流的一种协议。互换是一种按需定制的交易方式。互换的双方既可以选择交易额的大小,也可以选择期限的长短。只要互换双方愿意,从互换内容到互换形式都可以完全按需要来设计,由此而形成的互换交易完全可以满足客户的特定需求。

互换产生的原因是双方对利率或汇率变化方向或幅度的看法不一致。互换与远期类似,其合约也是唯一的(客户定做),不在交易所交易,是场外交易。

互换的主要功能是管理资产负债组合中的利率风险和汇率风险以及在全球各市场之间套利,降低筹资者的融资成本或提高投资者的资产收益。例如,某投资者认为利率上升将增加其负债的成本,他可以通过利率互换将其负债的浮动利率转为固定利率,规避利率上升的风险。

互换有很多类型,基本的金融互换有利率互换与货币互换两类。利率互换是指双方同意在未来的一定期限内,根据同种货币的同样名义本金交换现金流,其中一方的现金根据浮动利率计算,而另一方的现金流根据固定利率计算。名义金额在互换时不交换。

货币互换是将一种货币的本金和固定利息与另一种货币的等价本金和固定利息进行交换。货币在进行交换时要考虑汇率的影响。

第四节 金融工程的基本方法

金融工程的方法有多种,有些学者认为有无套利定价方法、风险中性定价法、状态价格定价法和积木分析方法等。本书认为金融工程的基本方法主要有现金流复制方法和金融积木分析方法两类。

一、现金流复制方法

(一)现金流复制方法的基本含义

现金流复制技术是金融工程的主要方法之一,其基本含义是:根据某个资产组合(资产)的现金流,复制另一个资产的现金流。根据无套利定价原理,市场均衡时具有相同现金流的两种资产具有相同的价值,如果它们的价值不同,则出现套利机会。

例如,某资产A的现金流见图1-1。

图1-1 资产A的现金流

根据资产A的现金流,复制资产B的现金流,见图1-2。

图1-2 资产B的现金流

由于资产A和B在终点T具有相同价值(100万元,相同的现金流),因此在始点t也应具有相同的价值,即:

在T时刻,有:$P_{TA}=P_{TB}=100$(万元)

在t时刻,必有:$P_{tA}=P_{tB}$

如果它们的价值不同,如$P_{tA}>P_{tB}$,则出现套利机会。此时,投资者会大量买入资产B,卖出资产A,结果资产B的价格上升,资产A的价格下降,最终会使资产B与资产A的价格相同,市场达到均衡。

现金流复制方法主要用在金融资产定价、套期保值和套利机会的发现等领域。

例如,对于上述资产A和B,假设资产B由资产B'和B''组成。已知资产A和B的价值分别为V_A、V_B,则B''的价值可由下式求出:

$$V_{B''}=V_A-V_{B'}$$

其他方面的应用将在后续章节中介绍。

(二)无套利定价原理

现金流复制方法应用的基本原理是无套利定价原理。

1. 套利的基本含义

套利是指不需要任何现金投入即可获得无风险收益的交易策略。例如图1-1和图1-2的资产A和B,它们在终点有相同的价值,在始点却具有不同的价格,这时投资者会买入价格低的资产,卖出价格高的资产,获得无风险利润,即为套利。

对于整个证券市场,套利机会还包括"相似"证券组合构成的"近似套利机会"。因素模型表明，具有相同因素敏感性的证券或证券组合，应具有相同的期望收益率，否则将存在"近似套利机会"，投资者将利用此机会获取一定数量无风险收益，他们的行为最终将使套利机会消失。

套利概念具有深刻的内涵，下面从两个方面进行说明：

第一，套利不需要任何初始投资，即套利策略是自融资策略。套利交易者要想购买任何金融产品，必须先卖出某种金融产品，然后用所得收益实现购买。比如，投资者通过对资产 A 的分析，发现资产 A 被市场低估，即资产 A 的市场价格低于其价值，投资者希望买入资产 A，以期获得无风险利润。在这种情况下，要发生套利行为，投资者必须寻找购买资产 A 的资金，因此必须卖出资产 B，而且要保证到期卖出资产 A 的资金能买回资产 B。

第二，套利获得无风险利润。套利是一种客观的过程，不夹杂任何主观判断。例如，假定图 1－1 和图 1－2 资产 A 和 B 的价格分别为 95 元和 98 元，此时投资者可以买入 1 单位 A，卖出 1 单位 B，得到 3 元。由于资产 A 和 B 终点的价值相同，因此这里得到的 3 元即为套利获得的无风险利润。

可见，无风险利润的要求，使套利交易一定是一个有买有卖的组合交易，而不是单个产品的单边交易。

2. 无套利原理

无套利原理是指在均衡的金融市场上不存在套利机会。也就是说，两个具有相同盈亏的证券组合应具有相同的价格，如果违反此原则，则必定出现套利机会。

例如，期初有两个投资项目 A 和 B 可供选择，它们的投资期限相同。假设期末这两项投资可以获得相同的利润，再假设这两项投资所需的维持成本也相同。根据无套利原理，这两项投资在期初的投资成本（也就是它们期初的定价）应该相同。假如两者的期初定价不一致，比如项目 A 的定价低于项目 B，则套利者将卖空定价高的项目 B，然后用其所得买入定价相对较低的项目 A，两项收入与支出的差即为期初实现的利润。到了期末，由于两个投资的回报以及维持成本相同，套利者正好可以用做多投资 A 的利润去轧平做空的投资 B。值得注意的是，套利者这么做的时候没有任何风险。如果市场有效率，上述无风险利润的存在会被市场其他参与者发现，从而引发一些套利者的套利行为，结果产生以下的市场效应：大量买入 A 导致市场对 A 的需求增加，A 的价格上涨；大量抛售 B 使 B 的价格下跌；最终 A 和 B 的价差迅速消失，套利机会被消灭。所以，投资 A 和 B 的期初价格一定是相同的。

3. 无套利定价方法

无套利定价方法就是应用无套利原理对资产进行定价的方法。这种方法的基本做法是：构建两个投资组合，若其终值相等，则现值一定相等；否则，出现套利机会，即买入现值较低的投资组合，卖出较高的投资组合，并持有到期，可获得无风险收益。无套利定价方法确定的资产价格是不存在套利机会时的均衡价格。

根据无套利定价方法，在有效金融市场上，任何一项金融资产的定价应当使利用该项金融资产进行套利的机会不复存在。换言之，如果某项金融资产定价使套利机会存在，套利活动会促使该资产的价格发生变化，直到套利机会消失。

[例 1－3] 假定货币市场上美元利率是 1%，人民币利率是 3.5%；外汇市场上美元与人民币的即期汇率是 1 美元兑换 6.118 0 元人民币（1 美元＝6.118 0 元人民币），问：一年期的远期汇率是多少？是否仍然为 1 美元＝6.118 0 元人民币？

答案显然是否定的，因为在此情况下会发生无风险套利活动。套利者可以借入 1 美元，一年后归还 1.010 05($e^{1\%\times 1}$=1.010 05)美元;在即期市场上,他用借来的 1 美元兑换成 6.118 0 元人民币存放一年,到期可以得到 6.335 9 元人民币(6.118 0×$e^{3.5\%\times 1}$);在即期市场上套利者在购买 6.335 9 元人民币的同时按照目前的汇率(1∶6.118)卖出 6.335 9 元人民币,换回 1.035 6 美元。在扣除原先借入的 1 美元支付的本息 1.010 05 美元后,还剩余 0.025 56 美元(1.035 6—1.010 05)。如果不计交易费用,这个剩余就是套利者获取的无风险利润。显然,1∶6.118 0 不是均衡的远期外汇价格。

那么,无套利的外汇价格是多少?在本例中,套利者借入 1 美元后如果不进行套利活动,他一年后将得到 1.010 05 美元;如果实施了套利活动,他一年后将得到 6.335 9 元人民币。这两种情况都是从期初的 1 美元现金流开始,到期末时两个现金流入的价值也必须相等。于是,1.010 05 美元=6.335 9 元人民币,即 1 美元=6.672 9 元人民币,这就是一年期的远期汇率。这个价格才是无套利的均衡价格。当外汇市场美元兑换人民币的一年期远期汇率为 1∶6.672 9 时,套利活动不能获得无风险利润。

二、金融积木分析方法

(一)金融积木分析方法的基本含义

在金融工程方案与产品的设计、分析、定价与风险管理中,经常用到积木分析的方法。该方法是指应用各种金融工具(积木)进行分解和组合,形成一个新的结构,以解决企业的金融问题。

所谓的“积木”是一种比喻的说法,就像儿童用不同的积木或不同的摆法创造不同的“建筑物”一样,金融工程师运用他的“金融积木箱”中的积木——对应的各种金融工具(主要是金融衍生品),构建各种证券组合,用于解决金融中复杂的现实问题。

积木分析法主要是用图形来分析收益、风险关系以及金融工具之间的组合、分解关系。积木分析法有两个重要工具:一是金融产品的回报图或损益图;二是金融产品对应的现金流量图。所谓的回报图,是指横轴为到期日标的资产的价格,纵轴为金融产品不考虑成本时的收益。损益图与回报图的区别在于纵轴是金融产品在考虑成本后的盈亏。

(二)“金融积木箱”的主要积木

“金融积木箱”中的积木主要有六种:资产(期货、远期)的多头与空头,资产看涨期权的多头与空头,资产看跌期权的多头与空头。

1. 资产(期货、远期)的多头与空头

前两种积木是指现货资产的多头与空头。现货资产是“金融积木箱”中的主要积木,也是金融工程的要素,在金融工程方案与产品的设计与风险管理中经常运用。现货资产的回报如图 1-3 和图 1-4 所示。

这类资产的共同特征是资产的价值或投资回报是资产价格的线性函数,如股票、债券等,也称为线性资产。除了股票、债券等常见资产外,期货和远期也是“金融积木箱”的资产,因为期货和远期在到期日时都有实物交割的功能,即在期货和远期到期日它们等同于现货,也是线性资产(其定价参考后面有关章节),因此,在“金融积木箱”中它们也归类为现货资产。

除此之外,这些资产的组合也可归纳为现货资产。

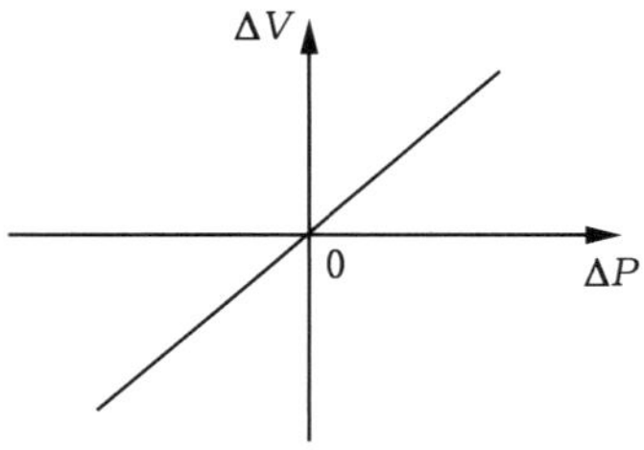

图 1-3 现货资产多头回报

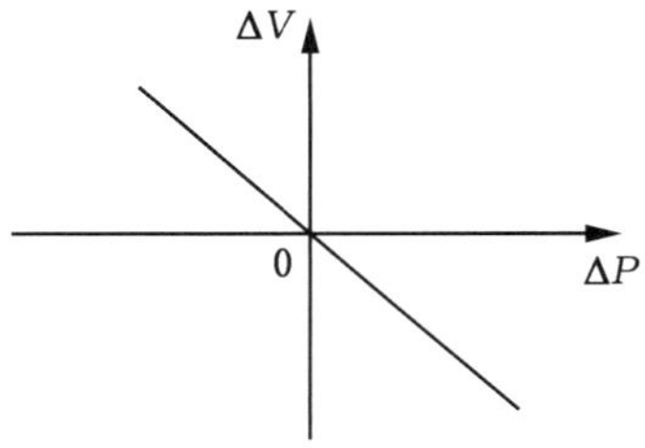

图 1-4 现货资产空头回报

2. 资产看涨期权的多头与空头

资产看涨期权是“金融积木箱”中主要积木之一。资产看涨期权是一类非线性资产,其价值是标的资产价格的非线性函数,定价非常复杂,但在期权到期日时期权价值为标的资产价格的分段线性函数。图 1-5 和图 1-6 是资产看涨期权的多头与空头在期权到期日时的回报图。

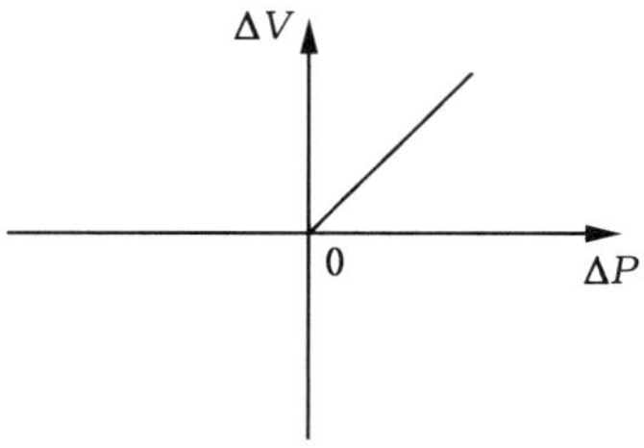

图 1-5 资产多头看涨期权回报

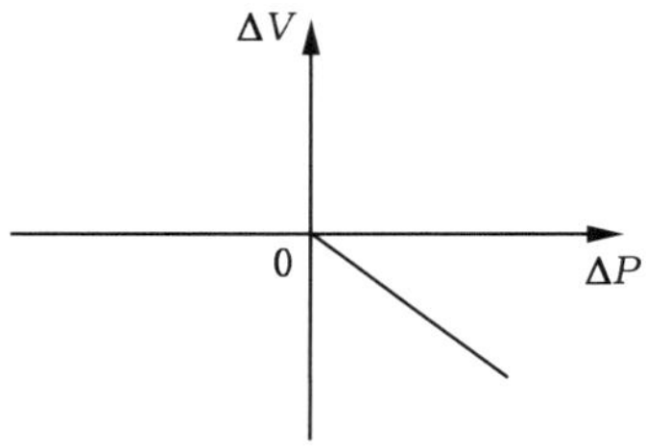

图 1-6 资产空头看涨期权回报

3. 资产看跌期权的多头与空头

资产看跌期权也是“金融积木箱”中主要积木之一。资产看跌期权也是一类非线性资产,与看涨期权一样,定价非常复杂,但在期权到期日时期权价值为标的资产价格的分段线性函数。图 1-7 和图 1-8 是资产看跌期权的多头与空头在期权到期日时的回报图。

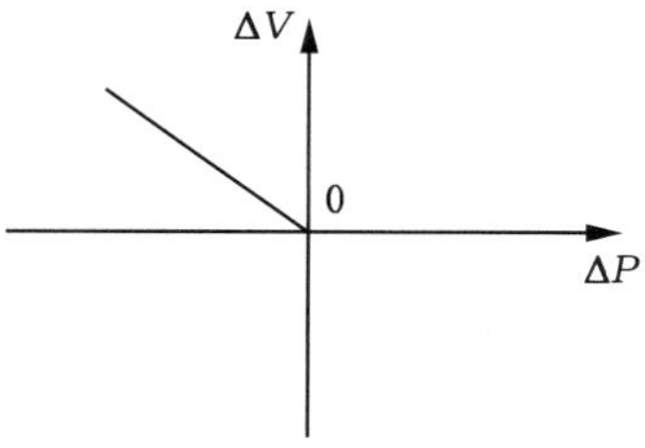

图 1-7 资产多头看跌期权回报

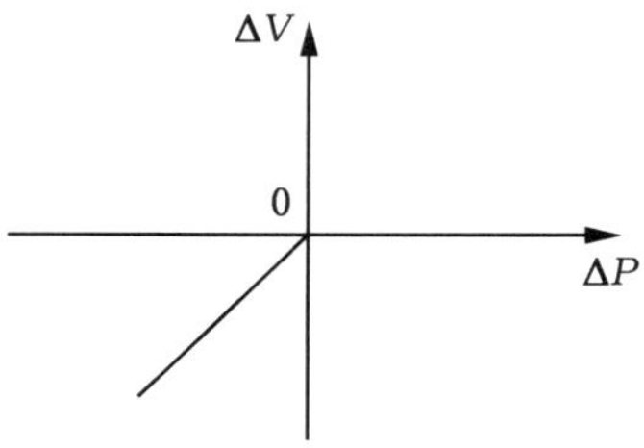

图 1-8 资产空头看跌期权回报

(三)金融积木分析方法应用实例

金融积木分析方法的应用实例很多,如期权的交易策略、保值策略、互换定价等。这里仅就期权交易策略和保值策略介绍金融积木方法的应用。其他应用将在本书相关章节进行介绍。

[例 1-4] (金融积木方法实例 1)在实际应用中,在需要融资融券的情况下,若无法得到融券标的,则可以用期权组合合成标的资产。相同标的物的看涨期权多头与看跌期权空头之

和为标的物本身，相同标的物的看涨期权空头与看跌期权多头之和为卖出标的物本身(这里标的物以远期为例)。其合成过程如图 1－9 所示。

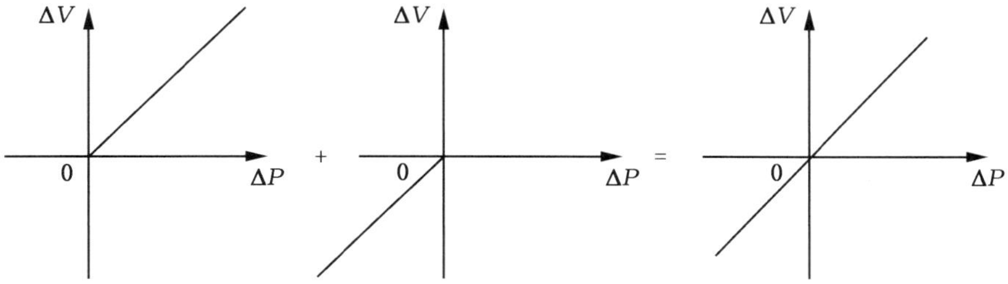

买入看涨期权+卖出看跌期权=买入远期

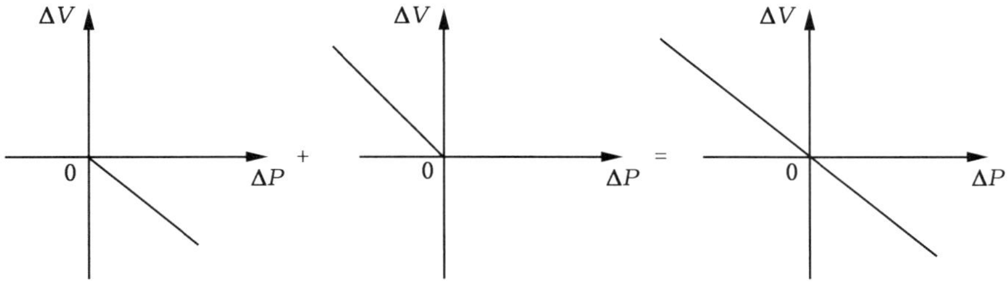

卖出看涨期权+买入看跌期权=卖出远期

图 1－9　金融积木方法实例 1

从图 1－9 可以看出，标的资产也可分解为期权的组合。因此，我们也可以用期权定价的方法为标的资产定价。

[例 1－5]　(金融积木方法实例 2：期权保险策略)标的资产多头与其看跌期权多头之和为其看涨期权多头，即买入资产的同时再买入看跌期权，相当于买入一个看涨期权，这是期权保值策略的一种方法，即期权保险策略。

在投资者买入标的资产后，其面临的主要风险即为资产价格下跌的风险。若该资产存在对应的看跌期权，则在买入标的资产的同时买入该标的看跌期权，结果相当于买入了一个该标的资产的看涨期权。其组合过程如图 1－10 所示。当资产价格下跌时，看跌期权上的盈利将抵补资产价格下跌的损失，而资产价格上升时该组合将获得资产价格上升时的利润，可有效防范价格下跌造成的损失。

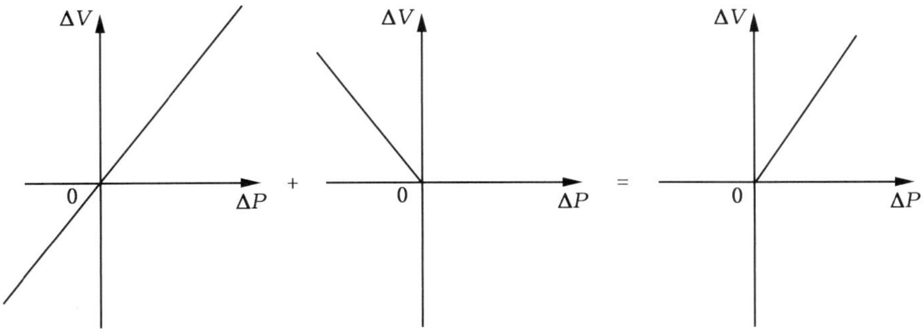

多头金融价格风险+多头看跌期权=多头看涨期权

图 1－10　金融积木方法实例 2

本章案例

RP 化学公司私有化中的金融工程

一、案例背景

1993 年法国国有企业 RP 化学公司在私有化过程中遇到难题:为了提高职工的积极性,法国政府希望公司的股票通过职工持股的方式尽可能分散化。但是,RP 化学公司的职工没有足够的资金购买公司股票,同时担心股票价格下跌而不愿意购买公司股份。这使公司股权分散化的计划难以实施,公司私有化陷入困境。

二、美国信浮银行的创新方案

1. 基本思路

设计一个方案,让职工持股后既享受股价上涨带来的利益,又能保证股价下跌时免受损失。

2. 解决方案

基于上述思路,美国信浮银行推出了一个创新方案:

员工认购股票后需至少持有 5 年,5 年后如股价下跌到原购买价以下,信浮银行将以原价购回;若股价上涨,收益中三分之二归持股人,三分之一归信浮银行所有。

该方案的创新性在于:信浮银行根据客户的风险收益特征,创造性地将已有的风险与收益进行分解组合,使员工在获得收益的同时风险几乎为 0,最大限度地满足了职工对风险厌恶的偏好,解决了员工持股意愿的问题。

这种方案对传统金融而言,几乎是一种"天方夜谭",应用金融工程却变成了现实。

三、美国信浮银行创新的方案实施效果

"风险"问题解决后,"资金短缺"问题也得到了解决。信浮银行以公司职工所购买的 RP 公司股票做抵押,向一家法国银行申请贷款,每个职工凡购买 1 股 RP 公司股票,法国银行可向其提供资金购买 9 股 RP 公司股票。由于信浮银行的信用等级为 AA 级,能较顺利从法国银行申请贷款,这实质上也是风险的问题。

这个方案极具创新性:

1. 突破了公司员工自有资金有限的瓶颈。

2. 激励了员工购股的积极性。事实上,职工申购数量远远超过公司出售的股票。虽然员工购股的自有资金只占购股总资金的 1/10,但由于该方案存在较大利益,公司员工都尽自己最大的能力购买公司股票。

3. 公司职工成了 RP 公司的股东,将自己的财富与公司的业绩联系起来,存在利益约束与激励机制,员工从而更加努力工作,促进公司业绩持续增长,符合公司与政府的预期。

在这一方案中,信浮银行应用金融工程的创造性思维使员工、公司、政府与银行的愿望得以实现。

四、信浮银行应对风险的方法

在上述方案中，实质上是信浮银行承担了 RP 公司在未来 5 年股价下跌的风险。如果 RP 公司股价在未来 5 年下跌，信浮银行如何面对损失呢？信浮银行采用哪些方法来对冲风险？

1. 信浮银行的操作思路

信浮银行将 5 年后 RP 公司股票涨跌的概率设定为 50%，在 RP 公司私有化改造后立即卖出员工所购股票的 50%，然后根据股市情况和公司经营状况不断对 RP 公司 5 年期股票市场价格进行评估，对股票进行相应操作。若股价下跌，就多买些，使股价上涨；反之，相反。

2. 实际操作问题：衍生金融工具的创新

在实际操作中，由于 RP 公司股票出售后归员工所有，并充当法国银行贷款的担保品，信浮银行不能出售不属于自己的股票。另外，法国政府也不希望股票在可售出时被大量抛售，这会对法国股市造成较大冲击。

为此，信浮银行创造了一个新的衍生工具（“合成股票”），成功解决了这一问题。“合成股票”的价值与 RP 公司股票价格挂钩，其价值为 RP 公司股票价格乘以一个固定乘数。进行“合成股票”买卖时并不涉及 RP 公司股票的买卖，而是采用现金交收的方式，因此，“合成股票”的风险收益与真实的 RP 公司股票交易完全相同。

信浮银行了解到法国证券市场中有一批机构投资者希望拥有 RP 公司股票，但由于政府的限制而未能如愿。信浮银行与这些机构投资者就“合成股票”进行交易，“合成股票”交易市场得以形成。

在这一过程中，信浮银行的创新性非常明显：不仅解决了自身面临的风险，同时满足了市场中机构投资者的需求，开发了潜在的市场，实现了自身风险的转移，而且达到了法国政府避免大量抛售股票进而影响证券市场的要求。解决这些问题的关键是“合成股票”这种衍生品的创新，这是金融工程中复制技术的具体应用。这种技术的创新为信浮银行对冲风险提供了条件。

本章小结

本章首先给出了金融工程的基本概念，分析了金融工程的目标和处理金融风险的方法；其次，介绍了金融工程学的基本理论与基本工具；再次，介绍了金融工程分析问题的基本方法；最后，介绍了金融工程的产生与应用范围。

金融工程是工程的一个子域，是指使用金融工具，按一定的方法和技术，对现有的金融结构进行新的有机组合或构造新的金融结构，以达到或实现金融目标。金融工程有自己的理论基础、有自己的操作工具，金融工程有鲜明的创造性。金融工程的总目标是实现既定的财务目标，其主要目标是管理金融风险。对金融风险有两种基本观点：一种是指由于金融资产价格的波动，造成投资收益率的不确定性或易变性；另一种是指由于金融资产价格波动给投资者造成损失的可能性或损失的不确定性。金融工程处理风险的方法有两种：一是用确定性取代不确定性；二是消除不利风险，保留有利风险。

金融工程产生于 20 世纪 80 年代后期。其产生与发展是多种因素共同作用的结果，主要包括经济因素、技术因素和理论因素等。金融工程的应用领域大体包括金融风险管理、套利投资、投机、公司金融、公司购并、投资以及现金管理、股权分置等多个方面。

金融工程的基本理论主要包括资产组合理论，资产定价理论，套利与套期保值理论，以及宏观、微观经济理论，金融市场结构理论，统计学、会计学、法学等方面的理论与方法。金融工程的工具主要包括远期、期货、期权及互换等金融衍生品。

金融工程的基本方法主要有现金流复制方法和金融积木方法。现金流复制技术的基本含义是，根据某个资产组合（资产）的现金流，复制另一个资产的现金流。由于具有相同现金流的两种资产具有相同的价值，如果它们的价值不同，则出现套利机会。现金流复制方法主要应用在资产定价方面。金融积木分析方法是指应用各种金融工具（积木）进行分解和组合，形成一个新的结构，用于解决金融中复杂的现实问题。

关键词

工程（Engineering）
金融工程（Financial engineering）
金融风险（Financial risk）
系统风险（System risk）
现金流复制（Cash Flow Replication）
套利（Arbitrage）
无套利定价（No arbitrage pricing）
积木分析（Building block analysis）
创新性（Innovation）

思考与练习

1. 什么是金融工程？金融工程有哪些特点？
2. 金融工程的理论基础是什么？
3. 金融工程的操作工具主要有哪些？
4. 金融工程的目标是什么？
5. 金融工程处理风险的方法有哪些？
6. 金融工程的基本方法是什么？
7. 金融工程的应用范围是什么？
8. 什么是现金流复制方法？
9. 什么是金融积木分析方法？它有什么特点？

参考文献

1. 王晋忠，卢晓娟. 金融工程案例[M]. 成都：西南财大大学出版社，2012.
2. 叶永刚，郑康彬，熊和平，彭红枫. 金融工程概论（第二版）[M]. 武汉：武汉大学出版社，2013.
3. 李淑锦. 金融工程学[M]. 北京：北京大学出版社，2012.
4. 尹常玲，方雯，张莉莉. 金融工程（第二版）[M]. 北京：清华大学出版社，2021.
5. 郑振龙，陈蓉. 金融工程（第五版）[M]. 北京：高等教育出版社，2020.

第二章

金融现货市场

引　言

一提到金融工程，人们往往想到金融衍生品市场。其实，从金融发展的进程来看，金融工程的运用领域主要集中在现货市场上，而且现货市场又是学习衍生品市场的基础。根据金融工程“积木分析方法”，现货资产的多头与空头是常用的两个“积木”，因此，学习金融工程必须了解现货市场及其工具和现货市场投资面临的主要风险。

一般来说，金融工程涉及的现货金融市场类型主要有五种，即外汇市场、货币市场、债券市场、权益市场和黄金市场。由于金融工程主要涉及衍生品市场，因此，本章对现货市场进行简要介绍，重点介绍外汇市场、权益市场、债券市场、货币市场等金融市场以及各种市场投资面临的主要风险。另外，为了加强金融工程在中国的应用，每节都介绍中国的相应市场。

第一节　外汇市场

一、外汇的基本概念

(一)外汇的含义

外汇是国家间货币兑换的简称，其概念有动态和静态两种。动态的外汇是指一国货币兑换或折算为另一种货币的行为，它是指人们利用国际汇兑方式(电汇、信汇、票汇)将资金从付款国转移到收款国，以实现不同国家、不同货币之间的收付行为或活动，其实质是以非现金方式进行的国际支付。

静态意义上的外汇是指一种以外币表示的、用于国际结算的支付手段和资产，有广义和狭义之分。广义静态外汇是指一切用外币表示的可以用作国际清偿的支付手段，包括外国货币、外币支付凭证、外币有价证券、特别提款权及其他外汇资产等。狭义静态外汇是指以外币表示的可用于进行国家间结算的支付手段，按照这一概念，只有存放在国外银行的外币资金以及将对银行存款的索取权具体化了的外币票据才构成外汇。具体来看，外汇主要包括以外币表示的银行汇票、支票、银行存款等。人们通常所说的外汇是指这一狭义的概念。

（二）外汇的特点

一般来说，外汇有以下三个特点：

（1）外币性，即外汇必须是以外币表示的国外资产。

（2）可偿性，即外汇必须是在国外能得到清偿的债权。

（3）可兑换性，即外汇必须是能自由兑换成其他货币表示的支付手段。

（三）外汇的分类

按照不同的标准，外汇有不同的分类：

1. 按外汇是否可以自由兑换

（1）自由外汇

自由外汇，是指不需外汇管理当局批准可以自由兑换成其他国家货币，或者可以向第三方办理支付的外国货币及其支付手段。世界上有 50 多种货币是可自由兑换货币，主要有美元、英镑、日元、港币、瑞士法郎、欧元等货币。

（2）记账外汇

记账外汇，是指未经有关外汇管理部门的批准，不能转换为别国货币，通常只能根据有关协定进行国际结算，用作计价单位的货币。记账外汇一般以双方国家中央银行互立专门账户的形式存在。

2. 按外汇的来源和用途分类

（1）贸易外汇

贸易外汇，是指通过出口有形商品取得的外汇。

（2）非贸易外汇

非贸易外汇，是指通过出口无形商品而取得的外汇，如劳务外汇、侨汇和捐赠外汇等。

3. 按外汇管理的对象分类

（1）居民外汇

居民外汇，是指居住在本国境内的机关、团体、企事业单位、部队和个人以各种形式所持有的外汇。居民通常是指在某国或某地区居住期达 1 年以上者，但是外交使节及国际机构工作人员不能列为居住国居民。

（2）非居民外汇

除居民外汇外，其他单位或个人持有的外汇，称为非居民外汇。

二、汇率的基本概念

（一）汇率的含义

汇率，是指两种不同货币之间的折算比价，也就是以一国货币表示的另一国货币的价格，也称汇价、外汇牌价或外汇行市。

如 2023 年 1 月 7 日，1 美元＝6.838 5 人民币，1 美元＝132.090 0 日元，1 英镑＝1.209 4 美元等。

(二)汇率的标价方法

汇率的标价方式一般有三种:

1. 直接标价法

直接标价法是以一定单位的外国货币为标准折算应付若干单位的本国货币的汇率标价法。

如本币为人民币,外国货币为美元,则1美元=6.838 5人民币,就是直接标价法。

直接标价法也称为商品标价法,是将外国货币看成一种商品,将“外国货币”这种商品进行价值计量。

可以看出,在直接标价法下,汇率的数值越大,意味着一定单位的外国货币可以兑换越多的本国货币,也就是本国货币的币值越低。

2. 间接标价法

间接标价法是以一定单位的本国货币为标准折算应收若干单位的外国货币的标价法。

如本币为人民币,外国货币为美元,则1人民币=0.146 2美元,就是间接标价法。在间接标价法下,汇率的数值越大,意味着一定单位的本国货币可以兑换越多的外国货币,也就是本国货币的币值越高。

3. 美元标价法

美元标价法又称纽约标价法,是指在纽约国际金融市场上,除对英镑用直接标价法外,对其他外国货币用间接标价法的标价方法。美元标价法由美国在1978年9月1日制定执行,目前是国际金融市场上通行的标价法。

(三)汇率的分类

按照不同的标准,汇率可分为不同类型:

1. 基本汇率和套算汇率

各国在制定汇率时必须选择某一国货币作为主要对比对象,这种货币称为关键货币。根据本国货币与关键货币实际价值对比制定的汇率,称为基本汇率。由于各国都把美元当作制定汇率的主要货币,因此常把对美元的汇率作为基本汇率。套算汇率是指各国按照对美元的基本汇率套算出的反映其他货币之间价值比率的汇率。

2. 固定汇率和浮动汇率

固定汇率是指由政府制定和公布,并只能在一定幅度内波动的汇率。浮动汇率是指由市场供求关系决定的汇率。一国货币市场原则上没有维持汇率水平的义务,但必要时可进行干预。

3. 即期汇率和远期汇率

即期汇率也称现汇汇率,是指买卖外汇双方成交当天或两天以内进行交割的汇率。远期汇率是在未来一定时期进行交割,而事先由买卖双方签订合同、达成协议的汇率,到了交割日期,由协议双方按预订的汇率、金额进行钱汇两清。

4. 单一汇率与复汇率

单一汇率是指一种货币(或一个国家)只有一种汇率,这种汇率通用于该国所有的国际经济交往。复汇率又称多元汇率或多重汇率,是指一种货币(或一个国家)有两种或两种以上汇率,是外汇管制的一种特殊形式。不同的汇率用于不同的国际经济活动。

5. 买入汇率、卖出汇率和中间汇率

买入汇率是指银行向同业或客户买入外汇时所使用的汇率。卖出汇率是指银行向同业或客户卖出外汇时所使用的汇率。买入卖出之间的差价是银行买卖外汇的收益，一般为0.5%左右。中间汇率是买入价与卖出价的平均数。套算汇率一般用有关货币的中间汇率套算得出。

6. 官方汇率与市场汇率

官方汇率是指国家机构(财政部、中央银行或外汇管理当局)公布的汇率。官方汇率可分为单一汇率和多重汇率。市场汇率是指在自由外汇市场上买卖外汇的实际汇率。

7. 电汇汇率、信汇汇率和票汇汇率

电汇汇率是指经营外汇业务的本国银行在卖出外汇后，即以电报委托其国外分支机构或代理行付款给收款人所使用的一种汇率。信汇汇率是指银行开具付款委托书，用信函方式通过邮局寄给付款地银行转付收款人所使用的一种汇率。票汇汇率是指银行在卖出外汇时，开立一张由其国外分支机构或代理行付款的汇票交给汇款人，由其自带或寄往国外取款所使用的汇率。

三、外汇市场

(一)外汇市场的含义及分类

1. 外汇市场的含义

所谓外汇市场，是指由各国中央银行、外汇银行、外汇经纪人和客户组成的买卖外汇的交易系统。外汇市场不一定设具体的交易场所，它主要是指外汇供求双方在特定的地区内，通过现代化的电信设备及计算机网络系统来从事外汇买卖的交易活动。

2. 外汇市场的分类

按照不同的标准，外汇市场有不同的分类：

(1)按外汇交易参与者的不同，外汇市场可分为狭义的外汇市场和广义的外汇市场。狭义的外汇市场又称外汇批发市场，特指银行同业之间的外汇交易市场，包括外汇银行之间、外汇银行与中央银行之间以及各国中央银行之间的外汇交易。广义的外汇市场，除了上述狭义外汇市场外，还包括银行同一般客户之间的外汇交易。

(2)按外汇市场经营范围的不同，外汇市场可分为国内外汇市场和国际外汇市场。国内外汇市场主要进行的是外币与本币之间的交易，其参加者主要限于本国居民，而且所进行的外汇交易要受制于国内金融制度。国际外汇市场是指各国居民都可以自由参加多种货币的买卖，交易不受所在国金融制度的限制。

(3)按外汇交易的方式划分，外汇市场可分为有形市场和无形市场。有形市场是指从事交易的当事人在固定的交易场所和规定的营业时间里进行外汇买卖。无形市场是指一个由电话、电报、电传和计算机终端等现代化通信网络所形成的抽象的市场。这种市场没有固定的交易场所，也没有固定的开、收盘时间。

(二)外汇市场的交易方式

外汇市场上的交易方式有多种，按合同交割期限或交易的形式，可分为即期外汇交易和远期外汇交易；按交易的目的或交易的性质，外汇买卖还可分成套利交易、掉期交易、互换交易、套期保值交易、投机交易、外汇期货交易、外汇期权交易等。这里主要介绍即期、远期、掉期、套汇等传统外汇交易。

1. 即期外汇交易

即期外汇交易又称现汇买卖，是交易双方以当时外汇市场的价格成交，并在成交后的两个营业日内办理有关货币收付交割的外汇交易。例如，2022 年 11 月 4 日(星期五)，纽约花旗银行和中国银行通过电话达成一项外汇买卖业务，花旗银行愿意按 1 美元兑 6.112 4 元人民币的汇率卖出 1 000 万美元，买入 6 112.4 万元人民币；而中国银行也愿意按同样的汇率卖出 6 112.4 万元人民币，买入 1 000 万美元。2022 年 11 月 8 日(星期二)，花旗银行和中国银行分别按照对方的要求，将卖出的货币汇入对方指定的账户，从而完成该笔交易。

2. 远期外汇交易

远期外汇交易又称期汇交易，是指买卖外汇双方先签订合同，规定买卖外汇的数量、汇率和未来交割外汇的时间，到了规定的交割日期买卖双方再按合同规定办理货币收付的外汇交易。在签订合同时，除缴纳 10%的保证金外，不发生任何资金的转移。

例如，假设中国银行报出美元的价格如下(其中报价中前一个数字为银行买入价，后一个数字为银行卖出价)：

即期	USD1＝￥6.122 3－6.122 5
1 月期	USD1＝￥6.112 3－6.112 5
2 月期	USD1＝￥6.102 3－6.102 5
3 月期	USD1＝￥6.052 3－6.052 5

某企业 3 个月后计划卖出 1 000 万美元，为了防范美元下跌给企业造成的损失，可以进行远期外汇交易，与银行签订 3 月期美元买卖合约，以 1 美元＝6.052 3 元人民币的汇率卖出 1 000 万美元。到 3 个月后的交割日期，企业卖出 1 000 万美元，得到 6 052.3 万元人民币。

3. 掉期交易

掉期交易又称时间套汇，是指同时买进和卖出相同金额的某种外汇但买与卖的交割期限不同的一种外汇交易。掉期交易有以下两种类型：

(1)即期对远期掉期交易，即在买进或卖出一笔现汇的同时，卖出或买进相同金额该种货币的期汇。这是掉期交易最常见的一种形式。

(2)远期对远期掉期交易，指同时买进并卖出两笔相同金额、同种货币、不同交割期限的远期外汇。

4. 套汇交易

套汇交易是指套汇者利用不同地点、不同货币在汇率上的差异进行贱买贵卖，从中套取差价利润的一种外汇交易。套汇交易又分为直接套汇和间接套汇。

(1)直接套汇

直接套汇也称两点套汇或两地套汇，是利用两个外汇市场之间某种货币汇率的差异进行的套汇。例如，在伦敦市场上英镑对美元的汇率为 1 英镑＝1.797 4 美元，同时在纽约外汇市场上 1 英镑＝1.801 0 美元，可见英镑在纽约市场上的汇率高于伦敦市场上的汇率。套汇者可在伦敦市场上用 1 797.4 万美元买入 1 000 万英镑，同时在纽约市场上卖出 1 000 万英镑，收入 1 801.0 万美元，如果不计交易费用，可获得 3.6 万美元的收益。

(2)间接套汇

间接套汇又称三点套汇或三角套汇，是指套汇者利用三个不同外汇市场中三种不同货币之间交叉汇率的差异，同时在这三个外汇市场上贱买贵卖，从中赚取汇率差额的一种套汇交易。例如，假设在纽约、巴黎、伦敦市场上有如下行情：

纽约市场　　FRF1＝USD1.235 2/1.235 8

巴黎市场　　FRF1＝GBP0.784 5/0.785 5

伦敦市场　　GBP1＝USD1.586 8/1.587 2

根据这三个外汇市场的外汇行市，套汇者首先在纽约市场上以1欧元等于1.235 8美元的价格，卖出123.58万美元，买入100万欧元；同时在巴黎市场上以1欧元等于0.784 5英镑的价格，卖出100万欧元，买进78.45万英镑；同时又在伦敦市场上以1英镑等于1.586 8美元的行市卖出78.45万英镑，得到124.484 5万美元(78.45×1.586 8)，汇率差额利润为9 045美元(未扣除套汇费用)。

四、中国的外汇市场

(一)中国外汇市场的构成

中国的外汇市场分为银行间外汇批发市场及银行与客户之间的零售市场。银行间外汇市场的参与者主要有商业银行、投资银行、中央银行、对冲基金等，中央银行适时以普通会员的身份入市，干预市场，调节外汇供求，保持外汇相对稳定；银行与客户之间的零售市场中，客户有个人与公司。

(二)中国外汇交易中心

1. 中国外汇交易中心是中国银行间外汇市场。

1994年1月1日起，我国外汇管理体制进行了重大改革——汇率并轨，实行以市场供求为基础的、单一的、有管理的浮动汇率制度；取消外汇留成和上缴，实行银行结售汇制度。企业和个人按规定向银行结汇售汇，银行则进入银行间外汇市场进行交易。1994年4月，中国外汇交易中心暨全国银行间同业拆借中心成立，为中国人民银行直属事业单位。

中国外汇交易中心实行统一的外汇市场会员制，只有会员才能参与外汇市场的交易；凡经中国人民银行批准设立、国家外汇管理局准许经营外汇业务的金融机构及其分支机构，经外汇交易中心审核批准后，均可成为外汇交易中心的会员。目前银行间外汇市场会员包括银行、外资银行、财务公司、券商及其他共558家，其中银行为358家，占主导地位。中国外汇交易系统实行分别报价、撮合成交的交易方式。中国外汇交易系统实行本外币集中清算，本币实行二级清算。

目前，国内外汇市场形成了包括即期、远期、外汇掉期、货币掉期和期权等国际成熟市场的基础产品体系，可交易货币超过30种发达和新兴市场货币，涵盖了我国跨境收支的主要结算货币。根据国际清算银行(BIS)的调查，2016年中国外汇市场交易量占全球外汇市场交易量的比重为1.1%，为历史最高水平。

2. 银行间市场外汇交易的主要品种

银行间市场外汇交易的主要品种有：

(1)按交割期限分类，主要有即期交易产品、掉期交易产品和远期交易产品等；

(2)按交割币种分类，主要有本币对外币及货币对(外币对外币)。

表2-1、表2-2、表2-3分别为外汇即期交易、外汇掉期交易及外汇远期交易统计表。

外汇即期交易中以人民币对美元的交易为主要部分；掉期交易期限大多不超过一个月；在外汇远期交易中，近期合约较远期合约更为活跃。

表 2-1　外汇即期交易统计表

币种	成交金额(亿元)	成交金额占比(%)
100JPYCNY	1 919.12	0.55
AUDCNY	560.58	0.16
CADCNY	363.32	0.10
CHFCNY	74.63	0.02
CNYAED	6.15	0.00
CNYDKK	11.38	0.00
CNYHUF	0.63	0.00
CNYKRW	160.15	0.05
CNYMYR	27.47	0.01
CNYNOK	3.12	0.00
CNYRUB	95.91	0.03
CNYSAR	4.03	0.00
CNYSEK	40.07	0.01
CNYTHB	31.49	0.01
CNYZAR	2.02	0.00
EURCNY	5 074.25	1.46
GBPCNY	336.11	0.10
HKDCNY	1 484.65	0.43
NZDCNY	115.77	0.03
SGDCNY	158.14	0.05
USDCNY	336 119.04	96.98
总　计	346 589.12	100.00

表 2-2　外汇掉期交易统计表

期限品种	成交金额(亿元)	成交金额占比(%)
隔夜	435 243.84	59.40
即期对远期	258 139.72	34.64
远期对远期	51 831.6	6.96
总　计	1 490 430.31	100.00

表 2-3 外汇远期交易统计表

期限品种	成交金额(亿元)	成交金额占比(%)
1D	674.592	15.85
1M	333.4125	7.83
1W	364.6089	8.57
1Y	271.5933	6.38
3M	157.9979	3.71
6M	93.5889	2.20
9M	75.0722	1.76
其他	2285.8707	53.70
总计	4256.7364	100.00

(三)外汇零售市场

外汇零售市场是指银行与客户之间的市场,客户主要为个人与公司。

目前我国外汇零售市场以《个人外汇管理办法》(中国人民银行令[2006]第 3 号)为基准,对个人结汇和境内个人购汇实行年度总额管理。年度总额分别为每人每年等值 5 万美元。国家外汇管理局可根据国际收支状况,对年度总额进行调整。从 2018 年 1 月 1 日起,中国公民个人境外年度取现总额不得超过 10 万元人民币,单日提取现额为 1 万元人民币。外汇管制对外汇零售市场是一个重要的约束因素。若外汇管制放宽或完全开放,对零售外汇行业是一个影响深远的重磅信号。表 2-4 为中国银行 2023 年 1 月 8 日外汇行情牌价表。

表 2-4 中国银行外汇行情牌价表

外汇币种	现汇买入价	现钞买入价	现汇卖出价	现钞卖出价	中行折算价	发布日期	发布时间
阿联酋迪拉姆		179.6		192.94	187.54	2023.01.08 10:30:00	10:30:00
澳大利亚元	468.5	453.94	471.94	464.04	466	2023.01.08 10:30:00	10:30:00
巴西里亚尔		125.58		142.58	128.61	2023.01.08 10:30:00	10:30:00
加元	506.81	490.81	510.55	512.8	507.99	2023.01.08 10:30:00	10:30:00
瑞士法郎	734.46	711.9	739.62	742.79	736.15	2023.01.08 10:30:00	10:30:00
丹麦克朗	97.44	94.43	98.22	98.69	97.49	2023.01.08 10:30:00	10:30:00
欧元	725.37	702.83	730.72	733.07	725.35	2023.01.08 10:30:00	10:30:00
英镑	824.04	789.43	830.11	833.78	820.71	2023.01.08 10:30:00	10:30:00
港币	87.4	86.7	87.75	87.75	88.19	2023.01.08 10:30:00	10:30:00
印尼卢比	0.0435	0.0422	0.0439	0.0455	0.0441	2023.01.08 10:30:00	10:30:00
印度卢比		7.8102		8.8072	8.3328	2023.01.08 10:30:00	10:30:00
日元	5.1583	4.998	5.1963	5.2043	5.1665	2023.01.08 10:30:00	10:30:00
韩元	0.543	0.5239	0.5474	0.5674	0.5417	2023.01.08 10:30:00	10:30:00
澳门元	84.95	82.1	85.29	88.13	85.62	2023.01.08 10:30:00	10:30:00

续表

外汇币种	现汇买入价	现钞买入价	现汇卖出价	现钞卖出价	中行折算价	发布日期	发布时间
林吉特	155.01		156.41		156.78	2023.01.08 10:30:00	10:30:00
挪威克朗	68.09	65.98	68.63	68.96	67.22	2023.01.08 10:30:00	10:30:00
新西兰元	432.57	419.22	435.61	441.6	429.6	2023.01.08 10:30:00	10:30:00
菲律宾比索	12.24	11.82	12.38	12.94	12.32	2023.01.08 10:30:00	10:30:00
卢布	9.3	8.87	9.68	10.11	9.53	2023.01.08 10:30:00	10:30:00

五、汇率的决定

汇率的大小决定于两国货币各自所具有的或所代表的价值之比。关于汇率的决定，产生了各种各样的汇率理论，主要有购买力平价理论、利率平价理论、国际收支理论以及金融资产说等。

（一）购买力平价理论

该理论认为，两国货币购买力之比是汇率决定的基础，而汇率的变化是由两国购买力之比的变化引起的。购买力平价又分为绝对购买力平价和相对购买力平价。

（1）绝对购买力平价，是指一定时点上两国货币的均衡汇率，是两国物价水平之比。设 R 为该时点的均衡汇率，则

$$R=P_a/P_b$$

式中：P_a 和 P_b 分别为 A 国和 B 国的一般物价水平。绝对购买力平价的理论基础是一价定律。

（2）相对购买力平价，是指在一定时期内汇率的变化与同一时期内两国物价水平的相对变动成比例，用公式表示为：

$$R_1=\frac{(P_{a1}-P_{a0})/P_{a0}}{(P_{b1}-P_{b0})/P_{b0}}\times R_0 \tag{2-1}$$

式中：R_1 和 R_0 分别代表计算期和基期的均衡汇率，P_{a1} 和 P_{a0} 分别代表 A 国计算期和基期的物价水平，P_{b1} 和 P_{b0} 分别代表 B 国计算期和基期的物价水平。

（二）利率平价理论

该理论认为，外汇市场上远期汇率与即期汇率之间的差价是由两国利率差异决定的。在两国利率存在差异的情况下，资金将从低利率国流向高利率国谋取利润。但套利者在比较金融资产的收益率时，不仅要考虑两种资产所提供的收益率，还要考虑两种资产因汇率变动而产生的收益变动。为避免外汇风险，套利者往往将套利与掉期保值业务结合起来，即在将低利率货币转换成高利率货币进行跨国投资的同时，购进一笔相应数额的远期低利率货币，以确保其今后的收益。其结果是，即期外汇市场上低利率货币的供给和高利率货币的需求同时增加，而远期外汇市场上低利率货币的需求和高利率货币的供给同时增加，使低利率货币的现汇汇率下浮，期汇汇率上浮；而高利率货币的现汇汇率上浮，期汇汇率下浮。随着抛补套利的不断进行，远期差价不断加大，直到两种货币利率之间的差距与汇率的远期升水率或贴水率相等，抛补套利活动才会停止。因此，利率差与即、远期汇率差之间趋于相等的关系即是利率平价。有关利率平价理论确定汇率的公式见第三章。

(三)国际收支理论

该理论认为汇率决定于外汇供求,而外汇供求又是由国际借贷引起的。国际借贷分为固定借贷和流动借贷两种,前者指借贷关系已形成但未进入实际支付阶段的借贷,后者指已进入支付阶段的借贷。只有流动借贷才会影响外汇供求。当一国的外汇收入大于外汇支出时,外汇的供给大于需求,因而外汇汇率下降;反之,则外汇汇率上升。当一国外汇收支相等时,汇率便处于均衡状态。

(四)金融资产说

金融资产说认为一国居民可持有三种资产,即本国货币、本国债券和外国债券,其总额应等于本国所拥有的资产总量。当各种资产供给量发生变动或者居民对各种资产的需求量发生变动时,原有的资产组合平衡就被打破,这时居民就会对现有资产组合进行调整使其符合自己的意愿持有量,达到新的资产市场均衡。在对国内外资产持有量进行调整的过程中,本国资产与外国资产之间的替换会引起外汇供求量的变化,从而带来外汇汇率的变化。

六、外汇市场投资的风险

外汇市场中汇率的变化受多种因素影响,一国的汇率会因该国的国际收支状况、通货膨胀率、利率、经济增长率等的变化而波动,汇率变动也会受国际市场商品和货币供求关系的影响。外汇市场投资者所面临的主要风险是汇率变化的风险。为了防范汇率变化的风险,金融工程提供了较多有效工具,如外汇期货与外汇期权。

第二节　股票市场

一、股票的基本概念

(一)股票的含义

股票是股份公司发给股东以证明其投资份额并对公司拥有相应的财产所有权的证书。从股票的本质属性来看,它是代表股份所有权的股权证书,是代表对一定经济利益分配权的资本证券,是资本市场上流通的一种有价证券,股东可取得股息。

(二)普通股股票的主要特征

普通股股票具有以下一些基本特征:

1. 收益性

收益性是指股票可以为股东带来收益的特性,是股票最基本的特征。持有股票获取两类收益:一类是股息和红利,这是股东对发行公司享有的经济权益。股息和红利的多少取决于股份公司的经营状况和盈利水平。另一类是资本利得,是股票持有者在市场上当股票市场价格高于买入价格时卖出股票所赚取的价差收益。

2. 风险性

风险性是指持有股票可能产生经济利益损失的特性。由于企业经营的不确定性,股东能够获得的股息和红利收入也具有不确定性。如果企业倒闭,企业的股票可能一文不值。另外,股票的价格还受社会、政治、经济、心理等多方面的影响,波动较大。如果股价下跌,股票持有者面临市值缩水的风险。

3. 流动性

交易上的流动性是指股票可以在证券交易所或柜台市场上自由买卖的性质。尽管股东无权向公司索回股本,但当他需要资金时可随时出售,使股票成为流动性很强的投资工具。

4. 永久性

永久性是指股票没有期限,无到期日,股份公司不对股东偿还本金,股东也无权提出退股索回股本的要求。这是股票与债券的主要区别之一。股东若想收回投资,只能将其转卖给他人(如在股票市场上出售),但这种转让只改变公司资本的所有者,而不涉及公司资本的增减。

5. 参与性

参与性是指股票持有人有权参与公司重大决策的特性。股东有权参与股东大会,并提出自己的意见和建议;股东有权对公司重大经营决策投票赞成或反对,以此参与公司的经营管理决策;普通股股东有权选举或被选举为公司的董事或监事等。

(三)股票的分类

股票从不同的角度有不同的分类:

1. 按股东权益分为普通股与优先股

普通股是股份公司基本的、最重要的股份,是构成公司资本的基础。普通股具有经营决策参与权、盈余分配权、剩余资产分配权、优先认股权(或配股权)等多种基本权利。普通股的股息率一般不固定,随着企业经营业绩的变化而变化。

优先股是相对于普通股而言的。优先股是在普通股基础之上发展起来的,公司在筹集资本时承诺给予投资者某些特权的股票。它与普通股相同的一点是,同属于公司股东权益的一部分,可以自由买卖和转让。与普通股相比,优先股可优先以固定股息率按面值领取股息;在企业清偿时,优先于普通股按面额清偿。但优先股不能参与公司的决策管理(除非议项涉及优先股东的权益),不能享受公司利润增长的好处等。投资于优先股一般比较安全,且收益比投资于债券高。

2. 按上市地点和投资者分为A股、B股、H股等

A股是指由我国境内的公司发行,由境内个人和机构以人民币认购和交易的普通股股票。

B股是指以人民币标明面值,在我国境内证券交易所以外币认购和交易的普通股股票。

H股是指注册地在中国大陆、在香港上市的外资股。

除这些分类外,市场上还有股票存托凭证。股票存托凭证是指由存托人签发,以境外股票为基础在境内发行,代表境外基础证券权益的证券。

二、股票市场参与者

股票市场的参与者主要有股票发行人、投资人与市场中介。

(一)股票发行人

股票发行人是指因筹集资金的需要而向投资人发行股票的工商企业。工商企业是资金需求大户,它们通过在股票市场上发行股票筹措资金用于扩大再生产和经营规模。股权融资是

一种可以供企业长期使用、不需归还的长期资金来源，有利于企业长期稳定的生产和经营，大量企业愿意在证券市场进行股权融资。截至 2023 年 2 月 28 日，中国 A 股市值达 85.21 万亿元。境内上市公司合计 5112 家，其中 A 股公司 4 879 家，B 股公司 11 家，A＋B、A＋H 等多股份类型的公司 222 家。三个交易所上市公司数量分别为上交所 2 184 家（含科创板 507 家）、深交所 2 753 家（含创业板 1 238 家）、北交所 175 家。

（二）股票投资人

股票投资人是指股票市场上从事股票买卖的交易者，包括个人投资者与机构投资者。个人投资者是以个人名义将自己的合法财产投资于证券市场的投资者。根据中登公司的统计数据，截至 2022 年 8 月底，我国共有 2.09 亿名投资者，其中自然人投资者有 2.08 亿名。机构投资者是指法律规定允许从事证券买卖的金融机构，一般包括证券公司、投资基金、商业银行、保险公司、信托投资公司等。近年来 A 股机构投资者规模持续扩张，截至 2021 年 12 月，以公募、外资、私募为代表的机构持股市值占比达到 44%（剔除一般法人持股）。A 股机构投资者成交占比大幅提升。私募基金是 A 股成交占比最高的机构投资者，主要来自规模扩张＋量化发展。[①]

（三）市场中介机构

市场中介是指专门为证券发行者和投资者提供专业服务的各种专职服务机构，主要有证券公司、证券投资咨询机构以及为各种证券发行和交易有关的会计财务、法律信息等提供鉴证服务的会计师事务所和律师事务所。市场中介仅仅提供代理服务，并不构成资金供应链中的一个环节。

三、股票市场的分类与运行

股票市场是股票发行和流通的场所，可分为一级市场和二级市场。一级市场为股票发行市场，二级市场为股票流通市场。

发行市场又称股票的一级市场，股份有限公司发行股票，必须由具有保荐和承销资格的市场中介——证券公司进行承销发行。交易市场又称股票的二级市场，是对已发行股票在投资者之间进行转让的市场。

交易市场一般分两类：一类是通过证券交易所的集中交易市场，还有一类是场外交易市场。中国的股票主要通过场内交易进行，只有退市的股票才由指定证券商在联网的场外市场进行交易。

（一）股票一级市场

股票一级市场是指公司直接或通过中介机构向投资者出售新发行股票的市场。新发行的股票包括初次发行和再发行的股票。前者是公司第一次向投资者出售的原始股，后者是在原始股的基础上增加新的份额。

一级市场的运作过程通常由咨询与管理、认购与销售两个阶段构成。

1. 咨询与管理

这是股票发行的前期准备阶段，主要包括：

---

① 姚佩. A 股脊梁：机构投资者持仓近五成，成交超三成[R]. 东吴证券，2022.

(1)发行方式的选择

股票发行的方式一般分为公募和私募两类。公募是指面向市场上大量的非特定投资者公开发行股票，其优点是可以扩大股票的发行量，筹资潜力大，无须提供特殊优厚的条件，股票可在二级市场上流通，从而提高发行者的知名度和股票的流动性；缺点是工作量和难度大，通常需要承销者的协助，发行者必须向证券管理机关办理注册手续，必须在招股说明书中如实公布有关情况以供投资者做出正确决策。私募是指只向少数特定的投资者(个人投资者和机构投资者)发行股票。私募具有节省发行费、通常不必向证券管理机关办理注册手续、有确定的投资者从而不必担心发行失败等优点，但也有需向投资者提供高于市场平均水平的优惠条件、发行者的经营管理易受干预、股票难以转让等缺点。

(2)选定作为承销商的投资银行

公开发行股票一般通过投资银行(承销商)来进行，承销商为这些公司发行股票并且提供其他必要的金融服务。公司通常通过竞争性招标的方式来选择承销商。当发行数量很大时，常由多家投资银行组成承销银团来处理整个发行，其中一家投资银行作为牵头承销商起主导作用。在私募的情况下，发行条件通常由发行公司和投资者直接商定，从而绕过了承销环节。

(3)准备招股说明书

公司公开发行股票必须有招股说明书。招股说明书必须包括财务信息和公司经营历史的陈述，高级管理人员的状况，筹资目的和使用计划，公司内部悬而未决的问题(如诉讼)等。招股说明书由公司和承销商共同完成。

在私募的情况下，发行公司通常雇用一家投资银行代理起草一份招股备忘录。招股备忘录不包括证券管理机构认为是“实质”的信息，而且不需送证券管理机构审查。

(4)发行定价

发行定价是一级市场的关键环节，一般是发行公司与承销商讨价还价的结果。

2. 认购与销售

发行公司完成准备工作后就可按照预定的方案发售股票。对于承销商，就是执行承销合同、批发认购股票，然后售给投资者。具体方式通常有包销、代销和备用包销几种。包销是指承销商以低于发行定价的价格把公司发行的股票全部买进，再转卖给投资者，这样承销商就承担了销售过程中股票价格下跌的全部风险。代销是指承销商许诺尽可能多地销售股票，但不保证完成预定销售额，任何没有出售的股票可退给发行公司，承销商不承担风险。备用包销是指发行公司不需要投资银行的承销服务，但与投资银行签订备用包销合同，该合同要求投资银行作为备用认购者买下未能售出的剩余股票，而发行公司为此支付备用费。

与承销相比，私募条件下的认购和销售则是根据认购协议直接出售给投资者，而投资银行因安排投资者和提供咨询而得到酬金收入。

(二)股票的二级市场

股票二级市场是投资者之间买卖已发行股票的场所。二级市场通常分为有组织的证券交易所和场外交易市场，但也出现了混合型的第三和第四市场。这里主要介绍证券交易所市场。

证券交易所是由证券管理部门批准的，为证券集中交易提供固定场所和有关设施，并制定各项规则以形成公正合理价格和有条不紊秩序的正式组织。

1. 证券交易所的交易规则

(1)交易制度的类型

根据价格决定的特点，证券交易制度可分为做市商交易制度和竞价交易制度。

做市商交易制度也称报价驱动制度，在该制度下，证券交易的买卖价格均由做市商给出，买卖双方并不直接成交，而向做市商买进或卖出证券。

竞价交易制度也称委托（指令）驱动制度，在此制度下，买卖双方直接进行交易或将委托通过各自的经纪商送到交易中心，由交易中心进行撮合成交。按证券交易在时间上是否连续，竞价交易制度又分为间断性竞价交易制度和连续竞价交易制度。

（2）信用交易

信用交易又称保证金交易，是指证券买者或卖者通过交付一定数额的保证金，得到证券经纪人的信用而进行的证券买卖。信用交易可分为信用买进交易和信用卖出交易。目前我国的融资融券业务即为信用交易。

（3）大宗交易

大宗交易又称为大宗买卖，是指达到规定的最低限额的证券单笔买卖申报，买卖双方经过协议达成一致并经交易所确定成交的证券交易。

2. 证券交易程序

证券交易程序是指投资者通过经纪公司在证券交易所买卖股票的交易过程，包括开户、委托、竞价成交、结算与过户登记等程序。

四、股票的价值或价格

股票是一种虚拟资本，它本身没有价值。股票之所以有价，是因为股票的持有人不但可以参加股东大会，对股份公司的经营决策施加影响，享有参与分红与派息的权利，还获得相应的经济利益。股票持有人所能获得的经济收益越大，股票价格相应也就越高。股票的价值形态有多种，一般来说有面值、内在价值、发行价格和市场价格等。

（一）股票面值

股票面值是指股票的票面金额。股票面值通常以每股为单位，股票发行公司将其资本额分为若干份额，每一单位股份所代表的资本额就是每股的面值。比如资本额为 10 亿元的发行公司，将其资本额划分为 10 亿单位，即发行 10 亿股，则每股代表 1 元，每张股票的面值就是 1 元。我国股票市场上的股票除个别外，其面值一般是 1 元。

（二）股票内在价值

股票内在价值是指股票本身所固有的价值，也就是它的真实价值或理论价值。确定股票内在价值的方法很多，常用的方法是股息贴现定价模型。

记 V 为股票的内在价值，D_t 为未来时期 t 以现金形式表示的每股股利，k_t 表示一定风险程度下现金流的合适贴现率，则现金流贴现模型的基本公式为：

$$V=\sum_{t=1}^{\infty}\frac{D_t}{(1+k_t)^t} \tag{2-2}$$

当股票市场价格小于股票内在价值时，该股票被低估，因此购买这种股票可行。当股票市场价格大于股票内在价值时，该股票被高估，因此应卖出这种股票。

（三）股票发行价格

股票发行价格是新股票第一次发售的价格，可分为面额发行价格、溢价发行价格等。发行价格一般由发行者与承销商协商议价或通过向机构投资者询价或通过上网竞价等方式确定。无论通过哪种定价方式，发行者与承销商都要事先商定发行价格区间，这一发行价格区间可以通过一定方法估计。常用的方法有：

1. 市盈率法

其估算发行价格的公式为：

$$发行价格=每股收益\times发行市盈率$$

每股收益按报告期净利润与期末股份总数的比值确定；发行市盈率由承销商根据二级市场平均市盈率、发行人同行业公司股票的平均市盈率、发行人经营情况及成长性等因素确定。

2. 可比公司竞价法

可比公司竞价法是主承销商通过对可比较的同行业公司的股票发行价格和它们的二级市场表现进行分析对比，确定股票发行价格的方法。例如，主承销商与发行人确定发行价的计算公式为：

$$P=A\times30\%+B\times40\%+C\times30\%$$

其中，P 为参考价格，A＝发行公司每股税后利润×可比公司最近 3 年平均市盈率，B＝发行公司每股股利×可比公司最近 3 年平均股利率，C＝发行公司最近年度每股净资产。

（四）股票市场价格与行情

股票的市场价格，是指股票在流通市场上的价格，是由交易过程决定的价格。股票市价表现为开盘价、收盘价、最高价、最低价等形式，其中收盘价最重要，是分析股市行情时采用的基本数据。表 2－5 为股票交易行情示例。

表 2－5　2022 年 7 月 13 日股票行情(CSMAR)示例

公司名称	代码	开盘价	最高价	最低价	收盘价	涨跌幅	成交股数(万)
银河电子	002519	4.7	4.7	4.6	4.63	－0.07	4 317.92
润泽科技	300442	47.49	48.34	46.02	47.73	0.24	51.83
安井食品	603345	152.14	154.95	149	153.2	1.06	192.8

股票市场价格与其面值、净值最大的不同之处在于，后两者是固定或相对固定的，而市价却随着股票交易的进行，分分秒秒都处在变动之中。影响股票价格变化的因素很多，如公司净资产、盈利水平、股利政策、股份分割、增资和减资、主要经营者的更替以及资产重组等公司内部因素变化会影响公司股票价格；宏观经济环境的变化、行业发展过程的不同、投资者心理变化、市场投机程度、领导人的变化以及战争等政治性因素都会影响股价波动。

五、股价指数

为了反映和判断股票市场价格变动的总趋势及其幅度，我们借助于股价平均数或指数。其计算方法为：

（一）股票价格平均数的计算

股票价格平均数反映一定时点上市场股票价格的绝对水平，可分为简单算术股价平均数、修正的股价平均数和加权平均数三类。

1. 简单算术股价平均数

简单算术股价平均数是将样本股票每日收盘价之和除以样本数得出的。世界上第一只股票价格平均数——道琼斯股票价格平均数在1928年10月1日前是使用简单算术平均法计算的。该平均数虽然计算简便，但未考虑各样本股票的权重，从而未能区分重要性不同的样本股票对股价平均数的不同影响；同时，当样本股票发生拆细、派发红股、增资等情况时，股价平均数就会失去连续性，使前后期的比较发生困难。

2. 修正股价平均数

修正股价平均数有除数修正法和股价修正法两种。除数修正法是以新股价除以旧股价平均数，求出新除数，再以计算期的股价总额除以新除数，从而得出修正的股价平均数，即：新除数＝变动后的新股价总额/旧股价平均数，修正的股价平均数＝报告期股价总额/新除数。该方法可以修正因股票拆细、增资、发放红股等因素造成的股价平均数的变化，以保持股价平均数的连续性和可比性。

股价修正法是将发生股票拆细等变动后的股价还原为变动前的股价，使股价平均数不会因此变动。例如，假设第 j 种股票进行拆细，拆细前股价为 P_j，拆细后每股新增的股数为 R，股价为 P_j'，则修正的股价平均数的公式为：

$$\text{修正的股价平均数}=\frac{1}{n}[P_1+P_2+\cdots+(1+R)\times P_j'+\cdots+P_n] \tag{2-3}$$

由于 $(1+R)P_j'=P_j$，因此该股价平均数不受股票分割等的影响。

3. 加权股价平均数

加权股价平均数是根据各种样本股票的相对重要性进行加权平均计算的股价平均数，其权数 Q 可以是成交股数、股票总市值、股票总股本等。其计算公式为：

$$\text{加权股价平均数}=\frac{1}{n}\sum_{i=1}^{n}P_iQ_i \tag{2-4}$$

(二)股价指数的计算

股价指数是反映不同时点上股价变动情况的相对指标，通常将报告期股票价格与选定的基期价格相比，并将两者的比值乘以基期的指数值，即为报告期的股价指数。股价指数的计算方法主要有简单算术股价指数和加权股价指数两种。

1. 简单算术股价指数

简单算术股价指数的计算方法有相对法和综合法两种。相对法是先计算各样本股价指数，再加总求和的算术平均数。其计算公式为：

$$\text{股价指数}=\frac{1}{n}\sum_{i=1}^{n}\frac{P_1^i}{P_0^i} \tag{2-5}$$

其中，P_0^i 表示第 i 种股票的基期价格，P_1^i 表示第 i 种股票的报告期价格，n 为样本数。

综合法是先将样本股票的基期和报告期价格分别加总，然后相比求出股价指数，即：

$$\text{股价指数}=\frac{\sum_{i=1}^{n}P_1^i}{\sum_{i=1}^{n}P_0^i} \tag{2-6}$$

2. 加权股价指数

加权股价指数是根据各期样本股票的相对重要性予以加权，其权重可以是成交股数、总股本等。按时间划分，权数可以是基期权数，也可以是报告期权数。以基期成交股数(或总股本)为权数的指数称为拉斯拜尔指数。其计算公式为：

$$加权股价指数=\frac{\sum P_1Q_0}{\sum P_0Q_0} \tag{2-7}$$

以报告期成交股数(或总股本)为权数的指数称为派许指数。其计算公式为：

$$加权股价指数=\frac{\sum P_1Q_1}{\sum P_0Q_1} \tag{2-8}$$

其中，P_0 和 P_1 分别表示基期和报告期的股价，Q_0 和 Q_1 分别表示基期和报告期的成交股数(或总股本)。目前世界上大多数股价指数是派许指数，只有德国法兰克福证券交易所的股价指数为拉斯拜尔指数。

中国的股价指数有很多，按照编制主体的不同，可以分为三大类：中证系列指数、上证系列指数以及深证系列指数。

中证系列指数由中证指数有限公司编制，包括 9 大系列：中证规模指数系列、中证行业指数系列、中证风格指数系列、中证主题指数系列、中证策略指数系列、中证海外指数系列、中证基金指数系列、中证债券指数系列、中证定制指数系列。

上证系列指数由上海证券交易所编制，共包括 7 类 62 个指数：(1)成分指数，包括上证 50 指数、上证 180 指数(其前身为上证 30 指数)等；(2)综合指数，包括上证综合指数、A 股指数等；(3)行业指数，包括上证能源、上证材料等 10 个行业指数；(4)风格指数，包括 180 成长、180 价值等；(5)主题指数，包括红利指数、治理指数等；(6)基金指数，包括上证基金指数；(7)债券指数，包括国债指数、企债指数等。

深证系列指数由深圳证券交易所编制，包括深圳成分指数、深圳 100 指数、中小板指数、创业板指数等 10 个指数。

表 2-6 为指数行情示例。

表 2-6　　2022 年 7 月 13 日股价指数行情(CSMAR)示例

指数名称	代码	开盘价	最高价	最低价	收盘价	涨跌幅	成交股数(万)
沪深 300	399300	4 313.359	4 341.466	4 284.942	4 321.462	8.103	131.113 2
上证指数	000001	3 279.603	3 297.019	3 266.481	3 284.292	4.689	331.845 7
深证成指	399001	12 441.72	12 562.95	12 323.2	12 508.89	67.17	140.600 6

六、股票市场投资策略与投资风险

(一)股票市场投资策略

股票市场投资策略一般分为被动投资策略和主动投资策略两大类。

1. 被动投资策略

被动投资策略的投资者认为股票市场是有效市场，在有效市场里，所有对价格产生影响的信息都反映在股价中，投资者很难利用择时选股等手段战胜市场，只能获得市场平均收益。这类投资者一般选取特定指数的成分股作为投资对象，选择标的指数进行跟踪，常见的跟踪指数有中证 500 指数、中证 800 指数、沪深 300 指数、中小板指数、创业板指数。每一种指数的跟踪可以分为指数复制策略和指数增强策略。

指数复制策略是复制指数，不主动追求超额收益，而是追求尽可能低地跟踪误差。指数增强策略是在保证跟踪标的指数的基础上尽可能获取超额收益，追求的是较高的超额收益以及信息比率。由于是在跟踪指数基础上获取超额收益，所以依旧属于被动投资策略。

2. 主动投资策略

主动投资策略的投资者认为股票市场不是有效市场，在市场中存在被误定的股票，投资者可以利用择时选股等手段战胜市场，获得超过市场平均收益的超额收益率。主动投资策略主要有以下几种：

（1）价值投资策略

价值投资就是寻找那些市场定价明显低于内在价值的标的。这种价值评估既可以是静态的，也可以是动态的。一般来说，优质企业通常具有下述特征：

第一，公司治理上，具备完善的法人治理结构和有效的激励机制；

第二，发展战略上，拥有优秀的企业家或管理层，管理层对所属行业有深刻的理解和较强的前瞻性，形成了清晰的发展战略及有利于提升投资者价值的营利模式；

第三，资本回报率（ROIC）、企业加权平均资本成本（WACC）、企业成长等核心指标都具有中长期成长性。

（2）成长风格投资策略

成长风格投资策略强调投资于一个好的业务和商业模式，买入之后跟随公司一同成长，在公司价值的高速成长中获得丰厚的回报。成长风格投资并非与价值投资相矛盾，因为成长股也需要以合理的价格介入，没有安全边际的投资仍有可能遭受失败。成长股的困难不但在于识别一个好的公司和有潜力的业务，而且还要找到合理的介入机会。成长股的投资目标一般较为长远，与企业共成长，从股价的长期上升中获得丰厚的利润。

（3）绝对收益投资策略

该策略重视保护本金，追求风险可控前提下的可持续绝对投资回报。控制回撤和下跌风险是本策略最核心的投资逻辑，寻找估值低、具有足够安全边际的品种择优配置，将估值低作为本策略控制风险的主要手段。

（二）股票投资风险

无论哪种投资策略，在进行股票投资时，都会面临市场及流动性等风险。

1. 市场风险

市场风险是指由于市场各种因素（如利率、汇率、通货膨胀率、市场供求关系等）变化引起资产价格的波动而导致投资者亏损的可能性；当市场各种因素变化较大或较频繁时，投资者遭受损失的可能性或数额也会变大，市场风险就越大。市场风险可分为系统性风险与非系统性风险两类。

非系统性风险是指由个别资产本身的各种因素造成的收益不稳定性，如破产风险、违约风险、经营风险等均属此类风险。该类风险的重要特征是可通过分散化投资予以消除，也就是说，投资者可通过多元化的投资消除或降低非系统性风险。

系统性风险是指由于某种全局性因素引起的投资收益下降的可能性，市场中所有证券资产的收益都会受到这些因素的影响。它与市场的整体运动相关联，如购买力风险、利率汇率风险和政治风险都是系统风险。系统风险是所有投资者共同面临且无法避免的风险，该类风险的重要特征是不可通过分散化投资予以消除，也就是说，投资者不可能通过多元化的投资消除或降低系统风险。对于系统风险的管理要用金融工程的方法，也是金融工程的主要应用领域。

2. 流动性风险

流动性风险是指当投资者希望卖出证券时，不能以现行的价格或稍低的价格将手中证券卖出，给其带来损失的风险；当投资者希望买入证券时，不能以现行的价格或稍高的价格买入证券，给他带来损失的风险。流动性风险是机构在股票投资时面临的另一个重要风险。

3. 跟踪误差风险

被动投资指数策略除了面临系统性风险外，还面临跟踪误差风险。跟踪误差风险是指构建的跟踪组合无法完全复制指数的走势，从而与目标指数之间存在差异的风险。

第三节　债券市场

一、债券的基本概念

(一)债券的含义

债券是指债券发行人按法定程序发行的并承诺在一定期限内还本付息的有价证券。债券是一种债务凭证，反映的是筹资者与投资者之间的债权债务关系。债券与一般的借款合同不同，它不是发行人对某个特定个人或法人所付的债务，而是对所有应募者的债务。债券具有可在二级市场上交易转让的特点。

(二)债券的特征

债券具有证券的一般特征，也有自身的特点。债券的特征如下：

1. 债券具有一定的期限

债券与股票不同，股票是无期限的，无须偿还本金；而债券是有期限的，到期必须偿还本金，且按规定支付一定的利息，而且债权债务关系到期自动解除。本金偿还的期限以及利息支付的方式，一般在债券发行时就明确规定。

2. 债券是固定收益证券

债券的利率固定，债券持有人从发行债券企业的税前利润中得到固定利息收入，利息的支付与企业的业绩无直接关系；在求偿等级上，债券的偿还在优先股和普通股之前，因此债券投资的风险较小。

3. 债券具有流动性

债券流动性的是指债券持有人在债券到期前，因种种原因需要资金时，在不遭受损失或遭受较小损失的前提下，可以在证券市场上出售转让，收回现金的程度容易。一般来说，证券市场越发达，债券的流动性越强。

4. 限制性条款

虽然债权人没有投票权，但他可以要求对大的投资决策有一定的发言权，这主要表现在债务合同常包括限制经理及股东职责的条款，如在公司进行重大资产重组时要求征求债权人的意见，在公司破产时债权人有权决定是清算还是进行公司重组等。

5. 选择性条款

选择性条款是指在债务合同中发债公司和债权人具有的某些选择权。例如，多数发债公司在发行债券时都附有可提前赎回债券的条款，即在一定条件下，公司可以决定是否按预定价格（一般比债券面值高）提前从债券持有人手中赎回债券；另外，许多债券附有可转换条款，允许债券持有人在可转换债券到期日前的某一期限内将债券按预先确定的比例或预先确定的价格转换成股票。

二、债券的分类

债券的种类繁多，从不同的角度有不同的分类。

（一）按发行债券的主体分

1. 政府债券

政府债券是指政府为筹集财政资金或发展地方经济而发行的，承诺在一定期限内还本付息的债务凭证，它以政府的信用作为担保，无须抵押品，是政府信用的主要形式。其风险在各种投资工具中是最小的。它又分为三种：

（1）中央政府债券，是指中央政府财政部发行的以国家财政收入为担保的债券，也称为国家债券或国债，其特点是一般不存在违约风险，利息收入可豁免所得税。

国债按期限可分为国库券（期限小于 1 年）、中期国债（期限 1～10 年）和长期国债（期限 10 年以上）三种，前者属于货币市场工具，是一种贴息证券，后两者为付息票证券，通常每六个月付一次息，到期偿还本金。

（2）政府机构债券，是指除财政部以外的政府机构发行的债券。这些债券一般由中央政府做后盾，因而信誉很高。

（3）地方政府机构债券，是指地方政府为发展当地经济而发行的债券，这些债券也由政府担保，其信用风险仅次于国债和政府机构债券，同时也具有税收豁免的特点。

2. 金融债券

金融债券是银行或非银行金融机构为筹集信贷资金而发行的一种债务凭证。金融债券资信度较高，信用风险一般较低。

3. 公司债券

公司债券也称企业债券，是指企业为筹集营运资金而发行的一种债务凭证。公司债券的资信度不如政府债券和金融债券，所以其利率高于其他债券。公司债券的种类很多，主要有：

（1）信用公司债券，是指完全靠公司的信誉，不提供任何抵押品而发行的一种债务凭证。发行这种债券的公司一般具有较高的声誉，而且期限较短，利率较高。

（2）抵押公司债券，是指以土地、房屋等不动产为抵押品而发行的一种债务凭证。若债券到期不能还本付息，债券持有人有权处理抵押品以资抵偿。

（3）担保信托债券，是以公司特有的各种动产或股票、债券等有价证券为抵押品而发行的公司债券。用作抵押品的证券必须交受托人保管，但公司仍保留股票表决和接受股息的权利。

（4）可赎回债券，是指公司债券附加早赎或以新偿旧条款，允许发债公司选择到期日之前购回全部或部分债券。但市场利率下降到债券票面利率之下时，赎回债券或新发行低利率债券对债券持有人不利，因此，通常规定在债券发行的一定期限内不允许赎回债券。

(5)可转换债券,是公司债券附加可转化条款,允许债券持有人按预先确定的比例(转换比率)转换为该公司普通股的选择权。由于这种债券具有转换权,市场价格常随普通股行情同方向变化,因此受投资者欢迎。另外,可转换债券也可被发行公司提前赎回。

(6)带认股权证的债券,是指公司债券可把认股权证作为合同的一部分附带发行。与可转换债券一样,认股权证允许债券持有人买入发债公司的普通股,但对于公司来说,认股权证不可赎回。

(7)抵押贷款和抵押支持证券(传递证券),是由一组资产(房地产抵押贷款)组成一个资产集合,然后向投资者发行投资凭证;当抵押贷款偿还本息时,投资者获得本金和利息支付。这种融资券的特殊风险来自房地产提前偿还抵押贷款,它的交易量目前是国债市场的3倍。

(二)按计息方式分

1. 单利债券

单利债券是指在计算债券利息时,仅按本金计息,所生利息不再加入本金计算下一期利息的债券。

2. 复利债券

复利债券是指在计算债券利息时,按一定期限将所生利息加入本金计算下一期利息,逐期滚算利息的债券。

3. 贴现债券

贴现债券是指在债券发行时,按规定的折扣率,以低于债券面值发行,到期按面值支付的债券。发行价与面值之间的差即为利息,短期国债常按贴现方式发行。

4. 附息债券

附息债券是指债券按面值发行,按固定利率定期支付利息的债券。中、长期国债是常见的附息债券。

(三)按偿还期分

(1)短期债券,是指偿还期在1年以下的债券,期限通常有3个月、6个月、9个月和12个月等。常见的国库券属于短期债券。

(2)中期债券,通常是指偿还期在1年以上、10年以下的债券,如中期国债等。

(3)长期债券,是指偿还期在10年以上的债券,如长期国债等。

三、债券市场

债券市场是发行和买卖债券的场所,是金融市场的重要组成部分。债券市场的主要部分是政府债券,各国的债券市场几乎无一例外都是从发行政府债券逐渐形成和发展起来的。

(一)债券的一级市场(发行市场)

债券的发行与股票类似,不同之处主要有发行合同书和债券评级两个方面。由于债券是有期限的,因而其一级市场多了一个偿还环节。

1. 发行合同书

发行合同书是说明公司债券持有人和发行债券公司双方权益的法律文件,由受托管理人(通常是银行)代表债券持有人利益监督合同书中各条款的履行。

债券发行合同书中各种限制性条款占很大篇幅，这些限制性条款是用来保护债权人利益的，它一般分为否定性条款和肯定性条款。

(1)否定性条款，是指不允许或限制股东做某些事情的规定。最一般的限制性条款是有关债券清偿的条款，如利息和本金的支付。只要公司不能按期支付利息或偿还本金，债券持有人有权要求公司立即偿还全部债务。

(2)肯定性条款，是指公司应该履行某些责任的规定，如要求营运资金、权益资本达到一定水平以上。这些肯定性条款可以理解为对公司设置某些最低限要求。

2. 债券评级

债券最大的风险是违约风险，它与投资者的利益密切相关，也直接影响发行者的筹资能力和成本。为了客观地估计不同债券的违约风险，通常由中介机构进行评级。目前，最著名的两大评估机构是标准普尔公司和穆迪投资者服务公司。

3. 债券的偿还

债券的偿还可分为定期偿还和任意偿还两种方式。

(1)定期偿还

定期偿还是在经过一定宽限期后，每过半年或 1 年偿还一定金额的本金，到期时还清余额。定期偿还有两种方法：一是以抽签方式确定并按票面价格偿还；二是从二级市场上以市场价格购回债券。

(2)任意偿还

任意偿还是债券发行一段时间(称为保护期)以后，发行人可以任意偿还债券的一部分或全部，具体操作可根据早赎或以新偿旧条款，也可在二级市场上买回予以注销。

(二)债券的二级市场(交易市场)

债券的二级市场与股票类似，也可分为证券交易所、场外交易市场以及第三市场和第四市场几个层次。证券交易所是债券二级市场的重要组成部分，在证券交易所申请上市的债券主要是公司债券，但国债一般不用申请即可上市，享有上市豁免权。上市债券与非上市债券相比，它们在债券总量中所占的比重很小，大多数债券的交易是在场外市场进行的，场外交易市场是债券二级市场的主要形态。

关于债券二级市场的交易机制，与股票并无差别，只是由于债券的风险小于股票，其交易价格的波动幅度也较小。

四、中国债券市场

(一)中国债券市场构成

中国债券市场逐渐形成了以银行间市场和交易所市场为主、柜台市场为补充的市场格局。

1. 银行间市场

银行间债券市场成立于 1997 年。从整体规模和交易活跃度来看，中国银行间债券市场是最主要的构成部分，占债券融资的 86%，是国债、政策性金融债以及同业存单等国际投资者最为关注券种的主要流通市场。截至 2021 年 12 月末，银行间债券市场托管余额近 115 万亿元，年内交易量突破 1 400 万亿元，市场参与主体近 3 800 个各类机构投资者，属于场外批发市场。

银行间市场的交易品种最多，包括现券交易、质押式回购、买断式回购、远期交易、互换、远期利率协议、信用风险缓释工具等，通过双边谈判成交，典型的结算方式是逐笔结算。

2. 交易所市场

交易所市场是债券交易的场内市场，机构投资者和个人投资者均可参与，属于批发和零售混合的市场。交易所市场交易的品种包括现券交易和质押式回购，典型的结算方式是净额结算。

3. 商业银行柜台市场

商业银行柜台市场是银行间市场的延伸，参与者限定为个人投资者，属于场外零售市场，只进行现券交易。

(二)债券市场主要参与者

1. 发行人

债券发行主体包括财政部、中国人民银行、地方政府、政策性银行、商业银行、财务公司等非银行金融机构、证券公司、非金融企业或公司等。

债券可以通过三种方式发行：债券招标发行、簿记建档发行和商业银行柜台发行。目前，国债、央行票据、政策性金融债绝大多数通过招标发行；部分信用债券通过簿记建档方式发行；只有传统凭证式国债通过商业银行柜台发行。从发行规模来看，作为准国债性质的央行票据居于主导地位，其次是政府债券，再次是金融债券。2022 年 9 月 30 日中国债券市场存量分布如表 2－7 所示。

表 2－7　　中国债券市场存量分布(按照债券类型，截止日期 2022 年 9 月 30 日)

	债券类别	只数	余额(亿元)	余额比重(%)
利率债	国债	258	245 447.89	17.51
	地方政府债	8 932	345 323.02	24.63
	央行票据	3	150.00	0.01
	政策银行债	305	219 442.42	15.65
	利率债合计	9 498	810 363.34	57.80
信用债	金融债	2 298	110 665.44	7.89
	保险公司债	80	3 088.50	0.22
	证券公司短期融资券	133	2 430.00	0.17
	商业银行次级债券	618	53 693.25	3.83
	商业银行债	332	23 754.22	1.69
	同业存单	15 248	144 483.50	10.31
	证券公司债	959	22 076.97	1.57
	其他金融机构债	176	5 622.50	0.40
	企业债	2 817	21 853.18	1.56
	集合企业债	3	14.80	0.00
	一般企业债	2 814	21 838.38	1.56
	公司债	11 745	104 664.29	7.47
	一般公司债	4 532	51 848.26	3.70
	私募债	7 213	52 816.03	3.77
	中期票据	8 294	88 480.04	6.31
	一般中期票据	8 294	88 480.04	6.31

续表

	债券类别	只数	余额(亿元)	余额比重(%)
信用债	短期融资券	2 813	25 645.34	1.83
	一般短期融资券	584	5 500.90	0.39
	超短期融资债券	2 229	20 144.44	1.44
	定向工具	3 584	22 914.19	1.63
	国际机构债	19	430.00	0.03
	政府支持机构债	184	18 225.00	1.30
	资产支持证券	9 364	44 780.63	3.19
	银保监会主管 ABS	1 300	15 034.78	1.07
	交易商协会 ABN	1 841	8 834.19	0.63
	证监会主管 ABS	6 223	20 911.65	1.49
	可转债	468	8 008.82	0.57
	可交换债	84	1 411.47	0.10
	项目收益票据	28	126.10	0.01
	信用债合计	56 946	591 688.00	42.20
	合计	66 444	1 402 051.34	100.00

数据来源：wind。

2. 投资人

中国债券市场的投资者正在扩大并且越来越多样化。截至 2023 年 4 月 30 日，我国银行间债券市场有 25 000 多名参与者，包括约 3 988 家注册机构。银行间债券市场的活跃投资者包括商业银行、证券公司、共同基金、资产管理产品和海外机构。

3. 其他参与机构

(1)监管机构

银行间市场的监督管理机构主要是中国人民银行。此外，市场参与者根据主体类型的不同，还受到中国国家金融监督管理总局和中国证券监督管理委员会的监管，在外汇使用方面受到国家外汇管理局的监管。

(2)托管与清算机构

我国债券市场基本实现了债券登记、托管、清算和结算集中化的管理，如交易所市场托管机构为中国证券登记结算有限责任公司(简称“中证登”)，银行间市场托管机构为中央国债登记结算有限责任公司(简称“中债登”)和银行间市场清算所(简称“上清所”)。

(3)承销商

承销商是指导与帮助发行人完成债券发行，参与债券发行投标或认购，在发行期内将承销债券向其他结算成员(和分销认购人)进行分销，并在债券存续期内牵头其他市场中介一起监督债券发行人履行相关义务的金融机构。由依法取得承销资格的商业银行、证券公司担任。

(4)做市商

做市商是经中国人民银行批准，在银行间债券市场开展做市业务，享有规定权利并承担相应义务的金融机构，由商业银行和证券公司担任。做市商按照有关要求连续报出做市券种的现券买、卖双边价格，并按其报价与其他市场参与者达成交易。截至 2022 年 12 月 31 日，银行间债券市场现券做市商综合类成员共 79 家，柜台流通式债券承办机构 29 家。

(5)货币经纪公司

货币经纪公司是经国家金融监督管理总局批准在中国境内设立的，通过电子技术或其他手段，专门从事促进金融机构间资金融通和外汇交易等经纪服务，并从中收取佣金的非银行金融机构。其进入银行间债券市场从事经纪业务须向人民银行备案。

五、债券的价格

债券的价格有票面价格、发行价格及交易价格等多种。

（一）票面价格

票面价格也称为债券的面值，是在债券发行时就已确定的。票面价格的重要性体现在两点：一是它的总和就是本金；二是它与票面利率的乘积就是利息收入。

（二）发行价格

发行价格是债券第一次发售的价格，又分平价发行价格、溢价发行价格和折价发行价格。发行价格的确定，一般是由发行者根据预期收益率按债券定价模型计算出来的。

记 P 为债券的发行价格，M 为债券的票面价值，i 为票面利率（年率），n 为债券的剩余期限数，r 为必要收益率（一般以年收益率计算）。

1. 贴现债券的发行价格

贴现债券也称为贴息债券，是按规定的折扣率，以低于债券面值发行，到期按面值支付的债券。这种债券的特点是在债券到期前没有任何现金流，同时债券投资的利息收入提前支付。其发行价格模型为：

（1）按单利贴现的发行价格

$$P=\frac{M}{1+nr} \tag{2-9}$$

（2）按离散复利贴现的发行价格

$$P=\frac{M}{(1+r)^n} \tag{2-10}$$

（3）贴现债券常用发行定价公式：

$$P_0=M\times\left(1-r\times\frac{t}{360}\right) \tag{2-11}$$

其中：P_0 为发行价格，M 为债券面值，r 为年贴现率，t 为债券期限（以天计）。

［例 2-1］ 某贴息债券面值为 1 000 元，期限为 90 天，债券发行时的贴现率为 10%。该债券的发行价格是：

$$P_0=M\times\left(1-r\times\frac{t}{360}\right)=1\,000\times\left(1-10\%\times\frac{90}{360}\right)=975$$

2. 一次还本付息债券的发行价格

一次还本付息债券的特点是以债券面值发行，到期按面值加利息支付。这种债券的特点是在债券到期前没有任何现金流。其定价模型为：

（1）按单利计息、单利贴现的发行价格

$$P=\frac{M(1+in)}{1+nr} \tag{2-12}$$

（2）按单利计息、复利贴现的发行价格

$$P=\frac{M(1+ni)}{(1+r)^n} \tag{2-13}$$

(3)按离散复利计息、离散复利贴现的发行价格

$$P=\frac{M(1+i)^n}{(1+r)^n} \tag{2-14}$$

[例 2-2] 设某一债券为一次还本付息债券，面值为 1 000 元，有 3 年的剩余期限，票面利率为 10%，且为单利计息。当投资者的必要收益率为 12%，则按单利、离散复利贴现时，该债券的理论价值分别为：

$$V_{单利}=\frac{M(1+in)}{1+nr}=\frac{1\ 000\times(1+10\%\times3)}{1+12\%\times3}=955.88$$

$$V_{离散复利}=\frac{M(1+ni)}{(1+r)^n}=\frac{1\ 000\times(1+10\%\times3)}{(1+12\%)^3}=925.31$$

3. 附息债券的发行价格

附息债券是以债券面值发行，到期日前定期支付息票利息和到期还本付息的债券。这种债券在到期前有固定的现金流，到期日支付最后一期利息和本金。附息债券的特点是到期前的收入流量是确定的，但有多个付息点，其价值等于债券的各期货币收入按某个利率贴现的现值之和。在实际应用中，为了方便，常假设每一期的贴现率相等(记为 r)，而且常采用离散复利贴现的形式。由于附息债券的付息方式有两种，分别为一年付息一次和半年付息一次，这里仅介绍一年付息一次附息债券的发行价格模型。

记 A 为每年的债息收入，t 表示第 t 次，按离散复利计算的债券价值决定公式为：

$$\begin{aligned}P&=\frac{A}{1+r}+\frac{A}{(1+r)^2}+\cdots+\frac{A}{(1+r)^n}+\frac{M}{(1+r)^n}\\&=\sum_{t=1}^{n}\frac{A}{(1+r)^t}+\frac{M}{(1+r)^n}=A\ \frac{1-(1+r)^{-n}}{r}+\frac{M}{(1+r)^n}\end{aligned} \tag{2-15}$$

[例 2-3] 某一附息债券的面值为 1 000 元，有 3 年的剩余期限，票面利率为 10%，每一年付一次息，若投资者的必要收益率为 12%，离散复利贴现时该债券的理论价值为：

$$A=1\ 000\times10\%=100$$

$$\begin{aligned}V&=\sum_{t=1}^{n}\frac{A}{(1+r)^t}+\frac{M}{(1+r)^n}\\&=A\ \frac{1-(1+r)^{-n}}{r}+\frac{M}{(1+r)^n}\\&=100\times\frac{1-(1+12\%)^{-3}}{12\%}+\frac{1\ 000}{(1+12\%)^3}=991.96\end{aligned}$$

(三)交易价格与行情

债券的交易价格是按纯债券进行报价的，即不考虑债券的利息，因此：

债券交割时的价格＝债券的报价＋应计利息

1. 债券报价

我国国债的报价方式是商品报价法，报出某债券每 100 元人民币面值的价格，以 0.001 元为最小报价单位。例如，2022 年 10 月 25 日 22 附息国债 23 开盘价为 99.700 元，即 22 附息国债 23 每 100 元人民币的价格为 99.700 元。

美国国债的报价方式是商品报价法，报出某债券每 100 美元面值的价格，以整点数及 1/32 点进行报价。

［例 2－4］ 某美国长期公债券的息票利率为 11.25%，2020 年 2 月 15 日到期，2014 年 6 月 22 日该债券的收盘价为 96—21。试计算该债券交割时的价格。

（1）债券的报价

$$P_s=96+\frac{21}{32}=96.656\ 25$$

（2）应计利息

$$I_s=F\cdot i\cdot\frac{1}{2}\cdot\frac{t}{H}=\$100\times0.112\ 5\times\frac{1}{2}\times\frac{127}{181}=\$3.946\ 2$$

（3）债券交割时的价格

96.656 25＋3.946 2＝100.602 5

2. 债券行情

债券行情一般报出某债券某个交易日的开盘价、收盘价、最高价、最低价，收盘价相对于昨日收盘价的涨跌金额等。表 2－8 为我国 2022 年 7 月 13 日几只国债的交易行情。

表 2－8 **2022 年 7 月 13 日国债交易行情(CSMAR)**

名称	代码	开盘价	最高价	最低价	收盘价	涨跌幅	成交股数（手）
13 国债 11	19311	101.25	101.475	101.25	101.474	0.224	1 384
16 国债 08	19536	102.773	103	102.726	102.79	0.017	17 043
22 国债 11	19676	99.527	99.544	99.527	99.544	0.017	2 100

(四)债券指数

与股票市场指数提供整个股市的表现一样，债券市场指数可以衡量各类债券市场的表现。最著名的债券市场指数是美林指数、雷曼指数和所罗门指数。需要指出的是，由于债券市场交易不活跃，其真实收益率难以计算，估计值与市场价真实值之间可能存在差异。表 2－9 为我国 2022 年 7 月 13 日国债指数、公司债指数与可转换债券综合指数的交易行情。

表 2－9 **2022 年 7 月 13 日债券指数交易行情(CSMAR)**

名称	代码	开盘价	最高价	最低价	收盘价	涨跌幅	成交股数（手）
上证国债指数	000012	195.69	195.72	195.69	195.71	0.02	2 802
深证公司债综合指数	399302	196.5	196.54	196.44	196.48	−0.02	4 459
国证可转换债券综合指数	399413	154.14	154.53	153.48	154.33	0.19	48 015

六、债券投资策略及投资风险

(一)债券投资策略

真实的债券市场变化莫测，宏观经济数据、债券流动性及资金面等都会给债券收益率带来一定的扰动，收益率曲线可能有相对平稳的阶段，有剧烈波动的阶段，也会出现趋势向上/向下的阶段，相应的投资策略应运而生。债券市场上常用的投资策略有：

1. 骑乘策略

骑乘策略的逻辑是：收益率曲线正常是向上倾斜的，长端收益率大于短端收益率，因而可以通过购买一只中长期债券，持有一段时间后，债券剩余期限缩短，以一个更低的收益率卖出，在获得稳定的票息收益外还可获得资本利得。如果收益率曲线不变，买入长期债券，持有一段时间后卖出，比直接买入相同到期时间的短期债券收益要高。

2. 收益率曲线交易策略

收益率曲线交易策略是指分析和预测收益率曲线变化，通过提前交易债券使得在收益率曲线发生变化时带来收益，包括曲线平移策略、曲线陡峭/平坦化策略、蝶式交易策略等。

(1)曲线平移策略

曲线平移是指预测未来的债券收益率整体向上或向下平移。如果预测曲线向上平移(收益率上升)，债券价格将会下跌，应卖出债券或者购买短期债券以减小损失。如果预测曲线向下平移(收益率下降)，债券价格将会上升，买入长期债券以获得资本收益。

(2)曲线陡峭/平坦化策略

正常的收益率曲线是向上的，期限越长，利率越高。如果预测收益率曲线变陡，可以通过做多短期债券，同时做空长期债券获得收益。如果预测收益率曲线变平坦，则可以通过做空短期债券，同时做多长期债券获得收益。

(3)蝶式交易策略

蝶式交易发生在预测收益率曲线凸度变化即收益率曲线中端发生变化的情况。如果预测中端收益率上升，通过做多中期债券同时做空短期和长期债券，可以获得收益。如果预测中端收益率下降，通过做空中期债券同时做多短期和长期债券，可以获得收益。

(二)债券投资风险

债券投资通常面临一种或多种风险，最常见的风险为利率风险、信用风险和流动性风险。

1. 债券投资的利率风险

根据债券定价公式(2-15)(附息债券)，债券价格与市场利率之间是反向关系，利率上升将带来债券价格下降，投资将遭受损失，这种风险被称为利率风险或市场风险。

无论哪种投资策略，利率变化都是债券投资所面临的主要风险，而利率风险是一种系统性风险。因此，防范利率风险是债券投资关注的主要问题。金融工程为防范利率风险提供了多种方法。

2. 债券投资的信用风险

信用风险是债券投资的另一类主要风险。信用风险是指若发行人无法按时支付本金或利息，给投资人造成损失的风险。根据债券的定价公式(2-15)，债券价格依赖于发行人未来本金和利息的支付，而对于信用资产而言，市场价格往往隐含了对发行人是否可以按时支付利息或偿还本金的预期，这一部分会产生相对于利率债的信用利差，一般来说，对发行人违约的预期越高，信用利差越大。

信用风险属于非系统性风险，对非系统风险管理的方法有很多。金融工程通过创新的方法提供了很多管理信用风险的方法，如信用违约互换、总收益互换、信用风险期权等。

3. 债券投资的流动性风险

不同于股票、基金等容易变现的资产，债券可能面临债券变现难的风险，主要由于债券市场的交投不活跃，导致短期内无法以合理的估值出售债券，尤其是对资质较弱的信用债。

对债券的流动性管理，常用的方法是持有一定规模的高流动性资产、现金流期限匹配及建立流动性风险应急机制。

无论是公司内部的风险管理制度还是监管机构对各类投资组合的监管要求，都要求投资组合中持有一定比例的高流动性资产以减少投资组合的流动性风险。现金流期限匹配是指组合资产端和资金端进行一定的期限匹配，针对性地购买对应期限的债券，债券到期兑付的现金正好可以用来应对赎回需求。为了避免某些账户在突发情况未及时应对导致出现流动性风险事件，一般来说，公司内部会建立针对资管产品流动性风险的应急机制，明确应急程序、资金来源等，也会通过定期的应急演练来检验应急机制的有效性和可行性。

第四节　货币市场

货币市场是指以期限在一年及一年以下的金融资产为交易标的物的短期金融市场，其功能是保持金融资产的流动性，为暂时闲散资金寻找出路，也为短期资金的使用者提供融资场所。货币市场以银行信用作为企业筹措资金的主要来源，以短期工商企业资金周转、拆款和短期政府债券为主要交易对象，参与者包括商业银行、中央银行、保险公司、金融公司、证券交易商、政府、企业和个人等，其投融资工具主要有国库券、商业票据、银行承兑票据、可转让大额存单等。

货币市场可分为同业拆借市场、银行承兑汇票市场、商业票据市场、大额可转让定期存单市场、回购市场、短期政府债券市场及货币市场共同基金市场等若干个子市场。这里主要介绍短期政府债券市场、大额可转让定期存单市场、商业票据市场、银行承兑汇票市场和回购市场。

一、短期政府债券市场

(一)短期政府债券的含义

短期政府债券是指政府部门以债务人身份承担到期偿付本息责任的期限在一年以内的债务凭证。从广义上看，政府债券不仅包括国家财政部门所发行的债券，还包括地方政府及政府代理机构所发行的证券。狭义的短期政府债券仅指国库券。一般来说，政府短期债券市场主要是指国库券市场。

(二)短期政府债券的市场特征

短期政府债券一般具有以下投资特征：

1. 违约风险小

由于国库券是国家的债务，因而可认为它是没有违约风险的。

2. 流动性强

国库券市场具有高度的可流通性。国库券是一种在高组织性、高效率和竞争市场上交易的短期同质工具。

3. 面额小

相对于其他货币市场票据来说，国库券的面额较小。在美国，1970 年以前国库券的最小面额为 1 000 美元，1970 年初国库券的最小面额升至 1 000～10 000 美元。而其他货币市场票据的面额大多为 10 万美元。对许多小投资者来说，国库券通常是他们能直接从货币市场购买的唯一有价证券。

4. 收入免税

国库券的收益一般免除州及地方所得税。

(三)短期政府债券的发行与定价

1. 短期政府债券的发行

短期政府债券以贴现方式发行(折价),投资者的收益是证券的购买价与证券面额之间的差额。在美国,国库券发行面额最小为 1 000 美元,发行期限有 91 天、182 天和 52 周等多个品种,其中 91 天和 182 天的国库券每周发行一次,52 周的国库券每月发行一次。

新国库券大多通过拍卖方式发行,投资者可用两种方式来投标:一种是竞争性方式,竞标者报出认购国库券的数量和价格(拍卖中长期国债时通常为收益率),所有竞标根据价格从高到低(或收益率从低到高)排队;另一种是非竞争性方式,由投资者报出认购数量,并同意以中标的平均竞价购买。竞标结束时,发行者首先将非竞争性投标数量从拍卖总额中扣除,剩余数额分配给竞争性投标者。发行者从申报价最高(或从收益率最低)的竞争性投标开始依次接受,直至售完。

2. 短期政府债券的定价与收益

由于国库券是贴现发行,在发行时只给出国库券面值、期限和贴现率,因此在国库券交易过程中,必须计算其发行价或价格,进而计算其收益率。记 r 为银行贴现收益率,F 为国库券面值,t 为距到期日的天数,P 为国库券价格,则国库券的发行价格为:

$$P=F\times\left(1-r\,\frac{t}{360}\right) \tag{2-16}$$

如果某投资者以发行价购买国库券,并持有到期,则实际收益率为:

$$R=\frac{F-P}{P}\times\frac{365}{t} \tag{2-17}$$

其中,R 为国库券的实际收益率。

[例 2-5] 设一张面额为 10 000 美元、到期期限为 182 天的国库券,其贴现收益率为 2.8%,试计算其发行价格。若某投资者以发行价购买该国库券,并持有到期,计算其实际收益率。

该国库券的发行价格为:

$$P=F\times\left(1-r\,\frac{t}{360}\right)=10\ 000\times\left(1-2.8\%\times\frac{182}{360}\right)=9\ 858.44$$

若某投资者以发行价购买该国库券,并持有到期,其实际收益率为:

$$R=\frac{F-P}{P}\times\frac{365}{t}=\frac{10\ 000-9\ 858.44}{9\ 858.44}\times\frac{365}{182}=2.88\%$$

二、大额可转让定期存单市场

(一)大额可转让定期存单的含义

大额可转让定期存单(Certificates of Deposits,CDs)是一种不能提前提取但可以转让的大额定期存款单。这种存单由美国花旗银行最先发明,它相对降低了筹资成本,且发行规模大,容易在二级市场流通。

(二)大额可转让定期存单的特点

与传统的定期存款相比,大额可转让定期存单具有以下特点:

(1)大额定期存单不记名、可以流通转让,而定期存款记名、不可流通转让。

(2)定期存款金额不固定,而可转让定期存单金额较大,在美国向机构投资者发行的 CDs 面额最少为 10 万美元,二级市场上的交易单位为 100 万美元,但向个人投资者发行的 CDs 面额最少为 100 美元。

(3)定期存款利率固定,而可转让定期存单利率既有固定的,也有浮动的,且一般比同期限的定期存款利率低。

(4)定期存款提前支取时要损失一部分利息;可转让存单不能提前支取,但可在二级市场流通、转让。

(三)大额可转让定期存单的种类

按照发行者的不同,大额存单可以分为四类:

(1)国内存单,由美国国内银行发行。存单上注明存款的金额、到期日、利率及利息期限。向机构发行的面额为 10 万美元以上,二级市场最低交易单位为 100 万美元。国内存单大多以无记名方式发行,期限一般为 30 天到 12 个月。

(2)欧洲美元存单,是由美国境外银行(外国银行和美国银行在外的分支机构)发行的以美元为面值的可转让定期存单。

(3)扬基存单,是外国银行在美国的分支机构发行的可转让定期存单。期限一般较短,大多在三个月以内。

(4)储蓄机构存单,是由非银行金融机构(储蓄贷款协会、互助储蓄银行、信用合作社)发行的可转让定期存单。

(四)大额可转让定期存单的发行与投资

大额可转让定期存单一般由大型的商业银行发行,存单主要以固定利率为主,期限为 2~3 个月。大额可转让定期存单的主要投资者是大企业和金融机构。企业可将剩余资金投资于存单,既可以获得较高的存款利息,又可在企业急需资金时在二级市场上出售存单来获取资金。货币市场基金在存单的投资上占有很大的份额。

三、银行承兑票据市场

(一)银行承兑汇票的含义

在商品交易活动中,售货人为了向购货人索取货款而签发的汇票,经付款人在票面上承诺到期付款的“承兑”字样并签章后,就成为承兑汇票。经购货人承兑的汇票称商业承兑汇票,经银行承兑的汇票即为银行承兑汇票。银行承兑汇票是为方便商业交易活动而创造的一种工具,在对外贸易中运用较多。由于银行承兑汇票由银行承诺承担最后付款责任,实际上是银行将其信用出借给企业,因此,银行承兑汇票是十分安全的金融资产。

(二)银行承兑汇票的特点

利用银行承兑汇票进行投融资有许多优点:

(1)安全可靠。银行承兑汇票是承兑银行的一项不可撤销的付款义务,因此安全程度很高。在美国银行承兑汇票市场上市买卖70年中,没有一个投资者亏损。

(2)期限短,收益高。一般来说,汇票利率略高于同期国库券。

(3)流动性好。如持票人急需资金,可在市场上随时贴现或者买卖转让。

(4)筹措资金成本较低。如在美国用汇票筹资比欧洲美元借款便宜,一般省1%左右。

(三)银行承兑汇票的发行与投资

银行承兑汇票是为了方便国际贸易,由出口商或者出口方银行签发,经进口方银行承兑保证到期付款的汇票。发行期限一般为30~180天,以90天为最多,交易规模一般为10万~50万美元。银行承兑汇票除了可以在承兑银行贴现外,还可以在二级市场上买卖,按面值有一定折扣,买价与面值的差额即为持票人的利润。

四、回购与逆回购市场

回购市场是指通过回购协议进行短期资金融通交易的市场。回购协议是指在出售证券的同时,与证券的购买商签订协议,约定在一定期限后按原定价格或约定价格购回所卖证券,从而获取即时可用资金的一种交易行为。回购协议签订后,资金需求者通过出售债券获得资金,这实际上是从短期金融市场上借入一笔资金;购买债券的一方获得了短期内可支配的债券,到期后按约定的价格如数交回,因此,购买债券的一方实际上是借出资金的人。

出售债券的一方允许在约定的日期,以原来买卖的价格再加若干利息,购回该证券,因此,回购协议实质上是一种以债券作为抵押品的抵押贷款。在回购协议中,抵押债券一般是政府债券和政府代理机构债券,这些债券信用高,没有违约风险。回购协议的期限从一日至数月不等。

逆回购协议是回购协议逆进行,与正回购协议类似。买入证券的一方,在出售所买入的证券时,价格要高于买入证券时的价格,高出的部分为资金的利息(相当于买卖证券,一般要求买入价低于卖出价)。

回购协议的金额一般不低于100万美元,期限多为1个营业日或者几天,也有1~4个月的,最长一般不超过4个月。回购利息由双方协商确定。

五、欧洲美元存单市场

欧洲美元存单是指由美国境外银行发行的以美元为面值的有固定存款期限的大额美元存单,其存款期限一般为3个月或6个月,存款者主要是大公司、中央银行、经纪公司和个人。

欧洲美元存单的中心在伦敦,但欧洲美元存单的发行范围不限于欧洲。与国内存单相比,发行银行的发行成本更低,既不需要提取存款准备金,也无须缴纳存款保险费。同时,由于美国银行在欧洲美元市场为国内放款筹资可以不受美国银行条例的限制,因而存单数量增加迅速,是欧洲货币市场上一种重要的融资工具。

六、货币市场投资的主要风险

由于货币市场上交易的信用工具一般期限较短(小于1年),发行的主体信用级别高,有很强的流动性和变现性,一般不存在信用风险,因此,货币市场上交易的信用工具类似于无信用风险的短期债券。

短期债券面临的主要风险是利率风险。对利率风险的防范，金融工程提供了多种方法。

第五节　黄金市场

从货币属性看，黄金市场也属于金融市场的一种。本节简述黄金市场，它也可以作为商品市场的代表。

一、黄金的基本属性与特征

（一）黄金的特性

黄金是世界上最稀有、最吸引人的金属，纯金的颜色为金黄色，黄金的化学性质极其稳定，在空气中很难被氧化，一般不溶于单一的强酸。黄金具有良好的导电、导热性，其质地柔软，延展性能非常好。

传统上，将黄金分为生金和熟金。生金就是天然金，有矿金和沙金两种。熟金是生金经过冶炼、提纯后的黄金，纯度一般较高，质地细腻，有些可以直接用于工业生产。生活中的黄金制品均为熟金，人们习惯上根据成色的高低把熟金分为纯金、赤金、色金 3 种，一般将提纯后达到 99.6%含量以上的金称为纯金。市面上销售的所谓 K 金是按足金为 24K(1K=4.166 6%)的比例与银、铜等金属混合制成的熟金。

（二）黄金的属性

由于黄金的特殊性，黄金一般有以下属性：

1. 商品属性

早在 5000 年前，世界各地、各个不同的民族几乎在同一时间发现了黄金。黄金长期以来被视为财富的象征，被广泛地应用于资产储蓄、货币、首饰等领域。随着科学技术的发展，黄金在仪器仪表制造业、电子工业、宇航工业、润滑材料、化学工业、光学工业、医学工业等领域得到了广泛应用。

2. 货币属性

货币属性是黄金最重要的特性。由于黄金拥有质地柔软、体积小、物理化学性质稳定、不易氧化且单位价值较高等特性，当黄金被发现后，全球各地都不约而同地将其作为支付媒介。特别是 19 世纪的金本位制、1944 年布雷顿森林体系，黄金的货币属性被真实地表现出来，黄金成为一种广泛认可的、在国际贸易中必不可少的交易媒介。

近年来，货币贬值带来的不利后果逐渐被各国政府和大众所认识，一些国家和地区开始尝试恢复金本位制。2011 年 3 月 9 日，美国犹他州众议院通过法案，承认黄金和白银为法定货币，可以用来支付税收、公司债务，市场自愿选择金银支付或美元支付。虽然目前黄金的供应量不足以支撑国际贸易的需要，恢复金本位制的想法有些不现实，但从这些尝试中可以看出黄金相对于信用货币所具有的优越性和公众信服力。

二、黄金市场

（一）黄金市场的含义

黄金市场是专门经营黄金买卖的金融市场。目前，世界上最主要的黄金市场分布在伦敦、苏黎世、纽约、香港等地。伦敦黄金市场的价格对世界黄金行市较有影响。黄金长久以来是一种投资工具。它价值高,并且是一种独立的资源,不受限于任何国家或贸易市场,它与公司或政府也没有牵连。因此,投资黄金通常可以帮助投资者避免经济环境中可能发生的问题。黄金投资意味着投资于金条、金币甚至金饰品。

黄金市场是一个全球性的市场。伦敦和纽约是世界上最大的两个黄金交易市场所在地。黄金市场的运作与其他投资市场以及股票市场类似。买卖每天都在进行,而价格受市场内经济条件的影响。

(二)典型的黄金交易所

伦敦交易所和纽约商品交易所是两个著名的黄金交易市场。这里仅介绍这两个交易所。

1. 英国伦敦交易所

伦敦黄金市场可以追溯到300多年前,1804年伦敦成为世界最大的黄金交易中心,1919年伦敦黄金市场正式成立。伦敦交易所黄金的定价方式是由四大金行(洛希尔国际投资银行、加拿大丰业银行、德意志银行和汇丰银行)在洛希尔公司总部专门用于交易黄金的办公室中每日上午、下午分两次对黄金进行定价。目前,伦敦仍然是世界上最大的黄金市场。

伦敦黄金市场交易制度比较特殊,因为没有实际的交易场所,所有交易均通过各大金商的销售网络来完成。交易时由金商根据各自的买盘和卖盘报出买价与卖价。伦敦黄金市场交易非常灵活,黄金的纯度和重量可以自由选择,金商也可向客户报出期货价格。

伦敦黄金交易市场主要的交割黄金品种为"伦敦金",其含金量为99.5%以上,是单块金砖重量为400盎司的梯形金砖。

2. 纽约商品交易所

纽约商品交易所中黄金期货交易市场的规模是全球最大的,其黄金交易往往主导着全球金价的走向。纽约商品交易所的黄金交易以期货和期权为主,实际交收占比非常少,其买卖的参与者以对冲基金和机构投资者为主,有很高的流动性。因为伦敦与纽约黄金交易市场密切的互动关系,由此衍生出伦敦现货黄金与纽约期货黄金的掉期交易。

纽约商品交易所交割的黄金为含金量99.5%以上、单块100盎司的金砖。黄金市场每宗交易量为100盎司,交易标的为99.5%的纯金,报价是美元。

(三)黄金市场参与者

黄金市场的参与者可分为金商、银行、对冲基金等金融机构、法人机构、私人投资者以及黄金期货交易中的经纪公司。

1. 金商

最典型的是伦敦黄金市场上的五大金行,其自身就是一个黄金交易商,由于其与世界上各大金矿和黄金商有广泛的联系,而且其下属的各个公司又与许多商店和黄金客户有联系,因此,五大金商会根据自身掌握的情况,不断报出黄金的买价和卖价。当然,金商要负责金价波动的风险。

2. 银行

银行又可以分两类:一类是仅为客户代行买卖和结算,本身并不参加黄金买卖,仅充当生产者和投资者之间的经纪人;另一类是做自营业务的银行。

3. 对冲基金

一些规模庞大的对冲基金利用与各国政治、工商和金融界千丝万缕的联系，往往较先捕捉到经济基本面的变化，利用庞大资金进行买空和卖空，从而加速黄金市场价格的变化并从中渔利。

4. 法人机构和私人投资者

这里既包括专门出售黄金的公司，如各大金矿、黄金生产商、专门购买黄金消费的（如各种工业企业）黄金制品商、首饰行以及私人购金收藏者等，也包括专门从事黄金买卖业务的投资公司、个人投资者等，种类多样，数量众多。这些投资者又可以分为风险厌恶者和风险喜好者：前者希望回避风险，将市场价格波动的风险降低到最低限度，包括黄金生产商、黄金消费者等；后者是各种对冲基金等投资公司，希望从价格涨跌中获取利益。前者希望对黄金保值，而转嫁风险；后者希望获利，而愿意承担市场风险。

5. 经纪公司

经纪公司为客户代理黄金买卖，收取客户的佣金。

（四）黄金价格变化的影响因素

影响黄金价格的因素有很多，有人为因素、自然因素、经济因素、货币政策、通货膨胀等。根据影响黄金价格的时效性，影响因素又分为影响黄金价格的长期因素和短期因素两类。长期影响因素包含影响黄金商品属性的全球黄金供应需求相关因素、作为国际黄金标价货币的美元发行量、经济情况、物价情况四大方面。短期影响因素包含反映大宗商品走势的商品指数、全球航运情况的波罗的海指数、石油期货价格和全球不可预测突发事件（如较高震级的地震以及由此引发的海啸，世界范围内影响较大、规模较大的战争）等。

三、中国的黄金市场

（一）我国黄金市场发展历程

新中国成立以来，我国黄金市场发展历程了两个阶段：

1. 黄金管制阶段（1949—2001）

1949—1978 年国内冻结民间黄金买卖，同时鼓励黄金生产。1950 年中国人民银行下发《金银管理办法》（草案），冻结民间金银买卖，明确规定国内的金银买卖统一由中国人民银行经营管理 。1978—1993 年国内实行统一管理、统购统配的黄金管理政策。1982 年恢复出售黄金饰品，迈出中国开放金银市场的第一步，并发行熊猫金币。1983 年国务院发布的《中华人民共和国金银管理条例》和 1984 年发布的《金银进出国境的管理办法》，对我国金银的生产、收购、配售、加工、使用、回收、进出口等提出明确的法规规定。从 1993 年开始，黄金生产企业开始进行市场导向的改革，“统购统配”计划外的黄金交易破土而出，出现一些地方性的黄金交易市场。1999 年中国首次向社会公开发售 1.5 吨“千禧金条”，同时开放白银交易，上海华通有色金属现货中心批发市场成为中国唯一的白银现货交易市场。白银的放开给中国黄金彻底放开打下了基础。2000 年上海老凤祥型材礼品公司开始经营旧金饰品收兑业务，成为国内首家试点黄金自由兑换业务的商业企业。

2. 黄金逐步全面市场化阶段（2001—）

2001 年国家取消中国人民银行对黄金的集中管控，该年 4 月组建上海黄金交易所，同年 11 月模拟运行，所有精炼黄金和金条的进口都可以在上海黄金交易所出售。2002 年 10 月 30 日上海黄金交易所正式开业,中国黄金市场走向全面开放。2003 年人民银行取消了黄金生产、加工、流通审批制,改为工商注册登记制,标志着黄金商品市场的全面开放。2004 年中国银监会与中国人民银行正式解除了禁止金条私人所有权的规定,这是发展壮大零售投资市场的重要一步,随后商业银行相继开发黄金投资产品与服务,使普通家庭能够获得黄金。2008 年 1 月 9 日黄金期货正式在上海期货交易所挂牌交易,黄金市场体系进一步完善。2010 年银行开始向黄金供应链中的机构提供黄金租赁工具,帮助管理库存财务。随后几年黄金租赁量快速增长,巨大的黄金租赁市场形成,中国的黄金市场走上国际舞台。2017 年中国发展成为全球最大的黄金市场,中国是世界上最大的黄金进口国、消费国、开采国,占全球黄金产量的 13%,占全球消费需求约 30%。2018 年黄金价格波动较大,熊猫金币合约上市,市场机制日益完善,如图 2-1 所示。

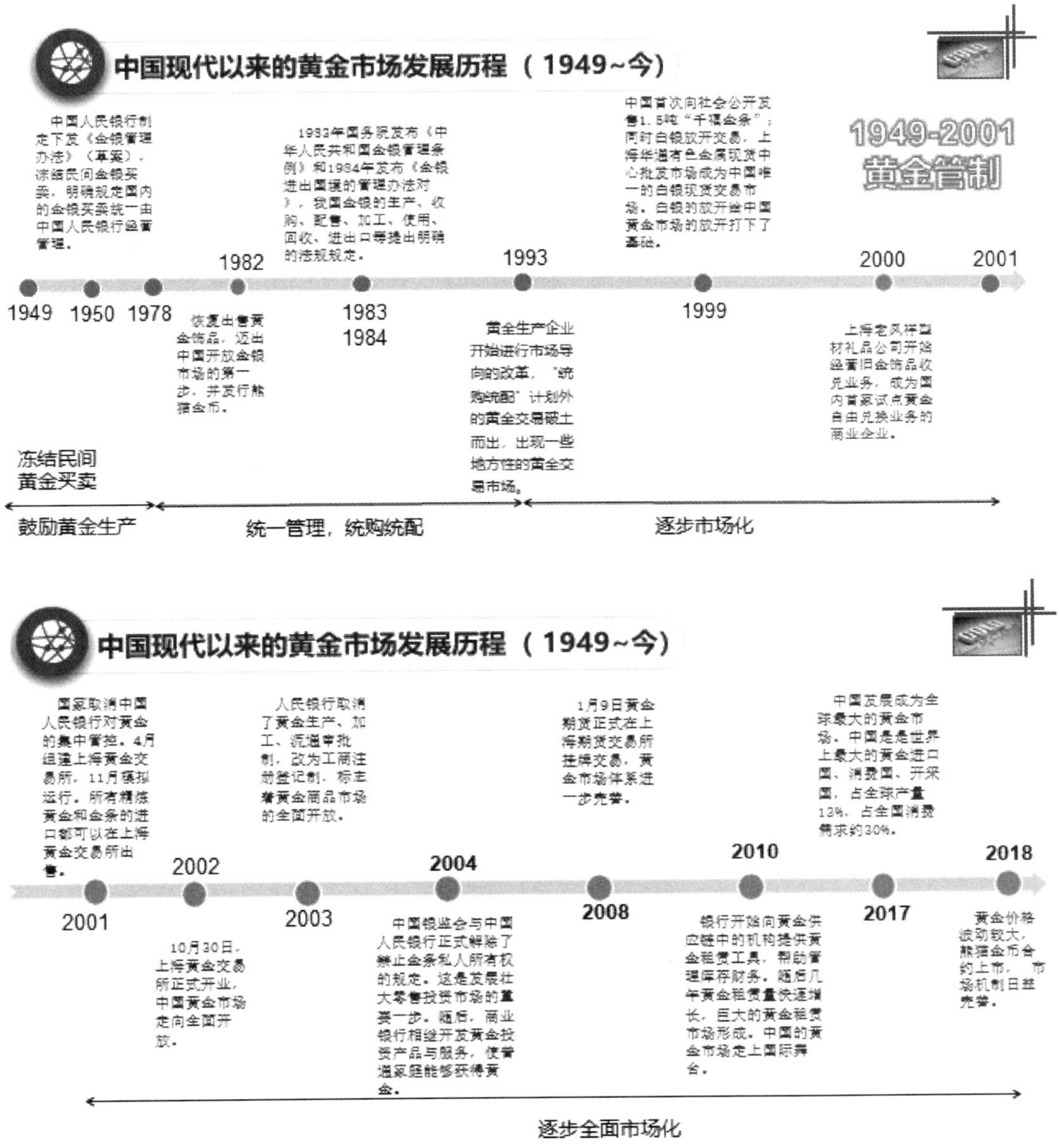

图 2-1 我国黄金市场发展历程

（二）我国黄金市场体系

目前，我国黄金市场体系初步形成了上海黄金交易所黄金业务、商业银行黄金业务和上海期货交易所黄金期货业务共同发展的市场格局，如图 2-2 所示。

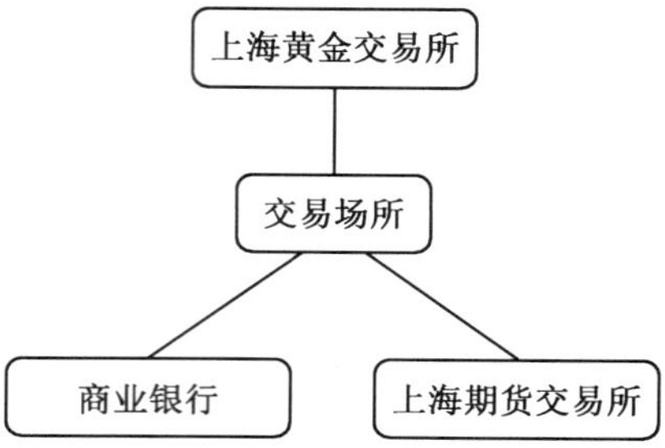

图 2-2　我国黄金市场体系

（三）上海黄金交易所

上海黄金交易所是经国务院批准，由中国人民银行组建，专门从事黄金交易的市场。上海黄金交易所于 2002 年 10 月正式运行，是中国黄金市场开放的重要标志。自成立以来，上海黄金交易所逐步发展为中国黄金市场的核心、枢纽以及全球重要的黄金、白银、铂金等贵金属交易市场。自 2007 年起，上海黄金交易所交易量连续 15 年位居全球场内黄金现货场所之首。

经过二十年的发展，上海黄金交易所建成了由竞价、询价、定价、租赁等市场共同组成、融境内主板市场与国际板市场于一体的多层次黄金市场体系。竞价市场实行集中竞价撮合机制，是目前交易量最大的市场，金融机构、产用金企业等机构和个人均可参与，交易标的包括黄金、白银和铂金三大类品种，有现货实盘合约、现货即期合约和现货延期交收合约等 16 个合约。询价市场是机构之间开展定制化衍生品交易的重要平台，主要提供黄金即期、远期、掉期和期权等交易品种，近年来交易规模增长迅速，已成为上海黄金交易所市场的重要组成部分。租借市场主要开展商业银行之间的黄金拆借业务、银行与企业之间的黄金租借业务，是上海黄金交易所支持产用金企业发展、更好发挥黄金市场投融资职能的重要创新和有益探索。

上海黄金交易所交易的主要品种有黄金现货、询价市场产品和租借市场产品。

1. 黄金现货

黄金现货交易的主要品种如表 2-10 所示。

在黄金现货交易中，现货实盘合约的买方报价时必须有全额资金，合约的卖方报价时必须有相应的实物，报价后对应的资金或实物即被冻结，成交后实时进行实物交割，以钱货两讫的方式进行清算。现货合约有两种：现货即期合约与现货延期交收合约。

现货即期合约是指 T 日交易、T+2 日交割的合约，合约的买方、卖方报价时必须有 20% 的保证金，报价成交后在 T+2 日进行钱货两讫的交割清算。

表 2 - 10 上海黄金交易所交易的黄金现货品种

类别	黄金											
	实物黄金					延期交易				国际板黄金实物交易		
合约产品	Au 99.00	Au 99.95	Au 99.5	Au 100g	Au 50g	Au (T+D)	Au (T+D)	Au (T+N1)	Au (T+N2)	IAu 99.99	IAu 99.5	IAu 100g
交易单位	10 克/手	1千 克/手	12.5 千克/手	100 克/手	50 克/手	1千 克/手	100 克/手	100 克/手	100 克/手	10 克/手	12.5 千克/手	10 克/手
最低保证金比例	100%	100%	100%	100%	100%	7%	7%	7%	7%	100%	100%	100%
涨跌停板	30%	30%	30%	30%	30%	6%	6%	6%	6%	30%	30%	30%

现货延期交收合约又叫做黄金(T+D)合约(T代表交易,D代表递延),是指以支付保证金的形式进行交易、当日无负债方式进行结算的合约,客户可以选择合约成交当日交割,也可以延期交割,同时引入延期补偿费机制来调节实物供求矛盾。

2. 询价市场产品

黄金询价市场产品如表 2 - 11 所示。

表 2 - 11 黄金询价市场产品

类别	询价市场			
	即期	远期	掉期	拆借
合约产品	PAu99.95、PAu99.99、iPAu99.99、iPAu99.5、iPAu100g			LAu99.95、LAu99.99、ILAu99.99、ILAu99.05 等
交易单位	交易双方以双边询价方式约定交易重量			
最低保证金比例	实物交割/现金交割			盘中实时过户/盘后批量过户
涨跌停板				

3. 租借市场产品

黄金租借市场交易产品如表 2 - 12 所示。

表 2 - 12 黄金租借市场交易产品

类别		合约产品	交易单位	过户方式	交易税费	交易时间	交易方式	手续费率
租借业务	黄金	Au99.99 Au99.95 Au100g Au50g Au99.5 iAu99.99 iAu100g iAu99.5	租借双方场外自行约定租借重量,交易所协助办理实物过户转移手续	实时过户	实行即征即退优惠增值税政策	9:00—17:00	交易所会员服务系统、国际交易系统	6元/千克

四、黄金市场投资的风险

由于影响黄金价格的因素有很多,有长期因素也有短期因素,因此黄金价格经常发生较大幅度的变化。黄金市场投资面临的风险主要是黄金价格波动的风险。如何防范黄金价格波动的风险是黄金市场投资者关注的主要问题,黄金期货与期权为防范黄金价格波动提供了有效工具。

本章小结

金融现货市场是学习衍生品市场的基础。现货资产的多头与空头是金融工程常用的两个"积木"。金融工程所涉及的金融现货市场主要有外汇市场、货币市场、债券市场、权益市场和黄金市场。本章重点对外汇市场、权益市场、债券市场和货币市场等进行了介绍。

外汇市场是指由各国中央银行、外汇银行、外汇经纪人和客户组成的买卖外汇的交易系统。外汇市场有狭义外汇市场和广义外汇市场之分,有国内外汇市场和国际外汇市场之分,有有形市场和无形市场之分。外汇市场交易方式有即期外汇交易和远期外汇交易;按交易的目的,外汇买卖还可分为套利交易、掉期交易、互换交易、套期保值交易、投机交易、外汇期货交易、外汇期权交易等。本章介绍了外汇的含义与特点、外汇的分类,介绍了汇率的含义与分类、汇率的标价方法以及汇率决定的购买力平价理论、利率平价理论、国际收支理论和金融资产说,还介绍了中国外汇市场的构成、交易方式及交易品种等。

股票市场是股票发行和流通的场所,可分为一级市场和二级市场。一级市场为股票发行市场,二级市场为股票流通市场。二级市场主要是证券交易所市场。股票是股份公司发给股东以证明其投资份额并对公司拥有相应的财产所有权的证书。按不同分类方法,股票有普通股和优先股,有 A 股、B 股、H 股等。股票内在价值是指股票本身所固有的价值,也就是它的真实价值或理论价值,股息贴现定价模型是确定股票内在价值的一种主要方法。股价指数是反映和判断股票市场价格变动的总趋势及其幅度的指标,其计算方法主要有股票价格平均数计算和股价指数的计算。本章还介绍了中国股票市场的构成、股票投资策略及投资风险。

债券市场是发行和买卖债券的场所,也分一级市场(发行市场)和二级市场(流通市场)。债券的发行与股票类似,不同之处主要有发行合同书和债券评级两个方面。由于债券是有期限的,因而其一级市场多了一个偿还环节。债券的二级市场与股票类似,也可分为证券交易所、场外交易市场以及第三市场和第四市场几个层次。债券是指债券发行人按法定程序发行的,并承诺在一定期限内还本付息的有价证券。债券的种类繁多,从不同的角度有不同的分类。按发行主体分,有政府债券、金融债券、公司债券;按计息方式分,有单利债券、复利债券、贴现债券、附息债券;按偿还期分,有短期债券、中期债券和长期债券。债券的价格有票面价格、发行价格和交易价格等。债券的交易价格是按纯债券进行报价的,不考虑债券的利息。债券指数与股票市场指数一样,可以衡量各类债券市场的表现。本章还介绍了债券投资策略及投资风险。

货币市场是指以期限在一年及一年以下的金融资产为交易标的物的短期金融市场,主要分为同业拆借市场、银行承兑汇票市场、商业票据市场、大额可转让定期存单市场、回购市场、短期政府债券市场等若干个子市场。短期政府债券市场是指交易短期政府债券的市场,一般指国库券市场。政府短期债券以贴现方式发行。大额可转让定期存单是一种不能提前提取但可以转让的大额定期存款单,这种存单相对降低了筹资成本,发行规模大,容易在二级市场流通。银行承兑汇票具有安全可靠、期限短、流动性好和筹措资金成本较低的特点。回购市场是指通过回购协议进行短期资金融通交易的市场。欧洲美元存单是指由美国境外银行发行的以美元为面值的有固定存款期限的大额美元存单，发行银行的发行成本较低，既不需要提取存款准备金，也无须缴纳存款保险费。

本章还介绍了黄金市场、中国黄金市场及黄金市场投资的主要风险。

关键词

外汇(Foreign exchange)　汇率(Exchange rate)
即期外汇(Spot foreign exchange)　远期外汇(Forward foreign exchange)
掉期(Swaps)　股票(Stocks)
普通股(Common stock)　优先股(Preferred stock)
股价指数(Stock index)　系统风险(System risk)
非系统风险(Unsystematic risk)　债券(Bond)
债券发行价格(Bond issue price)　债券报价(Bond quotation)
债券指数(Bond index)　利率风险(Interest rate risk)
违约风险(Default risk)　国库券(Treasury bill)
银行承兑票据(Bank acceptance bill)
可转让大额存单(Transferable large amount deposit receipt)
回购与逆回购(Repurchase and reverse repurchase)
欧洲美元存单(Eurodollar deposit receipt)　黄金市场(Gold market)

思考与练习

1. 简述外汇的含义与分类。
2. 简述汇率的含义与分类。
3. 什么是即期汇率和远期汇率？它们的主要区别是什么？
4. 简述掉期交易与套汇交易的区别。
5. 简述汇率的决定理论。
6. 简述外汇交易所面临的主要风险。
7. 什么是股票？股票具有哪些特征？
8. 简述股票的分类。
9. 简述股票一级市场的运作过程。
10. 简述股价指数的计算方法。
11. 简述股票交易所面临的主要风险。
12. 简述债券的含义与特征。
13. 债券有哪些分类？
14. 简述债券的价值确定方法。
15. 简述债券投资所面临的主要风险。
16. 简述债券与股票的区别。
17. 简述货币市场的种类及其特点。

18. 简述货币市场投资所面临的主要风险。

19. 简述黄金投资所面临的主要风险。

参考文献

1. 叶永刚，郑康彬，熊和平，彭红枫. 金融工程概论(第二版)[M]. 武汉：武汉大学出版社，2013.

2. 王明涛. 投资学教程[M]. 上海：上海财经大学出版社，2022.

3. 王明涛. 证券投资分析[M]. 上海：上海财经大学出版社，2012.

4. 杨骏超. 黄金价格影响因素的实证研究[C]. ，上海财经大学硕士研究生论文，2011.

5. 郑振龙，陈蓉. 金融工程(第五版)[M]. 北京：高等教育出版社，2020.

6. 尹常玲，方雯，张莉莉. 金融工程(第二版)[M]. 北京：清华大学出版社，2021.

7. 吴冲锋，刘海龙，冯芸，吴文峰. 金融工程学(第三版)[M]. 北京：高等教育出版社，2021.

第三章

金融远期及其应用

引　言

金融远期合约(Forward Contracts)是金融机构之间或金融机构与客户之间签订的约定在未来某一时点按照协定价格交割一定数量金融产品或商品的协议。金融远期合约是最简单的金融衍生品,也是学习其他衍生品的基础。

金融远期具有避险、投机及价格发现功能,主要应用在资产价格风险的防范和投机两个方面。

第一节　金融远期概述

一、金融远期合约的基本概念

(一)金融远期合约的含义

1. 远期合约的含义

远期合约是指交易双方约定在未来的某一确定时间,按事先确定的价格(如汇率、利率或股票价格等)买卖一定数量某种金融资产的合约。

合约中规定在将来买入标的物的一方称为多方(Long Position),在未来卖出标的物的一方称为空方(Short Position)。合约中规定的未来买卖标的物的价格称为交割价格(Delivery Price)。如果信息是对称的,而且合约双方对未来的预期相同,那么合约双方所选择的交割价格应使合约的价值在签署合约时等于零。这意味着无须成本就可处于远期合约的多头或空头状态。

[例 3-1]　一个生产冬小麦的农场主担心来年小麦价格下跌给他带来损失,而面粉加工厂则担心来年小麦价格上涨会带来成本增加。假设该农场主是这家面粉加工厂的小麦供应商,这样双方都有锁定明年小麦价格、防范小麦价格风险的需要。他们可以签订如下小麦远期合约:

明年(2024 年)5 月 30 日,农场主向面粉加工厂交割规定品质的小麦 100 吨,交割价为

1 200 元/吨，交割地点为面粉加工厂的仓库。

这里，面粉加工厂为该远期合约的多头，农场主为该远期合约的空头，规定品质的小麦为标的资产，2024 年 5 月 30 日为到期日，交割价格为 1 200 元/吨，交割地点为面粉加工厂的仓库。如果交易双方按时履约，则可以锁定 2024 年 5 月 30 日的小麦价格，防范小麦价格风险。

这样，农场主可以安心生产小麦，不必为小麦价格波动担心；加工厂也可以安心加工小麦，不必为成本增加而担心。

例 3－1 中农场主与面粉加工厂签订的远期合约，其标的是商品，因此，该远期合约是商品远期合约。现实中类似的远期合约有很多种，如购买的期房就相当于房产的远期合约，提前购买的飞机票就是空运的远期合约。

2. 金融远期合约的含义

金融远期合约是指交易双方约定在未来的某一确定时间，按事先确定的价格买卖一定数量某种金融资产的合约。常见的金融远期合约有远期外汇合约、远期利率协议等。交易的金融资产包括外汇、借贷资产，事先确定的价格即为汇率、利率等。

(二)远期合约的构成要素

根据远期合约的定义，参考例 3－1，一份远期合约包括以下构成要素：

1. 标的资产

远期合约中用于交易的资产称为标的资产，也称为基础资产，包括交割标的资产的数量和质量，如例 3－1 中的小麦、外汇远期中的外汇等。

2. 多头和空头

远期合约中许诺在某一特定时间以确定价格购买金融产品的一方称为多头，也称为购买远期，如例 3－1 中的面粉加工厂；而许诺在某一特定时间以确定价格出售金融产品的一方称为空头，也称为销售远期，如例 3－1 中的农场主。每一种远期合约中，多头和空头都是相互知道和了解的，而且远期合约都是唯一的(客户定做)，不必在交易所交易。

远期合约的多头进入远期合约的目的是防范标的资产价格上升给其造成的损失，而远期合约的空头进入远期合约的目的是防范标的资产价格下跌给其造成的损失。

3. 到期日

远期合约所确定的交割时间即为到期日，到期后交易双方要进行交割，如例 3－1 中的 2024 年 5 月 30 日。

4. 交割价格

远期合约中所确定的价格称为交割价格。交割价格是交易双方协商确定的，或“1 对 1”谈判确定的，如例 3－1 中的小麦交割价格 1 200 元/吨。合约签订初始时刻交割价格等于远期价格。随着时间的推移，远期价格改变，但交割价格始终不变，一般情况下远期价格与交割价格并不相等。

5. 交割地点

远期合约中所确定的交割场所即交割地点，如例 3－1 中小麦的交割地点为面粉加工厂的仓库。

(三)应用远期合约的目的

人们应用远期合约的目的是锁定所购买或出售商品的未来价格,防范标的资产的价格风险。例 3-1 中农场主与面粉加工厂签订小麦远期合约的目的是防范未来小麦价格波动的风险。

二、远期合约的特点(优缺点)

远期合约是因规避现货交易价格风险的需要而产生的。现货交易的最大缺点在于无法规避价格风险。一个农场主的命运完全掌握在农作物收割时农作物现货市场价格的手中。如果在播种时就能确定农作物收割时卖出的价格,农场主就可安心致力于农作物的生产了。远期合约正是适应这种需要而产生的。远期合约一般具有以下特点:

1. 远期合约是非标准化合约

远期合约是交易双方通过谈判后签署的。在签署远期合约之前,双方可以就交割地点、交割时间、交割价格、合约规模、标的物品质等细节进行谈判,以便尽量满足双方的需要。因此远期合约具有较大的灵活性,这是远期合约的主要优点。

2. 远期合约存在较高的违约风险

远期合约的履行往往没有保证,当价格变动对一方有利时,对方有可能无力或无诚意履行合约,因此远期合约的违约风险较高。在例 3-1 中,当来年 5 月 30 日小麦价格下跌时,面粉加工厂就有可能违约,以较低的价格从市场上购买小麦;而当小麦价格上升时,农场主就有可能违约,以较高的价格在市场上卖出小麦。可见违约风险是远期交易的主要风险之一。

3. 远期合约的流动性较差

由于每份远期合约都是为客户定做的,千差万别,这就给远期合约的流通造成较大不便,因此远期合约的流动性较差。例如,例 3-1 中的农场主想将他的空头仓位转给其他农场主是不容易的,因为该农场主签订的远期合约可能不适合其他农场主。

4. 远期市场效率低

由于远期合约是交易双方签订的,市场价格由交易双方"一对一"协商谈判形成;同时,远期合约没有固定、集中的交易场所,不利于信息交流和传递,因此标的资产的市场价格不一定真正反映市场价值,市场效率较低。

这些是远期合约最明显的缺点。由于远期合约流动性较差,因此,进入远期合约的多空双方一般持有到期并进行标的资产的交割(即 100%交割)。另外,由于远期合约违约风险较大,参与远期交易的双方都是一些信誉卓越的大型企业和金融公司,如银行、AAA 级企业等,可以有效防范远期交易的信用风险。

三、远期合约的价值与损益

(一)远期合约的价值

远期合约的价值有两方面的含义:一是远期合约签订日的价值;二是远期合约签订日之后到到期日之间的价值,也称为远期合约的损益。在远期合约签订日,交易双方协议确定的交割价格应等于远期价格,从而远期合约价值为零,否则将发生套利交易。在到期日前合约双方不发生现金支付和资产交割。在远期合约的存续期内，由于标的资产的价格变化，使远期合约出现正或者负的价值。

1. 远期的市场价格(称为远期价格)

远期价格是指在实际市场交易中交易双方形成的标的商品未来的价格。它与远期合约的交割价格不同。

远期合约的交割价格，是交易双方在远期合约签订时确定的未来标的资产的交割价，它不随时间的推移而变化(是始终不变的)。如例 3-1 中的小麦交割价格 1 200 元/吨，是当年 10 月份农场主与面粉加工厂确定的小麦交割价，在远期合约有效期内是不变的。而远期价格是随时间的推移而变化的，在当年 12 月份，如果农场主与面粉加工厂再签订同样的远期合约，合约的交割价可能是 1 300 元/吨，此时的远期价格就是 1 300 元/吨。也就是说远期的市场价格是远期合约有效期内交易双方再签订同样远期合约时确定的交割价。类似的实例很多，如你提前 7 个月购买从上海到纽约的飞机票，假设为 1 000 美元，随着到期日的临近，上海到纽约的飞机票价格是不同的(一般会上涨)，如提前 5 个月购买从上海到纽约的飞机票为 1 200 美元，这里的 1 200 美元是远期价格，1 000 美元可认为是远期合约的交割价。

2. 远期的理论价格

远期的理论价格是指在某一特定时间和特定条件下远期合约标的商品的无套利均衡价格，即远期合约价值为 0 时的交割价格。如在签订远期合约时，远期合约的价值为 0，此时的标的资产交割价就是远期的理论价格；若远期合约的价值不为 0，此时的标的资产交割价就不是远期的理论价格。在例 3-1 中，交易双方签订小麦远期合约时，远期合约的价值不为 0(假设大于 0，为 100 元/吨)，此时面粉加工厂可以以 1 200 元/吨的价格买入 100 吨小麦，以 1 300 元/吨的价格卖出 100 吨小麦，赚取无风险收益。

远期定价是指确定远期的理论价格。由于远期定价与期货定价有许多相同之处，故这里不详细介绍远期的定价方法，将其归并到期货定价中。

3. 远期合约价值

远期合约价值是指远期合约本身的价值，等于远期的实际价格与理论价格的差。当远期合约价值为 0 时，远期的实际价格与理论价格相等，此时远期市场处于均衡状态。当远期的实际价格与理论价格不等时，远期合约具有正或负的价值。远期合约的价值更多是一个点的概念，即在某个时间点实际价格与理论价格的差。

(二)远期合约的损益

远期合约的损益是指在远期合约的存续期内远期合约价值的变化。由于远期合约签订时交割价已经确定，而且是不变的，因此，远期合约的价值将随着标的资产价格(远期价格)的变化而变化，当标的资产价格上涨时，则远期合约的多头将获得正的收益，空头将出现负的收益。

假定 K 为交割价格，S_T 为合约到期时标的资产的即期价格，R 为远期合约价值，那么远期合约多头的损益为 $R=S_T-K$，空头的损益为 $R=K-S_T$。远期合约多头与空头在到期日的损益状况如图 3-1 所示。

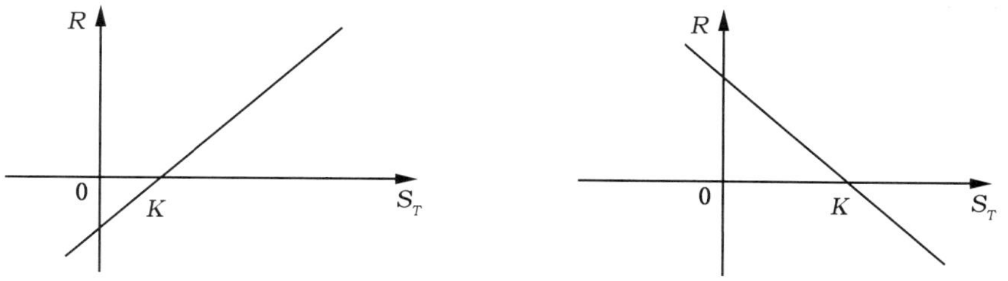

图 3－1 远期合约多头与空头回报

四、远期合约的功能

远期合约的功能主要包括避险、投机和价格发现等。

1. 避险功能

避险功能是指交易双方利用远期交易来锁定标的资产的未来价格，从而消除或降低标的资产价格变化带来的不确定性。例如，某中国公司计划在 3 个月之后支付 1 000 万美元给美国出口商。为了防范美元汇率上涨给企业带来的风险，该公司可以在远期外汇市场上购入 3 个月期 1 000 万美元，从而将 3 个月后支付的美元汇率固定在目前确定的美元远期汇率上，从而防范标的资产价格变化的风险。

2. 投机功能

投机功能是指交易者利用远期交易赚取远期价格与到期日即期价格之间的差额。当投资者预测资产价格上涨时，将进行多头远期交易；反之，将进行空头远期交易。如果市场的走势与预测一致，则投资者会盈利；反之，将遭受损失。例如，一投机者认为一年后英镑对美元的汇率将上升，而且上升幅度将超过目前一年期英镑远期价格，他可以买入英镑远期。假设目前一年期英镑远期价格为 1 英镑＝1.797 5 美元，该投机者购买 100 万英镑。如果一年后该远期合约交割日的英镑价格为 1 英镑＝1.817 8 美元，则该投机者盈利为：100×(1.817 8－1.797 5)＝2.03(万美元)。

3. 价格发现功能

价格发现功能是指通过远期市场推算出现货市场的未来价格。由于远期合约中买卖双方同意在未来某特定时间以现在约定的价格进行某项资产的交割，那么远期价格与到期日的预期现货价格之间应该存在某种特定的关系，市场参与者可以利用这种关系来预测标的资产在未来某特定日期的价格。在有效的金融市场中，远期价格是未来现货价格的“最优估计值”，因此可以用远期价格判断标的资产未来的现货市场价格。

五、远期合约的产生与发展

现代远期市场始于 1848 年芝加哥交易所(CBOT)的成立。19 世纪 40 年代芝加哥是美国中西部重要的农产品集散中心。由于农产品具有较强的季节性，每年夏末和秋季农产品大量涌进芝加哥各类农产品市场，导致仓储不足和农产品价格下跌，在一定程度上影响农产品的生产。由此，芝加哥的一些商人于 1848 年牵头成立芝加哥交易所，并推出了第一张名为“将要到达”的远期合约，允许农民在未来某个时间交割事先已达成协议的一定数量的农产品，由此成为现代远期市场的开端。随着 20 世纪 70 年代布雷顿森林体系的崩溃，汇率和利率大幅波动，各类市场风险增大。为了管理利率风险和汇率风险，1973 年外汇远期合约应运而生。1984 年 6 月在伦敦形成了“远期利率协议”市场，为缓解利率市场的波动提供了有效的衍生工具。远期利率协议、远期汇率协议等新型远期合约的出现，使远期交易焕发新的生机。我国现代化的远期协议合约在 20 世纪末才开始起步。1997 年中国银行开始进行远期结售汇试点，2003 年四大国有商业银行全面展开远期结售汇业务。亚洲金融危机后，离岸市场出现了人民币无本金交割远期(NDF)。2005 年我国进行人民币汇率机制改革，中国人民银行正式建立人民币远期市场。2007 年我国正式推出人民币远期利率协议。

第二节　金融远期合约的种类

金融远期合约是指标的为某种金融资产的合约。常见的金融远期合约主要有远期利率协议、远期外汇合约等。

一、远期利率协议

(一)远期利率协议的含义与特点

1. 远期利率协议的含义

远期利率协议(Forward Rate Agreements，FRA)是买卖双方同意从未来某一商定的时期开始在某一特定时期内按协议利率借贷一笔数额确定、以具体货币表示的名义本金的协议。

远期利率协议的买方是名义借款人，其订立远期利率协议的主要目的是规避利率上升的风险或投机；卖方则是名义贷款人，其订立远期利率协议的主要目的是规避利率下跌的风险或投机。之所以称为“名义”本金，是指借贷双方不交换本金，也不是真实的借贷，只是在结算日根据本金和协议利率与参考利率之间的差额计算结算金，由交易一方交于另一方。

[例 3-2]　A 企业计划 3 个月后融入一笔以 3 个月 SHIBOR 为基准的短期资金 1 000 万元人民币。因担心 3 个月的 SHIBOR 上涨，A 企业与工商银行签订一份人民币远期利率协议，其中，名义本金 1 000 万元人民币，协议利率为 4.4%，参考利率为 3 个月 SHIBOR，与原贷款的成本对冲。

2. 远期利率协议的特点

远期利率协议具有以下特点：

(1)远期利率协议是在场外交易的非标准化协议，具有简便、灵活、不需支付保证金等特点，因此更能充分满足交易双方的特殊需求。

(2)远期利率协议具有较大的信用风险和流动性风险，因此远期利率协议通常在银行同业之间进行。

(3)远期利率协议是表外工具，由于远期利率协议不涉及本金的流动，利率是按差额结算的，所以资金流动量较小，因此成为资产负债表外工具，对银行而言可以降低资本金要求。

(4)远期利率协议的重要功能在于锁定将来实际交付的利率而避免利率变动风险。签订 FRA 后，不管市场利率如何波动，协议双方将来收付资金的成本或收益总是固定在合同利率水平上。

3. 远期利率协议的产生

远期利率协议产生于 20 世纪 80 年代利率的大幅波动。为了管理利率风险，远期对远期贷款被开发出来。由于该类贷款从交易日到贷款到期日的整个贷款期都要求银行借入资金作为融资来源，银行要保留相当比例的资本金来支持监管的有关要求，因此该种贷款工具并没有大规模的使用。远期利率协议给银行提供了一种管理利率风险而无须改变银行资产负债表结构的工具，在推出后得到广泛应用，并且成为利率风险管理的主要工具。目前，远期利率协议主要集中于美元，日元、英镑等的交易也日益增多。远期利率协议通常在银行同业之间进行，每笔交易金额为 1 000 万～2 000 万美元，期限多为 3 个月和 6 个月。

（二）远期利率协议的交易与结算

1. 有关远期利率协议交易的重要术语

为了规范远期利率协议，英国银行家协会（British Banker's Association）于 1985 年颁布了远期利率标准化文件（简称 FRABBA），作为市场实务的指导原则。目前，世界上大多数远期利率协议是根据 FRABBA 签订的。该标准化文件使每一笔 FRA 交易仅需一个电传确认即可成交，大大提高了交易速度和质量。

FRABBA 对远期利率协议的重要术语做了如下规定：

合同金额（Contract Amount）：借贷的名义本金额。

合同货币（Contract Currency）：合同金额的货币币种。

交易日（Dealing Date）：远期利率协议成交的日期。

结算日（Settlement Date）：名义借贷开始的日期，也是交易一方向另一方交付结算金的日期。

确定日（Fixing Date）：确定参照利率的日期。

到期日（Maturity Date）：名义借贷到期的日期。

合同期（Contract Period）：结算日至到期日的天数。

合同利率（Contract Rate）：在协议中双方商定的借贷利率。

参照利率（Reference Rate）：在确定日用以计算结算金时在协议中指定的某种市场利率。

结算金（Settlement Sum）：在结算日根据合同利率和参照利率的差额计算出来的、由交易一方付给另一方的金额。

远期利率协议流程如图 3－2 所示。

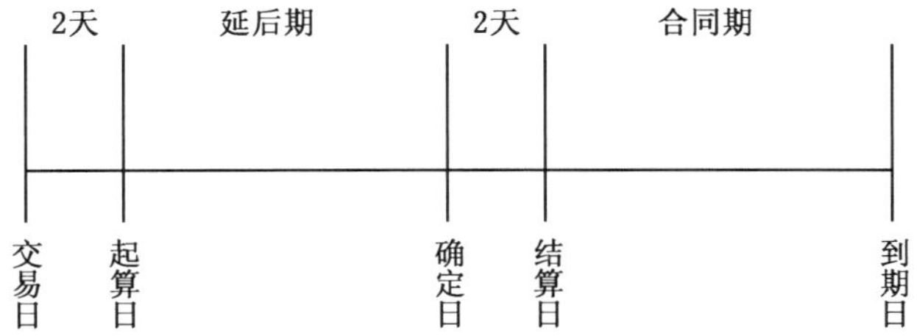

图 3－2　远期利率协议流程图

2. 远期利率协议的报价

远期利率协议的报价是以远期利率为基础的，实际交易报价由报价银行自行决定。报价的一般格式为：

日期　FRA　$m\times n$　美元　卖出价—买入价

例如,11 月 1 日　FRA　1×4　美元　5.50—5.45

上述报价的含义为 11 月 1 日,当天,从 1 个月后(12 月 1 日)开始的 3 个月期的美元借款利率(第 2 年的 2 月份到期)的卖出价为 5.5%,买入价为 5.45%。买价和卖价之间的差额为 5 个基点。如果银行为 FRA 的多头,协议利率为买入价;若银行为 FRA 的空头,协议利率为卖出价。

3. 结算金的计算

在远期利率协议下,如果参照利率超过合同利率,那么卖方(贷款方)就要付给买方(借款方)一笔结算金,以补偿买方在实际借款中因利率上升而造成的损失。其计算公式为:

$$\text{结算金}=\frac{(r_r-r_k)\times A\times\dfrac{D}{B}}{1+\left(r_r\times\dfrac{D}{B}\right)} \tag{3-1}$$

式中:r_r 表示参照利率,r_k 表示合同利率,A 表示合同金额,D 表示合同天数,B 表示天数计算惯例(美元为 360 天,英镑为 365 天)。

[例 3-3] 假定 2021 年 10 月 5 日双方同意成交一份 1×4 名义金额为 1 000 万美元、合同利率为 3.25%的远期利率协议。其中,1×4 指起算日与结算日之间为 1 个月,起算日与到期日之间为 4 个月,交易日与起算日之间一般为 2 天。

本例中,交易日为 10 月 5 日,起算日为 10 月 7 日,结算日为 11 月 7 日,到期日为 2022 年 2 月 7 日,合同期为 2021 年 11 月 7 日到 2022 年 2 月 7 日(92 天)。结算日前的两个交易日(2 月 5 日)为确定日,确定参考利率(通常为 LIBOR,假定为 4.5%)。

此时结算金为:

$$\text{结算金}=\frac{(0.045-0.032\,5)\times 1\,000\times\dfrac{92}{360}}{1+0.045\times\dfrac{92}{360}}=3.158\,1(\text{万美元})$$

即合同的卖方在结算日付给买方 3.158 1 万美元。

(三)远期利率协议的交易过程

1. 交易日

如上例,2021 年 10 月 5 日为交易日。交易双方根据远期利率协议的报价,以 FRA 1×4,合同利率为 3.25%,达成 1 000 万美元的远期利率协议,此时不发生现金转移。

2. 起算日

上例起算日为 2021 年 10 月 7 日,起算日与交易日之间一般为 2 个交易日。

3. 确定日

确定日为确定参考利率的日期,上例为 2022 年 2 月 5 日。一般为当日的 LIBOR,上例为 4.5%。

4. 结算日

上例结算日为 2021 年 11 月 7 日。根据合同利率和参照利率的差额计算结算金,由交易一方付给另一方,远期利率协议结束,如上例的结算金为 3.158 1 万美元。

(四)远期利率协议的定价

在远期利率协议中,关键是远期合同利率的确定,也称为远期合同协议的定价。

1. 远期利率的含义

远期利率是指现在时刻的将来一定期限的利率,即未来两个时点之间的利率,如 3 个月之后开始的期限为 3 个月的远期利率。

2. 远期利率的确定

远期利率的确定,仍然是根据无风险套利原理决定的。例如,如果一年期的即期利率为 3.25%,二年期的即期利率为 3.75%,那么其隐含的一年到二年的远期利率可以按下列方法确定:

如果有一笔资金 A 预计投资两年,有两个投资方案:一个为直接按两年期的即期利率投资两年;另一个为先按一年期的即期利率投资一年,然后将本息再按一年到二年间的远期利率投资一年。如果市场是均衡的,两种方案的投资结果应相等,否则将出现套利机会。设 1 年到 2 年间的远期利率为 x,则有:

$$A(1+3.25\%)(1+x)=A(1+3.75\%)^2$$

1 年到 2 年间的均衡远期利率为:

$x=4.25\%$

一般来说,如果现在时刻为 t,T 时刻到期的即期利率为 r,T^* 时刻($T^*>T$)到期的即期利率为 r^*,则 t 时刻的 T^*-T 期间的远期利率 $\hat{r}$ 可以通过下式求得:

$$(1+r)^{T-t}(1+\hat{r})^{T^*-T}=(1+r^*)^{T^*-t} \tag{3-2}$$

应注意的是,式(3-2)仅适用于每年复利一次的情形。

3. 连续复利

为了更精确地计算即期利率和远期利率之间的关系,需要引入连续复利的概念。

假设数额 A 以利率 R 投资了 n 年。如果利息按每一年复利一次,则上述投资的终值为:

$$A(1+R)^n$$

如果每年计 m 次复利,则终值为:

$$A\left(1+\frac{R}{m}\right)^{mn} \tag{3-3}$$

当 m 趋于无穷大时,就称为连续复利,此时的终值为:

$$\lim_{m\to\infty}A\left(1+\frac{R}{m}\right)^{mn}=Ae^{Rn} \tag{3-4}$$

假设 R_c 是连续复利的利率,R_m 是与之等价的每年计 m 次复利的利率,根据式(3-3)和式(3-4),有:

$$e^{R_c n}=\left(1+\frac{R_m}{m}\right)^{mn}$$

或

$$e^{R_c}=\left(1+\frac{R_m}{m}\right)^{m}$$

这样:

$$R_c = m\ln\left(1+\frac{R_m}{m}\right) \tag{3-5}$$

$$R_m = m(e^{\frac{R_c}{m}}-1) \tag{3-6}$$

通过式(3－5)和式(3－6),可以实现每年计 m 次复利的利率与连续复利之间的转换。

当即期利率和远期利率所用的利率均为连续复利时,即期利率和远期利率的关系可表示为:

$$\hat{r} = \frac{r^*(T^*-t)-r(T-t)}{T^*-T} \tag{3-7}$$

这是因为:

$$Ae^{r(T-t)} \times e^{\hat{r}(T^*-T)} = Ae^{r^*(T^*-t)}$$

所以,

$$r(T-t)+\hat{r}(T^*-T) = r^*(T^*-t)$$

例如,当一年期和两年期的连续复利年利率分别为 3.25%和 3.75%时,则有:

$$e^{3.25\%} \times e^{x} = e^{3.75\% \times 2}$$

则一年到二年的连续复利远期年利率等于 4.25%。

二、远期外汇合约

远期外汇合约是另一种常见的金融远期合约。

(一)远期外汇合约的含义与特点

1. 远期外汇合约的含义

远期外汇合约(Forward Exchange Contracts)是指交易双方约定在将来某一时间按约定的远期汇率买卖一定金额的某种外汇的合约。双方在签订合同时就确定好了将来要进行交割的远期汇率,无论到期时的汇价如何变化,都应按此汇率交割。在远期外汇业务中最重要的条款是远期汇率的确定。外汇市场的远期交易期限一般有 1 月期、3 月期、6 月期和 1 年期,其中较多的是 1 月期,1 年期以上远期合约较少。

2. 远期外汇交易的特点

远期外汇交易具有以下特点:

(1)远期外汇交易采取场外交易的方式,主要通过电话、电传等在银行、经纪商和客户之间进行交易。客户可以采取直接交易的方式,也可通过经纪商来进行。

(2)远期外汇交易没有保证金的要求,也没有共同的清算机构。远期外汇交易在到期时大多采取现金交收。

(3)远期外汇交易要求交易对手有很高的信用等级。远期外汇交易往往在银行之间进行。

(二)远期外汇合约的类型

按照远期的开始时期和交割日不同,远期外汇合约又有不同的分类。

1. 按照远期的开始时期划分,远期外汇合约分为直接远期外汇合约和远期外汇综合协议(Synthetic Agreement for Forward Exchange,简称 SAFE)

直接远期外汇合约的远期期限是直接从现在开始计算的,而远期外汇综合协议的远期期限是从未来的某个时点开始计算的,实际上是远期的远期外汇合约。如 1×4 远期外汇综合协议是指从起算日之后的一个月(结算日)开始计算的为期3个月的远期外汇综合协议。

2. 按外汇交割日的固定与否,远期外汇交易可以分为交割日固定的远期外汇交易和交割日不固定的远期外汇交易

交割日固定的远期外汇交易是指远期外汇交易的交割日是固定的,既不能提前交割,也不能推后交割,常适用于能预先确定外汇收付日期的情况;交割日不固定的远期外汇交易是指交割日不固定,只规定期限,在此期限内买卖双方可以在任一日进行交割。

(三)直接远期外汇交易

1. 远期汇率的含义

远期汇率是指两种货币在未来某一日期交割的买卖价格。与远期汇率对应的为即期汇率,是指现在两种货币的买卖价格。

远期汇率与即期汇率的差额称为远期交易的汇差,也称为远期对即期的价差。若远期汇率大于即期汇率,这一差额称为升水,反之称为贴水;若远期汇率与即期汇率相等,就称为平价。

2. 远期汇率的报价方式

远期汇率的报价方式通常有两种:

(1)直接远期报价,就是直接报出远期汇率。银行对客户的报价通常采取这种方式,如3个月 US$/¥为6.120 1/15。

(2)掉期率远期报价,是通过以基点表示远期汇率与即期汇率之间差额来进行报价。例如,即期汇率 US$/¥为6.112 5/30,而银行3个月期远期外汇报价为30/40,则直接外汇报价为 US$/¥6.115 5/70。

在一般情况下,掉期率的表达方式有两种:一种为斜线左边的数字小于右边的数字,即低/高,如20/30;另一种为斜线左边的数字大于右边的数字,即高/低,如50/40。从掉期率计算直接汇率的市场规则是左低右高往上加,左高右低往下减。

3. 远期汇率的交易过程

远期外汇交易涉及三个重要日期,即成交日、即期日和交割日,其中成交日指远期外汇合约签订的日期,即期日指成交日后的第二个营业日,交割日指远期外汇交付的日期。

[例3-4] 某中国出口商三个月后将收到货款1 000万美元。为了防范美元下跌的风险,他进行美元远期交易。假设银行报出的美元对人民币90天的汇价为:6.121 2/6.123 5。出口商与银行签订美元远期合约,成交日为2022年8月10日,即期日为2022年8月12日,三个月远期交易的交割日为2022年11月12日。

在2022年11月12日,出口商按1美元=6.121 2人民币的价格卖出1 000万美元,得到6 121.2万元人民币。

如果2022年11月12日美元对人民币的汇价上升,则出口商卖出1 000万美元的价格将小于市场价;反之,若美元对人民币的汇价下降,则出口商卖出1 000万美元的价格将大于市场价。总之,应用直接远期外汇合约可以锁定远期外汇汇率,防范汇率风险。

(四)远期外汇合约的定价

远期外汇合约的核心是远期汇率的确定。影响远期汇率的因素主要有两个:一个是两种货币市场上的利率差额,另一个是两种货币的即期汇率。在其他条件不变的情况下,一种货币

对另一种货币的升水或贴水以及升、贴水的幅度受到两种货币之间的利息率水平的影响：一般来说，利率低的国家的货币远期汇率会升水，而利率高的国家的货币远期汇率会贴水。

远期外汇交易是以即期外汇交易为基础的，即期外汇的高低及其变动会影响远期汇率和远期外汇交易。在有效外汇市场上，远期汇率是未来即期汇率的无偏估计。

远期汇率的决定实质上是外汇远期的定价，其定价原理仍然是无套利定价的原理，其方法将在第四章详细介绍。这里仅给出远期汇率的定价公式：

$$F=Se^{(r-r_f)(T-t)} \tag{3-8}$$

其中，F 表示 T 时刻交割的直接远期汇率，S 表示 t 时刻的即期汇率，r 表示本国的无风险连续复利利率，r_f 表示外国的无风险连续复利利率。

根据远期差价的定义，其计算公式为：

$$W=F-S=S(e^{(r-r_f)(T-t)}-1) \tag{3-9}$$

其中，W 表示远期差价。从式(3-9)可以看出，当 $r>r_f$ 时，将出现远期升水，反之则出现远期贴水。

(五)远期外汇综合协议

1. 远期外汇综合协议的定义与特点

(1)远期外汇综合协议的定义

远期外汇综合协议是指交易双方约定买方在结算日按照合同中规定的结算日直接远期汇率用第二货币向卖方买入一定名义金额的原货币，然后在到期日再按合同中规定的到期日直接远期汇率把一定名义金额原货币出售给卖方的协议。

从该定义可以看出，远期外汇综合协议实际上是名义上的远期对远期掉期交易。之所以是名义上的，是因为后者涉及全部资金的实际流动，而前者不需全部资金的实际流动，双方只要在结算日结算市场汇率变动给双方带来的盈亏即可。

(2)远期外汇综合协议的特点

与远期利率协议类似，远期外汇综合协议具有以下特点：

第一，远期外汇综合协议是在场外交易的非标准化协议，具有简便、灵活、不需支付保证金等特点。

第二，远期外汇综合协议不涉及本金的流动，所以资金流动量较小。

第三，远期外汇综合协议具有较大的信用风险和流动性风险。

第四，远期外汇综合协议是对未来远期差价进行保值或投机而签订的远期协议。

2. 远期外汇综合协议交易的重要术语

远期外汇综合协议与远期利率协议类似，有以下一些重要术语：

合同货币(Contract Currency)：合同金额的货币币种，包括两种货币，其中一种为基础货币(Primary Currency)，另一种为辅助货币(Secondary Currency)。

合同金额(Contract Amount)：以基础货币表示的名义本金额。

交易日(Dealing Date)：远期外汇综合协议成交的日期。

结算日(Settlement Date)：汇差支付的日期，也是交易一方向另一方交付结算金的日期。

确定日(Fixing Date)：确定参照汇率的日期。

到期日(Maturity Date)：远期外汇综合协议结束的日期。

合同期(Contract Period):结算日至到期日的天数。

合同汇率(Contract Rate):在协议中双方商定的汇率。

参照汇率(Reference Rate):在确定日用以确定结算金的市场汇率。

结算金(Settlement Sum):在结算日根据合同汇率和参照汇率的差额计算出来的、由交易一方付给另一方的金额。

3. 远期外汇综合协议的报价

远期外汇综合协议的报价以远期汇率为基础,实际交易报价由报价银行自行决定。报价格式见表 3-1、表 3-2。

表 3-1 **交易日交易商汇率** 报价:美元/人民币

时 间	类 型	汇 率
2021.1.8	即期	6.4719
2021.4.8	远期(近期)	+32bp
2021.10.8	远期(远期)	+95bp

表 3-2 **确定日交易商汇率** 报价:美元/人名币

时 间	类 型	汇 率
2021.4.8	远期(近期)	6.550 0
2021.10.8	远期(远期)	+86bp

4. 远期外汇综合协议的交易流程和结算

(1)交易日

确定结算日、到期日将兑换的原货币的名义金额 A_S、A_M,相关的直接远期汇率(K 与 K^*)和合同汇差($W_k=K^*-K$),据此可算出第二货币的名义金额。

(2)确定日

确定即期结算汇率(F_R)、到期日远期结算汇率(F_R^*)和参照汇差($W_R=F_R^*-F_R$)。

(3)结算日

根据合同汇差(W_k)和参照汇差(W_R)的差额计算结算金,由交易一方付给另一方,远期外汇综合协议结束。

(4)结算金的计算

在远期外汇综合协议下,如果参照汇差超过合同汇差,那么卖方(空方)就要支付买方(多方)一笔结算金,以补偿买方在实际外汇买卖中因汇差上升而造成的损失。

根据对结算金的计算不同,远期外汇综合协议可分为汇率协议(Exchange Rate Agreement,ERA)和远期外汇协议(Forward Exchange Agreement,FXA)两种。

汇率协议的结算金计算公式为:

$$\text{结算金}=A_M\times\left[\frac{|W_K-W_R|}{1+\left(i\times\dfrac{D}{B}\right)}\right] \tag{3-10}$$

式中:A_M 表示原货币到期日名义本金数额,i 表示结算日第二货币期限为结算日到到期日的无风险利率,D 表示合同期天数,B 表示第二货币计算天数(通行惯例为 360 天或 365 天)。

远期外汇协议的结算金计算公式为：

$$结算金=A_M\times\left[\frac{|K^*-F_R^*|}{1+\left(i\times\frac{D}{B}\right)}\right]-A_S\times|K-F_R| \tag{3-11}$$

式中：A_S 表示原货币结算日的名义本金数额。在大多数远期外汇综合协议中，$A_M=A_S$。

从以上公式可以看出，尽管都用原货币来定义名义本金，但结算金是用第二货币表示的。如果结算金为正值，则表示卖方付给买方；反之，如果结算金为负值，则表示买方付给卖方。

5. 远期外汇综合协议与远期利率协议的比较

远期外汇综合协议与远期利率协议有许多相似之处，当然也有区别。

(1)相似之处

远期外汇综合协议与远期利率协议相似之处有如下几点：

①标价方式相同。远期外汇综合协议与远期利率协议都采用 $m\times n$ 的标价方式，其中 m 是合同签订日到结算日的时间，n 是合同签订日到到期日的时间。

②两个合约都有 5 个时间点，即合同签订日、起算日、确定日、结算日、到期日。

③两个合约的本金均为名义本金，在合约中仅用于计算结算金。

(2)区别之处

远期外汇综合协议与远期利率协议的不同之处主要是：远期外汇综合协议保值或投机的目的是两种货币间的利率差以及由此决定的远期价差，而远期利率协议保值或投机的目的是一国利率的绝对水平。这可以从各自的结算金计算公式看出，根据远期利率协议结算金计算公式(3-1)，远期利率协议保值的是合同利率(即一国利率的绝对水平)；根据远期外汇综合协议结算金计算公式(3-10)，远期外汇综合保值的是合同汇差；根据公式(3-9)，合同汇差反映的是两种货币间的利率差，因此，远期外汇综合协议实质上保值的是两种货币间的利率差。

[例 3-5] 假设一名中国投资者在中国大陆和美国纽约进行股票投资。假设该投资者前 6 个月在中国大陆投资 A 股，后 6 个月在美国纽约投资美股，他需要在每年年初将美元兑换成人民币，而在 6 月底将人民币兑换成美元，即进行掉期交易。这样，他将面临美元对人民币汇率变化的风险。由于一年有两个时点要进行人民币和美元的兑换，因此，他需要将这两个时点美元对人民币的汇率锁定，即锁定掉期交易的成本。他可以应用远期外汇综合协议达到保值的目的。

假设该投资者在 2021 年 12 月 29 日与一家银行签订了一份 6×12 名义金额为 1 000 万美元的远期外汇综合协议。该协议同意该投资者 2022 年 6 月 30 日以 1 美元=6.135 0 元人民币的汇率购买 1 000 万美元，在 2022 年 12 月 31 日以 1 美元=6.122 0 元人民币的汇率卖出 1 000 万美元。该协议的交易日为 2021 年 12 月 29 日，起算日为 2022 年 1 月 1 日，交易日与起算日之间一般为 2 天。结算日为 2022 年 7 月 1 日，到期日为 2022 年 12 月 31 日，起算日到结算日为 6 个月，起算日与到期日之间为 12 个月，合同期为 2022 年 7 月 1 日到 2022 年 12 月 31 日(183 天)。结算日前的两个交易日(6 月 29 日)为确定日，确定参考汇率，假设结算日的美元汇率为 1 美元=6.124 3 元人民币，到期日的美元汇率为 1 美元=6.110 3 元人民币。

本例中，在交易日，原货币的名义金额 $A_S=A_M=1\ 000$ 万美元，结算日、到期日的合同直接远期汇率分别为：$K=6.135\ 0$，$K^*=6.122\ 0$，合同远期差价为：$W_k=K^*-K=-0.013\ 0$。

在确定日，即期结算汇率(F_R)、到期日远期结算汇率(F_R^*)和远期差价($W_R=F_R^*-F_R$)

分别为：$F_R=6.1243$，$F_R^*=6.1103$，$W_R=F_R^*-F_R=-0.0140$。

在结算日计算结算金。假设协议规定，按式（3—10）计算，并假设人民币 1 年期的利率为 3.25%，则结算金为：

$$\text{结算金}=A_M\times\left[\frac{|W_K-W_R|}{1+\left(i\times\dfrac{D}{B}\right)}\right]$$

$$=1\,000\times\left[\frac{|-0.013-(-0.014)|}{1+\left(3.25\%\times\dfrac{183}{360}\right)}\right]$$

$$=0.6630(\text{万元人民币})$$

即合同的卖方在结算日应支付给买方 0.663 0 万元人民币。

第三节　中国的金融远期市场

我国金融远期市场产生较晚，但发展较为迅速。我国在 2005 年 5 月推出债券远期交易后，又陆续推出了利率互换、远期利率协议、外汇掉期和货币掉期等衍生品，交易量逐渐增长。下面就交易量较大的外汇远期交易、远期利率协议以及人民币远期结售汇做简要介绍。

一、人民币远期结售汇

1. 人民币远期结售汇的概念

人民币远期结售汇是指境内机构根据需要与外汇指定银行协商签订远期人民币买卖合约，约定将来办理买入或卖出的币别、金额、汇率和期限的买卖业务，到期时按照约定进行收付的交易。人民币远期结售汇与发达国家的远期外汇交易业务的区别在于它是在人民币结售汇制度下的远期外汇业务。

1995 年 4 月上海外汇交易中心开始试办人民币对美元远期外汇交易业务，但没有普及与推广。1997 年 1 月 8 日中国人民银行公布了《远期结售汇业务暂行管理办法》，为发展我国外汇市场创造了条件，并于 1997 年 4 月在中国银行进行远期结售汇试点。

2. 人民币远期结售汇合同的内容

银行与境内机构签订远期结售汇合同至少应该包括以下内容：

（1）远期结汇或售汇所依据的外汇收入来源或支出用途。

（2）远期结汇或售汇的币种、金额、汇率和期限。币种可以是可自由兑换的货币。汇率以市场供求为基础来确定，以当前即期汇率加减升水、贴水的方式进行。远期结售汇的期限应该在 120 天以内（1999 年始延至 180 天）。

签订远期结售汇合约的境内机构应该提供按照《结汇、售汇及付汇管理规定》所要求的全部有效凭证供银行进行审核。远期结售汇应当依据远期合同中外汇收入来源或外汇支出用途办理，不得以其他外汇收支进行冲抵。银行可以要求境内机构提供履约担保或履约保证金。保证金至少达到交易金额的 3%。

3. 对远期结售汇的管理

银行结售汇外汇周转头寸由即期结售汇头寸和远期结售汇头寸加总计算，应当符合国家外管局核定的限额。银行应当向国家外管局及其分局报送有关远期结售汇情况报表，到期末履约的远期结售汇情况应当逐笔报同级外汇管理局备案。

4. 人民币远期结售汇的流程

人民币远期结售汇包括以下几个环节：

(1)报价

银行每日根据市场变动情况制定远期结售汇汇率，并由业务部门对企业进行报价。

(2)申请和审批

企业根据业务需要，在考虑当日市场行情的基础上，向银行提出书面申请，并且进行逐笔申报。银行根据《结汇、售汇及付汇管理规定》及进出口核销的有关规定，对企业提交的申请进行审批，然后办理履约保证和远期结售汇交易单证。

(3)交割或展期

在交割日根据合同办理转账手续。若申请人因履约贸易合同遇到困难，可于交割日前的3个工作日向银行提出推迟交割的申请，推迟期限不能超过4个月。展期只能进行一次。

5. 人民币远期结售汇制度的特点

(1)远期汇率由市场供求决定

目前银行以外汇交易商的身份维持市场的流动性。不过从长期来看，远期汇率由市场决定。

(2)远期结售汇采取实需原则

实需原则反映了我国经常项目下人民币可自由兑换的现状，也意味着国家对远期交易的拓展采取渐进的方式。

(3)中央银行重视汇率风险

这表现在要求提供履约保证金和设立交易头寸限制。虽然对于远期交易要求提供履约保证不常见，但履约保证可以大大降低信用风险。对于设立交易头寸限制，可以从金融机构的整体层面来控制信用风险和市场风险。

二、外汇远期交易市场

(一)外汇远期交易的产生与发展

2005年7月中国人民银行正式启动了人民币汇率形成机制改革。为了应对日益加剧的人民币汇率波动，中国人民银行依托全国银行间市场逐步建立起了外汇衍生品市场。

2005年8月8日，中国人民银行发布《关于加快发展外汇市场有关问题的通知》。据此，银行间市场推出了远期外汇业务，从而诞生了首款国内人民币外汇衍生品产品。

由于受到监管政策的影响，近年来远期外汇合约交易量存在一定的波动性，2006～2010年年交易量保持在100亿～300亿美元的区间内，2011年则大幅飙升至2 146亿美元。然而2012年由于外汇头寸管理政策变化，当年成交大幅萎缩至866.1亿美元，减少近60%。2013年进一步收缩至323.65亿美元，同比下降62.6%。2014年人民币外汇远期市场成交量又有大幅增加，累计成交达529亿美元，同比增长63.5%。2015年人民币外汇远期市场交易增长到4 950亿美元的规模。2015～2020年人民币外汇远期市场交易量维持在3 500亿～5 600亿美元，不同年份的交易规模有一定的波动性。2021年人民币外汇远期市场成交量规模出现大幅增长，达9 309亿美元。2022年则更进一步，人民币外汇远期市场成交量突破万亿美元，达到10 085亿美元的交易规模。①

(二)外汇远期交易币种

我国外汇远期交易的币种包括人民币对美元、港币、日元、欧元、英镑、澳元和加拿大元共7种。

(三)外汇市场交易主体

2005年以来,远期外汇市场交易主体不断增加。截至2020年末,人民币外汇远期、掉期交易确认业务参加机构分别为266、256家。表3-3是2015—2020年市场会员的变化情况,可见会员在逐年增加。

表3-3　　人民币外汇远期、掉期交易会员数

年份	外汇远期交易会员	外汇掉期交易会员
2015	123	123
2016	154	154
2017	194	192
2018	212	207
2019	245	239
2020	266	256

三、远期利率协议

2007年9月29日,中国人民银行公布《人民币远期利率协议业务管理规定》,正式推出远期利率协议业务,其利率全部以3个月SHIBOR为基准。首批远期利率协议发生在摩根大通与汇丰银行之间,协议本金为2亿元人民币,参考利率为一个月后的Shibor_3M,协议利率为4.2%。

远期利率协议推出以来,交易较为清淡,无论是成交数量还是成交金额都非常小。2007年启动之年仅成交14笔,名义本金仅为10.5亿元;2008年达到顶峰,也只有137笔,金额为113.6亿元;其后几年,远期利率协议成交量不断大幅萎缩,2014年全年基本无成交。表3-4为2007～2014年远期利率协议的成交情况。总体来看,远期利率协议从推出以来没有成为我国银行间市场的主要衍生产品,也没有获得应有的市场地位。目前远期利率协议在中国外汇交易中心网站上已经不可见,且CSMAR数据库也于2016年停止更新。

表3-4　　远期利率协议交易情况

年　份	成交笔数(笔)	名义本金(亿元)
2007	14	10.5
2008	137	113.6
2009	27	60

① 整理自中国人民银行货币政策执行报告及国家外汇管理局外汇市场交易统计数据。

续表

年　份	成交笔数(笔)	名义本金(亿元)
2010	20	33.5
2011	3	3
2012	3	2
2013	1	0.5
2014	0	0

资料来源:中国外汇交易中心。

四、债券远期协议

债券远期交易是国内交易量较大的远期合约,可以有效替代远期利率协议。

(一)债券远期交易的含义

债券远期交易,是指交易双方约定在未来某一日期,以约定价格和数量买卖标的债券的行为。债券远期参与机构主要是股份制商业银行。2016 年后成交品种均为国债且成交惨淡,期限主要包括 7 天、14 天、21 天、1 月、2 月、3 月、4 月。为改善债券远期交易,中国人民银行推出标准债券远期合约。标准债券远期合约是指在银行间市场交易的标的债券、交割日等要素均标准化的债券远期合约。

与之前推出的人民币债券远期和远期利率协议(FRA)相比,标准债券远期通过产品的标准化设计解决了交易的可执行性问题。债券远期和 FRA 因为较难找到首期交易时间、到期交割时间和标的物完全一样的交易对手而成交稀少,即使首期成交,如果期间因策略调整而需要平仓或者加仓,也较难实现。标准债券远期通过产品的标准化设计解决了上述问题。标准债券远期合约如表 3-5 所示。

表 3-5　　标准债券远期合约与国债期货的比较

	标准债券远期	国债期货
合约品种	3 年、5 年、10 年期国开债远期合约(CDB3、CDB5、CD610)	5 年、10 年期国债期货合约
合约标的	面值 1 000 万元或 1 000 万元的整数倍 票面利率为 3%的 3 年期虚拟国开债 票面利率为 3%的 5 年期虚拟国开债 票面利率为 3%的 10 年期虚拟国开债	面值 100 万元人民币,票面利率 3%的名义中期国债 面值 100 万元人民币,票面利率 3%的名义长期国债
可交割债券	合约交割日待偿期限在 2 年(含)～4 年(不含)的固息、不含权的国开债 合约交割日待偿期限在 4 年(含)～7 年(不含)的固息、不含权的国开债 合约交割日待偿期限在 7 年(含)～15 年(不含)的固息、不含权的国开债	合约到期月首日剩余期限为 4～5.25 年的记账式附息国债 合约到期月首日剩余期限为 6.5～10.25 年的记账式附息国债
合约月份	最近的四个季月	最近的三个季月(三、六、九、十二月中的最近三个月循环)
报价方式与最小变动价位	百元净价报价,最小变动价位为 0.001 元	百元净价报价,最小变动价位为 0.005 元
交易时间	9:00—12:00,13:30—16:30	9:15—11:30,13:00—15:15

续表

	标准债券远期	国债期货
最后交易日交易时间	9:00—12:00	9:15—11:30
每日价格最大波动限制	目前尚未规定	5 年期为上一交易日结算价的±1.2% 10 年期为上一交易日结算价的±2%
最低交易保证金	最低保证金由清算限额和保证金率共同确定。业务上线初期,3 年、5 年、10 年期标准国开债远期合约保证金率暂定为 1.17%、1.80%、3.74%	5 年合约价值的 1%,自交割月份前一个月下旬的前一交易日结算时起为 1.5%,自交割月份第一个交易日的前一交易日结算时起为 2% 10 年依次为 2%、3%、4%
最后交易日	到期交割日前一营业日	合约到期月份的第二个星期五
最后交割日	合约月份的第三个星期三	最后交易日后的第三个交易日
交割方式	现金交割	实物交割
上市地点	银行间市场	中国金融期货交易所

数据来源:上海清算所,中国金融期货交易所。

债券远期交易的原理如图 3-3 所示。

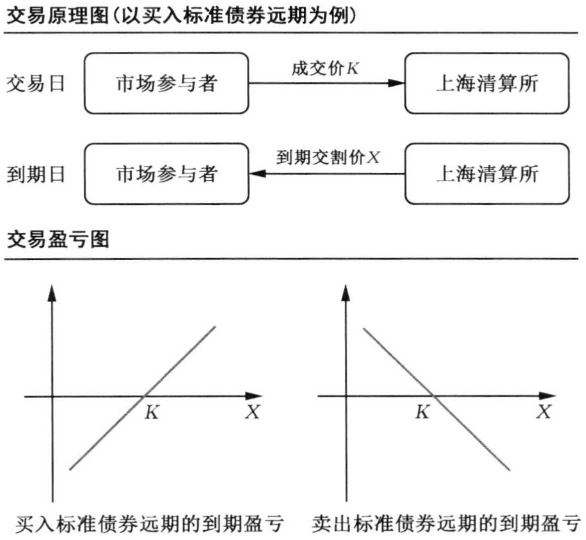

图 3-3 债券远期交易的原理

(二)我国债券远期发展历程

2005 年 6 月中国人民银行发布《全国银行间债券市场债券远期交易管理规定》,正式推出债券远期业务。2015 年 4 月中国外汇交易中心和上海清算所正式推出标准债券远期业务,通过外汇交易中心交易处理平台达成交易,上海清算所提供集中清算服务,标的债券、交割日等产品要素标准化,实行现金交割和实物交割。2015 年 11 月外汇交易中心和上海清算所开始通过 X—Swap 系统提供标准债券远期交易服务。

(三)标准债券远期的特点

(1)挂钩标的。合约挂钩标准虚拟国开债,每个合约挂钩最活跃两只国开债,对冲效果明显。

(2)交易清算。合约要素标准化，采用匿名撮合与成交实时接单的模式，无需双边授信、交易确认，交易清算一体化效率较高。

(3)参与机构。银行无法参与国债期货业务，但可参与标准债券远期业务。

(4)交易时间长。标准债券远期交易时间与银行间债券市场交易时间保持一致，闭市时间为 16:30。

(5)结算。采用银行间市场 T+1 结算模式，结算资金占用成本较低。

(6)定价简单。每日结算价采用成交平均价，到期交割价采用中债估值计算，盈亏呈线性。

(四)市场基本情况与运行机制

(1)市场基本情况。自 2015 年 11 月 30 日标准债券远期 X—Swap 系统上线，至 2015 年 12 月 18 日，市场成交 59 笔，金额 17.2 亿元，CDB3、CDB5、CDB10 品种分别成交 1.7 亿元、5.4 亿元和 10.1 亿元。此后，X—Swap 交易系统稳步运行，推出更多交易品种。2020—2021 年 X—Swap 系统月成交维持在 400 笔水平，成交金额基本维持在百亿元水平。2022—2023 年成交笔数有所回落。截至 2023 年 4 月，X—Swap 系统成交笔数为 113 笔，成交金额达 184.70 亿元。

(2)参与主体。目前银行间债券市场成员均可参与标准债券远期交易，其中上海清算所的清算会员(综合清算会员和普通清算会员)可以直接参与交易，非清算会员通过综合清算会员基于代理清算间接参与本业务。

(3)市场运行机制。每日市场参与者在交易时间正常进行买卖报价与交易，每日结算价报价团共 12 家金融机构(工行、农行、中行、交行、兴业银行、招行、上海银行、广发银行、中信证券、宁波银行、平安银行、东方证券)，在日终向外汇交易中心报送当日结算价。36 家到期交割价报价团成员负责在最后外汇交易日向交易中心报送价格。

目前，报价团成员主要采取两种方式进行结算价报价：第一种是比照国开债现券的涨跌幅度确定标准债券远期的价格变化幅度，第二种是参照每日国债期货的隐含收益率和国开债现货价格倒算出标准债券远期的价格。在这两种报价方式下，现货与标准债券远期的价格之间均存在较大的相关关系。从目前看标准债券远期的每日结算价与现货价格之间的相关性均大于国债期货价格与现货价格之间的相关性。

(五)标准债券远期交易的功能及应用

债券远期作为银行间债券市场推出的第一个挂钩利率债现货的场外衍生品，具备价格发现、对冲利率风险等功能。标准债券远期的标的债券、交割日等产品要素的标准化解决了交易的流动性问题，能够满足投资者的各类市场需求。

(1)替代现货投资，获取利率下行收益。若债券收益率不断下降，部分机构可能受制于投资规模和收益率指标限制不能参与现券投资，错失利率下行的收益，但交易标准债券远期可获得市场收益率下行的收益。如 2018 年上半年利率债收益率曲线陡峭化下行，10 年期国开债收益率下行 57bps，通过交易标准债券远期可获得这部分利差收入。

(2)节约交易成本，获得利率增长收益。与国债期货的实物交割相比，标准债券远期结算采用现金交割，当利率上行时，空头方无需担心到期交割而事先买入可交割券，节约了交易成本、防范了交割风险，到期交割即可获得市场利率增长的收益。

(3)增加套期保值工具，有效对冲国开债价格波动。国开债是目前银行间债券市场成交最活跃的债券，在活跃度排名前 10 的利率债中，国开债约占七八只，流动性充沛。我国利率衍生品中，利率互换对冲利率波动、国债期货对冲国债现货波动，债券借贷的对冲效果一定程度受制于借贷成本高低和借贷难易程度。标准债券远期对冲国开债现货波动，相比于利率互换、国债期货和债券借贷，标准债券远期对国开债的对冲效果更理想，对高等级信用债的对冲效果更优，衍生品标的现货的活跃性使标准债券远期具有天然优势。

第四节　金融远期的应用

金融远期主要应用在资产价格风险的防范和投机两个方面。

一、金融远期在金融风险管理中的应用

(一)基本思想

金融远期合约是指双方约定在未来的某一确定时间，按确定的价格买卖一定数量某种金融资产的合约。对于防范金融资产价格上升的投资者，可以购买金融远期；为了防范价格下降的风险，投资者可以出售金融远期。

由于远期合约流动性较差且多数要最终交割，因此，用金融远期合约防范价格风险，主要是锁定购买或出售商品的未来价格，而不是进行投机。

(二)金融远期的应用实例

1. 一般远期合约的应用

对于标的资产价格上升将受损失的投资者，可以作为多头进入远期合约；为了防范标的资产价格下降带来的风险，投资者可以作为空头进入远期合约；当远期合约不存在信用风险时，远期交易可以防范标的资产价格波动的风险。

[例 3-6]　设一家铝生产企业为了防范铝锭价格下跌给企业带来的损失，与一家铝加工企业签订了一份铝锭销售的远期合约。该合约允许它以 24 000 元/吨，一年销售 20 000 吨铝。这样，当双方不存在违约风险的情况下，它就可以将铝锭销售价格锁定，防范价格风险。

2. 金融远期协议的应用

金融远期协议主要有远期利率协议与远期外汇综合协议。这里以远期利率协议为例，介绍其在风险管理中的应用。远期利率协议的特点是，交割时不需实际收付本金，只是用 LIBOR 将利率协议第一天确定的利率与该日前两个营业日的 LIBOR 之间的利息差额贴现为现值，进行交割。

远期利率协议运用的原则是：未来时间里持有大额负债的一方在预计利率上升、负债成本增加时，应当买进远期利率协议；未来期间拥有资产的一方在预计利率下降、收益减少时，应当卖出远期利率协议。

[例 3-7]　假设银行甲根据其经营计划 3 个月后需向另一家银行拆进一笔 2 000 万美元的资金，期限为 3 个月。该银行预测短期内利率可能在目前 6.5%年利率的基础上上升，从而增大筹资成本。为了降低资金成本，甲银行通过买入名义本金 2 000 万美元的 3×6 远期利率协议将其在未来的利息成本固定下来。3 个月后，如果同预测一样，LIBOR 上升为 7.5%，这时甲银行轧平远期利率协议头寸就将利息成本固定下来。

(1)轧平远期利率协议头寸,即按3个月后远期利率协议交割日当天的伦敦同业拆放利率,结算3个月期2 000万美元远期利率协议。由于利率上升,甲银行取得利差,其结果是:

$$结算金=2\ 000\times\frac{(7.5\%-6.5\%)\times\frac{90}{360}}{1+7.5\%\times\frac{90}{360}}=4.908\ 0(万美元)$$

(2)按交割日LIBOR7.5%取得3个月期美元贷款1 995.09万美元(2 000−4.908)。由于甲银行已从远期利率协议中取得4.908万美元的收益,因而它只需取得1 995.09万美元的贷款即可满足借款2 000万美元的需要。由此可以计算出甲银行此笔借款的利息支出为:

借款利息支出=(2 000−4.908 0)×7.5%×90÷360=37.408(万美元)

远期利率协议所得:4.908万美元

最终利息支出:32.5万美元(37.408−4.908)

$$年利率=\frac{32.5\times4}{1\ 995.09}\times100\%=6.5\%$$

由此可以看出,甲银行通过远期利率协议交易,在LIBOR上升的情况下仍将其利率固定在原来的水平,从而避免了因利率支出增多而增大筹资成本的风险。

[例3-8] 2020年4月,中国人民银行超预期下调超额存款准备金率,市场对于资金面的宽松预期导致政策性金融债中短端品种较大幅度下行。政策性金融债曲线5年、6年两个品种在4月7日、8日两天有近30bps幅度的下行,此时做多标的为19国开08(190208)和19国开04(190214)的5年期标准国开债远期CDB5_2006合约可以获取此段利率下行的收益。

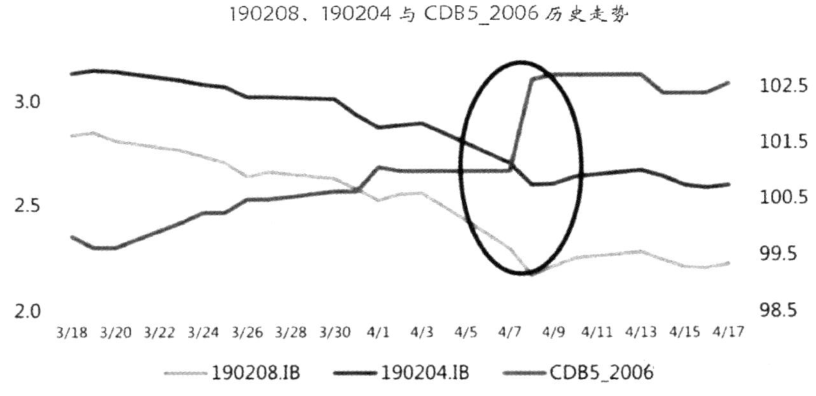

图3-4 标准债券远期交易图例

二、金融远期的投机应用

金融远期的投机是指交易者利用远期交易赚取远期价格与到期日即期价格之间差额的交易。当投资者预测资产价格上涨时将进行多头远期交易;反之,将进行空头远期交易。由于远期合约多数要最终交割,因此,应用远期交易进行投机不适用于一般的远期交易,而多使用金融远期协议。因为金融远期协议的本金是不交割的,其交易涉及的资金量较小,更适合进行投机交易。

[例3-9] 假设某投机者预计未来3个月市场短期利率可能在目前3.5%年利率的基础上上升。为此,他买入名义本金1 000万美元的3×6远期利率协议。3个月后,如果其预测

准确，LIBOR上升为4.25%，该投机者在结算日将其头寸结算，结算金为：

$$结算金=1\,000\times\frac{(4.25\%-3.5\%)\times\frac{90}{360}}{1+4.25\%\times\frac{90}{360}}=1.855\,3(万美元)$$

他可以得到1.855 3万美元的投机利润。如果他预测错误，3个月后市场短期利率在目前3.5%年利率的基础上下跌，他面临投机损失。

[例3-10] 一位投机者预计未来3个月与6个月的美元对人民币汇差将在目前基础上扩大，为此他买入一份3×6名义金额为1 000万美元的远期外汇综合协议。假设在交易日，结算日与到期日的合同远期差价为−0.015。如果他预测准确，在确定日，结算日与到期日的合同远期差价为−0.025，那么在结算日，他将得到的结算金为：

$$结算金=A_M\times\frac{|W_K-W_R|}{1+\left(i\times\frac{D}{B}\right)}=1\,000\times\frac{|-0.015-(-0.025)|}{1+\left(3.25\%\times\frac{90}{360}\right)}=9.919\,4(万元人民币)$$

其中，假设人民币1年期的无风险利率为3.25%。

如果他预测错误，未来3个月与6个月的美元对人民币汇差将在目前基础上缩小，他面临很大的投机损失。

第五节 金融远期的风险与防范

金融远期在应用时存在一些风险，其风险主要来自两个方面：一是金融远期本身的风险，如违约风险；二是标的资产价格变化与预期不一致的风险。防范这两类风险是金融远期应用时要重点关注的问题。

一、金融远期违约风险的防范

远期合约在履约中存在的最大风险是违约风险。由于远期合约在履约中往往没有保证，当价格变动对一方有利时，对方有可能无力或无诚意履行合约，因此远期合约的违约风险较高。为防范远期交易的信用违约风险，一般要求交易双方要有很高的信用等级。

对于在外汇交易中心交易的金融远期品种，如外汇远期合约、远期外汇综合协议、远期利率协议及债券远期交易等，由于实行的是会员制（多数是银行），一般具有很高的信用等级，因此违约风险很小。

对于一般的远期合约，考察交易对手的违约风险是远期合约履约的关键。交易对手的违约风险是指远期交易中一方履行合同的可能性下降或者不履行远期合约导致交易对手承担损失的风险。交易对手信用风险的估计方法很多，如信用评级法、违约概率法、财务分析法等，这些方法将在信用风险管理中介绍。为防范交易对手信用风险，常常通过建立交易对手资质筛选机制，严格准入标准，建立授信管理和保证金机制，签订市场统一的主协议等措施加以防范。

1. 交易对手分类和准入

通过建立分级交易对手库，审慎选择交易对手机构，可以降低信用风险。一般将交易对手分为三类：第一类交易对手，不限制累积净头寸暴露金额，如大型商业银行、保险公司、中央结算公司等；第二类交易对手，限制累积净头寸暴露金额，如非法人产品账户；第三类交易对手，不允许新增交易，如小型财务公司等。

2. 授信和集中度管理

首先是准确度量金融远期的信用风险敞口。金融远期的信用风险敞口是指交易对手违约所面临的损失，如远期利率协议的结算金。

其次是建立交易对手信用风险管理的机制：一是建立适合本公司特征的交易对手信用评级制度和评估模型。二是对交易对手进行授信机制或要求交易对手缴纳保证金，与交易对手在授信范围内开展业务。三是与交易对手定期对账，防止授信超限或者保证金不足。

3. 合理选择结算模式

合理选择结算模式对于管理交易对手信用风险至关重要。由于清算会员参与金融远期应向上海清算所缴纳保证金(包括最低保证金和变动保证金)，因此金融远期采用集中清算模式，相关信用风险可得到有效的控制。

4. 完善配套管理措施

将交易对手信用风险管理纳入全面风险管理框架，建立健全金融远期等金融衍生产品风险治理的政策和流程，加强信息系统和基础设施建设，提高数据收集和存储能力，确保衍生工具估值和资本计量的审慎性。

二、金融远期交易的风险管理

金融远期交易中的风险主要是指标的资产价格变化与预期不一致的风险，亦即标的资产的市场风险。金融远期无论是用于保值还是投机交易，从金融远期市场看都是单边交易。为了防范金融远期交易的市场风险，交易者应做好以下工作：

1. 充分了解远期价格变动趋向，慎重做出交易决策

对标的资产价格影响因素进行深入分析，正确分析、预测标的资产价格的变化规律，为远期交易奠定基础。

2. 合理设置套期保值比率，避免价格风险敞口

对于套期保值应用的远期合约，设置合理套期保值比率是防范价格风险的关键。对于一般的远期合约，由于合约是“1 对 1”签订的，可以根据交易双方的需求签订远期合约，容易满足套期保值的需要；如果交易的一方不是以套期保值为目的，而签订与要保值的资产不相适应的远期合约，这实质上暴露在标的价格风险中，相当于远期合约的投机交易；当利用标准化的远期合约时(如标准化的债券远期)，要注意远期合约数量与标的资产之间的比例关系(具体可参考下一章的期货套期保值)。

3. 建立完善的风险限额体系

利用金融远期进行投机交易，最主要的风险是标的资产价格变化与预期不一致，此时金融远期交易者将面临巨大的市场风险。对于此类风险，一般是对风险进行额度控制，包括名义本金规模、保证金规模及止损指标预警等。交易者(投资经理)需要对交易进行风险监测，实时掌握风险限额，以免指标预警或超限。

与普通标准化合约不同，如果投资者在远期到期前要提前了结该合约头寸，一般难以直接卖出，通常有如下三种方式可以达到这一目的：

一是相反方向对冲。投资者可以签订一个新的远期合约，协议的条款与旧的条款相同，但是投资者的头寸是相反的，这样两个协议互相抵消之后投资者的净头寸为 0。

二是终止协议。投资者可以与交易对方协商，取消原合约，即彻底将原协议作废，但需要根据当前的远期合约补偿对方或从对方收取补偿。

三是转让协议。投资者可以找一个第三方来接手原来的远期协议，这样原来的支付义务就由第三方来履行，但这种转让一般较为困难。

[例 3－11] 假设某投机者预计未来 3 个月后市场短期利率可能在目前 3.5%年利率的基础上上升，为此，他买入名义本金 1 000 万美元的 3＊6 远期利率协议。2 个月后，他发现市场利率 LIBOR 并没有像他预期的那样上升，而是下降为 2.5%，但原有的远期利率协议不能取消，于是他进入另一个 1＊4 远期利率协议的空头，其名义本金与合同利率与原合同相同，以对冲原有的远期利率协议。

假设两个远期利率协议的结算日相同，原有远期利率协议的结算金为：

$$结算金=1\ 000\times\frac{(2.5\%-3.5\%)\times\frac{90}{360}}{1+2.5\%\times\frac{90}{360}}=-2.484\ 5(万美元)$$

而新的远期利率协议的结算金为：

$$结算金=1\ 000\times\frac{(2.5\%-3.5\%)\times\frac{90}{360}}{1+2.5\%\times\frac{90}{360}}=-2.484\ 5(万美元)$$

因为投资者在第二个远期利率协议中是空头，故其获利 2.484 5 万美元，正好对冲第一个远期利率协议中多头的损失。

本章小结

金融远期合约是在金融机构之间或金融机构与客户之间签订的约定在未来某一时点按照协定价格交割一定金融产品的协议。本章首先阐述远期合约的有关概念、功能及其优缺点。其次介绍远期利率协议、直接远期外汇交易、远期外汇综合协议等常见的金融远期产品。再次，介绍了中国金融远期市场，重点介绍了债券远期。最后，介绍了金融远期合约的应用及其风险的防范。

远期合约包括标的资产、多头和空头、到期日、交割价格和交割地点等要素。应用远期合约的目的是防范标的资产的价格风险。远期合约的主要优点是灵活性大，交易双方可以根据自己的特点进行谈判，以尽量满足双方的需要；其不足主要包括交易双方违约风险较高、远期合约的流动性较差以及远期市场效率较低。

远期利率协议是买卖双方同意从未来某一商定的时期开始在某一特定时期内按协议利率借贷一笔数额确定、以具体货币表示的名义本金的协议。远期利率协议的买方订立远期利率协议的主要目的是规避利率上升的风险或投机；远期利率协议的卖方订立远期利率协议的主要目的是规避利率下跌的风险或投机。远期利率协议的关键是远期合同利率的确定，其方法是应用无套利定价原理确定的均衡利率。

远期外汇合约是指交易双方约定在将来某一时间按约定的远期汇率买卖一定金额某种外汇的合约。远期外汇合约可分为直接远期外汇合约和远期外汇综合协议。前者的远期期限是直接从现在开始计算的，而后者的远期期限是从未来的某个时点开始计算的，实际上是远期的远期外汇合约。

远期外汇综合协议是指交易双方约定买方在结算日按照合同规定的结算日直接远期汇率

用第二货币向卖方买入一定名义金额的原货币，然后在到期日再按合同规定的到期日直接远期汇率把一定名义金额原货币出售给卖方的协议。远期外汇综合协议与远期利率协议有许多相似之处，其区别在于远期外汇综合协议保值或投机的目的是两种货币间的利率差以及由此决定的远期价差；而远期利率协议保值或投机的目的是一国利率的绝对水平。

债券远期交易是指交易双方约定在未来某一日期，以约定价格和数量买卖标的债券的行为。中国人民银行推出了标准债券远期合约，它是在银行间市场交易的，标的债券、交割日等产品要素标准化的债券远期合约。

金融远期主要应用在资产价格风险的防范和投机两个方面。金融远期在应用时的风险主要有自身的违约风险及交易过程中的市场风险。对于金融远期的违约风险可采用白名单制度，即交易对手分类和准入制度；对于金融远期交易的市场风险主要采用限额方法或反向对冲方法。

关键词

远期合约(Forward contract)
标的资产(Underlying assets)
多头和空头(long and short)
交割价格(Closing price)
违约风险(Default risk)
流动性风险(Liquidity risk)
远期理论价格(Forward theoretical price)
远期市场价格(Forward market price)
远期合约价值(Forward contract value)
避险(Hedging)
投机(Speculation)
价格发现(Price discovery)
远期利率协议(Forward rate agreement)
远期外汇合约(Forward foreign exchange contract)
远期外汇综合协议(Comprehensive Forward Exchange Agreement)
债券远期(Bond forward)
远期交易风险(Forward transaction risk)

思考与练习

1. 什么是金融远期？应用远期合约的目的是什么？
2. 远期合约有哪些优缺点？
3. 什么是远期利率协议？应用远期利率协议的目的是什么？
4. 什么是远期外汇综合协议？它与远期利率协议的主要区别是什么？
5. 什么是债券远期？它与远期利率协议有何区别？
6. 金融远期(远期合约)有哪些功能？
7. 金融远期(远期合约)有哪些应用？
8. 远期合约在应用中存在什么风险？如何防范这些风险？
9. 举例说明远期利率协议的应用。
10. 远期利率是如何确定的？
11. 简述离散复利与连续复利的关系。
12. 假设某投机者预计未来1个月后市场短期利率可能在目前3.5%年利率的基础上下

降。为此，他卖出名义本金10 000万美元1×4的远期利率协议。3个月后，如果其预测准确，LIBOR下降为2.25%，该投机者在结算日将其头寸结算，求其结算金。

13. 一位投机者预计在未来6个月与12个月的美元对人民币汇差将在目前基础上扩大，为此他买入一份6×12、名义金额为10 000万美元的远期外汇综合协议。假设在交易日，结算日与到期日的合同远期差价为−0.025。如果他预测准确，在确定日，结算日与到期日的合同远期差价为−0.038，那么，在结算日他得到的结算金为多少？

参考文献

1. 王明涛. 金融风险计量与管理[M]. 上海：上海财经大学出版社，2008.
2. 郑振龙. 金融工程学[M]. 北京：高等教育出版社，2003.
3. 叶永刚，郑康彬，熊和平，彭红枫. 金融工程概论(第二版)[M]. 武汉：武汉大学出版社，2013.
4. 施兵超. 金融期货与期权[M]. 上海：上海三联书店，1996.
5. 郑振龙，陈蓉. 金融工程(第五版)[M]. 北京：高等教育出版社，2020.
6. 尹常玲，方雯，张莉莉. 金融工程(第二版)[M]. 北京：清华大学出版社，2021.
7. 李淑锦. 金融工程学[M]. 杭州：浙江大学出版社，2019.
8. 方杰，李杰辉. 金融工程学[M]. 厦门：厦门大学出版社，2022.

第四章

金融期货及其应用

引言

金融期货是最重要的一类衍生品，是金融远期的升级版。它克服了远期场外交易巨大的信用风险，增加了远期交易的流动性，同时提高了远期交易市场的定价效率，是20世纪70～80年代全球金融创新的重要成果之一，在金融市场交易中起着十分重要的作用。在许多重要的金融市场上，金融期货的交易量已超过基础金融产品的交易量。当交易者面临商品价格、汇率、利率变动的风险需要规避时，就可以直接使用商品期货、金融期货合约来达到避险保值的目的，还可以通过各种金融工具与期货的配置，组合出各种新的金融工具，满足交易者的不同需要。

第一节　金融期货概述

一、期货市场的基本概念

(一)现货市场与期货市场

1. 现货市场

现货市场是指以现货价格为基础，根据现货合同或远期合同确定的价格与付款方式，以买卖商品实物为目的，在一定时期内进行实物交割，从而实现商品所有权转移的场所。第二章介绍的外汇、股票、债券市场是常见的金融现货市场。现货市场包括即期交易和远期合同交易两种。现货市场的重要特征是商品实物所有权的转移，是在交易双方没有违约的情况下实现100%的交割。

2. 期货市场

期货市场是指对大宗初级产品或金融证券，以公开竞价方式买卖标准化合约，实行远期交割的有组织的集中交易场所。期货市场的重要特征是以买卖标准化合约为主，很少一部分实行远期交割。

3. 金融期货合约

金融期货合约是指协议双方同意在约定的将来某个日期按约定的条件(包括价格、交割地点、交割方式)买入或卖出一定标准数量某种金融工具的标准化协议。合约中规定的价格称为期货价格(Futures Price)。金融期货合约是金融期货市场交易的对象或产品。

当合约的一方同意在将来某个确定的日期以某个确定的价格购买标的资产时,就称这一方为多头(Long Position);另一方同意在同样的日期以同样的价格出售该标的资产,就称这一方为空头(Short Position)。换句话说,购买期货合约的一方被称为持有期货多头头寸的投资者;出售期货合约的一方就被称为持有期货空头头寸的投资者。无论投资者的初始交易是购买还是出售期货合约,我们都将这一行为称为开仓;无论投资者是持有多头头寸还是空头头寸,我们都将这一行为称为持仓。

投资者在持仓的过程中,会根据期货市场价格的波动决定是否有必要将持仓合约在合约到期之前转让给其他交易者。若持仓者在到期日之前改变他已有的头寸,在市场上买卖与自己合约品种、数量相同但方向相反的期货合约,就称这一交易行为为期货合约的对冲交易。

期货合约的对冲是期货交易平仓方式的一种。平仓的另一种方式是期货合约到期时的实物交割。

相对于远期合约,期货合约是在有组织的期货交易所集中进行场内交易。交易所对合约进行标准化,以增强其流动性。期货合约并不总是指定确切的交割日期,而是按交割月份进行划分的。此外,期货合约采用逐日盯市的操作程序,而且大多数期货合约并不进行实物资产的交割,而是合约持有人在合约到期前买入或卖出相同交割月份的合约来进行对冲交易。

4. 金融期货合约的种类

按标的物不同,金融期货可分为外汇期货、利率期货、股价指数期货等。

外汇期货交易是指在集中性的交易市场以公开竞价方式进行的外汇期货合约的交易。外汇期货合约则是交易双方订立的、约定在未来日期以成交时确定的汇率交收一定数量某种外汇的标准化合约。

利率期货交易是指交易双方在集中性的市场以公开竞价的方式所进行的利率期货合约的交易。利率期货合约是由交易双方订立的、约定在未来某日期以成交时确定的价格交收一定数量的某种利率相关商品(各种债务凭证)的标准化合约。

股票价格指数期货(股指期货)是指交易双方在集中性的市场以公开竞价的方式所进行的股指期货合约的交易。股指期货合约是以股票市场的价格指数为标的的标准化期货合约,交易双方在未来的某一个特定日期,以事先确定的股价指数进行标的指数的买卖,到期后通过现金结算差价进行交割。

(二)期货合约标的商品的基本特征

并不是所有商品都适合进行期货交易。可以进行期货交易的商品一般具有如下基本特征:

1. 品质和规格易于标准化

期货合约是标准化合约。因此,只有品质和规格易于标准化的商品才适合作为期货合约的标的,进行期货交易。

2. 可长期储存的商品

因为期货交易最终总有一部分期货合约是要交割的,而交割是在未来的某个时间,因此要求交割标的物必须可长期储存。对于不易长期储存的商品,不宜进行期货交易。

3. 价格频繁波动的商品

进行期货交易的目的主要是防范现货资产的价格风险。如果现货资产的价格变化不大，就没有必要进行期货交易。因此，只有价格频繁波动的商品才进行期货交易。

4. 价格供应弹性大、需求弹性小的商品

在影响标的资产价格变化的因素中，供应方影响大而需求方影响较小的商品更适合做期货。满足这个条件的主要是农产品等初级产品。

5. 需求范围广、价格变化难以预期的商品

如果商品的需求范围小，价格变化容易预测，这种商品不适合进行期货交易，因为期货交易的主要目的是通过对冲的方法以期货市场的盈利来弥补现货市场的亏损。如果商品的需求范围小，参与期货交易的投资者就少，就无法用对冲来实现期货交易。因此，只有需求范围广、价格变化难以预期的商品适合做期货交易。

由于金融商品（利率产品、外汇、股价指数等）具有同质性、耐久性和价格频繁波动的特征，因此金融商品特别适宜做期货。目前，金融期货总交易量已占到期货总交易量的80%。

（三）期货交易的特征

期货交易一般具有如下特征：

1. 期货交易是在专门的期货交易所内进行的，交易双方不直接接触，而是各自与交易所的清算部或专设的清算公司结算

期货交易所不仅为期货交易者提供了专门的交易场所，提供了进行期货交易所必需的各种设备和服务，而且还为期货交易制定了严密的规章制度，使期货市场成为一个组织化、规范化程度很高的市场。同时，它还为所有在期货交易所内达成的交易提供财务上和合约履行方面的担保。这是期货交易区别于现货即期交易和现货远期交易的一个重要方面。

2. 期货市场的交易对象是标准化的期货合约

期货合约的数量、等级、交割时间、交割地点等条款都是标准化的，合约中唯一的变量是价格。这也是期货交易区别于现货远期合约交易的又一个重要方面。

3. 在期货市场进行交易需要缴纳一定数量的履约保证金

履约保证金一般为成交金额的5%～15%，并且在交易的过程中需要维持一个最低的履约保证金水平。随着期货合约交割期的临近，保证金水平会不断提高。这种做法的目的是给期货合约的履行提供一种财务担保。也就是说，如果交易者未能将其持有的期货合约在合约到期前进行对冲平仓，就必须在合约到期后根据合约的规定进行实物交割。

4. 期货交易是一种不以实物商品的交割为目的的交易

交易者进行期货交易的主要目的有两种：套期保值或者进行投机。期货交易的这两种特定的目的决定了期货交易是一种不以实物商品的交割为目的的交易。期货交易中最后进行实物交割的比例很小，只占1%～3%，绝大多数期货交易者以对冲平仓的方式了结交易。

5. 期货交易采用逐日盯市制度

期货交易采用逐日盯市制度每天进行结算，而不是到期一次性结算。买卖双方在交易之前都必须在经纪公司开立专门的保证金账户。这是期货交易区别于现货远期合约交易的又一个重要方面。

(四)期货的功能

从期货市场产生的缘由来看,期货市场主要是满足三类使用者的需求,即:规避现货投资风险的投资者,希望寻找商品未来价格的投资者,利用期货价格变化赚取差价的投机者。投机对于社会并没有直接的贡献,但它对社会能够产生间接的收益。所以,期货市场至少有两项主要的社会功能:价格风险转移功能和价格发现功能。另外,还有资产配置功能和套利功能。

1. 价格风险转移功能

在日常金融活动中,市场主体常面临利率、汇率和证券价格风险(通称价格风险)。有了期货市场,市场主体可以利用期货价格与现货价格同方向变动的特点,在期货市场上建立与现货市场相反的部位,并在期货合约到期前对冲,以期货的盈利(亏损)弥补现货亏损(盈利),从而实现避险目的。这是期货市场最主要的功能,也是期货市场产生的最根本原因。

应该注意的是,对单个主体而言,利用期货交易可以达到消除价格风险的目的,但对整个社会而言,期货交易通常并不能消除价格风险,期货交易发挥的只是价格风险的再分配即价格风险的转移作用。

2. 价格发现的功能

价格发现是指通过期货市场推断现货市场的未来价格。在期货合约的买卖中,交易者同意于未来某特定时间,根据目前决定的价格进行或接受某特定商品的交割。期货价格是所有参与期货交易的人对未来某一特定时间的现货价格的期望或预期。不论期货合约的多头还是空头,都会依其个人所持立场或所掌握的市场资讯并对过去的价格表现加以研究后,做出买卖委托。而交易所通过电脑撮合公开竞价出来的价格即为此瞬间市场对未来某一特定时间现货价格的平均看法。这就是期货市场的价格发现功能。实质上,期货价格是将来现货价格的无偏估计。要想实现期货的价格发现功能,期货市场必须是公开、公平、公正、高效竞争的市场。只有在这样的市场中,形成的期货价格才是将来现货价格的无偏估计值。

3. 资产配置功能

除了价格风险转移功能和价格发现功能外,期货还有资产配置功能。因为期货采用保证金交易制度,交易成本很低,因此被机构投资者广泛用来作为资产配置的手段。例如一个以债券为主要投资对象的机构投资者,认为近期股市可能出现大幅上涨,打算抓住这次投资机会,但由于投资于债券以外的品种有严格的比例限制,不可能将大部分资金投资于股市,此时该机构投资者可以利用很少的资金买入股指期货,就可以获得股市上涨的平均收益,提高资金总体的配置效率。

4. 套利功能

一般来说,标的资产价格与期货价格之间存在一定的关系,当它们之间的价格偏离到一定程度时,就会出现期货与现货市场间的套利机会。套利交易者会买进(或卖出)一定数量的现货资产,同时卖出(买进)相应数量的期货合约,进行套利交易操作。操作的目的可以使期货与现货市场进一步达到平衡,也可以利用期货与现货市场间的套利机会获取套利利润。

(五)期货合约与远期合约的比较

实质上,期货交易是远期交易的升级版。期货合约与交易是针对远期合约与交易不足展开的。首先,期货合约的标准化克服了远期合约非标准化的不足,解决了远期合约交易流动性不足的问题;其次,通过制度设计,克服远期合约违约风险高和市场效率不高的问题。尽管期货合约和远期合约虽然都是在交易时约定在将来某一时间按约定的条件买卖一定数量的某种标的物的合约，但它们之间存在诸多区别，如表 4－1 所示。

表 4－1　期货合约与远期合约比较

	期货合约	远期合约
标准化程度不同	期货合约是标准化合约。期货交易所为各种标的物的期货合约制订了标准化的数量、质量、交割地点、交割时间、交割方式、合约规模等条款，只有价格是在成交时根据市场行情确定的。期货合约具有极强的流动性	远期合约中的相关条款如标的物的质量、数量、交收地点和交割月份都是根据双方的需要确定的。远期合约是非标准化合约。远期合约的流动性差，二级市场不发达
交易场所不同	期货合约是在交易所内交易的。交易所不仅为期货交易提供了交易场所，而且还为期货交易提供了许多严格的交易规则，并为期货交易提供信用担保。期货市场是一个有组织、有秩序、统一的市场	远期交易并没有固定的场所。交易双方各自寻找合适的对象，是一个无组织的、效率较低的分散市场。在金融远期交易中，银行充当重要角色
违约风险不同	期货合约的履行由交易所或清算公司提供担保。交易双方直接面对的都是交易所，即使一方违约，另一方也不会受到影响。期货交易的违约风险几乎为零	远期合约的履行仅以签约双方的信誉为担保：一旦一方无力或不愿履约时，另一方就得蒙受损失。远期交易的违约风险很高
价格确定方式不同	期货交易的价格是在交易所中由很多买者和卖者通过其经纪人在场内公开竞价方式确定的，有关价格的信息较为充分、对称，由此产生的期货价格较为合理、统一，因此期货市场的定价效率较高	远期合约的交割价格是由交易双方直接谈判确定的。由于远期交易双方信息是不对称的，因此远期交易市场定价效率很低
履约方式不同	由于期货合约是标准化的，期货交易又在交易所内，因此，当交易一方的目的达到时，他无须征得对方同意就可通过平仓来结清自己的头寸，并把履约权利和义务转让给第三方	由于远期合约是非标准化的，转让相当困难，并要征得对方同意，因此绝大多数远期合约只能通过到期交割实物来履行
合约双方关系不同	期货合约的完全履行不取决于对方而只取决于交易所或清算公司，因此可以对对方完全不了解。在期货交易中，交易者甚至根本不知道对方是谁，这就极大方便了期货交易	由于远期合约的违约风险主要取决于对方的信用度，因此签约前必须对对方的信誉和实力等方面做充分的了解
结算方式不同	期货交易是每天结算的。当期货市场价格发生变动时，对所有该品种期货合约的多头和空头计算产生的浮动盈余或浮动亏损，当天晚上就会在其保证金账户上体现出来	远期合约签订后，只有到期才进行交割清算，其间均不进行结算

（六）期货交易与现货交易的比较

尽管现货资产是期货合约的标的，但它们的交易目的、交易机制存在较大不同。了解它们之间的区别，对于进一步了解期货交易的本质及特点具有较大帮助。表 4－2 是对期货交易与现货交易不同点进行的小结。

表 4－2　　　　期货交易与现货交易的比较

项目	期货交易	现货交易
目的不同	以公开竞价方式买卖标准化合约，实行远期交割	以商品实物买卖为目的。重要特征是商品实物所有权转移
对象不同	主要是买卖标准化合约	商品（实物）资产
交易方式不同	在期货交易所，期货合约竞价买卖	交易双方通过协商谈判进行交易
信用保证不同	交易双方缴纳保证金，有信用保证	主要靠交易双方信誉，也可以缴纳部分预付金，信用保证较差
合同转让不同	在交易日，期货合约竞价买卖	现货合同很难转让
付款方式不同	在交易日，每日盯市、结算无负债和保证金执行；在交割日进行交割	在交割日，采用钱货两清的方式交收
交易场所不同	在期货交易所交易	在交易所外交易
交割方式不同	在清算所监督管理下进行交割	交易双方约定的交割方式交割

1. 期货交易的优势

期货交易极大地繁荣了金融市场。期货市场的优势主要有以下四点：

第一，流动性强。

第二，清算效率高。

第三，杠杆效应大。投资者可以利用市场价格变动来谋利而无需投入大量资金，也不受贷款额度的制约。

第四，交易成本低。

2. 期货交易的局限性

期货交易也存在一定局限性：

第一，灵活性较差。有些期货合约流动性相对较差。

第二，有保证金负担。

当人们在考虑选择期货合约还是选择相应的场外现货交易产品时，必须对上述期货市场的优势和局限性加以通盘考虑，权衡之后再决定何种选择更适合自身的需要。

（七）期货市场的产生与发展

期货交易最早源于农产品买卖。约 700 年前的欧洲和 17 世纪的日本就出现了期货市场。1825 年起美国中西部的交通运输发生了极大变化，货物运费大为减少，于是西部农业区生产的粮食大量运往芝加哥以便卖个好价钱。但由于供大于求，事与愿违，因而产生了预先签订买卖合约、到期交收实物的想法及交易方式，于是产生了农产品的远期合约交易。

由于远期合约的高违约性和低流动性的问题，1848 年美国成立了芝加哥交易所，对远期合约进行了规范，并在交易所进行规范化的远期合约交易，即期货交易。这种期货交易不再以到期交收实物为目的，而是标准化合约本身的买卖以及合约到期前的不断转让，因此交易的目的是商品所有权的价格风险的转嫁。

当期货交易的标的资产变为金融商品时，就形成了金融期货。20 世纪 70 年代初期，随着布雷顿森林体系的崩溃，国际外汇市场上汇率大幅波动，这给世界各国对外贸易带来极大的外汇风险，使贸易双方回避风险的要求日趋强烈。1972 年美国芝加哥商品交易所（CME）率先成立了国际货币市场(International Monetary Market,IMM),并于同年5月推出外汇期货交易。20世纪70年代初期浮动汇率制的实施不仅加剧了外汇市场的波动,也使短期利率和长期利率的变动幅度更为剧烈,使银行、存款人、贷款人等金融商品持有人面临更大的利率风险。1975年10月芝加哥交易所(CBOT)首创了利率期货合约交易。由于汇率、利率的大幅波动,各国股票市场股价剧烈波动,投资者对股市风险防范的需求大增,1982年堪萨斯期货交易所首推了堪萨斯价值线综合指数期货交易。20世纪80年代,金融期货的交易从美国扩大到其他国家。伦敦国际金融期货交易所(London International Financial Futures Exchange,LIFFE)在1982年开始营业,上市的期货交易合约主要以美元和英镑为基础。目前,伦敦国际金融期货交易所已发展为世界上第三大金融期货中心,仅次于芝加哥商品交易所和芝加哥期货交易所。

1986年法国巴黎设立了金融期货交易机构(MATIF),开始推出金融期货交易业务。自此以后,新的期货交易中心陆续成立,包括1988年瑞士的S0FFEX、1989年爱尔兰都柏林的IF0X、1990年德国的DTB、1991年奥地利的OTB、1992年意大利的MIF、2006年的中国金融期货交易所等。

二、期货交易的基本制度

期货交易是交易者在期货交易所进行期货合约的买卖。为了防范期货交易的违约风险,增加交易的流动性,提高期货市场效率,期货交易所对期货交易制定了一系列制度与规则。这些制度主要包括:期货合约的标准化、保证金制度、平仓制度、结算制度等。

(一)期货合约的标准化

期货合约是一种在特定交易场所约定在未来某一特定时期交收特定规格等级现货商品的标准化合约。期货合约的标准化是期货交易最显著、最重要的特征。在期货合约中,交易的基础资产的品种、数量、交割地点、交割月份和交易方式等条款都是标准化的,只有期货价格是期货合约中的唯一变量,它是在交易所里以公开竞价的方式产生的。表4-3和表4-4是我国代表性的商品期货合约与金融期货合约。

表4-3　上海期货交易所阴极铜期货合约

交易品种	阴极铜
交易单位	5吨/手
报价单位	元(人民币)/吨
最小变动价位	10元/吨
涨跌停板幅度	上一交易日结算价±3%
合约月份	1—12月
交易时间	上午9:00—11:30、下午1:30—3:00和交易所规定的其他交易时间
最后交易日	合约月份的15日(遇国家法定节假日顺延,春节月份等最后交易日交易所可另行调整并通知)
交割日期	最后交易日后连续三个工作日

续表

交割品级	标准品：阴极铜，符合国标 GB/T467—2010 中 1 号标准铜(Cu—CATH—2)规定，其中主成分铜加银含量不小于 99.95%
	替代品：阴极铜，符合国标 GB/T467—2010 中 A 级铜(Cu—CATH—1)规定，或符合 BS EN 1978：1998 中 A 级铜(Cu—CATH—1)规定
交割地点	交易所指定交割仓库
最低交易保证金	合约价值的 5%
交割方式	实物交割
交割单位	25 吨
交易代码	CU
上市交易所	上海期货交易所

表 4-4　沪深 300 指数期货合约

合约标的	沪深 300 指数
合约乘数	每点 300 元
报价单位	指数点
最小变动价位	0.2 点
合约月份	当月、下月及随后两个季月
交易时间	9:30～11:30，13:00～15:00
每日价格最大波动限制	上一个交易日结算价的±10%
最低交易保证金	合约月份价值的 8%
最后交易日	合约到期月份的第三个周五，遇国家法定假日顺延
交割日期	同最后交易日
交割方式	现金交割
交易代码	IF
上市交易所	中国金融期货交易所

从表 4-3 和表 4-3 可以看出，期货合约一般有以下几个方面的基本条款或主要内容：

1. 交易单位

交易单位也称“合约规模”，是指交易所对每一份期货合约所规定的交易数量和数量单位。只要是在该期货交易所内买卖的以某种商品为基础的期货合约，每张合约所包括的交易数量和数量单位都是相同的。如在表 4-3 中，上海期货交易所规定，每一张阴极铜期货合约的交易单位是 5 吨阴极铜；再如中国金融期货交易所规定，沪深 300 指数期货合约的交易单位为沪深 300 指数期货指数乘以 300 元人民币。

交易单位的标准化极大地简化了期货交易过程，提高了市场的流动性与市场效率，使期货交易大部分成为一种只记录期货合约买卖数量的交易(很小一部分实施远期交割)。市场流动性是期货市场的核心。如果失去了流动性，期货市场将不复存在，交易单位的标准化有力实现了市场的流动性。但是，这种交易单位的标准化也在一定程度上限制了人们根据自己的实际需要确定交易数量的余地。因为人们在交易中只能买进或卖出这一标准数量的某一整数倍，亦即买进或卖出多少份这样的期货合约。

2. 最小变动价位

最小变动价位是指由交易所规定的、在进行期货交易时买卖双方所报的标的资产期货价格的最小变动幅度，也称为一个刻度。每次报价时期货价格的变动必须是这个最小变动价位的整数倍。最小变动价位乘以交易单位所得的乘积，就是每份期货合约的价值因期货价格变动一个刻度而增减的金额，这一金额称为“刻度值”。例如，表 4-3 中阴极铜期货价格的最小变动价位为 10 元/吨，这个价格称为一个刻度；10 元/吨×5 吨＝50 元，则为每份阴极铜期货的最小变动金额，即“刻度值”。

交易所对合约报价的最小变动价位做出规定的主要目的是简化期货交易的结算。根据这种规定，交易者也可以很方便地根据每份合约的刻度值及价格变动幅度计算出每份合约的盈亏金额。

3. 每日价格最大波动幅度限制

每日价格最大波动幅度限制又称为“涨跌停板”，是指当日某期货合约的成交价格不能高于或低于该合约上一交易日结算价的一定幅度，达到该幅度则暂停该期货合约的交易，称该合约达到跌停板或涨停板。这类似于股票的“涨跌停板”。在表 4-3 中，阴极铜期货合约成交价格的涨跌停板幅度为上一交易日结算价±3％。

通常价格一旦达到当天的涨停板或跌停板，该合约当天就停止交易。实行每日价格最大波动幅度限制的目的在于防止期货价格发生过分剧烈的波动，从而使市场保持相对稳定。

4. 合约月份

合约月份指的是期货合约到期交割的月份。虽然期货合约的实际交割比例很小，但也会有交割发生。期货合约的交割月份由交易所规定，期货交易的参与者可自由选择交易何种交割月份的期货合约。一般来说，对于某种期货合约，期货交易所规定若干个标准化的月份。例如上海期货交易所的阴极铜期货合约，其交割月份有 12 个，即 1—12 月，每个月都有到期的合约。

5. 最后交易日

最后交易日是指由交易所规定的各种合约在到期月份中的最后一个交易日。在期货交易中，绝大多数成交的合约是通过对冲交易结清的。如果持仓者到最后交易日仍不做对冲交易，那么，他就必须通过实物交收或现金结算来结清其部位。关于最后交易日的规定，不同的期货交易所各有不同。如上海期货交易所规定，合约月份的 15 日(遇国家法定节假日顺延，春节月份等最后交易日交易所可另行调整并通知)为阴极铜期货合约的最后交易日。

6. 交易时间

交易时间是指由交易所规定的各种期货合约在交易日的交易时间。如沪深 300 指数期货合约的交易时间为北京时间：9：30～11：30，13：00～15：00。交易者只有在交易时间才能进行交易。

7. 交割日期与地点

交割日期是指交易所规定的各种期货合约进行实物交收或现金结算的日期。如上海期货交易所规定，阴极铜期货合约的交割日期为合约交割月份最后交易日后的连续三个工作日；交割地点为交易所指定的交割仓库。

(二)保证金制度

为了克服远期交易中存在的信用违约风险,期货交易所设置了保证金制度。该制度规定,交易者在正式从事交易之前必须在经纪商账户中存入一笔资金,这笔资金相当于履约的担保存款,以确保交易者履行合约义务。履约保证金可以是现金、银行信用证或短期的美国公债。保证金存入后仍然属于交易者的资产。

1. 保证金的性质

期货交易的保证金是交易双方履约的财力保证,其目的是防范期货交易过程中交易双方的违约风险。期货交易的保证金与现货交易保证金具有完全不同的性质,现货交易的保证金往往是标的价格的一部分,常常称为押金;而期货交易的保证金不是押金,其作用是为了保证交易双方履行期货合约的条款规定,避免信用风险。

由于期货交易的双方都有违约的可能性,因此,期货交易的双方在正式从事交易之前都必须缴纳保证金(存一笔资金到经纪商账户中)。

2. 保证金的种类

由于期货交易是投资者通过期货经纪商进行交易的,因此,期货交易的违约就可能来自两个方面:一是期货经纪商对期货交易所的违约,二是投资者对期货经纪商的违约。为了防范这两类违约风险,交易所设置了两类保证金:一类为基础保证金,另一类为交易保证金。基础保证金是为了防范期货经纪商对期货交易所的违约,交易保证金是为了防范投资者对期货经纪商的违约。

(1)基础保证金也称为结算保证金,是指结算会员(期货经纪商、期货公司)在交易所专用结算账户中预先准备的资金,是未被合约占用的保证金,这部分保证金在结算会员违约造成损失时才启用。基础保证金一般为 30 万到 3 000 万元人民币不等,取决于不同交易所的规定。这部分保证金一般是要计利息的,利率不低于同期活期存款利息率。

(2)交易保证金,是指投资者进行期货交易时必须缴纳的保证金,其目的是防范投资者在期货交易过程中的违约风险。交易保证金有三种类型,即初始保证金、维持保证金和追加保证金。

初始保证金是指进行任何期货交易前必须先存入的保证金,其额度大约等于相关合约每天最大的价格波动率。大部分期货合约的初始保证金不会超过基础资产价值的 5%～10%。初始保证金额度相对于基础资产价值较小的主要原因是期货交易中的逐日结算制度,即每个交易日结束时交易账户都必须根据当天的收盘价进行结算,立即实现当天的盈亏。

维持保证金是指交易所规定的交易者在其保证金账户中所必须保有的最低余额的保证金。在实际交易过程中,由于期货价格的变动会引起保证金账户内的金额发生变动。为了保证交易的正常进行和期货经纪商亏损的风险,期货交易都有维持保证金要求。维持保证金一般是初始保证金的 70%～75%。期货交易所对每一种期货合约的交易都有最低保证金的要求,如上海期货交易所对阴极铜期货合约最低交易保证金的要求为合约价值的 5%,中金所对沪深 300 指数期货合约最低交易保证金的要求为合约价值的 8%。

追加保证金是指交易者在持仓过程中因期货价格的变动而发生亏损,使其保证金账户的余额减少到低于规定的维持保证金时所必须补缴的保证金。追加保证金一般让保证金账户的余额达到初始保证金的水平。

初始保证金比例一般是由联邦储备委员会制定,交易所、经纪公司可在此基础上提高此比例。

保证金比例也不是一成不变的，如有的交易所规定在交割月应加收初始保证金，这是为了防范人为操纵市场，过量持仓引发逼空。

3. 期货交易主要是保证金交易

期货交易过程中发生的盈亏都记入保证金账户中，即当期货价格波动使交易者盈利时，盈利额直接记入保证金账户；当期货价格波动使交易者亏损时，亏损额直接从保证金账户中扣除。

由于初始保证金仅占基础资产价值的很小比例，因此期货交易具有很大的杠杆作用，也就是说，盈利时盈利率可达几倍或几十倍，亏损时亏损率也可达几倍或几十倍。例如，如果某期货交易的初始保证金比率为5%，交易者可以用5元的初始保证金购买100元的基础资产，杠杆率为20倍；当基础资产上涨1%时，交易者就可盈利20%；反之，当基础资产下跌1%时，交易者将亏损20%。

(三)平仓制度

期货交易者在期货经纪商处开户并存入一定保证金后就可以进行期货合约的买卖了，这称为开仓。如果交易者买入期货，则称为开多头仓，建立一个多头部位；如果交易者卖出期货，则称为开空头仓，建立一个空头部位。也就是说，当期货交易者在期货经纪商处开户并存入一定保证金后，即使他没有标的资产，也可以卖出相应的期货合约，建立一个空头部位，这是与现货交易不同的地方。为了防范期货合约到期的交割，开空头仓的交易者可以选择反向对冲方法了结空头头寸。对于已开仓的交易者，他可以在期货合约到期前做与开仓相反的操作改变其交易部位，也可以在期货合约到期后进行实物交割了结其头寸，这些都称为平仓。

1. 平仓的基本含义

平仓是指在期货合约到期前交易双方将合约再转给其他交易者，以改变其交易部位的行为或在期货合约到期后进行实物交割了结其头寸的行为。平仓的本质是改变交易者的交易部位。

2. 平仓的方式

平仓的方式有两种：一种是在期货合约到期前，交易者将合约再转给其他交易者，以改变其交易部位的行为，这种方式称为“对冲”。例如，投资者为多头仓位，他可以在期货合约到期前卖出其多头仓位；若投资者为空头仓位，他可以在期货合约到期前买进其所持空头仓位，了结其空头仓位。另一种平仓的方式是交割，即交易者在期货合约到期后进行实物交割改变其交易部位的行为。

由于在期货交易时绝大多数是采用“对冲”方式进行平仓的(超过98%)，因此习惯上将平仓称为“对冲”。但要注意的是，交割也是一种平仓的方式。

3. 对冲的原则

在进行对冲交易时，一定要注意以下基本原则：

(1)必须在最后交易日前。任何对冲交易必须在最后交易日前(包括最后交易日)的任何交易日进行。如果没有在最后交易日前进行对冲交易，交易者必须进入交割程序，这是绝大多数交易者不愿意进行的操作。因此，在进行期货交易时，一定要注意期货合约的最后交易日。

(2)品牌相同。在进行对冲交易时，交易的品种一定是交易者持仓的品种；如果交易的品种不是交易者持仓的品种，就等于投资者开新仓，不能完成对冲交易。

(3)买卖方向相反。进行对冲交易,买卖方向一定要与持仓相反,即原来是持有多头仓位,对冲操作时卖出多头仓位;如果原来是持有空头仓位,对冲操作时买入对应的空头仓位。买卖的数量可以与原来的持有仓位相同,也可以小于原来的持有仓位,这时的平仓称为部分平仓。

(4)申报单应注名是平仓单。在进行对冲操作时,申报单应注名是平仓单。

(四)结算制度

结算制度是期货交易的一项重要制度,主要包括结算原则、结算基本制度与结算方法。

1. 结算原则

期货交易的结算原则是结算机构分别成为一笔交易的买方与卖方的"交易对手",交易双方不再发生任何直接联系,皆有结算机构分别对交易者进行接收与发放交货。每份持仓合约的履行分别由交易所去追究,交易双方不必直接进行追究。如果出现了风险,由交易所结算部处理与承担。这种制度的设置是为了简化交易结算、减少违约风险。

2. 结算基本制度

期货交易结算的基本制度是每日盯市、结算无负债和保证金执行制度。每日盯市、结算无负债是指对每一份持仓合约从其成交当天开始,在每个交易日结束时,交易账户都必须根据当天的结算价进行结算,立即实现当天的盈亏。保证金执行制度是指当天结算实现盈利时,盈利记入保证金账户,当天结算亏损时,从保证金账户中扣除亏损数。

3. 结算方法

在结算时,关键是确定结算价。结算价有每日结算价和最后结算价两种。每日结算价是每个期货合约每日确定的结算价,如沪深 300 股指期货合约的结算价为最后一小时成交价格按照成交量的加权平均价,计算结果保留至小数点后一位。最后结算价是期货合约最后交易日的结算价。每一种合约最后结算价的确定方法不同,如标准普尔 500 指数期货的最后结算价为合约月份第三个星期五报出的 S&P500 的开盘价格,其合约月份第三个星期四为最后交易日。

[例 4-1] 设某投资者于 7 月 10 日买进 2 手 9 月份到期的阴极铜期货合约,成交价为 20 000 元/吨。他已缴纳初始保证金 10 000 元,其开仓、持仓及平仓的交易、结算过程如表 4-5 所示。

表 4-5　　期货交易结算题例　　单位:元

序号	活动	成交价	结算价	合约面值	每日账面盈亏	每日账面结存	追加保证金	累积盈亏
1	存入资金					10 000		
2	买入合约(10 吨)	20 000		200 000				
3	持仓		20 100	201 000	1 000	11 000		1 000
4	持仓		20 060	200 600	−400	10 600		600
5	持仓		20 000	200 000	−600	10 000		0
6	持仓		19 800	198 000	−2 000	8 000		−2 000
7	持仓		19 500	195 000	−3 000	5 000	5 000	−5 000
8	持仓		19 700	197 000	2 000	12 000		−3 000
9	平仓	20 200		202 000	5 000	17 000		2 000

根据表 4－5，该期货交易者第 1 天在其保证金账户中存入 10 000 元，此即初始保证金。第 2 天买入 2 手 9 月份到期的阴极铜期货合约(即开多头仓)，成交价为 20 000 元/吨，并持仓到当天收市，当天的结算价为 20 100 元/吨(该阴极铜期货的当日结算价是该商品期货在这一日中各笔成交价的加权平均价)。这样，该投资者当天合约面值为 201 000 元(20 100 元×10 吨)，比购买期货合约时的合约面值多 1 000 元，该 1 000 元为该投资者当天的盈利，记入保证金账户中，当天保证金账户中的资金为 11 000 元。

在第 2 天(表 4－5 中第 4 行)，该投资者仍然持仓到当天收市，当天的结算价为 20 060 元/吨，比昨天收盘的结算价下跌了 40 元。这样，该投资者当天合约面值为 200 600 元(20 060 元×10 吨)，比昨天持仓的期货合约面值少 400 元，该 400 元为该投资者当天的亏损，将以负值记入保证金账户中。当天保证金账户中的资金为 10 600 元，累积盈利为 600 元。

这种状况一直持续到第 6 天(表 4－5 中的第 7 行)，保证金账户中的资金余额为 5 000 元。假设期货经纪商规定的维持保证金为 5 000 元，这时，该投资者将收到期货经纪商要求追加保证金的通知。如果该投资者将保证金追加到初始保证金的水平，即他在保证金账户中增加了 5 000 元。

假设该投资者追加保证金后，阴极铜期货的价格开始上升，第 7 天阴极铜期货的结算价为 19 700 元/吨，合约面值为 197 000 元，在上一日的基础上增加了 2 000 元，该盈利记入保证金账户中。当天保证金账户中的资金为 12 000 元，累积亏损为 3 000 元。第 8 天阴极铜期货的价格继续上升，该投资者以 20 200 元/吨的价格卖掉这两份阴极铜期货合约(即平仓)，此时合约面值为 202 000 元，在上一日的基础上增加了 5 000 元，该盈利记入保证金账户中。当天保证金账户中的资金为 17 000 元，累积盈利为 2 000 元。

该投资者期货交易盈亏计算的另一种方法是按平仓价与开仓价之间的差与买入合约吨数的乘积计算，即：(20 200－20 000)×10＝2 000(元)。这种计算方法与期货每日结算的方法得出的结果相同。

(五)金融期货交易的特征

根据上述分析，金融期货交易一般具有以下特征：

(1)期货合约均在交易所进行交易，交易双方不直接接触，而是各自跟交易所的清算部或专设的清算公司结算。

(2)期货合约的买者或卖者可在交割日之前采取对冲交易以结束其期货头寸(即平仓)，而无须进行最后的实物交割。

(3)期货合约的合约规模、交割日期、交割地点等都是标准化的。

(4)期货交易是每天进行结算的，而不是到期一次性进行的，买卖双方在交易之前都必须在经纪公司开立专门的保证金账户。

三、期货市场的结构

期货市场由期货交易所(清算所)、会员(期货经纪公司)和交易者组成。交易所的会员可以分为两大类：清算会员与非清算会员。清算会员是指交易所会员同时也是清算所会员。清算所仅与清算会员往来。所以，任何非清算会员都必须通过清算会员才能进行交易的清算。清算会员持有的所有期货部位都必须存入保证金到清算所。

个人交易者可以通过清算会员或非清算会员进行期货交易，如图 4－1 所示。在图 4－1

中，交易者 A 通过清算会员的经纪商进行交易；交易者 B 是通过非清算会员的经纪商进行交易。其中，非清算会员经纪商的交易则由会员经纪商进行交易，这家经纪商接受委托的所有交易都必须通过某家清算会员进行清算。

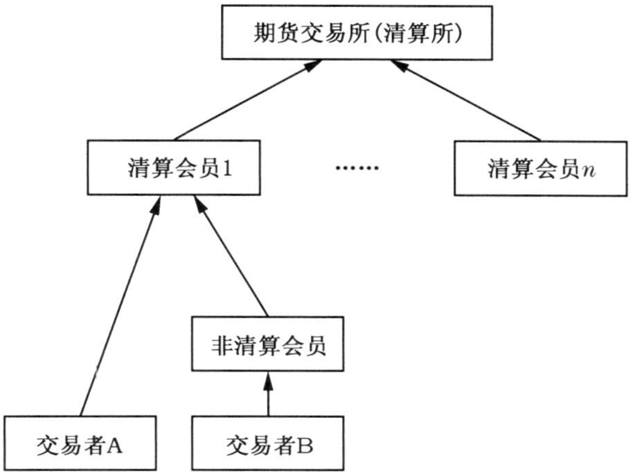

图 4-1　期货市场结构

(一)期货交易所

1. 期货交易所的含义与功能

期货交易所是期货市场的核心，其主要职能是为期货交易者提供交易场所和所需的各种设施，制定交易规则，设计合约，安排上市，监督交易过程，控制市场风险等。

期货交易所是一种自律性组织，其本身不参与交易，也不以营利为目的。其采用的组织形式有会员制和公司制两种。会员制是指交易所由会员组成。期货交易所的会员一般是指期货公司。交易所的决策机制是：采取会员集体决策。采用会员制结构的原因是在垄断经营条件下，可以使市场参与者的交易成本最小；适应交易非自动化的需要。公司制交易所是指交易所演变成上市公司，其治理结构为上市公司的治理结构。交易所向上市公司转型是一种普遍的趋势。

期货交易所要顺利运转，必须具有足够的交易者、一定的上市品种和成交量以及完善的软硬件条件。

2. 期货市场交易规则

期货市场交易规则与证券交易所极为相似，一般采用价格优先、时间优先的竞价交易规则。除此之外，期货市场交易规则特殊的方面有：

(1)价位变动不同

期货价格的变动一般与股票价格的变动不同，如我国沪深 A 股股票的最小变动价位为 0.01 元，每次股价的变动必须是 0.01 元的整数倍。而期货价格的最小变动价位是 1 个刻度，刻度是由交易所规定的，每次报价时价格的变动必须是这个最小变动价位的整数倍，每种期货价格的刻度也不相同；每份合约的最小变动价位是刻度与合约规模的乘积。

(2)涨跌停板制度

尽管期货市场上涨跌停板制度设置的目的与股票市场相同，都是为了防止价格发生过分剧烈的波动,保持市场的相对稳定,但期货市场上涨跌停板的幅度与股票市场不同,如我国沪深A股的涨跌停板为±10%,而不同期货品种涨跌停板各有不同规定。如表4-3中阴极铜期货合约成交价格的涨跌停板幅度为上一交易日结算价±3%。

(3)未平仓合约与交易量

未平仓合约是指市场结束一天交易时未被"结束掉"的或仍然存在的单边买或卖的合约数量,是分析期货市场的重要参考数据之一。未平仓合约是期货交易特有的现象,在股票交易过程中不存在未平仓合约问题,它与交易量有着不同的含义。在期货交易中未平仓合约与交易量的关系如表4-6所示。

表4-6　　未平仓合约与交易量的关系

交易者A	交易对手B	未平仓合约数变化	交易量变化
开新仓1手(多头),并持有到当天收市	开新仓1手(空头),并持有到当天收市	+1	+1
开新仓1手(多头),并持有到当天收市	卖出原有的多头仓1手(对冲单)	0	+1
买入原有的空头仓1手(对冲单)	开新仓1手(空头),并持有到当天收市	0	+1
买入原有的空头仓1手(对冲单)	卖出原有的多头仓1手(对冲单)	-1	+1

根据表4-6,当交易者A开新仓1手(多头)并持有到期,而与他交易的对手B也正好开新仓1手(空头)并持有到期,此时市场中存在的该合约未平仓数将增加1手,交易量也增加1手;当交易者A开新仓1手(多头)并持有到期,而与他交易的对手B是对冲单,卖出原有的多头仓1手,此时市场中该合约未平仓合约数将不变化,而交易量增加1手;如果交易者A为对冲单,即买入原有的空头仓1手,而与他交易的对手B开新仓1手(空头)并持有到期,此时未平仓合约数将不变化,但交易量增加1手;如果交易者A为对冲单,即买入原有的空头仓1手,而与他交易的对手B也是对冲单,卖出原有的多头仓1手,此时市场中该合约未平仓合约数将减少1手,交易量却增加1手。

(4)投机头寸限仓制度

持仓限额制度是指交易所为防范操纵市场价格行为,防止期货市场风险过度集中于少数投资者,对会员及客户持仓数量进行限制的制度。超过限额,交易所可按规定强行平仓或提高保证金比例。这是交易所控制市场风险程度、防范风险扩大的重要措施。

持仓限额也不是固定不变的。越临近期货到期日,允许持仓的限额越小,其目的主要是防范交割风险。

(5)大户报告制度

大户报告制度是指会员或投资者在某一期货合约上的投机持仓达到交易所规定投机限仓数量的80%时,会员或投资者应向交易所报告其资金情况、持仓情况、持仓意向、资金来源和追加保证金的能力、可交割商品的数量等,交易所可以根据市场上的风险情况,制定和调整持仓报告标准。

交易所通过实施大户报告制度,确保交易所对持仓量较大的会员或客户进行重点监控,了解其持仓动向、意图,防止投机者恶意操纵市场而形成市场风险或信用风险。这是与投机头寸限仓制度紧密相关的防范大户操纵市场价格、控制市场风险的重要制度。

(6)强行平仓制度

强行平仓是指交易所对违规的会员或投资者的持仓实行平仓。交易所主要根据以下情况实行强行平仓：会员结算准备金不足并且在规定的时间内未能补足；持仓量超过规定的持仓限额；会员或投资者受到交易所强行平仓处罚；交易所根据紧急情况应予以强行平仓等。强行平仓制度是将风险消除在萌芽之中或者当风险发生时消除风险的一种强制措施，也可以防止个别会员或投资者的风险扩散到其他会员或投资者身上。这是交易所或期货经纪公司控制市场风险、化解市场风险的重要制度。

除上述交易规则或制度外，期货交易所还有风险警示制度、市场异常情况处理制度等。这些制度规定都是为了期货交易的正常运行。

(二)结算所

与其他证券交易一样，期货交易的结算业务都有专门的结算单位来统一处理，该结算单位就是“结算所”，它可以是期货交易所的一个部门，也可以是与交易所无隶属关系的一个独立实体。

结算所实行全员结算会员制。清算所会员有清算会员与非清算会员两类。只有清算会员才能进行结算，任何非清算会员都必须通过清算会员才能进行交易的清算，个人交易者可以通过清算会员或非清算会员进行期货交易。

结算所的基本职能主要有：决定并逐日公布结算价格；收取和管理保证金；负责每日成交合约的结算；监督管理到期合约的结算和实物交割；公布交易信息等。

(三)中介机构

由于期货交易所实行的是会员制度，因此只有交易所会员才能进场从事交易，而非会员(或非清算会员)只能委托交易所会员的经纪商或经纪人参与交易。交易所会员的经纪商或经纪人称为中介机构，期货市场中常见的中介机构是期货经纪公司。

期货经纪公司是依法设立、按客户委托、按照客户的指令以自己的名义为客户交易并收取交易手续费的中介组织。一般来说，一个合格的经纪商或经纪人必须有坚实的财力、良好的信誉、扎实的专业知识以及丰富的交易经验。所以，经纪商或经纪人一般要经过严格的考试和审核。

一般期货交易经纪人有三类，即佣金经纪人、两元经纪人和专家经纪人。佣金经纪人是指负责执行投资者向经纪商发出的交易指令的中介人。场内经纪人也称为二元经纪商或经纪人的经纪人，在交易所场内协助一般经纪人执行投资者的指令，他们从一般经纪人那里获取酬金。场内交易商是专门在交易所场内为自己进行证券买卖的会员商人，他们具有稳定股价的责任，在市场上“低进高出”，从中赚取利润。

(四)交易者

参与期货市场的交易者主要有三大类，即套期保值者、投机者和套利者。他们参与期货交易的目的不同，面临的风险也不同，交易所对他们的仓位限制也不同。

1. 套期保值者

套期保值者是利用同一品种的商品，其期货价格与现货价格受到相同因素的影响和制约，其价格的变动趋势和方向有一致性的特点，在期货市场上建立与现货市场相反的头寸，则无论市场价格朝哪一方向变动，均可转移现货价格风险，实现保值的法人或个人。

套期保值者参与期货交易的目的是转移现货价格风险。保值者一般只能做到保值，而不能获利。对这类交易者，交易所一般不对其仓位进行限制，收取的佣金也较低。

2. 投机者

投机者是根据他们对金融期货价格的预测，通过低买高卖或高卖低买以获取利润的交易者。由于期货交易的杠杆作用很大，如果投机者对期货价格的预测准确，他们将获得巨大的回报；如果他们对期货价格的预测错误，他们的损失也将是惨重的。因此，投机者所面临的风险很大。所以，交易所对投机者一般有持仓限额的限制，同时收取的佣金也较高。

3. 套利者

套利者是利用不同期货合约之间或期货合约与现货商品之间的暂时不合理的价格关系，同时买进被低估的期货合约、卖出被高估的期货合约以赚取价差的交易者。套利者交易的风险较低，交易所一般不对套利者的仓位进行限制，收取的佣金也较低。

(五)期货的交易程序

期货市场的交易流程如图 4－2 所示。

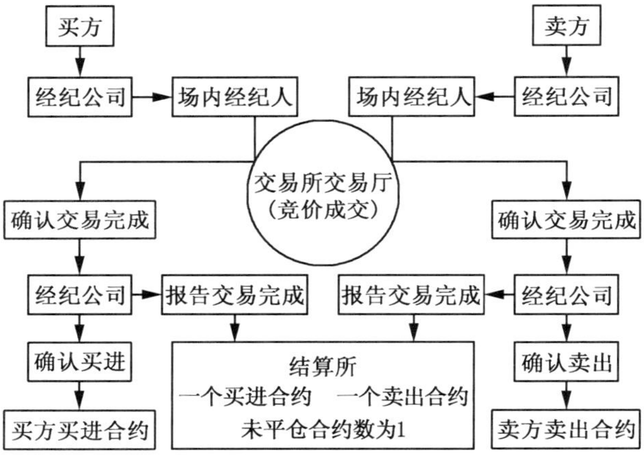

图 4－2　期货市场的交易流程

四、世界主要期货市场简介

目前，金融期货市场最发达、交易量最大的应属北美地区，欧洲地区其次，亚太地区及世界其他地区金融期货市场的发展也十分迅速。

由于经济规模效应的原因，出现了期货交易所合并的趋势。如美国最大的两家期货交易所 CME 和 CBOT 于 2007 年 7 月合并为 CME 集团；欧洲最大两家期货交易所为欧洲期货交易所(EUREX)和泛欧期货交易所(EURONEXT)，其中欧洲期货交易所由德国和瑞士交易所共同拥有；泛欧期货交易所由荷兰阿姆斯特丹、法国巴黎、比利时布鲁塞尔三家交易所于 2000 年合并组成；自 2002 年以来，泛欧期货交易所先兼并了伦敦国际金融期货与期权交易所(LIFFE)，后又与葡萄牙证券交易所合并，并于 2006 年与纽约证券交易所(NYSE)达成合并协议，组建纽约—泛欧交易所集团，而纽约证券交易所在 2005 年 9 月兼并了太平洋交易所，等等。毫无疑问，规模大的交易所交易费用较低。表 4－7 是世界上主要的交易所及主要交易品种。

表 4-7　　世界主要的期货期权交易所

交易所	简称	网址	交易品种
芝加哥交易所（Chicago Board of Trade）	CBOT	www.cbot.com	商品期货和美国中长期国债期货
芝加哥商品交易所（Chicago Mercantile Exchange）	CME	www.cme.com	美国短期国债期货和外汇期货
纽约商品交易所（New York Mercantile Exchange）	NYMEX	www.nymex.com	股指期货
欧洲期货交易所（Eurex）	EUREX	www.eurechange.com	国债期货、欧元区股指期货
泛欧期货交易所（Euronext）	EURONEXT	www.euronext.com	欧元区利率期货和股指期货
大阪证券交易所（Osaka Securities Exchange）	OSE	www.ose.or.jp	股指期货、国债期货
新加坡交易所（Singapore Exchange）	SGX	www.ses.com.sg	外汇期货、股指期货和利率期货
香港期货交易所（Hong Kong Futures Exchange）	HKFE	www.hkex.com.hk	股指期货、利率期货和外汇期货

资料来源：约翰·赫尔，期权、期货及其他衍生品（第 7 版），王勇、索吾林，译．北京：机械工业出版社，2009.

第二节　金融期货的主要种类

期货按标的资产不同，可分为商品期货和金融期货两大类。商品期货主要有农产品期货和生产资料期货两种；金融期货可分为外汇期货、利率期货和股票价格指数期货三大类。由于金融期货的交易量达到总期货交易量的 80%左右，因此金融期货成为期货的主要类型。这里主要介绍金融期货。

一、外汇期货

外汇期货交易是指在集中性的交易市场以公开竞价方式进行外汇期货合约的交易。外汇期货合约是交易双方订立的、约定在未来日期以成交时确定的汇率交收一定数量某种外汇的标准化合约。外汇期货交易的实质是两种不同货币之间的期货交易。

20 世纪 70 年代初期，随着布雷顿森林体系的崩溃，固定汇率制转为浮动汇率制。汇率不断变动给企业和个人在国际贸易和国际结算与支付中带来风险。为了回避或转嫁外汇风险，1972 年芝加哥商品交易所（CME）建立了国际货币市场，引入了外汇期货合约交易。外汇期货合约是最早的金融期货合约。

（一）外汇期货报价与行情表

1. 外汇期货报价

外汇期货报价方式与外汇现货报价方式相同，都采用商品报价法，以合约标的货币为商品，报出 1 单位标的货币的美元价格(或以其他货币计价结算的价格)。例如：

1 英镑=1.563 4 美元

1 欧元=1.223 2 美元

2. 外汇期货行情表

表 4-8 为某日刊登在《华尔街日报》上的外汇期货行情表。

表 4-8 **外汇期货行情表**

	open	high	low	settle	change	Lifetime high	Lifetime low	Open interest
JAPAN YEN(CME)—12.5million yen; $ per yen(.00)								
Mar	1.007 6	1.008 2	1.005 7	1.006 9	−0.000 8	1.056	0.968	71 005
June	1.020 0	1.020 7	1.018 9	1.019 4	−0.000 9	1.067	0.991 5	2 325
Sept	1.031 3	1.033 5	1.030 3	1.032 2	−0.000 9	1.077 5	1.02	327
Dept	1.046 2	1.046 2	1.045	1.019 4	−0.000 9	1.076	1.042	117
Est vol 11045; vol mon 13797; open int 99931—2880								

首先，我们看表 4-8 的 JAPAN YEN(日元)那一行，货币日元后面的“CME”代表这种日元期货合约是在芝加哥商品交易所交易的期货合约；“12.5 million yen”代表这种合约的交易单位是 12 500 000 日元；紧接着后面的“ $ per yen”表示下面的数字是每 1 日元的美元数；在“ $ per yen”后面的括号内的“.00”表示下面的日元期货行情中的各个数字已往后移了两位。例如，下一行中的数字“1.007 6”实际上是表示 1 日元等于 0.010 076 美元。

其次，我们来说明行情表最上面一行各项的含义。

“open”为开盘价，即某期货合约当日第一笔交易的成交价。“open”下面的各个数字分别表示各种期货合约在当天的开盘价格。

“high”和“low”分别表示各种期货合约在当天交易的最高价和最低价。

“settle”为结算价格又称为收盘价格，即某种期货合约在当日收盘时成交的最后一笔交易的价格，或按交易所规定的方法计算的结算价格。

“change”为结算价格变动的净额，即当日结算价格较前一个交易日结算价格增加(以“+”表示)或减少(以“−”表示)的金额。不过结算价格的这种变动不得超过各期货合约的每日价格变动幅度限制的范围。

“lifetime”下面的“high”和“low”分别表示某一特定交收月份的期货合约，自开始交易起至当天为止所达到的最高与最低成交价格。

“open interest”为未平仓合约数。“未平仓合约”是指已成交但尚未做对冲交易或实物交割的期货合约。未平仓合约数指的是截至前一个交易日，买方(或卖方)持有的某种特定月份期货合约的未平仓合约的累计数量。由于每份未平仓的期货合约都既有买方也有卖方，因此要计算未平仓合约数，只需统计买方与卖方中的任何一方的未平仓合约数即可。

表中最后一行的 4 个数字分别表示当日估计成交量、前一交易日的实际成交量、各个月份期货合约的未平仓合约总数以及与前一交易日相比各个月份期货合约的未平仓合约总数之增减数。如表 4-8 中，星期一的实际成交量为 13 797 手，星期二的估计成交量为 11 045 手，各个月份期货合约的未平仓合约总数为 99 931 手，相比前一交易日未平仓合约总数减少了

2 880 手。

需要注意的是，此处的未平仓合约数与前述的未平仓合约数不同。前述的未平仓合约数指的是某种货币某个特定月份期货合约的未平仓合约数，而这里的未平仓合约数是指该种货币各个月份期货合约未平仓合约的总数。

在期货交易中，未平仓合约数及其增减变化是交易者或期货价格分析者预测期货价格走势的一个重要参考指标。未平仓合约增加，大多数交易者预期期货价格将上升；反之，若未平仓合约数减少，则大多数交易者预期期货价格将下跌。

表 4-8 中最左面一列为合约月份，如日元期货的合约月份有 3 月、6 月、9 月、12 月四个合约月份。

（二）外汇期货合约规格

外汇期货合约规格一般包括交易单位、最小变动价位、每日价格波动限制、合约月份、交易时间、最后交易日、交割日期和交割地点等多项内容。这里以芝加哥商品交易所交易 IMM 分部的期货合约为例介绍外汇期货合约规格，见表 4-9 的日元期货合约。

表 4-9　　日元期货合约

交易品种	日元
交易单位	12 500 000 日元/手
报价单位	美元/日元
最小变动价位(tick)	0.000 001 美元/日元（每合约 12.5 美元），1 点
每日价格最大变动限制	150 点(7:20～7:35)，之后：无
合约交割月份(合约月份)	1、3、4、6、7、9、10、12 月及现货月份
交易时间	IMM，上午 7:20～下午 2:00(芝加哥时间)
最后交易日	合约交割月份的第三个星期三前的第二个营业日的上午 9:16
交割日期	合约交割月份的第三个星期三
交割地点	结算所指定的货币发行国银行

1. 交易单位

交易单位也称“合约规模”，是以各种货币的每一份外汇期货合约所规定的交易数量和数量单位。如英镑期货的交易单位为 62 500 英镑；日元期货的交易单位为 1 250 万日元。表 4-10 是几种常见外汇期货的交易单位。

表 4-10　　几种常见外汇期货的交易单位、最小变动价位及每日波幅限制

币种	交易单位	最小变动价位	每日波幅限制
英镑	62 500 英镑	0.000 2(2 点)(12.5＄)	400 点(2 500＄)
日元	1 250 万日元	0.000 001(1 点)（12.5＄）	150 点(1 875＄)
瑞士法郎	125 000 法郎	0.000 1(1 点)（12.5＄）	150 点(1 875＄)
加拿大元	100 000 加元	0.000 1(1 点)（10＄）	100 点(1 000＄)

续表

币种	交易单位	最小变动价位	每日波幅限制
澳大利亚元	100 000 澳元	0.000 1 (1 点) (10＄)	150 点(1 500＄)
欧元	12 500 欧元	0.000 1(1 点)(12.5＄)	150 点(1 875＄)

只要是在该期货交易所内买卖的以某种商品为基础的期货合约，每张合约所包括的交易数量和数量单位都是相同的。人们在交易中只能买进或卖出这一标准数量的某一整数倍，亦即买进或卖出多少份这样的期货合约。交易单位的标准化极大地简化了期货交易过程，提高了市场效率，使期货交易成为一种只记录期货合约买卖数量的交易。

根据交易单位，可以计算成交时合约价值和结算时合约价值，其计算方法为：

成交时合约价值＝交易单位×成交价格(汇率)

结算时合约价值＝交易单位×结算价格(汇率)

例如，假设日元期货成交时的期货价格为 1 日元＝0.008 406 美元，当日结算价格为 1 日元＝0.008 409 美元，则 1 张日元期货成交时的价值和结算价值分别为：

成交时合约价值＝12 500 000×0.008 406＝105 077.3(美元)

结算时合约价值＝12 500 000×0.008 409＝105 112.5(美元)

2. 最小变动价位

最小变动价位是指每一单位标的货币的汇率变动一次的最小幅度，也称为 1 个刻度或刻度单位，每次报价时价格的变动必须是这个最小变动价位的整数倍。表 4－10 列出了几种常见外汇期货的最小变动价位。例如，日元期货的最小变动价位为 1 点(即 1 日元＝0.000 001 美元)。

根据外汇期货的合约交易单位和最小变动价位，可以计算每种外汇期货的刻度值。刻度值是刻度乘以交易单位所得的积，是每份期货合约的价值因价格变动一个刻度而增减的金额，即：

刻度值＝合约交易单位×最小变动价位

例如，日元期货合约的刻度值＝12 500 000×0.000 001 美元/日元＝12.50 美元。

3. 每日价格最大波动幅度限制

每日价格最大波动幅度限制是指当日某期货合约的成交价格不能高于或低于该合约上一交易日结算价的一定幅度，达到该幅度则暂停该期货合约的交易，称该合约达到跌停板或涨停板。每种外汇期货的最大波动幅度限制一般不相同，表 4－10 列出了几种常见外汇期货的日最大波动幅度限制。外汇期货的日最大波动幅度限制可用下式计算：

价格波动限值数值＝点数限制/最小波动点数×最小波动价格

例如，日元期货合约价格波动限制数值＝150 点×12.5 美元＝1 875 美元，即每日每张日元期货合约价值波动在±1 875 美元之间。

要注意的是，外汇期货的日最大波动幅度限制一般是有时间的，如日元期货合约的日最大波动幅度限制只在每个交易日的上午 7:20～7:35 有效，之后无最大波动幅度限制。

4. 合约月份

合约月份指的是期货合约到期交割的月份。外汇期货合约的交割月份由交易所规定，期货交易的参与者可自由选择交易何种交割月份的期货合约。一般来说，对于某种期货合约，期货交易所规定若干个标准化的月份。例如，日元期货合约的交割月份为 1 月、3 月、4 月、6 月、

7 月、9 月、10 月、12 月及现货月份。

5. 交易时间

交易时间是指由交易所规定的各种外汇期货合约在交易日的交易时间。如日元期货合约的交易时间为芝加哥时间的上午 7:20～下午 2:00，最后交易日的交易时间为合约交割月份的第三个星期三前的第二个营业日的上午 9:16。

6. 最后交易日

最后交易日是指由交易所规定的各种合约在到期月份中的最后一个交易日。如 IMM 规定，日元期货合约的最后交易日是合约月份的第三个星期三前的第二个营业日。最后交易日及交易时间对绝大多数期货交易者至关重要，因为如果持仓者到最后交易日仍不做对冲交易，那么他就必须通过实物交收或现金结算来结清其部位，这是大多数期货交易者所不愿意看到的。

7. 交割日期与地点

交割日期是指由交易所规定的各种外汇期货合约进行外汇实物交收的日期。如日元期货合约的交割日期为合约交割月份的第三个星期三；交割地点为交易所指定的货币发行国银行。

二、利率期货

20 世纪 70 年代初期，随着布雷顿森林体系的崩溃，国际外汇市场上汇率大幅波动，加上西方国家恶性通货膨胀及后来金融管制的放松，使利率变动频繁，这使银行、存款人、贷款人等金融商品持有人面临很大的利率风险。1975 年 10 月芝加哥交易所(CBOT)首次进行了利率期货合约交易。利率期货合约是其标的资产价格依赖于利率水平变动的期货合约，以固定收益证券为标的资产的期货都是利率期货。

(一)利率期货的含义与主要种类

1. 利率期货的含义

利率期货交易是指交易双方在集中性的期货市场以公开竞价的方式进行利率期货合约的交易。利率期货合约是由交易双方订立的、约定在未来某日期以成交时确定的价格交收一定数量的某种利率相关商品(各种债务凭证)的标准化合约。

利率相关商品主要是指各类债务凭证。债务凭证是指在信用活动中，用以证明债权债务关系的书面凭证，常见的债务凭证有商业信用、银行信用、国家信用、消费信用凭证，如商业票据、银行存单、可转让定期存单、国库券、欧洲货币、中长期国债券、企业债券等。作为利率期货的标的，对于债务凭证的基本要求是不存在违约风险，因此违约风险较大的企业债券、商业票据及消费信用凭证很难作为利率期货的标的。目前在以这些利率相关商品作为标的资产推出的利率期货中，比较成功的债务凭证是美国 3 个月期的国库券和 3 个月期的欧洲美元定期存单以及美国中长期公债券。

2. 利率期货主要种类

根据利率期货资产期限不同，利率期货分为两种：一种是短期利率期货，另一种是长期利率期货。

短期利率期货是指标的资产的期限不大于 1 年的短期债务凭证。目前，比较成功的短期利率期货是 3 个月期美国国库券期货和 3 个月期欧洲美元定期存单期货，其交易场所是芝加哥商品交易所 IMM 分部。

长期利率期货是指标的资产的期限大于 1 年的长期债务凭证。目前,比较成功的长期利率期货是 10 年期美国中期国债期货和 30 年期美国长期国债期货,其交易场所是芝加哥交易所(CBOT)。

下面以美国的国库券期货和欧洲美元定期存单期货为例介绍短期利率期货,以 10 年期美国中期国债期货和 30 年期美国长期国债期货介绍长期利率期货。

(二)短期利率期货的交易规则

1. 国库券期货的交易规则

(1)国库券期货的报价方式与行情表

国库券期货的标的资产是面值为 100 万美元、期限为 13 周(90 天)的国库券现货证券。国库券期货的报价方式与国库券现货的报价方式有很大不同,国库券期货的报价方法是指数报价法,而国库券现货的报价方法是用贴现率报出。

记国库券现货的贴现率为 Y_d,国库券期货的指数价格为 100 与票面贴现率(Y_d)的差额报价,即:

$$PI=100-Y_d\times 100 \tag{4-1}$$

例如,若已知国库券现货的贴现率为 7.48%,则指数价格为:

$$PI=100-0.0748\times 100=92.52$$

国库券期货采用指数报价,目的主要有以下几个原因:

①指数变动方向与国库券期货价格的变动方向相同,预计指数上升时买入、下跌时卖出。

②符合交易者低买高卖的习惯,以便快速做出反应。

③方便期限相同、价格相同但到期日不同的证券之间年收益率的比较。

表 4-11 为某日刊登在《华尔街日报》上的国库券期货行情。

表 4-11　　国库券期货行情表

TREASURY BILLS(CME)—＄1million								
	open	high	low	settle	change	Discount settle	Discount change	Open interest
Mar	93.47	93.58	93.47	93.55	0.08	6.45	−0.08	17 136
June	92.85	92.96	92.85	92.89	0.03	7.11	−0.03	3 702
Sept	92.53	92.6	92.52	92.52	…	7.48	…	802
Est vol 2978; vol mon 693; open int 21640 −509								

国库券期货行情与外汇期货行情大致相同,所不同的有以下几点:

第一,表 4-11 的第一行表示期货的种类和交易单位(规模),TREASURY BILLS 代表国库券期货,“＄1million”代表国库券期货合约的交易单位是 100 万美元。

第二,“open”“high”“low”和“settle”分别为国库券期货合约当日的开盘价、最高价、最低价和结算价格,下面的数值是指数报价的指数价格。例如,某日 3 月份国库券期货价格的开盘价为 93.47,对应的国库券贴现率为 6.53%(100%−93.47%)。

第三,“change”是结算价格变动的净值,即当日结算价格较前一个交易日结算价格增加(以“+”表示)或减少(以“−”表示)的数值。

第四,“Discount settle”代表贴现率的结算价,它与“settle”数值相加等于100;“Discount change”是贴现率结算价的变动净额,即当日贴现率结算价格较前一个交易日贴现率结算价格增加或减少的数值。“Discount change”的数值与“change”的数值绝对值相等,符号相反。

(2)国库券期货合约的规格

与外汇期货合约类似,国库券期货合约的规格也包括交易单位、最小变动价位、每日价格波动限制、合约月份、交易时间、最后交易日、交割日期和交割地点等多项内容。芝加哥商品交易所IMM分部交易的90天国库券期货合约规格如表4-12所示。

表4-12　　90天国库券期货合约

交易单位	面值为100万美元的3个月期美国国库券
报价方式	100－国库券贴现率×100
最小变动价位	1个基点(每份合约25美元)
合约月份	3月、6月、9月、12月
交易时间	芝加哥时间每天上午7:20至下午2:00
最后交易日	第一交割日前一个营业日,上午10:00收盘
交割日	交割月份1年国库券尚余13周的第1天为第1交割日,共三个连续营业日为交割日
交割等级	还剩余90天、91天或92天,面值为100万美元的短期国库券

①交易单位。90天国库券期货合约的“合约规模”是面值为100万美元的3个月期(90天)美国国库券。其报价方式是指数报价法。

②最小变动价位。90天国库券期货合约的最小变动价位是1个基点,也就是0.01%,对应于行情表中小数点后的第二位数字。

根据国库券期货的合约交易单位和最小变动价位,可以计算国库券期货合约的最小变动值。其计算方法为:

100万美元×0.01%×90/360=25(美元)

这是因为国库券期货合约价值的计算公式为:

$$V=M\times\left(1-r\times\frac{t}{360}\right)$$

其中,V为国库券期货合约价值;M为国库券期货合约面值,为100万美元;r为贴现率,t为时间,这里为90天。

当最小变动价位是1个基点时,也就是贴现率变化为0.01%,这时国库券期货合约价值变化为:

$$\Delta V=100\times1\%\times\frac{90}{360}=25(\text{美元})$$

③每日价格变动限制、合约月份与交易时间。国库券期货合约每日价格变动无限制;合约月份为3月、6月、9月、12月的循环;交易时间为芝加哥时间上午7:20～下午2:00,最后交易日的交易时间为芝加哥时间上午10:00收盘。

④最后交易日与交割日。国库券期货合约的最后交易日是第一交割日前一个营业日;国库券期货合约的交割日为交割月份1年期国库券尚余13周的第1天为第1交割日,共三个连续营业日为交割日。这是外汇期货交易所没有的。

⑤交割等级。国库券期货的交割要比外汇期货复杂。国库券期货的标的资产是 90 天的国库券,而实际中的国库券有三个品种,即剩余期限为 90 天、91 天或 92 天,面值为 100 万美元的国库券。在国库券期货交割中,这三个等级的国库券都可以用于交割。

(3)国库券期货合约的交割

当国库券期货的交易者没有在最后交易日之前进行反向对冲时,就必须进入交割程序。

①可交割的券种。用于国库券期货交割的国库券券种有两类:一类是新发行的 3 个月期国库券,另一类是剩余期限还有 13 周(90、91、92 天)的原 6 个月期或 1 年期国库券。

②交割流程。国库券期货的交割流程如图 4-3 所示。

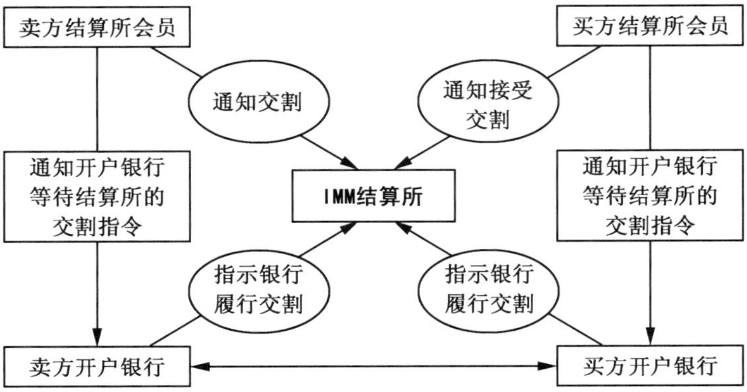

图 4-3 国库券期货的交割流程

③交割应付价格的计算。交割应付价格是指国库券期货交易的空方(卖方)交割国库券时应收到的发票金额,或国库券期货交易的多方(买方)收到卖方交割的国库券时应支付的发票金额。其计算公式为式(2-11)。与现券定价方法相同。

[例 4-2] (国库券期货交割应付价格的计算)设期货结算指数价格为 92,卖方以 90 天期的国库券交割时,买方应付发票金额为:

当期货结算指数价格为 92,对应的贴现率为 8%[(100-92)/100]时,应用式(2-11),得:

买方应付发票金额=100×(1-8%×90/360)=98(万美元)

当期货结算指数价格为 92.52(对应的贴现率为 7.48%)、卖方以 91 天期国库券交割时,买方应付发票金额为:

卖方应付发票金额=100 万×(1-7.48%×91/360)=981 092.22(美元)

2. 欧洲美元定期存单期货的交易规则

(1)欧洲美元定期存单期货的报价方式与行情表

欧洲美元定期存单期货的标的资产是面值为 100 万美元、期限为 13 周(90 天)的欧洲美元定期存单。与国库券期货的报价方式相同,欧洲美元定期存单期货的报价方法也是指数报价法,它以 100 与年加息收益率的差额报出。采用指数报价法的原因与国库券期货相同。

记欧洲美元定期存单的年加息收益率为 Y_d,欧洲美元定期存单期货的指数价格为 PI,则:

$$PI=100-Y_d\times 100 \tag{4-2}$$

例如,若已知欧洲美元定期存单的年加息收益率为 8.68%,则指数价格为:

$PI=100-8.68\%\times100=91.32$

与国库券期货的报价方法有所不同的是，欧洲美元利率的报价（现货）是按季度计复利的90天欧洲美元存款的实际利率，而不是贴现率。因此，欧洲美元（定期存单）期货合约是基于利率的期货合约，而国库券（短期国债）期货合约是基于短期国债价格（贴现率）的期货合约。

由于欧洲美元定期存单期货的报价方法与国库券期货的报价方式基本相同，因此欧洲美元定期存单期货的行情表与国库券期货行情表也类似，如表4-13所示。

表4-13　某日欧洲美元定期存单期货行情表

EURODOLLAR(CME)—＄1million								
	open	high	low	settle	change	Yield settle	Yield change	Open interest
Mar	92.85	92.94	92.83	92.91	+0.06	7.09	−0.06	502 162
June	92.95	93.06	92.85	92.96	0.03	7.04	−0.03	3 702
Sept	93.13	93.20	93.09	93.17	0.04	6.83	−0.04	802
Est vol 2978; vol mon 693; open int 21640 −509								

与国库券期货行情表不同的是，在第一行，EURODOLLAR代表欧洲美元期货，“＄1million”代表欧洲美元定期存单期货的交易单位是100万美元。

“Yield settle”代表加息收益率的结算价，它与“settle”数值相加等于100；“Yield change”是加息收益率结算价的变动净额，即当日加息收益率结算价较前一个交易日加息收益率结算价增加或减少的数值。“Yield change”的数值与“change”的数值绝对值相等，符号相反。

（2）欧洲美元定期存单期货合约的规格

与国库券期货合约类似，欧洲美元定期存单期货合约的规格也包括交易单位、最小变动价位、每日价格波动限制、合约月份、交易时间、最后交易日、交割日期和交割地点等多项内容。芝加哥商品交易所IMM分部交易的3个月欧洲美元定期存款期货合约规格如表4-14所示。

表4-14　3个月欧洲美元定期存款期货合约

交易单位	本金为100万美元的3个月期欧洲美元定期存款
报价方式	100－年加息收益率×100
最小变动价位	0.01%（每份合约25美元）
每日交易限价	无
合约月份	3月、6月、9月、12月
交易时间	芝加哥时间上午7:20至下午2:00
最后交易日	合约月份的第三个周三前第二个伦敦银行营业日，上午9:30收盘
交割日	最后交易日
交割方式	现金结算

根据表4-14，欧洲美元定期存单期货合约的规格为：

①标的资产与交易单位

欧洲美元定期存单期货合约的标的资产是存入伦敦各大银行的3个月期（13周）的欧洲

美元定期存款;交易单位为 100 万美元。与国库券期货合约不同的是,欧洲美元定期存单期货合约的标的资产是不可以转让的,也就是说,欧洲美元定期存单期货的交收不是标的证券。因此,欧洲美元定期存单期货合约的交割是其区别于国库券期货的重要之处。

②最小变动价位、每日价格变动限制、合约月份与交易时间

最小变动价位、每日价格变动限制、合约月份与交易时间都与国库券期货相同。

③最后交易日与交割日

欧洲美元定期存单期货合约的最后交易日为合约月份的第三个周三前第二个伦敦银行营业日,上午 9:30 收盘,其交割日与最后交易日相同,这与国库券期货不同。我们知道国库券期货合约的最后交易日是第一交割日前一个营业日;国库券期货合约的交割日为交割月份 1 年期国库券尚余 13 周的第 1 天为第 1 交割日,共三个连续营业日为交割日。出现不一致的主要原因是欧洲美元定期存单期货的交割不同于国库券期货的交割。

(3)欧洲美元定期存单期货的交割与现金结算制度

由于欧洲美元定期存单期货合约的标的资产是欧洲美元定期存款,该标的资产是不可以转让的,因此,欧洲美元定期存单期货合约的交割不可能采用实物券交收。为了解决这个问题,人们采用现金交收来替代实物交割。

现金交收是指所有到期而未平仓的欧洲美元定期存单期货都将自动地以最后结算价格冲销。也就是说,清算所将根据最后结算价格计算出交易双方的盈亏金额,通过贷记或借记他们的保证金账户后,将保证金余额予以退还。这说明,在结清部位时,亏损的一方需向盈利的一方支付价格变动的差额。

根据欧洲美元定期存单期货的报价,计算一张该期货合约价值的公式与计算短期国债期货合约价值的公式一致。

需要指出的是,欧洲美元定期存单期货的最后结算价不是由期货市场决定的,而是由现货市场决定的。其计算公式为:

$$最后结算价=100-最后交易日\ 3\ 个月期的\ LIBOR\times 100$$

IMM 结算所确定欧洲美元定期存单期货的最后结算价采用的方法为:

首先,在最后交易日确定两个时点,一个为这一天交易的截止时间(即芝加哥时间上午 9:30 或伦敦时间下午 3:30);另一个时间是在交易的最后 90 分钟内随机抽取一个时刻。

其次,从伦敦的欧洲美元市场上至少确定 20 家主要银行中,随机抽取 12 家银行作为参考银行。每家银行均分别报出上述两个时点的 3 个月 LIBOR。在每个时点上,IMM 结算所从 12 家参考银行报出的 12 个 LIBOR 中,除去 2 个最高和 2 个最低的,计算出余下 8 个利率的算术平均数作为该时点的 LIBOR。

最后,对上述两个时点的平均 LIBOR,再求其平均值,即为欧洲美元定期存单期货的最后结算价。

例如,假定在最后交易日,IMM 结算所选定伦敦时间下午 2:30 和 3:30 作为确定 LIBOR 的两个时点。如果在下午 2:30,结算所根据其随机抽取的 12 家参考银行报出的 12 个 LIBOR,按上述方法计算得到的平均 LIBOR 为 4.24%;在下午 3:30,结算所计算得到的平均 LIBOR 为 4.34%,则最后结算的 LIBOR 为 4.29%[(4.24%+4.34%)/2]。这样欧洲美元定期存单期货的最后结算价为 95.71 (100−4.29)。

如果最后交易日之前的那个交易日的结算价为 95.55,由于欧洲美元定期存单期货的价格每变动 1 个基点,每张期货合约的价值变动为 25 美元,所以在结算日,每一个多头部位的合

约将盈利 400 美元[25×100×(95.71－95.55)]，而每一个空头部位的合约将亏损 400 美元。空头部位的持有者向多头部位的持有者支付这一价差后，他们在期货市场上的部位便已结清。

欧洲美元定期存单期货合约的交割方式为标的资产无法交割的期货合约提供了交割参考，如股指期货的交割就是采用现金交割的方法。

(三)中长期利率期货的交易规则

最普遍的长期利率期货合约是在 CBOT 交易的美国长期国债利率期货。该合约的标的债券是 6%息票率、15 年内不得回购的国债，但 CBOT 允许期限为 15 年以上、息票率不等于 6%的任何国债都可用来交割。美国中期国债期货和 5 年期国债期货合约也在频繁交易。对于中期国债期货合约，有效期在 5～6 年和 10 年之内的任何国债都可进行交割。

1. 美国长期国债期货的报价方式

CBOT 交易的美国长期国债利率期货的标的物是面值为 10 万美元、期限为 15 年、息票率为 6%的美国长期公债券。该公债券是一种标准券(一般为假想券)，在实际中可能存在也可能不存在。

美国长期国债期货报价方式采用商品报价法，以合约所规定的标的物为基础，报出标准券每 100 美元面值的价格，以整点数及 1/32 点进行报价，1 点即 1 000 美元。长期国债期货的报价方式与长期国债本身报价的方式相同。

例如，某日 CBOT 交易的长期国债期货报价为 98－22，即每 100 美元面值的标准券，其价格为：

98＋22/32＝98.687 5(美元)

这样，一口长期国债期货合约的价值为：

98.687 5×1 000＝98 687.5(美元)

表 4－15 为某日刊登在《华尔街日报》上的长期国债期货行情。

表 4－15　　长期国债期货行情

Interest rate TREASURY Bonds(CME)—＄100000；pts. 32nds of 100%								
	open	high	low	settle	change	lifetime high	lifetime low	Open interest
Mar	99－22	99－27	99－14	99－16	－6	116－20	95－13	352 559
June	99－08	99－12	99－02	99－03	－5	113－15	94－27	13 784
Sept	98－29	99－02	98－25	98－25	－7	112－15	94－10	894
Est vol 240000；vol mon 136186；open int 384724 －4542								

美国长期国债期货行情表与其他期货行情表大致相同，所不同的主要是期货的种类、交易单位及报价。

表 4－15 的第一行表示期货的种类和交易单位(规模)，TREASURY Bonds 代表美国长期国债期货，“＄100 000”代表美国长期国债期货合约的交易单位是 10 万美元，“pts. 32nds of 100%”表示以整点数及 1/32 点报价。

2. 美国长期国债期货合约的规格

与其他期货合约类似，美国长期国债期货合约的规格也包括交易单位、最小变动价位、每日价格波动限制、合约月份、交易时间、最后交易日、交割日期和交割地点等多项内容。

表 4-16 至表 4-17 列出了美国 CBOT 交易的中长期国债期货合约。

表 4-16　　30 年期美国长期国债期货合约

交易单位	面值为 10 万美元的美国长期国债
报价方式	以整点数及 1/32 点进行报价
最小变动价位	面值 1%的 1/32(每份合约 31.25 美元)
每日交易限价	无
合约月份	3 月、6 月、9 月、12 月
交易时间	US(口头喊价)芝加哥时间周一至周五上午 7:20 至下午 2:00
	ZB(电子交易)芝加哥时间周日至周五上午 8:00 至下午 2:00
最后交易日	交割月最后营业日倒数第 7 个营业日
最后交割日	交割月的最后营业日
交割等级	剩余期限或不可赎回期限至少为 15 年、标准利率为 6%的长期国债券
交割方式	联储电子转账系统

表 4-17　　CBOT 10 年期美国中期国债期货

交易单位	面值为 10 万美元的美国中期国债
报价方式	以整点数及 1/32 的 1/2 进行报价
最小变动价位	面值 1%的 1/32 的 1/2,每份合约 15.625 美元,向上约进到美分单位
每日交易限价	无
合约月份	3 月、6 月、9 月、12 月
交易时间	TY(口头喊价)芝加哥时间周一至周五上午 7:20 至下午 2:00
	ZN(电子交易)芝加哥时间周一至周五上午 8:00 至下午 4:00
最后交易日	交割月最后营业日向前数的第 7 个营业日
最后交割日	交割月的最后营业日
交割等级	剩余时间至少为 6 年半但不超过 10 年、标准利率为 6%的美国中期国债
交割方式	联储电子转账系统

下面以 CBOT 交易的美国长期国债期货合约为例,介绍长期国债期货合约规格:

(1)交易单位。长期国债期货合约的“合约规模”,是面值为 10 万美元、息票率为 6%、期限为 15 年的标准券。

(2)最小变动价位。长期国债期货价格的最小变动价位为面值 1%的 1/32,即最小报价单位=100×1%×1/32=0.031 25(美元)。这样,每份合约的最小变动价位为 31.25 美元(0.031 25×1 000)。

(3)每日价格变动限制、合约月份与交易时间。长期国债期货合约每日价格变动无限制;合约月份为 3 月、6 月、9 月、12 月的循环;交易时间为芝加哥时间上午 7:20～下午 2:00,电子交易盘交易时间为芝加哥时间周一至周五上午 8:00～下午 4:00。

(4)最后交易日与交割日。长期国债期货合约的最后交易日是交割月最后营业日倒数第

7 个营业日；最后交割日为交割月的最后营业日。也就是说，长期国债期货的交割日有 7 个连续营业日。

（5）交割等级。长期国债期货的交割要比其他金融期货复杂得多，其基本的交割等级为标准利率为 6%的长期国债券。这实际上是放开了交割国债券的期限，并没有放开票面利率。在实际交易中，满足基本交割等级的债券并不多，大量存在的是剩余期限或不可赎回期限至少为 15 年，票面利率却不为 6%，这就需要将实际债券转化为标准券进行交割。

3. 长期国债期货的转换系数

由于实际中标准券可能不存在，用于交割的长期国债券有多种，而且最后结算价是按标准券报出的，因此，为了便于交割，需要将实际券换算成标准券，即转换系数。转换系数是各种不同息票利率的可用于交割的现货债券相当于标准券的比率，其实质是将面值 1 美元的可交割债券在其剩余期限内的现金流量用 6%的标准息票利率折成的现值。转换系数的计算步骤与计算方法为：

（1）计算步骤。一方面确定剩余期限。以长期国债期货合约的第 1 个交割日为起点，以可交割债券的到期日或第 1 个赎回日为终点，将这期间按季取整后的期限为剩余期限。

另一方面，以 6%的贴现率将面值 1 美元的可交割债券在其剩余期限内的现金流折成现值，即该债券的价值。转换系数的计算公式为：

$$CF=\sum_{t=1}^{S}\frac{i/2}{(1.03)^{t}}+\frac{1}{(1.03)^{S}} \tag{4-3}$$

其中，CF 为转换系数，i 为债券的票息率，S 为总付息点数。

（2）计算方法。若剩余期限按季（3 个月）取整，半年付一次息，有两种情况：一种是 6 个月的整数倍，另一种是期限在 6 个月整数倍外多出 3 个月。如果是 6 个月整数的情况，转换系数可直接用贴现公式（4—3）计算。

［例 4-3］ 假设某期美国长期国债的年息票利率为 14%，据到期日还有 20 年零 2 个月。该债券剩余期限按季取整后为 20 年。假定每 6 个月付息一次。按年利率 6%、每半年计复利一次的转换系数为：

$$CF=\sum_{t=1}^{40}\frac{1\times 14\%\times\frac{1}{2}}{(1.03)^{t}}+\frac{1}{(1.03)^{40}}=1.9246$$

若剩余期限取整后，债券的剩余期限在 6 个月整倍数外另有 3 个月的情况。此时，按下述方法计算转换系数：

第一，把第一个交割日后的现金流（债息与本金）折现到下一付息日；

第二，从下一付息日折现到第一个交割日；

第三，减去应计利息。

转换因子计算中的现金流折现示意图见图 4-4。

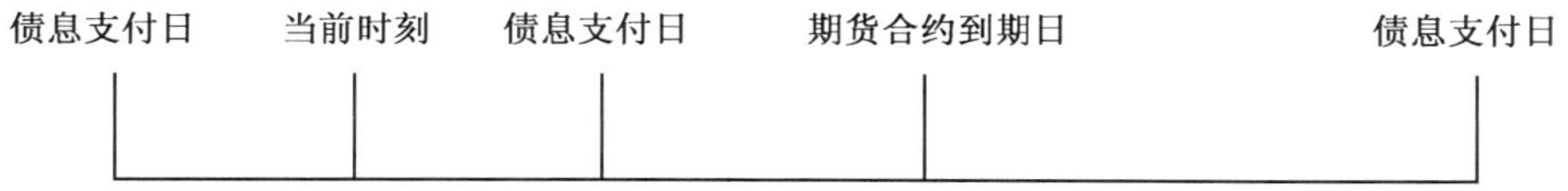

图 4-4 转换因子计算中的现金流折现示意图

[例4-4] 假设某长期国债的年息票率为14%,剩余期限为18年4个月,按季取整后为18年3个月。假定每6个月付息一次。按年利率6%、每半年计复利一次的转换系数为:

首先,将18年的债息及本金折算到距当前时刻3个月的时点上。为了计算方便,假设本金为100美元,这样每个付息点的债息为7美元(100×14%/2)。

$$CF=\sum_{t=0}^{36}\frac{7}{(1.03)^t}+\frac{100}{(1.03)^{36}}=163.73$$

其次,将距今3个月时点的现金流折算到当前时刻。距今3个月的贴现利率为:

$$\sqrt{1.03}-1=1.4889\%$$

故折算到现在为:

$$163.73/1.01489=161.33$$

最后,减去应计利息。从上一个付息点到当前时刻的3个月累计利息为3.5,这样债券的价值为:161.33−3.5=157.83,转换系数为1.5783(157.83/100)。

(3)有关转换系数的一些结论。根据转换系数的计算方法,有关转换系数有以下结论:

第一,当实际息票率大于6%时,转换系数大于1;

第二,当实际息票率小于6%时,转换系数小于1;

第三,当实际息票率大于6%且剩余期限越短时,转换系数越接近于1;

第四,当实际息票率小于6%且剩余期限越长时,转换系数越接近于1。

4. 长期国债发票金额的确定

发票金额是指在中长期国债期货的交割日由买方向卖方实际支付的金额,它等于转换因子乘以期货报价(结算价)加累计利息。其计算公式为:

$$A=N\times[P_s\times CF\times 1\,000+I_s] \tag{4-4}$$

其中:A为发票金额,P_s为期货交割结算价格,CF为转换系数,I_s为应计利息,N为交割合约数。

[例4-5] 某交易者于2020年6月20日向CBOT的结算所发出通知,准备以2030年2月15日到期、息票利率为11.25%的美国长期公债券,交割其2020年6月份到期的1手美国长期国债期货。该公债券上次付息日为2020年2月15日,下一次付息日为2020年8月15日,结算所公布的长期国债期货合约的结算价为96—21。试计算发票金额。

首先,计算转换系数。

$$CF=\sum_{t=1}^{39}\frac{0.1125\times\frac{1}{2}}{(1.03)^t}+\frac{1}{(1.03)^{36}}=1.5987$$

其次,计算应计利息。

$$I_S=F\times i\times\frac{1}{2}\times\frac{t}{H}=100\times 0.1125\times\frac{1}{2}\times\frac{127}{181}=3.9462\text{(美元)}$$

最后,计算发票金额。

$$P_S=96+0.03125\times 21=96.65625$$

$$\begin{aligned}A&=N\times(P_s\times CF\times 1\,000+I_S)=1\times[(96.65625\times 1.5987+3.9482)\times 1\,000]\\&=158\,470\text{(美元)}\end{aligned}$$

5. 最廉价可交割债券

在中长期国债期货交易中,还有一个特殊的概念——最廉价可交割债券,这是其他期货交易所没有的。

(1)最廉价可交割债券的含义与选择。在任何时候,大概有30种债券可用来交割CBOT的长期国债期货合约。考虑到债券利息和到期日的不同,各种债券区别很大,空方可选择最便宜的债券进行交割。

在实际交割时,空方首先在现货市场上购买债券,然后再用于交割。购买债券的成本为:

购买债券的成本=债券报价+累计利息

交割时空头所收款项即发票金额为:

发票金额=期货报价×转换系数+累计利息

空方会选择"债券成本-发票金额"最小的债券进行交割,这个可交割的债券就是最廉价可交割债券。其计算公式为:

$$最廉价可交割债券=(P_C+I_S)-(P_f\times CF+I_S)=P_C-P_f\times CF \quad (4-5)$$

其中:P_C 为现货价格,P_f 为期货价格,CF 为转换系数,I_S 为应计利息。

也就是说,最廉价可交割债券="债券报价-标准券期货报价×转换系数"中的最小者。

[例4-6] 某长期国债期货的空方向清算所发出交割一口长期国债期货,期货的结算报价为93—08。在现货市场上有三种可供选择的债券,其报价与转换系数如表4-18所示。试确定最廉价可交割债券。

表4-18 最廉价可交割债券的确定

序号	P_C	P_f	CF	$P_f\times CF$	$P_C-P_f\times CF$
1	99.5	93.25	1.038 2	96.812 15	2.69
2	143.5	93.25	1.518 8	141.628 1	1.87
3	119.75	93.25	1.261 5	117.634 88	2.12

期货的结算报价为93—08,即100美元的标准券的报价为:93+8/32=93.25。

根据式(4—5)可计算"债券报价-标准券期货报价×转换系数",其中最小值即为最廉价可交割债券,也即债券2为最廉价可交割债券。

(2)存在相对廉价可交割债券的原因。存在最廉价可交割债券的原因主要有:

第一,转换系数存在的局限性。转换系数是将所有可交割债券都转化为收益率为6%的标准券,当可交割债券的实际收益率不等于6%时,其现货约当价格并不等于实际的现货价格。

另外,转换系数不因可交割债券实际收益率发生变动而随之变动。当市场利率发生变化时,可交割债券实际收益率和市场价格也将发生变化,由于各种债券的市场价格对其实际收益率的变动具有不同的敏感性,因此,最廉价可交割债券也将由一种债券转化为另一种债券,但按转换系数的计算方法,转换系数却不受市场利率的影响。

最后,转换系数的计算统一以合约的第一个交割日为始点,并按季取整,这样缩短了剩余期限。若实际交割日不是第一个交割日,或实际剩余期限不是这一按季取整的剩余期限,则计算结果将与实际不符。

第二,卖方的交割选择权。在长期国债期货交割中,空方具有三方面的交割选择权:一是交割对象的选择权;二是交割日期的选择权;三是交割时间的选择权。

交割对象的选择权是指空方可在现货市场存在的各种符合交割等级的债券中任选一个用

于交割,因而他可以选择最廉价可交割债券用于交割。

交割日期的选择权是指空方在最后交易日之后有7个营业日可供选择。在这7个营业日内,现货市场各种可交割债券的价格仍然在变动,但期货市场因停止了该合约的交易,其最后结算价已固定。若现货市场价格下跌,则卖方在这7个营业日中可买到更便宜的可交割债券用于交割。

交割时间的选择权是指在期货收市后,空方还可以在一定时间内向结算所发出交割通知,予以交割。在此时间段,结算价格已确定,而现货还在交易;若此时现货价格下跌,空方可以买到更便宜的可交割债券。

由于上述原因的存在,使得在长期国债期货交割过程中存在最廉价可交割债券这一特殊现象。最廉价可交割债券的存在,使期货价格与最廉价可交割债券的价格相关性最高,期货价格将向最廉价可交割债券的价格收敛。这对应用长期国债期货进行套期保值具有重要意义。

三、股票价格指数期货

由于股票价格变化不定,股票市场充满风险。股票市场风险分为系统风险和非系统风险两类。非系统风险可以通过证券组合多样化来分散,但系统风险无法通过股票分散化降低。20世纪70年代,在"石油危机"的冲击下西方各国的经济出现了剧烈的动荡,通货膨胀日益加剧,股票的市场价格大幅波动。在这种条件下,股票投资者面临越来越严重的风险,尤其是系统风险更为严重与突出。为了防范这种系统风险,股票指数期货应运而生。

第一个股票指数期货是美国堪萨斯农产品交易所于1982年2月推出的,它以股票价格指数为标的,而股票价格指数是由成百上千的股票价格与成交量组成的参数,所以它基本消除了股价的不规则变动(非系统风险),仅反映股市走势,使大额投资者可专心应付系统风险。自股票指数期货推出以来,受到金融界及各类投资者的青睐,交易规模迅速扩大,交易市场与交易品种不断涌现。目前,股票指数期货已成为世界各大金融期货市场上交易最活跃的期货品种之一。

(一)股价指数期货的概念

1. 股价指数期货的含义

股指期货是以股票价格指数为标的物的标准化期货合约。股指期货合约是由交易双方签订,约定在未来某一特定时间以现金方式交割股票价格指数的标准化合约。推出股指期货交易的主要目的是防范股票市场上的系统风险。

2. 股指期货的特征、优点及不足

(1)股指期货的特征

股指期货与其他金融期货不同的特征主要表现在以下几个方面:

第一,股指期货的标的物为某一股价指数,不像其他金融期货有确定的实物券种(如外汇期货为一定的外币,利率期货为债券)。

第二,股指期货的合约价值为标的指数乘以某一固定的货币金额,不像其他金融期货有确定的数值(如长期国债期货为10万美元)。

第三,股指期货的交割是现金交收,而非实物交割,这与欧洲美元定期存单期货相同,但与其他期货品种不同。

第四，股指期货的杠杆倍率很大，股指期货交易的保证金一般不超过合约价值的10%，有的交易所只要求支付合约价值2%～3%的保证金，因此，杠杆倍率较大。

(2)股指期货交易的优点

股指期货是20世纪80年代以来最重要的金融创新之一，获得了巨大的成功，其原因之一是股指期货交易有如下好处：

第一，交易费用低。股指期货的交易费用很低，其佣金通常是现货交易佣金的1/6～1/10。

第二，杠杆作用大。股指期货的杠杆率一般为10～40倍，因此具有很高的杠杆率，不投入巨资就可以小博大。

第三，不受行情变动方向限制。进行股指期货的投资中，不受行情变动方向的限制：当行情变动向上时可以做多；当行情变动向下时可以做空，而且做期货空头交易比做股票空头交易方便。在股票市场上有多方面的卖空限制，但期货市场没有这种限制。

第四，不用选择个股。在股票投资时，最困难的是进行个股分析；而做股指期货时，不用进行个股分析，只需进行整体分析或宏观分析即可，而宏观分析一般比个股分析容易。

第五，交割清算方便。股指期货的交割是现金结算，投资者不一定必须持有股票才能进行交易，既省去了挑选股票的风险又不错失盈利机会。

(3)股指期货的不足

当然，股指期货交易也有如下的不足：

第一，不享受股东权益。股指期货的投资者不是上市公司的股东，不享受股东的任何权益。

第二，需有后备资金。期货交易每天要按市场情况调整和补充保证金，这必须要有强大的资金做补仓后备，而股票投资一般不需要大量的资金准备。

第三，不能长期持有。期货合约是有期限的，不能长期持有，到期必须进行清算交收，不像股票投资可以长期持有。因此，一旦期货交易者对股市行情判断失误，其损失将是巨大的。

第四，利用股指期货套期保值可能有偏差。股指期货的主要功能之一是套期保值，但要保值的股票组合不一定与股指期货完全正相关，因此利用股指期货进行套期保值会有偏差，不会做到完全套期保值。

(二)股指期货的交易规则

1. 标的物与报价方式

股指期货的标的物为某一标的指数，其标价与现货报价方法相同，是以标的指数的点数标价的。如标普500指数期货报出的是标普500指数的期货价格；沪深300股指期货报出的是沪深300股指的期货价格，它们是以标的指数的点数报出的。需要注意的是，这里的指数是股票价格指数，与短期利率期货的指数报价法具有本质区别。

表4-19是某日刊登在《华尔街日报》上的股指期货行情。与其他期货行情表大致相同，所不同的主要是期货的种类、交易单位及报价。

表 4－19　　标普 500 指数期货行情

Index								
S&P500 INDEX(CME)　$250 times index								
	open	high	low	settle	change	lifetime settle	lifetime low	Open interest
Mar	464.20	465.60	463.40	464.60	0.30	484.10	441.45	202 275
June	468.60	469.45	467.80	468.90	0.35	487.40	449.50	7 091
Sept	474.00	474.00	474.00	474.00	0.4.00	487.70	456.55	2 181
Est vol 29135; vol wed 35704; open int 211750 －165								

表 4－19 中的第一行表示期货的种类和交易单位(规模)，S&P500 INDEX 代表的是标普 500 指数期货，“$250 times index”代表标普 500 指数期货的交易单位是 250 美元乘以标普 500 指数期货价格。标普 500 指数期货价格是以指数报价的，如 3 月份的指数期货开盘价为 464.20。

2. 股指期货合约的规格

与其他期货合约类似，股指期货合约也包括交易单位、最小变动价位、每日价格波动限制、合约月份、交易时间、最后交易日、交割日期和交割地点等多项内容。

表 4－20 至表 4－22 列出了若干个有代表性的股指期货合约。

表 4－20　　标准普尔 500 指数期货合约

交易地点	芝加哥商品交易所(IOM)
合约规模	S&P500 指数与 250 美元的乘积
最小变动价位	0.1 个指数点，每份合约 25 美元
每日价格波动限制与交易中止规则	与证券市场上市的标的股票的交易中止相协调
开盘价格限制	在开盘期间内，成交价格不得高于或低于前一交易日结算价格 5 个指数点。如果主要期货合约的价格在开市后 10 分钟时达到此交易限制，交易将暂停 2 分钟，然后按新的开盘价重新开盘
合约月份	3 月、6 月、9 月、12 月
交易时间	上午 8:30 至下午 3:15(芝加哥时间)
最后交易日	最后结算价确定日之前的那个营业日
交割方式	按最后结算价以现金结算。最后结算价为合约月份第三个星期五报出的 S&P500 的开盘价格决定
保证金存款	每份合约 5 000 $

表 4－21　　金融时报 100 指数期货合约

交易地点	伦敦国际金融期货交易所(LIFFE)
合约规模	FT－SE100 指数与 25 英镑的乘积
最小变动价位	0.5 个指数点，每份合约 12.5 英镑

续表

合约月份	3月、6月、9月、12月
交易时间	9:05至16:05(周一至周五,伦敦时间)
报价方式	FT－SE100/10
最后交易日	到期月份的最后营业日
结算日	最后交易日后的第1个交易日
最后结算价	在最后交易日10:00～10:30交易时段中每隔15秒计算1次FT－ES股指,共计81计算结果,删除12个最高价和12个最低价,由余下的57个数据计算得出最后结算价

表4-22　香港恒生指数期货合约

交易地点	香港交易及结算所有限公司(HKEx)
合约规模	恒生指数与50港元的乘积
最小变动价位	一个指数点(每份合约50港元)
每节价格波动限制	不高于或不低于上节收市指数500点,现货月份除外
合约月份	现月、下月及以后的两个季月
交易时间	周一到周五10:00～12:30,14:30～15:45(香港时间)
最后交易日	交割月份最后第二个营业日
最后结算日	最后交易日之后的第一个营业日
交割方式	现金结算
现金结算价格	以最后交易日每5分钟报出的恒生指数平均值取整后作为最后结算价
保证金	每份合约15 000港元

下面以美国芝加哥商品交易所指数期权市场(IOM)交易的标普500指数期货价格为例介绍股指期货合约规格。

(1)交易单位。标普500指数期货合约的“合约规模”,是S&P500指数与250美元的乘积。其中,标的指数是可以变化的,而固定金额是不变的。也就是说,指数期货的交易单位在交易日的每一时刻都是变化的。这是与其他期货所不同的地方。

(2)最小变动价位。标普500指数期货价格的最小变动价位为0.1个指数点。这样,每份合约的最小变动价位为25美元(0.1×250)。

(3)每日价格变动限制、合约月份与交易时间。每日价格波动限制是:在开盘期间内,成交价格不得高于或低于前一交易日结算价格5个指数点。如果主要期货合约的价格在开市后10分钟时达到此停板额,交易将暂停2分钟,然后按新的开盘价重新开盘。合约月份为3月、6月、9月、12月的循环。交易时间为芝加哥时间8:30～15:15。

(4)最后交易日与交割日。标普500指数期货的最后交易日是最后结算价格确定日之前的那个营业日,最后结算价由合约月份第三个星期五报出的S&P500的开盘价格决定。交割日为最后结算价确定日。

3. 股指期货的现金结算方式

由于股指期货的标的是一个股价指数，对应的股票数量很多，实物交割十分烦琐甚至不可能做到，因此，人们仿照欧洲美元定期存款期货的结算方法，用现金结算代替实物交收。在现金结算方式下，结算所根据最后结算价计算交易双方的盈亏，通过贷记和借记他们的保证金账户后，将保证金账户的余额退还，以结清部位。这实际上说明亏损的一方向盈余的一方支付了价差变动的差额。

股指期货的结算价也有两种：一种是逐日结算价，一种是最后结算价。逐日结算价是经处理的期市收盘价，如沪深300股指期货合约结算价为最后一小时成交价格按照成交量的加权平均价，计算结果保留至小数点后一位。最后结算价是经处理的现货市场指数，如标普500指数期货的最后结算价为合约月份第三个星期五报出的S&P500的开盘价格。

股指期货的现金结算方式是期货价格与现货价格在到期日必然趋合，因为最后结算价本身就是由当时的现货价格决定的。当然，在确定最后结算价时，各交易品种又不相同，有的是以开盘价确定，有的是根据收盘价确定，有的是根据最后交易日中的某一段时间的平均价确定，这都在合约中加以说明。

四、商品期货

商品期货是以具体商品为标的物的标准化期货合约的交易。商品期货主要有农产品期货与生产资料期货两类。农产品期货的标的资产是农产品，而生产资料期货的标的资产是生产资料。国际上常见的商品期货见表4-23和表4-24。

表4-23　　农产品期货的交易品种

交易品种	交易所	交易单位
玉米	芝加哥交易所	5 000蒲式耳
燕麦	芝加哥交易所	5 000蒲式耳
黄豆	芝加哥交易所	5 000蒲式耳
小麦	芝加哥交易所	5 000蒲式耳
活牛	芝加哥交易所	4万磅
活猪	芝加哥交易所	3万磅
棉花	纽约棉花交易所	5万磅
糖	芝加哥交易所	11.2万磅

表4-24　　生产资料期货的交易品种(伦敦金属交易所)

交易品种	品质	交易单位	计价货币
铜	A级铜	25吨	美元
铝	高级铝	25吨	美元
铅		25吨	美元
锌	特级、高级	25吨	美元
镍		6吨	美元
锡	99.85%	5吨	美元
银		1 000盎司	美元

商品期货合约规格、交易方式、交易目的与金融期货基本相同(外汇期货)。由于商品实物的多样性,实物交割相对于金融期货的交割更为复杂。

五、中国的金融期货与商品期货产品

改革开放以来,随着我国经济和金融创新的发展,中国金融期货市场也经历了试点和发展的过程。目前,我国金融期货市场主要有股指期货和国债期货两个市场。下面介绍这两个市场交易的产品。

(一)我国股票指数期货市场产品

1. 我国股票指数期货市场的产生与发展

我国首次开展股票指数期货交易是 1994 年 1 月海南证券交易中心推出的深证指数期货交易,共 6 个期货合约,包括深证综合指数当月、次月、隔月合约,每个合约单位为深证指数乘以 500 元,但不到 1 个月,便被证监会责令停止交易,总共成交合约 111 手。我国当时开展的股指期货交易是在股票现货市场很不完善的情况下出现的。股市容量小,上市公司的业绩与股票价格经常发生背离,信息披露严重滞后、失真,股票交易行为主要是短期投机。此外,股票指数的设计还不够合理,易被大户联手操纵。在这种情况下,股指期货是难以开展交易的。

我国股票市场经过 20 多年的发展,无论在成交量、上市公司的数量还是在信息披露方面都得到了大力发展,投资者也逐步成熟,机构投资者逐步壮大和发展,我国重开股指期货交易的条件已经成熟,2006 年成立了中国金融期货交易所,并于 2010 年 4 月 16 日正式上市交易沪深 300 股指期货合约。

在沪深 300 股指期货合约上市当年和 2011 年,虽受很多监管条件的限制,但还是达到了一定的规模,受到市场的欢迎。这两年的成交量在 5 000 万手,成交金额为 40 万亿元。2012 年,股指期货市场进入飞速发展时期,成交量和持仓量翻了一倍,成交量突破 1 亿手,成交金额达到 76 万亿元。2013 年,持仓量没有太大变化,但成交量和成交金额又几乎翻了一番。2014 年又有较大增加,截至 2014 年年末沪深 300 股指期货成交量达到 21 666 万手,同比增长 12.1%,成交额为 163 万亿元,同比增长 15.6%。截至 2022 年年末,沪深 300 股指期货成交量达到 21 666 万手,同比增长 12.1%,成交额为 163 万亿元,同比增长 15.6%。

随着沪深 300 股指期货交易的试点、完善,2015 年 4 月 16 日中国金融交易所推出了上证 50 股票指数期货和中证 500 股票指数期货。2022 年 7 月 22 日,中国金融交易所推出了中证 1000 股指期货合约。这些股指期货产品的推出使我国的期货市场又向前推进了一大步。

2. 我国股票指数期货合约及交易规则

(1)我国股票指数期货合约

目前我国金融期货市场上交易的股票指数期货合约有沪深 300 指数期货合约、上证 50 股票指数期货合约、中证 500 股票指数期货合约和中证 1000 股指期货合约四种。沪深 300 指数期货合约规格如表 4-4 所示。上证 50 股票指数期货合约、中证 500 股票指数期货合约和中证 1000 股指期货合约规格分别如表 4-25、表 4-26 和表 4-27 所示。

表 4-25　　上证 50 股指期货合约

合约标的	上证 50 指数
合约乘数	每点 300 元
报价单位	指数点
最小变动价位	0.2 点
合约月份	当月、下月及随后两个季月
交易时间	9:30—11:30,13:00—15:00
每日价格最大波动限制	上一个交易日结算价的±10%
最低交易保证金	合约价值的 8%
最后交易日	合约到期月份的第三个星期五,遇国家法定假日顺延
交割日期	同最后交易日
交割方式	现金交割
交易代码	IH
上市交易所	中国金融期货交易所

表 4-26　　中证 500 股指期货合约

合约标的	中证 500 指数
合约乘数	每点 200 元
报价单位	指数点
最小变动价位	0.2 点
合约月份	当月、下月及随后两个季月
交易时间	9:30—11:30,13:00—15:00
每日价格最大波动限制	上一个交易日结算价的±10%
最低交易保证金	合约价值的 8%
最后交易日	合约到期月份的第三个星期五,遇国家法定假日顺延
交割日期	同最后交易日
交割方式	现金交割
交易代码	IC
上市交易所	中国金融期货交易所

表 4-27　　中证 1000 股指期货合约

合约标的	中证 1000 指数
合约乘数	每点人民币 200 元
报价单位	指数点
最小变动价位	0.2 点
合约月份	当月、下月及随后两个季月

续表

交易时间	9:30—11:30,13:00—15:00
每日价格最大波动限制	上一个交易日结算价的±10%
最低交易保证金	合约价值的 8%
最后交易日	合约到期月份的第三个星期五,遇国家法定假日顺延
交割日期	同最后交易日
交割方式	现金交割
交易代码	IM
上市交易所	中国金融期货交易所

(2)我国股票指数期货合约规格及交易规则

①我国股指期货合约规格

下面以中证 500 指数期货价格为例介绍我国股指期货合约规格。

● 交易单位。中证 500 指数期货合约的“合约规模”,是中证 500 指数与 200 元的乘积。合约标的为中证指数有限公司编制和发布的中证 500 指数。

● 最小变动价位。中证 500 指数期货价格的最小变动价位为 0.2 个指数点,每份合约的最小变动价位为 40 元(0.2×200)。

● 每日价格变动限制、合约月份与交易时间。每日价格波动限制为上一个交易日结算价的±10%。季月合约上市首日涨跌停板幅度为挂盘基准价的±20%。合约月份为当月、下月及随后两个季月。交易时间为北京时间:交易时间为北京时间 9:30—11:30,13:00—15:00。

● 最后交易日与交割日。最后交易日为合约到期月份的第三个周五,遇国家法定假日顺延;交割日同最后交易日。

● 交割方式。中证 500 指数期货合约采用现金交割方式。

②股指期货的交易规则

● 中证 500 指数期货合约的交易单位为手,合约交易以交易单位的整数倍进行。

● 中证 500 指数期货合约交易指令每次最小下单数量为 1 手,市价指令每次最大下单数量为 50 手,限价指令每次最大下单数量为 100 手。

● 合约采用集合竞价和连续竞价两种交易方式。集合竞价时间为每个交易日的 9:15—9:25,其中 9:15—9:24 为指令申报时间,9:24—9:25 为指令撮合时间。连续竞价时间为每个交易日的 9:30—11:30 和 13:00—15:00。

● 结算价的计算。合约的当日结算价为合约最后一小时成交价格按照成交量的加权平均价,计算结果保留至小数点后一位。计算公式为:

当日盈亏={∑[(卖出成交价－当日结算价)×卖出量]+∑[(当日结算价－买入成交价)×买入量]+(上一交易日结算价－当日结算价)×(上一交易日卖出持仓量－上一交易日买入持仓量)}×合约乘数

交割结算价为最后交易日标的指数最后 2 小时的算术平均价。计算结果保留至小数点后两位。

● 本合约的手续费标准为不高于成交金额的 0.5‰。本合约的交割手续费标准为交割金额的 1‰。

● 本合约的最低交易保证金标准为合约价值的 8%。

● 进行投机交易的客户某一合约单边持仓限额为 1 200 手;某一合约结算后单边总持仓量超过 10 万手的,结算会员下一交易日该合约单边持仓量不得超过该合约单边总持仓量的 5%。进行套期保值交易和套利交易的持仓按照交易所有关规定执行。

3. 我国股票指数期货的交易行情

这里选上市时间较长的沪深 300 股票指数期货为例,说明其交易行情。表 4－28 为 2023 年 1 月 5 日沪深 300 股票指数期货的交易行情。

表 4－28　　2023 年 1 月 5 日各沪深 300 指数期货行情

代码	日开盘价	最高价	最低价	日收盘价	日结算价	成交量（张）	持仓量（张）	持仓量变化（张）	成交金额（亿元）
IF2301	3 923.8	3 982.6	3 918	3 974.4	3 975.4	65 791	87 168	4 427	781.0
IF2302	3 936.8	3 988.2	3 926.4	3 981.2	3 982	3 199	5 729	1 151	38.0
IF2303	3 984	4 019	3 983	4 003.8	4 002.8	17 450	75 125	−2 357	209.4
IF2306	3 977.8	4 010	3 975	3 995.8	3 995.4	7 875	40 900	228	94.3

(二)我国国债期货市场产品

1. 我国国债期货市场的产生与发展

我国的国债期货交易试点开始于 1992 年,结束于 1995 年 5 月。1992 年 12 月,上海证券交易所最先开放了国债期货交易。上海证券交易所共推出 12 个品种的国债期货合约,只对机构投资者开放。但交易并不活跃,从 1992 年 12 月 28 日至 1993 年 10 月国债期货成交金额只有 5 000 万元。

1995 年 2 月,国债期货市场上发生了著名的"327"违规操作事件,对市场造成了沉重的打击。1995 年 2 月 25 日,为规范整顿国债期货市场,中国证监会和财政部联合颁发了《国债期货交易管理暂行办法》;同日,中国证监会又向各国债期货交易场所发出了《关于加强国债期货风险控制的紧急通知》,不仅提高了交易保证金比例,还将交易场所从原来的十几个收缩到沪、深、汉、京四大市场。

尽管首次国债期货交易试点以失败而告终,但国债期货市场促进了国债意识的普及,强化了国民投资国债的意识,促进了国债的流通,引导了国债价格向合理水平的回归。

随着我国利率市场化的大力推进和国债现货市场的大力发展,时隔 18 年后,国债期货市场重启的条件已经成熟。2013 年 9 月 6 日中国金融期货交易所推出了 5 年期国债期货合约,2015 年 3 月 20 日又推出了 10 年期国债期货合约。2018 年 8 月 17 日又推出 2 年期国债期货合约,2023 年 4 月 21 日推出了 30 年期国债期货合约。目前中国国债期货市场主要有这四种期限的国债期货进行交易。

5 年期国债期货合约推出后,2013 年成交金额约 3 064 亿元,持仓量为 3 632 手。2014 年国债期货成交量有了较大增长,全年成交约 92 万手,同比增长超过 180%,成交金额约 8 785 亿元,持仓量为 21 556 手。2015 年成交量和成交金额快速增长,分别达 4 403 572 手和 43 594.99 亿元,同比分别增长 377.16%和 396.23%。2016—2019 年 5 年期国债期货的交易有一定的起伏,2019 年交易量与交易金额出现一定的回落,分别达 1 798 330 手和 17 907.74 亿元,较 2015 年有一定的减少。而 2020—2022 年国债期货的市场交易又出现快速增长。2020 年交易量与交易金额同比增长分别达 223.07%和 227.78%,2021 同比出现小幅增长,

2022 年国债期货的成交量和成交金额分别达 11 665 561 手和 118 397.77 亿元，同比分别增长 92.19%和 94.33%。2022 年国债期货的累计成交量约 125 万手，成交金额约 1.2 万亿元，突破 1 万亿元。

2. 我国国债期货合约及交易规则

(1)我国国债期货合约

截至 2023 年 4 月 30 日，我国金融期货市场上交易的国债期货合约有 5 年期和 10 年期、2 年期、30 年期国债期货合约四种，期货合约规格分别如表 4-29、表 4-30、表 4-31 和表 4-32 所示。

表 4-29　　中国 5 年期国债期货合约

合约标的	面值为 100 万元人民币、票面利率为 3%的名义中期国债
可交割国债	发行期限不高于 7 年、合约到期月份首日剩余期限为 4—5.25 年的记账式附息国债
报价方式	百元净价报价
最小变动价位	0.005 元
合约月份	最近的三个季月(3 月、6 月、9 月、12 月中的最近三个月循环)
交易时间	09:30—11:30，13:00—15:15
最后交易日交易时间	09:30—11:30
每日价格最大波动限制	上一交易日结算价的±1.2%
最低交易保证金	合约价值的 1%
最后交易日	合约到期月份的第二个星期五
最后交割日	最后交易日后的第三个交易日
交割方式	实物交割
交易代码	TF
上市交易所	中国金融期货交易所

表 4-30　　中国 10 年期国债期货合约

合约标的	面值为 100 万元人民币、票面利率为 3%的名义长期国债
可交割国债	发行期限不高于 10 年、合约到期月份首日剩余期限不低于 6.5 年的记账式附息国债
报价方式	百元净价报价
最小变动价位	0.005 元
合约月份	最近的三个季月(3 月、6 月、9 月、12 月中的最近三个月循环)
交易时间	9:30—11:30,13:00—15:15
最后交易日交易时间	9:30 — 11:30
每日价格最大波动限制	上一交易日结算价的±2%
最低交易保证金	合约价值的 2%
最后交易日	合约到期月份的第二个星期五
最后交割日	最后交易日后的第三个交易日
交割方式	实物交割
交易代码	T
上市交易所	中国金融期货交易所

表 4 - 31　　**中国 2 年期国债期货合约**

合约标的	面值为 200 万元人民币、票面利率为 3%的名义中短期国债
可交割国债	发行期限不高于 5 年，合约到期月份首日剩余期限为 1.5—2.25 年的记账式附息国债
报价方式	百元净价报价
最小变动价位	0.005 元
合约月份	最近的三个季月(3 月、6 月、9 月、12 月中的最近三个月循环)
交易时间	9:30—11:30,13:00—15:15
最后交易日交易时间	9:30—11:30
每日价格最大波动限制	上一交易日结算价的±0.5%
最低交易保证金	合约价值的 0.5%
最后交易日	合约到期月份的第二个星期五
最后交割日	最后交易日后的第三个交易日
交割方式	实物交割
交易代码	TS
上市交易所	中国金融期货交易所

表 4 - 32　　**中国 30 年期国债期货合约**

合约标的	面值为 100 万元人民币、票面利率为 3%的名义超长期国债
可交割国债	发行期限不高于 30 年、合约到期月份首日剩余期限不低于 25 年的记账式附息国债
报价方式	百元净价报价
最小变动价位	0.01 元
合约月份	最近的三个季月(3 月、6 月、9 月、12 月中的最近三个月循环)
交易时间	9:30 — 11:30, 13:00 — 15:15
最后交易日交易时间	9:30 — 11:30
每日价格最大波动限制	上一交易日结算价的±3.5%
最低交易保证金	合约价值的 3.5%
最后交易日	合约到期月份的第二个星期五
最后交割日	最后交易日后的第三个交易日
交割方式	实物交割
交易代码	TL
上市交易所	中国金融期货交易所

(2)我国国债期货合约规格及交易规则

这里仅以5年期国债期货为例介绍我国国债期货合约规格及交易规则。

①我国国债期货合约规格

● 交易单位。5年期国债期货合约的“合约规模”为面值100万元人民币、票面利率为3%的名义中期国债。

● 最小变动价位。5年期国债期货合约的最小变动价位为0.005元,每份合约的最小变动价位为50元(0.005×100万)。

● 报价方式。百元净价报价方法。

● 每日价格变动限制、合约月份与交易时间。每日价格波动限制为上一交易日结算价的±1.2%。合约上市首日涨跌停板幅度为挂盘基准价的±2.4%。合约月份为最近的三个季月(3月、6月、9月、12月中的最近三个月循环)。交易时间为北京时间:上午:9:30～11:30,下午:13:00～15:15。最后交易日交易时间为上午:9:30～11:30。

● 最后交易日、交割日与交割券种。最后交易日为合约到期月份的第二个星期五,遇国家法定假日顺延;交割日期为最后交易日后的第三个交易日。交割方式为实物交割,交割券种为发行期限不高于7年、合约到期月份首日剩余期限为4—5.25年的记账式附息国债。

②国债期货的交易规则

● 5年期国债期货合约的交易单位为手,合约交易以交易单位的整数倍进行。

● 5年期国债期货合约交易指令每次最小下单数量为1手,市价指令每次最大下单数量为50手,限价指令每次最大下单数量为200手。

● 合约采用集合竞价和连续竞价两种交易方式。集合竞价时间为每个交易日9:25～9:30,其中,9:25～9:29为指令申报时间,9:29～9:30为指令撮合时间。连续竞价时间为每个交易日9:30～11:30和13:00～15:15,最后交易日连续竞价时间为9:30～11:30。

● 合约的当日结算价为合约最后一小时成交价格按照成交量的加权平均价,计算结果保留至小数点后三位。当日盈亏以当日结算价为计算依据,其计算公式为:

当日盈亏＝{∑[(卖出成交价－当日结算价)×卖出量]＋∑[(当日结算价－买入成交价)×买入量]＋(上一交易日结算价－当日结算价)×(上一交易日卖出持仓量－上一交易日买入持仓量)}×(合约面值/100元)

● 本合约的手续费标准为每手不高于5元。2018年2月以后,平仓交易免收手续费。

● 本合约的最低交易保证金标准为合约价值的1%。其中,合约价值＝合约价格×(合约面值/100元)。

● 本合约临近交割月份时,交易所将分阶段逐步提高该合约的交易保证金标准。交割月份前一个月中旬的前一交易日结算时起,交易保证金标准为合约价值的1.2%。交割月份前一个月下旬的前一交易日结算时起,交易保证金标准为合约价值的2%。

● 进行投机交易的客户某一合约在不同阶段的单边持仓限额规定为:合约上市首日起,持仓限额为2 000手;交割月份前一个月中旬的第一个交易日起,持仓限额为600手;某一合约结算后单边总持仓量超过60万手的,结算会员下一交易日该合约单边持仓量不得超过该合约单边总持仓量的25%。进行套期保值交易和套利交易的持仓按照交易所有关规定执行。

3. 我国国债期货的交易行情

这里选上市时间较长的10年期、5年期及2年期国债期货为例,说明其交易行情。表4-33为2023年1月20日国债期货的交易行情。

表 4-33　　2023 年 1 月 20 日国债期货的交易行情

合约代码	今开盘	最高价	最低价	成交量	成交金额	持仓量	持仓变化	今收盘	今结算	前结算
T2303	99.86	99.885	99.665	45 518	4 542 139.015	165 717	3 211	99.695	99.74	99.79
T2306	98.96	99.015	98.86	8 915	882 118.145	23 457	931	98.875	98.915	98.93
T2309	98.39	98.41	98.255	286	28 125.915	1 796	77	98.295	98.315	98.345
TF2303	100.735	100.77	100.625	28 767	2 897 120.735	97 918	752	100.64	100.675	100.7
TF2306	100.16	100.17	100.05	3 335	333 861.47	10 114	137	100.075	100.085	100.12
TF2309	99.775	99.775	99.675	232	23 132.54	1 229	112	99.695	99.69	99.74
TS2303	100.805	100.815	100.755	27 633	5 569 938.71	42 597	377	100.775	100.775	100.77
TS2306	100.495	100.495	100.45	636	127 806.49	4 582	110	100.47	100.47	100.465
TS2309	100.245	100.26	100.225	151	30 271.73	943	−8	100.23	100.235	100.225

(三)我国商品期货品种

商品期货的种类繁多,一般有农产品期货,如小麦、黄豆、木材、牲畜等期货;生产资料期货,如黄金、铜、铝等期货;能源产品期货,如原油、天然气、天然石油产品和加工过的石油产品等期货。适合做期货交易的商品一般具有"可以进行大量的买卖交易""价格多变,波动频繁""商品的质量、等级、规格等可以明确划分""可长期贮存和易于运输"等特点。

商品期货与金融期货的最大不同在于交割环节。商品期货的交割为实物交割。由于商品实物的多样性,实物交割相对于金融期货的交割要复杂得多。

除金融期货外,我国还有大量商品期货产品,它们主要在郑州商品交易所(成立于 1990 年)、大连商品交易所(成立于 1993 年)和上海期货交易所(成立于 1991 年)交易。其交易品种如表 4-34 所示。

表 4-34　　我国商品期货品种

上海期货交易所和上期能源中心	铜 cu、铝 al、锌 zn、铅 pb、镍 ni、锡 sn、天然橡胶 ru、燃料油 fu、黄金 au、白银 ag、螺纹 rb、线材 wr、热轧卷板 hc、沥青 bu、纸浆 sp、不锈钢 ss、原油 sc、20 号胶 nr、低硫燃料油 lu、国际铜 bc
郑州商品交易所	小麦 wt、优质强筋小麦 ws、强麦 wh、普麦 pm、早籼稻 ri、晚籼稻 lr、粳稻 jr、菜籽油 oi、油菜籽 rs、油籽粕 rm、精对苯二甲酸(PTA)ta、白糖 sr、棉花 cf、棉纱 cy、动力煤 zc、玻璃 fg、甲醇 ma、硅铁 sf、锰硅 sm、苹果 ap、红枣 cj、尿素 ur、纯碱 sa、花生 pk
大连商品交易所	黄大豆 1 号 a、黄大豆 2 号 b、豆油 y、豆粕 m、黄玉米 c、棕榈油 p、聚乙烯 l、玉米淀粉 cs、鸡蛋 jd、胶合板 bb、纤维板 fb、PVC、聚丙烯 pp、塑料 L、焦炭 j、焦煤 jm、铁矿石 I、粳米 rr、苯乙烯 eb、LPGpg、乙二醇 eg、生猪 lh

第三节　金融期货(远期)的定价

金融期货的定价指的是确定金融期货的理论价格,它既是市场参与者进行投机、套期保值和套利的依据,也是银行对场外交易的衍生金融工具提供报价的依据。由于金融期货与金融远期定价方法一致,故这里将金融期货与金融远期的定价合并介绍。

一、远期价格与期货价格的关系

(一)基本假设与符号

1. 前提假设

为分析简便起见,本节的分析是建立在如下假设前提下的:

(1)无交易费用和税收。

(2)市场参与者能够以相同的无风险利率借入和贷出资金。

(3)合约无信用风险。

(4)当套利机会出现时,市场参与者将参与套利活动,使套利机会消失。

(5)允许现货卖空。

(6)期货合约保证金账户支付同样的无风险利率。这意味着投资者可以无成本地取得远期与期货的多头或空头地位。

需要注意的是,对投资者来说,一旦发现套利机会就会进行套利,这意味着在现实中一出现套利机会,很快就会消失。因此,我们计算的理论价格是在无套利机会下的均衡价格。

2. 有关符号

本节用到的符号主要有:

T:远期与期货合约的到期时间,单位为年。

t:现在时间,单位为年。$T-t$ 表示远期与期货合约中以年为单位表示的剩余时间。

S:标的资产在时间 t 的价格。

S_T:标的资产在时间 T 的价格。

K:远期合约中的交割价格。

f:远期合约多头在 t 时刻的价值。

F:标的资产的远期理论价格或期货理论价格,分别称为远期价格或期货价格。

r:T 时到期的以连续复利计算的 t 时刻的无风险利率(年利率)。

变量 T 和 t 是从合约生效之前的某个日期(具体是什么时刻无关紧要)开始计算的,以年为单位。$T-t$ 代表期货合约中以年为单位表示的剩下时间。

(二)远期价格和期货价格的关系

关于远期价格和期货价格的关系,罗斯等美国经济学家进行了证明[①],得出的结论为:

(1)当无风险利率恒定且对所有到期日都不变时,交割日相同的远期价格和期货价格应相等。

(2)当利率变化无法预测时,远期价格和期货价格就不相等。它们之间的关系取决于标的资产与利率的相关性。

①当标的资产与利率呈正相关时,期货价格高于远期价格。这是因为当标的资产价格上升时,期货价格通常随之升高,期货合约的多头将因每日结算制而立即获利,并可按高于平均利率的利率将所获利润进行再投资。而当标的资产价格下跌时,期货合约的多头将因每日结

---

① Cox,J. C. ,J. E. Ingersoll,and S. A. Ross,"The Relationship between Forward Prices and Future Prices",Journal of Financial Economics,(December 1981),321－346。

算制而立即亏损，而他可按低于平均利率的利率从市场上融资以补充保证金。相比之下，远期合约的多头将不会因利率的变动而受到上述影响。在此情况下，期货多头比远期多头更具吸引力，期货价格自然就大于远期价格。

②当标的资产与利率呈负相关时，期货价格小于远期价格。

③合约有效期的长短也决定了远期价格与期货价格的差异程度。但有效期只有数月时，两者差异较小。

④税收、交易费用、保证金的处理方式、违约风险、流动性等都会影响远期价格与期货价格的差异。

在现实生活中，由于远期和期货价格与利率的相关性很低，以致期货和远期价格的差别可以忽略不计。在估计外汇期货和远期之间的合理差价时，康奈尔和莱因格纳[①]发现盯市所带来的收益太小了，以至于远期和期货价格几乎没有区别。在大多数情况下，我们仍可以合理地假定远期价格与期货价格相等。因此，在以下的分析中，将远期合约的定价等同于期货合约的定价。

二、金融期货(远期)的定价原理与方法

(一)无套利定价原理

金融期货（远期）的定价原理是无套利定价原理。无套利定价原理是指在均衡的金融市场上不存在套利机会。此原理意味着：两个具有相同盈亏的证券组合应具有相同的价格。

无套利定价方法就是应用无套利原理对资产进行定价的方法。这种方法的基本做法是：构建两个投资组合，若其终值相等，则现值一定相等。根据这种相等关系，构造包含相应衍生品的方程式，求金融期货（远期）的理论价格。

(二)标的资产的分类

为了方便远期（期货）的定价，我们将标的资产分为以下三类：

1. 无收益资产

无收益资产是指期货合约到期前标的资产不产生现金流的资产，如贴现债券等。

2. 支付已知现金收益的资产

支付已知现金收益的资产是指期货合约到期前标的资产产生完全可预测的现金流的资产，如附息债券和支付已知现金红利的股票、黄金、白银等。

3. 支付已知收益率的资产

支付已知收益率的资产是指期货合约到期前标的资产产生与该资产现货价格成一定比率的资产，如外汇、股价指数、远期利率协议、远期外汇综合协议等。

(三)无收益证券远期(期货)合约的定价方法

应用无套利定价理论，构建如下两个组合：

组合 A：一份远期合约多头（f），一笔数额为 $Ke^{-r(T-t)}$ 的现金

---

① Cornell，Bradford and Marc R. Reinganum，"Forward and Futures Prices: Evidence from the Foreign Exchange Markets"，Journal of Finance 36(Dec.，1981).

组合 B:一单位标的资产

在 T 时刻,两种组合都等于一单位标的资产,这两种组合在 t 时刻的价值相等,即:

$$f+Ke^{-r(T-t)}=S,f=S-Ke^{-r(T-t)} \tag{4-6}$$

在市场均衡条件下(无套利机会),远期合约价值等于 0。

$$f=0,K=F$$

则有:

$$F=Se^{r(T-t)} \tag{4-7}$$

如果上式不成立时,市场将出现套利机会,市场是不均衡的。

例如,假设 $F>Se^{r(T-t)}$。一个投资者可以无风险利率借 S 美元,期限为 $T-t$,用来购买该证券资产,同时卖出该证券的远期合约。在 T 时刻,资产按合约约定的价格 F 卖掉,同时归还借款本息 $Se^{r(T-t)}$。这样,在 T 时刻就实现了利润 $F-Se^{r(T-t)}$。

再假设 $F<Se^{r(T-t)}$。投资者可以卖出标的证券,将所得收入以年利率 r 进行投资,期限为 $T-t$,同时购买该资产的远期合约。在 T 时刻,投资者以合约约定的价格 F 购买资产,冲抵了原来的空头,实现的利润为 $Se^{r(T-t)}-F$。

[例 4-7] 考虑一个基于不支付红利股票的远期合约,6 个月后到期。假设股价为 30 美元,6 个月期无风险利率为年利率 3%。此时,$T-t=0.5$,$r=0.03$,$S=30$,有:

$$F=30e^{0.03\times0.5}=30.45(\text{美元})$$

这将是今天签订的远期合约的交割价格。如果实际的远期价格大于 30.45 美元,某套利者可以先借钱买股票,然后卖出远期合约,则可获得净收益。如果实际的远期价格小于 30.45 美元,套利者可以卖股票,将所得收入进行投资,同时购买远期合约,同样可获得净收益。

[例 4-8] 考虑一个 3 个月期的远期合约多头的情况。标的证券是一年期贴现债券,远期合约交割价格为 950 美元。我们假设 3 个月期的无风险利率(连续复利)为年利率 2%。债券的现价为 930 美元。此时 $T-t=0.25$,$r=0.02$,$K=950$,$S=930$,根据式(4—6)可以知道远期合约多头头寸的价值为:

$$f=930-950e^{-0.02\times0.25}=-15.26(\text{美元})$$

类似地,该远期合约空头的价值为 15.26 美元。

(四)支付已知现金收益证券远期合约的定价方法

假设远期合约的标的资产将为持有者提供可完全预测的现金收益,如支付已知红利的股票和付息票的债券。设 I 为远期合约有效期间所得收益的现值,贴现率为无风险利率 r。

同样应用无套利定价理论,构建如下两个组合:

组合 A:一份远期合约多头(f),一笔数额为 $Ke^{-r(T-t)}$ 的现金

组合 B:一单位标的证券加上以无风险利率借 I 数额的资金

在 T 时刻,两个组合具有相同的价值,都为一单位的证券,因此,在 t 时刻两个组合的价值也应该相等,即:

$$f+Ke^{-r(T-t)}=S-I \tag{4-8}$$

即

$$f=S-I-Ke^{-r(T-t)} \tag{4-9}$$

令 $f=0,K=F$,有:

$$F=(S-I)e^{r(T-t)} \tag{4-10}$$

对照式(4-10)与式(4-7)可以发现，只要在式(4-7)中，用 $S-I$ 替代 S 即可得到式(4-10)。

如果式(4-10)不成立，则出现套利机会。假如 $F>(S-I)e^{r(T-t)}$。一个投资者可以按无风险利率 r 借入 S 美元，购买一单位的标的资产，同时卖出该证券的远期合约，交割价为 F；在 T 时刻，资产按合约约定的价格 F 卖掉，收入为 F，还本付息 $Se^{r(T-t)}$，利息收入为 $Ie^{r(T-t)}$。这样，在 T 时刻就实现了 $F-(S-I)e^{r(T-t)}$ 的利润。

若 $F<(S-I)e^{r(T-t)}$，套利者可以卖出标的证券，将所得收入以无风险利率 r 进行投资，期限为 $T-t$。同时购买一份该资产的远期合约，交割价为 F。在时刻 T，套利者可得到本息收入 $Se^{r(T-t)}$，付现金 F 换得一单位标的资产，归还 $Ie^{r(T-t)}$ 现金收益给原所有者，实现的无风险利润为 $(S-I)e^{r(T-t)}-F$。

[例 4-9] 考虑一个股价为 18.50 美元股票的 10 个月期远期合约，假设各期的无风险利率(连续复利)都是年利率 4%。同时，假设 3 个月、6 个月以及 9 个月后都会有每股 0.5 美元的红利支付。红利的现值为：

$I=0.5e^{-0.04\times0.25}+0.5e^{-0.04\times0.5}+0.5e^{-0.04\times0.75}=1.47$(美元)

变量 $T-t$ 为 0.833 3 年，因此远期价格为：

$F=(18.5-1.47)e^{0.04\times0.8333}=17.61$(美元)

如果远期价格低于 17.61 美元，则套利者可以卖空股票，购买远期合约；若远期价格高于 17.61 美元，则套利者可以卖出远期合约，购买股票。

[例 4-10] 考虑一种五年期债券，价格为 900 美元。假设这种债券的一年期远期合约的交割价格为 910 美元，在 6 个月后和 12 个月后预计都将收到 60 美元利息，第二次付息日正好在远期合约交割日之前。6 个月期和 12 个月期的无风险利率分别为年利率 2.5%和 3.5%。此时，$S=900$，$K=910$，$r=0.035$，$T-t=1$，且有：

$I=60e^{-0.025\times0.5}+60e^{-0.035\times1}=117.19$(美元)

从而可以得出远期合约多头的价值：

$f=900-117.19-910e^{-0.035\times1}=-95.89$(美元)

远期合约空头的价值为 95.89 美元。

(五)支付已知红利率证券远期合约的定价方法

假设远期合约的标的资产将为持有者提供连续支付的红利收益率，如支付已知红利率的股票和支付已知利率的外汇。记红利收益率为 q。构建如下两个组合：

组合 A：一份远期合约多头(f)，一笔数额为 $Ke^{-r(T-t)}$ 的现金

组合 B：$e^{-q(T-t)}$ 单位证券，并且所有的收入再投资于该证券

在 T 时刻两种组合都等于一单位标的资产，这两种组合在 t 时刻的价值相等，即有：

$$f+Ke^{-r(T-t)}=Se^{-q(T-t)}$$

$$f=Se^{-q(T-t)}-Ke^{-r(T-t)} \tag{4-11}$$

在市场均衡条件下(无套利机会)，远期价格 F 就是使 $f=0$ 时的 K 值。

$$F=Se^{(r-q)(T-t)} \tag{4-12}$$

需注意的是，如果在远期合约有效期间红利收益率是变化的，上式仍然是正确的，此刻 q 等于平均红利收益率。当等式不成立时，市场将出现套利机会，是不均衡的。

[例 4-11] 考虑一个 6 个月期远期合约。标的资产提供年利率为 5%的连续红利收益

率，无风险利率(连续复利)为每年 3.5%，股价为 25 美元，交割价格为 27 美元。此时，$S=25$，$K=27$，$r=0.035$，$q=0.05$，$T-t=0.5$，则远期合约多头的价值为：

$f=25e^{-0.05\times0.5}-27e^{-0.035\times0.5}=-2.15$(美元)

远期价格为：

$F=25e^{(0.035-0.05)\times0.5}=24.81$(美元)

(六)外汇远期与期货的定价

外汇属于支付已知收益率的资产，其收益率是该外汇发行国连续复利的无风险利率 r_f，因此可以用支付已知红利率证券远期合约的定价方法为外汇远期与期货进行定价。

记 S 为以本币表示的一单位外汇的即期价格，K 为远期合约中约定的以本币表示的一单位外汇的交割价格，S、K 均为用直接标价法表示的外汇汇率。根据公式(4-11)，可以得出外汇远期合约的价值：

$$f=Se^{-r_f(T-t)}-Ke^{-r(T-t)} \tag{4-13}$$

根据公式(4—12)，可得到外汇远期和期货价格的确定公式为：

$$F=Se^{(r-r_f)(T-t)} \tag{4-14}$$

这就是著名的利率平价关系。根据公式(4-14)，若外汇的利率大于本国利率($r_f>r$)，则该外汇的远期和期货汇率应小于现货汇率；若外汇的利率小于本国的利率($r_f<r$)，则该外汇的远期和期货汇率应大于现货汇率。

三、期货价格与现货价格的关系

根据期货价格的定价公式，决定期货价格的最重要因素是现货价格，现货价格对期货价格的升跌起着重要的制约关系。因此，研究期货价格与现货价格的关系具有重要意义。期货价格和现货价格的相互关系可从两个角度去考察：一是期货价格和现在的现货价格的关系；二是期货价格与预期的未来现货价格的关系。

(一)期货价格与即期现货价格的关系

根据期货价格的定价公式(4-7)、(4-10)和(4-12)，当标的资产无收益或已知现金收益较小或已知收益率小于无风险利率时，期货价格应高于现货价格，如图 4-5(a)所示；当标的的证券的已知现金收益较大或已知收益率大于无风险利率时，期货价格应小于现货价格，如图 4-5(b)所示。

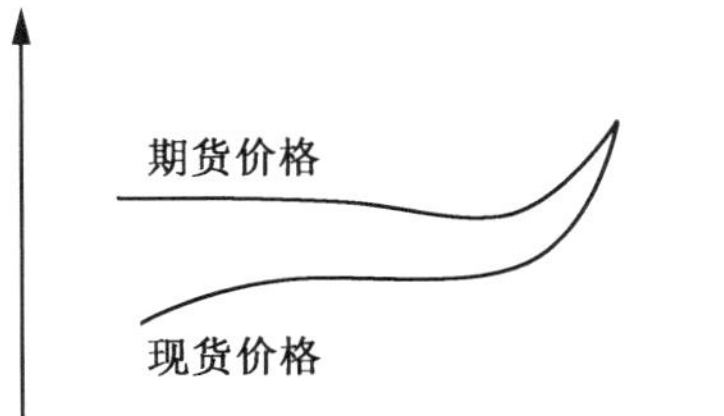

图 4-5(a)　期货价格大于现货价格

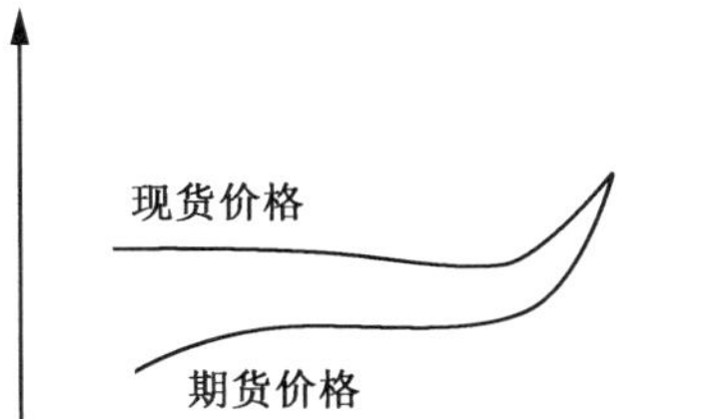

图 4-5(b)　期货价格小于现货价格

根据期货价格定价公式，在到期日即 $T-t$ 为 0 时，期货价格与标的资产现货价格相等。

期货价格收敛于标的资产现货价格是由套利行为决定的。假定交割期间期货价格高于标的资产的现货价格，套利者就可以通过买入标的资产、卖出期货合约并进行交割来获利，从而促使现货价格上升、期货价格下跌。相反，如果交割期间现货价格高于期货价格，那么打算买入标的资产的人就会发现，买入期货合约等待空头交割比直接买入现货更合算，从而促使期货价格上升。

期货价格和现货价格的关系可以用基差来描述。所谓基差，是指现货价格与期货价格之差，即：

$$\text{基差}=\text{现货价格}-\text{期货价格} \tag{4-15}$$

基差可能为正值也可能为负值，但随着到期日的临近，基差往往逐步减少。在期货合约到期日，基差应为零。这种现象即为期货价格收敛于标的资产的现货价格，如图 4-5 所示。

(二)金融期货价格与预期未来现货价格的关系

我们以无收益资产为例来说明期货价格与预期未来现货价格之间的关系。

假设标的资产在期货有效期内的连续复利预期收益率为 y，$E(S_T)$表示现在市场上预期该资产在 T 时刻的市价，则根据预期收益率的概念，有：

$$E(S_T)=Se^{y(T-t)} \tag{4-16}$$

而

$$F=Se^{r(T-t)} \tag{4-17}$$

比较公式(4-16)和(4-17)可知，y 和 r 的大小决定了 F 和 $E(S_T)$的大小，而 y 值的大小取决于标的资产的系统性风险。根据资本资产定价原理，若标的资产的系统性风险为 0，即风险中性时 $y=r$，$F=E(S_T)$；若标的资产的系统性风险大于零，则 $y>r$，$F<E(S_T)$；若标的资产的系统性风险小于零，则 $y<r$，$F>E(S_T)$。

假设期货市场上有两类参与者：一类为套期保值者，另一类为投机者。他们认为，在市场对未来现货价格的预期一致的情况下，如果套期保值者预期做空头而投机者倾向于做多头，则期货价格将低于未来现货价格的预期，因为投机者承担的风险需要补偿，他们只有在预期期货价格将上涨的情况下才买入期货(期货到期时期货价格与未来现货价格将相等)。反之，若套期保值者预期做多头而投机者倾向于做空头，则期货价格将高于未来预期的现货价格。

在实际市场中，投机者既可以做多又可以做空，没有倾向于一定做多或做空，因此市场不存在系统性偏差(系统性风险)。在市场对未来现货价格的预期一致的情况下，标的资产的系统性风险为 0，此时金融期货价格与标的资产预期未来现货价格将相等。这就是所谓的期货市场价格发现功能。

(三)金融期货价格与未来实际现货价格的关系

由于市场对未来现货价格存在一致预期的假设是理想化的，预期价格本身又仅仅是未来各种可能的现货价格的期望值，而实际价格只有一个。期货价格与未来实际现货价格的关系，就像期望值与实际值的关系一样，完全相等的概率极小，期货价格往往略大于或小于期货合约到期时的实际现货价格。

第四节　金融期货的套期保值

期货产生的主要目的之一是规避现货投资风险。需要防范现货投资风险的投资者通过在期货市场上建立与现货市场相反的部位，并在期货合约到期前对冲，以期货的盈利（亏损）弥补现货的亏损（盈利），从而实现避险的目的。这就是期货市场的套期保值功能，是期货市场最主要的功能，也是期货交易的主要策略之一。

一、套期保值的基本原理、分类及特点

（一）套期保值的基本原理

套期保值是指在现货市场某一笔交易的基础上，在期货市场上做一笔价值相当、期限相同但方向相反的交易，并在期货合约到期前对冲，以期货的盈利（亏损）弥补现货亏损（盈利）的方法，以达到套期保值的目的。

套期保值之所以能够达到规避价格风险的目的，有多种理论对套期保值的基本原理进行解释。传统套期保值理论认为，同一品种的商品，其期货价格与现货价格受到相同因素的影响和制约，虽然波动幅度会有不同，但其价格的变动趋势和方向有一致性。一旦保值者在期货市场上建立了与现货市场相反的头寸，则无论市场价格朝哪一方向变动，均可避免风险，实现保值。随着期货合约到期日的临近，期货价格和现货价格逐渐聚合，基差在到期日接近于零，两者价格大致相等。如果两者价格不一致，会引发期货市场与现货市场间的套利行为，众多交易者低买高卖的结果会大大缩小两市场间的价差。

现代组合投资套期保值理论认为，套期保值实质上是把现货资产和期货资产作为投资组合进行投资。由于现货资产价格和期货资产价格高度正相关，根据资产组合的基本原理，如果现货资产做多、期货资产做空，当现货资产与期货资产配比适当时，可以极大减少甚至消除资产组合的投资风险。现货资产与期货资产配比即为套期保值比率。

（二）套期保值的分类

期货套期保值按不同标准有不同的分类。按保值效果分，套期保值可分为完全套期保值与不完全套期保值；按拟保值资产与期货标的资产是否一致，可分为标准套期保值和交叉套期保值；按其操作手法的不同，可以分为空头套期保值和多头套期保值等。

1. 完全套期保值与不完全套期保值

完全套期保值是指套期保值者建立的套期保值组合，其在一个市场上的盈利完全抵补另一个市场上的亏损，套期保值组合的价值变化为 0，如在期货市场上的盈利完全弥补了现货市场上的亏损，或在期货市场上的亏损完全冲抵了现货市场上的盈利。完全套期保值可以做到全部转移现货市场上的风险。

不完全套期保值是指套期保值者建立的套期保值组合，其在一个市场上的盈利不能完全抵补另一个市场上的亏损，套期保值组合的价值变化不为 0。现实中，更多的是不完全套期保值。其原因主要有：一是期货合约的标准化使套期保值者很难根据自己的需要在交易量和交割月上做出完全合意的选择；二是期货价格与现货价格虽然呈同方向变化，但未必呈同幅度变动；三是套期保值者并不能肯定购买或出售资产的确切时间，套期保值又要求期货合约在其到

期日之前就进行平仓。因而,参与者不能做到完全套期保值,一般面临一定的“基差风险”。

2. 标准套期保值和交叉套期保值

标准套期保值是指套期保值者为拟保值的资产开办相应的期货合约,套期保值者用期货合约对其标的资产进行套期保值。一般来说,期货价格与标的资产价格之间的相关性很高,套期保值效果好,基差风险很小。

交叉套期保值是指套期保值者利用期货交易,为没有开办期货的商品进行的套期保值;也就是说,这种套期保值的资产与期货的标的资产不是同一种资产。之所以以一种资产的期货合约为另一种资产实施“交叉套期保值”,是因为不同现货价格与不同标的物期货价格(或标的物现货价格)之间存在高的相关性。例如,各种债务凭证之间存在利率相关性,就可以用一种债务凭证为标的物的期货合约为另一种债务凭证实施交叉套期保值。在交叉套期保值中,不可能做到完全套期保值,存在“基差风险”。

3. 空头套期保值和多头套期保值

空头套期保值是指在建立套期保值组合时,在期货市场上先建立空头头寸,在套期保值结束时再做反向对冲了结期货头寸的操作方法。也就是说,在期货市场上,套期保值者先做空后做多。它适用于套期保值者在现货市场上已做多或拥有多头头寸的情况。如某公司知道它在将来某一特定的时间出售某一资产,则可以持有期货合约的空头来对冲它的风险,这就是空头套期保值(Short Hedge)。如果资产的价格下降,则公司在出售该资产时将发生损失,但会在期货的头寸上获利;如果资产的价格上升,公司在出售该资产时将获利,但持有的期货头寸会有损失。

多头套期保值是指在建立套期保值组合时,在期货市场上先建立多头头寸,在套期保值结束时再做反向对冲了结期货头寸的操作方法。也就是说,在期货市场上,套期保值者先做多后做空。它适用于套期保值者在现货市场上已做空或将来要购买某一资产的情况。如某公司知道它在将来要购买某一资产,它可以通过持有该资产期货合约的多头来对冲风险,这就是多头套期保值(Long Hedge)。如果资产的价格上升,则公司在购买该资产时成本将增加,但会在期货的头寸上获利,可以弥补现货成本的增加;如果资产的价格下降,公司在购买该资产时的成本将下降,但持有的期货头寸会有损失。

(三)基差的计算

基差是期货套期保值的重要概念。期货套期保值实质上就是把现货价格的风险转化为基差风险,由于基差是指现货价格与期货价格之差,考虑到现货价格与期货价格的正相关性,因此基差风险远小于现货价格风险。

考虑到在实际中更多的是交叉套期保值,因此定义基差为拟保值的某一商品现货价格与所使用合约的期货价格之间的差。用公式表示为:

$$\text{基差}=\text{拟保值商品的现货价格}-\text{所使用合约的期货价格} \tag{4-18}$$

记 S、S^*、F 分别为 t 时刻拟保值商品的现货价格、标的物现货价格和标的物对应的期货价格,则基差为:

$$b=S-F=(S-S^*)+(S^*-F) \tag{4-19}$$

其中,第一部分 $(S-S^*)$ 为两项资产不一致产生的基差,第二部分 (S^*-F) 为狭义的基差。套期保值就是使基差达到最小,即使此两部分都最小。

(四)套期保值的主要特点

套期保值的特点主要有两个方面:

(1)套期保值涉及两个市场。应用期货进行套期保值涉及现货和期货两个市场,而且期货市场的头寸总是与现货市场相反。

(2)套期保值的关键是拟保值的商品现货价格与所使用合约的期货价格之间的相关性,相关性越强,套期保值的效果越好,基差风险越小。

二、套期保值的基本步骤

(一)拟保值资产价格风险的估计与套期保值目标的确定

在进行套期保值时,首先要确定是否有必要进行保值。如果拟保值资产的价格风险较小,在承受范围以内,就没有必要进行保值;否则,就要套期保值。

1. 拟保值资产价格风险的估计和预测

在确定是否进行套期保值时,首先要对拟保值资产价格的变动方向、变动程度、发生概率、影响程度、损失可能、保值成本等进行估计和预测。

例如,我们预测拟保值资产价格向不利方向变动的概率为 60%,向有利方向变动的概率为 20%,不变的概率为 20%;不利方向变动幅度为 30%,有利方向变动幅度为 10%;那么,损失的可能性则为:60%×30%=18%。假设投资的资产总额为 1 000 万元,则可能的损失额为 1 000×18%=180 万元;套期保值的机会成本预计为:1 000×20%×10%=20 万元;假设套期保值的直接成本为 5 万元。由于套期保值的利润大于套期保值的机会成本与直接成本之和(180>20+5),因此,应进行套期保值。

2. 套期保值目标的确定

套期保值目标是指套期保值的程度,是完全套期保值还是不完全套期保值以及套期保值要达到的程度。对于金融资产,套期保值目标区间一般指汇率变化承受区间、利率变化承受区间、股价变化承受区间等,这是选择套期保值工具和保证套期保值效果的前提与依据。一般来说,套期保值的目标越高,套期保值的成本越大,越不容易实现。

(二)套期保值工具的选择

影响基差风险的一个关键因素是套期保值期货合约的选用。这包括两个方面:一是期货合约的选择,另一个是期货交割月份的选择。

1. 期货合约种类的选择

期货合约种类选择的基本原则是使($S-S^*$)最小化。这要求如果套期保值的资产正好是期货合约的标的资产,可以直接选择保值资产的期货合约。交叉套期保值时,必须仔细分析才能确定一个合适的期货合约,一般选择期货价格与要保值的资产价格相关性最强的期货合约,这样套期保值的基差风险最小。如采用股指期货的套期保值,我国有沪深 300 指数期货、中证 500 指数期货、中证 1000 指数期货和上证 50 指数期货四种,可选择与股票组合相关性最大的股指期货合约,其保值效果最好。

2. 期货交割月份的选择

期货交割月份选择的基本原则是使(S^*-F)最小化,这要求根据现货保值期限选择紧跟其后保值期结束的期货合约。

交割月份的选择可能受多种因素的影响。一般情况下，当套期保值的到期日与某一交割月份一致时，应选择该交割月份的期货合约。但事实上，通常选择的是随后交割月份的期货合约，这是因为在某些情况下交割月份中的期货价格非常不稳定。如果多头保值者在交割月份中持有期货合约，他可能面临不得不接收实物资产交割的风险，这会使成本很高并且极不方便。

整体上看，当套期保值的到期日与交割月份之间的差距增加时，基差风险增加，因此，最好的方法是尽量选择套期保值到期日后最接近套期保值到期的那个交割月份。这一方法不但能满足套期保值者的要求，而且越接近到期日，合约交易量大，流动性越好；同时，期货价格与现货价格越接近，基差较小。

(三)套期保值比率的确定

在期货套期保值中，套期保值比率的确定是其核心内容，它决定了套期保值的效率。

1. 套期保值比率的定义

套期保值比率是指对现货部位实行套期保值时，为达到套期保值的目的，应用某种期货合约的数量。这一比率在一定程度上决定了套期保值的效率。

2. 套期保值比率的计算公式

套期保值比率的计算公式为：

所需期货合约数＝现货名义价格/期货合约价值×到期调整系数×加权系数　(4－20)

其中，“现货名义价格/期货合约价值”是式(4－20)最基本的因素，反映期货规模与现货规模的匹配。例如，投资者选择面值为 1 000 万美元、2030 年到期、息票利率为 4.25％的美国长期债券做套期保值，则现货名义价格/期货合约价值＝1 000/10＝100。

到期调整系数是指当期货合约标的资产与现货资产有着不同的到期日时，需要用到期调整系数进行调整。例如，用 3 个月的国库券期货为 6 个月的国库券进行套期保值，就需要到期调整系数，此时两张国库券期货对应于一张 6 个月的国库券。

加权系数反映拟保值资产现货价格与期货价格之间的相关性。如果现货价格与期货价格之间的相关性为 1 时，加权系数为 1；但多数情况下，现货价格与期货价格之间的相关性不为 1，这就要用加权系数调整套期保值对象与套期保值工具价格之间的敏感性。

套期保值比率是套期保值的关键，在后面将结合实例介绍其计算方法。

(四)套期保值策略的制定与实施

在进行套期保值时，一般有两种策略：一是多头套期保值策略，二是空头套期保值策略。多头套期保值是先买进一定数量的某种期货合约，在期货合约到期前再卖出该合约以实现套期保值的策略；空头套期保值是先卖出一定数量的某种期货合约，在期货合约到期前再买进该合约以实现套期保值的策略。

具体实施何种策略，主要取决于套期保值者在现货市场所持有的部位。一般来说，在现货市场所持有的部位是多头，则应选空头套期保值策略；如果在现货市场所持有的部位是空头，则应选多头套期保值。

还有一种套期保值策略称为滚动套期保值策略，该策略适用于拟保值的期限远大于期货合约期限的情况。例如，某套期保值者拟保值的期限为 1 年，而期货合约的期限仅有 3 个月，此时他可以将保值期限分为4个，采用滚动的方法，每3个月进行一次套期保值，这样可以用3个月期的期货合约为1年期的资产进行套期保值。当然，在进行滚动套期保值时，要注意移仓的成本问题。

(五)套期保值的评价

1. 套期保值者应有的态度

在进行套期保值时，套期保值者应具有正确的态度。套期保值的目的是“保值”而非“盈利”。套期保值者应坚持套期保值的基本目的，不能将套期保值作为“盈利”的手段，而应严格按照套期保值的方法步骤进行套期保值的“操作”。2008年全球金融危机以来，中国部分国有企业借“套期保值”之名行“期货投机”之实，造成了巨大亏损，是值得套期保值者认真思考的。

2. 套期保值者应注意的问题

在进行套期保值时，套期保值者一定要坚持正确的方法与步骤：一是不做期货市场与现货市场同方向交易；二是要注意期货合约数量与现货资产数量的匹配，切记数量不匹配可能造成“期货套期保值”变为“期货投机”交易，产生巨大的“投机”风险；三是要密切关注基差的变化。

3. 套期保值率(效率)

对套期保值效果的评价可以用多个指标，其中最简单的方法是将套期保值的结果与套期保值的目标进行比较。例如，某投资者预计6个月后以7%的利率借入一笔资金。为防止利率上升的风险，他应用利率期货进行套期保值，而实际支付的利率为8.5%，没有达到预计的利率目标。但如果不做套期保值，结果实际支付的利率将为10.5%。尽管没有达到完全套期保值，也为该套期保值者节省了2.0%的利率。

另一个常见的评价套期保值效果的指标是套期保值率指标。其计算公式为：

$$\text{套期保值率}=\text{期货收益}/\text{现货损失}\times 100\% \tag{4-21}$$

例如，某套期保值者计算的套期保值率为97%，说明通过套期保值，现货市场中97%的损失可以用期货市场中的盈利弥补。

其他指标在后面有关章节介绍。

三、期货套期保值的应用策略

金融期货套期保值主要有外汇期货套期保值、利率期货套期保值和股指期货套期保值三种。

(一)外汇期货套期保值

1. 外汇期货套期保值的含义与分类

(1)外汇期货套期保值的含义

外汇期货套期保值是指为了防止汇率波动风险，在外汇期货市场建立一个与现货市场相反的部位，并在外汇期货到期前进行对冲，以一个市场的盈利抵补另一个市场的亏损，从而达到锁定汇率、规避风险的目的行为。

(2)外汇期货套期保值的分类

根据交易者在开仓时所建立的部位不同，外汇期货套期保值分为多头套期保值和空头套期保值。

外汇期货多头套期保值是指人们先买进一定数量的外汇期货合约，在合约到期前再卖出该合约。外汇期货多头套期保值主要应用于未来日期将发生外汇支出的情况。若外汇汇率上升将对自己不利，可以在期货市场先做多头，待汇率上升后再卖出对冲。如果外汇汇率真的像预期那样上升，交易者就可以外汇期货市场上的盈利弥补外汇现货市场上的亏损。

外汇期货空头套期保值是指人们先卖出一定数量的外汇期货合约，在合约到期前再买进该合约。外汇期货空头套期保值主要应用于未来某日期收入外汇的情况。若外汇汇率下降，当交易者收到外汇后，兑换本币的数量将减少；这样他可以先卖出一定数量的期货合约，到期再买入该合约对冲，以转移风险。如果外汇汇率真的像预期那样下降，交易者就可以外汇期货市场上的盈利弥补外汇现货市场上的亏损。

2. 应用实例

[例 4-12] （外汇期货多头套期保值）设美国一进口商于 9 月 16 日与英国出口商签订合同，进口 25 万英镑货物，并约定于 3 个月后以英镑付款提货。由于预计英镑汇率将上升，为锁定进口成本，用英镑期货进行套期保值。假设市场上有如下数据：9 月 16 日英镑对美元的现汇汇率为 \$1.563 5/£，期汇汇率为 \$1.563 5/£；如果 12 月 10 日英镑对美元的现汇汇率为 \$1.564 1/£，期汇汇率为 \$1.564 1/£，套期保值的过程如表 4-35 所示。

表 4-35　　外汇期货多头套期保值实例

外汇现货市场	外汇期货市场
9 月 16 日： 与英国出口商签订合同，进口 25 万英镑货物，并约定于 3 个月后以英镑付款提货。其汇率为：\$1.563 5/£，共支付 25×1.563 5＝39.087 5（万美元）	9 月 16 日： 买进 4 张 12 月份交割的英镑期货合约，成交的期货汇率为：\$1.563 5/£，合约总价值为：4×6.25×1.563 5＝39.087 5（美元）
12 月 10 日： 以当日即期汇率 \$1.564 1/£ 买入 25 万英镑，实际支付：25×1.564 1＝39.102 5（万美元）	12 月 10 日： 卖出 4 张 12 月份交割的英镑期货合约，成交的期货汇率为：\$1.564 1/£，合约总价值为：4×6.25×1.564 1＝39.102 5（万美元）
盈亏：39.087 5－39.102 5＝－0.015（万美元）	盈亏：39.102 5－39.087 5＝0.015（万美元）

其中，套期保值比率为：套期保值比率＝现货名义价格/期货合约价值＝25/6.25＝4（张）（1 张英镑期货合约的规模是 6.25 万英镑）。也就是说，用 4 张英镑期货合约，通过多头套期保值防范由于英镑汇率上涨带来的风险。

这样，如果真如预测的那样，英镑汇率上涨，在现货市场上给投资者带来的亏损可以由期货市场上给投资者带来的盈利弥补。

实际支出的美元为：39.102 5 万 \$－0.015 万 \$＝39.087 5（万美元）

实际汇率为：39.087 5 万 \$/250 000£＝\$1.563 5/£

套期保值率（效果）为：0.015 万 \$/0.015 万 \$×100%＝100%

可以看出，本例为完全套期保值，现货市场上的亏损完全由期货市场上的盈利弥补。之所以如此，是因为现汇汇率不但与期汇汇率同方向变动，而且同幅度变动。

需要注意的是，通过外汇期货交易，人们在避免汇率不利变动造成损失的同时，也放弃了因汇率的有利变动所带来的利益。如本例中，如果英镑汇率下跌，投资者不做套期保值，他将少支出美元，也就是在现货市场上将有盈利，但是如果做套期保值，期货市场上将有亏损。

对于外汇期货空头套期保值，请参考本章后的思考与练习题。

(二)利率期货套期保值

利率期货主要有短期利率期货和中长期利率期货,因此利率期货套期保值也有短期利率期货套期保值和中长期利率期货套期保值两类。由于短期利率期货的交易规则与中长期利率期货的交易规则大不相同,因此,它们在套期保值中的操作方法也不尽相同。这里首先介绍短期利率期货套期保值。

1. 短期利率期货套期保值

由于短期利率期货中最有代表性的品种有两个:一个是3个月期的国库券期货(简称国库券期货),另一个是3个月期的欧洲美元定期存单期货(简称欧洲美元期货),因此我们分别介绍这两种短期利率期货的套期保值。

(1)国库券期货套期保值

①国库券期货套期保值的含义与分类

国库券期货套期保值是短期固定收益证券投资者为了防止利率波动风险,在国库券期货市场上建立一个与现货市场相反的部位,并在国库券期货到期前进行对冲,以一个市场的盈利抵补另一个市场的亏损,从而达到锁定利率、规避利率风险的操作行为。

与外汇期货套期保值类似,国库券期货套期保值也分为多头套期保值和空头套期保值两种。多头套期保值一般用在投资者准备在未来某日买进国库券现货,为规避利率下跌的风险(国库券价格上升的风险),可购买国库券期货合约,在期货合约到期前做反向对冲,以期货市场盈利抵补现货市场亏损,锁定市场利率和国库券价格。空头套期保值一般用在投资者已购买或投资国库券现货,为规避利率上升的风险(国库券价格下降的风险),可卖出国库券期货合约,在期货合约到期前买进期货合约做反向对冲,以期货市场盈利抵补现货市场亏损,锁定国库券价格和投资利润。

②应用实例

[例4-13] (国库券期货多头套期保值)设10月初某投资者预计12月初有400万美元面值的证券到期,准备投资3个月期的国库券,当时该国库券贴现利率为5%。该投资者预计未来3个月的利率会下跌,3个月期的国库券价格会上涨。

为防范利率下跌的风险,该投资者用国库券期货进行多头套期保值。假设市场上有如下数据:10月5日90天期国库券期货的IMM指数为95.00。如果12月5日91天期国库券的贴现利率为3.5%,90天期国库券期货的IMM指数为96.5,套期保值的过程如表4-36所示。

表4-36　　国库券期货多头套期保值实例

现货市场	期货市场
10月5日,预计12月5日有400万美元面值的证券到期,准备投资国库券。当时国库券贴现利率为5%,购买成本为: 4 000 000×(1−5%×91/360)=3 949 444(美元)	10月5日,买进4张12月份90天期国库券期货,IMM指数95.00,合约价值为: 1 000 000×(1−5%×90/360)×4=3 950 000(美元)
12月初,取得现金400万美元,购买91天期国库券,贴现利率为3.5%,购买成本为: 4 000 000×(1−3.5%×91/360)=3 969 611(美元)	12月初,售出4张12月份90天期国库券期货,IMM指数96.5,合约价值为: 1 000 000×(1−3.5%×90/360)×4=3 965 000(美元)
多支付:15 166.7美元	盈利:15 000美元

其中，套期保值比率为：国库券期货合约数＝现货名义价格/期货合约价值＝400/100＝4(张)，用4张国债期货合约，通过多头套期保值，防范由于利率下跌带来的风险。

如果真如预测的那样，市场利率下跌，在现货市场上投资者购买91天期面值为400万美元的国库券将支出3 969 611美元，多支付15 166.7美元，此亏损可以由期货市场上给投资者带来的盈利弥补。

购买国库券实际成本：3 969 611－15 000＝3 949 611(美元)

实际收益率：$\frac{4\ 000\ 000-3\ 949\ 611}{4\ 000\ 000}\times\frac{360}{91}\times100\%=4.98\%$

套期保值率：$\frac{15\ 000}{15\ 166.7}\times100\%=98.90\%$

本例为不完全套期保值。其原因是国库券实际持有天数(91天)与国库券期货标的资产的天数(90天)不完全一致所致(其他条件相同)。

对于国库券期货空头套期保值，请参考本章后的思考与练习题。

③国库券交叉套期保值

国库券交叉套期保值是指套期保值者利用国库券期货交易，为没有开办期货的商品进行的套期保值。也就是说，这种套期保值的资产与期货的标的资产不是同一种资产。这里有两种情况：一是用3个月的国库券期货对不是3个月的国库券进行套期保值；另一种是用3个月的国库券期货对不是国库券的其他短期金融资产进行套期保值。它们分别要用到到期调整系数和加权系数的概念。

[例4-14] (到期调整系数的运用)10月10日，某投资者预计2个月后收到400万美元的款项，当时6个月期国库券的贴现利率为5%，投资者准备投资6个月期国库券。为防止利率下跌的风险(国库券价格上升)，他准备用3个月期国库券期货为其保值。假设市场上有如下数据：10月10日90天期国库券期货的IMM指数为97.00，如果12月10日6个月期国库券的贴现利率为3.5%，90天期国库券期货的IMM指数为98.50，套期保值的过程如表4-37所示。

表4-37　国库券期货交叉套期保值实例

现货市场	期货市场
10月10日，预计12月10日有400万美元面值的证券到期，准备投资6个月期的国库券。当时国库券贴现利率为5%，购买成本为： 400×(1－5%×180/360)＝390(万美元)	10月10日，买进8张12月份90天期国库券期货，IMM指数为97.00，合约价值为： 100×(1－3%×90/360)×8＝794(万美元)
12月10日，取得现金400万美元，购买6个月期国库券，贴现利率为3.5%，购买成本为： 400×(1－3.5%×180/360)＝393(万美元)	12月10日，售出8张12月份90天期国库券期货，IMM指数为98.5，合约价值为： 100×(1－1.5%×90/360)×8＝797(万美元)
多支付：3万美元	盈利：3万美元

其中：套期保值比率为：

国库券期货合约数＝现货名义价格/期货合约价值×到期调整系数

$$=\frac{400}{100}\times\frac{180}{90}=8$$

到期调整系数＝被保值现货的期限/期货合约标的资产期限，这里为：180/90＝2。

如果不考虑到期调整系数，国库券期货合约的数量为4张。这时，期货市场上的盈利仅为

1.5 万美元，仅是现货市场上的 50%。

购买国库券实际成本：393－3＝390(万美元)

实际收益率：$\frac{400-390}{400}\times\frac{360}{180}\times100\%=5\%$

套期保值率：$\frac{3}{3}\times100\%=100\%$

本例为完全套期保值，其原因是 2 张国库券期货价格与一张 6 个月期的国库券现货价格变化方向相同且变化幅度完全一样。

［例 4－15］ (加权系数的运用)设某企业 6 月 10 日决定 2 个月后发行 1 000 万美元的 90 天期商业票据筹措短期资金。若当时的商业票据贴现利率为 10%。公司担心未来商业票据贴现率上升，故准备用 3 个月期国库券期货为其保值。假设市场上有如下数据：6 月 10 日 90 天期国库券期货的 IMM 指数为 91.00。如果 8 月 10 日 90 天期商业票据的贴现率为 12%，90 天期国库券期货的 IMM 指数为 89.50。根据回归分析，3 个月国库券与 90 天期商业票据利率相关系数为 1.30，套期保值的过程如表 4－38 所示。

表 4－38　国库券期货交叉套期保值实例

现货市场	期货市场
6 月 10 日，90 天期商业票据贴现率为 10%，公司准备 2 个月后发行面值总额为 1 000 万美元的 90 天期商业票据，以筹措短期周转资金 975 万美元	6 月 10 日，卖出 13 份 9 月到期的美国国库券期货合约，价格 91.00，合约价值为：100×(1－9%×90/360)×13＝1 270.75(万美元)
8 月 10 日，90 天期商业票据贴现率为 12%，公司发行面值 1 000 万美元的商业票据筹措资金：1 000×(1－12%×90/360)＝970(万美元)	8 月 10 日，买入 13 份 9 月到期的美国国库券期货合约，价格 89.50，合约价值为：100×(1－10.50%×90/360)×13＝1 265.875(万美元)
少筹措资金：5 万美元	盈利：4.875 万美元

其中：套期保值比率为：

国库券期货合约数＝现货名义价格/期货合约价值×加权系数

$$=\frac{1\ 000}{100}\times1.3=13$$

这里，加权系数为 3 个月期国库券与 90 天商业票据利率相关系数，等于 1.3。

如果不考虑加权系数，国库券期货合约的数量为 10。这时，期货市场上的盈利为 3.75 万美元，仅是现货市场上的 75%。

净亏：5－4.875＝0.125 0(万美元)

实际筹资：970＋4.875＝974.875(万美元)

实际利息成本：$\frac{1\ 000-974.875}{1\ 000}\times\frac{12}{3}\times100\%=10.05\%$

套期保值率：$\frac{4.875}{5}\times100\%=97.5\%$

本例为不完全套期保值，其原因是 90 天国库券期货价格与 90 天商业票据的价格不完全正相关，它们的变化幅度不完全一致。

(2)欧洲美元期货套期保值

欧洲美元期货套期保值与国库券期货套期保值的操作方法基本相同，而且在多数场合可用欧洲美元期货代替国库券期货为各种短期金融资产实施套期保值。欧洲美元期货以LIBOR为报价基础，主要适应于以浮动利率计息的资产、负债的套期保值。

欧洲美元期货套期保值也有多头套期保值和空头套期保值两种。多头套期保值主要用在投资者规避市场利率下跌从而减少利息收入的风险。投资者通过买进欧洲美元期货，在利率下跌时卖出期货，以期货市场上的盈利弥补现货市场上的亏损。空头套期保值主要适用于借款者为规避市场利率上升从而增加利息支出的风险。借款者通过卖出欧洲美元期货，在利率上升时买入期货，以期货市场上的盈利弥补现货市场增加利息支出上的亏损。这里仅以多头套期保值为例说明欧洲美元期货的套期保值。

[例4-16] 设6月20日某投资者预计2个月后将收到500万美元的款项。他准备投资3个月期的欧洲美元定期存单，当时的利率为6%。该投资者担心利率下跌，使投资收益下降，为此，准备用3个月期的欧洲美元定期存单期货为其保值。假设市场上有如下数据：6月20日90天期欧洲美元期货的IMM指数为94.50。如果8月20日3个月期欧洲美元定期存单的利率为4%，90天期欧洲美元期货的IMM指数为96.60。套期保值的过程如表4-39所示。

表4-39　欧洲美元期货套期保值实例

现货市场	期货市场
6月20日，预计8月20日将收取货款500万美元，且将此款投资于3个月期的欧洲美元定期存款，利率为6.00%	6月20日，以94.61的价格买入5张9月份到期的欧洲美元期货合约
8月20日，收取货款500万美元，将此款投资于3个月期的欧洲美元定期存款，利率为4.00%	8月20日，卖出5张9月份欧洲美元期货合约，期货价格96.60
少收入利息：500×(6.00%－4.00%)×90/360＝2.5(万美元)	盈利：(96.60－94.61)×100×25×5＝2.487 5(万美元)

其中：套期保值比率为：

欧洲美元期货合约数＝现货名义价格/期货合约价值$=\frac{500}{100}=5$

实际利息收入：500×4.00%×90/360＋2.487 5＝7.487 5(万美元)

实际存款利率＝7.487 5/500×360/90＝5.99%(基本实现6%的投资目标)

套期保值率：$\frac{2.4875}{2.5}\times 100\%=99.5\%$

2. 长期利率期货套期保值

长期利率期货套期保值与短期利率期货套期保值的基本原理相同，套期保值也分为多头套期保值和空头套期保值两种。由于长期利率期货特定的交易规则，使其操作过程与短期利率期货套期保值不尽相同。在长期利率期货套期保值中，最为复杂的是套期保值比率的确定。

根据套期保值比率的确定公式(4-20)，“现货名义价格/期货合约价值”反映期货规模与现货规模的匹配；到期调整系数是根据期货合约标的物的期限与拟保值现货的期限确定。这两项一般是确定的数值，容易确定。最困难的是加权系数的确定，它反映拟保值资产现货价格与期货价格之间的相关性。在不至于混淆的情况下，套期保值比率一般是指加权系数。

在期货套期保值中，套期保值比率是最关键的，也是最难确定的。根据不同的理念，套期保值比率有不同的确定方法。这里介绍几种主要的套期保值比率确定模型。

(1)最佳套期保值比率模型及其估计

①最佳套期保值比率模型

套期保值比率是指持有期货合约头寸大小与风险暴露资产大小之间的比例关系。记：

ΔS：在套期保值期限内拟保值资产现货价格 S 的变化；

ΔF：在套期保值期限内期货价格 F 的变化；

σ_S：ΔS 的标准差；

σ_F：ΔF 的标准差；

ρ：ΔS 和 ΔF 之间的相关系数；

h：套期保值比率。

套期保值者进行套期保值时，实际上是构造了一个投资组合，如保值者持有拟保值资产的多头和期货的空头时，他构造的投资组合为拟保值资产的多头与期货空头的和，即：

$$V=S-hF$$

在保值期限内保值者头寸的价值变化为：

$$\Delta V=\Delta S-h\Delta F$$

最佳套期保值比率模型的基本理念是：使 ΔV 的波动性(即方差)最小。

记 ΔV 的方差为 σ_V^2，则有：

$$\sigma_V^2=\sigma_S^2+h^2\sigma_F^2-2h\rho\sigma_S\sigma_F$$

所以：

$$\frac{\partial\sigma_V^2}{\partial h}=2h\sigma_F^2-2\rho\sigma_S\sigma_F$$

令上式等于零，可求出使 ΔV 的方差 σ_V^2 最小的 h 值为：

$$h=\rho\frac{\sigma_S}{\sigma_F} \tag{4-22}$$

之所以称为最佳套期保值比率，是因为该套期保值比率是由 ΔV 方差最小求出的，具有最优的含义。由式(4-22)知道，最佳套期保值比率等于 ΔS 和 ΔF 之间的相关系数乘以 ΔS 的标准差与 ΔF 的标准差的比率。如果 $\rho=1$ 且 $\sigma_F=\sigma_S$，最佳的套期率 h 为 1.0。在这种情况下，期货价格完全反映了现货价格；如果 $\rho=1$ 且 $\sigma_F=2\sigma_S$，则最佳套期率保值为 0.5，这一结果说明在这种情况下，期货价格变化总是等于现货价格变化的两倍。

套期保值所需的期货合约数可用下列公式求出：

$$\text{套期保值所需期货合约数}=\frac{\text{拟保值现货资产面值总额}}{\text{期货合约交易单位}}\times\text{最佳套期保值比率}$$

②最佳套期保值比率估计模型

在实际应用中，常使用最小二乘法估计最佳套期保值比率。应用历史数据，建立以下模型：

$$\Delta S=\alpha+\beta\Delta F+\varepsilon \tag{4-23}$$

计算

$$\mathrm{cov}(\Delta S,\Delta F)=\mathrm{cov}(\alpha+\beta\Delta F+\varepsilon,\Delta F)=\beta\,\mathrm{cov}(\Delta F,\Delta F)$$

得：

$$\rho\sigma_S\sigma_F=\beta\sigma_F^2,\beta=\rho\frac{\sigma_S}{\sigma_F}=h$$

即最佳套期率 h 的计算公式与式(4-22)完全一致。当然，在实际应用中，可以根据最小二乘法用程序直接求出最佳套期率。如果在完全套期保值情况下，$\alpha=0$，则有：

$$\beta=h=\frac{E(\Delta S)}{E(\Delta F)} \tag{4-24}$$

这是因为当市场价格发生变化时，现货价格变化的期望值为 $E(\Delta S)$，期货价格变化的期望值为 $hE(\Delta F)$；当期货市场的盈亏完全抵补现货市场的盈亏时（完全套期保值），有：$E(\Delta S)=hE(\Delta F)$，可求出如式(4－23)的 β 值，此时，$\alpha=0$。

③注意的问题

式(4－23)实质上是利用统计的方法求最佳套期保值比率，即使使用最好的统计方法，也存在实际价格的变化率与估计变化率之间不一致的风险。从统计学的观点看，R^2 是由历史期货价格解释现货价格的程度，$1-R^2$ 是历史期货价格不能解释现货价格的程度。从经济学的观点看，R^2 是用期货市场套期保值减少现货市场风险的比例，$1-R^2$ 是期货市场套期保值后仍不能规避的现货市场风险的比例。例如，$\Delta S=0.9\Delta F$，$R^2=0.8$，这说明通过期货最优套期保值，可以减少现货市场风险的 80%，但仍有 20%的市场风险不能通过这类最优套期保值予以规避。

[例 4－17] 一基金经理计划 3 个月后购买面值为 2 000 万美元 7 年期的公司债券，该债券的市场价格为 2 200 万美元。他预计未来 3 个月市场利率将下跌，公司债券价格会上升。为了防范利率风险，他计划用利率期货防范风险。市场中存在两种期货合约：一种是基于 5 年期国债的期货合约，另一种是基于 10 年期国债的期货合约。两种合约当前的价格分别是：\$105 781.25/每 \$100 000 面值、\$101 593.75/每 \$100 000 面值。7 年期公司债券市场价格的变化对 5 年期国债期货价格变化及 10 年期国债期货价格变化的回归结果如表 4－40 所示。

表 4－40　　公司债券市场价格的变化对不同期国债期货价格变化的回归结果

7 年期公司债券价格变化	回归系数	R^2
5 年期国债期货价格变化	0.92	0.95
10 年期国债期货价格变化	1.06	0.88

由于 7 年期公司债券市场价格的变化对 5 年期国债期货价格变化的回归系数高于对 10 年期国债期货价格变化的回归系数，故选 5 年期国债期货合约对公司债券进行套期保值，因此最佳的套期保值比率为 0.92。因为 1 张国债期货合约的规模是 10 万美元，所以基金经理应购买的 5 年期国债期货合约数为：

$$0.92\times\frac{2\,000}{10}=184(\text{张})$$

基于最佳套期保值比率模型[套期保值组合价值变化风险(标准差)最小化模型]，Ederington(1979)提出了度量套期保值的效果指标，即通过套期保值后风险(方差)相对于套期保值前风险(方差)减少的程度来评估套期保值的绩效：

$$H_e=1-\frac{Var(\Delta V)}{Var(\Delta S)} \tag{4-25}$$

其中，$Var(\Delta S)$ 为套期保值前拟保值资产价格变化的方差，$Var(\Delta V)$ 为套期保值组合价值变化的方差。其计算公式为：

$$Var(\Delta S_t)=\sigma_S^2$$

$$\begin{aligned}Var(\Delta V)&=Var(\Delta S)+h^2Var(\Delta F)-2hCov(\Delta S,\Delta F)\\&=\sigma_S^2+h^2\sigma_F^2-2h\rho\sigma_S\sigma_F\end{aligned}$$

若 $Var(\Delta V)$ 越小，H_e 就越大，说明套期保值效果越好；反之，套期保值效果越差。

(2)套期保值比率的久期模型

套期保值者进行套期保值时，最希望当拟保值资产价格发生变化时，构造的套期保值组合价值变化为 0，即：

$$\Delta V = \Delta S - h\Delta F = 0$$

这样，有：

$$h = \frac{\Delta S}{\Delta F} \tag{4-26}$$

将实现完全套期保值。

由于现货、期货市场价格在不断发生变化，套期保值比率也不时发生变化，为了实现完全套期保值，将不断进行套期保值比率的调整，巨大的调整费用使这种方法不可行。

当然，可以用一段时间内期货、现货价格变化的平均值来替代 ΔS 和 ΔF，即：

$$h = \frac{E(\Delta S)}{E(\Delta F)}$$

这样，实质上又回到了最佳套期保值比率模型[见式(4－24)]。为了克服这个问题，引入套期保值比率的久期模型。

债券的久期是用来衡量债券的持有者在收到现金付款之前平均需要等待多长时间。n 年期限的零息票债券的久期为 n 年，n 年期限附息票债券的久期小于 n 年，这是因为持有者在第 n 年之前就收到一些利息。

假定现在是 0 时刻，债券持有者在 t_i 时刻收到的利息为 $c_i(1 \leqslant i \leqslant n)$(最后一期的利息包含本金)。债券价格 B 和连续计复利收益率 y 的关系为：

$$B = \sum_{i=1}^{n} c_i e^{-yt_i} \tag{4-27}$$

债券久期 D 定义为：

$$D = \frac{\sum_{i=1}^{n} t_i c_i e^{-yt_i}}{B} \tag{4-28}$$

久期是付款时间的加权平均值，对应 t_i 时刻的权重等于 t_i 时刻所支付的现值占债券总现值的比率。

根据式(4－27)，可以得到，

$$\frac{\partial B}{\partial y} = -BD \tag{4-29}$$

用增量的形式，式(4－29)可写为：

$$\frac{\Delta B}{\Delta y} = -BD$$

即：

$$\frac{\Delta B}{B} = -D\Delta y \tag{4-30}$$

设有某个利率资产的头寸(债券组合或货币市场证券)，我们考虑运用利率期货合约对其进行套期保值。定义：

F：利率期货价格；

D_F:期货合约标的资产的久期;

S:需套期保值的资产价值;

D_S:需套期保值的资产的久期。

假定收益率的变化为 Δy,再假定收益曲线只发生平行移动。根据式(4-30),有:

$$\Delta S=-SD_S\Delta y,\Delta F=-FD_F\Delta y \tag{4-31}$$

将式(4-31)代入式(4-26),可求出套期保值率为:

$$h=\Delta S/\Delta F=SD_S/FD_F \tag{4-32}$$

[例 4-18] (中长期利率期货套期保值实例)设某投资者 7 月 5 日,持有面值 1 亿美元、2020 年到期、息票利率为 8.5%的美国长期债券,为防止 2 个月内利率上升带来的风险,准备用美国长期国债期货做套期保值。该现货债券价格为 98—21,久期为 8.25 年,期货价格为 92—12,久期为 9.45 年。9 月 5 日,该现货债券价格变为 94—16,期货价格为 87—22。

(1)该投资者应该进行多头套期保值还是空头套期保值?

(2)计算套期保值所需合约份数;

(3)列表说明套期保值的过程;

(4)计算套期保值率。

解:

(1)该投资者应当进行空头套期保值。

(2)套期保值所需合约数为:

$$h=\frac{98.65625\times 8.25}{92.375\times 9.45}\times\frac{10\,000}{10}=932(\text{张})$$

(3)套期保值的过程见表 4-41。

表 4-41　　中长期利率期货套期保值实例

现货市场	期货市场
7 月 5 日,持有 1 亿美元的长期国债,价格为 98—21,合计 9 865.625 万美元	7 月 5 日,以 92—12 的价格卖出 932 张 9 月份到期的美国长期期货合约,总价值为 8 609.35 万美元
9 月 5 日,该长期国债价格为 94—16,合计 9 450 万美元	8 月 5 日,以 87—22 的价格买进 932 张 9 月份美国长期期货合约,总价值为 8 172.475 万美元
损失:415.625 万美元	盈利:436.875 万美元

(4)套期保值率为:

$$k=\frac{436.875}{415.625}\times 100\%=105.11\%$$

(三)股指期货套期保值

1. 股指期货套期保值的含义与分类

(1)股指期货套期保值的含义

股指期货套期保值是指为了防止股票市场的系统性波动风险,在股指期货市场建立一个与现货市场相反的部位,并在股指期货到期前进行对冲,以一个市场的盈利抵补另一个市场的亏损,从而达到规避股票市场系统性风险的目的的行为。

(2)股指期货套期保值的分类

与其他期货套期保值类似，股指期货套期保值也分为多头套期保值和空头套期保值。

多头套期保值一般用在投资者计划在未来某时刻买进股票的场合，目的是防止股票价格上升带来的成本增加风险；空头套期保值一般用在投资者持有股票和准备在未来某时刻发行股票的场合，目的是防止股票价格下跌带来的投资利润下降或筹资金额减少带来的风险。

［例 4－19］ （股指期货空头套期保值实例）设 A 公司 7 月 5 日计划于一周后发行股票 1 000 万股，每股 25 美元，计划收入 25 000 万美元，当时的 S&P500 指数为 465。A 公司担心股市下跌，发行价将降低，筹措的资金会减少。为此，A 公司将在股指期货市场进行套期保值。假设市场上有如下数据：7 月 5 日 S&P500 股指期货的价格为 458。如果 7 月 12 日 S&P500 股指期货的价格为 440，S&P500 为 455。套期保值的过程如表 4－42 所示。

表 4－42　　股指期货保值实例

现货市场	期货市场
7 月 5 日，A 公司计划于一周后发行股票 1 000 万股，每股 25 美元，计划收入 25 000 万美元，S&P500 指数为 465	7 月 5 日，卖出 1 092 份 6 月份到期的 S&P500 股指期货，指数价格为 458，合约价值为：458×500×1 092＝25 006.8(万美元)
7 月 12 日，S&P500 指数跌至 455，A 公司发行股票 1 000 万股，每股 24 美元，收入 24 000 万美元	7 月 12 日，买入 1 092 份 6 月份到期的 S&P500 股指期货，指数价格为 440，合约价值为：440×500×1 092＝24 024(万美元)
损失：1 000 万美元	盈利：982.8 万美元

其中：套期保值比率（这里假设 S&P500 股指期货的乘数为 500）为：

$$\text{股指期货合约数}=\frac{\text{现货名义价格}}{\text{期货价格}\times 500}=\frac{250\ 000\ 000}{458\times 500}=1\ 091.7\approx 1\ 092$$

$$\text{套期保值率：}\frac{982.8}{1\ 000}\times 100\%=98.28\%$$

2. 股指期货套期保值比率模型

例 4－19 的套期保值实际上有两个基本假设：一是现货市场上，投资者所持有的证券组合与股价指数所包含的证券有完全相同的价格变动性；二是在整个套期保值期内，现货价格与期货价格具有完全相同的价格变动幅度，即基差相同且为常数。但这两个假设都与实际情况不符，投资者所持有的证券组合与股价指数所包含的证券一般不完全一致，往往具有不完全相同的价格变动性；即使它们的变化方向相同，价格变动幅度也往往不同。这说明它们的收益率是不完全正相关性，因此，在套期保值时应用加权系数进行调整。这个加权系数就是证券组合的 β 系数。

根据资本资产定价模型(CAPM)，股票组合收益与市场组合收益之间的关系由参数 β 来描述。β 是股票组合收益率超出无风险利率的超额收益对市场组合收益超出无风险利率的超额收益进行回归得到的最优拟合直线的斜率。股票指数期货可以认为与股票指数高度正相关，因此股票组合收益与市场组合收益之间的相关系数也可等同于股票组合收益与股票指数期货之间的相关系数。此相关系数 β 就是最优套期保值比率。这是因为：

根据资本资产定价理论中的市场模型，股票的 β 系数可由下式求出：

$$r_i=\alpha_i+\beta_i r_M+\varepsilon_i \tag{4-33}$$

对照最优套期保值比率模型［式(4－23)］，β 就是最优套期保值比率。此时，在对冲股票组合应卖空的最佳股票指数期货合约数目是：

$$N=\beta\frac{A}{F} \tag{4-34}$$

其中,A 为该拟保值证券组合的价值,F 为一份股指期货合约标的资产的价值。

[例 4-20] (股指期货多头套期保值实例)2022 年 10 月 12 日,某投资者预计 11 月 16 日收到 40 万元,计划以当前 36.60 元/股的价格购买中芯国际 9 000 股。中芯国际的 β 系数为 3.42,为了防止大盘上涨给投资者带来的风险,拟应用股指期货进行套期保值。假设投资者选用沪深 300 股指期货,2022 年 10 月 12 日该指数期货的价格为 3 765.2,乘数为 300。2022 年 11 月 16 日中芯国际的股价为 42.79 元/股,股指期货的价格为 3 841.4,套期保值的过程见表 4-43。

解 (1)该投资者应当进行多头套期保值。

(2)套期保值所需合约数为:

$$h=\frac{329\ 400}{3\ 765.2\times 300}\times 3.42=0.997\ 3\approx 1$$

也就是说,购买 1 张沪深 300 股指期货合约进行套期保值。

(3)套期保值的过程见表 4-43。

表 4-43　　沪深 300 股指期货套期保值实例

现货市场	期货市场
10 月 12 日:预计 11 月 16 日能收到 40 万元,计划购买中芯国际: 36.60×9 000=329 400(元)	10 月 12 日:买入 1 份 11 月份沪深 300 股指期货合约,指数价格 3 765.2,乘数 300,合约价值为: 3 765.2×300×1=1 129 560(元)
11 月 16 日:收到:40 万元,股价上涨。购买 9 000 股中芯国际的支出为: 42.79×9 000=385 110(元)	11 月 16 日:卖出 1 份 11 月份沪深 300 股指期货合约,指数价格 3 841.4,合约价值为: 3 841.4×300×1=1 152 420(元)
多支付:55 710 元	盈利:22 860 元

(4)套期保值率为:

$$套期保值率=\frac{22\ 860}{55\ 710}\times 100\%=41.03\%$$

套期保值后的净盈利为:22 860−55 710=−32 580(元)。这说明套期保值后的盈利不能完全弥补现货的亏损。2022 年 11 月 16 日投资者想购买 9 000 股中芯国际,投资者还需多支出 32 580 元,但与不进行套期保值时相比多支出的要少一些(55 710 元),套期保值率仅有 41.03%,这说明用股指期货对单一股票进行套期保值的效果并不理想。

四、其他套期保值策略

除了常见的期货套期保值策略外,还有一些其他的策略,如"一对多""多对一(或多对多)"的套期保值策略、基于其他风险度量方法的套期保值策略等。

(一)"一对多"套期保值策略

传统的期货套期保值策略是"一对一"的保值策略,即用一个期货合约为一个拟保值资产进行保值。但在实际应用中,可以用一个期货合约对多个资产进行套期保值,这实质上是用一个期货合约对一个资产组合进行套期保值。其基本原理是:资产组合价值与期货价格之间存在高度相关性。资产组合价值与期货价格之间的协方差等于各个资产价格与期货价格之间的协方差的加权之和。

假设拟保值资产是一个资产组合，S_j 为第 j 个资产，w_j 为第 j 个资产的投资比例，则：

$$S_p=\sum_{j=1}^{n}w_jS_j$$

期货套期保值构成的组合为：$V=S_p-hF$。在期限内保值者头寸的价值变化为：

$$\Delta V=\Delta S_p-h\Delta F$$

根据式(4－22)，最优套期保值比率为：

$$h=\frac{\operatorname{cov}(\Delta S_p,\Delta F)}{\operatorname{cov}(\Delta F,\Delta F)}=\frac{\operatorname{cov}\left(\sum_{j=1}^{n}w_j\Delta S_j,\Delta F\right)}{\operatorname{cov}(\Delta F,\Delta F)}=\frac{\sum_{j=1}^{n}w_j\operatorname{cov}(\Delta S_j,\Delta F)}{\operatorname{cov}(\Delta F,\Delta F)}$$

$$=\sum_{j=1}^{n}w_j\frac{\operatorname{cov}(\Delta S_j,\Delta F)}{\operatorname{cov}(\Delta F,\Delta F)}=\sum_{j=1}^{n}w_jh_j \tag{4-35}$$

其中，$h_j=\frac{\operatorname{cov}(\Delta S_j,\Delta F)}{\operatorname{cov}(\Delta F,\Delta F)}$为第 j 个资产的最优套期保值比率。式(4－35)说明，资产组合的最优套期保值比率等于各个资产的最优套期保值比率的加权之和。

［例 4－21］ （股指期货"一对多"套期保值实例）2022 年 10 月 12 日，某投资者预计 11 月 16 日收到 300 万元，计划以当前 36.60 元/股的价格购买中芯国际 30 000 股，以 3.87 元/股的价格购买中国电信 28 万股，中芯国际与中国电信的 β 系数分别为 3.42 和 3.68。为了防止大盘上涨给投资者带来的风险，拟应用股指期货进行套期保值。假设投资者选用沪深 300 股指期货，2022 年 10 月 12 日该指数期货的价格为 3765.2，乘数为 300。2022 年 11 月 16 日中芯国际与中国电信的股价分别为 42.79 元/股和 3.92 元/股，股指期货的价格为 3 841.4，套期保值的过程见表 4－44。

解 (1)该投资者应当进行多头套期保值。

(2)套期保值所需合约数为：

由中芯国际与中国电信组成的组合的 β 系数为：

中芯国际权数为：$w_1=\frac{30\ 000\times 36.6}{30\ 000\times 36.6+280\ 000\times 3.87}=0.503\ 3$

中国电信权数为：$w_2=\frac{28\ 000\times 3.87}{30\ 000\times 36.6+280\ 000\times 3.87}=0.496\ 7$

$\beta_p=0.503\ 3\times 3.42+0.496\ 7\times 3.68=3.549\ 1$

$h=\frac{2\ 181\ 600}{3\ 762.5\times 300}\times 3.549\ 1=6.85\approx 7$

也就是说，购买 7 张沪深 300 股指期货合约进行套期保值。

(3)套期保值的过程见表 4－44。

表 4-44　　沪深 300 股指期货套期保值实例

现货市场	期货市场
10 月 12 日：预计 11 月 16 日能收到 300 万元，计划购买 中芯国际：36.60×30 000＝1 098 000(元) 中国电信：3.87×280 000＝1 083 600(元) 共计：2 181 600 元	10 月 12 日：买入 7 份沪深 300 股指期货，指数价格 3765.2，乘数 300，合约价值为： 3 765.2×300×7＝7 906 920(元)
11 月 16 日：收到 300 万元，股价上涨 中芯国际：42.79×30 000＝1 283 700(元) 中国电信：3.92×280 000＝1 097 600(元) 共计：2 381 300 元	11 月 16 日：卖出 7 份沪深 300 股指期货，指数价格 3841.4，合约价值为： 3 841.4×300×7＝8 066 940(元)
多支付：199 700 元	盈利：160 020 元

(4)套期保值率为：

$$\text{套期保值率}=\frac{160\ 020}{199\ 700}\times 100\%=80.13\%$$

套期保值后的净盈利为：160 020－199 700＝－39 680(元)。说明套期保值后的盈利不能完全弥补现货的亏损。在 2022 年 10 月 12 日要想购买 30 000 股中芯国际和 280 000 股中国电信，投资者还必须多支出 39 680 元，但比不做套期保值时多支出的要少得多(199 700 元)，套期保值率为 80.13%。说明用股指期货对股票组合进行套期保值，效果较为理想。

(二)“多对一(或多对多)”套期保值策略

“多对一”套期保值策略，是指用多个期货合约为一个拟保值资产进行保值，即用一个期货合约组合对一个拟保值资产进行保值；“多对多”套期保值策略，是指用期货合约组合为拟保值资产组合进行保值。如可以采用 S&P500、NYSE 指数期货合约为某一股票组合进行套期保值，这种复合式套期保值方法往往可以达到更好的保值效果。

考虑两种期货合约的情况。假设拟保值资产是一个资产组合 S，F_1、F_2 为两种期货合约，h_1、h_2 分别为两种期货合约的套期保值比率，则：

期货套期保值构成的组合为：

$$V=S_p-h_1F_1-h_2F_2$$

在保值期限内保值者头寸的价值变化为：

$$\Delta V=\Delta S-h_1\Delta F_1-h_2\Delta F_2$$

记 ΔV 的方差为 σ_V^2，则有：

$$\sigma_V^2=\sigma_S^2+h_1^2\sigma_{F_1}^2+h_2^2\sigma_{F_2}^2-2h_1\rho_{S,F_1}\sigma_S\sigma_{F_1}-2h_2\rho_{S,F_2}\sigma_S\sigma_{F_2}+2h_1h_2\rho_{F_1,F_2}\sigma_{F_1}\sigma_{F_2}$$

所以：

$$\frac{\partial\sigma_V^2}{\partial h_1}=2h_1\sigma_{F_1}^2-2\rho_{S,F_1}\sigma_S\sigma_{F_1}+2h_2\rho_{F_1,F_2}\sigma_{F_1}\sigma_{F_2}$$

$$\frac{\partial\sigma_V^2}{\partial h_2}=2h_2\sigma_{F_2}^2-2\rho_{S,F_2}\sigma_S\sigma_{F_2}+2h_1\rho_{F_1,F_2}\sigma_{F_1}\sigma_{F_2}$$

令上两式等于零，可求出使方差最小的 h_1、h_2 值：

$$h_1=\frac{\rho_{S,F_1}-\rho_{F_1,F_2}\rho_{S,F_2}}{1-\rho_{F_1,F_2}^2}\times\frac{\sigma_S}{\sigma_{F_1}}$$

$$h_2=\frac{\rho_{S,F_2}-\rho_{F_1,F_2}\rho_{S,F_1}}{1-\rho_{F_1,F_2}^2}\times\frac{\sigma_S}{\sigma_{F_2}} \tag{4-36}$$

这里 ρ_{S,F_1}、ρ_{S,F_2} 和 ρ_{F_1,F_2} 分别为拟保值资产组合价格变化与两种期货价格变化及两种期货价格变化之间的相关系数；σ_S、σ_{F_1}、σ_{F_2} 分别为拟保值资产组合价格变化与两种期货价格变化的标准差。

对比式(4-36)和式(4-22)，两种期货合约的最优套期保值比率为一种期货合约最优套期保值比率的修正，修正项主要是相关系数。

[例 4-22] 设某基金经理想通过 S&P500 以及 NYSE 综合指数对股票投资组合现货进行套期保值，现货价值为 1 000 万美元。S&P500 指数与股票组合的相关系数为 0.7，NYSE 指数与股票组合的相关系数为 0.6，S&P500 指数与 NYSE 指数的相关系数为 0.9。S&P500 指数期货与 NYSE 指数期货的乘数均为 500，进行套期保值时，S&P500 指数期货与 NYSE 指数期货价格分别为 455 和 900 点。假设股票投资组合收益率、S&P500 指数期货与 NYSE 指数期货收益率的标准差分别为 30%、20%和 22%。

(1)仅有 S&P500 指数期货的情况下，套期保值比率为：

$$h_1=\frac{\rho_{S,F_1}-\rho_{F1,F_2}\rho_{S,F_2}}{1-\rho_{F1,F2}^2}\times\frac{\sigma_S}{\sigma_{F_1}}=\frac{0.7-0}{1-0}\times\frac{30\%}{20\%}=1.05$$

所需合约数为：1.05×500=525(份)

(2)仅有 NYSE 指数期货的情况下，套期保值比率为：

$$h_2=\frac{\rho_{S,F_2}-\rho_{F_1,F_2}\rho_{S,F_1}}{1-\rho_{F_1,F_2}^2}\times\frac{\sigma_S}{\sigma_{F_2}}=\frac{0.6-0}{1-0}\times\frac{30\%}{22\%}=0.818$$

所需合约数为：0.818×500=409(份)

(3)联合使用 S&P500 指数期货和 NYSE 指数期货进行套期保值的情况下，它们的套期保值比率分别为：

$$h_1=\frac{\rho_{S,F_1}-\rho_{F_1,F_2}\rho_{S,F_2}}{1-\rho_{F_1,F_2}^2}\times\frac{\sigma_S}{\sigma_{F1}}=\frac{0.7-0.9\times0.6}{1-0.9^2}\times\frac{30\%}{20\%}=1.26$$

$$h_2=\frac{\rho_{S,F_2}-\rho_{F_1,F_2}\rho_{S,F_1}}{1-\rho_{F_1,F_2}^2}\times\frac{\sigma_S}{\sigma_{F2}}=\frac{0.6-0.9\times0.7}{1-0.9^2}\times\frac{30\%}{22\%}=-0.22$$

需要的 S&P500 指数期货合约为：500×1.26=632(份)，需要的 NYSE 指数期货合约为 500×(-0.22)=-108(份)，即买入 S&P500 指数期货合约 632 份，卖空 NYSE 指数期货合约 108 份。

第五节　金融期货的套利与投机策略

在金融市场上套利是一种常见的交易行为。金融资产只要存在被低估或高估，金融市场就会出现套利行为。金融期货市场与其他市场类似，只要不同金融期货价格存在低估或高估，金融期货市场就存在套利行为。发现套利、进行套利交易是金融分析师的基本技能。

一、金融期货的套利策略

(一)套利的基本概念

套利是指人们利用一个或多个市场暂时存在的不合理的价格关系,通过同时买进和卖出相同或相关的金融商品,以赚取其中的价差收益的交易行为。对于金融期货套利而言,则是买进某一金融期货合约的同时,卖出另一金融期货合约,然后再相对应地通过卖出和买进来对冲先前持有的交易部位的一种交易方式。

其中,不合理的价格关系包括多种不同的情况:

(1)同种商品(期货合约)在不同市场之间的不合理价格关系。

(2)同种金融商品(期货合约)在相同市场、不同交割月之间的不合理价格关系。

(3)不同金融商品在同一市场、同一交割月之间的不合理价格关系。

套利的实质是对不同的合约(包括现货)的价差进行投机,分别建立正反两方向的头寸。这两种合约的联动性很强,所以套利的原理与套期保值的原理很相似:

(1)两合约的价格大体受相同的因素影响,在正常情况下价格变动趋势相同,但波幅会有差异。

(2)两合约间应存在合理的价差范围,在这个范围之外(超过或小于)是受到了外界异常因素的影响,影响消除后最终还是会恢复到原来的价差范围。

(3)两合约间的价差变动有规律可循,价差的运动方式是可以预测的。

(二)套利的分类

套利主要有以下几种类型:

1. 空间套利

空间套利是指在一个市场上以低价买进某种商品(期货合约),在另一市场上以高价卖出同种商品,从而赚取两个市场之间价差的交易行为。空间套利也称为跨市场套利。

2. 时间套利

时间套利是指同时买卖在不同时点交割的同种资产,利用它们之间的不合理价格关系,赚取无风险价差的交易行为。它包括现在对未来的套利和未来对未来的套利两种。

远期(期货)价格与现货价格之间存在平价关系,只要现实中远期(期货)价格与现货价格偏离平价关系的幅度超出手续费与税收,就可以进行时间套利。

3. 工具套利

工具套利是指利用同一标的资产的现货与各种衍生证券的价格差异,通过低买被低估的资产、高卖被高估的资产赚取无风险价差的交易行为。

4. 风险套利

风险套利是指利用风险定价的差异,通过低买高卖赚取无风险价差的交易行为。根据CAPM,承担相同系统风险的两种资产应有相同的期望收益率,即风险与收益之间存在平价关系。如果两种资产承担相同的系统风险,却具有不同的期望收益率,那么,就存在风险套利。

5. 税收套利

税收套利是指利用不同投资主体、不同证券、不同收入来源在税收待遇上存在的差异,进行的套利交易行为。

6. 统计套利

统计套利是一个宽泛的术语，是指各种各样的均值回复策略，它预期某些证券（两种或更多）暂时被错误定价的问题会在将来某时得到纠正。统计套利最常见的策略是配对交易策略。在配对交易中，两种证券被同时进行交易，其中一种证券被买入，另一种被卖空，这样建立的头寸是市场中性的。两只股票若属于同行业或者是同板块，很可能存在同涨同跌现象：如果两种证券价格上涨的幅度相同，不会产生收益；如果两种证券价格下跌的幅度相同，也不会造成损失。只有当价格都下跌时，其中一只股票的价格下跌程度大于另一只股票的价格下跌程度；当价格都上涨时，其中一只股票的价格上涨程度大于另一只股票价格上涨的程度；当两只股票的价格出现一涨一跌时，两只证券的相对价格发生了变化，这时才会产生收益或亏损，当价差向均值回复时产生收益，价差远离均值时则产生亏损。

（三）金融期货的套利策略

金融期货套利的策略是利用两种不同期货合约之间的不合理价格关系谋取盈利的交易策略，主要有合约内价差、合约间价差、市场间价差等多种类型。

1. 合约内价差

（1）合约内价差的含义

合约内价差也称"商品间价差"，或称"跨期套利"，是指在同一交易所内，同时买卖具有相同标的物的不同交割月份期货合约进行套利交易的行为。它是金融期货交易中最常见的套利形式。合约内价差主要有牛市套利、熊市套利和蝶式套利等多种类型。

（2）合约内价差的分类

①牛市套利也称为"买进价差"，是指套利者买入近期合约、卖出远期合约的交易策略。这种策略适用于对市场行情看涨并且近期合约的价格上涨幅度大于远期合约价格上涨幅度的场合。

②熊市套利也称为"卖出价差"，是指套利者买入远期合约、卖出近期合约的交易策略。这种策略适用于对市场行情看跌并且近期合约的价格下跌幅度大于远期合约价格下跌幅度的场合。

③蝶式套利，是指套利者买入（卖出）一个远期合约和一个近期合约、卖出（买入）2 个到期期限处于中间的合约构成的交易。适用于市场行情不确定但预计近期合约或远期合约价格的上涨（下跌）幅度大于中期合约价格上涨（下跌）幅度的场合。

（3）应用案例

［例 4－23］ （牛市套利实例）4 月 20 日，某套利者经研究，认为 6 月份长期国债期货价格相对于 9 月份长期国债期货被低估，而且以后一段时间长期国债期货价格为上升行情，估计 6 月份长期国债期货价格上升快于 9 月份合约。据此，该套利者买进 3 份 6 月份长期国债期货合约，卖出 3 份 9 月份长期国债期货合约，进行套利操作。其套利过程见表 4－45。

表 4－45　　金融期货牛市套利实例

时间	6 月份合约	9 月份合约	价差
4 月 20 日	买进 3 份 6 月份长期国债期货合约，价格 70—10	卖出 3 份 9 月份长期国债期货合约，价格 70—03	00—07

续表

时　间	6月份合约	9月份合约	价差
5月20日	卖出3份6月份长期国债期货合约，价格75—16	买进3份9月份长期国债期货合约，价格74—10	01—06
结果	获利05—06 31.25×166×3=15 562.50(美元)	亏损04—07 31.25×(−135)×3=−12 656.25(美元)	00—31

4月20日6月份长期国债期货价格为70—10。到5月20日其价格上升为75—16。平仓后，1份获利05—06，即166点，3份共获利15 562.50美元。

4月20日9月份长期国债期货价格为70—03。到5月20日，其价格上升为74—10。平仓后，1份亏损04—07，即135点，3份共亏损12 656.25美元。

套利结果：套利者获利2 906.25美元(15 562.50—12 656.25)。

[例4-24] (熊市套利实例)10月17日，某套利者经研究，认为12月份国债期货价格相对于次年3月份国债期货被高估，而且以后一段时间国债期货价格为下降行情，估计12月份国债期货价格下降快于次年3月份合约。据此，该套利者卖出2份12月份国债期货合约，买进2份次年3月份国债期货合约，进行套利操作。其套利过程见表4-46。

表4-46　　金融期货熊市套利实例

时　间	12月份合约	次年3月份合约	价差
10月17日	卖出2份12月份国债期货合约，价格72—08	买进2份次年3月份国债期货合约，价格72—13	00—05
12月21日	买进2份12月份国债期货合约，价格67—30	卖出2份次年3月份国债期货合约，价格68—31	1—01
结果	获利4—10 31.25×138×2=8 625(美元)	亏损3—14 31.25×(−110)×2=−6 875(美元)	0—28

10月17日12月份国债期货价格为72—08。到12月21日，其价格下降为67—30。平仓后，1份获利4—10，即138点，2份共获利8 625美元。

10月17日次年3月份国债期货价格为72—13。到12月21日，其价格下降为68—31。平仓后，1份亏损3—14，即110点，2份共亏损6 875美元。

套利结果：套利者获利1 750美元(8 625—6 875)。

[例4-25] (蝶式套利实例)设在某年1月20日，在美国国债期货市场上有如下行情(见表4-47)。投资者预计近期合约或远期合约价格的上涨幅度会大于中期合约价格上涨幅度，但不能确定具体的市场行情。为此，投资者考虑蝶式套利，其套利过程见表4-47。

表4-47　　金融期货蝶式套利实例

时　间	3月份合约	6月份合约	9月份合约
1月20日	买进2份3月份国债期货合约，价格72—08	卖出4份6月份国债期货合约，价格72—13	买进2份9月份国债期货合约，价格72—20
2月21日	卖出2份3月份国债期货合约，价格77—30	买进4份6月份国债期货合约，价格77—23	卖出2份9月份国债期货合约，价格77—21

续表

时 间	3月份合约	6月份合约	9月份合约
结果	获利5—22： 31.25×182×2＝11 375(美元)	亏损5—10： 31.25×(－170)×4＝－21 250(美元)	获利5—01： 31.25×161×2＝10 812.5(美元)

假设在1月20日建仓：买入2份3月份期货合约，买入2份9月份期货合约，卖出4份6月份期货合约。

在2月21日平仓：卖出2份3月份期货合约，获利5—22，即11 375美元；卖出2份9月份期货合约，获利5—01，即10 812.5美元；买入4份6月份期货合约，亏损5—10，即21 250美元。

蝶式套利的净利润为：11 375＋10 062.5－21 250＝187.5(美元)。

2. 合约间价差

(1)合约间价差的含义及套利原理

①合约间价差的含义

合约间价差也称为工具套利，或称“跨品种套利”，是指投资者在同一交易所或不同交易所，同时买进和卖出不同种类但具有某种相关性的金融期货合约的套利活动。

②合约间价差套利的原理

不同种类的金融期货合约有着不同种类的标的资产。标的资产不同，则期货价格及其变动也不同。然而，只要标的资产之间具有较强的相关关系，则它们的价格及其变动也具有较强的相关关系。所以，在这些标的资产之间以及以这些标的资产为基础的期货合约之间，就存在一个“正常的”价格关系。当人们发现它们之间的价格关系被暂时扭曲时，就可利用这两种金融期货合约做合约间价差交易，以期在这两种合约的价格关系恢复到正常状态时，获取价差变动所带来的利润。

(2)应用案例

[例4-26] 设某年10月20日，在美国债券期货市场上有行情见表4-48。某套利者经研究，认为12月份市政债券期货价格相对于长期政府债券期货被高估，而且预计以后一段时间债券期货价格要上升。据此，该套利者卖出1张12月份市政债券期货，买进1张政府长期债券期货合约，进行套利操作。其套利过程见表4-48。

表4-48 金融期货蝶式套利实例

时 间	市政债券期货	政府长期债券期货	价差
10月20日	卖出1份12月份市政债券期货合约，价格87—18	买入1份12月份长期政府债券期货合约，价格79—15	08—03
12月15日	买入1份12月份市政债券期货合约，价格89—29	卖出1份12月份长期政府债券期货合约，价格83—10	06—19
结果	亏损02—11 31.25×(－75)×1＝－2 343.75(美元)	盈利03—27 31.25×(123)×1＝3 843.75(美元)	01—16

假设在10月20日建仓：卖出1份12月份市政债券期货合约，买入1份12月份长期政府债券期货合约。

在 12 月 15 日平仓：买入 1 份 12 月份市政债券期货合约，亏损 02—11，即 2 343.75 美元；卖出 1 份 12 月份长期政府债券期货合约，获利 3—27，即 3 843.75 美元。

套利利润为：3 843.75－2 343.75＝1 500(美元)。

3. 市场间价差

(1)市场间价差的含义及套利原理

①市场间价差的含义

市场间价差也称为“空间套利”，或称“跨市场套利”，是指投资者在不同交易所同时买进和卖出相同交割月的同种金融期货合约或类似金融期货合约，以赚取价差利润的套利行为。

②市场间价差套利的原理

市场间价差套利的基本原理是“一价定理”。目前，以同一种金融工具作为标的物的金融期货合约往往同时在不同的金融期货市场上市，从理论上讲，这些金融期货的价格应当相同。例如，在各发达国家的金融期货市场上，几乎都有欧洲美元期货合约及主要货币期货合约的交易。当然，这些相同的或相似的金融期货合约在不同的市场未必有相同的价格水平，也未必有相同的价格变动方向和价格变动幅度。然而，这些金融期货合约毕竟有着相同的标的物，因此，各市场之间的价格即使有不同，也应保持在一个比较合理的价差水平上。如果这种价差超过合理的、正常的幅度，那么在这两个市场的同种合约之间必有一个市场的合约被相对高估，而另一个市场的合约被相对低估。这就产生了一种无风险的套利机会。

(2)市场间价差套利应注意的问题

由于市场间价差套利涉及多个市场，其套利行为要相对复杂。在进行市场间价差套利时要注意以下问题：

①市场间价差是指交易者买进、卖出的不一定是完全相同的期货合约，只要它们比较类似即可。

②市场可以是国内市场，也可以是国际市场。对于国际市场，要考虑汇率风险的问题。

③不同市场合约的计价单位与合约规模不同的问题。不同市场同一标的物的期货计价单位可能不同，合约规模也可能不同。例如，上海期货交易所期货黄金的报价单位是元(人民币)/克，交易单位为 1 000 克黄金/手；而芝加哥商业交易所期货黄金的报价单位是美元/盎司，交易单位为 100 盎司黄金/手。

④非同步交易问题。由于两个交易市场的交易时间并不完全同步，对于跨市场交易的投资者，还要注意两个市场交易时间的不同对套利产生的不利影响。

(3)应用案例

[例 4-27] 设在某年 1 月 10 日，欧洲美元定期存款期货有行情，见表 4-49。相同的欧洲美元定期存款期货合约在 LIFFE 的价格比在 IMM 的价格高，但 9 月份的期货合约，其两个市场上的价差明显高于其他两个期货合约，可认为这种偏差是不合理的。于是，套利者纷纷在 IMM 买进欧洲美元定期存款期货，而在 LIFFE 卖出欧洲美元定期存款期货。这种套利行为使 IMM 的需求增加，使 LIFFE 的供给增加。因此，IMM 的欧洲美元定期存款期货价格上升，而 LIFFE 的欧洲美元定期存款期货价格下跌，两市场间的价差被缩小。投资者通过对冲可在两个市场同时获利。

表 4-49 欧洲美元定期存款期货跨市场套利实例

交易所 合约月份	IMM	LIFFE	价差(基点)
3 月	87.2	87.22	2
6 月	87.3	87.31	1
9 月	87.32	87.38	6

如果这种套利活动使两个市场的价格趋于一致,假设原有的价差与 6 月份合约一致,不考虑交易费用,则套利者在这两个市场上交易 1 张合约可获利 125 美元(25×5)。

二、金融期货的投机策略

(一)金融期货投机的定义与性质

1. 金融期货投机的定义

金融期货投机是指通过对金融期货市场价格变动趋势的预测,通过低买高卖或高卖低买而获利的交易方式。如果预测金融期货市场价格将来要上升,则低价买入金融期货合约,待将来金融期货市场价格上升后,做反向对冲获利;如果预测金融期货市场价格将来要下降,则高价卖出金融期货合约,待将来金融期货市场价格下降后,做反向对冲获利。因此,金融期货投机成功的关键是对金融期货市场价格的预测。

2. 金融期货投机的性质

金融期货投机有别于赌博,也有别于投资。

(1)相同点。一般来说,无论是投资、投机还是赌博,都需要投入一定成本,都是为了获得更大的收益,都具有风险性。

(2)区别点。投资、投机、赌博的区别主要有:

第一,持有时间长短不同。投资的期限较长,通常是长期持有证券等;投机的期限是比较短的,通常是快速的买卖行为;赌博是偶然性、随机性的。

第二,侧重利益不同。投资侧重于长期的利益,短期的亏损是不影响整体收益的;投机则侧重于短期利益,短期内价格的涨跌对于投机的影响非常大;在赌博者眼中,赌博输赢不可以评估。

第三,风险程度不同。投资由于期限较长,可分散投资,起到降低风险的作用;投机是比较集中的高风险投资行为,亏损的可能性是比较大的;赌博只能选定一种,不能分散风险,风险大得多。

一般来说,投机者是风险偏好者;投资者是风险厌恶者;赌博谈不上是风险偏好者,只是一种低概率的冒险。投机有利于提高市场流动性,对市场有一定好处,但赌博对社会经济只能起坏的作用

3. 投机在期货交易中的作用

(1)承担金融风险,为套期保值者转移金融风险提供必要条件;

(2)平衡期货交易的供求,保持均衡价格的形成;

(3)增加市场的流动性,为套期保值提供交易上的便利。

(二)金融期货的投机策略

金融期货的投机策略有两种:一种是多头投机策略,另一种是空头投机策略

1. 金融期货多头投机

期货多头投机是指投机者预计某种期货合约的期货价格将上涨,从而买进该期货合约,以期在市场价格上涨时通过对冲而获利的交易策略。

例如,2022 年 6 月初,S&P500 指数为 4100 点,9 月份该指数期货价格为 4104 点。某投机者预计该期货合约的期货价格将上涨,故买进 10 份该期货合约,价值为 4 104×250×10=＄10 260 000。

2022 年 7 月初,S&P500 指数为 4115 点,该指数期货价格为 4117 点,卖出 10 份该期货合约,价值为 4 117×250×10=＄10 292 500。

结果:＄10 292 500-＄10 260 000=＄32 500。

如果 2 022 年 7 月初,S&P500 指数为 4 090 点,该指数期货价格为 4 088 点,卖出 10 份该期货合约,价值为 4 088×250×10=＄10 220 000

结果:＄10 220 000 - ＄10 260 000 = -＄40 000。

2. 金融期货空头投机

例如,2022 年 6 月 5 日,某投机者预计加元期货合约的期货价格将下跌,故卖出 10 份 9 月份加元期货合约,加元期货价格:1 加元=0.879 7 美元,合约价值为:＄0.879 7×100 000×10=＄879 700。

2022 年 9 月 1 日,买入 10 份 9 月份加元期货合约,加元期货价格为:1 加元=0.873 9 美元,合约价值:＄0.873 9×100 000×10=＄873 900。

结果:＄879 700-＄873 900=＄5 800。

第六节 金融期货交易的风险防范

金融期货在通过套期保值防范拟保值资产风险的同时也面临一些风险。无论是期货套利或投机都面临风险,主要有市场风险、流动性风险及交易风险,防范这些风险是金融期货市场交易的重要问题。

一、市场风险管理

期货交易策略所面临的市场风险主要为价格风险。在不同交易策略中,市场风险的重要性不同,管理方法也存在差异。

(一)套期保值策略的市场风险管理

在套期保值策略中,期货的市场风险主要体现为基差风险,因此对套期保值策略的市场风险管理主要集中在基差管理上。为了防止基差异常变化给套期保值造成超出预期的损失,投资者必须建立合理的风险评估、监控和管理制度。具体而言,套期保值的基差风险管理一般包括以下三个方面:

1. 选择适当的期货合约与套期保值比率

要使套期保值的基差风险最小,必须选择适当的期货合约,使期货价格与拟保值资产价格

之间具有最大相关性，这是从技术上控制套期保值基差风险的有效方法。套期保值的目的是保值，要求所选期货合约的数量与拟保值资产现货价值匹配，即最优的套期保值比率，可以用一个市场的收益有效冲抵另一个市场的损失。一旦期货合约数量与拟保值资产现货价值不匹配特别是期货合约数量及价值远远超过拟保值资产现货价值时，相当于进行了期货的投机操作，将面临巨大的市场风险。

另外，套期保值交易必须选择适当的时间入场，以降低套期保值风险。企业应根据不同的基差对套期保值比例进行动态调整，基差风险较高时应适当降低套期保值比率。

2. 建立严格的止损计划，以避免基差异常变化的小概率事件带来的风险

如果发现基差朝不利的方向异常变化并超出规定的水平，要严格按照制度规定立即平仓止损，以避免更大的损失。

一般来说，套期保值有两种止损策略：一种是基于历史基差模型，即通过历史模型确定基差的正常范围，一旦基差突破历史基差模型的范围，表明市场出现异常，此时应及时止损；另一种是事先确定最大可接受的损失，一旦触及最大损失，应及时止损。

3. 建立合理的风险评估和监控制度

投资者在进行套期保值操作时，要清楚风险是什么以及风险有多大，还要确保所有可能的结果能够被事先预期，这就要求套期保值者建立有效的基础风险评估和监控体系。在基础风险评估中，应特别关注可能导致巨大损失的小概率事件。

（二）投机策略的市场风险管理

市场风险是投机策略面临的主要风险，因此市场风险的管理也显得尤其重要。期货投机者基于对市场价格变动方向的预判，通过在看涨时买入、在看跌时卖出的交易获利，对交易者的知识、经验、心理素质和风险管理能力都有较高的要求，因此投机者应在做好充分准备的前提下执行投机策略。在投机策略中，投机者对于市场的准确判断以及严格的自我管理是重中之重。

（1）选择合适的品种，准确预测市场价格变化并把握趋势。投机者应选择自己熟悉的期货产品，对所投机的期货品种价格影响因素进行深入分析，准确预测期货价格变动并把握趋势，这是降低投机风险的基本要求。

（2）确定适当的止损点，并严格执行平仓操作。投机者可以根据自身的风险承受能力确定适合自己的止损点：一旦市场价格到达止损点位，应严格执行平仓操作，以控制市场风险。

（3）合理进行资产配置，严格将投资在期货产品上的资金量控制在一定水平，从整体上控制期货投机的损失。

（三）套利策略的市场风险管理

由于套利交易的目的在于获取稳定收益，因此投资者应采取适当方法和措施将市场风险降低至可承受的水平。

首先，投资者应充分了解套利策略所涉及的两种期货合约，要充分了解期货合约的基础商品，包括供求因素、价格走势、波动程度以及市场交易的活跃程度等。

其次，投资者应合理使用基本面分析，并利用数理统计技术综合进行判断，如计算期货不同品种间的相关性、联动性等，并根据自身风险偏好程度和风险承受能力确定合理的价差区间，把握套利的开仓、平仓时机。

最后，投资者应严格设立止损和止盈点。由于期货合约价格可能受到市场不理性因素的影响，因此套利策略的两种期货合约价格可能长期偏离合理价差，这就要求投资者切勿抱有侥幸心理，当价差朝与预期相反的方向变动时要及时调整策略，必要时平仓出局，以将损失控制在可承受的范围。

二、流动性风险管理

流动性风险在一定程度上决定各类策略能否被成功执行，因此，流动性风险管理对各个期货交易策略来说都非常重要。

（一）套期保值策略的流动性风险管理

对套期保值策略来说，流动性风险主要来自所选定的期货合约无法及时以合理的价格建仓或平仓。由于远期合约的流动性通常较差，投资者必须在价格上做出更大让步才能达成交易，这会导致更高的交易成本。为了规避这一风险，套期保值者可采用以下方法进行流动性风险管理：

1. 选择与保值期结束最近的期货合约月份

根据期货交易制度，越临近结束的期货合约交易量越大，因此投资者应尽量选择与保值期结束最近的期货合约月份，以满足流动性需求。

2. 根据保值所需期货合约数量，合理选择不同月份的期货合约

当套期保值所需合约数量较大时，若选择单一月份的期货合约，由于其交易量较小，可能无法满足流动性要求，此时应考虑选取同一标的资产的不同月份的期货合约组合，以满足流动性需求。

3. 动态分析不同月份期货合约的流动性变化，实时进行平仓操作

根据流动性指标（如量仓比率），实时观测用于套期保值的各个期货合约的流动性变化，当期货合约流动性低于规定的水平时应及时采用反向对冲方法，对期货合约进行对冲，以确保套期保值的效果，避免流动性风险。

（二）套利策略的流动性风险管理

在套利策略中，投资者主要通过在不同品种间或同一品种的不同市场或不同期限的合约之间进行套利。投资品种和合约的选取在很大程度上影响流动性风险的大小，因此，投资者一定要选择交易活跃的品种和合约进行套利。但在实践中往往流动性较差的期货合约存在套利机会，在买卖期货合约数量上要重点考虑流动性较差合约对套利的影响。对跨期套利，同一商品不同交割月份合约的流动性不同，近期合约流动性较远期合约要好，因此在跨期套利时，买卖合约数量主要考虑远期合约的交易量对反向对冲的影响。对期现套利，买卖合约数量要考虑所选期货合约的交易量能否满足快速反向对冲的要求，并要留有一定的空间。对跨品种套利，不但在选择品种时要选择交易活跃的品种，同时买卖合约数量要重点考虑跨品种套利相对不活跃期货合约流动性对反向对冲的影响，不能过量进行套利操作，产生流动性风险。对于跨市场套利，由于涉及两个市场，即便同一个期货合约流动性也不同，因此，在确定买卖合约数量时要重点考虑流动性较差市场中合约交易量对反向对冲的满足程度。

除了期货品种本身的流动性外，流动性风险还可能来自交易过程的延迟，交易产生延迟的原因包括交易软件故障、人为失误等，遇到这种流动性风险时，投资者只能根据实际情况选择

相对较好的处理方式。

(三)投机策略的流动性风险管理

为了有效规避期货投机策略的流动性风险,投机者可以采取以下策略:

1. 选择流动性好的期货品种

为了规避流动性的影响,在选择投资产品时,尽量选择交易量大、流动性好的产品。

2. 控制开仓数量

在进行投资时,充分估计投资品种交易量对反向对冲的影响。如果开仓数量过大,会引起市场关注,交易将受到流动性不足的影响。

3. 分仓交易

将资金放在多个期货公司的户头下,进行分仓交易,以降低市场关注度。

4. 分笔交易

将大单分成多个小单,可有效避免对市场流动性的干扰。

三、交易风险管理

交易风险主要有平仓风险和交割风险。

由于期货市场执行"逐日盯市"、每日结算与保证金执行制度,期货交易者可能面临保证金不足被强行平仓的风险。为应对平仓风险,期货交易者必须有足够的资金储备。在开仓数量方面,要根据自己的资金储备,合理确定开仓数量。若开仓数量过大、后备资金无法满足补充保证金的要求,将面临保证金不足被强行平仓的风险。

大多数投资者并不希望进行实物交割,如果投资者在期货合约到期前不能及时完成对冲操作,就要承担交割责任。当投资者没有足够的资金或实物进行交割时,就面临交割风险。期货的交割风险一般存在于需要进行实物交割的情况中,由于现货交割的环节较为复杂,很容易出现相关风险。

为了管理期货交易中的平仓风险,投资者应严格进行仓位控制和管理,避免在临近交割月时选择流动性差的期货合约。实物交割对于一般的投资者来说是不现实的,投资者应极力避免这种情况。投资者如果不选择实物交割,那么在临近交割期时最好不再持有相应的期货合约。投资者应该事先建立合理、完善的交易流程并严格执行,通过制定规章制度及检查监督制度的方式提前防范风险。

本章案例

青山集团海外镍市遭逼空

2022 年 3 月初,海外镍市出现一场"超级逼空"行情。伦敦金属交易所(LME)三月期镍价疯狂暴涨,在不到两个交易日的时间内镍价涨幅超过 248%。2022 年 3 月 8 日,镍期货价从 50 000 美元/吨左右几乎在瞬间一路狂飙至 101 365 美元/吨,创出历史新高。镍期货的主力空头中国青山控股公司被逼仓的消息迅速登上热搜头条。为防范系统性的金融风险,LME 不得不紧急叫停所有的镍交易。

一、案例背景

青山控股是一家专门从事不锈钢生产的国内龙头企业，是青山实业旗下五大集团之一。目前青山已建成“原矿—镍铁—不锈钢”的完整产业链，生产新能源领域的原材料、中间品及新能源电池，主要应用于储能系统和电动汽车等领域，并在印尼逐步完善其锂电产业链。2020年青山控股拥有全球18%的镍市场份额，营业收入超过3 500亿元。

印度尼西亚是全球镍储备量最多的国家。作为全球最大的镍生产国，印尼已成为全球矿业巨头的必争之地，当地的镍行业呈现印尼本土企业、西方矿企和中资企业三分天下的局面，中资企业的代表即为青山控股。

2009年青山控股首次投资印尼，开发红土镍矿。2021年12月9日，青山控股宣布其在印尼建设的大型电池用高冰镍项目投产。据估计，青山控股持有的镍空头头寸约为15万吨。其中只有3万吨是在LME场内交易，大约5万吨的空头头寸是通过摩根大通的场外投注持有。

LME镍逼仓事件早在2022年1月就初显端倪。1月初国内外镍价开启了一轮快速上涨行情，2022年1月7日至21日LME镍涨幅近20%。从基本面来看，虽有印尼镍铁或加征出口关税、缅甸镍铁厂被炸等多项利多消息，但供需基本面的变化似乎并不足以支撑如此巨大的涨幅。2022年1月底，青山控股在印尼布局的低成本高冰镍项目开始量产并发运回国后，镍价涨势才有所放缓。

当时，国内镍现货圈已传出青山被多头狙击的消息：市场传闻青山持有大量LME镍空头头寸。LME官方数据显示，自2022年1月10日开始，某单一客户持有的镍期货仓单占比从30%—39%逐渐增加，到2022年1月19日达到50%—80%。自2022年1月13日开始，该客户在到期日最近的3张镍期货合约上持有的净多头寸与仓单总和，占总仓单的比例已超过90%。这种过分明显集中的头寸，对于一个实施独特会员制度的交易所来说，很容易被理解为有巨大期现货贸易联合体已主导LME镍期货仓单市场，这为LME镍“逼空”事件爆发埋下伏笔。

2022年2月底以来，俄乌局势恶化升级，欧美陆续实施多项对俄制裁举措，虽然制裁并未直接针对俄罗斯油气及铝镍金属出口，LME也一度发布通知阐述制裁对市场的影响，但市场对俄罗斯相关资源品交易、贸易、交割受限的顾虑逐步成真，推动全球大宗商品价格猛烈波动，LME镍出现了罕见的巨幅波动。

2022年3月7日多空双方激战进入白热化。当日镍价从2022年3月4日收盘价28 919美元/吨一路暴涨至55 000美元/吨，并报收于48 078美元/吨，收盘时涨幅高达66.25%，不仅超过历史高点，还刷新历史最大单日涨幅纪录。

2022年3月8日，LME镍价在开盘之后经过短期回调，继续保持暴涨态势，日内最大涨幅一度超100%，价格达到101 365美元/吨。受到镍价狂飙影响，LME市场上的所有金属价格均出现大幅上涨，其中，锌价飙升约20%，铅价飙升约10%，铝价上涨约4.5%，铜价上涨约4.5%。

面对市场的极端波动，伦敦金属交易所不得不在伦敦时间08:15(北京时间16:15)起暂停所有镍合约的交易，镍价定格于80 000美元/吨，其他金属价格随之全面跳水。随后，LME不仅宣布暂停镍交易，还取消了伦敦时间3月8日0:00(北京时间早上08:00)之后执行的所有交易，同时推迟原定于2022年3月9日的所有镍现货交割，多头被迫终止“围猎”。

二、事件分析

作为上游镍的开采方，青山控股天然地需要对镍的价格进行风险管理，最直接的方式就是通过卖出镍期货进行套期保值。由于青山控股的主要产品是镍铁和高冰镍，而 LME 镍期货的交割标的是镍板和镍豆，前者无法直接在 LME 交割，其交易风险由此而生。在镍价大幅上涨的情况下，空头头寸急需追加大量保证金，面临巨额资金压力，如果无力追加资金而被平仓，将要承担巨额亏损。

除了俄乌冲突带来的地缘政治危机以及产业需求旺盛带来的上涨外，期货非标套期保值使多头趁势逼空，交易规则缺陷使逼空有机可乘也是一个主要的因素。

从基本面来看，2022 年原生镍平衡随着新增镍生铁、高冰镍的供应转为过剩，硫酸镍、镍生铁价格承压，而一级镍由于更多的原料端消耗或将延续去库存，价格中枢较 2021 年上移。根据统计资料，全球纯镍库存 2021 年已下降 63%，2022 年库存仍将下降。俄乌事件发生后，现货贸易不确定性增加，加剧了纯镍短缺忧虑。俄罗斯的镍供应主要来自俄镍公司，其产品是精炼镍板，可以注册为 LME 仓单用于交割。2021 年俄镍产量占全球原生镍(包括一级镍和二级镍)产量的 6%，占全球一级镍产能的 22%，在镍库存偏低且仍将继续下降的情况下，俄镍现货流通性风险导致 LME 挤兑风险增加，给镍价大幅上涨创造了条件。

尽管短期来看 LME 镍风波及负面效应的溢出影响了实体产业，然而从长期看期货衍生品的套期保值功能依然是企业发展过程中的重要一环，尤其是期货市场的定价已成为全球大宗商品贸易定价的重要基准。LME 镍风波作为单一事件，不应影响实体行业利用金融工具参与风险管理的大趋势。

三、案例启示

此次事件告诉我们，在进行套期保值操作的过程中应注意以下几点事项：

首先，企业要更了解期货规则。不管是在国内还是在国外参与期货市场，一定要对交易规则了解得更清晰。之前发生的国储铜、中航油、原油宝等事件，大多归咎于企业对期货规则不熟悉，或者说只是对期货规则有了解但并未真正敬畏规则，而是抱有侥幸的心理。

其次，国内企业需要把风控的整个措施或者风控的方案进行完善，把各类风险都认识到位，对于突发事件应该及时研究对企业头寸可能产生的影响，并及时做出应对。

国内企业可以考虑在国内期市做套保。国内期市的风险监控能力要比 LME 好很多，目前来看，LME 在监管制度上存在很大的漏洞。而且国内市场用人民币结算，减少了汇兑的风险。在目前的大环境下，如果发生极其不利的反向头寸，相对来说国内企业去市场募集人民币要比募集美金方便很多。在这次镍风波中，国内的投资者都是偏谨慎的，在海外镍期货大幅拉涨之后，国内的内外价差越来越大，也就是国内期市相对风险较小。

最后，企业要顺势而为，逆市场去操作的风险较大。企业若逆势做套保头寸，应该注意自身流动性的风险，尤其是面对黑天鹅事件要有风险控制能力。

附录

一、套期保值率久期模型的一般公式

在不完全套期保值情况下，可以通过适当变换导出求套期保值久期模型的一般公式。

根据公式 $V=S-hF$，求 V 对 y 的一阶偏导数，得：

$$\frac{\partial V}{\partial y}=\frac{\partial S}{\partial y}-h\frac{\partial F}{\partial y} \qquad \text{（附 4－1）}$$

记 D_V 为 V 的久期，因为在构建组合时期货合约的价值为 0，因此，组合的初始价值为 $V=S$。

由于 $\frac{\partial V}{\partial y}=-VD_V$，$\frac{\partial S}{\partial y}=-SD_S$，$\frac{\partial F}{\partial y}=-FD_F$，代入（附 4－1）式，得：

$VD_V=SD_S-hFD_F$

设投资者期望的久期为 D_V^*，则套期保值率的一般公式为：

$$h=\frac{D_S-D_V^*}{D_F}\cdot\frac{V(S)}{F} \qquad \text{（附 4－2）}$$

如果投资者期望完全消除组合的利率风险，期望的久期为 0，这时求出的结果与式（4－32）相同。

久期模型一般适用于所有债券的套期保值，但在套期保值对象和套期保值工具收益率变动方向与幅度存在较大差异时，模型的运用效果不够理想，其主要原因是收益率曲线的凸度问题（久期仅假定债券价格与收益率之间是线性关系）。

〔附例 4－1〕 一个基金经理持有 1 000 万美元的国债组合，其久期为 9.5 年，现价为 980 万美元，他期望将组合的久期减少为 5 年；国债期货的价格为＄72 500，久期为 7.5 年，求所需国债期货合约数。

这里 $V=S=980$ 万美元，$D_S=9.5$，$D_F=7.5$，$D_V^*=5$，$F=72\,500$，则所需卖出的国债期货合约数为：

$$h=\frac{D_S-D_V^*}{D_F}\times\frac{V}{F}=\frac{9.5-5}{7.5}\times\frac{9\,800\,000}{72\,500}=81.10\approx 81$$

二、股指期货套期保值比率的一般公式

引入下列符号：

r_p：股票与股指期货构成的证券组合从 t 到 $t+1$ 时的收益率；

r_s：股票从 t 到 $t+1$ 时的收益率；

r_f：股指期货从 t 到 $t+1$ 时的价格变化率；

S_t：股票在 t 时刻的价值，也是股票与股指期货构成证券组合的初始价值；

ΔS：股票价值的变化；

f_t：股指期货当前价格；

Δf：股指期货价格变化；

d：股票从 t 到 $t+1$ 时的红利；

F：期货合约的数量（假设每份合约为 k 与股指期货价格的乘积）；

β_p^*：证券组合期望的 beta 值；

β_s：股票的 beta 值；

β_f：股指期货在保值期的 beta 值。

为了简单，假设无风险利率是 0。股票与股指期货构成的证券组合的收益率为：

$$r_p=\frac{\Delta S+d+\Delta f\times k\times F}{S_t}=\frac{\Delta S+d}{S_t}+\frac{\Delta f}{f}\times\frac{f}{S_t}\times k\times F$$

于是有：

$$r_p=r_s+r_f\times\frac{f}{S_t}\times k\times F$$

$$\beta_p=\beta_s+\beta_f\times\frac{f}{S_t}\times k\times F$$

则有：

$$F=\frac{\beta_p^*-\beta_s}{\beta_f}\times\frac{S_t}{f\cdot k} \quad \text{（附 4－3）}$$

如果投资者期望消除所有的系统风险，即 $\beta_p^*=0$，则：

$$F=-\beta_s\cdot\frac{S_t}{f\cdot k} \quad \text{（附 4－4）}$$

［附例 4－2］ 设一个基金经理有一个 1 000 万美元的股票组合，组合的 β 系数为 1.20。该经理希望将 β 系数降为 1.00（与 S&P 500 相同），股指期货的价格为 1 000.00，乘数 k＝250，其 β 值为 1.00。求所需股指期货合约的数量。

这里 $\beta_s=1.2$，$\beta_f=1.0$，$\beta_p^*=1.0$，$k=250$，$S_5=10\ 000\ 000$，则所需的股指期货合约数为：

$$F=\frac{\beta_p^*-\beta_s}{\beta_f}\times\frac{S_t}{f\cdot k}=\frac{1-1.2}{1}\times\frac{10\ 000\ 000}{250\times 1\ 000}=-8$$

为了减小组合的 BETA，基金经理应卖空 8 张股指期货合约。

本章小结

金融期货是最重要的一类金融衍生品，是 20 世纪 70～80 年代全球金融创新的重要成果之一，在金融交易中起着十分重要的作用。本章首先介绍了金融期货合约、期货市场的基本概念，介绍了期货交易的基本制度、期货市场的结构及期货的功能；其次，介绍了金融期货的主要种类及我国金融期货的主要产品；再次，分析了金融期货的定价；再次，分析了金融期货在套期保值、套利及投机方面的应用；最后，介绍了金融期货交易面临的主要风险及其防范。

为了防范期货交易的违约风险，增加交易的流动性，提高期货市场效率，期货交易所对期货交易制定了一系列制度规则。这些制度主要包括期货合约的标准化、保证金制度、平仓制度、结算体系与制度等。

期货市场由期货交易所（清算所）、会员（期货经纪公司）和交易者组成。期货交易所是期货市场的核心，其主要职能是为期货交易者提供交易场所和所需的各种设施，制定交易规则，设计合约安排上市，监督交易过程，控制市场风险等。结算所的基本职能主要有：决定并逐日公布结算价格；收取和管理保证金；负责每日成交合约的结算；监督管理到期合约的结算和实物交割；公布交易信息等。期货市场中常见的中介机构是期货经纪公司。参与期货市场的交易者主要有三大类，即套期保值者、投机者和套利者。他们参与期货交易的目的不同、面临的风险也不同,交易所对他们的仓位限制也不同。期货市场的主要功能是价格风险转移和价格发现。

期货按标的资产不同,可分为商品期货和金融期货两大类。商品期货主要有农产品期货和生产资料期货两种,金融期货可分为外汇期货、利率期货和股票价格指数期货三大类别。由于金融期货的交易量达到总期货交易量的80%左右,因此金融期货是期货的主要类型。本章主要介绍了金融期货合约及交易规则,内容主要包括报价与行情表、期货合约规格等。

金融期货的定价是市场参与者进行投机、套期保值和套利的依据。本章根据标的资产的特征分为三类,即无收益资产、支付已知现金收益的资产和支付已知收益率的资产,应用套利定价原理对期货与远期进行定价分析,并研究了期货价格与现货价格的关系。

应用期货市场进行套期保值,是期货市场最主要的功能之一。本章首先介绍了套期保值的基本原理和主要特点。期货套期保值按不同标准有不同的分类,有完全套期保值与不完全套期保值,有标准套期保值和交叉套期保值,有空头套期保值和多头套期保值等。基差是期货套期保值的重要概念。期货套期实质上就是把现货价格的风险转化为基差风险,基差风险远小于现货价格风险。期货市场进行套期保值的关键是确定套期保值比率,它决定了套期保值的效率。套期保值比率确定方法主要有最佳套期保值比率模型和久期模型。本章附录给出了长期利率期货套期保值比率确定的一般久期模型和股指期货套期保值比率确定的一般模型。另外介绍了其他套期保值策略,如"一对多""多对一"套期保值策略及基于其他风险度量方法的套期保值策略等。

金融期货套利也是金融期货市场上一种常见的交易行为。套利是指人们利用一个或多个市场暂时存在的不合理价格关系,通过同时买进和卖出相同或相关的金融商品,以赚取其中的价差收益的交易行为。本章介绍了套利的基本概念、实质与分类;介绍了金融期货套利的基本策略,主要有合约内价差、合约间价差、市场间价差等;还介绍了金融期货的投机策略。

金融期货市场交易面临市场风险、流动性风险及交易风险。本章介绍了各类金融期货交易策略的风险防范方法。

关键词

期货合约(Futures contract)　　期货市场(Futures market)
保证金(Earnest money)　　平仓(Close a position)
对冲(hedging)　　未平仓合约(Open interest)
交易量(Transaction volume)　　套期保值(Hedging)
套利(Arbitrage)　　投机(Speculation)
发票金额(Invoice amount)　　现金结算(Cash settlement)
转换系数(Conversion factor)
最廉价可交割债券(Cheapest deliverable bond)
基差(Basis)　　套期保值比率(Hedge Ratio)
到期调整系数(Maturity adjustment factor)
加权系数(Weighting coefficient)　　市场风险(Market risk)
流动性风险(Liquidity risk)　　交易风险(Transaction risk)

思考与练习

1. 现货市场与期货市场的区别与联系是什么？
2. 金融远期与金融期货的主要区别是什么？
3. 金融期货主要有哪些类型？
4. 什么是保证金制度？其主要目的是什么？
5. 什么是平仓制度？什么是对冲？如何对冲？
6. 金融期货交易的特征是什么？
7. 期货交易的主要功能是什么？
8. 期货交易中有哪些交易者？他们的特点是什么？
9. 期货套期保值的基本原理与主要特点是什么？
10. 期货套期保值中所需期货合约数的计算公式是什么？
11. 套期保值有哪些类型？
12. 什么是基差风险？如何防范基差风险？
13. 确定套期保值比率的方法有哪些？各种方法的使用范围与条件是什么？
14. 应用统计方法确定最佳套期保值比率时应注意什么问题？
15. 存续期模型确定套期保值比率的基本原理与一般公式是什么？它的使用范围与条件是什么？
16. 股指期货套期保值比率确定的基本原理与一般公式是什么？它的使用范围与条件是什么？
17. 什么是套利？套利有哪些基本类型？
18. 金融期货有哪些套利策略？其含义与方法是什么？
19. 期货价格与现货价格的关系是什么？
20. 各种期货交易策略面临什么风险？如何防范这些风险？
21. 假设你签订了一份不支付红利股票的 6 个月期的远期合约。现在股票价格为 30 美元，无风险年利率为 5%(连续复利计息)。其远期价格为多少？
22. 当一种不支付红利股票价格为 25 美元时，签订一份 1 年期的基于该股票的远期合约，无风险年利率为 3%(连续复利计息)。

(1)远期价格为多少？远期合约的初始价值为多少？

(2)6 个月后，股票价格为 30 美元，无风险利率仍为 3%。远期价格为多少？远期合约价值为多少？

23. 一只股票预计在 2 个月后每股会支付 1 美元红利，5 个月后再支付一次 1 美元红利。股票价格为 25 美元，无风险年利率为 5%(对任何到期日连续复利计息)。一位投资者刚刚持有这种股票的 6 个月远期合约的空头头寸。

(1)远期价格为多少？远期合约的初始价值为多少？

(2)3 个月后，股票价格为 30 美元，无风险利率不变。远期价格和远期合约空头头寸的价值为多少？

24. 瑞士和美国按连续复利计息的 2 个月期的年利率分别为 4%和 8%。瑞士法郎的即期价格为 0.750 0，2 个月后交割的合约的期货价格为 0.770 0。问：是否存在套利机会？

25. 某家公司有一个 β 为 1.2 的 1 000 万美元的股票组合。指数现值为 300。它如何运用 S&P500 的期货合约进行套期保值？

26. 已知某日 COMEX 的黄金期货行情如下，请找出最有盈利潜力的牛市套利机会和熊市套利机会：

4 月	523.50	6 月	551.00	8 月	560.00
10 月	566.00	12 月	562.00	2 月	554.50

27. 某公司准备在 9 月 1 日从银行申请 1 000 万美元贷款。7 月份利率为 4.75%，该公司考虑若 9 月份利率上升，必然增加借款成本。该公司准备用 9 月份的 90 天期国库券期货做套期保值。要求：

(1)设计套期保值方式，说明理由；

(2)9 月 1 日申请 1 000 万美元贷款，期限 3 个月，利率 5%，计算利息成本；

(3)7 月 1 日 9 月份的 90 天期国库券期货报价为 90.25，9 月 1 日报价为 88.00，计算期货交易损益；

(4)计算该公司贷款的实际利率。

28. 假设一种商品的价格每季度的标准差为 0.65 美元，该种商品的期货价格每季度的标准差为 0.80 美元，两种变化的相关系数为 0.75，那么一份 3 个月期合约的最佳套期保值比率为多少？

29. 5 月 20 日，公司财务主管得知将于 8 月 5 日收到 1 000 万美元。下一年 2 月份该项资金将用于一项重要的资本投资项目。因此，财务主管计划在收到款项时就将它投资于 6 个月期的短期国债。现在 6 个月期短期国债的收益率为 5.20%，每半年复利一次。该财务主管担心在 5 月 20 日到 8 月 5 日之间短期国债的收益率可能下降，于是他决定利用短期国债期货进行套期保值。9 月份短期国债期货合约的报价为 94.44。问：该财务主管应如何进行套期保值？

30. 现在是 1 月 30 日，你管理一个价值 1 000 万美元的债券组合。该债券组合的平均久期为 8.2 年。9 月份长期国债期货价格现在为 108—15，最便宜交割债券的久期为 7.6 年。对接下来 7 个月的利率变化，你应如何进行套期保值？

31. 设一家美国银行将于 3 个月后收回一笔 125 万英镑的贷款，为防范英镑对美元贬值的风险，用英镑期货进行空头套期保值。假设市场上有如下数据：6 月 1 日英镑对美元的现汇汇率为 \$1.5735/£，期汇汇率为 \$1.5745/£；如果 9 月 1 日，英镑对美元的现汇汇率为 \$1.5641/£，期汇汇率为 \$1.5658/£，试列出套期保值的过程，并求套期保值率。

32. 设某投资者 11 月 5 日买进 2 000 万美元的 3 个月期国库券，当时该国库券贴现利率为 4%。他预计未来 1 个月利率会上升，3 个月期的国库券价格会下跌。为防范利率上升的风险，该投资者用国库券期货进行空头套期保值。假设市场上有如下数据：11 月 5 日 90 天期国库券期货的 IMM 指数为 96.00，如果 12 月 5 日 3 个月期国库券的贴现利率为 5.5%，90 天期国库券期货的 IMM 指数为 94.50，试列出套期保值的过程并计算套期保值率。

参考文献

1. 王明涛. 金融风险计量与管理[M]. 上海：上海财经大学出版社，2008.

2. 王明涛，王凯涛. 资产管理中的风险管理[M]. 上海：上海财经大学出版社，2023.

3. 王明涛.投资学教程[M].上海:上海财经大学出版社,2022.

4. 叶永刚,郑康彬,熊和平,彭红枫.金融工程概论(第二版)[M].武汉:武汉大学出版社,2013.

5. 施兵超.金融期货与期权[M].上海:上海三联书店,1996.

6. 约翰·赫尔著.期权、期货和衍生证券[M].王勇、索吾林译.北京:机械工业出版社,2013.

7. 郑振龙,陈蓉.金融工程(第五版)[M].北京:高等教育出版社,2020.

8. 尹常玲,方雯,张莉莉.金融工程(第二版)[M].北京:清华大学出版社,2021.

9. 李淑锦.金融工程学[M].杭州:浙江大学出版社,2019.

10. 方杰,李杰辉.金融工程学[M].厦门:厦门大学出版社,2022.

第五章

金融互换及其应用

引 言

互换交易与远期交易类似，也是一种常用的金融衍生产品。金融互换交易起源于 20 世纪 70 年代英国与美国企业之间安排的英镑与美元的平行贷款。自金融互换产生以来，国际互换交易额以每年 3.5 万亿美元的速度增加，市场规模已十分可观。我国从 2006 年利率互换市场成立以来发展迅速。目前金融互换交易已成为融资和风险管理最有效的金融工具之一。

第一节 金融互换概述

一、金融互换的基本概念

1. 金融互换的定义

互换合约（Swap）是指交易双方约定在将来某段时期内根据合约条款交换一系列现金流的一种协议。

根据国际清算银行（BIS）的定义，金融互换是指买卖双方在一定时间内交换一系列现金流的合约。具体来说，金融互换是指两个（或两个以上）当事人按照商定的条件，在约定的时间内，交换不同金融工具的一系列支付款项或收入款项的合约。

互换是一种按需定制的交易方式。互换的双方既可以选择交易额的大小，也可以选择期限的长短。只要互换双方愿意，从互换内容到互换形式都可以完全按需要来设计，由此形成的互换交易可以完全满足客户的特定需求。

互换交易是在互换市场上进行的。互换市场是一种场外市场。

2. 互换与掉期的区别

互换和掉期在英文中都称作 Swap，但两者之间有很大区别：

（1）互换与掉期交易的方式不同。掉期是外汇市场上的一种交易方法，是指对不同期限但金额相等的同种外汇做两笔反方向的交易，它并没有实质的合约，更不是一种衍生工具。而互换则有实质的合约，是交易双方交换一系列现金流的协议，是一种衍生工具。

（2）它们交易的市场不同。掉期在外汇市场上进行，它本身没有专门的市场；而互换则是在专门的互换市场上交易的。

3. 互换产生的原因与目的

互换之所以产生，是因为互换交易双方对利率或汇率变化方向或幅度的看法不一致。金融互换的主要目的是管理利率或汇率风险。

二、金融互换的基本原理

金融互换产生的理论基础是比较优势理论。该理论是英国著名经济学家大卫·李嘉图（David Ricardo）提出的。他认为，在两国都能生产两种产品，且一国在这两种产品的生产上均处于相对有利地位，而另一国均处于相对不利地位的条件下，如果前者专门生产优势较大的产品，后者专门生产劣势较小（即具有比较优势）的产品，那么通过专业化分工和国际贸易，双方仍能从中获益。

［例 5－1］ 如果美国与英国都能生产小麦与棉布，其生产效率如表 5－1 所示。

表 5－1 比较优势理论示例

商品 \ 国家	美国	英国
小麦（蒲式耳/小时）	6	1
棉布（码/小时）	4	2

从表 5－1 可以看出，无论是小麦或棉布，美国的生产效率都高于英国，小麦生产效率是英国的 6 倍，棉布生产效率为英国的 2 倍，也就是说，美国在小麦生产方面更具有优势，而英国在棉布生产方面具有相对优势。

假设小麦与棉布交换的比例为 1∶1，那么美国生产小麦，英国生产棉布，然后再交换对双方均有利。

需要说明的是，李嘉图的比较优势理论适用于自由贸易的国际环境。若国际环境不是自由贸易的，则该理论无法应用。如 2018 年美国对中国进行贸易战，对中国的许多产品加征高额关税或出口限额等，严重破坏自由贸易的国际环境。此时，即使美国对中国具有比较优势，也无法进行交换。

李嘉图的比较优势理论不仅适用于国际贸易，而且适用于所有的经济活动。金融互换交易正是利用交易双方在筹资成本上的比较优势而进行的。具体而言，金融互换产生的条件可以归纳为两个方面：

（1）交易双方对对方的资产或负债均有需求；

（2）双方在这两种资产或负债上存在比较优势。

三、金融互换的产生与发展

（一）金融互换的产生

金融互换是 20 世纪 80 年代在平行贷款和背对背贷款基础上发展起来的，因此三者既有联系，又有区别。

1. 平行贷款

平行贷款(Parallel Loan)是 20 世纪 70 年代英国的一些公司为逃避外汇管制而创新的一种业务,是指在不同国家的两个母公司分别在国内向对方公司在本国境内的子公司提供金额相当的本币贷款,并承诺在指定到期日各自归还所借货币。其流程如图 5—1 所示。

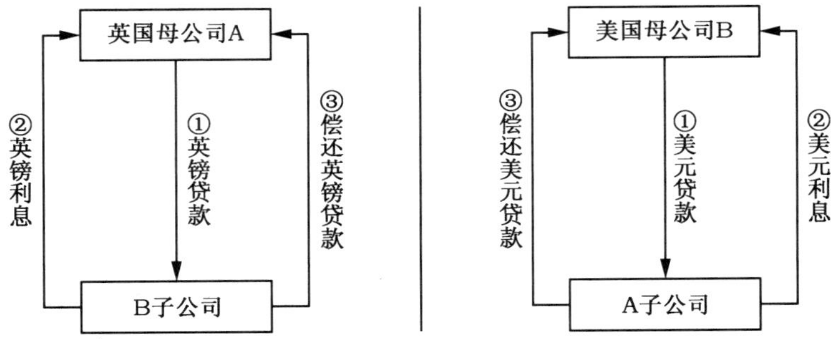

图 5-1　平行贷款流程图

平行贷款既可满足双方子公司的融资需要,又可逃避外汇管理,因此深受欢迎。但平行贷款存在信用风险问题,这是因为平行贷款包含两个独立的贷款协议,它们分别具有法律效力,其权利和义务不相联系,当一方出现违约时,另一方仍不能解除履约义务。

2. 背对背贷款

背对背贷款(Back to Back Loan)是为了解决平行贷款中的信用风险问题而产生的。它是指两个国家的公司相互直接贷款,贷款币种不同但币值相等,贷款到期日相同,各自支付利息,到期各自偿还原借款货币。其流程如图 5-2 所示。

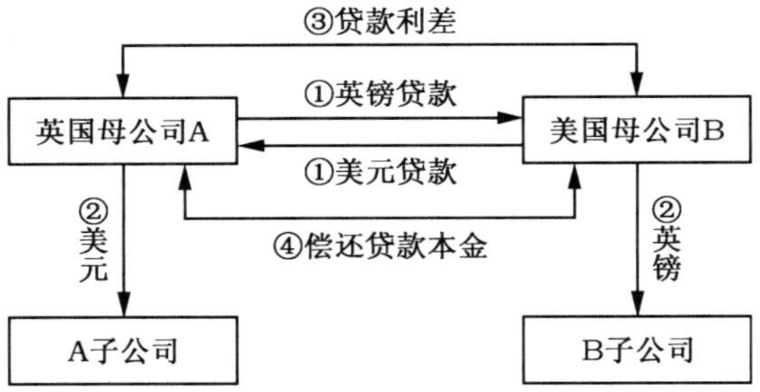

图 5-2　背对背贷款流程图

背对背贷款尽管有两笔贷款,但只签订一个贷款协议,协议中明确若一方违约,另一方有权抵消应尽的义务。这就大大降低了信用风险,向货币互换大大迈进了一步。但是,背对背贷款涉及跨国借贷问题,这就存在外汇管制问题。因此,背对背贷款只有在 1979 年英国取消外汇管制后才作为一种金融创新工具而出现。

背对背贷款还不是真正的互换,因为它是一种贷款行为,在法律上会产生新的资产和负债(双方互为对方的债权人和债务人),从而影响资产负债结构。为了解决这个问题,互换于 1981 年 8 月应运而生。由于互换是负债的交换或资产的交换,其现金流的流出和流入是互为条件的,是一种表外业务,并不改变资产负债结构,因此深受欢迎,并得到了飞速的发展。

(二)金融互换的发展

1. 货币互换的产生

虽然 1977 年英国公司和荷兰公司已经开始进行货币互换交易,但最著名的首次金融互换发生在 1981 年世界银行和国际商业机器公司(IBM)之间。世界银行需要用瑞士法郎或德国马克这类绝对利率水平较低的货币进行负债管理;与此同时,IBM 公司则希望筹集美元资金以便与其美元资产相匹配,避免汇率风险。由于世界银行在欧洲债券市场上信誉卓著,筹集美元资金的成本低于 IBM 公司,而 IBM 公司发行瑞士法郎债券的筹资成本低于世界银行。在存在比较优势的情况下,世界银行和 IBM 公司分别筹集自己具有优势的资金,并通过互换,获得自己需要的资金,从而降低筹资成本。随着人民币国际化的推进,人民币与多国货币之间的互换呈现规模剧增的特点。2021 年人民币已成为货币互换规模最大的币种,人民币互换规模达 3.54 万亿元。

2. 利率互换的产生

第一例利率互换出现于 1982 年。学生贷款市场协会(Student Loan Marketing Association)发行了中期固定利率债券,由投资银行做中介,将利息支付互换成 3 个月国债收益为标准的浮动利息支付。通过互换,学生贷款市场协会获得了与其浮动利率资产更相匹配的负债现金流。利率互换自产生以来,其市场规模迅速增长,到 2013 年底清偿利率互换名义本金上升到 22 291 亿美元。利率互换自产生以来,各国利率互换市场规模均出现较大扩张。中国 2021 年底利率互换名义本金总额达 21.1 万亿元,利率互换规模迅速增长。

3. 股权互换的产生

股权互换首次出现在 1989 年,由 Bankers Trust 首次使用。股权互换主要用来替代在股票市场上的直接投资。

四、金融互换的特点与功能

(一)金融互换的特点

金融互换有如下一些特点:

1. 互换交易是表外交易

商业银行在不改变资产负债表内业务的情况下,应用金融互换,为商业银行带来业务收入或减少经营风险。

2. 互换期限灵活

互换期限一般较长,最短为 2 年,最长可达 20 年,这是期货、期权等交易无法达到的,因此特别适用于资产负债的长期管理。

3. 互换交易可以使互换交易者在不出售原始资产或负债的情况下,改变原有资产或负债的风险与收益的特征,这对于流动性相对差的资产负债来说至关重要。

4. 互换交易是场外交易

互换合约与远期合约类似,是客户定做的,不是标准化合约。互换双方可以根据需要,从互换内容到互换形式都可以完全按需要来设计,满足客户的特定需求。因此,互换交易比交易所交易的其他金融工具更适合投资者的需求。

5. 交易成本低

互换协议只需签订一次，就可以在以后若干年内进行多次交换支付。如果签订远期合约，这样的合约就必须签订多次，所以互换协议的交易成本较低。标准合同的互换市场具有一定的流动性，其行情活跃，了结合同几乎没有困难，可以出售或中途废止等，市场的流动性一般强于远期合约。因此，互换市场的规模远大于远期市场。

6. 政府监管较少

从市场交易受管制的程度来看，在互换市场上实际上不存在政府监管，而期货等衍生工具市场或多或少受到政府的管制。

(二)金融互换的功能

金融互换的功能主要有：

1. 风险管理功能

利用金融互换，可以管理资产负债组合中的利率风险和汇率风险。利用金融互换，将风险集中、冲销或者重新分配，从而更好地满足不同投资者的不同需求，使其根据各种风险的大小和自己的偏好更有效地配置资金。例如，在利率频繁变动的市场环境中，某企业发行了固定利率债券，当它发现市场利率有下降的趋势，它可以在不改变债券现状的情况下，通过利率互换将债券的固定利率转换为浮动利率，这样它可以达到减少债息支出的目的。

2. 套利功能

通过金融互换可在全球各市场之间进行套利，从而一方面降低筹资者的融资成本或提高投资者的资产收益，另一方面促进全球金融市场的一体化。

3. 逃避金融管制

金融互换为表外业务，它可以在不改变企业资产负债表的情况下为企业带来收入或减少经营风险，同时可以逃避外汇管制、利率管制及税收限制。

五、金融互换市场

(一)金融互换市场的参与者

互换市场上的参与者可分为两类：一类是互换最终使用者，他们从资产负债管理角度出发，通过互换交易改变资产负债的利率或货币形式；或者为了降低筹资成本，获得最大的收益；或者出于投机目的参与互换交易。另一类是互换中介机构，它是为互换最终使用者提供互换工具的金融机构。实际上，这些金融机构往往身兼两职，既是互换交易的直接使用者，又是互换中介。具体来说，金融互换市场的主要参与者有以下几种：

1. 企业

许多大企业参与互换市场，它们利用互换规避利率风险，并将资产与负债匹配，也有一些公司用互换市场交换它们对利率的看法，从中探寻套利机会。

2. 政府

政府常常利用互换市场开展利率风险管理业务，在自己的资产组合中调整固定与浮动利率债务的比重。政府的大部分债务融资是固定利率，许多政府利用互换市场将发行的固定利率债券从一种货币互换为另一种货币，或者将固定利率互换为浮动利率，从中获取更便宜的浮动利率资金。有些政府为了促进国家间双边贸易，采用货币互换的方法解决两国之间的贸易问题。

3. 金融机构

使用互换市场的金融机构很广，包括保险公司、中央银行、储蓄银行、商业银行、养老基金和证券公司等。这些金融机构(特别是商业银行)是互换市场的活跃分子，它们不仅为自己的账户同时也代表自己的客户进行交易，既充当中介机构又充当造市商的角色。

4. 出口信贷机构

出口信贷机构在提供价格有竞争力的融资以便扩大该国出口的同时，往往利用互换降低借款成本。一些出口信贷机构一直是国际债券市场上的借款人，他们成功地创造了融资项目从而能够按优惠利率借款。互换市场使它们能够分散筹资渠道，使借款币种范围更广，再互换回它们所需要的货币。互换还使借款人能管理利率及货币风险。

此外，互换市场还有其他参与者，包括各种交易协会、经纪人等。

(二)金融互换市场的报价

1. 利率互换的报价

利率互换市场中的价格行情一般用支付的固定利率表示，典型的报价方法是比同期国债收益率高出若干个基点，该差额称作互换利差。例如，互换利差报价可能是“5 年期国债加上 50 个基点”。

利率互换中的固定利率称为“互换利息率”(Swap Coupon)，经常是作为债券等同收益或利息等同收益来报价的。债券等同收益以 1 年 365 天为计算基础。

浮动利率报价通常没有上浮点，即浮动利率定为与某个指标(如 6 个月 LIBOR)相等。互换中的浮动利率除了与 LIBOR 挂钩外，还可与利率指数挂钩，或以观测到的短期利率或利率指数的平均数为基础。

2. 货币互换的报价

货币互换的报价与利率互换非常相似。一个一定期限的货币互换通常以固定利率的绝对水平或在该货币的固定利率指数上加上一个差价，对美元 3 月期或者 6 月期 LIBOR 的形式进行报价。例如，澳元货币互换的报价可能是 5%对美元 6 月期 LIBOR，或者是澳元债券加上 60 个基点的差价对美元 6 月期 LIBOR 报价。

按照互换市场管理交易惯例，互换卖出价格(买入价格)是指互换交易商在互换中愿意收入(支付)的固定利率，他们从买卖价差中赚取利润。

(三)金融互换市场上的几个术语

1. 多头与空头

在互换合约中支出固定利息的一方称为市场空头。当市场利率上升时，空头将获利。

互换合约中获得固定利息的一方称为市场多头。当市场利率上升时，多头将亏损。

2. 利差位置

互换利差等于互换利率与对应期限国债收益率之差。当利差扩大时，获利的一方称为利差多头；当利差扩大时，亏损的一方称为利差空头。

第二节　金融互换的主要种类

金融互换虽然出现的历史较短，品种创新却日新月异。除了传统的利率互换和货币互换外，一大批新的金融互换品种不断涌现。

一、利率互换

(一)利率互换的含义

利率互换(Interest Rate Swaps)是指双方同意在未来的一定期限内，根据同种货币的同样名义本金交换现金流，其中一方的现金根据浮动利率计算，而另一方的现金流根据固定利率计算。互换的期限通常在2年以上，有时甚至在20年以上。利率互换过程中的现金流交换如图5-3所示。

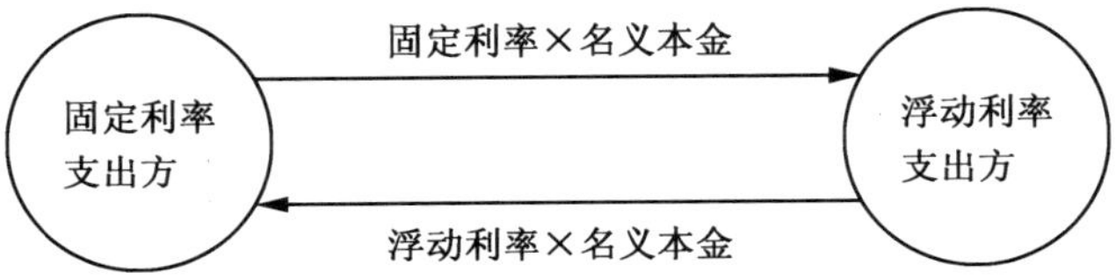

图5-3 利率互换示意图

利率互换有几个重要日期：

交易日(trade date)：交易双方签订合约的时间(进入互换合约)。

有效日(effective date)：开始计算利息的时间。

结算日(settlement date)：交易双方交换利息流的时间(履约的时间)。

到期日(maturity date)：互换合约结束的时间。多数情况下到期日也是结算日。

利率互换是目前全球市场上最重要的场外交易互换衍生工具。它实际上是一项协议，使合同双方能得到比原来从市场上得到的更有利的利率。也就是说，A方和B方以最佳利率借入相同数量的款项，然后再进行对双方都有利的利率互换，双方在没有改变原来本金贷款的情况下降低了借款成本。

利率互换最普遍、最基本的形式是浮动利率与固定利率之间的互换，其实质是将未来两组利息的现金流(浮动利率部分和固定利率部分)进行交换。在交换中，双方当事人最为关心的是利率互换的价格(固定利率)。一方想用固定利率债务换取浮动利率债务，支付浮动利率；另一方想用浮动利率债务换取固定利率债务，支付固定利率。一般来说，高信用评级的机构借入固定利率款项较容易，而低信用评级的机构比较适合借入浮动利率贷款。

(二)参与者使用利率互换的原因

利率互换的参与者使用利率互换主要出于两个原因：一是对冲利率风险；二是在互换市场上投机，以从固定/浮动利率交易中获利。利率互换对公司和银行还有如下好处：第一，协议双方可在一较长时间内把原来利率由固定转为浮动，或者相反；第二，双方降低筹资成本。

[例5-2] 公司A和B于2021年2月28日签订了一份三年期利率互换合约，该合约开始于2021年3月1日。公司B同意向A公司支付由年利率5%和本金1 000万美元所计算的利息；A公司同意向B公司支付由6个月期LIBOR和同样本金所计算的浮动利息。假设6个月交换一次利息。这个互换可用图5-4表示。

(1)本例中利率互换的几个重要日期为：

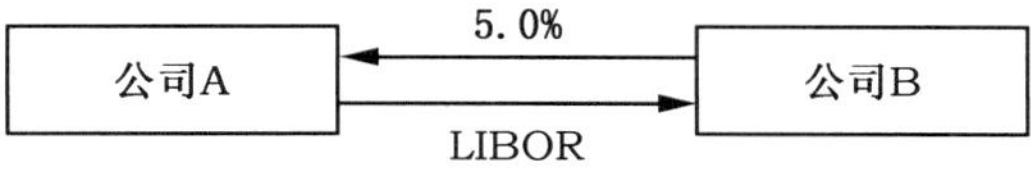

图 5-4 公司 A 和公司 B 之间的利率互换

交易日:2021 年 2 月 28 日。

有效日:2021 年 3 月 1 日。

结算日:2021 年 9 月 1 日、2022 年 3 月 1 日、2022 年 9 月 1 日、2023 年 3 月 1 日、2023 年 9 月 1 日和 2024 年 3 月 1 日。

到期日:2024 年 3 月 1 日,也是最后一个结算日。

(2)互换利率是提前确定的:

第一次相互支付利息是在 2021 年 9 月 1 日,在协议达成 6 个月后公司 B 将支付公司 A 固定利息 25 万美元;公司 A 将支付公司 B 浮动利息,为本金 1 000 万美元乘以 2021 年 9 月 1 日之前 6 个月即 2021 年 3 月 1 日已确定的 6 个月期 LIBOR。假设在 2021 年 3 月 1 日的 6 个月期 LIBOR 为 4.5%。公司 A 支付给公司 B 的利息为 0.5×0.045×1 000 万美元,即 22.5 万美元。

第二次相互支付将在 2022 年 3 月 1 日。公司 B 将支付 25 万美元给公司 A。公司 A 将支付公司 B 浮动利息,为本金 1 000 万美元乘以 2022 年 3 月 1 日之前 6 个月即 2021 年 9 月 1 日确定的 6 个月期 LIBOR。假设 2021 年 9 月 1 日的 6 个月期 LIBOR 为 4.8%。公司 A 支付给公司 B 的利息为 0.5×0.048×1 000 万美元,即 24 万美元。

总体来说,该互换有六笔利息相互支付。固定支付的利息总是 25 万美元。在支付日所支付的浮动利息是利用支付日前的 6 个月就已确定的 6 个月期 LIBOR 来计算的。实际上,利率互换通常只需一方汇给对方这两笔支付之间的差额。在上述例子中,在 2021 年 9 月 1 日公司 B 将支付 2.5 万美元给公司 A,在 2022 年 3 月 1 日公司 B 将支付 1 万美元给公司 A。

该互换支付的现金流入如表 5-2 所示。

表 5-2　　公司 B 在利率互换中现金流状况　　单位:万美元

日　期	LIBOR 利率(%)	浮动利率现金流	固定利率现金流	净现金流
2021 年 3 月 1 日	4.50			
2021 年 9 月 1 日	4.80	+22.5	−25	−2.5
2022 年 3 月 1 日	5.30	+24	−25	−1
2022 年 9 月 1 日	5.50	+26.5	−25	+1.5
2023 年 3 月 1 日	5.60	+27.5	−25	+2.5
2023 年 9 月 1 日	5.90	+28	−25	+3
2024 年 3 月 1 日	6.40	+29	−25	+4

从例 5-2 可以看出,当浮动利息下跌时,支出固定利息的一方将损失;当浮动利息上升时,支出固定利息的一方将获利。支出固定利息的一方相当于利率期货的空头,支出浮动利息的一方相当于利率期货的多头。

二、货币互换

货币互换(Currency Swaps)是将一种货币的本金和固定利息与另一种货币的等价本金和固定利息进行交换。

[例 5-3] 假如 A 公司与 B 公司可按表 5-3 所示的 5 年期固定利率借款,A 公司预计贷款 1 000 万英镑,B 公司预计贷款 1 500 万美元。假设当时的汇率为 1 英镑=1.500 0 美元,也就是说 A 公司与 B 公司贷款金额具有相同的价值。表 5-3 说明英镑利率比美元利率高,A 公司在两种货币市场上均可以较低的利率水平借款,因为它的信用等级高于 B 公司;从互换交易的角度看,在两个市场上 A 公司与 B 公司得到的贷款利率之间的差异并不相同。B 公司在美元市场比 A 公司多付出 2%的利率,而在英镑市场只比 A 公司多付出 0.4%的利率。

表 5-3　　A、B 两公司货币互换的借款利率

	美元	英镑
A 公司	8.0%	11.6%
B 公司	10.0%	12.0%

这表明 A 公司在美元市场上有比较优势,而 B 公司在英镑市场上有比较优势。这种比较优势可能源于 A 公司和 B 公司运作的纳税环境。假设 A 公司想进行英镑贷款而 B 公司想借美元贷款,这就为货币互换创造了条件。A 公司和 B 公司都在它们有比较优势的市场上借款,即 A 公司借入美元而 B 公司借入英镑,然后用货币互换方式将 A 公司的美元贷款转换成英镑贷款,同时 B 公司的英镑贷款也转换成美元贷款。

在互换之前,A 和 B 两公司的贷款利率之和为:10.0%(美元)+11.6%(英镑);如果 A 和 B 两公司均为对方贷款,再进行互换,它们的贷款利率之和为:8.0%(美元)+12.0%(英镑);这样,贷款利率之差为:2%(美元)-0.4%(英镑)=1.6%。也就是说,通过互换,双方可获得 1.6%的总收益。假设双方分享 1.6%的利益,则互换的效果是将 A 公司每年 8.0%的美元利率转换为每年 10.8%(11.6%-0.8%)的英镑利率。这比 A 公司直接在英镑市场上借钱少了 0.8%。类似地,B 公司每年 12%的英镑贷款转换为每年 8%的美元贷款和 1.2%的英镑贷款,最终比 B 公司直接在美元市场上借钱少了 0.8%。图 5-5 显示了这种安排。

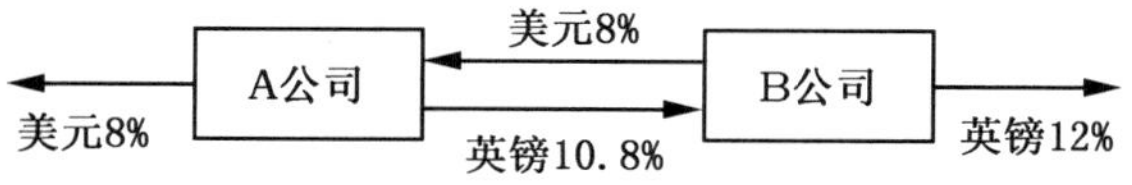

图 5-5　货币互换

货币互换协议比利率互换复杂,它要求指明用两种货币形式表示的每种货币的本金,而且本金在货币互换有效期的开始时和结束时交换。本金选择的方法是:按互换开始时的汇率折算的本金价值基本相等。在例 5-3 中,由于英镑对美元的汇率为 1∶1.500 0,因此互换的本金相等。在互换开始时,A 公司支出 1 500 万美元,得到 1 000 万英镑。互换期间每一年,A 公司从 B 公司收取 120 万美元(1 500 万美元的 8%),并以此支付银行的美元贷款利息,同时向 B 公司支出 108 万英镑(1 000 万英镑的 10.8%);B 公司从 A 公司收取 108 万英镑,自己再增加 12 万英镑(1 000 万英镑的 1.2%),共 120 万英镑支付银行的英镑贷款利息,时间为 5

年。在互换结束时,A公司支付1 000万英镑本金并收取1 500万美元本金。

在货币互换中,一个重要的问题是汇率。由于在货币互换有效期的开始时和结束时交换本金,因此货币互换面临汇率风险。为防范汇率风险,进行货币互换时一般要增加一个远期外汇合约,以锁定未来相应汇率的变化。例如,本例中交易双方在签订货币互换协议的同时,可以再签订一个5年期的远期外汇合约,如英镑对美元的汇率还是1:1.500 0。

三、其他互换

从普遍意义来说,互换实际上是现金流的交换。由于计算或确定现金流的方法有很多,因此互换的种类也很多。除了上述常见的利率互换和货币互换外,其他主要的互换品种有:

1. 交叉货币利率互换

交叉货币利率互换(Cross-Currency Rate Swaps)是利率互换和货币互换的结合,是以一种货币的固定利息交换另一种货币的浮动汇率。

2. 增长型互换、减少型互换和滑道型互换

在标准的互换中,名义本金是不变的,而在这三种互换中,名义本金是可变的,即可以在互换期内按照预定方式变化。其中,增长型互换(Accreting Swaps)的名义本金在开始时较小,而后随着时间的推移逐渐增大。减少型互换(Amortising Swaps)则正好相反,其名义本金随时间的推移逐渐由大变小。近年来,互换市场出现了一种特殊的减少型互换——指数化本金互换(Indexed Principal Swaps)。指数化本金互换,其名义本金的减少幅度取决于利率水平:利率越低,名义本金减少幅度越大。滑道型互换(Roller-Coaster Swaps)的名义本金则在互换期内时而增大,时而变小。

3. 基础互换(浮动利率与浮动利率互换)

在普通的利率互换中,互换一方是固定利率,另一方是浮动利率。而在基础互换(Basis Swaps)中,双方都是浮动利率,只是两种浮动利率的参照利率不同,通常一方的浮动利率与某一时期的伦敦银行同业拆放利率挂钩,而另一方的浮动利率则与另一市场利率相联系,如商业票据利率、存款利率或联邦基金利率等。例如,某公司通过商业票据的滚动发行筹集资金,并将筹得的资金投资于收益率为伦敦银行同业拆放利率的资产,那么一笔基础互换交易就可以防范或消除由于采用不同利率而产生的收入流与支出流不相吻合的风险。或者,发行商业票据的公司希望锁定借款成本,那么,该公司可以将基础互换与普通互换相结合,先把浮动商业票据利率转成浮动伦敦银行同业拆放利率,再把伦敦银行同业拆放利率转变成固定利率。

4. 零息互换和后期确定互换

在零息互换(Zero-coupon Swap)中,固定利息支付流量被一次性的支付所取代,一次性支付可以在互换初期,但更常见的是在期末。在后期确定互换(Back-set Swap)中,互换确定日不是在计息期开始之前,而是在结束之际或者在下一次互换的前两天确定。浮动利率的确定是滞后而不是提前的,因此这种互换也称为伦敦银行同业拆放利率滞后互换(LIBOR-in-arrears Swap)。如果某交易方认为利率走势将与市场预期有出入,那么这种互换就很有吸引力。例如,在收益率曲线上升的条件下,远期利率要高于当前的市场利率,在制定互换固定利率时就要反映这一点,后期确定互换的定价就可以定得更高一些。如果固定利率的收取方认为市场利率的上升要比远期利率所预期的慢,那么后期确定互换同样要比常规互换更为有利。

5. 差额互换

差额互换(Differential Swap)是对两种货币的浮动利率的现金流量进行交换,只是两种利

息现金流量均按同种货币的相同名义本金计算。例如，在一笔差额互换交易中，互换一方以6月期美元伦敦银行同业拆放利率对1 000万美元的名义本金支付利息；同时对同样一笔数额的名义本金以6月期欧元伦敦银行同业拆放利率收取以美元表示的利息。20世纪90年代初期差额互换非常流行，当时美元利率很低，但收益率曲线上升得非常陡直；而欧元利率很高，收益率曲线却向下大幅度倾斜。因此，按美元伦敦银行同业拆放利率付利息，并按欧元伦敦银行同业拆放利率LIBOR－1.90％收取以美元表示的利息的交易方在互换初期会有净收入。如果利率按远期收益率曲线所示发生变化，那么这些净收入最终会转变成净支出。但是，许多投资者坚信美元利率会低于远期利率所预示的水平，而欧元利率依然会维持在高水平上。所以，通过差额互换获利的时间将大大延长，甚至可能在整个互换期间都获利。

差额互换究竟属于货币互换还是属于利率互换很难加以定义，因为它既像交叉货币互换一样涉及两种货币的利率，又像利率互换一样仅以一种货币支付或收取利息。另外，当银行要为差额互换进行保值时，还涉及一种复杂的金融工具——数量调整期权（Quanto Option）的定价问题。

6. 互换期权

互换期权（Swap Option）本质上属于期权而不是互换，但该期权的标的物为互换。例如，利率互换期权本质上是把固定利率交换为浮动利率或把浮动利率交换为固定利率的权利。但许多机构在统计时把互换期权列入互换的范围。

7. 远期互换

远期互换（Forward Swaps）是指互换生效日是在未来某一确定时间开始的互换。

8. 可延长互换和可赎回互换

可延长互换是指互换的一方有权在一定时间内延长互换期限；可赎回互换是指互换的一方有权提前中止互换。它在实证上是互换中嵌入期权，它的定价较为复杂。

9. 股票互换

股票互换（Equity Swap）是以股票指数产生的红利和资本利得与固定利率或浮动利率交换。投资组合管理者可以用股票互换把债券投资转换成股票换资；反之亦然。这为规避股市行情下跌风险提供了有力工具。

第三节　中国的金融互换市场

中国的金融互换市场形成时间较晚，品种也较为单一。这里简要介绍我国利率互换市场和货币互换市场的形成与发展。

一、利率互换市场

（一）利率互换市场的发展与现状

2006年1月24日，中国人民银行发布《关于开展人民币利率互换交易试点有关事宜的通知》，面向银行间债券市场投资者推行人民币利率互换交易试点，标志着人民币利率互换交易在国内诞生。2006年2月，国家开发银行与中国光大银行完成首笔人民币利率互换交易，协议的名义本金为50亿元人民币，期限10年，光大银行支付固定利率，开发银行支付浮动利率（1年期定期存款利率），标志着人民币利率互换交易在国内的产生。利率互换从其产生之日起，就保持迅猛的增长势头，当年的成交量达 103 笔，总金额达 355.7 亿元，成为一种重要的利率衍生品。

2007 年 1 月，上海银行间同业拆借利率(Shibor)正式面世，并成为人民币利率互换交易浮动端参考利率的选择之一。从这一年开始，利率互换产品进入快速发展，Shibor 在利率互换产品定价中发挥了重要作用。以 Shibor 为基准的利率互换约占互换交易量总额的 13%。

2008 年，利率互换产品市场保持快速发展态势，产品类型日益丰富，市场规模快速增长，成交量比 2007 年增长超过一倍。2008 年共成交以 Shibor 为基准的利率互换 1 783 笔，本金达 899.19 亿元，比上年增长 215%，占互换交易量总额的 22%，同比提高 9 个百分点。

2009 年 3 月，央行和国家外汇管理局同意中国银行间市场交易商协会发布《中国银行间市场金融衍生产品交易主协议》，进一步规范利率互换交易。2009 年，利率互换产品市场运行平稳，交易量稳步增加，交易额同比增长 12%；其中，以 Shibor 为基准的利率互换占总成交额的 28%；一年期及一年期以下品种占总成交额的 56.5%。

2010 年，保监会允许达到风险管理能力标准的保险公司开展利率互换交易。至此，人民币利率互换业务扩展到整个行业。2010 年，人民币利率互换交易大幅增加，发生交易 11 643 笔，名义本金总额达 15 003.4 亿元，同比大幅增加 225%。从期限品种看，1 年及 1 年期以下交易最为活跃，名义本金总额 8 579.6 亿元，占总量的 57.2%。

2011 年 3 月，全国银行间同业拆借中心发布《全国银行间同业拆借中心利率互换交易确认细则》，推出利率互换交易后台确认服务，实现了交易确认的电子化操作，设置了统一的确认流程。2011 年，利率互换的市场规模继续放量增长，名义本金额增长幅度达 78%，互换交易笔数达到 2 万笔以上，名义本金额突破 2.5 万亿元人民币，市场规模明显扩大。但是，自 2011 年以来，受欧洲债务危机和国内经济增速放缓的影响，利率互换市场规模日趋平稳。2013 年的“钱荒”更是让互换交易的成交金额出现了负增长。2013 年，人民币利率互换市场交易的名义本金总额为 2.7 万亿元，同比减少 6.0%。不过从成交笔数来看，2013 年全年共成交 24 409 笔互换交易，同比增长 16.6%。

直到 2014 年，人民币利率互换又有新的快速发展和突破，成交量相比上一年增长超过 76%，成交额同比增长 48%，突破 4 万亿元。2021 年平均单月利率互换名义本金总额维持在 1.5 万亿元左右，市场规模保持较高水平。

从 2006 年起我国银行间市场相继推出利率互换、债券远期及远期利率协议等几种利率衍生产品，推出后各类利率衍生品交易量持续、快速增长。其中利率互换的发展最为迅速，名义本金成交额快速上升，利率互换交易量占利率衍生品市场总规模的 90%以上，成为国内银行间市场最主要的衍生品。

(二)利率互换市场产品(参考利率)

根据交易双方支付利息所依赖利率的不同，利率互换可分为固定利率—浮动利率互换、浮动利率—浮动利率互换等形式，其中最常见也是交易最活跃的是固定利率—浮动利率互换，即交易的一方以固定利率支付利息、以浮动利率收取利息，而另一方以固定利率收取利息、以浮动利率支付利息。利率互换要求交易双方本金、币种相同，利率互换的本金不会进入交易，交易双方仅就利息进行轧差交易。被指定的浮动利率一般称为参考利率。我国目前交易的互换品种是固定利率—浮动利率互换。

从浮动端参考利率的选择来看，标的利率包括 7 天回购定盘利率、3 个月 Shibor、7 天 Shibor、隔夜 Shibor 和 1 年期定存等多类利率品种，使得产品的参考标的并不统一；基于 FR007 及 Shibor 的互换交易占成交总量 95%以上。Shibor 在利率衍生产品定价中的作用不断加强，已成为主流浮动端参考利率品种之一。

目前利率互换的浮动端参考利率主要包括定期存贷款利率、回购定盘利率（FR007）和上海银行间同业拆放利率（Shibor）。我国利率互换主要品种见表 5-4。

表 5-4　　国内主要利率互换品种

标的浮动利率	FR007	Shibor3M	ShiborO/N	Shibor1W	1Y Depo
标准互换期限	1M、3M、6M、9M、1Y、2Y、3Y、4Y、5Y、7Y、10Y	6M、9M、1Y、2Y、3Y、4Y、5Y、7Y、10Y	1M、3M、6M、9M、1Y、2Y、3Y	1M、3M、6M、9M、1Y	2Y、3Y、4Y、5Y、7Y、10Y
付息频率	季付				年付
计息基准	Act/365	Act/360			
计息方式	复利	单利			

表 5-4 中的第一行为参考利率，即浮动利率，其中，FR007 是指银行间市场 7 天回购定盘利率。银行间回购定盘利率是以银行间市场每天上午 9:00—11:30 的回购交易利率为基础同时借鉴国际经验编制而成的利率基准参考指标，每天上午 11:30 起对外发布。Shibor3M 是指 3 个月期限的上海银行间同业拆放利率。ShiborO/N 为隔夜（O/N）利率。Shibor1W 为 1 周的上海银行间同业拆放利率。1Y Depo 为 1 年的回购定盘利率。

表 5-4 中的第二行为标准互换期限，其中，M 代表月，Y 代表年。标准互换是指固定利率与浮动利率的互换，如浮动利率为 FR007、期限为 3Y（3 年）的标准互换等。在这些互换中成交最活跃的是标的为 FR007 和 Shibor3M、期限为 1Y 和 5Y 的产品。市场上一般用 Repo 指代标的为 FR007 的利率互换，用 Shibor 指代标的为 Shibor3M 的利率互换。

从期限品种看，各类衍生产品的 1 年及 1 年期以下交易较为活跃。虽然利率互换产品的交易期限涵盖了 7 天到 10 年的各种关键期限，但中长期互换产品的交易量较少，主要交易集中在 1 年及一年期以下，其占比已从 2009 年的 56%上升到近年的 75%以上。

（三）利率互换市场主要参与者

国内市场投资者开展人民币利率互换交易实行备案制。金融机构开展利率互换交易需签订中国银行间市场交易商协会发布的《中国银行间市场金融衍生产品交易主协议》，并将其利率互换交易的内部操作规程和风险管理制度送交易商协会和交易中心备案。利率互换交易既可以通过全国银行间同业拆借中心（NIFC）交易系统进行，也可以通过电话、传真等方式进行。未通过交易系统达成的，金融机构应在利率互换交易达成后的下一工作日 12:00 前将交易情况送交易中心备案。

经相关监督管理机构（银行保险机构受中国国家金融监管总局监管，证券资管及公募基金受证监会监管，相关资格也由监管机构批准发放）批准开办衍生产品交易业务的市场投资者中，具有做市商或结算代理业务资格的金融机构可与其他市场参与者进行利率互换交易，其他金融机构可与所有金融机构进行出于自身需求的利率互换交易，非金融机构只能与具有做市商或结算代理业务资格的金融机构进行以套期保值为目的的利率互换交易。截至 2022 年 3

月 22 日，共计 690 家机构或产品在中国外汇交易中心进行备案，包括 218 家银行类金融机构、78 家券商、12 家保险及其他机构以及 382 只资管产品①。银行类机构中，除国有大行及股份制银行外，城商行、农商行、外资银行等机构完成利率互换市场备案的数量呈上升趋势。2014 年资管产品获准参与利率互换市场，2015 年 12 月第一只资管产品入市，2016 年 2 月首笔资管产品完成利率互换交易②。近年来，已备案的产品数量增长迅速。公募基金/基金专户、券商资管、银行理财、保险资管及私募基金等均参与利率互换市场中。

(四)利率互换的平盘和冲销

对于持有的利率互换头寸，与债券类似可以持有至到期，但更多时候会止盈或止损，也就是提前终止合约。在利率互换中提前终止的方法有平盘和冲销。

平盘是指通过买入或卖出与原头寸相反的某期限、相同标的利率互换产品，使组合的久期或 DV01 接近 0 的操作。

在平盘操作中有两点需要注意：一是由于平盘合约的重置日、支付日、利率确定日可能与原合约的重置日、支付日、利率确定日错位而产生的误差；二是由于利率互换合约是标准期限的，因此平盘组合可能有残余部分。例如，原合约剩余期限为 4.5 年，此时不管用 4 年的合约还是用 5 年的合约平盘，最后都会有一个 0.5 年的残余部分。

冲销是交易中心组织的，在交易的双方或多方全部参与的情况下，按照各方均认可的损益结算，结算后所有参与方的该头寸自动清零，具体的冲销细则参见交易中心的相关规定。

(五)利率互换的交易及清算

利率互换的交易方式包括线上(CFETS 系统)交易及线下交易两种。自 2008 年利率互换业务开展以来，CFETS 系统支持的利率互换标的及结构逐渐增加，目前可支持挂钩回购利率(如 FR007)、拆借利率(如 Shibor3M)、存贷款利率(如 LPR1Y)以及债券收益率(如中债 10 年国债收益率)、债券利差等参考利率，期限 14 天到 10 年的利率互换合约交易。除上述参考利率外，对于更为定制化的利率互换合约，主要采取线下方式进行交易。

2014 年中国人民银行发布了《关于建立场外金融衍生产品集中清算机制及开展人民币利率互换集中清算业务有关事宜的通知》，要求金融机构之间达成的、合约要素符合相关标准的[以 FR007、ShiborO/N 和 Shibor3M 为参考利率的，期限在 5 年以下(含 5 年)的人民币利率互换交易]，应提交上海清算所进行集中清算，经中国人民银行批准豁免的除外。

目前上海清算所支持固定利率对浮动利率的互换交易进行集中清算，浮动端参考利率为 FR007、ShiborO/N 和 Shibor3M 等，剩余期限范围在 5 天(含)至 10 年(含)[ShiborO/N 最长剩余期限为 3 年(含)]且合约期限为支付周期的整数倍。在此范围外的利率互换交易，目前仅能选择双边清算。

基于上述监管要求及业务实际情况，利率互换业务的交易及清算模式如表 5-5 所示。

---

① https://www.chinamoney.com.cn/chinese/index.html.

② 易方达完成基金业首次利率互换交[EB/OL]. https://www.cs.com.cn/sylm/jsbd/201602/t20160204_4900469.html

表 5-5　　利率互换业务的交易及清算模式

交易对手	交易类型	清算方式	交易方式	合约示例
金融机构（包括产品户）	满足央行要求且上清所可以支持的交易	央行要求集中清算	通过 CFETS 系统交易	FR007 1Y IRS，ShiborO/N_1Y IRS Shibor3M_5Y IRS
	央行要求之外但上清所可以支持的交易	可以选择集中清算或双边清算	大部分通过 CFETS 系统交易	FR007_7Y IRS、Shibor3M_10Y IRS
	上清所不支持但 CFETS 系统内可完成的交易	双边清算	CFETS 系统/线下交易	LPR1Y_5Y IRS、GB10_3M IRS CDB10_3M IRS
	CFETS 系统内无法完成的交易	双边清算	线下交易	本金摊还型 IRS 非标准期限 IRS(LPR1Y_3.75Y IRS)
非金融企业	所有交易	双边清算	线下交易	各类利率互换合约

上海清算所将会员分为综合清算会员、普通清算会员和非清算会员。在上海清算所备案的金融产品，需要通过综合清算会员代理清算的方式参与集中清算。代理清算是集中清算的形式之一。

二、货币互换市场

中国的货币互换实践开展较晚，主要是中国人民银行与贸易国开展货币互换，以解决双边贸易支付结算问题。2001 年 12 月 6 日中国人民银行行长戴相龙与泰国银行行长德瓦库拉在北京签署的中泰两国之间的双边互换协议，是中国首次与其他国家签订的货币互换协议。该协议的签署标志着人民币参与国际化进程的开始。自与泰国央行签订了第一份双边互换协议以来，到 2017 年底中国人民银行与包括俄罗斯、巴西、阿根廷、泰国、埃及、土耳其、尼日利亚等新兴经济体及欧洲央行、瑞士、英国、加拿大、澳大利亚、新西兰等发达经济体签署了货币互换协议。其中，“一带一路”沿线国家或地区有 20 多个。总额度截至 2017 年底为 30 240 亿元人民币。到 2021 年末，中国人民银行累计与 40 个国家和地区的中央银行或货币当局签署双边本币互换协议，总金额超过 4.02 万亿元，有效金额 3.54 万亿元。

中国人民银行与货币互换对手方进行货币互换如图 5-6 所示。

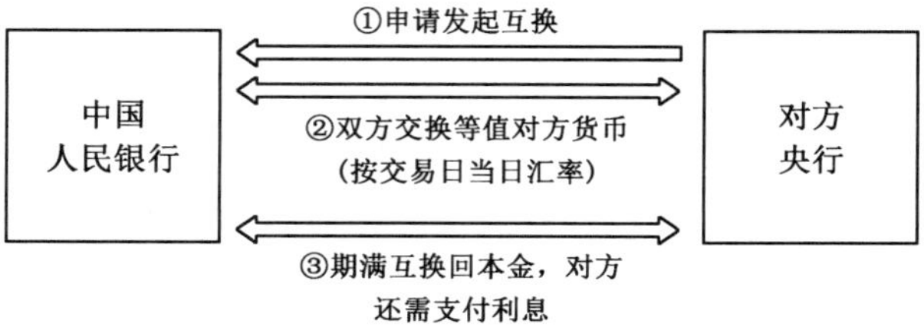

图 5-6　中国人民银行与对手方进行货币互换示意图

我国虽然在 20 世纪 80 年代就有货币互换交易，但发展缓慢，直到 2008 年金融危机后我国才正式开始进行人民币互换业务。在之后的短短几年里，该业务发展规模和层次不断提升，规模从 2008 年的 1 800 亿猛增至 2021 年的 3.54 万亿元，2021 年日均交易量达到 14 亿美元。

第四节 金融互换的定价

假设金融互换没有违约的可能性，金融互换的定价有三种办法：一是互换均衡定价方法，二是债券组合定价方法，三是远期估值定价方法。

一、互换均衡定价方法

(一)基本思想

无论是利率互换还是货币互换，均可以看成是一个债券的多头与一个债券空头的组合，因此，可以利用债券组合定价为互换定价。这里，利率互换相当于是一个固定利率债券与一个浮动利率债券的组合；货币互换相当于是一个本币固定利率债券与一个外币固定利率债券的组合。

1. 互换利率的概念

互换利率是指到期日与互换协议到期日相等、现金流与互换中固定收益现金流相等(到期日加名义本金作为债券的面值)时的固定收益债券对应的票面利率。

如利率互换中，互换利率就是现金流与互换中固定收益现金流相等时的固定收益债券对应的票面利率。在货币互换中，互换利率是指要确定的货币现金流与互换中对应固定收益现金流相等时的固定收益债券对应的票面利率。如美元与英镑的货币互换中，美元利率固定，要确定英镑的利率，即构造一个英镑固定收益债券，其现金流与美元和英镑的货币互换中英镑的现金流相等，这个固定收益债券对应的票面利率即为互换利率。

由于金融互换可以看作一个债券的多头与一个债券空头的组合，因此，互换合约的价格就等于债券的多头价值与一个债券空头价值的差。

当互换合约的价格为 0 时，此时的互换称为互换均衡。在互换均衡时，浮动现金流一方的价值与固定现金流一方的价值相同，这时的互换定价称为互换均衡定价。如在互换合约签订时，互换双方交易情况如表 5-6 所示。

表 5-6 互换均衡时互换双方交易情况

交易双方	收　入	支　出	净支出
A	定价为面值的固定利率债券的利息	定价为面值的浮动利率债券的利息	0
B	定价为面值的浮动利率债券的利息	定价为面值的固定利率债券的利息	0

互换均衡定价是确定互换均衡时的互换利率。互换利率是指到期日与互换协议到期日相等且现金流与互换中固定现金流相同的债券的票面利率。

2. 互换中现金流价值的估计

假设现在为零时刻，根据互换条款，金融机构在时间 $t_i(1\leqslant i\leqslant n)$收到固定收入 k 美元，同时以浮动利率支付，记：

B_{fix}：互换中的固定利率债券的价值。

B_{ft}：互换中的浮动利率债券的价值。

Q：互换协议中的名义本金。

(1)互换中固定现金流价值的估计。记 r_i 为与到期时间 t_i 相应的贴现率(利率)，则 B_{fix}

是时刻 $t_i(1\leqslant i\leqslant n)$ 支付利息 k 及在 t_n 时刻支付本金的贴现之和，即互换中固定现金流的价值为：

$$B_{fix}=\sum_{i=1}^{n}ke^{-r_it_i}+Qe^{-r_nt_n} \tag{5-1}$$

（2）互换中浮动现金流价值的估计。互换中浮动现金流的价值 B_{ft} 应定价为其面值，即在支付日后的短暂时间内 B_{ft} 总是等于名义本金 Q。

这是因为当只有一期的情况时，

$$P_0=\frac{Q(1+LIBOR)}{1+LIBOR}=Q \tag{5-2}$$

其中，P_0 为浮动现金流当前的价值，$LIBOR$ 为本期的浮动利率。

在有多期的情况下，可采用后推方法来推导，即从最后一期开始，采用类似于单期的情况，其价值为面值 Q；第二期可采用同样的方法，其价值为面值 Q；最后可推导出浮动利率债券 B_{ft} 的定价应为其面值。

在两个相邻支付日之间，我们利用这样一个事实，即在下一个支付日后的短暂时间内，B_{ft} 等于 Q。因此，

$$B_{ft}=Qe^{-r_1t_1}+k^*e^{-r_1t_1} \tag{5-3}$$

其中，k^* 是在时间 t_1 将支付的浮动利率利息。

（二）利率互换均衡定价

记：V 为收入固定利率债券收益、支出浮动利率债券收益互换的价值。根据互换中固定现金流和浮动现金流价值的估计公式，有：

$$V=B_{fix}-B_{ft} \tag{5-4}$$

在互换均衡时，$V=0$，得：

$$B_{fix}=B_{fl}$$

由此，可以求出互换均衡时的互换利率。

互换利率可以用互换曲线确定。互换曲线也称为同业拆借利率曲线（LIBOR Curve）。LIBOR 是国际大投资银行的短期融资成本，而互换利率是大投资银行的长期融资成本。我们可以应用 1 个月到 18 个月的 LIBOR 和 2 年到 30 年的互换利率画出票面利率曲线（Par Yield Curve），市场参与者称此曲线为互换曲线（LIBOR Curve or Swap Curve）（见图 5－7）。

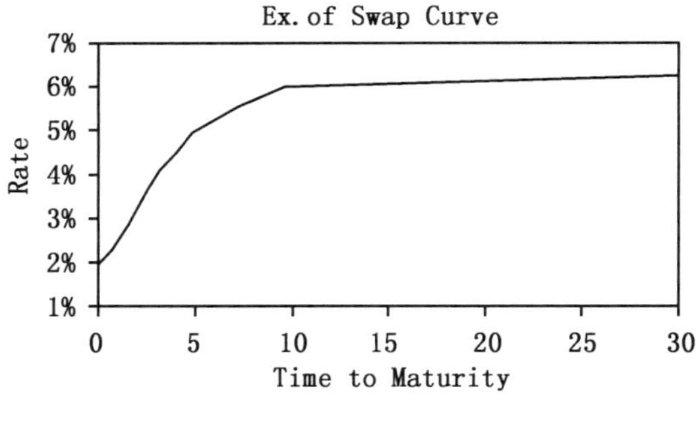

图 5－7　互换曲线

互换利率通常分为两部分：一部分为基准国债利率，一部分为互换利差。例如，10 年期的互换利率为 6.5%，其中，基准国债利率为 5.8%，10 年互换利差为 70bps，即：

10 年期的互换利率(6.5%)＝基准国债利率(5.8%)＋10 年互换利差(70bps)

［例 5－4］ （利率互换协议中均衡互换利率的确定）假设已知半年、一年、一年半及 2 年的 LIBOR 利率如下：

时间	6 个月	12 个月	18 个月	24 个月
LIBOR	6%	6.2%	6.4%	6.6%

求期限为两年的利率互换协议中的固定利率。

我们知道，在利率互换开始时，互换的价值为 0，即互换中固定收益现金流的现值应等于浮动收益现金流的现值，应为面值。

记 Q 为面值，r 为利率互换协议中的固定利率，则有：

$$Q=Q(\frac{r/2}{1+6\%/2}+\frac{r/2}{(1+6.2\%/2)^2}+\frac{r/2}{(1+6.4\%/2)^3}+\frac{1+r/2}{(1+6.6\%/2)^4}$$

$r=6.583\ 8\%$

因此，这个互换中的固定利率为 6.583 8%。我们也可以进行相反的计算，即应用互换利率计算均衡时的浮动利率。如已知 6 个月的浮动利率和互换利率，可以应用上述方法计算一年的利率互换协议中 12 个月的浮动均衡利率。

（三）货币互换均衡定价

在没有违约风险的情况下，货币互换相当于一个本币固定利率债券与一个外币固定利率债券的组合。当货币互换处于均衡状态时，互换的价值 V 等于 0。因此，分别计算本币固定利率债券和外币固定利率债券的价值，令其相等，可以根据货币的固定利率求出对应外币的固定利率，或相反。

记：B_F 表示在互换中以外币形式衡量的外币债券价值，B_D 表示互换中本币债券的价值，S 表示即期汇率（以每单位外币若干国内货币数量表示），则：

$$B_D-SB_F=0 \tag{5-5}$$

可以根据一种货币的固定利率求出另一种货币的固定利率。

［例 5－5］ 假设英镑和美元的利率期限结构都是平直的，英镑年利率为 1.5%，美元年利率为 1%（连续复利）。一家金融机构进行货币互换，以两种货币表示的本金分别为 1 000 万英镑和 1 500 万美元，现在的汇率为 1 英镑＝1.5 美元，互换将持续 2 年。假设该金融机构每年以英镑收取年利率为 3%的利息，那么在互换均衡时它以美元支付的年利率为多少？

在这个例子里，假设本金为美元，外币为英镑，美元支付的年利率为 x。

$B_D=x\times1\ 500e^{-0.01\times1}+(1+x)\times1\ 500e^{-0.01\times2}$

$B_F=30e^{-0.015\times1}+(1+3\%)\times1\ 000e^{-0.015\times2}=1\ 029.112$（万英镑）

令：$V=B_D-1.5\times B_F=0$

得：$x=2.48\%$

即在互换均衡时，它以美元支付的年利率为 2.48%。

二、债券组合定价方法

(一)债券组合定价的基本思想

金融互换在签订合约时是均衡的,互换合约的价值为 0,但之后互换合约的价值往往不为 0,即互换处于不均衡状态,此时确定互换合约的价值就为互换定价,也称为互换合约定价。由于任何互换均可以看成是一个债券的多头与一个债券空头的组合,因此可以利用债券组合定价为互换定价。定价方法为:首先计算互换中债券多头和债券空头的价值,然后相减得出互换价值。

(二)利率互换定价

利率互换相当于是一个固定利率债券与一个浮动利率债券的组合。首先计算互换中固定利率债券的价值,然后减去浮动利率债券的价值(或相反),得出互换价值。

记:B_{fix} 为互换中的固定利率债券的价值,B_{ft} 为互换中的浮动利率债券的价值,V 为收入固定利率债券收益支出一个浮动利率债券收益互换的价值,则有:

$$V=B_{fix}-B_{ft} \tag{5-6}$$

对支付固定利率利息并收取浮动利率利息的一方,有:

$$V=B_{ft}-B_{fix} \tag{5-7}$$

[例 5-6] 假设按某个互换条款,一家金融机构同意支付 6 个月期 LIBOR,收取每年 8%(半年复利)的利息,名义本金为 100 百万美元。该互换还有 1.25 年时间到期。按连续复利计算的 3 个月期、6 个月期及 15 个月期的相关贴现率分别为 10.0%、10.5%和 11%。上一支付日的 6 个月期 LIBOR 为 10.2%(半年复利)。

在这个例子中,$k=4$ 百万美元,$k^*=5.10$ 百万美元,因此

$B_{fix}=4e^{-0.25\times0.1}+4e^{-0.75\times0.105}+104e^{-1.25\times0.11}=98.24$(百万美元)

$B_{ft}=5.1e^{-0.25\times0.1}+100e^{-0.25\times0.1}=102.51$(百万美元)

因此,互换的价值为

$98.24-102.51=-4.27$(百万美元)

如果银行处于相对的另一方,即支付固定利率利息,收取浮动利率利息,互换价值则为 4.27 百万美元。

(三)货币互换的定价

货币互换相当于一个本币固定利率债券与一个外币固定利率债券的组合。如果 V 表示互换的价值,对收入本币、支出外币一方的互换价值为:

$$V=B_D-SB_F \tag{5-8}$$

收入外币、支出本币一方的互换价值为:

$$V=-B_D+SB_F \tag{5-9}$$

其中,B_F 表示在互换中以外币形式衡量的外币债券价值,B_D 表示互换中本币债券的价值,S 表示即期汇率(以每单位外币若干国内货币数量表示)。

[例 5-7] 假设日元和美元的利率期限结构都是水平的,日元年利率为 2%,美元年利率为 3%(连续复利)。一家金融机构进行货币互换,它每年以日元收取年利率为 5%的利息,以

美元支付年利率为6%的利息，以两种货币表示的本金分别为10百万美元和1 100百万日元，互换将持续3年，现在的汇率为1美元=110日元。

在这个例子中，

$B_D=0.6e^{-0.03\times1}+0.6e^{-0.03\times2}+10.6e^{-0.03\times3}=10.835$(百万美元)

$B_F=55e^{-0.02\times1}+55e^{-0.02\times2}+1\ 155e^{-0.02\times3}=1\ 194.492$(百万日元)

互换的价值为：

$$V=\frac{1\ 194.492}{110}-10.835=0.024\text{(百万美元)}$$

三、远期估值定价方法

(一)远期估值定价的基本思想

金融互换除了可以看成是一个债券多头与一个债券空头的组合外，也可以看成是多个金融远期的组合。金融互换中每一次现金流的交换就相当于一次金融远期，通过计算每一次金融远期的结算金，加总后就可以得出金融互换的价值。

(二)利率互换定价

利率互换定价可以利用远期利率协议结算金的方法为其定价，因为远期利率协议是一个在未来某个时刻开始的某个确定时期所使用的确定利率协议，利率互换可以分解为一系列远期利率协议，相当于一系列远期利率协议的组合。每一个远期利率协议是一个固定利率与浮动利率的交换，结算金是每一个远期利率协议的价值。利率互换定价就是每一个远期利率协议价值之和。

根据远期利率协议，可以计算每个FRA价值的现值。由于利率互换是一系列远期利率协议的组合，因此可以通过远期利率协议估算利率互换的价值。其过程是：

(1)应用利率互换中现金流的每一个LIBOR利率，计算远期利率；

(2)应用远期利率协议结算金计算公式，计算每个远期利率协议的结算金；

(3)将每个远期利率协议的结算金加总，得到利率互换的价值。

[例5-8] 再考虑例5-5的情形，在3个月内将交换的现金流已经确定。8%的利率将与10.2%的利率交换。

对金融机构而言，本次交换的价值为：

$0.5\times100\times(0.08-0.102)e^{-0.1\times0.25}=-1.07$(百万美元)

为了计算在9个月的交换价值，我们必须计算对应于3个月和9个月期间的远期利率。根据连续复利下远期利率的计算公式，有：

$$\frac{0.75\times0.105-0.25\times0.10}{0.5}=0.107\ 5$$

即10.75%，应用连续复利与离散复利之间的关系(参考第三章有关内容)，可得到半年复利一次的利率为11.04%。对应于在9个月的交换，FRA的价值为：

$0.5\times100\times(0.08-0.110\ 44)e^{-0.75\times0.105}=-1.41$(百万美元)

为了计算在15个月的交换价值，我们必须计算对应于9个月和15个月期间的远期利率，有：

$$\frac{1.25\times0.11-0.75\times0.105}{0.5}=0.1175$$

即 11.75%，可得到半年复利一次的利率为 12.102%。对应于在 15 个月的交换，FRA 的价值为：

$$0.5\times100\times(0.08-0.12102)e^{-1.25\times0.11}=-1.79(\text{百万美元})$$

互换的总价值为：

$$-1.07-1.41-1.79=-4.27(\text{百万美元})$$

这与例 5-5 中以债券价格为基础计算的结果是一致的。

(三)货币互换定价

货币互换也可分解为一系列远期合约。假如在图 5-5 中每年有一个支付日，在每一个支付日 B 公司同意收取 1.08 百万英镑并支付 1.2 百万美元。另外，在最后支付日，它同意收取 10 百万英镑并支付 15 百万美元。这些交换的每一项都代表一份远期合约。假如 $t_i(1\leqslant i\leqslant n)$为第 i 个清偿日，$r_i(1\leqslant i\leqslant n)$为对应时间长度为 t_i 的美元连续复利利率，$F_i(1\leqslant i\leqslant n)$为对应时间长度为 t_i 的远期汇率。对应时刻 t_i 的利息交换，B 公司的远期合约价值为：

$$(1.08F_i-1.2)e^{-r_it_i}$$

其中，$1\leqslant i\leqslant n$。对应时间 t_n 的本金交换，B 公司的远期合约价值为：

$$(10F_n-15)e^{-r_nt_n}$$

这表明货币互换的价值总是可以从远期汇率和国内利率的期限结构计算出来。

[例 5-9] 再考虑例 5-6 的情形。假设现在的即期汇率为 1 美元=110 日元。由于美元与日元间的利率差为每年 1%，因此，1 年期、2 年期、3 年期的远期汇率分别为：

$$0.00909e^{0.01\times1}=0.00918$$

$$0.00909e^{0.01\times2}=0.00928$$

$$0.00909e^{0.01\times3}=0.00937$$

利息交换包括收取 55 百万日元并支付 0.60 百万美元。美元的无风险利率为每年 3%。因此，对应于利息交换的远期合约价值为：

$$(55\times0.00918-0.6)e^{-0.03\times1}=-0.09217(\text{百万美元})$$

$$(55\times0.00928-0.6)e^{-0.03\times2}=-0.08466(\text{百万美元})$$

$$(55\times0.00937-0.6)e^{-0.03\times3}=-0.07748(\text{百万美元})$$

本金的最后交换包括收取 1 100 百万日元并支付 10 百万美元。因此，对应于这个交换的远期合约价值为：

$$(1100\times0.00937-10)e^{-0.03\times3}=0.27833(\text{百万美元})$$

互换的总价值为：

$$0.27833-0.09217-0.08466-0.07748=0.024(\text{百万美元})$$

与前面计算的结果相同。

第五节 金融互换的应用

金融互换在实际中的应用主要包括风险规避、风险对冲、套利及逃避金融管制等方面。本节主要通过实例介绍金融互换在风险管理、套利和投机方面的应用。

一、基本思想

金融互换合约允许交易双方在未来的某一确定时间内，交换一系列现金流，其中现金流的计算因互换类型的不同而不同。

利率互换允许交易双方在未来的某一确定时间内，交换一系列利息流，其中一方以固定利率计算现金流，另一方以浮动利率计算现金流。这样，预计利率变动（上升或下跌）给他造成损失的一方可以利用互换合约将浮动利率转换成固定利率；反之，预计利率变动给他带来收益的一方可以利用互换合约将固定利率转换成浮动利率。

同样，货币互换允许交易双方在未来某一确定时间内交换的利息流系列，其中一方以某一货币的固定利率计算现金流，另一方以另一货币的固定利率计算现金流。这样，预计汇率变化给他造成损失的投资者可以利用货币互换将其外汇支出锁定。

二、金融互换在风险规避方面的应用实例

利用利率互换的主要目的是管理利率风险，主要用于锁定债券收益和对冲货币资金利率。

首先，利用利率互换锁定债券收益。实际市场中存在大量非活跃债券（非活跃券），其流动性较差，当市场收益率快速上行时，非活跃券的流动性往往不支持立即平仓。由于利率互换的流动性要好于非活跃券，此时可以支付固定利率收取浮动利率，以对冲利率上行风险，等到持有债券[①]流动性好转时再进行平仓，可以锁定债券收益，对冲因无法立刻平仓造成的损失。

其次，利用利率互换对冲货币资金利率。考虑到利率互换在我国的参考利率主要为 Shibor 3M 和 FR007，当货币资金利率上行时，在买入债券的同时支付固定利率互换，可以锁定债券的回购成本，进行套利。

［例 5－10］ （利率互换防范利率风险实例）假定甲公司发行固定收益债券。甲公司于是暴露在利率下降的风险之中，因为未来利率如果下降，它将支付较高的利息。如果甲公司预期并希望从利率下降中受惠，则它必须在利率下降前将固定利息的债务转换成浮动利息的债务，但这种转换相当困难。然而，甲公司可以通过利率互换达到上述效果。

甲公司可以进入这样一个互换中，收取固定利息，并支付浮动利息。在互换交易中，收取的固定利息可以用来冲销债券的固定利息支出，甲公司最后只需支付浮动利息。固定收益债券虽然仍列在投资负债表中，但互换交易已经改变这笔负债的现金流量特性（见图 5－8）。

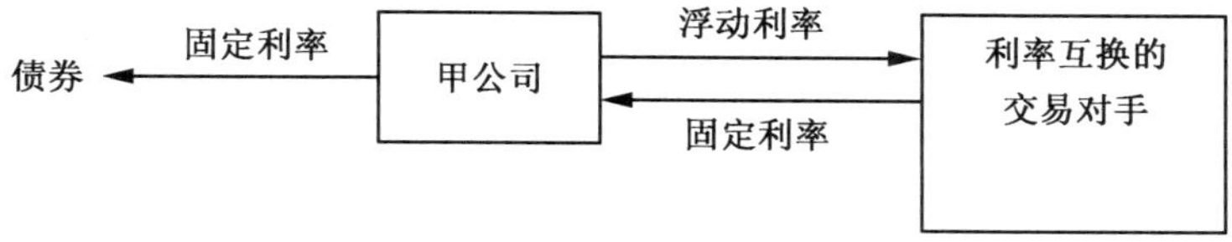

图 5－8 企业债券利率风险防范实例

［例 5－11］ （货币互换防范汇率风险实例）假定一家英国航空公司因从美国购买飞机而以固定利率借入美元。该公司预期美元将对英镑升值。美元如果持续升值，清偿美元借款时，

① 对于金融机构和企业，还可在负债管理、锁定资金转移定价、企业对冲贷款成本和发债成本等领域有所应用。

必须以较多的英镑购买美元。另外,以英镑计值的美元借款利息也将增加。

这家航空公司可以借助英镑/美元的货币互换来规避美元升值的风险。这笔货币互换可以锁定汇率。当合约到期时,该公司可以根据商定的汇率,将英镑收益兑换为美元,以清偿美元借款。锁定汇率可以规避美元借款的汇率风险,并以一定的英镑收益清偿美元借款。

假定这家英国航空公司不仅预期美元升值,而且认为英国利率将下降。该公司可以签订一笔货币互换交易,收取固定利率的美元,并支付浮动利率的英镑,以充分利用英国利率下降的利润,并规避美元升值的汇率风险。

这家英国航空公司进行货币互换的具体交易过程是:

(1)在交易之初,决定到期互换本金所适用的英镑/美元汇率,这可能(但未必)是当时的即期汇率。同时,决定互换交易的利率。

(2)在合约期间,该英国航空公司将支付一组浮动利率的英镑利息流量,并收取一组固定利率的美元利息流量。所收取的美元利息将用以支付美元借款的利息,支付的英镑利息则由营运收益来负担。

(3)当合约到期时,该公司将支付英镑本金,收取美元本金,本金的互换根据合约当初的英镑/美元汇率决定,所以支付的英镑本金将来自营运收益的累积,所收取的美元本金则用以清偿美元借款。

三、金融互换的套利交易

利率互换的套利交易主要有以下几种类型:

1. 与固息券之间的套利

固息券之间的套利即“回购+持券+互换多头”。由于中长期互换利率与现券利率之间的走势比较接近,可以围绕两者之间的利差进行套利交易。从理论上讲,如果不考虑交易成本和流动性限制,买入固定利率债券并利用回购进行债券融资,与进入 IRS 市场收取固定端、支付浮动端的收益应该是等价的。其最终持有到期收益可以分解为:(现券收益率－互换固定端成本)+(FR007－融资利率)。

2. 与浮息券之间的套利

假设 Shibor 互换利率与同期限现券利率间的利差较大,投资者买入 Shibor 浮息债,并通过 Shibor 互换将浮动利率转换为固定利率(支付 Shibor 收取固定利率),再加上浮息债的票面利差,组合的收益率或高于直接买入一个固息的政策性银行债。

3. 曲线利差交易(即博弈互换曲线陡峭程度的变化)

倾斜向上的即期收益率曲线隐含远期短期利率上升的信息。通过这种向上倾斜的收益率曲线定价出来的 IRS 必然出现长期品种价格高于短期、远期报价高于即期的情况。曲线越陡越有价值,平坦的收益率曲线不适用。在这种情况下,投资者可以通过买入即期 IRS 同时卖出远期 IRS 做对冲,锁定即期和远期利差的收益。

除上面的套利交易外,金融互换在全球金融市场上也可以进行套利活动,可以减少筹资成本。这里仅以利率互换为例进行介绍。

[例 5-12] 假设市场提供给 A、B 两公司的借款利率为:

	固定利率	浮动利率
A公司	9.00%	6个月期 LIBOR+0.30%
B公司	10.20%	6个月期 LIBOR+1.00%

假定A、B两公司都想借入5年期的1 000万美元的借款，A公司想借入与6个月期相关的浮动利率借款，B公司想借入固定利率借款。但两家公司由于其信用等级不同，故市场向它们提供的利率也不同。

若采用互换的方法，A公司按固定利率借款，B公司按浮动利率借款，然后再交换，若不计交换费用，则两家公司可节约利率为：

(LIBOR+0.30%+10.20%)-(9.00%+LIBOR+1.00%)=0.50%(互换利益)

假定双方各分享一半的互换利益，则A公司的实际借款利率为：

(LIBOR+0.30%-0.25%)= LIBOR+0.05%

B公司的实际借款利率为：

10.20%-0.25%=9.95%

这种结果的出现是因为存在比较优势：

10.20%-9.00%>(LIBOR+1.00%)-(LIBOR+0.30%)

则其流程如图5-9所示：

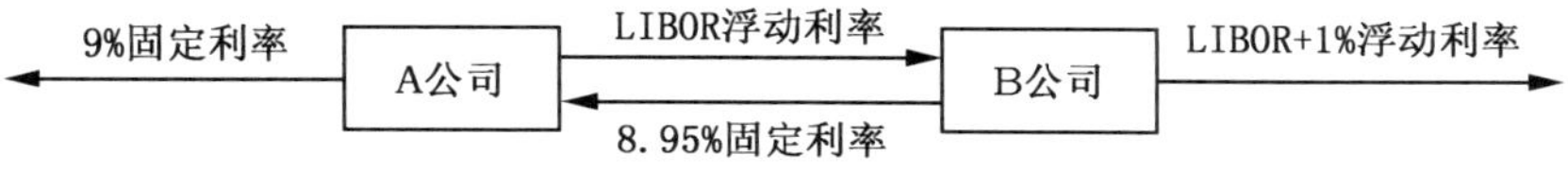

图5-9 利率互换

四、利率互换的策略交易

利率互换是一种很好的策略交易工具。投资者可以判断利率互换曲线的变化及其他利率投资工具收益率的变化，利用利率互换与债券、回购甚至国债期货等组合，进行策略交易，主要包括方向性交易和息差交易(carry trade)。

(一)方向性交易

所谓方向性交易，即对利率走势进行主动判断并做相应方向的交易，其实质是投机交易。有研究表明，利率互换参考利率为货币市场利率，对现券市场具有一定的领先性。长端利率互换可能隐含基本面预期，对价格指标有一定的前瞻性。利率互换的方向性交易主要包括两类：一类是基于未来互换利率或参考利率走势的预测，进行单边交易，分为买入利率互换和卖出利率互换。预期互换利率走势下行时卖出，上行时买入。所谓买入利率互换，是指固定利率支付者在互换交易中支付固定利率，收取浮动利率。若浮动利率上涨，则可以从利率互换的交易中获利。对于卖出利率互换来说，方向相反。

(二)息差交易

息差交易是指在利率互换中收取固定利率、支付浮动利率。如果固定利率高于浮动利率的平均水平，收取固定利率一方可获得一定的利息差，这时利率互换的卖方相当于在进行一个息差交易。类似于通过回购融资来购买一个固息债，因为债券的收益率大多数时候高于回购的平均融资成本。该策略需要不停做回购融资。

息差交易在利率下行的环境中有比较大的操作空间。如果利率处于上行阶段，收取固定利率虽可获得一定息差，但按市值估计，收取固定利息的头寸亦是亏损的。因此息差交易的最佳时间是预期互换利率保持平稳或下行。

第六节　金融互换交易的风险与防范

与金融远期类似，尽管金融互换可以防范利率与汇率风险，但在其应用时也存在一定风险。其风险主要来自两个方面：一是金融互换本身的风险，如违约风险；二是利率或汇率变化与预期不一致的风险。防范这两类风险是金融互换应用时要重点关注的问题。

一、金融互换违约风险的防范

(一)金融互换违约风险的概念与特点

1. 金融互换违约风险的概念

金融互换在交易中存在的最大风险是违约风险。由于金融互换一般是场外交易，在交易中往往没有保证，当利率或汇率变化对一方有利时，对方有可能无力或无诚意履行合约，因此金融互换的违约风险较高。为防范金融互换交易的信用违约风险，一般要求交易双方有很高的信用等级。下面以利率互换为例，说明利率互换信用风险的管理。

由于利率互换合约是一对一签约的，一旦对方违约，利率互换就停止，因此，信用风险对利率互换交易至关重要。利率互换的信用风险主要是交易对手的信用风险，是指互换交易中一方履行合同的可能性下降或者不履行互换交易时导致交易对手承担损失的风险。

利率互换的信用风险包括交割前风险和交割风险。交割前风险是指交割前对手方无法履行合约导致损失的风险；交割风险是指交割时交易双方互换现金流时的风险。

2. 金融互换违约风险的特点

与公司债相比，利率互换的信用风险一般要小得多。其主要原因是：

一是利率互换只涉及利息的支付，没有涉及名义金额互换的结算风险。利率互换仅仅对互换的净现值在险，即一旦发生利息支付违约，未违约方也不必支付利息。故而，利率互换真正的风险暴露为互换的净现值，这是一个相对小的量。

二是互换主体利用全国银行间同业拆借中心交易系统进行互换，通过保证金、持仓限额和强行平仓等制度约束，其信用风险相对较小。

三是我国互换主体多以套保为目的，相对投机而言，信用风险较小。

(二)信用风险的管理

即使交易对手风险相对较小，投资者仍然需要建立交易对手资质筛选机制，严格准入标准，建立授信管理和保证金机制，签订市场统一的主协议等，防范交易对手信用风险。

1. 交易对手分类和准入

通过建立分级交易对手库，审慎选择交易对手和中介机构，降低信用风险。一般可将交易对手分为三类：一类交易对手，不限制累积净头寸暴露金额，如大型商业银行、保险公司、中央结算公司等;二类交易对手,限制累积净头寸暴露金额,如非法人产品账户;三类交易对手,不允许新增交易,如小型财务公司等。

2. 授信和集中度管理

首先是准确度量利率互换的信用风险敞口。利率互换的信用风险敞口是指交易对手违约所面临的损失,即违约时利率互换的市场公允价值。

其次是建立交易对手信用风险管理的机制:一是建立适合本公司特征的交易对手信用评级制度和评估模型。二是对交易对手进行授信机制或要求交易对手缴纳保证金。与交易对手在授信范围内开展业务。如果没有授信,则要求交易对手以一定资产作为保证金,防范其违约行为。三是与交易对手定期对账,防止授信超限或者保证金不足。

3. 合理选择结算模式

合理选择结算模式对于管理交易对手信用风险至关重要。由于清算会员参与利率互换应向上海清算所缴纳保证金,包括最低保证金和变动保证金。变动保证金包括超限保证金和盯市保证金。超限保证金是清算会员所持头寸净额或风险敞口超出清算限额时缴纳的保证金,用于弥补清算会员违规违约时上海清算所进行违约处理所产生的潜在损失中最低保证金无法覆盖的部分;盯市保证金用于弥补清算会员持有头寸的盯市亏损。因此,利率互换采用集中清算模式时,相关信用风险可得到有效的控制。

4. 完善配套管理措施

将交易对手信用风险管理纳入全面风险管理框架,建立健全利率互换等金融衍生产品风险治理的政策和流程,加强信息系统和基础设施建设,提高数据收集和存储能力,确保衍生工具估值和资本计量的审慎性。

二、金融互换交易的市场风险管理

金融互换交易中的市场风险主要是指利率或汇率变化与预期不一致的风险,亦即利率或汇率风险。金融互换无论是用于保值还是投机交易,从金融互换市场看都是单边交易。为了防范金融互换交易的市场风险,交易者应做好以下工作:

1. 充分了解利率或汇率变动趋向,慎重做出交易决策

对利率或汇率变动影响因素进行深入分析,正确分析预测利率或汇率变动规律,为金融互换交易奠定基础。

2. 合理设置套期保值比率,避免利率互换的风险敞口

对于金融互换的套期保值应用,设置合理套期保值比率是防范价格风险的关键。科学设置套期保值比率,保持利率互换合约的合理数量,可以有效避免利率互换的风险敞口,防范利率风险。如果交易的一方不是以套期保值为目的,而签订与要保值的资产不相适应的互换合约,这实证上暴露在利率风险中,相当于金融互换的投机交易。

在进行利率互换套期保值时,常采用现券与利率互换基点价值和为零的思想确定套期保值比率。套期保值系数计算公式为:

$$\rho=\frac{\mathrm{DV01}_{现券}}{单位面额\ \mathrm{DV01}_{\mathrm{IRS}}} \qquad (5-10)$$

进一步考虑利率变动对互换和债券基点价值的影响,可建立关于基点价值与凸度和均为零的线性方程组,同时对冲凸度和基点价值,即:

$$\sum\rho_{IRS}\times DV01_{IRS}+\sum DV01_{现券}=0 \qquad (5-11)$$

$$\sum \rho_{IRS} \times CV01_{IRS} + \sum CV01_{现券} = 0 \quad (5-12)$$

其中，$DV01_{IRS}$、$CV01_{IRS}$ 分别为利率互换基点价值与凸度，$DV01_{现券}$、$CV01_{现券}$ 分别为现券互换基点价值与凸度。

事实上，尽管利率互换可以对冲现券收益率波动的风险，但由于基差风险、融资利差的波动及期限错配等因素，无法完美地做到将利率风险敞口降为0，实际套保过程中也面临一定的风险，从而导致套保比例不稳定，套保效果不佳。当套保的利率互换保值效果与投资计划不一致或者相关指标超过风险限额，则应该调整利率互换比率或者投资规模，甚至可以止损。

在实际操作中，通常构建利率互换组合以提高套保有效性。构建利率互换组合，可在一定程度上避免使用单一利率互换品种导致的基差风险。例如，利用FR007与Shibor的利率互换组合，或将FR007 1Y与5Y相结合，可以增加债券和利率互换的拟合程度，减缓久期差异扩大的速度。

3. 建立完善的风险限额体系

利用金融互换进行投机交易时(如方向性交易)，最主要的是利率或汇率变化与预期不一致，此时金融互换交易者面临巨大的市场风险。对于此类风险，一般是对风险进行额度控制，包括名义本金规模、保证金规模以及止损指标预警等。交易者(投资经理)需要对交易进行风险监测，实时掌握风险限额，以免指标预警或超限。下面以利率互换为例进行介绍。

与普通标准化证券不同，如果投资者在利率互换到期前了结该互换头寸，一般难以直接卖出，通常有如下三种方式可以达到这一目的：

一是相反方向对冲。投资者可以签订一个新的利率互换协议，协议的条款与旧的条款相同，但是投资者的头寸是相反的，这样两个协议互相抵消后投资者的净头寸为0。

二是终止协议。投资者可以与交易对方协商，取消剩余的现金流支付，即彻底将原协议作废，但需要根据当前的互换市值补偿对方或从对方收取补偿。

三是转让互换。投资者可以找一个第三方来接手原来的互换协议，这样原来的支付义务就由第三方来履行，但这种转让一般较困难。

[例5-13] 构建利率互换组合，进行风险对冲管理。

假设某公司在2023年10月5日以浮动利率借款1 000万美元。银行要求企业在未来的两年中每半年付一次利息，利息率为6个月的LIBOR+50基点。第一期的利率为现在的LIBOR加50基点，并且先付利息，利率每6个月修订一次。公司希望将浮动利率借款转化为固定利率借款，利用利率互换协议可以做到这一点。设互换协议允许公司以LIBOR与6.5%的固定利率进行交换，无论未来两年LIBOR如何变化，公司每6个月的净利息支出总是350 000美元。公司所付的固定利率为：6.50%+0.50%=7.00%。

假设一年后预计利率下跌，公司希望转变它的头寸，即作为收入固定利率的一方进入另一个新的互换协议中。

设新互换协议的期限为一年，收入固定利率的一方每6个月支付一次利息，利率为6.25%。这样，企业在未来一年净支出的利率为−0.25%(6.25%−6.5%)，也就是说每6个月两个互换的净支出为25 000美元。两个互换的现金流如表5-7所示。

表 5-7　互换的对冲交易

利率互换	现金流
初始的利率互换 收入浮动利率(LIBOR)； 支出固定利率(6.5%)。	 +LIBOR -6.5%
第二个利率互换(对冲互换) 收入固定利率(6.25%)； 支出浮动利率(LIBOR)。	 +6.25% -LIBOR
净收益	-0.25%

在进行利率互换交易时，若实际利率(参考利率)与预期不一致，可在该利率互换剩余期限内进入另一个利率互换合约，采取对冲的方法管理利率风险。

本章案例

LTCM 的利率互换与国债利差交易

一、LTCM 成立的背景与主要策略

美国长期资本管理公司(Long-Term Capital Management，简称 LTCM)成立于 1994 年，是主要从事定息债券工具套利活动的对冲基金。公司资本金为 11.25 亿美元，是当时初创阶段最大的对冲基金。公司汇集华尔街精英、政府高层人士以及因提出 B—S 期权定价模型而获得诺贝尔经济学奖的罗伯特·默顿(Robert Merton)和迈伦·舒尔斯(Myron Scholes)，可谓“梦之队”。当时金融市场的人士相信，这群才华横溢、人脉广泛的精英可以掌控金融市场。

LTCM 主要使用的是套利策略，占比最大的是利差套利。计算机能自动分析最佳的套利交易组合并进行套利交易。这些模型假定利差扩大后必回归正常，因此当利差扩大时会卖空低利息债券，同时做多高利息债券，以期未来利差收敛时获取利润。由于每一次套利交易的利润率并不高，为了提高利润率，需要将交易量放大，最大限度地追逐利差，即提高杠杆比率。而且，模型假设价格的波动服从正态分布。在这种假设下，LTCM 得出单个交易日其所受的损失绝不会达到或超过 4 500 万美元，而且认为该基金蒙受巨额损失(如在一个交易月之内亏损其资金总额的 40%)的概率几乎不存在。正是在这样的风险认识下，长期资本管理公司根本不认为增加财务杠杆会增加风险，肆无忌惮地增加财务杠杆，见表 5-8。

表 5-8　长期资本管理公司的投资组合(1998 年 8 月)

交易大类	交易名称	交易类型	盈利时机
利率相关交易	短期美国互换	套利	美国互换利差收窄
	欧洲交叉互换	套利	欧洲互换利差与美国互换利差的差额增加
	做多美国按揭产品	相对价值	按揭利差缩小或保持不变
	互换日本收益曲线	套利	十年互换利差与七年互换利差的差额减少
	意大利互换利差	套利	意大利互换利差收窄
	固定收益类产品	相对价值	长期波动率相对于短期波动率上升
	新发债券	套利	新券相对于旧券更便宜

续表

交易大类	交易名称	交易类型	盈利时机
股权相关交易	空头股权波动率	相对价值	长期波动率相对短期波动率上升
	风险套利组合	套利	公司并购交易的完成
	股权相对价值	套利	定价错误证券的价格聚合
单边交易	新兴市场	单边	巴西C级债券和俄罗斯的欧洲债券的利率下降
	其他	单边	包括做空一些高科技股、封闭式基金策略、可转债和优先股策略、外汇交易、指数套利、高收益、指数嵌入交易、收益率曲线交易

注:短期美国互换、欧洲交叉互换和空头股权波动率是最大的交易类型。

1994 年到 1996 年的收益率分别为 28%、42%和 40%,1997 年在东亚金融危机影响的情况下收益率仍达到 17%。正是因为令人艳羡的收益率,LTCM 在短短 4 年里积聚了令人瞠目结舌的 1 000 亿美元的庞大资金,但这些资金绝大部分是从华尔街其他银行借来的。同时,新资本不断涌入 LTCM,在 1995 年公司不再接受新资本的情况下,公司资本在 1997 年底增长至 75 亿美元。

二、LTCM 的利率互换与国债利差交易

(一)交易策略

1. 交易原理

Swap-spread 即利率互换(Interest-rate Swap)与同期国债收益率(Treasury-yield)的差价(Spread)。根据历史数据,该差价通常维持在 17～32bp 的区间波动。由于市场的异常波动,在该差价出现过宽或过窄的情况时存在套利机会。该套利机会的大小取决于差价区间收敛或扩张的程度。

2. 交易步骤

首先,买入 20 年期国债,用上述国债进行比率为 99%、成本为 Libor-20 的“自融资”套做,建仓规模达 $ 50Billion。

其次,买入 20 年固定利率交换浮动利率的利率互换(Interest-rate Swap),每年支付 6.94%的固定利息收取 Libor 的浮动利息,名义本金 $ 250Million,杠杆比率 Leverage=20,分别建立图 5-10 中的交易 1 和交易 2,即组合 1 和组合 2 的规模达到 $ 50Billion。

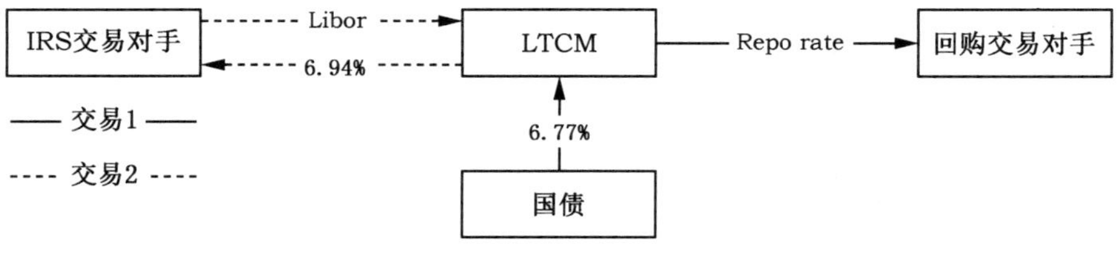

图 5-10 长期资本管理公司的利率互换利差套利

3. 交易策略

(1)差价区间未收敛或扩张，则持有上述头寸到期，赚取组合2每年的3bp利息。

(2)差价区间收敛或扩张，可提前平仓(Unwind)以上组合1和2锁定收益，或根据流动性要求对两个组合规模进行调整并持仓。

4. 风险度

风险程度为＄5Million/bp。

(二)策略盈利预期

LTCM是在锁定3个bp回报的基础上赌当时浮息利率的互换价格上升，扩大与国债收益率的息差(大于17bp)，从而平仓锁定其套利收益。套利收益为：息差扩大收益＋3bp。假如1年内息差从17bps扩大到25bps，那么可能由于6.94%的浮息互换合约价格上升到7%而贡献了6bps的盈利，同时由于国债价格跟随互换合约价格上升贡献2bps的盈利。考虑到1bp的haircut，那么LTCM赚取了＄50Billion＊(－17＋8＋20－1)bp＝ ＄ 50Million，收益率＝50/250＝20%；

如果息差从17bp继续缩窄，那么LTCM可以继续追加资金，以更低的成本建立更多的仓位，等待息差(Swap-spread)水平的回归。

相反，假设息差(Swap-spread)现在是32bp，那么LTCM可以对组合1采取与以上相反的操作策略，来争取区间收敛的收益。

也就是说，不管做多利差还是做空利差，都是可以赚钱的。

乍一看，这是一个完美的交易策略！

事实上，LTCM公司成立之后盈利迅速增加。

成也萧何，败也萧何。让公司大赚特赚的利率互换套利策略，最后导致公司的陨落与被接管。利率互换合约约占其交易量的35%(见图5-11)①。

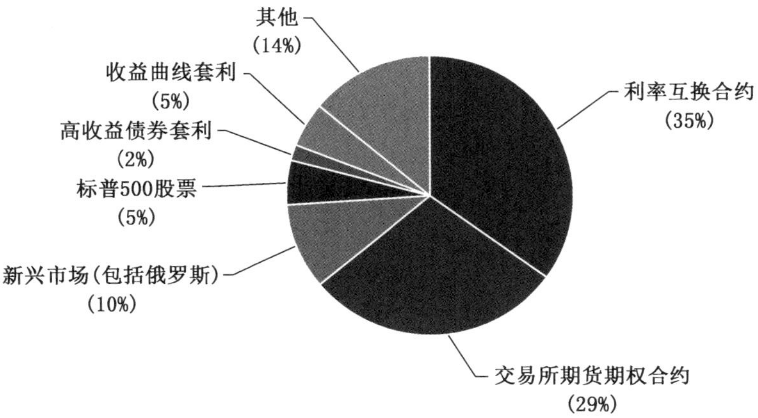

图5-11 长期资本管理公司的损失来源结构

① 张俊超.对冲基金高杠杆比率的风险及防范——以长期资本管理公司巨亏事件为例[C].华南理工大学硕士学位论文，2013.

(三)残酷的现实

LTCM的数学模型假设前提和计算结果都是在历史统计数据基础上得出的，德国债券与意大利债券正相关性是统计了大量历史数据的结果，因此它预期多个市场将朝着同一个方向发展。但历史数据的统计过程往往忽略一些概率很小的事件，这些事件随着时间的积累和环境的变化，发生的机会可能并不像统计数据反映得那样小，一旦发生，将改变整个系统的风险（如相关性的改变），造成致命打击，这在统计学上称为“胖尾”现象。而这成了LTCM失败濒临破产的重要原因之一。

LTCM核心资产中持有大量意大利、丹麦和希腊等国政府债券，同时沽空德国政府债券。这主要是由于当时随着欧元启动的临近，上述三国与德国的债券息差预期会收紧，可通过对冲交易从中获利。只要德国债券与意大利债券价格变化方向相同，息差收窄时两者价差就会收窄，从而得到巨额收益。LTCM据此在1996年获得巨大成功。

LTCM万万没有料到，俄罗斯的金融风暴使这样的小概率事件真的发生了。1998年8月，由于国际石油价格不断下跌，国内经济恶化，再加上政局不稳，俄罗斯不得不采取“非常”举动。

1998年8月17日，俄罗斯宣布卢布贬值，停止国债交易，将1999年12月31日前到期的债券转换为3—5年期债券，冻结国外投资者贷款偿还期90天。这引起了国际金融市场的恐慌，投资者纷纷从新兴市场和欠发达国家的证券市场撤出，转持风险较低、质量较高的美国和德国政府债券。

1998年8月21日美国30年期国债利率下降到20年来的最低点，8月31日纽约股市大跌，全球金融市场一片“山雨欲来风满楼”的景象。国际游资抛弃高风险资产、拥抱安全资产，美国当期国债与非当期国债利差不降反升，其他收敛交易资产（如意大利国债、丹麦抵押债券、拉丁美洲债券等）与优质债券间的利差不降反升，同时股票波动率大幅提高并远远超出LTCM的经验数据范围，LTCM两头亏损。

1998年8月市场形势逆转导致该基金出现巨额亏损，但LTCM管理层认为对欧元启动息差收窄的预期是正确的，只要短期内有足够的现金补足衍生合约的保证金，等到风平浪静，市场价差还会回到原有的轨道上来。LTCM开始抛售非核心资产套现，为其衍生工具交易追补保证金以维持庞大的德国债券与意大利债券仓位。但这场暴风雨来得太猛烈了，持续的时间也太长了，超出了LTCM承受的范围。LTCM的经纪商开始下最后通牒。LTCM已经没有足够的现金，面临破产倒闭的危险。

三、华尔街的救赎

支撑LTCM的1 000亿美元庞大资金，几乎全部是从华尔街其他银行借来的。如果LTCM因倒闭而无法偿还欠款，那么华尔街的银行家会遭受巨额损失，甚至引发美国经济的大萧条。LTCM正是用这一方式，将华尔街的利益与自身利益绑在一起。

面对LTCM如此糟糕的情况，所有人都明白，如果任由公司自生自灭，整个华尔街可能遭受牵连。然而，由于金融机构之间的相互猜忌和不信任，没有人愿意出头担任长期资本管理公司的救助“先锋”，而这只能由美联储出面解决了。

几经周转，1998年9月美联储最后决定，由华尔街14家银行组成财团，共同为LTCM注资，金额约为36.65亿美元。作为救助条件，财团将获得LTCM90％的权益，而其余的10％将分给公司现有投资者。约翰·麦利威瑟及其合伙人将继续负责公司的日常运作,但他们将受"监管委员会"的监督和管理。"监管委员会"由财团选定成员,常驻格森威治,并与财团的各个银行保持密切联系。

当约翰·麦利威瑟在长期资本管理公司与财团的注资合约上签字时,一切尘埃落定。曾经显赫一时的对冲基金,如今落到由14家银行组成的财团手中。如果不是长期资本管理公司牵扯如此多的利益,美联储和众多金融机构不可能费尽心思来拯救它。从中可以看出,美联储最后迫不得已拯救LTCM,也算是华尔街的自我救赎了!

四、LTCM坍塌的教训

LTCM从市场迅速崛起到坍塌的故事,提供了一个关于对冲策略、杠杆与风险的经典负面教材,其教训是深刻的。

(1)即使如利率互换基差套利这类所谓"无风险套利",也并非完全没有风险。任何交易都有风险,风险无处不在。模型风险不可忽视。

(2)必须谨慎地使用杠杆。适度的杠杆率取决于标的物的波动性,但任何量级的杠杆率和任何量级的标的物风险都会导致破产倒闭。

(3)任何风险管理系统都有局限性。当系统风险出现时,应急信贷额度可能是可望而不可即的。

(4)协调、有序的破产倒闭程序对金融市场的稳定是极为重要的。这也是美联储最终协调众多机构接盘LTCM的原因之一。

本章小结

互换交易与远期交易类似,也是一种常用的金融衍生产品,但互换交易市场远大于远期交易市场。本章首先介绍金融互换的基本概念、原理、特点与功能及金融互换市场;其次,介绍金融互换的主要类型;再次,介绍了中国互换市场;再次,给出了金融互换定价方法和金融互换的主要应用;最后,介绍了互换交易面临的主要风险及其防范。

互换合约是有关双方约定在将来某段时期内根据合约条款交换一系列现金流的一种协议。互换是一种"1对1"定制的交易方式。互换交易是在互换市场上进行的。金融互换产生的理论基础是比较优势理论。互换市场是一种场外市场。金融互换的主要目的是管理利率或汇率风险。

金融互换主要有利率互换和货币互换两种基本类型。利率互换是指双方同意在未来的一定期限内,根据同种货币的同样名义本金交换现金流,其中一方的现金根据浮动利率计算,而另一方的现金流根据固定利率计算。货币互换是将一种货币的本金和固定利息与另一货币的等价本金和固定利息进行交换。

金融互换的定价方法有三种:一是均衡定价方法,二是债券组合定价方法,三是远期估值法。无论是利率互换还是货币互换,均可以看成是一个债券多头与一个债券空头的组合。利率互换相当于一个固定利率债券与一个浮动利率债券的组合;货币互换相当于一个本币固定利率债券与一个外币固定利率债券的组合。在互换均衡时,浮动现金流一方的价值与固定现金流一方的价值相同,这时的互换定价称为互换均衡定价。非均衡定价方法是计算互换中债券多头和债券空头的价值,然后相减得出互换价值。金融互换也可以看成为多个金融远期的组合。通过计算每一次金融远期的结算金，加总后就可以得出金融互换的价值。

金融互换主要应用在风险规避、风险对冲、套利及投机等方面。金融互换在应用中也存在风险，主要有违约风险与利率或汇率风险。对于违约风险，投资者可以通过建立交易对手资质筛选机制、严格准入标准、建立授信管理和保证金机制等措施，防范交易对手信用风险。对于利率或汇率风险，投资者可以通过额度控制(包括名义本金规模、保证金规模以及止损指标预警等)、相反方向对冲等方法进行控制。

关键词

互换合约(Swap contract)
互换交易(Swap transaction)
互换市场(Swap market)
利率互换(Interest rate swap)
货币互换(Currency swap)
互换利率(Swap rate)
互换曲线(Swap curve)
互换均衡定价(Swap equilibrium pricing)
互换定价方法(Swap pricing method)
金融互换的风险与防范(Risk and Prevention of Financial Swap)

思考与练习

1. 什么是利率互换?
2. 什么是货币互换?
3. 金融互换产生的原因是什么?
4. 金融互换的主要目的是什么?
5. 金融互换的基本功能是什么?
6. 什么是互换的多头与空头?
7. 什么是价差多头和价差空头?
8. 金融互换有哪些定价方法?
9. 金融互换与金融远期有何区别与联系?
10. 中国利率互换市场的主要品种有哪些?
11. 金融互换在应用时存在什么风险? 如何防范这些风险?
12. 什么是互换对冲?
13. 公司 A 和公司 B 可按以下的利率借到 1 000 万 5 年期的美元贷款：

	固定利率	浮动利率
公司 A	11%	LIBOR+0.1%
公司 B	12.4%	LIBOR+0.5%

公司 A 想获得浮动利率贷款，公司 B 想获得固定利率贷款。请设计一个互换，一家银行作为中介，净收益为年率 0.2%，并且使该互换对公司 A 和 B 都有同样的吸引力。

14. 美国的公司 A 和公司 B 有相同的融资要求，公司 A 需要 1 000 万 5 年期美元资金，愿意支付浮动利率。公司 A 可在市场上以 11%的固定利率或 LIBOR+1.5%的浮动利率筹集到资金。公司B也同样需要1 000万5年期美元资金,愿意支付固定汇率,公司B可以13%的固定利率或LIBOR+2.5%的浮动利率筹集到资金。筹资借款成本比较见下表,试进行互换方案设计。

	A公司	B公司	利率差
固定利率	11%	13%	2%
浮动利率	LIBOR+1.5%	LIBOR+2.5%	1%

15. 根据签订的利率互换条款,一家金融机构同意支付年利率8%,收取3个月期的LIBOR,名义本金为1 000万美元,每3个月支付一次。互换还剩14个月。与3个月期的LIBOR进行互换的固定利率的平均买入卖出价年利率10%。1个月前,3个月期LIBOR为年率8.8%。所有利率按季度计复利,互换的价值为多少?

16. 假设2022年9月15日交易双方进入一个利率互换协议。协议开始日期为2022年9月22日,合同期限为2年,即2024年9月22日到期。互换的名义金额为1 000万美元,假定固定支出的利率为5.5%,浮动支出的利率为6个月的LIBOR(4个交换点的LIBOR分别为:4.5%、5%、5.5%、6%),每6个月交换一次利息。试计算各交换时点双方交换的利息。

17. 假定在一笔互换中一金融机构支付6个月的LIBOR,同时收取5%的年利率(每半年支付一次),名义本金为1亿元,互换还有1.25年的期限。3、9、15个月的LIBOR(连续复利)分别为5%、5.5%、6%,上一次支付的6个月的LIBOR为5.2%,求金融机构持有互换的价值。

参考文献

1. 王明涛.金融风险计量与管理[M].上海:上海财经大学出版社,2008.
2. 郑振龙,陈蓉.金融工程(第五版)[M].北京:高等教育出版社,2020.
3. 王明涛,王凯涛.资产管理中的风险管理[M].上海:上海财经大学出版社,2023.
4. 尹常玲,方雯,张莉莉.金融工程(第二版)[M].北京:清华大学出版社,2021.
5. 李淑锦.金融工程学[M].杭州:浙江大学出版社,2019.
6. 方杰,李杰辉.金融工程学[M].厦门:厦门大学出版社,2022.
7. 叶永刚,郑康彬,熊和平,彭红枫.金融工程概论(第二版)[M].武汉:武汉大学出版社,2013.
8. 施兵超.金融期货与期权[M].上海:上海三联书店,1996.
9. 约翰·赫尔著.期权、期货及其他衍生产品(第7版)[M].王勇、索吾林译.北京:机械工业出版社,2011.

第六章

金融期权及其应用

引　言

金融期权是20世纪70年代以来国际金融创新中发展起来的一种新的金融衍生工具。自1973年芝加哥期权交易所首次把期权引入有组织的交易所交易以来，期权以其独特的魅力获得了迅猛发展，应用广泛，尤其在金融风险管理中，它是一种颇受投资者欢迎的套期保值金融工具。

我们以前讨论的金融工具(包括现货资产、远期及期货等)都是线性的，这些金融工具的多空双方都有相同的获利与亏损机会，所以买卖双方都不需要预付对方一笔初始费用，而期权交易双方存在不对称性，买卖双方需要一笔预付的初始补偿金，即期权费。

期权是变化最复杂的金融工具之一，它与各种工具配置，组合出具有各种特性的金融交易工具。各类期权也繁衍出一个庞大的家庭，而且期权经常隐藏在其他金融工具中。

第一节　金融期权概述

一、金融期权的基本概念

(一)金融期权的基本含义

1. 金融期权的定义

金融期权(Option)是一种权利的有偿使用，是指当期权购买者支付给期权出售者一定的期权费后，赋予购买者在规定期限内按双方约定的价格购买或出售一定数量某种金融资产的权利。它是通过期权合约来规定的。

期权合约是一种赋予期权购买者在规定的有效期内以规定的价格买入或卖出一定数量某种资产权利的合约。

期权交易是以这种权利为交易对象的交易，即期权合约的交易。期权交易如图6-1

所示。

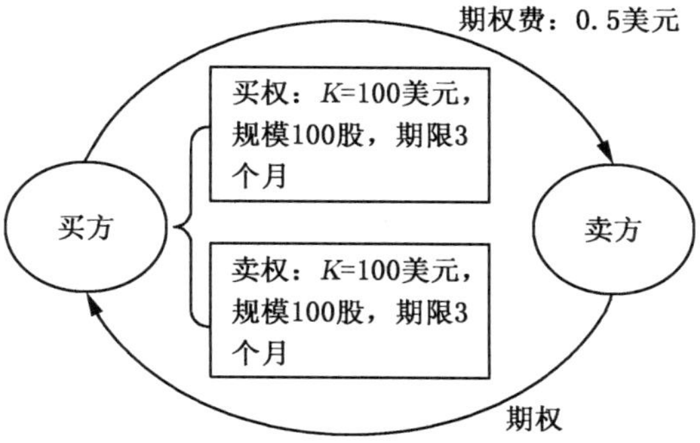

图 6－1 期权交易示意

图 6－1 中标的金融资产为 IBM 股票，买方付给卖方 0.5＄/股期权费后，可得到相应的期权。如果期权购买者购买的是在未来 3 个月内按双方约定的价格(100＄/股)购买 100 股 IBM 股票，那么，该期权购买者购买的是买权；如果期权购买者购买的是在未来 3 个月内按双方约定的价格(100 美元/股)卖出 100 股 IBM 股票，那么，该期权购买者购买的是卖权。这个权利是通过期权合约规定的。

期权合约的基本内容包括：

权利类型：买权或卖权。

执行价格：买卖标的金融资产的价格，如图 6－1 中的 $K=100$＄/股。

规定期限：期权的有效期，如图 6－1 中的 3 个月。

2. 金融期权交易者

金融期权交易者包括金融期权的买卖双方，他们具有不同的权利与义务。

(1)期权的买方，指购买期权的一方，即支付期权费、获得权利的一方，也称期权的多头方。在金融期权交易中，期权购买者可在期权合约所规定的某一特定的时间，以事先确定的价格向期权卖方买进或卖出一定数量的某种金融商品或金融期货合约。在期权合约所规定的时间内，期权的买方既可以执行他所拥有的这一权利，也可以放弃这一权利，还可以在期权最后交易日前通过卖出期权对冲多头部位。

期权买方可以做以下三件事之一用于平仓：

①卖出期权，做反向对冲；

②让期权过期，即放弃期权的执行；

③当执行期权可盈利时，执行期权。

可见，期权买方只有权利而无义务，即期权买方可以根据实际情况决定是否执行期权。

(2)期权的卖方，即出售期权获得期权费的一方，也称为期权的空头方。他在规定的时间内有履行该期权合约的义务。期权卖方可以买回期权了结头寸；如果期权买方让期权过期，则期权卖方亦放弃期权的执行，净得期权费；如果期权买方执行期权，那么期权卖方必须按期权条款执行期权。

期权卖方可以做以下三件事之一用于平仓：

①买回期权，做反向对冲。

其他两种方法取决于期权买方的行为：

②如果期权买方让期权过期,则期权卖方亦放弃期权的执行;

③如果期权买方执行期权,那么期权卖方必须按期权条款执行期权。

可见,期权卖方只有义务而无权利,即期权卖方只有义务执行期权,而不能决定是否执行期权。

3. 金融期权的要素

一个期权有以下构成要素:

(1)标的资产。标的资产是期权购买者根据期权合约所规定的,在某一特定的时间内,以事先确定的价格向期权卖方买进或卖出一定数量的某种金融商品。这是期权的基本要素。有些期权标的资产比较明确,如图 6-1 中的股票期权,其标的资产是 IBM 股票;但有些期权(如嵌入期权),其标的资产不是很明确。明确一个期权的标的资产是分析期权的基本要求。

(2)到期日。到期日是指期权合约的最后有效日,在这一天,期权合约必须履行交货。此后,此期权合约不存在。到期日不同于最后交易日,最后交易日是期权最后可交易的时间。如果期权交易者做反向对冲交易,必须在最后交易日之前(包括最后交易日)进行。最后交易日一般在到期日之前,但有些期权的到期日与最后交易日相同。

(3)协议价格。协定价格也称敲定价格或执行价格,是指期权合约所规定的、期权买方在行使权利时所实际执行的价格,即期权购买者向期权出售者买进或卖出一定数量某种资产时的价格。这一价格一旦确定,则在期权有效期内,无论期权标的物的市场价格上升到什么程度或下降到什么程度,只要期权购买者要求执行期权,期权出售者就必须以协定价格履行他的义务。

(4)期权费。期权费又称为权利金、期权价格或保险费,是指期权买方为获取期权合约所赋予的权利而向期权卖方支付的费用。这一费用一旦支付,则不管期权购买者是否执行期权均不予退回。它是期权合约中唯一的变量,其大小取决于期权合约的性质、到期月份及敲定价格等各种因素。

一般来说,期权交易中的套期保值者主要是期权买方。他们之所以买进期权,是因为担心市场价格将发生不利于他们的变动。买进期权后,他们便获得了在期权有效期内以已知的协定价格买进或卖出一定数量某种金融资产的权利,从而将自己所面临的价格风险转移出去。与此同时,期权卖方则因为卖出期权而承担了市场价格变动的风险。由此可见,期权买方向期权卖方支付的期权费与投保人向保险公司支付的保险费在本质上是一样的,都是规避风险。正因如此,人们通常把期权费称为保险费。

(二)金融期权的特点

1. 期权交易是一种权利的交易,必须在规定的到期日前履约

期权交易是一种买卖商品或合约的权利,而不是某种具体的商品或者合约本身。这种权利的交易有很强的时间限制,必须在合约规定的到期日前或某特定的履约日行使,否则会失去这一权利。

2. 买卖双方享有的权利和义务不对称

期权买方有权在规定的时间内根据市场的行情变化来决定是否行使权利;而期权的卖方则必须根据期权买方的决定来履行其相应的义务:一旦买方要求执行,卖方必须无条件地履行合约义务。不对称性还表现在风险和收益的不对称。买方承担的最大风险是期权费,而当其执行合约时,可能获得的收益是没有上限的;卖方与之对应,获得的最大收益是期权费,而当买方执行合约时,原则上其可能遭受的损失却是无限的。

3. 保证金制度对双方的要求不同

由于期权交易双方的权利和义务不同,导致双方在保证金制度上的要求不一致。买方必须支付一定的代价即期权费作为其获得合约是否执行的选择权,买方没有必须执行期权的义务,因此,买方不必缴纳保证金;而卖方赋予的是履行合约的义务,他存在违约的风险,故必须缴纳一定的保证金。

4. 期权合约是一种零和博弈

买方的收益是卖方的损失,而买方的损失是卖方的收益。而且,当市场有利于买方时,买方的收益是无限的,当市场不利于买方时,损失是有限的;相对应,卖方的亏损是无限的,盈利是有限的。

(三)金融期权的执行

在期权执行时,买卖双方得到的结果是:

(1)当期权购买者执行买权时,他支付执行价,得到标的资产;

(2)当期权购买者执行卖权时,他交出标的资产,得到执行价;

(3)当期权出售者要求执行买权时,他交出标的资产,得到执行价;

(4)当期权出售者执行卖权时,他支付执行价,得到标的资产。

(四)金融期权与期货的区别

金融期货与金融期权是两种常见的金融衍生品。它们之间存在诸多区别,如表 6-1 所示。

表 6-1　期货与期权的区别

	期　货	期　权
权利义务的对称性不同	期货合约的双方都被赋予相应的权利和义务,除非用相反的合约抵消,这种权利和义务在到期日必须行使,也只能在到期日行使,期货的空方甚至还拥有在交割月选择在哪一天交割的权利	期权合约只赋予买方权利,卖方则无任何权利,他只有在对方履约时进行对应买卖标的物的义务
履约的保证不同	期货交易的买卖双方都须缴纳保证金	期权的买者无须缴纳保证金,在交易所交易的期权卖者则要缴纳保证金。场外交易的期权卖者是否需要缴纳保证金则取决于当事人的意见
现金流转不同	期货交易采用每日结算制度,交易双方都将因标的资产价格的变化而发生现金流转	期权交易中,买方为了取得期权合约所赋予的权利,必须于成交时向期权卖方支付一定的期权费。在成交后,除了到期履约外,交易双方不发生任何现金流转
盈亏特点不同	期货交易双方所承担的盈亏风险都是无限的	期权交易买方的亏损风险是有限的(以期权费为限),盈利风险可能是无限的(看涨期权),也可能是有限的(看跌期权)。期权交易卖方的亏损风险可能是无限的(看涨期权),也可能是有限的(看跌期权),盈利风险是有限的(以期权费为限)

续表

	期　货	期　权
标的物不同	期权不能作为期货的标的物	一般来说,凡可作为期货标的物的几乎均可作为期权的标的物。期货、期权也可作为期权的标的物
保值效果不同	运用期货进行的套期保值,在把不利风险转移出去的同时,也把有利风险转移出去	运用期权进行套期保值时,只把不利风险转移出去而把有利风险留给自己
买卖匹配不同	期货合约的买方到期必须买入标的资产,期货合约的卖方到期必须卖出标的资产	期权合约的买方在到期日或到期前有买入(看涨期权)或卖出(看跌期权)标的资产的权利。期权合约的卖方在到期日或到期前则有根据买方意愿相应卖出(看涨期权)或买入(看跌期权)标的资产的义务
标准化不同	期货合约都是标准化的,都是在交易所交易的	场外交易的现货期权是非标准化的,在交易所交易的现货期权和所有的期货期权则是标准化的

二、期权的分类

期权从不同角度有多种分类。

1. 按期权购买者的权力分类,期权可分为看涨期权、看跌期权

看涨期权(Call Option)也称为买权,是赋予期权的购买者在预先规定的时间以执行价格从期权出售者手中买入一定数量某种金融资产权利的合约。为取得这种买的权利,期权购买者需要在购买期权时支付给期权出售者一定的期权费。因为它是人们预期某种标的资产未来价格上涨时购买的期权,所以称为看涨期权。

看跌期权(Put Option)也称为卖权,是赋予期权的购买者在预先规定的时间以协定价格向期权出售者出售一定数量某种金融资产权利的合约。同样,为取得这种卖的权利,期权购买者需要在购买期权时支付给期权出售者一定的期权费。因为它是人们预期某种标的资产的未来价格下跌时购买的期权,所以称为看跌期权。

2. 按履约时间不同分类,期权可分为欧式期权和美式期权

欧式期权是指期权的购买者只有在期权到期日才能执行期权,既不能提前也不能推迟。而美式期权则允许期权购买者在期权到期前的任何交易日执行期权,即美式期权的购买者既可以在期权到期日这一天行使期权,也可以在期权到期日之前的任何一个营业日执行期权。

对期权购买者来说,美式期权比欧式期权更为有利。因为买进这种期权后,他可以在期权有效期内根据市场价格的变化和自己的实际需要灵活而主动地选择履约时间。相反,对期权出售者来说,美式期权比欧式期权使他承担着更大的风险,他必须随时为履约做好准备。因此,在其他情况一定时,美式期权的期权费通常比欧式期权的期权费要高一些。也正是由于上述原因,美式期权与欧式期权在定价方法上也有着很大的不同。

3. 按标的物不同分类,期权可以分为现货期权和期货期权

现货期权是指以各种金融产品本身作为期权合约标的物的期权,如各种股票期权、股票指数期权、外汇期权、债券期权等。期货期权是指以各种金融期货合约作为期权合约标的物的期权,如各种外汇期货期权、利率期货期权及股票指数期货期权等。

金融期权之所以分为现货期权和期货期权是因为这两类期权在具体的交易规则、交易策略以及定价原理等方面都有很大的区别，而且这两类期权通常有不同的主管部门管理。

4. 按交易场所分类，期权可分为交易所交易期权和柜台式期权

交易所交易期权是指一种标准化的期权，它有正式规定的数量，在交易所大厅中以正规的方式进行交易。柜台式期权是指期权的出卖者为满足某一购买者特定的需求而产生的，它并不在交易大厅中进行交易，是场外期权。

5. 按有无担保分类，期权可分为有担保看涨期权和无担保看涨期权

有担保看涨期权（也称备兑期权），是指期权出售者拥有该期权合约规定的标的资产，当标的资产价格上升较大时，该期权出售者的损失较小；无担保看涨期权是指期权出售者并不拥有该期权合约规定的标的资产，当标的资产价格上升较大时，该期权出售者不得不直接从市场上以较高的价格购买标的资产，以较低的价格卖出标的资产，将产生较大的损失。

6. 按期权内在价值分类，期权可分为实值期权、平值期权和虚值期权

实值期权（In the Money）是指如果期权立即履约，持有者具有正的现金流；平值期权（At the Money）是指如果期权立即履约，持有者的现金流为零；虚值期权（Out of the Money）是指如果期权立即履约，持有者的现金流为负。对应于看涨期权或看跌期权，其实值期权、平值期权和虚值期权的情况不同，其基本关系如表 6－2 所示。

表 6－2　　看涨、看跌期权对应的实值、平值、虚值期权

	实值期权	平值期权	虚值期权
看涨期权	$S>X$	$S=X$	$S<X$
看跌期权	$S<X$	$S=X$	$S>X$

其中，S 代表标的资产价格，X 代表执行价格。对看涨期权，当 $S>X$ 时是实值期权，当 $S=X$ 时为平值期权，当 $S<X$ 时是虚值期权；对看跌期权，当 $S<X$ 时是实值期权，当 $S=X$ 时为平值期权，当 $S>X$ 时是虚值期权。显然，只有当期权是实值期权时，它才会被执行；如果不考虑交易费用，没有提前履约的实值期权通常在到期日才执行。

7. 嵌入期权

嵌入期权，指期权是另一种证券的一部分。如可转换债券，包括一个普通债券与一个看涨期权，这个看涨期权是可转换债券的一个组成部分。可赎回债券相当于一个普通债券减去一个看涨期权。

8. 新型期权

新型期权是金融机构为满足客户的特殊需要而开发的，通常是场外非标准化期权，在场外交易。新型期权种类繁多，常见的有：

（1）打包期权。打包期权是由标准欧式期权与远期合约、现金和标的资产构成的组合，是一种结构化产品。

（2）非标准美式期权。标准美式期权在有效期内的任何时间均可行使期权，而非标准美式期权的行使期限只限于有限期内的特定日期。如大多数认股权证是非标准美式期限。

（3）远期开始期权。远期开始期权是指现在支付期权费而在未来某时刻才开始的期权。

（4）复合期权。复合期权是指期权的期权，它有四种基本类型：看涨期权的看涨期权、看涨期权的看跌期权、看跌期权的看涨期权和看跌期权的看跌期权。

（5）任选期权。任选期权是指在一定期限内可由多头选择该期权为看涨期权还是看跌期

权的期权。

(6)障碍期权。障碍期权是指其收益依赖于标的资产价格在一段特定时期内是否达到一个特定水平,这个临界值称为"障碍"水平。常见的障碍期权有两种:一是敲入障碍期权,二是敲出障碍期权。

敲入看涨期权规定当标的资产价格高过协议价格一定幅度时,该期权就被自动执行。而敲入看跌期权则规定当标的资产价格低于协议价格一定幅度时,该期权就被自动执行。

敲出期权则规定,当标的资产价格达到一个特定障碍时,该期权作废。敲出看涨期权的障碍一般低于协议价格,而敲出看跌期权的障碍一般高于协议价格。

(7)两值期权。两值期权是具有不连续收益的期权,当到期日标的资产价格低于协议价格时,该期权作废,而当到期日标的资产价格高于协议价格时,期权持有者将得到一个固定金额。

(8)回溯(回望)期权。回溯期权的收益依赖于期权有效期内标的资产的最高或最低价格。回溯看涨期权的持有者可按期权有效期内的最低价格购买标的资产。回溯看跌期权的持有者则可按期权有效期内的最高价格出售标的资产。

(9)亚式期权。亚式期权的收益依赖于标的资产有效期内至少某一段时间的平均价格。它有两个基本类型:一是平均价格期权,它先按预定平均时期计算出标的资产的平均价格,然后根据该平均价格与协议价格的差距计算出期权多空双方的盈亏;二是平均协议价格期权,它是把按预定平均时期计算出的标的资产的平均价格作为平均协议价格,然后根据期权到期时标的资产的现货价格与平均协议价格之间的差距计算期权多空双方的盈亏。

(10)资产交换期权。资产交换期权是指期权买者有权在一定期限内按一定比率把一种资产换成另一种资产。

三、金融期权市场的交易制度

金融期权有场内期权与场外期权。场外期权是非标准化期权,场内期权是标准化期权。这里仅介绍交易所内期权交易的基本制度,其与期货交易类似,主要包括期权合约的标准化、保证金制度、平仓制度、结算体系与制度等。

(一)金融期权合约的标准化

凡在交易场所交易的期权合约都是标准化合约。在期权合约中,交易单位、最小变动价位、每日价格波动幅度、协定价格、合约月份、交易时间、最后交易日、履约日、交割方式等都是标准化的。这些规定中,有些与期货合约的规定相同或相近,有些是金融期权所特有的。表 6-3 是沪深 300 股指期权合约。这里就交易单位、协定价格、合约月份、最后交易日、履约日交割方式等进行简述。

表 6-3　　沪深 300 股指期权合约表

合约标的物	沪深 300 指数
合约乘数	每点人民币 100 元
合约类型	看涨期权、看跌期权
报价单位	指数点
最小变动价位	0.2 点

续表

每日价格最大波动限制	上一交易日沪深300指数收盘价的±10%
合约月份	当月、下2个月及随后3个季月
行权价格	行权价格覆盖沪深300指数上一交易日收盘价上下浮动10%对应的价格范围 对当月与下2个月合约：行权价格≤2500点时，行权价格间距为25点；2500点<行权价格≤5000点时，行权价格间距为50点；5000点<行权价格≤10000点时，行权价格间距为100点；行权价格>10000点时，行权价格间距为200点 对随后3个季月合约：行权价格≤2500点时，行权价格间距为50点；2500点<行权价格≤5000点时，行权价格间距为100点；5000点<行权价格≤10000点时，行权价格间距为200点；行权价格>10000点时，行权价格间距为400点
行权方式	欧式
交易时间	9:30—11:30,13:00—15:00
最后交易日	合约到期月份的第三个星期五，遇国家法定假日顺延
到期日	同最后交易日
交割方式	现金交割
交易代码	看涨期权：IO合约月份－C－行权价格 看跌期权：IO合约月份－P－行权价格
上市交易所	中国金融期货交易所

1. 合约类型与标的物

合约类型表明交易的是何种期权合约，标的物是指期权合约的标的是什么。如表6－3中，合约类型是股指期权合约，合约的标的是沪深300股指。任何期权合约都有合约类型与标的物，如一张长期国债期货期权合约的类型是期货期权，其标的是长期国债期货。

2. 交易单位

与期货合约相同，期权交易单位也称"合约规模"，是指交易所对每一份期权合约所规定的交易数量和数量单位。只要是在该期权交易所内买卖的以某种商品为基础的期权合约，每张合约所包括的交易数量和数量单位都是相同的。如在表6－3中交易的是股指期权，其交易单位是100元与股价指数的乘积。

交易单位是由交易所规定的，即使是标的物相同的期权合约，在不同的交易所上市，其交易单位也不一定相同。例如在美国，金融期货期权的交易单位是1张相应的期货合约；股票期权的交易单位是100股标的股票；股指期权的交易单位是100与股价指数的乘积；利率现货期权的交易单位与相应的利率期货交易单位相同；对于外汇期权，在美国主要有两个交易所：在CBOT中，其交易单位与相应的外汇期货交易单位相同；在费城证交所，外汇期权的交易单位是相应外汇期货交易单位的一半。

3. 协议价格

协议价格（也称为行权价格），是期权合约所规定的、期权买方在行使权利时所实际执行的价格，即期权购买者向期权出售者买进或卖出一定数量某种资产时的价格。协议价格由交易所确定，一般交易所根据合约标的物的最新收盘价，依据某一特定的形式确定一个中心协议价格，然后再根据该标的物的波动幅度设定该中心协议价格的上、下各若干级距的协议价格。在合约规格中，交易所通常只规定协议价格的“级距”。例如在表 6-3 中，对当月与下 2 个月合约：行权价格≤2500 点时，行权价格间距为 25 点；2500 点<行权价格≤5000 点时，行权价格间距为 50 点；5000 点<行权价格≤10000 点时，行权价格间距为 100 点；行权价格>10000 点时，行权价格间距为 200 点；对随后 3 个季月合约：行权价格≤2500 点时，行权价格间距为 50 点；2500 点<行权价格≤5000 点时，行权价格间距为 100 点；5000 点<行权价格≤10000 点时，行权价格间距为 200 点；行权价格>10000 点时，行权价格间距为 400 点。再如，对股票期权，级距通常为 5 美元的变化间隔，高价股票为 10 美元、低价股票为 2.5 美元。如某股票现价为 37 美元，交易所将引入两个协议价格：一个为 35 美元，另一个为 40 美元。每个期权有多少个协议价格取决于该股票的波动性，如果波动性小，期权可能仅有两个协议价格；如果波动性大，期权可能有十多个协议价格。

4. 合约月份

合约月份是指期权合约到期履约的月份，也称为到期月份。例如表 6-3 中，沪深 300 股指期权的合约月份为当月、下 2 个月及随后 3 个季月；如果当前为 1 月份，其合约月份有 1 月、2 月、3 月及 6 月、9 月和 12 月，共 6 个合约。尽管不同交易所在细节上的规定可能不同，但基本原理是一样的。这里以芝加哥交易所的规定为例说明期权合约月份的规定。

一般期权交易有 3 个不同的到期月份：1 个本月到期月份和一个下月到期月份，第三个月份则要依据期权上市所处的月份循环而定。月份循环如表 6-4 所示。

表 6-4　　期权合约月份循环

1 月份	2 月份	3 月份
4	5	6
7	8	9
10	11	12

例如，如果当前为 6 月份，那么交易所推出的期权合约有 6 月、7 月的到期合约，第三个月份为每个循环中的下一个月份，即 10、8、9 月。当然，这只是一个原则性的期权合约月份，具体的期权合约还要看交易所的规定。

5. 最后交易日与履约日

最后交易日是指由交易所规定的期权合约在到期月份中的最后一个交易日。如果期权购买者在最后交易日之前(含最后交易日)不做对冲交易，那么，他要么放弃期权，要么在规定时间内执行期权。

履约日是指期权合约规定的、期权购买者可以实际执行该期权的日期。由于期权有欧式期权与美式期权两种，因此，不同合约其履约日也不尽相同。期权合约一定要明确该期权是欧式期权还是美式期权：如果是欧式期权，履约日是期权的到期日；如果是美式期权，履约日是期权有效期内的任一营业日。例如表 6-3 中，沪深 300 股指期权的最后交易日为合约到期月份的第三个星期五(遇国家法定假日顺延)，到期日与最后交易日相同，行权方式为欧式期权。

6. 交割方式

交割方式是指期权履约时的方式，有实物交割与现金交割两种。具体采用何种交割方式取决于期权类型。股指期权采用现金交割的方式，如表 6-3 中沪深 300 股指期权的交割方式是现金交割。

表 6－5 到表 6－9 是美国几种典型的金融期权合约。

表 6－5 费城证交所主要货币期权合约

币种	英镑	瑞士法郎	日元	加元
交易单位	31 250	62 500	6 250 000	50 000
协定价格级距	5cent	1cent	1cent/100	1cent
报价方式	c/£	c/SF	c/100/JY	c/CD
刻度与刻度值	0.01C （$3.125）	0.01C （$6.25）	0.01C （$6.25）	0.01C （$5.00）
合约交割月份(合约月份)	3、6、9、12 月以及最近两个月			
交易时间	4:30～14:30，19:00～23:00			
结算单位	期权结算公司			
履约结算日	到期期权于到期日后的星期三结算			

表 6－6 IOM 外汇期货期权合约

币种	英镑	瑞士法郎	日元	加元
交易单位	1 张对应外汇期货合约	1 张对应外汇期货合约	1 张对应外汇期货合约	1 张对应外汇期货合约
协定价格级距	2.5cent	1cent	1cent/100	0.5cent
报价方式	c/£	c/SF	c/100/JY	c/CD
最小变动单位	2 点或 0.000 2$（$12.5）	1 点或 0.000 1$（$12.5）	1 点或 0.000 001$ （$12.5）	1 点或 0.000 1$ （$10）
合约交割月份(合约月份)	季月并按季循环			
交易时间	7:20～14:00			
最后交易日	合约月份第三个星期三往回数的第二个星期五			
履约日	期权交易日内任一个营业日			

表 6－7 IOM 3 个月欧洲美元期货期权合约

交易单位	1 张欧洲美元期货合约
协定价格	以履约时可交割的欧洲美元期货合约的 IMM 指数做出规定，间隔为 0.25
最小变动价位(tick)	1 基点或 0.01IMM 指数点(每份合约 25$)，若为对冲交易，则最小变动价位为 0.005IMM 指数点(每份合约 12.5$)
每日价格最大变动限制	无
合约交割月份(合约月份)	3、6、9、12 月
交易时间	IMM，7:20～14:00
最后交易日	与标的期货相同
履约日	期权交易期内任一营业日

表 6－8　　股指期权合约

	S&P100	S&P500
交易单位	指数×100＄	指数×100＄
样式	美式	欧式
协定价格级距	5 点	5 点
最小变动价位(tick)	1/16(<3 时)，1/8(>3 时)	0.05
每日价格最大变动限制	无	无
合约交割月份(合约月份)	4 个近期的到期月份	2 个近期的到期月份加 3 个连续的按 3、6、9、12 循环的月份
交易时间	9:30～16:15	9:30～16:15
结算	现金	现金
到期日	到期月的第三个星期五之后的星期六	到期月的第三个星期五之后的星期六

表 6－9　　CBOT 美国长期国债期货期权合约

交易单位	一张长期国债期货合约
协定价格	以当时 T－bond 期货价格，以 2 点的整数倍为间隔确定。如当时 T－bond 期货价格为 86－00，期权协定价格可以是 80，82，84，86，88，90，92 等
最小变动价位(tick)	1/64 点(每份合约 15.625＄)
每日价格最大变动限制	3 点(上个交易日结算价)
合约交割月份(合约月份)	3、6、9、12 月
交易时间	7:20～14:00(芝加哥时间)
最后交易日	相关期货合约第一个通知日前 5 个营业日之前的第一个周五的中午
到期日	最后交易日之后第一个周六的 10:00

(二)金融期权的报价方式与行情表

金融期权的报价方式与金融期货的报价方式非常不同，这是因为金融期权的价格与金融期货的价格具有完全不同的含义。金融期货的价格是标的物的价格，而金融期权的价格是金融期权合约的价格，即金融期权合约所赋予的权利的价格。

金融期权的行情表也与金融期货的行情表不同。金融期货的行情表中报出的是每一月份期货价格的开盘价、最高价、最低价及结算价等内容，而金融期权的行情表报出的只是某一交易日的结算价，这是因为每一种金融期权都既有不同的合约月份又有不同的执行价，所以在同一平面上无法报出一定月份、一定协议价的多种不同的价格。表 6－10 是某一股票期权的行情。

表 6－10　股票期权的行情

期权标的与股市收盘价	执行价格	看涨期权收盘价			看跌期权收盘价		
		6 月	7 月	8 月	6 月	7 月	8 月
Honeywell	85	$14\frac{3}{8}$	s	r	r	s	3/8
98	90	8	r	r	r	r	r
98	95	$2\frac{7}{8}$	$5\frac{5}{8}$	$7\frac{1}{8}$	r	$1\frac{1}{4}$	r
98	100	$\frac{1}{16}$	$2\frac{3}{8}$	$4\frac{1}{8}$	$1\frac{3}{4}$	r	4
98	105	r	1	$2\frac{1}{8}$	r	r	r

表 6－10 中，s 表示不提供这种规格的期权，r 表示该期权在本交易日没有交易。

从表 6－10 可以看出，对垂直系列期权（到期日相同、执行价不同的同一种类型期权）而言，随着执行价的增加，看涨期权价格在下降，看跌期权价格则上升。如 6 月份看涨期权收盘价，随着执行价的增加，期权价格在逐步下降；而 8 月份看跌期权收盘价，随着执行价的增加，期权价格在逐步上升。

对水平系列期权（到期日不同、执行价相同的同一种类型期权）而言，随着到期日的增加，无论看涨期权还是看跌期权价格均在上升。如执行价为 100 的看涨期权或看跌期权，8 月份看涨期权与看跌期权收盘价均大于 6 月份看涨期权与看跌期权收盘价。

根据金融期权的报价方式与行情表，从实际应用的角度可以将期权按到期月份和协议价格分为垂直系列期权与水平系列期权两大类。垂直系列期权是指对于同一标的资产的看涨期权或看跌期权，它们具有相同到期日和不同协议价格构成的一个系列期权，在行情表中属于同一列；水平系列期权是指同一标的资产，具有相同协议价格和不同到期日的期权构成的一个系列期权，在行情表中属于同一行。

（三）金融期权保证金制度

金融期权交易中的保证金制度与金融期货交易中的保证金制度有着相同的性质和功能。期权保证金也分为初始保证金、维持保证金等。但是，由于期权交易中买卖双方的权利和义务不同，导致期权交易双方在保证金制度上的要求与金融期货交易非常不同。在期权交易中，期权的买方不需要缴纳保证金，而期权的卖方需要缴纳保证金。因为保证金的作用是为了确保履约，期权的买方没有履约的义务，因此不需要缴纳保证金；而期权的卖方有履行合约的义务，他存在违约的风险，故要缴纳一定的保证金。期权卖方也不是非以现金缴纳保证金不可，如果期权卖方在出售某种看涨期权时实际拥有该期权标的物，并预先存放在经纪人处作为履约的保证，则他可以免交保证金。

期权交易所交保证金数量或比例，不同交易所、不同交易品种有不同的规定。例如，沪深 300 股指期权合约卖方缴纳的交易保证金标准为：每手看涨期权交易保证金＝（合约当日结算价×合约乘数）＋max（标的指数当日收盘价×合约乘数×合约保证金调整系数－虚值额，最低保障系数×标的指数当日收盘价×合约乘数×合约保证金调整系数）；每手看跌期权交易保证金＝（合约当日结算价×合约乘数）＋max（标的指数当日收盘价×合约乘数×合约保证金调整系数－虚值额，最低保障系数×合约行权价格×合约乘数×合约保证金调整系数)，其中，股指期权合约的保证金调整系数、最低保障系数由交易所另行规定。看涨期权虚值额为：max[(本合约行权价格－标的指数当日收盘价)×合约乘数，0]；看跌期权虚值额为：max[(标的指数当日收盘价－本合约行权价格)×合约乘数，0]。

(四)金融期权的履约方式

金融期权的履约方式有三种：第一种是对冲交易，其交易方式与期货类似；第二种是放弃权利，即任由金融期权过期，不采取任何行动；第三种是执行期权。

1. 对冲交易

在交易所交易的金融期权合约，如果交易者不想继续持有未到期的期权部位，或认为在某一期权部位上已获得满意的收益率，他可以在最后交易日之前通过反向对冲的方法进行平仓，平仓方法与期货交易相同。

2. 放弃权利

如果期权交易者没有在最后交易日之前进行对冲平仓，他要么放弃期权执行或履约期权。放弃期权指期权交易者放弃期权的执行。期权交易者放弃期权执行的主要原因是执行期权对交易者不利，如期权的内在价值为负(即虚值期权)，交易者执行期权不能带来任何收益，同时还要缴纳一定的交易费用。

3. 执行期权

当履约期权对期权交易者有利时，交易者会按照前期合约的要求行使期权。它主要出现在期权的内在价值为正(即实值期权)的情况下。对欧式期权，期权的执行在最后交易日之后的交割日进行(有些期权最后交易日与交割日相同)；对于美式期权，期权的执行可以在任一交易日进行。

不同类型的期权，执行的结果不同。对于一般的现货资产期权(外汇期权、股票期权及利率期权)，期权执行为现货交收，即按期权合约要求，实现现金与标的物交收。对于各类指数期权(股指期权)，期权执行为市场价格与协议价之间的差按现金进行结算。如看涨期权行权盈亏＝(行权交割结算价－期权合约行权价－买入时期权报价)×100×手数，看跌期权行权盈亏＝(期权合约行权价－行权交割结算价－买入时期权报价)×100×手数。假如IO－2302－P－4 150最新成交价是21.4，如果投资者以最新价买入1手该期权合约，一直持有到合约的最后交易日2023年2月28日并提出行权申请，如果到时沪深300指数维持在4070点，则股指期权的行权交割价会接近4070，代入上面盈亏计算公式，可得出行权盈亏＝(4 150－4 070－21.4)×100×1＝5 860，即如果该期权行权总盈利是5 860元。

期货期权的执行较为复杂。它首先根据期货期权的类型将期权关系转为期货关系，之后再加上期货价格与期货期权执行之间的差额。例如，一个期权买方执行一份期货看涨期权，执行的结果是：期权买方转换为期货的多头(期权卖方转换为期货的空头)，期货价格与期货期权执行之间的差额(期货价格减去期货期权执行价为正)记入期权买方的资金账户中(期权卖方将从资金账户中扣除相应的金额)。一个期权买方执行一份期货看跌期权，执行的结果是：期权买方转换为期货的空头(期权卖方转换为期货的多头)，期货价格与期货期权执行之间的差额(期货期权执行价减去期货价格为正)记入期权买方的资金账户中(期权卖方将从资金账户中扣除相应的金额)。假设一个阴极铜期货期权的执行价为20 000元/吨，该期货期权的结算价为22 000元/吨，执行一张该期货看涨期权的结果为：该投资者持有一张阴极铜期货多头，再将(22 000 元/吨−20 000 元/吨)×5 吨=10 000 元记入期权买方的资金账户中。

(五)部位限制

部位限制是指交易所对每个账户所持有的期权部位的最大限额。交易所之所以做出这样的规定,是为了防止交易者承受过大的风险或对市场有过大的操纵能力。

不同交易所对期权部位的限制不同。有的以合约数量作为限制的标准,有的以合约的总值作为限制的标准。在期权期货交易中,有的将期权部位与对应的期货部位合并计算,而有的将期权部位与对应的期货部位分开计算。有的对同一标的物看涨期权的买方部位和看跌期权卖方部位之和有上限限制(相当于标的资产的多头),而有的对同一标的物看涨期权的卖方部位和看跌期权买方部位之和有上限限制(相当于标的资产的空头)。

四、期权市场结构

期权市场与期货市场具有类似的结构,也是由期权交易所(清算所)、经纪公司(会员)和交易者组成。

期权交易所是期权市场的核心,其主要职能是为期权交易者提供交易场所和所需的各种设施,制定交易规则,设计期权合约,安排上市,监督交易过程,控制市场风险等。期权交易所一般采取会员制,非会员必须经过会员进行期权的交易与结算。

与其他证券交易一样,期权交易的结算业务都是由专门的结算单位来统一处理。该结算单位就是期权结算公司(清算所),它可以是期权交易所的一个部门,也可以是与交易所无隶属关系的一个独立实体。结算所也实行全员结算会员制,任何非清算会员必须通过清算会员才能进行交易的清算,个人交易者可以通过清算会员或非清算会员进行期权交易。结算所的基本职能主要有:决定并逐日公布结算价格;收取和管理保证金;负责每日成交合约的结算;监督管理到期合约的结算和期权交割实施及公布交易信息等多个方面。例如,某交易者通过经纪公司甲,买入一个期权费为 4 美元、执行价为 50 美元、3 月份到期的某股票 X 的看涨期权;交易者 B 通过其经纪公司乙,以 4 美元卖出了这个相应的看涨期权;交易完成后,投资者 A 的账户上增加了一个看涨期权的多头,减少了一笔期权费,交易者 B 的账户上增加了一个看涨期权的空头,增加了一笔期权费。

期权交易的中介机构是经纪公司。与其他证券交易类似,分佣金经纪人、两元经纪人和专家经纪人三类,作用也与其他证券交易时的经纪商相同。

参与期权市场的交易者一般也有三类,即套期保值者、投机者和套利者。他们参与期货交易的目的不同,面临的风险也不同。套期保值者利用期权交易将损失限定在一定的范围内,达到保值的目的。例如,某股票投资者预计行情将上涨,他买入一定数量的股票,如果股市行情与其预测的相反,则他将遭受巨大损失,为此他可以买入看跌期权,以付出的期权费作为限制亏损的代价。

投机者是根据他们对金融期权价格的预测,通过低买高卖或高卖低买以获取利润的交易者。由于期权交易的杠杆作用很大(可以较少的投资获得较大的收益),如果投机者对期权价格的预测准确,他们将获得巨大的回报;如果他们对期权价格的预测错误,他们的损失也将是惨重的。例如,某股票投资者有本金 4 000 元,如果投资股票 A(设每股 40 元),则他只能买 100 股;如果看涨期权的协议价为每股 40 元,期权费为 4 元,则该投资者可以买 1 000 份看涨期权。当股票价格上涨 10 元时,股票投资每股盈利 10 元,共盈利 1 000 元,收益率为 25%;期权投资,每份期权盈利 10 元(股票价格减去执行价),共盈利 10 000 元,收益率为 125%。

套利者是利用不同期权合约之间或期权合约与标的之间暂时不合理的价格关系,同时买进被低估的期权合约、卖出被高估的期权合约以赚取价差的交易者。套利者交易的风险较低,交易所一般不对套利者的仓位进行限制,收取的佣金也较低。

五、金融期权的基本交易策略

金融期权是一种复杂的交易工具。在现实交易活动中,无论是套期保值者、投机者和套利者,都有无数多个可供选择的交易策略。这些不同的交易策略适用于不同的场合,产生不同的交易结果。尽管期权交易策略有很多,但有一些基本的交易策略是比较复杂交易策略的基础。

由于金融期权有看涨期权与看跌期权两大基本类型,交易者又有期权购买者与期权出售者两类。金融期权的两大基本类型与两类交易者的不同组合,就形成金融期权交易的四种基本策略,即:看涨期权多头,看涨期权空头;看跌期权多头,看跌期权空头。

(一)到期日期权的盈利计算

在分析金融期权基本交易策略时,要计算到期日期权的盈亏情况,即期权到期日的价值。在期权到期日,期权仅有内在价值。对于不同期权,到期日的价值计算方法不同。

记:T 为期权到期时间,C_T 为看涨期权多头到期日的价值,P_T 为看跌期权多头到期日的价值,S_T 为标的资产到期日的价格,K 为期权的执行价。

1. 看涨期权多头到期日的价值

在看涨期权到期日,期权多头(买方)可以根据标的资产的价格决定是否执行期权。如果标的资产的价格大于期权执行价,则期权多头执行期权,其收益为标的资产的价格与期权执行价之差;如果标的资产的价格小于期权执行价,则期权多头不执行期权,其收益为 0。也就是说,在到期日,看涨期权多头的价值不会小于 0。综合上述两种情况,在到期日,看涨期权多头的价值为:

$$C_T=\max[0,S_T-K] \tag{6-1}$$

看涨期权空头到期日的价值为看涨期权多头到期日价值的相反数。

2. 看跌期权多头到期日的价值

在看跌期权到期日,期权多头(买方)也要根据标的资产的价格决定是否执行期权。如果标的资产的价格小于期权执行价,则期权多头执行期权,其收益为期权执行价与标的资产的价格之差;如果标的资产的价格大于期权执行价,则期权多头不执行期权,其收益为 0。也就是说,在到期日,看跌期权多头的价值不会小于 0。综合上述两种情况,在到期日,看跌期权多头的价值为:

$$P_T=\max[0,K-S_T] \tag{6-2}$$

看跌期权空头到期日的价值为看跌期权多头到期日价值的相反数。

(二)金融期权的基本策略

金融期权交易基本策略,除了看涨期权多头、看涨期权空头、看跌期权多头、看跌期权空头四种策略外,还有牛市价差策略。下面,我们分别加以说明。

1. 看涨期权多头(Long Call)

当投资者预计某种标的资产的市场价格上涨时,他可以买入该标的资产的看涨期权。日后，若标的资产的市场价格真的如预期上涨，并涨至执行价以上，投资者将获利，获利多少取决于标的资产市场价格超出执行价的幅度，从理论上讲，看涨期权多头的盈利是无穷大。若标的资产的市场价格没有上涨，且下跌，则投资者将不执行或放弃期权。在期权到期日，看涨期权多头的盈亏计算如式(6-1)所示，其盈亏如图6-2所示。

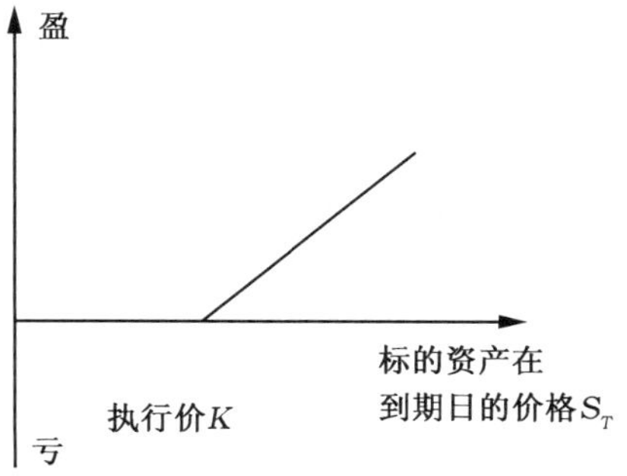

图6-2 看涨期权多头在到期日的盈亏

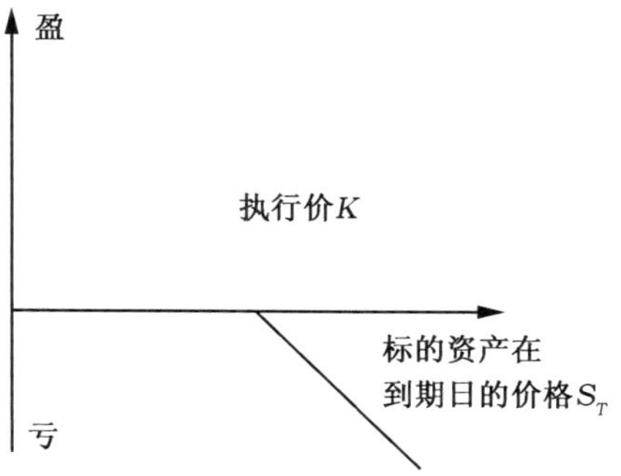

图6-3 看涨期权空头在到期日的盈亏

例如，某投资者购买以股票为标的物的看涨期权，期权的执行价为30美元。若到期日股票的价格为45美元，则期权购买者执行期权的获利为15美元(45－30)；若到期日股票的价格小于30美元，则期权购买者不执行期权，其获利为0。

2. 看涨期权空头(Short Call)

对于期权交易，有投资者买入看涨期权，就有投资者卖出看涨期权。卖出看涨期权的投资者卖出期权的原因是因为他认为期权标的资产的价格将下跌，此时，卖出看涨期权可以收取期权费，因为当标的资产的价格下跌到执行价以下时，看涨期权的多头将放弃期权的执行。但当标的资产的市场价格上涨并涨至执行价以上时，看涨期权空头将遭受损失，从理论上讲，看涨期权空头的损失是无穷大。看涨期权空头的盈亏正好是看涨期权多头盈亏的相反数。在期权到期日，看涨期权空头的盈亏如图6-3所示。

3. 看跌期权多头(Long Put)

当投资者预计某种标的资产的市场价格下跌时，他可以买入该标的资产的看跌期权。日后，若标的资产的市场价格真的如预期下跌，并跌至执行价以下，投资者将获利，获利多少取决于标的资产市场价格小于执行价的幅度；从理论上讲，看跌期权多头的收益是巨大的，但不会是无穷大，因为标的资产的市场价格最小为0，此时看跌期权多头的盈利为执行价。若标的资产的市场价格没有下跌，反而上涨，则投资者将不执行或放弃期权。在期权到期日，看跌期权多头的盈亏计算如式(6-2)所示，其盈亏如图6-4所示。

例如，某投资者购买以股票为标的物的看跌期权，期权的执行价为25美元。若到期日股票的价格为20美元，则期权购买者执行期权的获利为5美元(25－20)；若到期日股票的价格大于25美元，则期权购买者不执行期权，其获利为0。

4. 看跌期权空头(Short Put)

卖出看跌期权的投资者卖出期权的原因是因为他认为期权标的资产的价格将上涨，此时，卖出看跌期权可以收取期权费，因为当标的资产的价格上升到执行价以上时，看跌期权的多头将放弃期权的执行。但当标的资产的市场价格下跌并跌至执行价以下时，看跌期权空头将遭受损失，从理论上讲，看跌期权空头的损失是巨大的，但不会是无穷大。看跌期权空头的盈亏

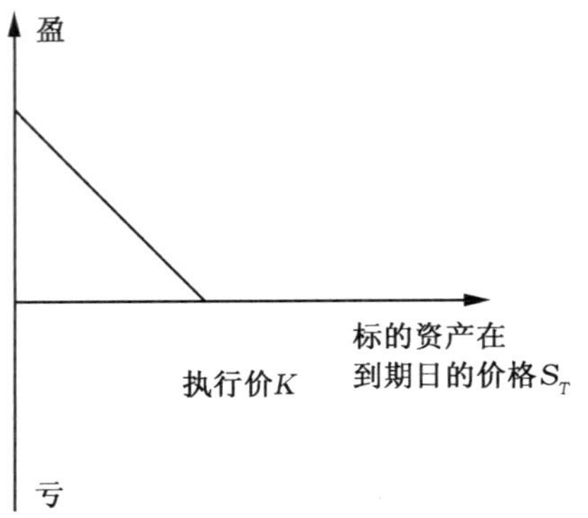

图 6-4 看跌期权多头在到期日的盈亏

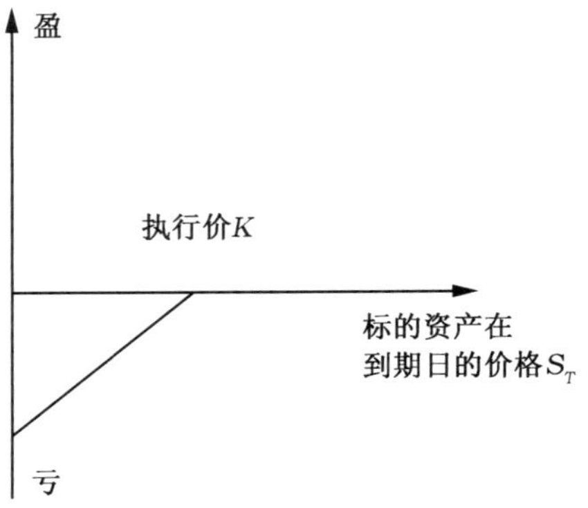

图 6-5 看跌期权空头在到期日的盈亏

正好是看跌期权多头盈亏的相反数。在期权到期日，看跌期权空头的盈亏如图 6-5 所示。

5. 牛市价差策略

牛市价差策略(Payoff of a Bull Spread)。由两个看涨期权组合而成，两个看涨期权的标的资产相同，到期日相同，所不同的是执行价，其中投资者购买执行价低的看涨期权，卖出执行价高的看涨期权。严格意义上讲，牛市价差策略不属于期权的基本交易策略，但由于其经常在实际中应用，故也将其视为期权的基本交易策略。该策略在期权到期日的盈亏如图 6-6 所示。

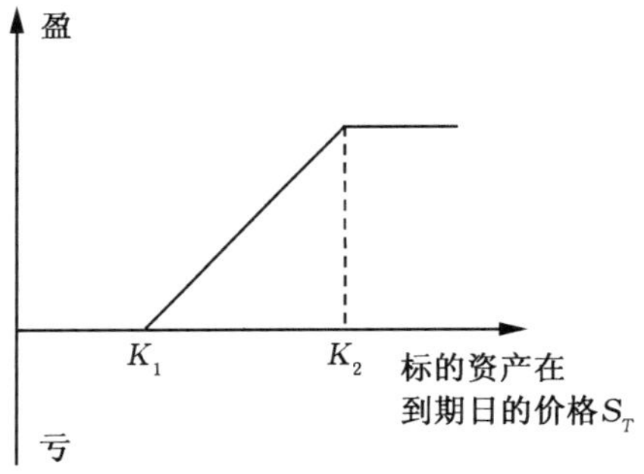

图 6-6 牛市价差策略在到期日的盈亏

例如，某投资者购买一个执行价为 25 美元的股票看涨期权，卖出执行价为 30 美元的股票看涨期权，构成一个期权的牛市价差策略。在期权到期日，若股票的价格小于 25 美元，则该投资者的盈利为 0；若股票的价格大于 30 美元，则该投资者的盈利为 5 美元(30—25)；若股票的价格小于 30 美元大于 25 美元，则该投资者的盈利为股票的价格减去 25 美元。

(三)考虑期权费的金融期权基本策略

上述期权基本策略的盈亏都没有考虑期权费。实际上，无论买入期权或卖出期权都有期权费。当买入某类期权时，要支出一定的期权费，但当卖出某类期权时，可收到一定的期权费。所以在进行期权交易时，其交易策略的盈亏要考虑相应的期权费。在考虑期权费时，看涨期权多头、看涨期权空头、看跌期权多头、看跌期权空头四种策略在到期日的盈亏如图 6-7 和

图 6－8 所示。

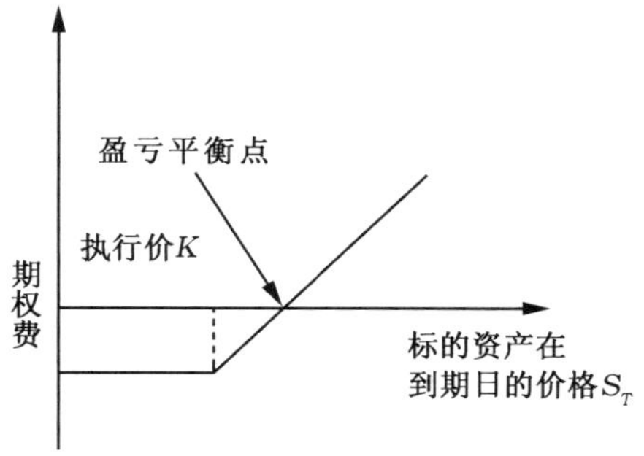

图 6－7(a) 看涨期权多头在到期日的盈亏

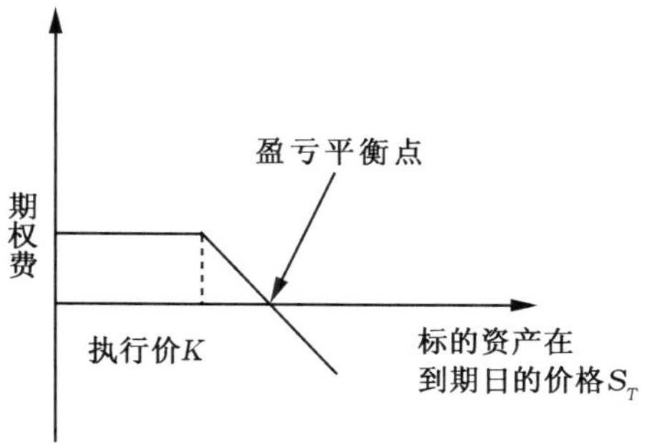

图 6－7(b) 看涨期权空头在到期日的盈亏

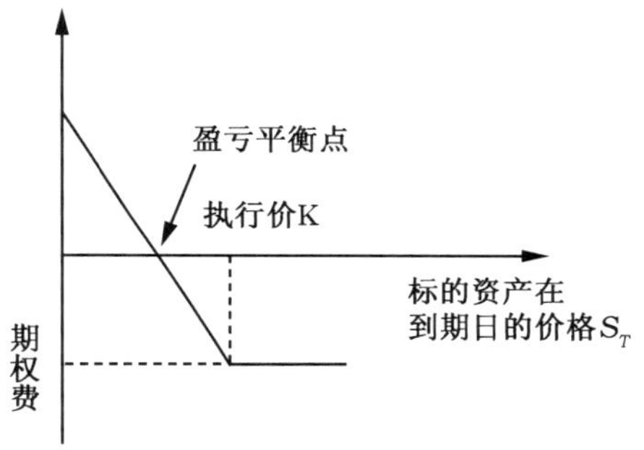

图 6－8(a) 看跌期权多头在到期日的盈亏

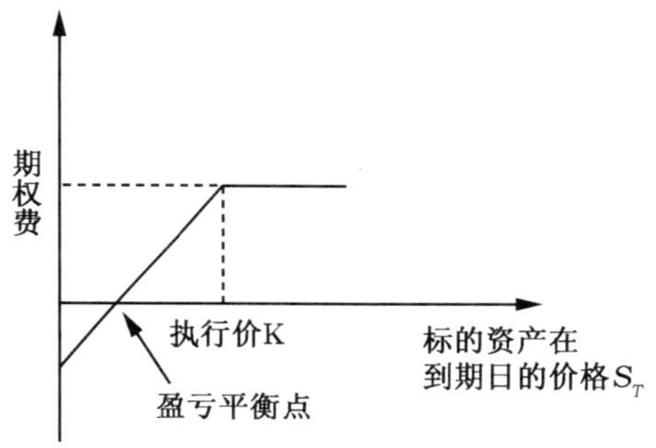

图 6－8(b) 看跌期权空头在到期日的盈亏

[例 6－1] 某投资者购买以股票为标的物的看涨期权，期权费为 5 美元，期权的执行价为 30 美元。试分析期权到期日投资者的盈亏。

在到期日，该投资者的盈亏如图 6－7(a)所示。盈亏平衡点为 35 美元(30＋5)，当股票价格大于 35 美元时，投资者将盈利，盈利数为 S_T-30-5。例如，到期日股票的价格为 45 美元，则期权购买者执行期权的获利为 10 美元(45－30－5)。

当股票的价格小于 35 美元时，投资者将亏损。当股票的价格小于 30 美元时，投资者亏损的最大值为 5 美元(即期权费)；当股票的价格大于 30 美元小于 35 美元时，投资者的亏损数为：S_T-30-5。例如，到期日股票的价格为 32 美元，则期权购买者执行期权的亏损为 3 美元(32－30－5)。

对于看涨期权空头，其盈亏如图 6－7(b)所示，即盈亏正好与看涨期权多头相反，其分析方法类同。

[例 6－2] 某投资者购买以股票为标的物的看跌期权，期权费为 3 美元，期权的执行价为 25 美元，试分析期权到期日投资者的盈亏。

在到期日，该投资者的盈亏如图 6－8(a)所示。盈亏平衡点为 22 美元(25－3)，当股票价格小于 22 美元时，投资者将盈利，盈利数为 $25-S_T-3$。例如，到期日股票的价格为 15 美元，则期权购买者执行期权的获利为 7 美元(25－15－3)。

当股票的价格大于 22 美元时，投资者将亏损。当股票的价格大于 25 美元时，投资者亏损的最大值为 3 美元(即期权费)；当股票的价格大于 22 美元小于 25 美元时，投资者的亏损数为：25－S_T－3。例如，到期日股票的价格为 23 美元，则期权购买者执行期权的亏损为 1 美元（25－23－3）。

对于看跌期权空头，其盈亏如图 6－8(b)所示，即盈亏正好与看跌期权多头相反，其分析方法类同。

第二节　金融期权的主要种类

上一节从一般意义上介绍了金融期权的分类，本节从实用的角度对几种常见的金融期权类型进行介绍。

一、外汇期权

（一）外汇期权的概念

外汇期权也称货币期权，是指期权购买方在向出售方支付一定期权费后，获得在未来约定日期或一定时间内，按照规定汇率买进或者卖出一定数量外汇资产的选择权。1982 年 12 月外汇期权由美国费城证券交易所（PHIX）首先推出。美国的外汇期权交易主要集中在 PHIX 和 CBOE，主要参与者有跨国公司、跨国银行、本国银行、非银行金融公司、进出口商等。

外汇期权与其他期权的主要区别是其标的物为外汇，即期权买方在向期权卖方支付相应期权费后获得在约定的到期日按照双方事先约定的协定汇率和金额同期权卖方买卖约定货币的权利。当然，期权的买方也有权不执行期权合约。在 CBOT 中，外汇期权的交易单位与相应的外汇期货交易单位相同；在费城证券交易所，外汇期权的交易单位是相应外汇期货交易单位的一半。

（二）外汇期权的类型

1. 按期权买方的权利分类

按期权买方的权利，外汇期权可分为“买入期权”和“卖出期权”两种。

“买入期权”是指客户根据自己对外汇汇率未来变动方向的判断，支付一定金额的期权费后买入相应面值、期限和执行价格的外汇期权（看涨期权或看跌期权），期权到期时如果汇率变动对客户有利，客户通过执行期权可获得较高收益；如果汇率变动对客户不利，客户可选择不执行期权。

“卖出期权”是客户根据自己的判断卖出一个外汇期权，可得到一笔期权费。期权到期时，如果汇率变动对客户有利，客户可得到期权费；如果汇率变动对客户不利，则客户将遭受一定的损失。

对于外汇期权来说，执行价格就是外汇期权的买方行使权利时事先规定的汇率。

外汇期权业务的优点在于可锁定未来汇率，提供外汇保值，客户有较好的灵活选择性，在汇率变动向有利方向发展时可从中获得盈利的机会。期权的买方风险有限，仅限于期权费，获得的收益可能无限大；卖方利润有限，仅限于期权费，风险无限。

2. 按外汇期权交易的标的品种分类

按外汇期权交易的标的品种，外汇期权有多种分类，如在美国费城证券交易所，可交易的品种有英镑、加元、日元、瑞士法郎、欧元等。

二、利率期权

(一)利率期权的概念

利率期权是指期权买方支付一定金额的期权费后,可以获得在到期日按预先约定的利率,按一定的期限借入或贷出一定金额货币的权利。当市场利率向不利方向变化时,买方可固定其利率水平。

当市场利率向有利方向变化时,买方可获得利率变化的好处。利率期权的卖方向买方收取期权费,同时承担相应的责任。

利率期权合约通常以政府短期、中期、长期债券,欧洲美元债券,大面额可转让存单等利率工具为标的物。利率期权是一项规避利率风险的有效工具。

(二)常见的利率期权

利率期权主要有单期期权和多期期权两种形式。

1. 单期期权

单期期权是指一旦期权执行,期权整个交易即结束。单期的利率期权包括中、长期国债期权,有美式期权和欧式期权之分。单期期权的期限一般不超过 1 年。

2. 多期期权

多期期权是指在期权的有效期内,买方具有多次执行期权的权利。它实质上是一系列期限不同的期权组成的期权,其期限一般在 1 年以上。多期的利率期权主要有利率上限(cap)、利率下限(floor)和利率双限(collar)等几种。

(1)利率上限又称"利率封顶",指在客户同银行签订利率期权协议时,指定某一种市场参考利率,同时确定一个利率上限水平。在此基础上,利率上限的卖出方向买入方承诺:在规定的期限内,如果市场参考利率高于协定的利率上限水平,卖方向买方支付市场利率高于利率上限的差额部分;如果市场参考利率低于或等于协定的利率上限水平,则卖方无任何支付义务。买方由于获得了上述权利,必须向卖方支付一定数额的期权费。

例如,甲公司现有金额为 5 000 万美元、期限 3 个月、以 LIBOR 计息的浮动债务。甲公司既希望在市场利率降低时能享有低利率的好处,又想避免市场利率上涨时利息成本增加的风险。这时,甲公司可支付一定的期权费,向银行买入期限为 3 个月、协定利率为 8%的利率上限。3 个月后,如果 LIBOR 上升为 10%(利率大于或等于 8%),甲公司选择行使该期权,即银行向甲公司支付市场利率和协议利率的差价(10%-8%=2%),甲公司有效地固定了其债务利息;如果 LIBOR 利率低于 8%,甲公司可选择不实施该权利,而以较低的市场利率支付债务利息。这样,买方有效地控制了利率上升的风险,且享受利率下降带来的利益,而卖方则收取了一笔期权费。

利率上限的期权费与利率上限水平和协议期限有关。相对而言,利率上限水平越高,期权费率越低;期限越短,期权费率也越低。

(2)利率下限又称"利率封底",是指客户与银行签订利率期权协议时,指定某一种市场参考利率,同时确定一个利率下限水平。在此基础上,利率下限的卖出方向买入方承诺:在规定的期限内,如果市场参考利率低于协定的利率下限水平,卖方向买方支付市场利率低于利率下限的差额部分;如果市场参考利率高于或等于协定的利率下限水平,则卖方无任何支付义务。

买方由于获得了上述权利，必须向卖方支付一定数额的期权手续费。

例如，乙公司在银行中有金额为 1 000 万美元、期限 6 个月、以 LIBOR 计息的存款。乙公司既希望在市场利率上升时能享有高利率的好处，又想避免市场利率下降时利息收益减少的风险。乙公司可支付一定的期权费，向银行买入期限为 6 个月、协定利率为 5%的利率下限。6 个月后，如果 LIBOR 下降为 4%（利率小于或等于 5%），乙公司选择行使该期权，即银行向乙公司支付市场利率和协议利率的差价（5%－4%＝1%），乙公司有效地固定了其存款利息；如果 LIBOR 利率高于 5%，乙公司可选择不实施该权利，而以较高的市场利率得到存款利息。这样，买方有效地控制了利率下降的风险，且享受利率上升带来的利益，而卖方则收取了一笔期权费。

(3) 利率双限又称“利率上下限”，是利率上限和利率下限两种金融工具的组合产品。具体来说，购买一份利率双限，相当于买进一份利率上限的同时卖出一份利率下限，以收入的期权费来部分抵消需要支出的期权费，达到既规避利率风险又降低费用成本的目的。而卖出一份利率双限，则是指在卖出一份利率上限的同时买入一份利率下限。当借款人预计市场利率会上涨时，可以考虑购买一份利率双限；当存款人预计市场利率会下降时，可以考虑卖出一份利率双限。

三、股指期权

(一) 股指期权的概念

股指期权又称为股票指数期权。期权购买者付给期权的出售方一笔期权费后，可以取得在未来某个时间或某段时间，以某种价格股指水平，买进或卖出某种股票指数合约的选择权。

第一份股指期权合约于 1983 年 3 月在芝加哥期权交易所出现。该期权的标的物是标准普尔 100 种股票指数。随后，美国证券交易所和纽约证券交易所也推出了指数期权交易。股指期权以股价指数作为标的，其价值取决于标的股价指数的价值及其变化。股指期权实行现金交割方式。清算的现金额度等于指数现值与执行价格指数之差与该期权规定的乘数之积。

例如，某投资者买入 1 手 6 月份到期、协定价格为 4 600 的沪深 300 指数的看涨期权，期权费为 100 个点，3 个月后沪深 300 指数上涨 150 点，则盈利为：

150×100＝15 000（元）

成本为：

100×100＝10 000（元）

净盈利为 5 000 元

(二) 常见股指期权

股指期权在很多国家都有交易，交易量较大的是美国股指期权市场。在美国股指期权市场上，交易较活跃的 5 种股指期权是：NYSE 综合指数期权、主要市场指数期权、S&P100 指数期权、S&P500 指数期权和价值线指数期权。各股指期权合约见表 6－11。

表 6－11 股指期权合约

合　约	S&P100	S&P500	NYSE 综合指数期权	主要市场指数期权	价值线指数期权
交易所	CBOE	CBOE	NYSE	AMEX	KCBT
交易单位	指数×100 $	指数×100 $	指数×100 $	指数×100 $	指数×100 $
期权类别	美式	欧式	美式	美式	美式
协定价格级距	5 点	5 点	5 点	5 点	5 点
最小变动价位(tick)	1/16(<3 时)，1/8(>3 时)	0.05	1/16(<3 时)，1/8(>3 时)	1/16(<3 时)，1/8(>3 时)	1/16 或 1/8
每日价格最大变动限制	无	无	无	无	无
合约交割月份(合约月份)	4 个近期的到期月份	2 个近期的到期月份加 3 个连续的按 3、6、9、12 循环的月份	3 个近期到期月份	3 个近期到期月份	3 个近期到期月份加 2 个按 3、6、9、12 循环的月份
交易时间	上午 9:30 到下午 4:15	上午 9:30 到下午 4:15	上午 9:30 到下午 4:15	上午 9:30 到下午 4:15	上午 9:30 到下午 4:15
结算	现金	现金	现金	现金	现金
到期日	到期月的第三个星期五之后的星期六	到期月的第三个星期五之后的星期六	到期月的第三个星期五之后的星期六	到期月的第三个星期五之后的星期六	到期月的第三个星期五之后的星期六

股指期权的规模一般以指数值的一定倍数来计算，即指数值乘 100，如当指数值为 300 点时，则表示股指期权标的指数的价值为 30 000 美元(300×100)。

(三)股票指数期权报价方式与行情表解读

股票指数期权报价方式与行情如表 6－12 所示。该表为某日《华尔街日报》上芝加哥期权交易所报出的 S&P500 股票价格指数期权的价格。

表 6－12 S&P500 股票价格指数期权行情(CBOE)

Exp.	Strike	Vol.	Last	Net Chg.	Open int.
Apr.	380C	10	$95\frac{1}{4}$	−3/8	8
Apr.	380P	50	1/16	…	150
May	390P	130	8/16	−1/16	560
Jun.	395P	120	6/16	−1/16	320
May	400P	8	1/8	−1/16	5 600
May	405P	45	3/16	−1/16	1 860

表 6－12 中，自左边起第一栏为合约到期月份；第二栏为期权协议价格，C 和 P 分别表示看涨期权和看跌期权；第三栏为当天合约交易量；第四栏为合约结算价；第五栏为当日合约结算价相比前一天结算价的变化，符号“＋”和“－”则分别表示高于或低于前一天的价格；最后一栏为有关期权合约的未平仓合约数。

四、股票期权

(一)股票期权的概念

股票期权是指期权买方支付一定金额的期权费后,可以获得在到期日或到期日以前按协议价买入或卖出一定数量相关股票的权利。

股票期权的标的股票很多,有看涨期权和看跌期权之分。股票期权也是规避股市风险的重要有效工具。

(二)常见的几种股票期权

常见的股票期权有普通股票期权、认股权证、职工购股期权和可转换债券等。

1. 普通股票期权

普通股票期权是以普通股票作为标的的期权,其交易单位是100股标的股票;有看涨期权与看跌期权两类,它们均是权利的象征。期权持有者可以履行这种权利,也可以放弃权利;两者都是可转让的。期权是由独立的期权卖者开出,期权则需购买才可获得;期权都是有期限的;看涨期权执行时,必须从公开市场上购买需要交割的股票。

2. 认股权证

认股权证(Warrants)又称“认股证”或“权证”,是指附加在公司债务工具上的、赋予持有者在某一天或某一期限内按事先规定的价格购买该公司一定数量股票的权利。一份认股权证相当于一份看涨期权。

广义上,认股权证通常是指由发行人发行的附有特定条件的一种有价证券。认股权证本质上是一权利契约,投资人支付权利金得到权证后,有权在某一特定期间或到期日,按约定的价格(行使价),认购或沽出一定数量的标的资产(如股票、股指、黄金、外汇或商品等)。权证交易的实质是一种期权的买卖。与所有期权一样,权证持有人在支付权利金后获得的是一种权利而非义务,行使与否由权证持有人自主决定;而权证的发行人在权证持有人按规定提出履约要求时,负有提供履约的义务,不得拒绝。

认股权证与普通股票期权的相同之处是,它们均是权利的象征,持有者可以履行这种权利,也可以放弃权利;两者都是可转让的。认股权证与股票看涨期权的区别主要表现在如下几个方面:第一,认股权证是由发行债务工具或股票的公司开出的;而期权是由独立的期权卖方开出的。第二,认股权证通常是发行公司为改善其债务工具的条件而发行的,获得者无须缴纳额外的费用;而期权则需购买才可获得。第三,有的认股权证是无期限的;而期权都是有期限的。第四,看涨期权执行时,必须从公开市场上购买需要交割的股票。而认股权证执行时,由公司发行新的股票。因此认股权证会造成现有股权的稀释。

3. 职工购股期权

持有这种权利的高级管理人员可以在规定时期内以股票期权的行权价格购买本公司股票,这个购买的过程称为行权。在行权前,股票期权持有人没有任何现金收益;行权后,个人收益为行权价与行权日市场价之间的差价。高级管理人员可自行决定在任何时间出售行权所得股票。

经营者可以凭借这种权利按约定价格购买未来一定期限内公司股份的权利。实行股票期权制度的目的,是要在公司高级管理人员与企业长期利益之间建立一种资本纽带,将个人命运与企业命运牢牢地捆在一起，即企业的股票期权激励计划。1952年世界上第一个股票期权激励计划产生于美国，1974年这个计划得到美国联邦和州政府的认可，随后股票期权激励制度在美国迅速发展。20世纪90年代初，美国在全球排名前50位的大公司中，有80%的企业已向其高级经理人员实行经营者股票期权的激励制度；到1999年几乎所有的高科技公司、大约90%的上市公司都有股票期权激励计划。目前，股票期权激励计划在我国也在逐步推行中。

(三)股票期权合约

1. 股票期权的到期日与合约月份

在美国，股票期权到期日的时间是到期月第3个星期五之后紧随的那个星期六，美国东部时间上午10:59。期权的最后交易日是到期月的第3个星期五。持有期权多头的投资者通常在这个星期五中部时间下午4:30之前给其经纪人发出执行期权的指示，经纪人在第2天中部时间上午10:59之前完成书面文件并报告交易所执行期权。

股票期权的合约月份是在1月、2月、3月基础上进行循环。例如，某种股票期权处于1月循环中，1月初，交易的期权到期月份为1、2、4、7月；在1月末，交易的期权到期月份为2、3、4、7月；当某一期权到期时，开始交易另一期权。

2. 股票期权的执行价格

一般来说，股票期权的执行价格由交易所选定，具有这种执行价格的期权才能执行。股票期权的执行价格变动间隔分别为2.5美元、5美元、10美元。交易所通常规定，当股票价格低于25美元时，执行价格的变动间隔为2.5美元；当股票价格高于25美元但低于200美元时，执行价格的变动为5美元；当股票价格高于200美元时，执行价格变动间隔为10美元。

3. 股票红利和股票分割

如果上市公司分派现金红利，一般情况下，在除权日后公司股票期权的执行价格调整为减去红利，但无论是否派发现金红利，场内交易的期权通常不进行调整。

股票分割时，场内交易的期权要进行调整。股票分割时现有的股票被分割成更多的股票，但并不改变公司的股本和盈利能力，对公司的股东权益不产生影响。例如，1股分割为2股将使股票价格降为分割前股价的1/2。期权合约中的相应条款应有所调整，以反映股票分割引起的股票价格的预期变化。这时，股票分割后执行价格为原执行价格的1/2。

但公司若分派股票红利，股票期权则不进行调整。股票红利是公司向其现有股东送股，与股票分割类似，股票红利对公司资产和盈利能力均无影响。公司送股后，公司股价将会下降，期权合约中相应条款将有所调整，以反映送股带来的股票价格预期的下降。

股票期权报价方式与行情见表6-10。

五、期货期权

(一)期货期权概述

期货期权是继20世纪70年代金融期货推出之后的又一次创新。1984年10月，美国芝加哥期货交易所首次将期权交易方式应用于政府长期国债期货合约的买卖，从此产生了期货期权。期货期权交易为期货商提供了规避风险的有力工具。目前，国际期货市场上的大部分期货交易品种引进了期权交易。

期货期权是对期货合约买卖权的交易，包括商品期货期权和金融期货期权。一般所说的期权通常是指现货期权,而期货期权则是指"期货合约的期权"。期货期权合约表示在到期日或之前,以协议价格购买或卖出一定数量特定商品或资产期货的合同。期货期权的基础是商品期货合同,期货期权合同实施时要求交易的不是期货合同所代表的商品,而是期货合同本身。如果执行的是一份期货看涨期权,持有者将获得该期货合约的多头头寸外加一笔数额等于当前期货价格减去执行价格的现金。如果执行的是一份期货看跌期权,持有者将获得该期货合约的空头头寸外加一笔数额等于执行价格减去期货当前价格的现金。期货期权在实施时很少交割期货合同,不过是执行由期货期权交易双方收付期货合同与期权的协议价格之间的差额引起的结算金额而已。

与现货期权相比,期货期权具有以下优点:

(1)资金使用效益高。由于交易商品是期货,因此在建立头寸时是以差额支付保证金,在清算时以差额结账。从这个意义上讲,期货期权可以较少的资金完成交易,因而也就提高了资金的使用效益。

(2)交易方便。由于期货期权的交易商品已经标准化、统一化,具有较高的流动性,因此便于进行交易。

(3)信用风险小。由于期货期权交易通常是在交易所进行的,交易的对方是交易所清算机构,因而信用风险小。

与现货期权相比,期货期权也有明显的缺点。其最大的缺点是由于在交易所进行交易,上市的商品种类有限,因而协议价格、期限等方面的交易条件不能自行决定。就优势而言,如果交易者在期货市场上做保值交易或投资交易时,配合使用期货期权交易,在降低期货市场的风险性的同时提高现货市场套期保值的成功率,而且还能增加盈利机会。

目前,主要的金融期货期权品种有利率期货期权、外汇期货期权、股指期货期权等。期货期权合约见表 6-3、表 6-6 和表 6-7。

(二)几种主要的金融期货期权概述

1. 股指期货期权

股指期货期权是期货期权的一种,是指期权购买者付给期权的出售者一笔期权费,获得一种在规定时间内按照事先商定的敲定价格买(卖)股票指数期货合约的权利。同其他期权一样,股指期货期权交易买方承担的风险是有限的,以支付的期权费为限,收益可以是无限的;股指期货期权交易卖方获得的收益是有限的,但承担的风险是无限的。

影响股指期货期权价格的主要因素有:股指期货价格、履约价格、期权合约的有效期、无风险利率及股指期货价格的波动幅度等。对股指期货期权的定价也可以用二项式定价方法及 BS 模型进行定价。

2. 利率期货期权

利率期货期权在利率期货合约的基础上产生。同其他期权一样,期权购买者在付给期权出售者一笔期权金,取得在未来某个时间或该时间以前,以某种价格水平(利率)买进或卖出某项利率期货的权利。利率期货期权主要有欧洲美元期货期权、美国长期国债期货期权等,对应的利率期货期权合约见表 6-7 和表 6-9。

影响利率期货期权价格的主要因素有:利率期货价格、履约价格、期权合约的有效期、无风险利率及利率期货价格的波动幅度等。对利率期货期权的定价也可以用二项式定价方法及 BS 模型进行定价。

大部分期权合约期限与利率期货合约平行，其交易以期货合约到期前 2 个月最为活跃。在交易的最后一天，期权自动结算。履约价格与期货合约市场价格之间的差价分别逐一贷记到购买或卖出期权的购买者账上，或借记到期权出售者账上。如果履约价格与合约现行市价之间的差价是负的，则期权失效无任何价值，期权购买者损失期权费。

3. 外汇期货期权

外汇期货期权是指期权的买方支付期权卖方一定期权费后，获得在期权到期日或以前执行或放弃执行以执行价格购入或售出标的外汇期货的权利。外汇期货期权与外汇期权的区别是：外汇期货期权在执行时，买方将获得或交付标的外汇的期货合约，而不是获得或交付标的外汇本身。1984 年外汇期货期权首先在芝加哥商品交易所（CME）的国际货币市场分部（IMM）推出。一些有代表性的外汇期货期权合约见表 6－6。

外汇期货期权交易是指期权买方有权在到期日或之前以协定的汇价购入或售出一定数量的某种外汇期货，即买入外汇期货看涨期权可使期权买方按协定价取得外汇期货的多头地位；买入外汇期货看跌期权可使期权买方按协定价建立外汇期货的空头地位；相应期权的卖方正好与买方取得相反的头寸地位。买方行使期货期权后的交割同于外汇期货交割，这是与现汇期权不同的。外汇期货期权均为美式，即可以在到期日前任何一个交易日行使。

六、中国的金融期权产品

中国的期权市场是改革开放以后逐步发展起来的。相对于西方发达的期权市场，我国的期权市场还处于发展初期。中国的期权市场主要包括股票期权市场和可转换债券市场。

（一）股票期权与股指期权市场

1. 我国推出的股票期权与股指期权

经中国证监会批准，上海证券交易所于 2015 年 2 月 9 日推出了首只真正意义上的股票期权——上证 50ETF 期权合约，在我国金融衍生品市场发展中具有重要的意义。2019 年 12 月 23 日，上交所推出沪深 300ETF 期权，标的为华泰柏瑞沪深 300ETF，深交所推出沪深 300ETF 期权，标的为嘉实沪深 300ETF，中金所上市沪深 300 股指期权。上证 50ETF 期权、沪深 300ETF 期权为类股票期权，沪深 300 股指期权为股指期权。截至 2023 年 4 月 30 日，我国推出的股票期权与股指期权有四个，其标的及上市的交易所见表 6－13。

表 6－13　我国推出的股票期权、股指期权标的及上市的交易所

交易所	上交所	上交所	深交所	中金所
合约名称	上证 50ETF 期权	沪深 300ETF 期权	沪深 300ETF 期权	沪深 300 指数期权
合约标的	华夏上证 50ETF（510050.SH）	华泰柏瑞 300ETF（510300.SH）	嘉实沪深 300ETF（159919.SZ）	沪深 300 指数（000300.SH）
期权类型	欧式	欧式	欧式	欧式
交割方式	实物交割	实物交割	实物交割	现金交割

2. 股票期权与股指期权合约的基本条款

沪深 300 股指期权合约的基本条款见表 6－3。上证 50ETF 期权、沪深 300ETF 期权的基本条款见表 6－14、表 6－15。

表 6-14　　上证 50ETF 期权合约的基本条款

合约标的	上证 50 交易型开放式指数证券投资基金("50ETF")
合约类型	认购期权和认沽期权
合约单位	10 000 份
合约到期月份	当月、下月及随后两个季月
行权价格	5 个(1 个平值合约、2 个虚值合约、2 个实值合约)
行权价格间距	3 元或以下为 0.05 元,3 元至 5 元(含)为 0.1 元,5 元至 10 元(含)为 0.25 元,10 元至 20 元(含)为 0.5 元,20 元至 50 元(含)为 1 元,50 元至 100 元(含)为 2.5 元,100 元以上为 5 元
行权方式	到期日行权(欧式)
交割方式	实物交割(业务规则另有规定的除外)
到期日	到期月份的第四个星期三(遇法定节假日顺延)
行权日	同合约到期日,行权指令提交时间为 9:15～9:25,9:30～11:30,13:00～15:30
交收日	行权日次一交易日
交易时间	9:15～9:25,9:30～11:30(9:15～9:25 为开盘集合竞价时间) 13:00～15:00(14:57～15:00 为收盘集合竞价时间)
委托类型	普通限价委托、市价剩余转限价委托、市价剩余撤销委托、全额即时限价委托、全额即时市价委托以及业务规则规定的其他委托类型
买卖类型	买入开仓、买入平仓、卖出开仓、卖出平仓、备兑开仓、备兑平仓以及业务规则规定的其他买卖类型
最小报价单位	0.000 1 元
申报单位	1 张或其整数倍
涨跌幅限制	认购期权最大涨幅=max{合约标的前收盘价×0.5%,min[(2×合约标的前收盘价-行权价格),合约标的前收盘价]×10%} 认购期权最大跌幅=合约标的前收盘价×10% 认沽期权最大涨幅=max{行权价格×0.5%,min[(2×行权价格-合约标的前收盘价),合约标的前收盘价]×10%} 认沽期权最大跌幅=合约标的前收盘价×10%
熔断机制	连续竞价期间,期权合约盘中交易价格较最近参考价格涨跌幅度达到或者超过 50%且价格涨跌绝对值达到或者超过 5 个最小报价单位时,期权合约进入 3 分钟的集合竞价交易阶段
开仓保证金最低标准	认购期权义务仓开仓保证金=[合约前结算价+max(12%×合约标的前收盘价-认购期权虚值,7%×合约标的前收盘价)]×合约单位 认沽期权义务仓开仓保证金=min[合约前结算价+max(12%×合约标的前收盘价-认沽期权虚值,7%×行权价格),行权价格]×合约单位
维持保证金最低标准	认购期权义务仓维持保证金=[合约结算价+max(12%×合约标的收盘价-认购期权虚值,7%×合约标的收盘价)]×合约单位 认沽期权义务仓维持保证金=min[合约结算价+max(12%×合标的收盘价-认沽期权虚值,7%×行权价格),行权价格]×合约单位

表 6-15 沪深 300ETF 期权合约的基本条款

合约标的	华泰柏瑞沪深 300 交易型开放式指数证券投资基金（“沪深 300ETF”，代码为 510300）
合约类型	认购期权和认沽期权
合约单位	10 000 份
合约到期月份	当月、下月及随后两个季月
行权价格	9 个（1 个平值合约、4 个虚值合约、4 个实值合约）
行权价格间距	3 元或以下为 0.05 元，3 元至 5 元（含）为 0.1 元，5 元至 10 元（含）为 0.25 元，10 元至 20 元（含）为 0.5 元，20 元至 50 元（含）为 1 元，50 元至 100 元（含）为 2.5 元，100 元以上为 5 元
行权方式	到期日行权（欧式）
交割方式	实物交割（业务规则另有规定的除外）
到期日	到期月份的第四个星期三（遇法定节假日顺延）
行权日	同合约到期日，行权指令提交时间为 9:15—9:25，9:30—11:30，13:00—15:30
交收日	行权日次一交易日
交易时间	9:15—9:25，9:30—11:30（9:15—9:25 为开盘集合竞价时间） 13:00—15:00（14:57—15:00 为收盘集合竞价时间）
委托类型	普通限价委托、市价剩余转限价委托、市价剩余撤销委托、全额即时限价委托、全额即时市价委托以及业务规则规定的其他委托类型
买卖类型	买入开仓、买入平仓、卖出开仓、卖出平仓、备兑开仓、备兑平仓以及业务规则规定的其他买卖类型
最小报价单位	0.000 1 元
申报单位	1 张或其整数倍
涨跌幅限制	认购期权最大涨幅＝max{合约标的前收盘价×0.5%，min [（2×合约标的前收盘价－行权价格），合约标的前收盘价]×10%} 认购期权最大跌幅＝合约标的前收盘价×10% 认沽期权最大涨幅＝max{行权价格×0.5%，min [（2×行权价格－合约标的前收盘价），合约标的前收盘价]×10%} 认沽期权最大跌幅＝合约标的前收盘价×10%
熔断机制	连续竞价期间，期权合约盘中交易价格较最近参考价格涨跌幅度达到或者超过 50% 且价格涨跌绝对值达到或者超过 5 个最小报价单位时，期权合约进入 3 分钟的集合竞价交易阶段
开仓保证金最低标准	认购期权义务仓开仓保证金＝[合约前结算价＋Max（12%×合约标的前收盘价－认购期权虚值，7%×合约标的前收盘价）]×合约单位 认沽期权义务仓开仓保证金＝Min[合约前结算价＋Max（12%×合约标的前收盘价－认沽期权虚值，7%×行权价格），行权价格]×合约单位
维持保证金最低标准	认购期权义务仓维持保证金＝[合约结算价＋Max（12%×合约标的收盘价－认购期权虚值，7%×合约标的收盘价）]×合约单位 认沽期权义务仓维持保证金＝Min[合约结算价 ＋Max（12%×合标的收盘价－认沽期权虚值，7%×行权价格），行权价格]×合约单位

下面以 50ETF 期权合约为例介绍期权合约的重要条款。

(1)合约类型

上证 50ETF 期权合约类型包括认购期权和认沽期权两种。

(2)合约单位

每张期权合约对应 10 000 份“50ETF”基金份额。

(3)到期月份

合约到期月份为当月、下月及随后两个季月，共 4 个月份。首批挂牌的期权合约到期月份为 2015 年 3 月、4 月、6 月和 9 月。

(4)行权价格

首批挂牌及按照新到期月份加挂的期权合约设定 5 个行权价格，包括依据行权价格间距选取的最接近“50ETF”前收盘价的基准行权价格(最接近“50ETF”前收盘价的行权价格存在两个时，取价格较高者为基准行权价格)，以及依据行权价格间距依次选取的 2 个高于和 2 个低于基准行权价格的行权价格。

“50ETF”收盘价格发生变化，导致行权价格高于(低于)基准行权价格的期权合约少于 2 个时，按照行权价格间距依序加挂新行权价格合约，使行权价格高于(低于)基准行权价格的期权合约达到 2 个。

(5)行权价格间距

行权价格间距根据“50ETF”收盘价格分区间设置，“50ETF”收盘价与上证 50ETF 期权行权价格间距的对应关系为：3 元或以下为 0.05 元，3 元至 5 元(含)为 0.1 元，5 元至 10 元(含)为 0.25 元，10 元至 20 元(含)为 0.5 元，20 元至 50 元(含)为 1 元，50 元至 100 元(含)为 2.5 元，100 元以上为 5 元。

(6)合约编码

合约编码用于识别和记录期权合约，唯一且不重复使用。上证 50ETF 期权合约编码由 8 位数字构成，从 10000001 起按顺序对挂牌合约进行编排。

(7)合约交易代码

合约交易代码包含合约标的、合约类型、到期月份、行权价格等要素。上证 50ETF 期权合约的交易代码共有 17 位，具体组成为：第 1 至第 6 位为合约标的证券代码；第 7 位为 C 或 P，分别表示认购期权或者认沽期权；第 8、9 位表示到期年份的后两位数字；第 10、11 位表示到期月份；第 12 位期初设为“M”，并根据合约调整次数按照“A”至“Z”依序变更，如变更为“A”表示期权合约发生首次调整，变更为“B”表示期权合约发生第二次调整，依此类推；第 13 至 17 位表示行权价格，单位为 0.001 元。

(8)合约简称

合约简称与合约交易代码相对应，代表对期权合约要素的简要说明。上证 50ETF 期权的合约简称不超过 20 个字符，具体组成依次为“50ETF”(合约标的简称)、“购”或“沽”、“到期月份”、“行权价格”、标志位(期初无标志位，期权合约首次调整时显示为“A”，第二次调整时显示为“B”，依此类推)。

3. 持仓限额限制

(1)新开合约账户权利仓持仓限额为 100 张，总持仓限额为 200 张，单日买入开仓限额为 400 张。

(2)经期权经营机构评估认为风险承受能力较强、开户满 10 个交易日、期权合约成交量达到 100 张且具备三级交易权限的客户，权利仓持仓限额为 1 000 张，总持仓限额为 2 000 张，单日买入开仓限额为 4 000 张。

(3)经期权经营机构评估认为风险承受能力较强、开户满 10 个交易日、期权合约成交量达到 500 张、自有资产余额超过 100 万元且具备三级交易权限的客户，权利仓持仓限额为 2 000 张，总持仓限额为 4 000 张，单日买入开仓限额为 8 000 张。

(4)经期权经营机构评估认为风险承受能力较强、开户满 10 个交易日、期权合约成交量达到 1 000 张、自有资产余额超过 300 万元且具备三级交易权限的客户，权利仓持仓限额为 5 000 张，总持仓限额为 10 000 张，单日买入开仓限额为 10 000 张。

(5)个人投资者持有的权利仓对应的总成交限额，由期权经营机构根据本所业务规则的规定予以确定。

4. 期权市场交易状况

上证 50ETF 期权合约上市当日，期权账户总数为 2 626 户，其中个人投资者账户为 2 436 户，机构投资者账户为 190 户。到 2015 年年末，账户总数为 81 557 户，个人投资者为 80 134 户，机构投资者为 1 423 户。期权经营机构全年月均开户量为 7 414 户。

根据上交所公布的信息，2015—2020 年上证 50ETF 期权成交面值实现以每年接近一倍的增速扩张。2015 年上市初年，上证 50ETF 期权累计成交面值 236.66 亿元，累计总成交 2 327 万张。2016 年上证 50ETF 期权累计成交面值 431.89 亿元，累计总成交 7 906 万张。2017 年上证 50ETF 期权累计成交面值达 893.14 亿元，累计总成交量为 1.8 亿张。2019 年上证 50ETF 期权累计成交面值达 1 797.66 亿元，首次突破千亿元大关，累计总成交量为 3.1 亿张。2020 年上证 50ETF 期权累计成交面值达 7 167.08 亿元，累计总成交量为 9.8 亿张。期权上市后快速发展，投资者对于期权的投资稳步增长。2021 年上证 50ETF 期权累计成交面值达 8 233.28 亿元，累计总成交量为 10.8 亿张，期权市场规模进一步扩大。

(二)可转换债券市场

除股票期权及股指期权外，可转换债券市场是我国另一个重要的金融期权市场。

1. 我国可转换债券发行状况

中国第一只可转换债券琼能源发行于 1991 年。1992 年 11 月 19 日，我国 A 股市场发行了第一只“宝安转债”，但发行时公司业绩滑坡、技术缺陷等原因导致最终仅有 2.7%的可转换债券转为股票。随着“宝安转债”转股的失败和配股、增发等融资方式的崛起，可转债市场的发展基本处于停滞状态。

1997 年 3 月中国证监会颁布了《可转换公司债券管理暂行办法》，对有条件的重点国有企业试点发行。之后的三年内，三家非上市公司(南宁化工、吴江丝绸和茂名石化)和两家上市公司(上海机场、鞍钢新轧)先后发行了可转换债券，为我国发展可转债市场积累了宝贵的经验。

2001 年 4 月，中国证监会发布了《上市公司发行可转换公司债券实施办法》，标志着我国可转债市场的发展进入了一个新的全面发展阶段。

进入 2005 年，由于股权分置改革，再融资停止，可转债市场进入低迷期。

2006 年 5 月随着《上市公司证券发行管理办法》的出台，可转债的发行上市重新启动。

2008 年 10 月，可转债发行规模达到 710.05 亿元，较 2007 年增长了 153.34%。

2006—2009 年仅发行 274 亿元，年平均发行 91 亿元。2010—2016 年可转换债累计发行规模达 2 470 亿元，年平均发行 411 亿元，年平均发行规模增长 3.5 倍，可转债市场迎来第一次大扩容。2010—2016 年发行的 57 只可转债中有 35 只在 2014—2015 年的牛市中强赎退市,比例高达 63.1%。

可转债市场在经历了 2010—2016 的快速发展后陷入规模停滞不前的状态,直至 2017 年 2 月 15 日证监会发布"再融资新规"以及 2017 年 9 月可转债打新(即申购可转债)开始实行信用申购制度(无需市值也无需资金,投资可以用交易软件进行申购)。再融资新规提高了定向增发的门槛,而转债再融资排除在限制之外,并将可转债和优先股明确单独排队,享受绿色通道,鼓励项目发行可转债和优先股。而信用申购制度释放了大量可转债打新资金,可转债打新对市场行情的干扰得到缓解,可转债申购大量增多。至此,可转债市场正式迎来了发行端的供需两旺,市场规模迎来大幅增长,见表 6—16。

表 6-16　　我国可转债发行情况统计

年　份	发行数量	发行金额(亿元)
1998	2	3.5
1999	1	15
2000	2	28.5
2001	0	0
2002	5	41.5
2003	16	185.5
2004	12	209.3
2005	07	0
2006	7	113.87
2007	15	278.28
2008	16	710.05
2009	7	76.61
2010	8	717.3
2011	9	413.2
2012	5	163.55
2013	9	547.38
2014	18	380.75
2015	5	110.40
2016	9	82.25
2017	40	420.01
2018	67	468.30
2019	131	1 438.17
2020	192	864.26
2021	120	1 293.87

数据来源:CSMAR 数据库可转债发行信息整理所得.

2. 我国可转换债券发行主体、利率与期限

(1)可转换债券发行主体。我国可转债发行的主体主要是传统产业,如钢铁、电力和纺织类公司。

(2)可转换债券发行利率。我国可转换债券的发行年利率多为1%～3%。国内在票面利率的制定上比较倾向于低利率:一是可以降低融资成本;二是在某种程度上反映了发行主体想通过低利率的设计,使投资者继续持有可转债变得无利可图,促使其换成股票,从而实现股权融资的目的。

(3)可转换债券期限。2006年5月之前,《可转换公司债券管理暂行办法》规定,可转换债券的期限最短为3年,最长不得超过5年。2006年5月开始实施《上市公司证券发行管理办法》,对可转换债券的期限做了调整,规定期限最短为1年,最长为6年。自发行结束之日起6个月方可转换为公司股票。

3. 可转债二级市场交易发展状况

我国可转债二级市场交易情况见表6-17。

表6-17　我国可转债二级市场交易情况

年份	成交额(亿元)	成交量(手)
1998	42.59	1 825 938
1999	66.14	4 067 406
2000	187.50	16 193 481
2001	57.26	4 812 959
2002	73.70	6 882 753
2003	622.73	54 690 958
2004	618.12	54 490 672
2005	506.28	47 547 729
2006	271.45	23 443 737
2007	404.84	23 934 366
2008	437.67	37 896 353
2009	635.02	47 805 841
2010	1 373.51	116 778 798
2011	2 119.48	197 006 424
2012	2 127.20	206 875 676
2013	4 907.48	451 433 096
2014	7 860.35	666 252 028
2015	8 077.03	536 975 960
2016	1 286.75	108 235 282
2017	2 246.11	196 541 018
2018	4 420.90	404 774 379
2019	14 220.16	1 135 240 253
2020	96 914.44	5 728 195 713
2021	156 244.18	9 034 129 652

从表 6 - 17 可以看出，1997 年恢复可转债市场后，1998—2000 年可转债市场交易快速发展，交易额从 42.6 亿元增长至 186.4 亿元，翻了 4 倍多，交易量更是突破了 1 600 万手。2001 年在证监会发布管理办法后快速回落，成交量和成交额回到了 1997 年的水平。2003～2004 年快速上升，成交额在 600 亿元以上，成交量更是逼近 5 400 万手。2005 年因为股权分置改革，再融资停止，使 2006 年成交量和成交额收缩近一半。2005—2009 年可转债市场交易一直处于低迷状态。2010—2015 年可转债市场处于稳步发展阶段，成交额从 2010 年的 1 373 亿元增长至 2015 年的 8 077 亿元，六年间增长近六倍，可转债市场表现出较大的活力。受市场调控的影响，2016 年可转债成交额退回 2010 年的千亿水平，此后三年可转债市场处于逐步恢复阶段。2019 年可转债市场较上一年出现快速增长，比 2018 年增长超过三倍并首次突破万亿元大关。2019—2021 年可转债规模飞速增长，2021 年可转债成交额突破十万亿元大关，成交量也逼近百亿手，可转债市场表现出巨大的活力。

第三节　金融期权的定价

金融期权交易是一种权利的交易。在这种交易中，期权购买者为了获得期权合约赋予的权利，就必须向期权出售者支付一定的费用，该费用就是期权费，也称为期权价格。期权价格的确定就是期权定价。期权定价是所有衍生金融工具定价中最复杂的问题，自 1973 年以来，许多学者纷纷提出了各自的期权定价模型。在这些模型中，最著名的一个是二项式定价模型，一个是布莱克—斯科尔斯定价模型。我们这里重点介绍这两个模型。

一、金融期权价格构成

尽管金融期权价格受多种因素的影响，但从理论上讲，金融期权价格主要由两部分构成：一部分是内在价值，另一部分是时间价值。一份期权合约的价值等于其内在价值与时间价值之和。

(一)金融期权的内在价值

1. 内在价值的含义

期权的内在价值又称为内涵价值、履约价值，是指期权的买方立即执行期权能获得的收益。由于期权的买方有权在执行期权收益为负或为 0 时，可以放弃期权执行，即此时期权内在价值应为零，也就是说，期权的内在价值不会小于零。内在价值反映了期权合约中协定价格与相关基础资产市场价格之间的关系。

根据内在价值，期权可分为实值、虚值和平值三种。对于看涨、看跌期权，协定价格与相关基础资产市场价格之间的实值、虚值和平值关系见表 6 - 2。

2. 内在价值的计算

记：t 为期权有效期内某一时间，NC_t 为看涨期权多头在 t 时刻的内在价值，NP_t 为看跌期权多头在 t 时刻的内在价值，S_t 为标的资产在 t 时刻的价格，K 为期权的执行价。

对看涨期权来说，其内在价值为：

$$NC_t = \max(S_t - K, 0) \tag{6-3}$$

对看跌期权来说，其内在价值为：

$$NP_t = \max(0, K - S_t) \tag{6-4}$$

可以看出，当期权处于实值期权状态时，内在价值为正；当期权处于虚值期权和平值期权时，内在价值为零。

式(6－3)、式(6－4)与式(6－1)、式(6－2)的不同在于式(6－1)、式(6－2)仅计量了期权到期日的内在价值，而式(6－3)、式(6－4)计量了期权有效期内任意时刻的内在价值。

(二)金融期权的时间价值

1. 时间价值的含义

期权的时间价值也称为外在价值，是指期权购买者为购买期权而实际付出的期权费超过该期权的内在价值的那部分价值。它等于期权价格与内在价值的差。期权之所以会存在时间价值是因为期权投资者相信将期权推迟到将来出售会获得更大的利润。

2. 时间价值的计算

期权的时间价值等于期权价格减去内在价值。用公式表示为：

$$TC_t = C_t - NC_t$$

或：

$$TP_t = P_t - NP_t$$

其中，TC_t、TP_t 分别为看涨、看跌期权在 t 时刻的时间价值，C_t、P_t 分别为看涨、看跌期权在 t 时刻的价值。

从动态上看，期权的时间价值有一个变化规律：随着期权合约剩余有效期缩短而衰减。发生衰减的原因是，对于期权买方而言，有效期越长，市场状况发生有利于他的变化的可能性也就越大，获利的机会也就越多，他愿意付出的时间价值也就越高；与此同时，卖方亏损的风险也越大。随着合约剩余有效期限的缩短，买方获利的机会在减少，卖方承担的风险也在减少，因此时间价值也将逐步减少。

期权合约的权利金(期权价值)由内在价值和时间价值共同决定。三者之间的关系可用图6－9和图6－10来表示。从静态的角度看，期权价值(权利金)在任一时点都由内在价值和时间价值两部分组成；在虚值期权(即看涨期权 $S<K$，看跌期权 $S>K$)时，权利金完全由时间价值组成；在平价期权(即 $S=K$)时，权利金完全由时间价值组成，且时间价值达到最大；在实值期权(即看涨期权 $S>K$，看跌期权 $S<K$)时，权利金由内在价值和时间价值组成。从动态的角度看，期权的时间价值在衰减，伴随合约剩余有效期的减少而减少，到期时时间价值为零，权利金全部由内在价值组成。

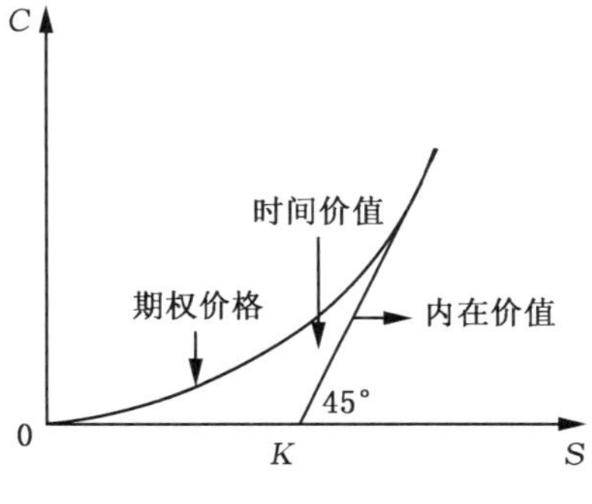

图 6－9　看涨期权的价格(K 为执行价)

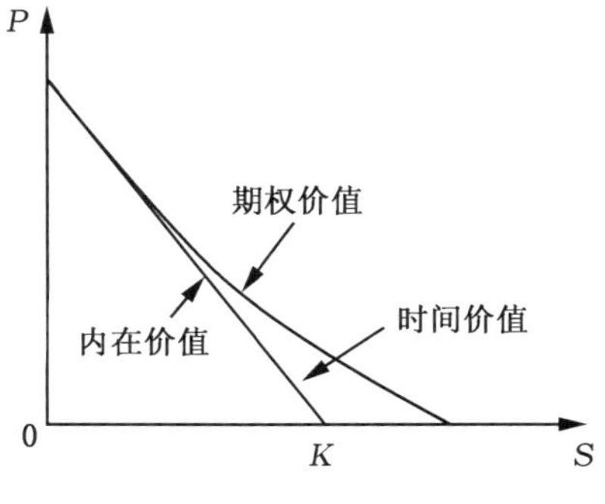

图 6－10　看跌期权的价格(K 为执行价)

(三)期权价格的有关性质

根据前面的分析,期权价格一般有如下性质:

1. 在期权到期日期权价格等于其内在价值

因为在到期日,期权时间价值为0。

2. 在期权到期日之前美式期权价格大于或等于其内在价值

由于美式期权可以在期权有效期内任一个交易日执行,期权价格等于内在价值与时间价值之和,因此,美式期权价格不会小于其内在价值。

3. 对于具有相同标的资产和相同执行价格的两个期权,距到期日较长的期权的价格较高

因为距到期日时间越长,期权的时间价值越大,对于具有相同标的资产和相同执行价格的两个期权,其内在价值相同,因此,距到期日较长的期权,其价格较高。

4. 对于具有相同标的资产和在相同到期日的两个看涨期权,执行价格越小的期权,其价格较高;对于具有相同标的资产和在相同到期日的两个看跌期权,执行价格越高的期权,其价格较高

根据期权内在价值的计算公式,对于具有相同标的资产和在相同到期日的两个看涨期权,执行价格越小的期权,其内在价值越大,价格越高;对于具有相同标的资产和在相同到期日的两个看跌期权,执行价格越高的期权,其内在价值越大,价格越高。

5. 看涨期权的价格不会高于标的资产的价格

如果看涨期权的价格高于标的资产的价格,那么将出现如下套利机会:

在 t 时刻,套利者买入标的资产,卖出看涨期权,收入 $(C_t - S_t)$ 美元;

在 T 时刻,如果期权被执行,套利者交出标的资产,得到出售价 S_T;如果期权不被执行,套利者持有标的资产和 $(C_t - S_t)$ 美元的收益。

在这两种情况下,套利者的利润均为正,因此,在市场均衡时看涨期权的价格不会高于标的资产的价格。

6. 看跌期权的价格不会高于执行价格

如果看跌期权的价格高于执行价格,那么将出现如下套利机会:

在 t 时刻,套利者卖出看跌期权,收入 P_t 美元;

在 T 时刻,如果期权被执行,套利者支付执行价,得到标的资产,其收益为:标的资产 $+(P_t - K)$;如果期权不被执行,套利者拥有 P_t 美元的收益。

在这两种情况下,套利者的利润均为正,因此,在市场均衡时看跌期权的价格不会高于执行价格。

(四)影响期权价格的主要因素

期权价格的影响因素主要有:

1. 标的资产的市场价格与期权的协议价格的关系

这取决于期权内在价值、时间价值与标的资产市场价格与期权协议价格的关系。对于内在价值,由于看涨期权在执行时其收益等于标的资产的市价与协议价格之差,因此,标的资产的价格越高、协议价格越低,看涨期权的价格就越高。

对于看跌期权而言,由于执行时其收益等于协议价格与标的资产市价的差额,因此,标的资产的价格越低、协议价格越高,看跌期权的价格就越高。

对于时间价值，协定价格与市场价格差距越大，时间价值越小；协定价格与市场价格差距越小，时间价值越大；当期权处于平值时，时间价值最大。这是因为期权的时间价值体现的是未来期权买方获取更大收益的可能性。当协定价格与市场价格差距越大时，期权买方未来获取更大收益的可能性越小，如看涨期权，当其为极度虚值时，即标的资产的市场价格远低于协定价格，在将来该期权变为实值期权(标的资产的市场价格大于协定价格)的可能性很小；当其为极度实值时，即标的资产的市场价格远高于协定价格，在将来该期权变更为实值期权(标的资产的市场价格大于现在的市场价格)的可能性很小。对看跌期权，当该期权为极度实值或虚值时，分析方法与看涨期权相同。只有平价期权时，无论看涨期权或看跌期权，将来该期权变为实值期权的可能性都最大。

2. 期权的有效期

对于美式期权而言，由于它可以在有效期内任一营业日时间执行，因此，有效期越长，多头获利机会就越大，而且有效期长的期权包含了有效期短的期权的所有执行机会，因此有效期越长，期权价格越高。

对于欧式期权而言，由于它只能在期末执行，有效期长的期权不一定包含有效期短的期权的所有执行机会，这就使欧式期权的有效期与期权价格之间的关系变得较为复杂。在一般情况下，由于有效期越长，标的资产的风险就越大，空头亏损的风险也越大，因此即使是欧式期权，有效期越长，其期权价格也越高，即期权的边际时间价值为正值。期权时间价值与有效期之间的关系如图 6 - 11 所示。

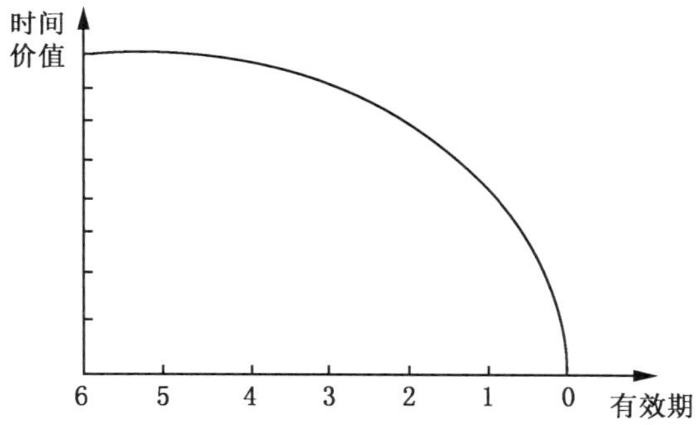

图 6 - 11 期权时间价值与有效期之间的关系

3. 标的资产价格的波动率

简单地说，标的资产价格的波动率是用来衡量标的资产未来价格变动不确定性的指标。由于期权多头的最大亏损额仅限于期权价格，而最大盈利额则取决于执行期权时标的资产市场价格与协议价格的差额，因此波动率越大，期权多头获利的机会越多，期权价格也应越高。

4. 无风险利率

无风险利率对期权价格的影响可从两个角度来考察：

(1)从静态的角度考察，即比较不同利率水平下的两种均衡状态。如果某种状态的无风险利率较高，则标的资产的预期收益率也应较高，这意味着对应于标的资产现在特定的市价，未来预期价格较高。同时由于贴现率较高，未来同样预期盈利的现值就较低。这两种效应都将减少看跌期权的价值。但对于看涨期权来说，前者将使期权价格上升，后者将使期权价格下降。由于前者的效应大于后者，因此对应于较高的无风险利率，看涨期权的价格也较高。

(2)从动态的角度考察,即考察一个均衡被打破到另一个均衡的过程。在标的资产价格与利率呈负相关时(如股票、债券等),当无风险利率提高,原有均衡被打破,为了使标的资产预期收益率提高,均衡过程通常是通过同时降低标的资产的期初价格和预期未来价格来实现的(只是前者的降幅更大),同时贴现率也随之上升。对于看涨期权来说,两种效应都将使期权价格下降。对于看跌期权来说,前者效应为正,后者为负,由于前者效应通常大于后者,因此其净效应是看跌期权价格上升。

需注意的是,从两个角度得到的结论刚好相反。因此,在具体运用时要注意区别分析的角度。

5. 标的资产的收益

由于标的资产分红付息等将减少标的资产的价格,而协议价格并未进行相应调整,因此在期权有效期内标的资产产生收益将使看涨期权价格下降,而使看跌期权价格上升。

由以上分析可知,影响期权价格的因素很多,而且各因素对期权价格的影响也很复杂。同时,影响期权价格的各因素之间既有互补关系,又有抵消关系。因此,期权价格的决定是非常复杂的。表 6-18 是对这些主要影响因素的一个基本总结。

表 6-18　　各主要因素对期权价格的影响

影响因素	欧式买权	欧式卖权	美式买权	美式卖权
标的资产价格	+	−	+	−
期权协议价格	−	+	−	+
有效期	?	?	+	+
标的资产收益	−	+	−	+
标的资产价格波动	+	+	+	+
利率	+	−	+	−

二、假设与记号

为了期权定价分析方便,我们做如下假设:

1. 假设

(1)市场交易没有费用。

(2)所有交易盈利的税率相同。

(3)投资者可以按无风险利率借入与借出资金。

(4)市场不存在套利机会。一旦市场上出现套利机会,套利者马上利用这些套利机会,使套利机会消失。因此,为了分析问题方便,假定市场上不存在套利机会。

2. 记号

我们引入如下记号:

S_t:标的资产(股票)在 t 时刻的价格。

K:期权的执行价。

T:期权合约的到期时间,单位为年。

S_T:标的资产在时刻 T 的价格。

c:买入一份股票欧式看涨期权的价格。

p:买入一份股票欧式看跌期权的价格。

C:买入一份股票美式看涨期权的价格。

P:买入一份股票美式看跌期权的价格。

r:T 时到期的以连续复利计算的 t 时刻的无风险利率(年利率)。无风险利率为名义利率而非实际利率,同时假设无风险利率大于 0。

三、期权价格的上、下限

为了推导出期权定价的精确公式,首先找出期权价格的上、下限。

(一)期权价格的上限

1. 看涨期权价格的上限

在任何情况下,看涨期权的价值都不会超过标的资产的价格;否则,套利者就可以通过买入标的资产并卖出看涨期权来获取无风险利润。因此,对于美式和欧式看涨期权来说,标的资产价格都是看涨期权价格的上限:

$$c \leqslant S, C \leqslant S \tag{6-5}$$

2. 看跌期权价格的上限

由于美式看跌期权的多头执行期权的最高价值为协议价格(K),因此,美式看跌期权价格(P)的上限为 K:

$$P \leqslant K \tag{6-6}$$

由于欧式看跌期权只能在到期日(T 时刻)执行,在 T 时刻其最高价值为 K,因此,欧式看跌期权价格(p)不能超过 K 的现值,即:

$$p \leqslant Ke^{-r(T-t)} \tag{6-7}$$

(二)期权价格的下限

确定期权价格的下限较为复杂,这里重点分析欧式期权价格的下限,并区分无收益与有收益标的资产两种情况。

1. 欧式看涨期权价格的下限

(1)无收益资产欧式看涨期权价格的下限

为了推导出期权价格下限,考虑如下两个组合:

组合 A:一份欧式看涨期权多头加上金额为 $Ke^{-r(T-t)}$ 的现金

组合 B:一单位标的资产

在组合 A 中,如果现金按无风险利率投资,则在 T 时刻将变为协议价格 K。此时多头要不要执行看涨期权,取决于 T 时刻标的资产价格(S_T)是否大于协议价格 K。若 $S_T > K$,则执行看涨期权,组合 A 的价值为 S_T;若 $S_T \leqslant K$,则不执行看涨期权,组合 A 的价值为 K。因此,在 T 时刻,组合 A 的价值为:

$$\max(S_T, K)$$

在 T 时刻,组合 B 的价值为 S_T。由于 $\max(S_T, K) \geqslant S_T$,因此,在 t 时刻组合 A 的价值也应大于等于组合 B 的价值,即:

$$c + Ke^{-r(T-t)} \geqslant S$$

或

$$c \geqslant S - Ke^{-r(T-t)}$$

由于期权的价值一定不为负,因此无收益资产欧式看涨期权价格下限为:

$$c \geqslant \max[S - Ke^{-r(T-t)}, 0] \tag{6-8}$$

(2)有收益资产欧式看涨期权价格的下限

将上述组合 A 的现金改为 $D + Ke^{-r(T-t)}$，其中 D 为看涨期权有效期内标的资产收益的现值，经过类似的推导，可得出有收益资产欧式看涨期权价格的下限为：

$$c \geqslant \max[S - D - Ke^{-r(T-t)}, 0] \tag{6-9}$$

如果将(6-8)式中的 S 替换成 S－D，即为(6-9)式。

2. 欧式看跌期权价格的下限。

(1)无收益资产欧式看跌期权价格的下限

考虑以下两种组合：

组合 C：一份欧式看跌期权多头加上一单位标的资产

组合 D：金额为 $Ke^{-r(T-t)}$ 的现金

在 T 时刻，若 $S_T < K$，则执行看跌期权，组合 C 价值为 K；如果 $S_T \geqslant K$，期权将不被执行，组合 C 的价值为 S_T，即组合 C 的价值为：

$$\max(S_T, K)$$

假定组合 D 的现金以无风险利率投资，则在 T 时刻组合 D 的价值为 K。由于组合 C 的价值在 T 时刻大于等于组合 D，因此组合 C 的价值在 t 时刻也应大于等于组合 D，即：

$$p + S \geqslant Ke^{-r(T-t)}$$

或

$$p \geqslant Ke^{-r(T-t)} - S$$

由于期权的价值一定不为负，因此无收益资产欧式看跌期权价格下限为：

$$p \geqslant \max[Ke^{-r(T-t)} - S, 0] \tag{6-10}$$

(2)有收益资产欧式看跌期权价格的下限

将上述组合 D 的现金改为 $D + Ke^{-r(T-t)}$，就可得到有收益资产欧式看跌期权价格的下限为：

$$p \geqslant \max[D + Ke^{-r(T-t)} - S, 0] \tag{6-11}$$

同样，如果将(6-10)式中的 S 替换成 $S - D$，即为(6-11)式。

从以上分析可以看出，欧式期权的下限实际上是其内在价值。

四、提前执行美式期权的合理性

美式期权与欧式期权的区别在于能否提前执行，因此如果我们可以证明提前执行美式期权是不合理的，那么在定价时美式期权就等同于欧式期权，从而大大降低定价的难度。

(一)提前执行无收益资产美式期权的合理性

1. 看涨期权

由于现金会产生收益，而提前执行看涨期权得到的标的资产无收益，再加上美式期权的时间价值总是为正的，因此我们可以直观地判断提前执行无收益资产的美式看涨期权是不明智的。理论推导较为复杂，请读者参看本章附录。

2. 看跌期权

提前执行看跌期权是将无收益的标的资产转换成有收益的现金，因此直观判断提前执行无收益资产的美式看跌期权是明智的。但是否提前执行无收益资产的美式看跌期权，主要取决于期权的实值额($K - S$)、无风险利率水平等因素。一般来说，只有当 S 相对于 K 较低，或

者 r 较高时，提前执行无收益资产美式看跌期权才可能是有利的。理论推导较为复杂，请读者参看本章附录。

由于美式期权可提前执行，因此其下限比式(6-10)更严格：

$$P \geqslant K - S \tag{6-12}$$

(二)提前执行有收益资产美式期权的合理性

1. 看涨期权

由于提前执行有收益资产的美式期权可较早获得标的资产，从而获得现金收益，而现金收益可以派生利息，因此一定条件下提前执行有收益资产的美式看涨期权有可能是合理的。这些条件见本章附录。

2. 看跌期权

由于提前执行有收益资产的美式期权意味着自己放弃收益权，因此收益使美式看跌期权提前执行的可能性变小，但不能排除提前执行的可能性。

美式看跌期权不能提前执行的条件见本章附录。

五、期权价格曲线的形状

分析了期权价格上下限后，我们就可以推出期权价格曲线的形状。

(一)看涨期权价格曲线

先看无收益资产的情况。看涨期权价格的上限为 S，下限为 $\max[S-Ke^{-r(T-t)},0]$。期权价格下限就是期权的内在价值。当内在价值等于零时，期权价格就等于时间价值。时间价值在 $S=Ke^{-r(T-t)}$ 时最大；当 S 趋于 0 和 ∞ 时，时间价值也趋于 0，此时看涨期权价值分别趋于 0 和 $S-Ke^{-r(T-t)}$。特别地，当 $S=0$ 时，$C=c=0$。

此外，r 越高，期权期限越长，标的资产价格波动率越大，则期权价格曲线以 0 点为中心，往右上方旋转，但基本形状不变，而且不会超过上限，如图 6-12 所示。

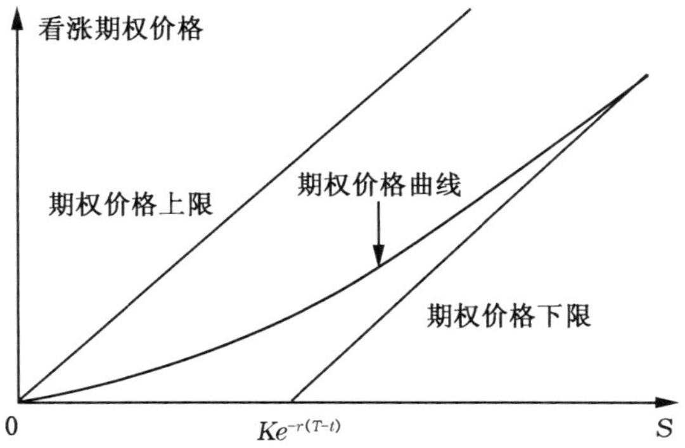

图 6-12 无收益资产看涨期权价格曲线

有收益资产看涨期权价格曲线与图 6-12 类似，只是把 $Ke^{-r(T-t)}$ 换成 $Ke^{-r(T-t)}+D$ 即可。

(二)看跌期权价格曲线

1. 欧式看跌期权价格曲线

先看无收益资产看跌期权的情形。欧式看跌期权的上限为 $Ke^{-r(T-t)}$，下限为 max$[Ke^{-r(T-t)}-S,0]$。当 $Ke^{-r(T-t)}-S>0$ 时，它就是欧式看跌期权的内在价值，也是其价格下限。当 $Ke^{-r(T-t)}-S<0$ 时，欧式看跌期权内在价值为 0，其期权价格等于时间价值。当 $S=Ke^{-r(T-t)}$ 时，时间价值最大。当 S 趋于 0 和∞时，期权价格分别趋于 $Ke^{-r(T-t)}$ 和 0。特别地，当 $S=0$ 时，$p=Ke^{-r(T-t)}$。

r 越低，期权期限越长，标的资产价格波动率越高，看跌期权价值以 0 为中心往右上方旋转，但不能超过上限，如图 6－13 所示。

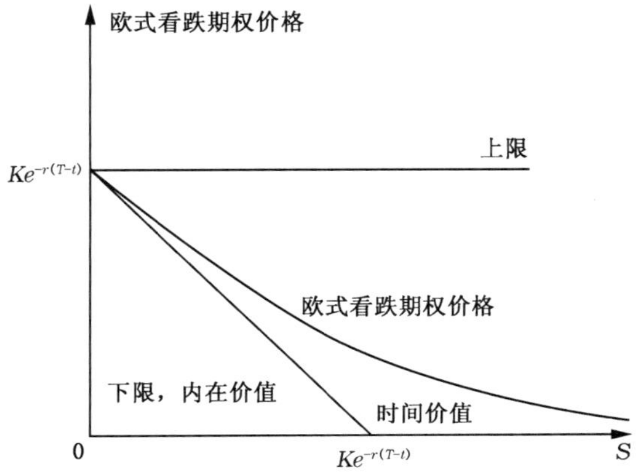

图 6－13　无收益资产欧式看跌期权价格曲线

有收益资产看跌期权价格曲线与图 6－13 相似，只是把 $Ke^{-r(T-t)}$ 换为 $D+Ke^{-r(T-t)}$。

2. 美式看跌期权价格曲线

对于无收益标的资产来说，美式看跌期权上限为 K，下限为 $K-S$。但当标的资产价格足够低时，提前执行是明智的，此时期权的价值为 $K-S$。因此当 S 较小时，看跌期权的曲线与其下限(即内在价值 $K-S$)是重合的。当 $K=S$ 时，期权时间价值最大。其他情况与欧式看跌期权类似，如图 6－14 所示。

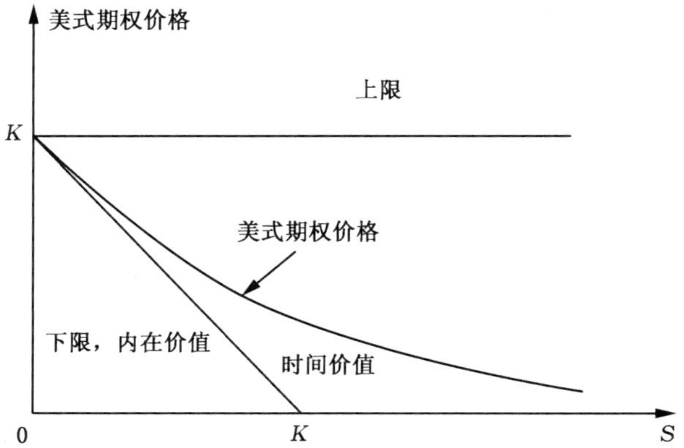

图 6－14　无收益资产美式看跌期权价格曲线

有收益美式看跌期权价格曲线与图 6-14 相似，只是把 K 换成 $D+K$ 即可。

六、看涨—看跌期权平价关系

为了有利于期权定价分析，我们首先研究看涨期权与看跌期权之间的平价关系。看涨期权与看跌期权之间的平价关系是指具有相同标的资产、相同执行价格和相同到期日的看涨、看跌期权之间的关系。

(一)欧式看涨期权与看跌期权之间的平价关系

1. 无收益资产情况下看涨期权与看跌期权之间的平价关系

在标的资产没有收益的情况下，根据无套利定价原理，构造如下两个组合：

组合 A：一份欧式看涨期权多头和 $Ke^{-r(T-t)}$ 的现金

组合 B：一份欧式看跌期权多头和一单位标的资产

在到期日 T，

组合 A 的价值为：

$$\max(S_T-K,0)+K=\max(S_T,K)$$

组合 B 的价值为：

$$\max(K-S_T,0)+S_T=\max(K,S_T)$$

因此，在 t 时刻两组合的价值应相等：

$$c=S-Ke^{-r(T-t)}+p \tag{6-13}$$

它表明欧式看涨期权的价值可根据相同协议价格和到期日的欧式看跌期权的价值推导出来；反之亦然。

(6-13)式包含了三个市场：标的资产市场(S)、标的资产的期权市场(c、p)及债券市场(K)。在市场均衡时，三个市场满足(6-13)式；如果不满足，一定存在套利机会。(6-13)式存在普适性，对标的资产的价格特征没有任何要求。

2. 有固定收益资产情况下看涨期权与看跌期权之间的平价关系

假设一单位标的资产在期权有效期内产生现值为 D 的现金流，构造如下两个组合：

组合 A：一份欧式看涨期权多头和 $Ke^{-r(T-t)}$ 的现金

组合 B：一份欧式看跌期权多头和一单位标的资产及现值为 D 的负债。

在到期日 T，

组合 A 的价值为：

$$\max(S_T-K,0)+K=\max(S_T,K)$$

组合 B 的价值为：

$$\max(K-S_T,0)+S_T+D-D=\max(K,S_T)$$

因此，在 t 时刻两组合的价值应相等：

$$p=c-(S-D)+Ke^{-r(T-t)} \tag{6-14}$$

也就是说，用($S-D$)代替式(6-13)中的就可得到固定收益资产情况下看涨期权与看跌期权之间的平价关系。

3. 欧式期货看涨期权与看跌期权之间的平价关系

构造如下两个组合：

组合 A：一份欧式期货看涨期权多头和 $Ke^{-r(T-t)}$ 的现金

组合 B：一份欧式期货看跌期权多头、一份期货合约和 $Fe^{-r(T-t)}$ 现金

在到期日 T，

组合 A 的价值为：

$$\max(F_T-K,0)+K=\max(F_T,K)$$

组合 B 的价值为：

$$\max(K-F_T,0)+(F_T-F)+F=\max(K,F_T)$$

因此，在 t 时刻两组合的价值应相等：

$$c=Fe^{-r(T-t)}-Ke^{-r(T-t)}+p \tag{6-15}$$

4. 有固定收益率资产情况下看涨期权与看跌期权之间的平价关系

期货期权可以看成为一类特殊的有固定收益率资产的期权，其收益率为无风险利率。根据式(6－15)，只要将标的资产的收益率改为 q，就可得到固定收益率资产情况下看涨期权与看跌期权之间的平价关系：

$$c=Se^{-q(T-t)}-Ke^{-r(T-t)}+p \tag{6-16}$$

也就是说，用 $Se^{-q(T-t)}$ 代替式(6－13)中的 S，就可得到固定收益率资产看涨期权与看跌期权之间的平价关系。用 $Fe^{-r(T-t)}$ 代替式(6－13)中的 S 就可得到期货看涨期权与看跌期权之间的平价关系。

(二)美式看涨期权和看跌期权之间的平价关系

美式看涨期权和看跌期权之间的平价关系没有欧式看涨期权和看跌期权之间的平价关系那么完美，它们之间只是一种不等式关系，而且推导较为复杂。这里仅给出结论，推导过程请看本章附录。

1. 无收益资产情况下美式看涨期权与看跌期权之间的平价关系

$$S-K<C-P<S-Ke^{-r(T-t)} \tag{6-17}$$

2. 有固定收益资产美式看涨期权与看跌期权之间的平价关系

对于有固定收益的标的资产，我们只要把现金改为 $D+K$，就可以得到有收益资产美式期权必须遵守的不等式：

$$S-D-K<C-P<S-D-Ke^{-r(T-t)} \tag{6-18}$$

3. 有固定收益率资产美式看涨期权与看跌期权之间的平价关系

对于有固定收益率的标的资产，我们只要把标的资产价格改为 $Se^{-q(T-t)}$，就可以得到有固定收益率资产美式期权必须遵守的不等式：

$$Se^{-q(T-t)}-K<C-P<Se^{-q(T-t)}-Ke^{-r(T-t)} \tag{6-19}$$

4. 美式期货看涨期权与看跌期权之间的平价关系

期货期权可以看成为收益率为无风险利率的有固定收益率资产的期权，应用式(6－19)，可得到美式期货看涨期权与看跌期权之间必须遵守的不等式：

$$Fe^{-r(T-t)}-K<C-P<Fe^{-r(T-t)}-Ke^{-r(T-t)} \tag{6-20}$$

七、二叉树期权定价模型

期权的定价模型有很多，本书仅介绍常用的二项式(二叉树)定价模型和布莱克—斯科尔斯定价模型两种。首先介绍二项式定价模型。

(一)单一时期二项式期权定价模型

期权是一种衍生品，衍生品的价格是标的资产价格的函数，因此要为期权等衍生品定价就必须先了解标的资产价格的变化规律。

二项式期权定价模型的名称源于该模型的主要假设，即股票价格的变动呈二次分布的模式，也就是在单一时间单位里股票价格变动只存在两种可能结果，或者上升一定幅度，或者下降一定幅度，而上升或下降的概率呈二次分布。这种股价运动二项式的假设实际上是对真实股价变动模式的一种极为简化的近似，而此模型的意义并不因这种简化而消失，它清楚地体现了期权定价中的主要因素，从而为研究期权定价模型奠定了基础。

1. 一个简单的例子

[例 6－3]　假设一种股票当前价格为 30 美元，3 个月后的价格可能为 40 美元或 20 美元，股票不付红利，当前的无风险利率为 20%。我们要对该股票的欧式看涨期权进行估值，期权的期限为 3 个月，执行价格为 31 美元。若到期时股票价格为 40 美元，期权的价值将是 9 美元。若股票价格为 20 美元，期权的价值将是 0，如图 6－15 所示。

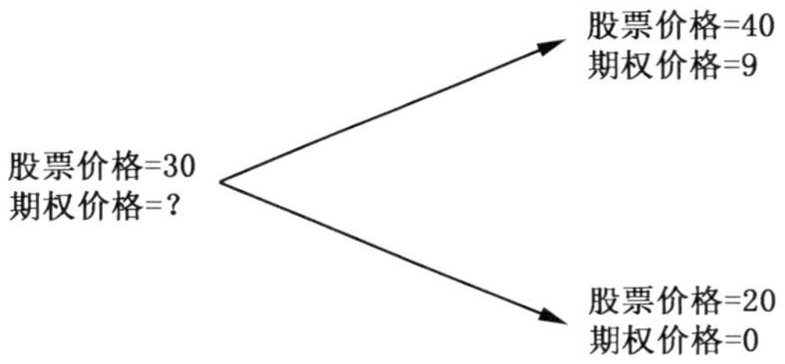

图 6－15　股票价格运动的二项式模型

假设我们购买 0.45 股股票，并且从银行借入 7.50 美元，则：

在期权到期日，当股票为 40 美元时，有：

$0.45\times40-7.5\times(1+0.2)=9$

当股票为 20 美元时，有：

$0.45\times20-7.5\times(1+0.2)=0$

可见，这个组合与看涨期权的盈亏完全相同，因此，看涨期权的价值与这个组合的价值相同，

$C=0.45\times30-7.5=6$

如果期权的交易价格大于为 6 美元时(如为 8 美元)，将出现套利机会。此时，构造下列套利组合：

卖出一份看涨期权；

买入由 0.45 股股票和 7.50 美元现金组成的组合(由股票和债券的组合复制看涨期权)。在到期日 T 时刻两个组合的收益相同，在时间 t 投资者的净收益为 2.00 美元(8－6)。

如果期权目前的交易价小于 6 美元时，存在类似的套利机会。套利的结果使期权价格达到平衡状态。

在本例中，0.45 股股票与 7.5 美元是如何得到的？我们假设可以用 Δ 份股票＋L 现金复制看涨期权，也就是用“Δ 份股票＋L 现金”组合复制看涨期权，使得在到期日“Δ 份股票＋L

现金”组合与看涨期权的盈亏相等。

这样，在到期日，若股票价格上升到 40 美元，有：

$40\times\Delta+(1+0.2)\times L=9$

当股票价格下降到 20 美元时，有：

$20\times\Delta+(1+0.2)\times L=0$

解得：$\Delta=0.45, L=-0.75$。

该组合与看涨期权对股票价格的敏感性相同，这个敏感性称为套期保值比率或称为看涨期权的 Δ 系数：$\Delta=\Delta C/\Delta S=(9-0)/(40-20)=0.45$，其中 ΔC 为看涨期权的变化，ΔS 为标的资产的变化。该复制组合应包括 Δ 份股票、借入 L 现金，期权的价值为：

$C=\Delta\cdot S+L=0.45\times 30-7.5=6$

2. 一般的单时期二项式模型

在实际中，股票的价格不仅有两个值，可能有多个值。我们可以通过缩短每一步的时间周期，采取多步骤的方法，构造二叉树模型的方法来模拟股票的多个值。

为求解多阶段的二叉树模型，只要重复求解单阶段的二叉树模型即可，因此，我们首先要得出一般的单阶段二叉树模型。

为了分析方便，引入如下符号：

S：标的物在 t 时刻的价格。

u：标的物价格可能上涨倍率（$u>1$）。

d：标的物价格可能下降倍率（$d<1$）。

R：1＋单周期的无风险利率（连续复利，为 $e^{r(T-t)}$）。

为了防止出现套利机会，要求：$d<R<u$。

考虑一个无红利支付的股票，股票价格为 S，基于该股票的某个看涨期权的当前价格为 C。假设当前时间为零时刻，在期权的有效期内股票价格或者从 S 向上运动到一个新的水平 $S_u(S_u=U\times S)$，或者向下运动到新的水平 $S_d(S_d=d\times S)$。

如果股票价格运动到 Su，期权的价格为 C_u：

$$C_u=\max(S_u-K,0)$$

如果股票价格运动到 S_d，期权的价格为 C_d：

$$C_d=\max(S_d-K,0)$$

如图 6－16 所示。

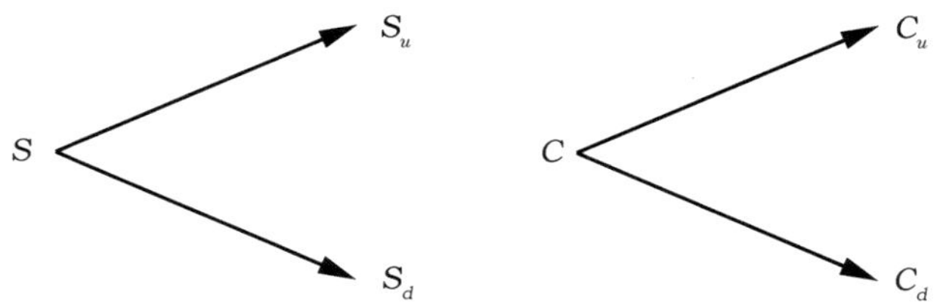

图 6－16　单步二叉树股票价格和看涨期权价格

如前所述，构造下列组合：买入 Δ 份股票和以无风险利率借入 L 现金以复制看涨期权，则有：

$$\Delta S_u+R\times L=C_u$$

$$\Delta S_d+R\times L=C_d$$

解之，得：

$$\Delta=\frac{C_u-C_d}{S_u-S_d},L=-\frac{dC_u-uC_d}{R(u-d)}$$

看涨期权的价格为：

$$C=\Delta S+L=\frac{1}{R}(qC_u+(1-q)C_d)=e^{-rT}(qC_u+(1-q)C_d) \tag{6-21}$$

其中，

$$q=\frac{R-d}{u-d}=\frac{e^{rT}-d}{u-d} \tag{6-22}$$

注意，对看涨期权来说，L 总是负值（总是借入资金）；同样，我们可导出复制看跌期权的计算公式。

3. 风险中性定价

根据式(6-21)，如果认为 q 是股票价格上涨的概率，$1-q$ 是股票价格下跌的概率，则看涨期权的价格是期权未来价值期望值的贴现值，贴现率为无风险收益率 R，这种情况出现在风险中性的世界中。所谓风险中性世界，是指每一个人都是风险中性的，在这样的世界中，投资者对风险不要求补偿，所有证券的预期收益都是无风险利率。式(6-21)说明了风险中性世界的情况。

当假设股票上升运动的概率为 q 时，我们考察股票的预期收益。在 T 时刻预期的股票价格 S(即 S_T)由下式给出：

$$E(S_T)=qS_u+(1-q)S_d$$

当设定股票上升运动的概率为 q 时(注意在实际中股票上升的概率为 p，投资者是风险厌恶的)，我们就处于假设的风险中性世界中。式(6-21)说明，衍生证券的价值是其预期收益在风险中性世界中按无风险利率贴现的值。用一般公式表示为：

$$Derivative\,\mathrm{Price}=E^{Q}\left[\frac{Payoff}{R^{(T-t)}}\right] \tag{6-23}$$

(二)两时期二项式期权定价模型

我们将上述结论推广到可以得到两时期的情况。

记初始股票价格为 S。在每个单步二叉树中，股票价格或者上升到初始值的 u 倍，或下降到初价值的 d 倍。衍生证券价值的符号表示在图 6-17 中(例如，在股价两次上升运动后，衍生证券的价值为 f_{uu}，这里为 C_{uu})。假设无风险利率是 r，每个单步二叉树的时间长度是 Δt 年。

从最后一期开始，应用单期间二叉树模型，首先计算 C_u，C_d：

$$C_u=e^{-r\Delta t}(qC_{uu}+(1-q)C_{ud}) \tag{6-24}$$

$$C_d=e^{-r\Delta t}(qC_{ud}+(1-q)C_{dd}) \tag{6-25}$$

得出 C_u，C_d 后，再应用单期间二叉树模型可计算 C：

$$C=e^{-r\Delta t}(qC_u+(1-q)C_d) \tag{6-26}$$

将式(6-24)和式(6-25)代入(6-26)式中，得：

$$C=e^{-2r\Delta t}(q^2C_{uu}+2q(1-q)C_{ud}+(1-q)^2C_{dd})$$

其中，q^2，$2q(1-q)$，$(1-q)^2$ 分别是达到最后上、中、下三个节点的概率。衍生证券的价格等

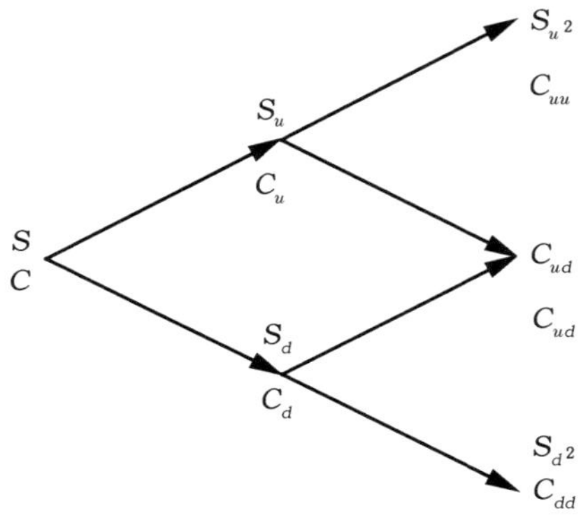

图 6-17 两期间二叉树模型中的股票价格和期权价格

于它在风险中性世界的预期收益按无风险利率贴现的值，这与风险中性定价的原理一致。同样，这也是一般模型的特例。

[例 6-4] 设股票价格为 20 美元，股票价格可以上升 10%或者下降 10%，年无风险利率是 12%。假设期权的有效期限是 6 个月，试用两期二叉树模型计算一个执行价格为 21 美元的看涨期权的价值(见图 6-18)。

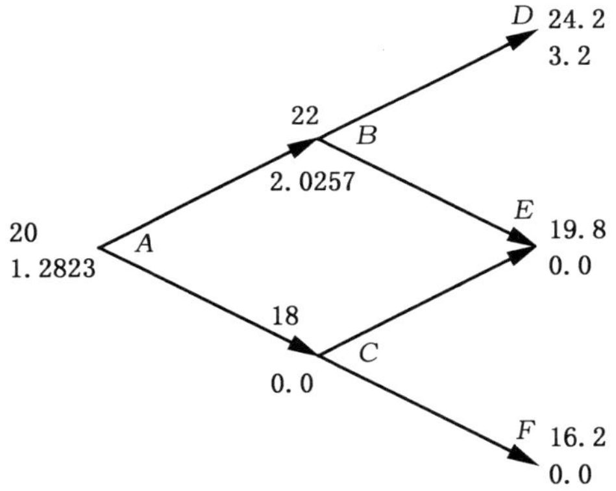

注：在每个节点上，上面的数字是股票价格，下面的数字是期权价格。

图 6-18 二步二叉树图中的股票价格和期权价格

我们的目的是计算树图中初始节点的期权价格。首先计算树图最后节点的期权价格，它直接用节点的价格与执行价格之差计算。在节点 D，股票价格是 24.2，期权价格为 3.2(即 24.2−21=3.2)；在节点 E 和 F，期权处于虚值状态，其价值为零。

在节点 C，期权的价格为零，因为节点 C 的期权值来源于节点 E 和 F，而这两个节点的期权价值为零。

由于 $u=1.1, d=0.9, r=0.12, T=0.25$，应用式(6-22)，得：$q=0.6523$。

应用式(6-24)，节点 B 的期权价格为：

$e^{-0.12\times 0.25}(0.6523\times 3.2+0.3477\times 0)=2.0257$

同样，应用式(6-26)，节点 A 的期权价值为：

$e^{-0.12\times 0.25}(0.6523\times 2.0257+0.3477\times 0)=1.2823$

于是,该期权的价值为 1.282 3。

上述计算方法可以推广到多时期二叉树模型计算中,其计算方法相同。

(三)标的资产价格变化及风险中性概率的估计

在二叉树模型中,u,d 和 q 的确定是关键,这里应用风险中性定价方法估计这些数值。我们知道在风险中性世界中,所有可交易证券的期望收益都是无风险利率,未来现金流可以用期望值按无风险利率贴现。

确定 u,d 和 q 的基本思路为:在很小时间区间 Δt 内,分析连续与离散两种环境下标的资产价格的期望与方差,并令其相等,构造方程组求解 u,d 和 q。

假设股票的价格遵从几何布朗运动,记:r 为连续复利的无风险收益率,S 为期初的证券价格,则在连续环境下,很小时间区间 Δt 末证券价格的期望值为 $Se^{r\Delta t}$,则有:

$$Se^{r\Delta t}=qSu+(1-q)Sd \tag{6-27}$$

对一个价格遵从几何布朗运动的股票来说,在 Δt 内证券价格变化的方差为 $S^2\sigma^2\Delta t\left(\frac{\Delta S}{S}\sim\Phi(\mu\Delta t,\sigma\sqrt{\Delta t})\right)$,$\sigma$ 为股票价格以年计的波动标准差。根据方差的定义,有:

$$S^2\sigma^2\Delta t=qS^2u^2+(1-q)S^2d^2-S^2[qu+(1-q)d]^2 \tag{6-28}$$

式(6-27)和式(6-28)不可能求得 u,d 和 q 三个变量,为此人们提出了很多第三个方程,其中最著名的是 Cox,Ross,Rubinstein 的条件(参考 Hull 的期权、期货和衍生证券),即假设 $d=1/u$。

解上面的三式,得 u,d 和 q 的估计值为:

$$u=e^{\sigma\sqrt{\Delta t}},d=e^{-\sigma\sqrt{\Delta t}},q=\frac{e^{r\Delta t}-d}{u-d}=\frac{R-d}{u-d} \tag{6-29}$$

这样,衍生品的价格为:

$$f=e^{-r\Delta t}[qf_u+(1-q)f_d] \tag{6-30}$$

其中 f,f_u,f_d 分别为衍生证券的价格及衍生证券在 u,d 点的价格。

[例 6-5]　设股票价格为 30 美元,无风险利率为年 3.60%。假设期权的有效期限是 1 个月,股票价格以年计的波动标准差为 20%,试用六期二叉树模型计算一个执行价格为 30 美元的看涨期权的价值。

这里,$S=30$,$r=3.60\%$,$\sigma=20\%$,$T-t=1/12=0.083\ 33$,$\Delta t=0.013\ 889$,$K=30$。

应用式(6-29),得:

$$u=e^{\sigma\sqrt{\Delta t}}=e^{0.2\sqrt{0.013\ 889}}=1.023\ 85$$

$$d=e^{-\sigma\sqrt{\Delta t}}=0.976\ 705$$

$$q=\frac{e^{r\Delta t}-d}{u-d}=\frac{e^{0.036\times0.013\ 889}-0.976\ 705}{1.023\ 85-0.976\ 705}=0.504\ 716$$

股票价格变化过程及期权求解过程见表 6-19 和表 6-20。

表 6-19　　6 阶段股票价格变化过程

阶段	0	1	2	3	4	5	6
执行价	30	30.715 51	31.448 08	32.198 12	32.966 05	33.752 3	34.557297
		29.301 16	30	30.715 51	31.448 08	32.198 12	32.966 051

续表

阶段	0	1	2	3	4	5	6
			28.618 6	29.301 16	30	30.715 51	31.448 077
				27.951 94	28.618 6	29.301 16	30
					27.300 81	27.951 94	28.618 6
						26.664 85	27.300 81
							26.043 7

表 6－20　　6 阶段股票期权求解过程

阶段	0	1	2	3	4	5	6
执行价	0.707 654	1.079 908	1.590 977	2.243 086	2.996 036	3.767 295	4.557 297
		0.329 024	0.560 198	0.928 055	1.478 062	2.213 116	2.966 051
			0.093 78	0.185 901	0.368 512	0.730 502	1.448 077
				0	0	0	0
					0	0	0
						0	0
							0

例如，在表 6－19 中，股票价格在第一阶段，由 30 美元要么增加到 30.715 51 美元(30×1.023 85)，要么下降到 29.301 16 美元(30×0.976 705)；在第二阶段，股票价格由 30.715 51 美元要么增加到 31.448 08 美元(30.715 51×1.023 85)，要么下降到 30 美元(30.715 51×0.976 705)，或由 29.301 16 美元增加到 30 美元(29.301 16×1.023 85)，或由 29.301 16 美元下降到 28.618 6 美元(29.301 16×0.976 705)；其他，以此类推。

对于期权价格，首先根据到期日股票价格，按 $C_T = \max(S_T - K, 0) = \max(S_T - 30, 0)$ 求出到期日期权价格，如表 6－20 中最后一列的 4.557 297(34.557 297－30)；然后，根据式(6－30)逐步向前求出期权价格。例如表 6－20 中倒数第二列中的 3.767 295，可由式(6－30)求得：

$$\begin{aligned} f &= e^{-r\Delta t}[qf_u + (1-q)f_d] \\ &= e^{-0.036\times 0.013\,889}\times[0.504\,716\times 4.557\,297 + (1-0.504\,716)\times 2.966\,051] \\ &= 3.767\,295 \end{aligned}$$

其他数值以此类推。

(四)美式期权二叉树定价方法

由于美式期权在任意交易日都可以履约，因此其定价比欧式期权复杂。用二叉树定价方法对美式期权定价的步骤为：

(1)在最后节点，美式期权价值与欧式期权相同，都等于期权的内在价值。

(2)在其他节点，首先，按欧式期权用二叉树定价方法对其定价；其次，计算期权提前执行的价值，其价值等于该节点期权的内在价值；最后，两者中较大者为期权在该节点的价值。

[例 6-6]　有一个美式看跌期权，标的物股票的现价为 50 美元，执行价格为 52 美元，股票价格按 20%比例上升或下降，无风险利率是 5%。试用两阶段二叉树模型为该期权定价。

根据题意，有：

$S=50, r=5\%, u=1.2, d=0.8, K=52$

$R=1+r=1.05$

$q=\dfrac{R-d}{u-d}=\dfrac{1.05-0.8}{1.2-0.8}=0.625$

标的股票的价格变化及各节点期权价格如图 6-19 所示。其中，每个节点上面一个数字为股票价格，下面数字为期权价格。

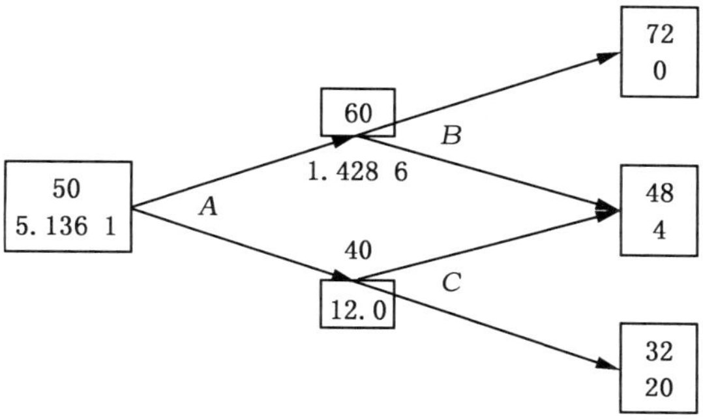

图 6-19　美式期权二叉树定价

节点 A 的价格为 50 美元，节点 B 和 C 的价格分别为 60 美元（50×1.2）和 40 美元（50×0.8）。最后三个节点的价格分别为 72 美元（60×1.2）、48 美元（60×0.8）和 32 美元（40×0.8）。

最后三个节点的期权价格分别为 0 美元（0 与 52−72 的最大值）、4 美元（52−48）和 20 美元（52−32）。

节点 B，提前执行期权的损益为−8 美元（52−60）。

按欧式期权公式计算的价值为：

$f=[qf_u+(1-q)f_d]/R=[0.625\times0+(1-0.625)\times4]/1.05=1.428\ 6$

由于 1.428 6 大于−8，故在节点 B 期权的价值为 1.428 6 美元。

同样，在节点 C，提前执行期权的损益为 12 美元（52−40）。

按欧式期权公式计算的价值为：

$f=[qf_u+(1-q)f_d]/R=[0.625\times4+(1-0.625)\times20]/1.05=9.523\ 8$

由于 12 大于 9.523 8，故在节点 C 期权的价值为 12 美元。

在节点 A 提前执行期权的损益为 2 美元（52−50）。

按欧式期权公式计算的价值为：

$f=[qf_u+(1-q)f_d]/R=[0.625\times1.428\ 6+(1-0.625)\times12]/1.05=5.136\ 1$

由于 5.136 1 大于 2，故在节点 A 期权的价值为 5.136 1 美元。

二叉树定价模型还有一系列扩展，请读者参考本章附录。

八、布莱克—斯科尔斯期权定价模型

布莱克—斯科尔斯（Black-Scholes）模型是另一个常用的期权定价模型。它实际上是二项式定价模型的极端形式。当二项式模型的区间长度很小、区间个数达到无穷多时，二项式模型收敛于 Black-Scholes 模型。

(一)布莱克—斯科尔斯模型的基本假设

布莱克—斯科尔斯模型应用时有一些基本的假设，这些假设是模型应用的前提与基础。布莱克—斯科尔斯模型的主要假设有：

(1)期权的标的物为一风险资产，允许卖空，并且完全可分。

(2)在期权到期日前，标的资产无任何收益和支付。

(3)标的资产的交易是连续的，其价格的变动也是连续、均匀的，既无跳空上涨，又无跳空下跌。

(4)标的资产价格的波动性为一已知常数。

(5)存在一个固定不变的无风险利率，交易者可以按此利率无限制地借入或贷出。

(6)期权是欧式的，到期日前不执行，不存在无风险套利机会。

(7)标的物的价格服从于对数正态分布，股票的收益率服从正态分布。

实际上，上述七个假定中，有些是可以放宽的，如预期收益率 μ、无风险利率 r 以及易变性 σ 均可以被看成是时间 t 的函数。

(二)布莱克—斯科尔斯微分方程的推导

布莱克—斯科尔斯期权定价模型是从布莱克—斯科尔斯微分方程开始的，因此，我们要首先了解布莱克—斯科尔斯微分方程。

1. 布朗运动

推导布莱克—斯科尔斯微分方程要用到布朗运动的概念。布朗运动(Brownian Motion)起源于物理学中对完全浸没于液体或气体中的小粒子运动的描述，以发现这种现象的英国植物学家罗伯特·布朗(Robert Brown)命名。然而，真正用于描述布朗运动的随机过程的定义是维纳(Wiener)给出的，因此布朗运动又称维纳过程。

(1)标准布朗运动

设 Δt 代表一个小的时间间隔长度，Δz 代表变量 Z 在 Δt 时间内的变化，遵循标准布朗运动的 Δz 具有如下两个特征：

特征 1：

$$\Delta z=\varepsilon\sqrt{\Delta t} \tag{6-31}$$

其中，ε 代表从标准正态分布中取的一个随机值，即 Δz 具有正态分布特征，其均值为 0，标准差为$\sqrt{\Delta t}$，方差为 Δt。

特征 2：对于任何两个不同时间间隔 Δt，Δz 的值相互独立。

现在我们来考察遵循标准布朗运动的变量 Z 在一段较长时间 N 中的变化情形。用 $Z(T)-Z(0)$表示变量 Z 在 T 中的变化量，它可被看作是在 N 个长度为 Δt 的小时间间隔中 Z 的变化总量，其中 $N=T/\Delta t$，因此有：

$$Z(T)-Z(0)=\sum_{i=1}^{N}\varepsilon_i\sqrt{\Delta t}$$

其中，$\varepsilon_i(i=1,2\cdots,N)$是标准正态分布的随机抽样值。从特征 2 可知，$\varepsilon_i$ 是相互独立的，因此 $Z(T)-Z(0)$也具有正态分布特征，其均值为 0，方差为 $N\Delta t=T$，标准差为$\sqrt{T}$。

可见，在任意长度的时间间隔 T 中，遵循标准布朗运动的变量的变化值具有均值为 0、标准差为 $\sqrt{T}$ 的正态分布；对于相互独立的正态分布，方差具有可加性，而标准差不具有可加性。

当 $\Delta t \to 0$ 时，可以得到极限的标准布朗运动：

$$dz = \varepsilon \sqrt{dt} \tag{6-32}$$

(2)普通布朗运动

为了得到普通的布朗运动，我们引入两个概念：漂移率和方差率。漂移率是指单位时间内变量均值的变化值。方差率是指单位时间变量的方差。

标准布朗运动的漂移率为 0，方差率为 1.0。漂移率为 0 意味着在未来任意时刻 Z 的均值都等于它的当前值。方差率为 1.0 意味着在一段长度为 T 的时间段后，Z 的方差为 $1.0\times T$。记：漂移率的期望值为 a，方差率的期望值为 b^2，就可得到变量 x 的普通布朗运动为：

$$dx = adt + bdz \tag{6-33}$$

其中，a 和 b 均为常数，dz 遵循标准布朗运动。

这样，在短时间 Δt 后，x 值的变化值 Δx 为：

$$\Delta x = a\Delta t + b\varepsilon\sqrt{\Delta t}$$

因此，Δx 也具有正态分布特征，其均值为 $a\Delta t$，标准差为 $b\sqrt{\Delta t}$，方差为 $b^2\Delta t$。同样，在任意时间长度 T 后 x 值的变化也具有正态分布特征，其均值为 aT，标准差为 $b\sqrt{T}$，方差为 b^2T。

2. 伊藤过程和伊藤引理

(1)伊藤过程

普通布朗运动假定漂移率和方差率为常数，实际上，变量 x 的漂移率和方差率可以是变量 x 和时间 t 的函数。

根据式(6-33)，可得到伊藤过程(Ito Process)：

$$dx = a(x,t)dt + b(x,t)dz \tag{6-34}$$

其中，a 和 b 是变量 x 和 t 的函数，变量 x 的漂移率为 a，方差率为 b^2，dz 遵循标准布朗运动。

(2)伊藤引理

伊藤引理是指变量 x 和 t 的函数 G 将遵循的过程。按照泰勒展开式，略去三阶以上的展开式，并利用 dt 变量的高阶无穷小为 0 的概念和式(6-34)，得出 G 将遵循如下过程：

$$dG = \left(\frac{\partial G}{\partial x}a + \frac{\partial G}{\partial t} + \frac{1}{2}\frac{\partial^2 G}{\partial x^2}b^2\right)dt + \frac{\partial G}{\partial x}bdz \tag{6-35}$$

由于 $\frac{\partial G}{\partial x}a + \frac{\partial G}{\partial t} + \frac{1}{2}\frac{\partial^2 G}{\partial x^2}b^2$ 和 $\frac{\partial G}{\partial x}b$ 都是 x 和 t 的函数，因此函数 G 也遵循伊藤过程，它的漂移率为：$\frac{\partial G}{\partial x}a + \frac{\partial G}{\partial t} + \frac{1}{2}\frac{\partial^2 G}{\partial x^2}b^2$，方差率为 $\left(\frac{\partial G}{\partial x}\right)^2 b^2$。

3. 证券价格自然对数变化过程

(1)证券价格的变化过程

证券价格的变化过程可以用普遍布朗运动来描述。但由于投资者关心的是证券价格的变动幅度而不是变动的绝对值，因此我们可以用证券价格的变化率(收益率)来定义证券价格的布朗运动：

$$\frac{dS}{S} = \mu dt + \sigma dz \tag{6-36}$$

其中,S 表示证券价格;μ 为证券在单位时间内以连续复利计算的期望收益率;σ^2 表示证券收益率单位时间的方差;σ 表示证券收益率单位时间的标准差,简称证券价格的波动率(Volatility);dz 遵循标准布朗运动。

从式(6-36)可知,在短时间 Δt 后,证券价格比率的变化值为:

$$\frac{\Delta S}{S}=\mu\Delta t+\sigma\varepsilon\sqrt{\Delta t}$$

可见,$\frac{\Delta S}{S}$也具有正态分布特征,其均值为 $\mu\Delta t$,标准差为 $\sigma\sqrt{\Delta t}$,方差为 $\sigma^2\Delta t$,即:

$$\frac{\Delta S}{S}\sim\varphi(\mu\Delta t,\sigma\sqrt{\Delta t}) \tag{6-37}$$

其中,$\varphi(m,s)$表示均值为 m、标准差为 s 的正态分布。

式(6-36)也可写成如下形式:

$$dS=\mu Sdt+\sigma Sdz \tag{6-38}$$

[例 6-7] 设一种不付红利的股票遵循几何布朗运动,其波动率为每年 20%,预期收益率以连续复利计为每年 10%,其目前的市价为 10 元,求一周后该股票价格变化的概率分布。

在本例中,$\mu=0.1$,$\sigma=0.2$,其股价过程为:

$$\frac{dS}{S}=0.10dt+0.2dz$$

在短时间间隔后的股价变化为:

$$\frac{\Delta S}{S}=0.10\Delta t+0.2\varepsilon\sqrt{\Delta t}$$

由于 1 周等于 0.019 2 年,因此:

$\Delta S=10(0.1\times0.0192+0.2\varepsilon\sqrt{0.0192})=0.0192+0.2771\varepsilon$

表示一周后股价的变化值服从均值为 0.019 2 元、标准差为 0.277 1 的正态分布。

(2)衍生证券价格的变化过程

衍生证券价格 G 是标的资产价格 S 及时间 t 的函数。根据式(6-38),$a(S,t)=\mu S$,$b(S,t)=\sigma S$,代入伊藤引理公式(6-35)中,得:

$$dG=\left(\frac{\partial G}{\partial x}\mu S+\frac{\partial G}{\partial t}+\frac{1}{2}\frac{\partial^2 G}{\partial x^2}\sigma^2S^2\right)dt+\frac{\partial G}{\partial x}\sigma Sdz \tag{6-39}$$

(3)证券价格自然对数变化过程

由于我们假设证券价格服从对数正态分布,因此要分析证券价格自然对数 $G=\ln S$ 变化所遵循的随机过程。

令 $G=\ln S$,由于

$$\frac{\partial G}{\partial S}=\frac{1}{S},\frac{\partial^2 G}{\partial S^2}=-\frac{1}{S^2},\frac{\partial G}{\partial t}=0$$

代入式(6-39),可得出证券价格对数 G 所遵循的随机过程为:

$$dG=(\mu-\frac{\sigma^2}{2})dt+\sigma dz$$

由于 μ 和 σ 是常数,所以上式说明证券价格对数 G 也遵循普通布朗运动,它具有恒定的漂移率 $\mu-\sigma^2/2$ 和恒定的方差率 σ^2。由前面的分析可知,在当前时刻 t 和将来某一时刻 T 之间 G 的变化都是正态分布的,其均值为$(\mu-\sigma^2/2)(T-t)$,方差为 $\sigma^2(T-t)$。

令 t 时刻G 的值为 $\ln S$，T 时刻G 的值为 $\ln S_T$，其中 S 表示 t 时刻的证券价格，S_T 表示 T 时刻(将来时刻)的证券价格，则在 $T-t$ 期间G 的变化为：$\ln S_T-\ln S$，这意味着：

$$\ln S_T-\ln S\sim\varphi\left[\left(\mu-\frac{\sigma^2}{2}\right)(T-t),\sigma\sqrt{T-t}\right] \tag{6-40}$$

也就是说，证券价格对数的变化呈正态分布。这样，有：

$$\ln S_T\sim\varphi\left[\ln S+\left(\mu-\frac{\sigma^2}{2}\right)(T-t),\sigma\sqrt{T-t}\right] \tag{6-41}$$

这表明 S_T 服从对数正态分布。其均值为 $\ln S+(\mu-\sigma^2/2)(T-t)$，方差为 $\sigma^2(T-t)$。

[例 6-8] 设 A 股票价格的当前值为 20 元，预期收益率为每年 10%，波动率为每年 15%，该股票价格遵循几何布朗运动，且该股票在 3 个月内不付红利，求该股票 3 个月后的价格 S_T 的概率分布。

由式(6-41)可知，3 个月后 S_T 的概率分布为：

$$\ln S_T\sim\varphi\left[\ln 20+\left(0.10-\frac{(15\%)^2}{2}\right)\times\frac{3}{12},0.15\times\sqrt{\frac{3}{12}}\right]$$

$$\ln S_T\sim\varphi(3.018,0.075)$$

4. 布莱克—斯科尔斯微分方程的推导

由于我们假设证券价格 S 遵循几何布朗运动，因此有：

$$dS=\mu Sdt+\sigma Sdz$$

其在一个小的时间间隔 Δt 中，S 的变化值为：

$$\Delta S=\mu S\Delta t+\sigma S\Delta z \tag{6-42}$$

假设 f 是衍生证券的价格，是 S 和 t 的函数，从式(6-39)可得：

$$df=\left(\frac{\partial f}{\partial S}\mu S+\frac{\partial f}{\partial t}+\frac{1}{2}\frac{\partial^2 f}{\partial S^2}\sigma^2S^2\right)dt+\frac{\partial f}{\partial S}\sigma Sdz$$

在一个小的时间间隔 Δt 中，f 的变化值为：

$$\Delta f=\left(\frac{\partial f}{\partial S}\mu S+\frac{\partial f}{\partial t}+\frac{1}{2}\frac{\partial^2 f}{\partial S^2}\sigma^2S^2\right)\Delta t+\frac{\partial f}{\partial S}\sigma S\Delta z \tag{6-43}$$

合理选择基础资产及其衍生产品的数量，构造一个资产组合，可以消去维纳过程(组合的风险)。合理的资产组合应该是：

衍生产品：-1。股票：$+\dfrac{\partial f}{\partial S}$

也就是说，这种资产组合由一份衍生产品的空头和数额为$\partial f/\partial S$ 的多头股票组成。以Π来表示该资产组合的价值，那么，有：

$$\Pi=-f+\frac{\partial f}{\partial S}S$$

在时间 Δt 内，资产组合价值的变动为：

$$\Delta\Pi=-\Delta f+\frac{\partial f}{\partial S}\Delta S$$

将 ΔS 和 Δf 代入，得到：

$$\Delta\Pi=\left(-\frac{\partial f}{\partial t}-\frac{1}{2}\frac{\partial^2 f}{\partial S^2}\sigma^2S^2\right)\Delta t$$

由于该方程不包括 Δz 项，所以在时间 Δt 内资产组合Π必定是无风险的。这意味着资产组合Ⅱ在极短的时间内必须获得与其他短期无风险证券相同的收益率。如果资产组合Ⅱ获得的收益率高于其他无风险证券，则套利者就可以通过空头出售无风险证券，并利用获得的收益购买资产组合Ⅱ，从而获取无风险利润；反之，如果资产组合Ⅱ所得的收益低于其他无风险证券的收益，则套利者可以采取相反的决策，即空头出售资产组合Ⅱ并买入无风险证券。所以，

$$\Delta\Pi = r\Pi\Delta t$$

其中，r 表示无风险利率。从而可以得到

$$\left(\frac{\partial f}{\partial t}+\frac{1}{2}\frac{\partial^2 f}{\partial S^2}\sigma^2 S^2\right)\Delta t = r\left(f-\frac{\partial f}{\partial S}S\right)\Delta t$$

亦即：

$$\frac{\partial f}{\partial t}+rS\frac{\partial f}{\partial S}+\frac{1}{2}\sigma^2 S^2\frac{\partial^2 f}{\partial S^2}=rf \tag{6-44}$$

式(6-44)就是著名的布莱克—斯科尔斯微分方程。该方程有无穷多个解。求解方程所得出的某种特定衍生产品要依赖于所采用的边界条件，一旦衍生品的边界确定，衍生产品的价值也就随之确定。欧式看涨期权的边界条件是：

当 $t=T$ 时，

$$f=\max(S-K,0)$$

欧式看跌期权条件下的边界条件是：

当 $t=T$ 时，

$$f=\max(K-S,0)$$

其中，K 为期权的执行价格。

在推导式(6-44)时，有一点必须强调指出，资产组合Ⅱ并不是永久无风险组合。无风险仅指在极其短暂的时间区间里存在。当股票价格 S 和时间 t 发生变化时，$\partial f/\partial S$ 也会发生相应的变化。因此，为了保证资产组合具有无风险特征，就需要经常地改变资产组合Ⅱ中股票和衍生产品的比例结构。

（三）布莱克—斯科尔斯期权定价模型

1. 无收益资产欧式期权定价模型

在式(6-44)中有一个重要的现象，式中出现的变量为股票当前价格、时间、股票价格方差和无风险利率，它们都独立于风险偏好，而描述投资者风险偏好的变量是股票的预期收益 μ 却没有出现在式(6-44)中。这一事实说明投资者风险偏好将不会对其解产生影响，这样我们可以使用任何一种风险偏好，特别是认为所有的投资者都是风险中性的。

根据风险中性定价原理，衍生证券的价格等于它在 T 时刻盈亏状态期望值按无风险利率的贴现值。在风险中性的条件下，欧式看涨期权到期时的价值为：

$$c=e^{-r(T-t)}\hat{E}[\max(S_T-K,0)] \tag{6-45}$$

假设标的股票的价格服从于对数正态分布，股票的收益率服从正态分布，在风险中性条件下，我们可以用无风险利率 r 取代式(6-41)$\ln S_T$ 概率分布中的 μ，即：

$$\ln S_T \sim \varphi\left[\ln S+\left(r-\frac{\sigma^2}{2}\right)(T-t),\sigma\sqrt{T-t}\right] \tag{6-46}$$

应用积分方法对式(6-45)右边项进行积分计算，得到著名的布莱克—斯科尔斯期权定价模型公式为：

$$C=SN(d_1)-Ke^{-r(T-t)}N(d_2) \tag{6-47}$$

其中，

$$d_1=\frac{\ln(S/K)+r(T-t)}{\sigma\sqrt{T-t}}+\frac{1}{2}\sigma\sqrt{T-t}$$

$$d_2=\frac{\ln(S/K)+(r-\sigma^2/2)(T-t)}{\sigma\sqrt{T-t}}=d_1-\sigma\sqrt{T-t}$$

$N(d_1)$，$N(d_2)$是d_1，d_2标准正态分布下的累积概率值。要强调的是，式(6-47)中，无风险利率r是年化利率，期权剩余期间$T-t$是年化时间(如3个月为0.25年)，σ是标的资产收益率标准差的年化值。

由于不付股息股票的美式看涨期权不会提前执行，因此，式(6-47)也是这类看涨期权的定价公式。对于欧式看跌期权，可以应用看涨期权与看跌期权的平价关系，应用标准正态分布函数的特性($N(-x)=1-N(x)$)得到。不付息股票看跌期权的定价公式为：

$$P=Ke^{-r(T-t)}N(-d_2)-SN(-d_1) \tag{6-48}$$

2. 有收益资产欧式期权定价模型

到目前为止，我们的分析一直假定作为期权基础产品的股票是一种不支付股息或红利的股票，实际情况并不总是如此。当股票在期权有效期内，股息的支付时间和支付数量可以准确地预期时，我们可以通过对布莱克—斯科尔斯模型修正的方法求有收益资产欧式期权的价值。

(1)当标的证券有现值为I的收益时，可以用$(S-I)$直接替代布莱克—斯科尔斯模型中的S，即可求得欧式看涨、看跌期权的价格：

$$C=(S-I)N(d_1)-Ke^{-r(T-t)}N(d_2) \tag{6-49}$$

$$P=Ke^{-r(T-t)}N(-d_2)-(S-I)N(-d_1) \tag{6-50}$$

其中，

$$d_1=\frac{\ln\left(\frac{S-I}{K}\right)+(r+\sigma^2/2)(T-t)}{\sigma\sqrt{T-t}}$$

$$d_2=d_1-\sigma\sqrt{T-t}$$

(2)当标的证券的收益率为di时，用$Se^{-di(T-t)}$代替布莱克—斯科尔斯模型中的S，即可求得欧式看涨、看跌期权的价格：

$$C=Se^{-di(T-t)}N(d_1)-Ke^{-r(T-t)}N(d_2) \tag{6-51}$$

$$P=Ke^{-r(T-t)}N(-d_2)-Se^{-di(T-t)}N(-d_1) \tag{6-52}$$

其中，

$$d_1=\frac{\ln\left(\frac{S}{K}\right)+(r-di+\sigma^2/2)(T-t)}{\sigma\sqrt{T-t}}$$

$$d_2=d_1-\sigma\sqrt{T-t}$$

3. 期货欧式期权定价模型

期货可以看成是收益率为无风险收益率的有收益资产，因此期货期权的定价可以看成是有收益资产期权定价的特例，只要将有收益资产欧式期权定价模型中的$Se^{-di(T-t)}$改为$Fe^{-r(T-t)}$，即可求得欧式期货看涨、看跌期权的价格：

$$C=Fe^{-r(T-t)}N(d_1)-Ke^{-r(T-t)}N(d_2) \tag{6-53}$$

$$P=Ke^{-r(T-t)}N(-d_2)-Fe^{-r(T-t)}N(-d_1) \tag{6-54}$$

其中，

$$d_1=\frac{\ln\left(\frac{S}{K}\right)+(\sigma^2/2)(T-t)}{\sigma\sqrt{T-t}}$$

$$d_2=d_1-\sigma\sqrt{T-t}$$

[例 6-9] 假定某欧式股票看涨期权在 3 个月内和 6 个月内分别有两次支付股息日。预计每个支付股息日的股息支付额为 0.50 美元，目前股票价格为 50 美元，期权的协定价格也是 50 美元。股票价格易变性是每年 30%，无风险年利率为 3%，期权的有效期尚有 6 个月。股息的现值可以计算如下：

$0.5e^{-0.03\times 0.25}+0.5e^{-0.03\times 0.5}=0.9888$

这样，应用布莱克—斯科尔斯公式，根据所给出的各项数据计算出看涨期权的价格：

$S-I=50-0.9888=49.0112, K=50, r=0.03, \sigma=0.3, T-t=0.5$

$$d_1=\frac{\ln\left(\frac{S-I}{K}\right)+(r+\sigma^2/2)(T-t)}{\sigma\sqrt{T-t}}=\frac{\ln\left(\frac{49.0112}{50}\right)+(0.03+0.3^2/2)\times 0.5}{0.3\sqrt{0.5}}=0.0826$$

$d_2=d_1-\sigma\sqrt{T-t}=0.0826-0.3\sqrt{0.5}=-0.1295$

根据多项式近似法，求得：$N(d_1)=0.5329, N(d_2)=0.4485$

该看涨期权的价格为：

$$\begin{aligned}C&=(S-I)N(d_1)-Ke^{-r(T-t)}N(d_2)\\&=49.0112\times 0.5329-50e^{-0.03\times 0.5}\times 0.4485\\&=4.027(\text{美元})\end{aligned}$$

4. 使用模型对期权定价存在的风险

在使用模型对期权定价时，一般存在两类风险：一类是模型特有的风险，另一类是参数估计的风险。这些风险的存在使得模型对期权定价存在误差。

(1)模型特有风险，是指当股票价格偏离模型假设(如股票价格不服从对数正态分布、股票价格出现跳跃)时，期权定价模型就存在误差。

(2)参数估计风险，是指当期权定价模型中的参数估计值与实际值出现较大偏差时期权定价出现的误差。例如，在布莱克—斯科尔斯期权定价模型中，我们能得到的易变性仅仅是估计值。

必须记住，所有基于期权定价模型计算的价格和无风险交易策略都仅是一个估计值。减少这两类风险的方法，一是要尽量选用与实际环境偏差较小的模型，二是在参数估计时尽量减少误差。

5. 易变性的估计

在布莱克—斯科尔斯期权定价模型和其他的期权定价模型中，易变性是最难确定的一个输入变量，因为易变性不能被观测到，而且必须进行估计，其他输入变量则能被观测到，相对容易确定。一般有三类易变性：

(1)期权有效期内未来易变性，是期权定价模型中所使用的易变性，但这个易变性不能被直接观测到，需要估计得出。

(2)历史易变性，是在给定样本基础上计算的过去收益率的样本标准差，它是估计未来易变性的一种方法。但这种方法存在一定的误差，因为易变性不是固定不变的。

(3)隐含易变性，是假定期权市场价格等于特定模型(如布莱克—斯科尔斯模型或二项式模型)的理论价格时求出的标准差。这也是估计未来易变性的一种方法，但这种方法同样存在一定的误差。

在实际中，人们推出了隐含期权指数，即 VIX 指数。它是由 S&P500 基础上的 30 天看涨与看跌期权计算的波动性指数。在 VIX 上的期货和期权交易分别从 2004 年和 2006 年开始，1 份合约等于 1 000 乘以指数。

例如，设一个交易员买入一份 VIX 上 4 月份的期权合约(期货期权)，当时的期货价格为 18.5(相当于 30 天的 S&P500 波动率为 18.5%)，并于期货价格为 19.3 时平仓。交易员赚取 800 美元[(19.3－18.5)×1 000]。

总之，对未来易变性的确定没有一种完全正确的方法。一般可以应用多种方法进行估计，如应用隐含易变性作为未来易变性的估计值，或应用历史易变性作为未来易变性的估计值，也可以应用 GARCH 统计模型，估计未来易变性。

(四)波动率微笑与波动率期限结构

布莱克—斯科尔斯期权定价模型是在一系列严格假设前提下推出的，其中最重要的假设是所有的参数都是常数，而这些参数实际是变化的。在这些参数中，波动率具有重要的地位和意义。

在现实世界中，波动率为常数的假设是不成立的。人们通过研究发现，应用期权市场价格和 BS 公式计算出来的隐含波动率具有以下两方面的变动规律：第一，隐含波动率会随期权的执行价格不同而不同，这个规律被称为“波动率微笑”；第二，隐含波动率会随期权到期时间不同而不同，这个规律被称为“波动率期限结构”。

1. 波动率微笑

(1)波动率微笑的含义

研究发现，当期权为平价期权时，应用布莱克—斯科尔斯期权定价模型求出的隐含波动率最小，而当期权为实值或虚值期权时，应用布莱克—斯科尔斯期权定价模型求出的隐含波动率往往高于平价期权时的隐含波动率，隐含波动率与执行价格的关系在“隐含波动率与执行价格”坐标系上是中间低、两头高，类似于人的微笑，因此称为波动率微笑。

(2)波动率微笑产生的原因

波动率微笑产生的原因主要是由于市场分布与布莱克一斯科尔斯期权定价模型的假设分布(对数正态分布)存在差异，也与标的资产有关。

(3)波动率微笑分析的基础

波动率微笑分析的基础是波动率微笑对看涨期权与看跌期权是一样的。其理论基础是看涨期权与看跌期权的平价公式。欧式看涨期权的隐含波动率与具有相同执行价和期限的看跌期权隐含波动率总是相同的。因此，波动率微笑对看涨期权与看跌期权是一样的。

波动率微笑产生的原因一方面是由于市场分布与布莱克—斯科尔斯期权定价模型的假设分布(对数正态分布)存在差异，另一方面与标的资产有关。

(4)货币期权波动率微笑及隐含分布

货币期权隐含波动率呈 U 形结构，平价期权时波动率最低，实值或虚值时波动率会上升，而且两边对称，说明具有深度虚值和深度实值看跌、看涨期权价格均高估(隐含波动率高)。

货币期权波动率微笑与货币价格变化的分布如图 6－20、图 6－21 所示。

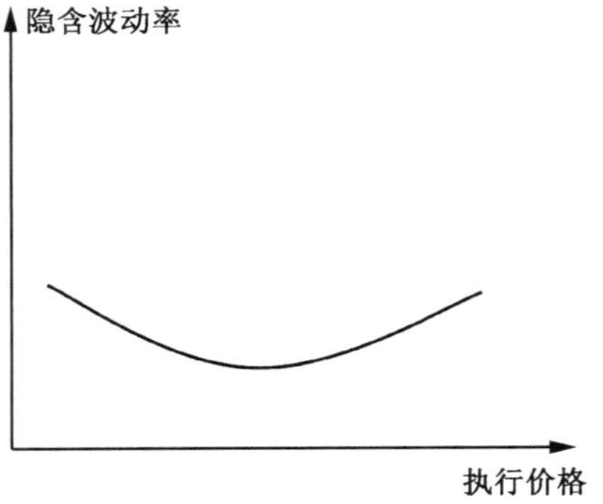

图 6－20　货币期权波动率微笑图

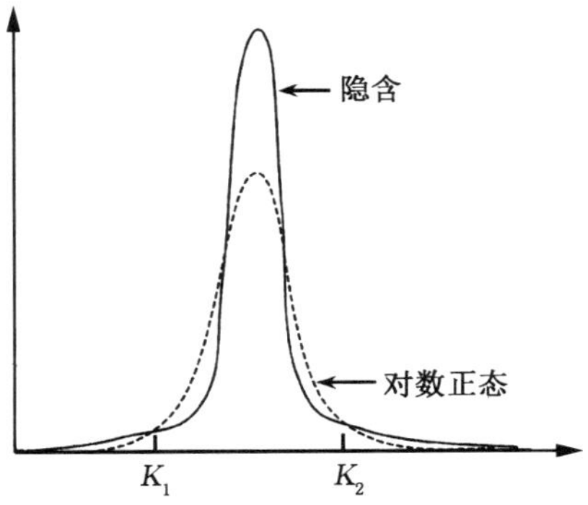

图 6－21　货币价格变化分布图

货币期权波动率微笑产生的原因是因为汇率的极端变化要比对数正态分布所描述的更经常出现，也就是货币市场经常出现跳跃情况，使标的资产收益率不服从正态分布。另外，外汇价格的跳跃和波动率的随机性对波动率的影响会随时间而改变，如图 6－21 所示。

在图 6－21 中，对于深度虚值的看涨期权(K_2)，只有标的资产价格高于 K_2 时才能产生收益。从图 6－21 可以看出，在隐含概率分布(或实际分布)下，产生收益的概率大于正态分布下的概率，因此，隐含概率分布下所产生的价格会偏高，对应的波动率会较高。

对于深度虚值的看跌期权(K_1)，只有标的资产价格低于 K_1 时才能产生收益。从图 6－21 可以看出，在隐含概率分布(或实际分布)下，产生收益的概率大于正态分布下的概率(价格下跌的概率更高)，因此，隐含概率分布下所产生的价格会偏高，对应的波动率会较高。

(5)股票期权的波动率微笑及隐含分布

股票期权的隐含波动率呈右偏斜状，波动率随执行价格的上升而下降，且不对称；说明深度虚值看跌期权价格或深度实值看涨期权价格(执行价低)会相对较高(隐含波动率高)；深度虚值看涨期权价格或深度实值看跌期权价格会较低(隐含波动率低)。

对于股票期权波动率微笑这种结构可能的解释是：在现实中股票价格下跌的可能性远大于上升的可能性。股票期权波动率微笑与股票价格变化的分布如图 6－22 所示。

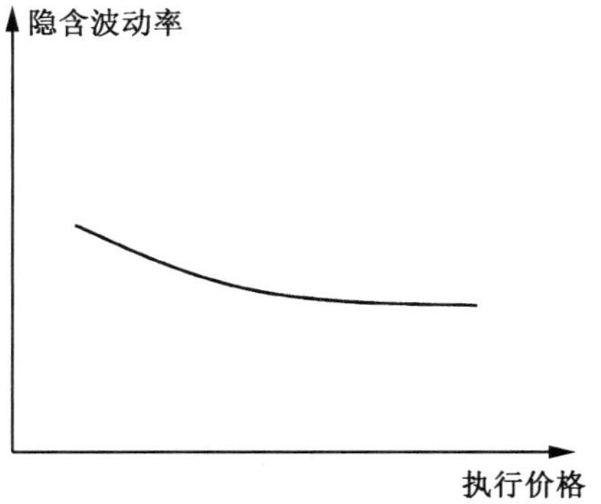

图 6－22(a)　股票期权波动率微笑

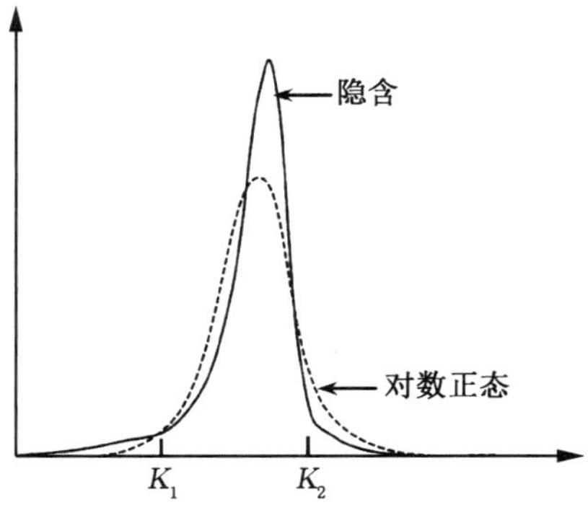

图 6－22(b)　股票价格变化分布

股票期权波动率微笑产生的原因有以下几个：

①标的资产收益率不服从正态分布

这与股市崩盘有关，使价格下跌的可能性远大于上升的可能性。

对于深度虚值的看涨期权（K_2），只有标的资产价格高于 K_2 时才能产生收益。从图 6-22(b)可以看出，在隐含概率分布（或实际分布）下，产生收益的概率小于正态分布下的概率，因此，隐含概率分布下所产生的价格会偏低，对应的波动率会较低（股票上升的概率小）。

对于深度虚值的看跌期权（K_1），只有标的资产价格低于 K_1 时才能产生收益。从图 6-22(b)可以看出，在隐含概率分布（或实际分布）下，产生收益的概率大于正态分布下的概率（价格下跌的概率更高），因此，隐含概率分布下所产生的价格会偏高，对应的波动率会较高。

②公司的杠杆作用

当股票价格下跌时，公司杠杆效应增加（股权价值减少），这意味着公司风险性增大，股票风险性也增大，因此波动率增加；反之，当股票价格上升时，公司杠杆效应减少（股权价值增大），这意味着公司风险性减少，股票风险性也减少，因此波动率下降。这说明股票波动率是执行价的递减函数。

③来源于交易员对股票市场暴跌的恐惧

交易员害怕股市出现暴跌，因此赋予极度虚值看跌期权较高的价值，这也造成了较高的波动率。

2. 波动率期限结构

波动率期限结构是指隐含波动率随到期日不同所表现出来的变化规律。这种变化规律为：从长期来看，波动率具有均值回复的特征：距离到期日越近，隐含波动率变化越大；随着到期日的延长，隐含波动率将逐步向历史波动率的平均值靠拢，说明剩余时间越长，用历史波动率代替未来波动率越准确。这条规律说明，当剩余时间较长时，用历史波动率预测标的资产波动率较为准确。

另外，波动率微笑的形状也受期权到期日时间的影响。到期日时间越近，波动率微笑越显著；到期日时间越长，不同价格的隐含波动率差异越小。波动率期限结构的变化规律见表 6-21 和图 6-23。

表 6-21　波动率矩阵：期限、执行价格与波动率

有效期	执行价格				
	0.9	0.95	1	1.05	1.1
一个月	14.2	13	12	13.1	14.5
三个月	14	13	12	13.1	14.2
六个月	14.1	13.3	12.5	13.4	14.3
两年	14.7	14	13.5	14	14.8
五年	15	14.4	14	14.5	15.1

布莱克—斯科尔斯期权定价模型中其它参数变化对期权定价的影响，请读者参考本章附录。

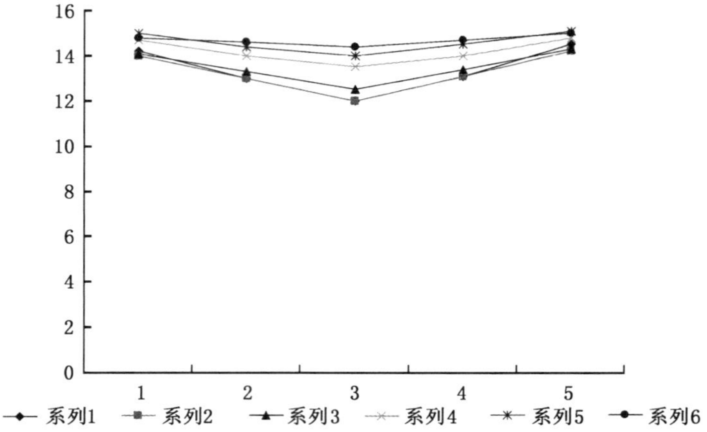

图 6-23　波动率期限结构

(五)布莱克—斯科尔斯期权定价公式的应用

布莱克—斯科尔斯期权定价公式的应用非常广泛,这里主要介绍其在可转换债券定价和认股权证估值方面的应用。

1. 可转换债券定价

(1)可转换债券的含义与性质

可转换债券(Convertible Bonds)是由公司发行的、在一般债券上附加期权的一种债务工具。它可以在某一预定时间(或该预定时间前的任一时候),按预先确定的比例转换为该公司的股票,也可以按预先确定的价格来实现转换。可转换债券相当于在普通债券基础上附加了一个看涨期权。

可转换债券具有期权性和债券性双重性质,因此,它兼具筹资和避险双重功能。它的设计和定价比一般金融工具复杂得多。

(2)可转换债券定价

可转换债券的价值由债券价值和转换价值两部分构成。

记:可转换债券的价值为 $P(c)$,债券价值为 $P(b)$,转换价值为 $V(c)$,那么可转换债券的价值等于债券价值与转换价值之和,即:

$$P(b)=P(c)+V(c)$$

可转换债券的价值与股票价格之间的关系如图 6-24 所示。

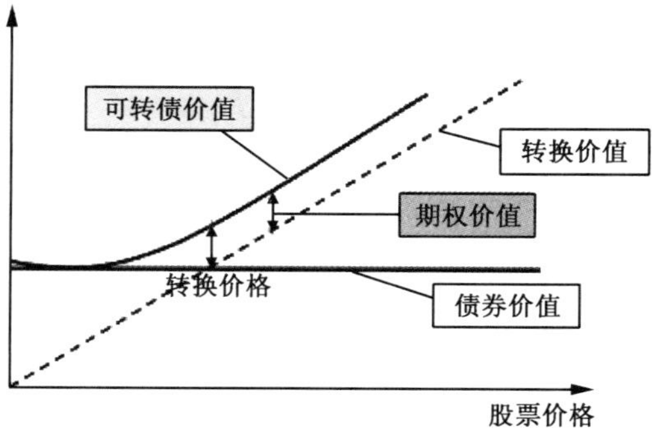

图 6-24　转换债券的价值与股票价格之间的关系

[例 6-10]　假设某公司股票现价 $S=40$ 元，该公司发行的五年期债券面值为 1 000 元，到期时该债券可按面值兑现，或转换为 16 股公司股票。已知公司股票年波动率为 34.6%，五年期国债券连续复利收益率为 7.5%。求该可转换债券的价值。

根据题意可知，

$T=5, K=1\ 000/16=62.5, S=40, r=0.075, \sigma=0.346$

债券价值为：

$P(b)=1\ 000e^{-0.075\times 5}=687.29$

转换价值为：

$$d_1=\frac{\ln\left(\frac{40}{62.5}\right)+(0.075+0.346^2/2)\times 5}{0.346\sqrt{5}}=0.294\ 7$$

$d_2=d_1-\sigma\sqrt{T-t}=0.294\ 7-0.346\sqrt{5}=-0.479\ 0$

这样，$N(d_1)=0.615\ 9, N(d_2)=0.316\ 0$

根据布莱克—斯科尔斯期权定价公式，有：

$$\begin{aligned}V(c)&=SN(d_1)-Ke^{-r(T-t)}N(d_2)\\&=40\times 0.615\ 9-62.5e^{-0.075\times 5}\times 0.316\ 0\\&=38.21(\text{美元})\end{aligned}$$

可转换债券的价值为：

$P(c)=P(b)+V(c)=687.29+38.21=725.50$

2. 认股权证的定价

认股权证(Warrants)是指附加在公司债务工具上的、赋予持有者在某一天或某一期限内按事先规定的价格购买该公司一定数量股票的权利。一份认股权证相当于一份看涨期权。我们首先通过实例看认股权证的定价。

[例 6-11]　中国宝安集团股份有限公司是中国最早上市的公司之一。1992 年 10 月宝安公司向宝安股东发行“宝安 93 认股权证”2 640 万张，每 10 股宝安股票送一张宝安权证，并且于 1992 年 11 月 5 日在深圳证券交易所上市交易。1993 年 8 月 25 日宝安公司发布了该公司《1993 年认股权证认股公告书》：

凭宝安认股权证认购股票的时间自同年 9 月 1 日起至同年 11 月 5 日止，逾期视为自动放弃认股权；认股价格为每张权证可以 20 元认购 1.3 股宝安普通股，即权证实际认股价格为 15.38 元/股；认股对象为截止到同年 11 月 5 日持有宝安权证者。只考虑其在深圳证券交易所上市的 A 股股份。

假设所有的 2 640 万张认购权证都在认购期限的最后一天以每股 15.384 元的价格认购，每张权证可以认购 1.3 股。1993 年 11 月 4 日宝安公司的 A 股流通股数为 17 467.55 万股，11 月 4 日 A 股收盘价为 17.35 元/股。

认购权证执行前，A 股股数为：17 467.55 万股；每股价值为：17.35 元/股。

A 股总价值＝股数×价格＝17 467.55×17.35＝303 062(万元)

认购权证执行后，

A 股股数＝认购前 A 股股数＋认购新增股数＝17 467.55＋3 432＝20 899.55(万股)

A 股总价值＝认购前 A 股价值＋认购所得资金＝303 062＋52 800＝355 862(万元)

每股价值＝A 股总价值/股数＝355 862/20 899.55＝17.03(元/股)

权证被执行后的收益为：1.3×(17.03－15.38)＝2.15(元)

3. 用布莱克—斯科尔斯期权定价公式计算欧式认股权证的价值

将例 6－11 公式化，可以得到欧式认股权证定价的布莱克—斯科尔斯期权定价公式。

现在考虑一个公司拥有 N 股流通股股票和 M 份流通欧式认股权证。假设每份认股权证可使其持有者在 T 时刻以每股 X 元的执行价格向公司购买 γ 股股票。

若 T 时刻该公司的股权价值为 V_T，认股权证持有者执行了认股权，执行价格为 $M\gamma X$，该公司获得了一笔现金流收入，公司股权价值增长到 $V_T+M\gamma X$，股票数量变为 $N+M\gamma$ 股。

认股权证执行后，股票价格为：

$$\frac{V_T+M\gamma X}{N+M\gamma}$$

认股权证持有者的盈利为：

$$\gamma\left[\frac{V_T+M\gamma X}{N+M\gamma}-X\right]$$

即：

$$\frac{N\gamma}{N+M\gamma}\left[\frac{V_T}{N}-X\right]$$

只有当盈利为正时，认股权证才会被执行，因此认股权证持有者的盈利为：

$$\frac{N\gamma}{N+M\gamma}\max\left[\frac{V_T}{N}-X,0\right] \tag{6-55}$$

根据式(6－55)，认股权证的价值是$\frac{N\gamma}{N+M\gamma}$份基于 V/N 的常规看涨期权的价值。所以，只要将 V 值、波动率、执行价格等代入 B-S 定价公式，就可求出一份常规期权的价值。

V 值可由下式计算：

$$V=NS+MW$$

其中，S 为股票价格，W 为认股权证的价格，这样：

$$\frac{V}{N}=S+\frac{M}{N}W$$

如果将股票价格 S 用 $S+(M/N)W$ 替换，波动率 σ 为公司股权的波动率(即股票加上认股权证的总价值的波动率，而不仅仅是股票的波动率)，然后用布莱克—斯科尔斯期权定价公式求出对应的期权价值，再乘以$\frac{N\gamma}{N+M\gamma}$，即可得到欧式认股权证的价值。

在做了以上调整后，我们就可以得到用 W 表示的求解认股权证价格 W 的公式。这可以用数值方法求解。

第四节　金融期权的交易策略

人们可以通过不同的期权品种构成众多具有不同盈亏分布特征的组合。投资者可以根据各自对未来标的资产现货价格概率分布的预期，以及各自的风险—收益偏好，选择最适合自己的期权组合，构成不同的期权交易策略。这些交易策略主要有：标的资产与各种期权头寸的组合，相同期限、不同协议价格的两个或多个同种期权头寸组合，相同期限、相同协议价格的看涨期权和看跌期权的组合等。下面介绍这些常见的期权交易策略。

一、标的资产与期权组合

标的资产与期权的组合是最基本的期权交易策略。通过组建标的资产与各种期权头寸的组合，可以得到与各种期权头寸本身的盈亏图形状相似但位置不同的盈亏图，如图 6 - 25 所示。

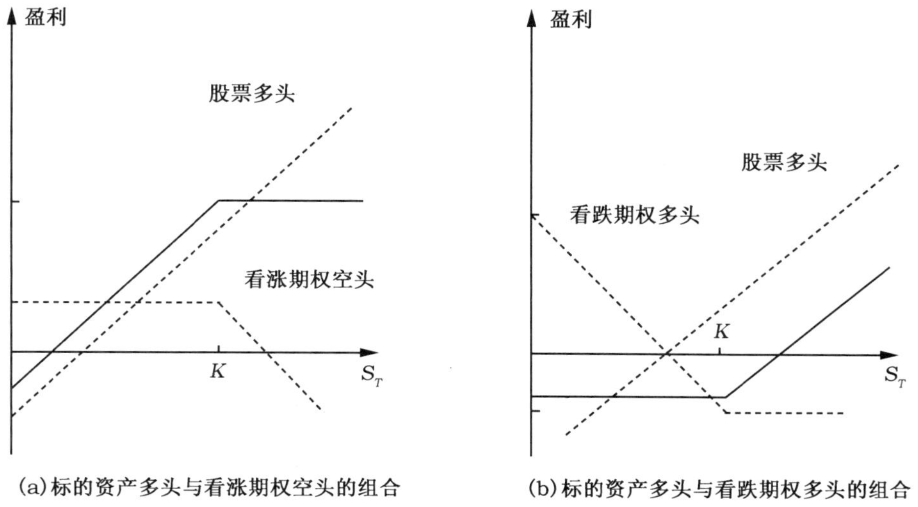

图 6 - 25　标的资产与期权组合的盈亏分布

图 6 - 25(a)是标的资产多头与看涨期权空头组合的盈亏图，该组合称为有担保的看涨期权空头。标的资产空头与看涨期权多头组合的盈亏图与有担保的看涨期权空头刚好相反，其组合为看跌期权的多头。

图 6 - 25(b)是标的资产多头与看跌期权多头组合的盈亏图，其组合等于一个看涨期权，这就是著名的期权保险策略。标的资产空头与看跌期权空头组合的盈亏图刚好相反。

期权与标的资产的组合往往是期权对标的资产的套期保值策略。

二、差价组合

差价组合是指持有相同期限、不同协议价格的两个或多个同种期权头寸组合(即同是看涨期权，或者同是看跌期权)，其主要类型有牛市差价组合、熊市差价组合、蝶式差价组合等。

(一)牛市差价组合

牛市差价(Bull Spreads)组合是由一份看涨期权多头与一份同一期限较高协议价格的看涨期权空头组成。由于协议价格越高，期权价格越低，因此构建这个组合需要初始投资。其在到期日的盈亏如图 6 - 26 所示。

我们用 K_1 和 K_2 分别表示组合中的两个协议价格，且 $K_1<K_2$，c_1 和 c_2 分别表示协议价格为 K_1 和 K_2 的看涨期权的价格。显然，$c_1>c_2$，那么牛市差价组合在不同情况下的盈亏可用表 6 - 22 所示。

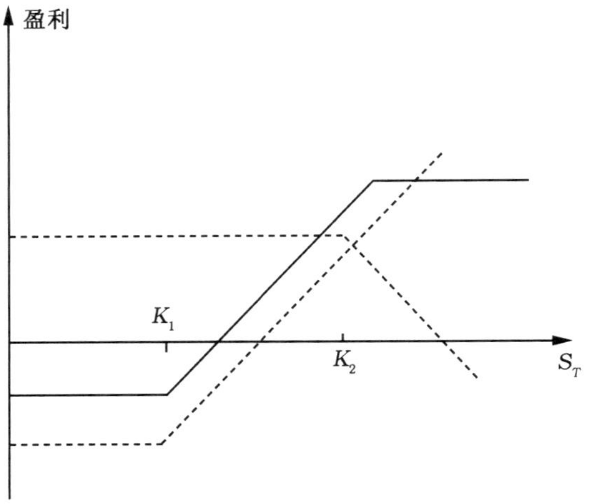

图 6-26　看涨期权的牛市差价组合

表 6-22　牛市差价期权的盈亏

标的资产价格范围	看涨期权多头的盈亏	看涨期权空头的盈亏	总盈亏
$S_T \leqslant K_1$	$-c_1$	c_2	c_2-c_1
$K_1<S_T<K_2$	$S_T-K_1-c_1$	c_2	$S_T-K_1-c_1+c_2$
$S_T \geqslant K_2$	$S_T-K_1-c_1$	$K_2-S_T+c_2$	$K_2-K_1-c_1+c_2$

根据图 6-26 和表 6-22，到期日标的资产价格升高对组合持有者有利，故称牛市差价组合。牛市差价组合策略的最大值为 $K_2-K_1-c_1+c_2$，最小值为 c_2-c_1，均为常数。

［例 6-12］ 某投资者以 2 美元的价格买入一个执行价为 20 美元的看涨期权，同时以 1 美元的价格卖出一个执行价为 25 美元的看涨期权。如果股票价格高于 25 美元，则投资者的这一牛市差价收益为 5 美元；减去成本价 1 美元(2－1)，总盈亏为 4 美元(5－1)。如果股票价格低于 20 美元，则投资者的这一牛市差价收益为 0 美元；减去成本价 1 美元，总盈亏为－1 美元(0－1)。如果股票价格在 20 美元与 25 美元之间，则投资者的这一牛市差价收益为股票价格与 20 美元的差，再减去 1 美元的成本。其盈亏汇总见表 6-23。

表 6-23　牛市差价期权盈亏实例

股票价格范围	总盈亏
$S_T \leqslant 20$	-1
$20<S_T<25$	S_T-20-1
$S_T \geqslant 25$	$5-1=4$

一份看跌期权多头与一份同一期限、较高协议价格的看跌期权空头组合也可组成牛市差价组合，如图 6-27 所示。

比较看涨期权的牛市差价与看跌期权的牛市差价组合可以看出，前者期初现金流为负，后者为正，但前者的最终收益可能大于后者。

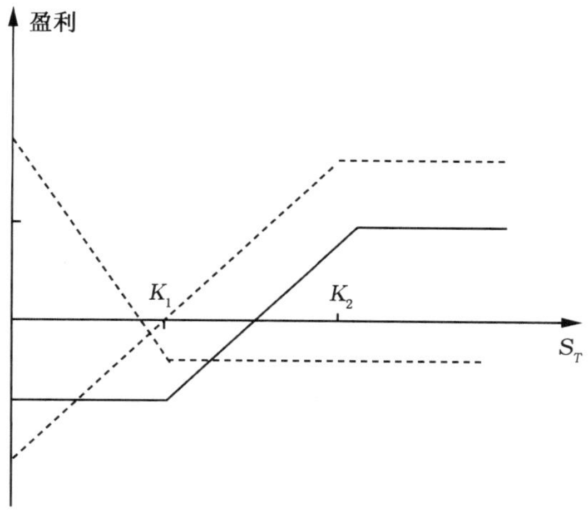

图 6－27　看跌期权的牛市差价组合

通过比较标的资产现价与协议价格的关系，我们可以把牛市差价组合分为三类：

(1)两虚值期权组合，是指两个协议价格均比现货价格高(成本最低，收到高收益的概率也低)；

(2)多头实值期权加空头虚值期权组合，是指多头期权的协议价格比现货价格低，而空头期权的协议价格比现货价格高；

(3)两实值期权组合，是指两个协议价格均比现货价格低。

(二)熊市差价组合

熊市差价(Bear Spreads)组合刚好跟牛市差价组合相反，它可以由一份看涨期权多头和一份相同期限、协议价格较低的看涨期权空头组成(见图 6－28)；也可以由一份看跌期权多头和一份相同期限、协议价格较低的看跌期权空头组成(见图 6－29)。

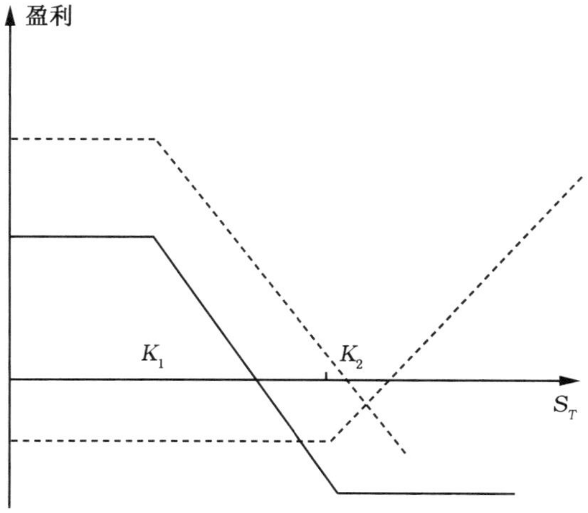

图 6－28　看涨期权的熊市差价组合

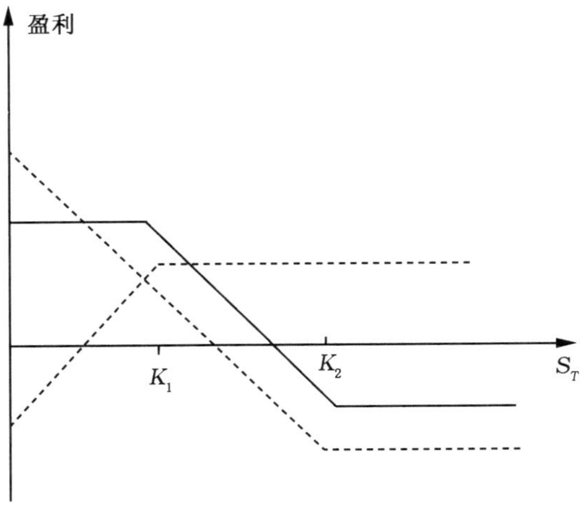

图 6-29 看跌期权的熊市差价组合

由看跌期权组成的熊市价差盈亏情况见表 6-24。

表 6-24 由看跌期权组成的熊市价差盈亏

标的资产价格范围	看跌期权多头的盈亏	看跌期权空头的盈亏	总盈亏
$S_T \leqslant K_1$	$K_2-S_T-c_2$	$-(K_1-S_T-c_1)$	$K_2-K_1+c_1-c_2$
$K_1<S_T<K_2$	$K_2-S_T-c_2$	c_1	$K_2-S_T+c_1-c_2$
$S_T \geqslant K_2$	$-c_2$	c_1	c_1-c_2

根据图 6-29 和表 6-24，到期日标的资产价格下降对组合持有者有利，故称熊市差价组合。熊市差价组合策略的最大值为 $K_2-K_1+c_1-c_2$，最小值为 c_1-c_2，均为常数。

[例 6-13] 某投资者以 2 美元的价格买入一个执行价为 25 美元的看跌期权，同时以 1 美元的价格卖出一个执行价为 20 美元的看跌期权。如果股票价格低于 20 美元，则投资者的这一熊市差价收益为 5 美元；减去成本价 1 美元(2−1)，总盈亏为 4 美元(5−1)。如果股票价格高于 25 美元，则投资者的这一熊市差价收益为 0；减去成本价 1 美元，总盈亏为−1 美元(0−1)。如果股票价格在 20 美元与 25 美元之间，则投资者的这一熊市差价收益为 25 美元与股票价格的差，再减去 1 美元的成本。其盈亏汇总见表 6-25。

表 6-25 牛市差价期权盈亏实例

股票价格范围	总盈亏
$S_T \leqslant 20$	$5-1=4$
$20<S_T<25$	$25-S_T-1$
$S_T \geqslant 25$	-1

看涨期权的熊市差价组合和看跌期权的熊市差价组合的差别在于，前者在期初有正的现金流，后者在期初则有负的现金流，但后者的最终收益可能大于前者。

通过比较牛市和熊市差价组合可以看出，对于同类期权而言，凡“买低卖高”的即为牛市差价策略，而“买高卖低”的即为熊市差价策略，这里的“低”和“高”是指协议价格。两者的图形刚好与 X 轴对称。

（三）盒式差价组合

一个盒式差价组合是由协议价格为 K_1 与 K_2 的看涨期权所构成的牛市差价组合与一个执行价相同所构成的熊市差价组合构成的组合。其盒式差价的收益为 K_2-K_1。其组合与收益如表 6－26 和图 6－30 所示。

表 6－26　盒式差价组合盈亏表

标的资产价格范围	牛市差价组合的盈亏	熊市差价组合的盈亏	总盈亏
$S_T \leqslant K_1$	c_2-c_1	$K_2-K_1+c_1-c_2$	K_2-K_1
$K_1<S_T<K_2$	$S_T-K_1-c_1+c_2$	$K_2-S_T+c_1-c_2$	K_2-K_1
$S_T \geqslant K_2$	$K_2-K_1-c_1+c_2$	c_1-c_2	K_2-K_1

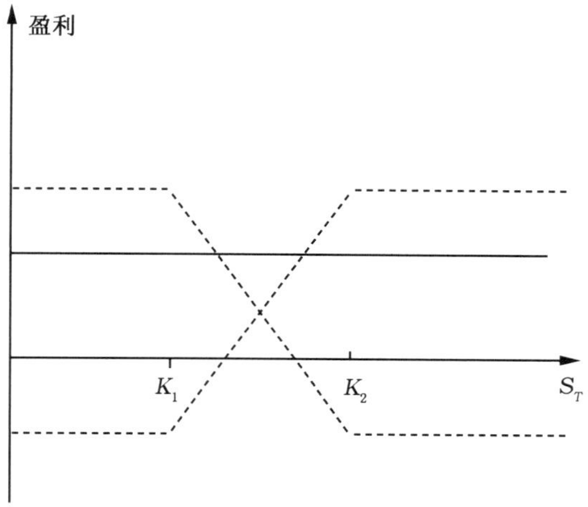

图 6－30　盒式差价组合盈亏

（四）蝶式差价组合

蝶式差价（Butterfly Spreads）组合是由四份具有相同期限、不同协议价格的同种期权头寸组成。若 $K_1<K_2<K_3$，且 $K_2=(K_1+K_3)/2$，则蝶式差价组合有如下四种：

（1）看涨期权的正向蝶式差价组合，它由协议价格分别为 K_1 和 K_3 的看涨期权多头和两份协议价格为 K_2 的看涨期权空头组成，其盈亏分布如图 6－31 所示。

（2）看涨期权的反向蝶式差价组合，它由协议价格分别为 K_1 和 K_3 的看涨期权空头和两份协议价格为 K_2 的看涨期权多头组成，其盈亏刚好与图 6－31 相反。

（3）看跌期权的正向蝶式差价组合，它由协议价格分别为 K_1 和 K_3 的看跌期权多头和两份协议价格为 K_2 的看跌期权空头组成，其盈亏如图 6－32 所示。

（4）看跌期权的反向蝶式差价组合，它由协议价格分别为 K_1 和 K_3 的看跌期权空头和两份协议价格为 K_2 的看跌期权多头组成，其盈亏与图 6－32 刚好相反。

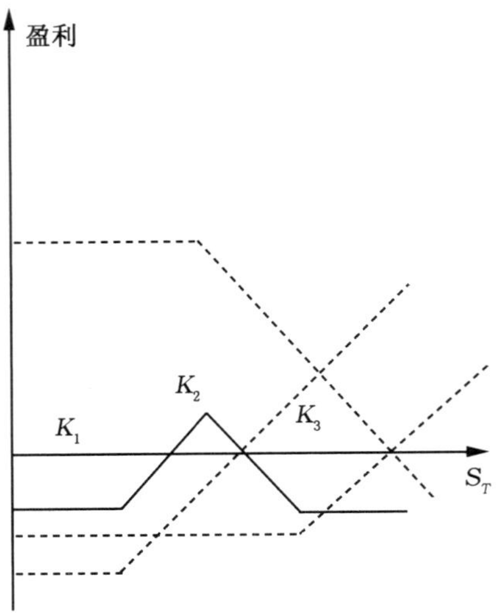

图 6-31 看涨期权的正向蝶式差价组合

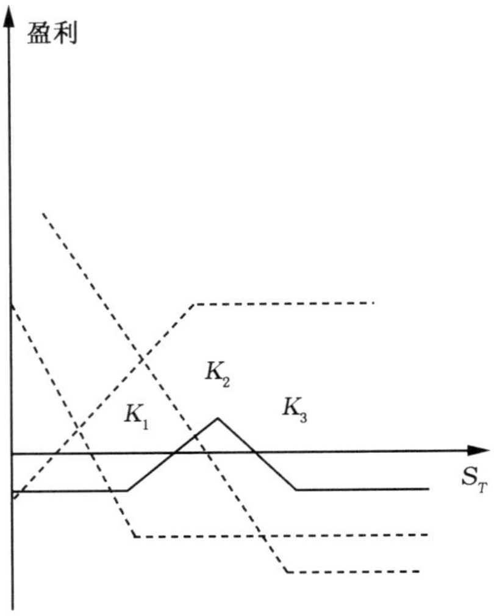

图 6-32 看跌期权的正向蝶式差价组合

由看涨期权组成的蝶式差价组合盈亏如表 6-27 所示。

表 6-27 由看涨期权组成的蝶式差价组合盈亏

标的资产价格范围	第 1 个看涨期权多头	第 3 个看涨期权多头	第 2 个看涨期权空头	总盈亏
$S_T \leqslant K_1$	$0-c_1$	$0-c_3$	$0+2c_2$	$2c_2-c_1-c_3$
$K_1<S_T<K_2$	$S_T-K_1-c_1$	$0-c_3$	$0+2c_2$	$S_T-K_1+2c_2-c_1-c_3$
$K_2<S_T<K_3$	$S_T-K_1-c_1$	$0-c_3$	$-2(S_T-K_2)+2c_2$	$K_3-S_T+2c_2-c_1-c_3$
$S_T \geqslant K_3$	$S_T-K_1-c_1$	$S_T-K_3-c_3$	$-2(S_T-K_2)+2c_2$	$2c_2-c_1-c_3$

(五)差期组合(日历价差)

差期(Calendar Spreads)组合是由两份相同协议价格、不同期限的同种期权的不同头寸组成的组合。它有四种类型:

(1)看涨期权的正向差期组合,是指由一份看涨期权多头与一份期限较短的看涨期权空头的组合。

(2)看涨期权的反向差期组合,是指由一份看涨期权多头与一份期限较长的看涨期权空头的组合。

(3)看跌期权的正向差期组合,是指由一份看跌期权多头与一份期限较短的看跌期权空头的组合。

(4)看跌期权的反向差期组合,是指由一份看跌期权多头与一份期限较长的看跌期权空头的组合。

我们以期权的正向差期组合为例,分析其盈亏情况。令 T 表示期限较短的期权到期时刻,c_1 和 c_2 分别代表期限较长和较短的看涨期权的期初价格,c_{1T} 代表 T 时刻期限较长的看涨期权的时间价值,S_T 表示 T 时刻标的资产的价格。当期限较短的期权到期时,若 $S_T \to \infty$,

空头亏 S_T-K-c_2，而多头虽未到期，但由于此时 S_T 已远高于 K，故其价值趋近于 S_T-K，即多头盈利趋近于 S_T-K-c_1，总盈亏趋近于 c_2-c_1。若 $S_T=K$，空头赚 c_2，多头还未到期，尚有价值 c_{1T}，即多头亏 c_1-c_{1T}，总盈亏为 $c_2-c_1+c_{1T}$。若 $S_T\to0$，空头赚 c_2，多头虽未到期，但由于 S_T 远低于K，故其价值趋于 0，即多头亏损趋近于 c_1，总盈亏趋近于 c_2-c_1。三种情况的盈亏见表 6－28。

表 6－28　看涨期权的正向差期组合的盈亏

标的资产价格范围	看涨期权多头	看涨期权空头	总盈亏
$S_T\to\infty$	趋近 S_T-K-c_1	$K-S_T+c_2$	趋近 c_2-c_1
$S_T=K$	$c_{1T}-c_1$	c_2	$c_2-c_1+c_{1T}$
$S_T\to0$	趋近$-c_1$	c_2	趋近 c_2-c_1

根据表 6－28，可以画出看涨期权正向差期组合的盈亏分布，如图 6－33 所示。看涨期权反向差期组合的盈亏分布正好与图 6－33 相反。

用同样的分析法可以画出看跌期权正向差期组合的盈亏分布图，如图 6－34 所示。看跌期权反向差期组合的盈亏分布正好与图 6－34 相反，从略。

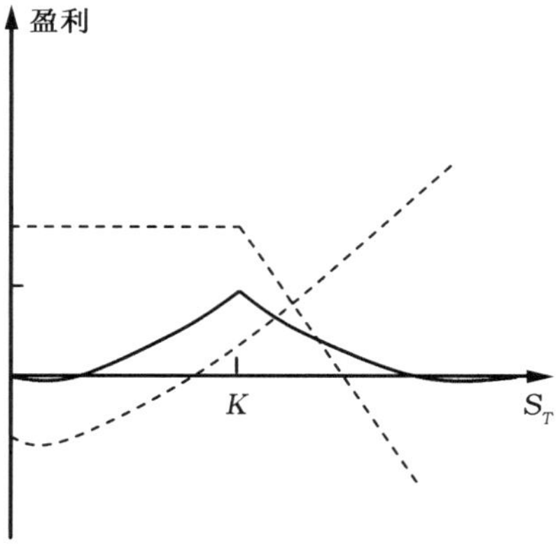

图 6－33　看涨期权的正向差期组合

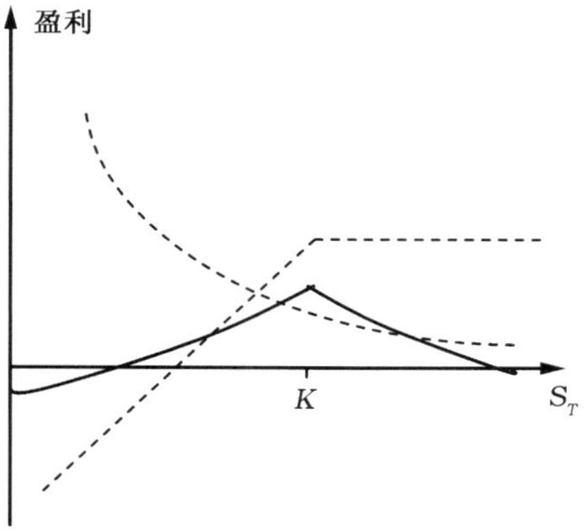

图 6－34　看跌期权的正向差期组合

(六)对角组合

对角组合(Diagonal Spreads)是指由两份协议价格不同(K_1 和 K_2，且 $K_1<K_2$)、期限也不同(T 和 T^*，且 $T<T^*$)的同种期权的不同头寸组成。它有八种类型：

1. 看涨期权的牛市正向对角组合

看涨期权的牛市正向对角组合是由看涨期权(K_1,T^*)多头加(K_2,T)空头组合而成的。

在期限较短的期权到期时，若 $S_T=K_2$，空头赚 c_2，由于多头尚未到期，其价值为 $K_2-K_1+c_{1T}$(即内在价值加时间价值)，按价值卖掉，则多头盈利 $K_2-K_1+c_{1T}-c_1$，共计盈亏 $K_2-K_1+c_{1T}-c_1+c_2$；若 $S_T\to\infty$，空头亏 $S_T-K_2-c_2$，多头虽未到期，但由于 S_T 远高于K_1，故此时多头价值趋近于 S_T-K_1，即多头盈利 $S_T-K_1-c_1$，共计盈亏 $K_2-K_1+c_2-c_1$；若 $S_T\to0$，空头赚 c_2，多头虽未到期，但由于 S_T 远低于K_1，故此时多头价值趋近于 0，即多头亏损 c_1，共计盈亏 c_2-c_1。上述三种情形见表 6－29，盈亏见图 6－35。

表 6-29　　看涨期权的正向差期组合的盈亏

S_T 的范围	(K_1,T^*)多头的盈亏	(K_2,T)空头的盈亏	总盈亏
$S_T\to\infty$	趋近于 $S_T-K_1-c_1$	$K_2-S_T+c_2$	趋近 $K_2-K_1+c_2-c_1$
$S_T=K_2$	$K_2-K_1+c_{1T}-c_1$	c_2	$K_2-K_1+c_{1T}-c_1+c_2$
$S_T\to 0$	趋近$-c_1$	c_2	趋近 c_2-c_1

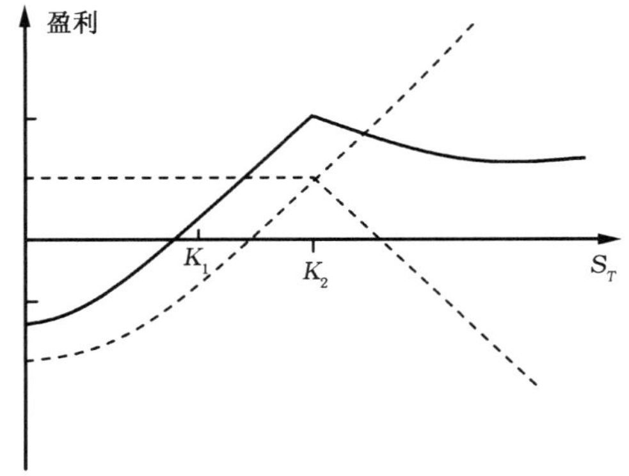

图 6-35　看涨期权(K_1,T^*)多头加(K_2,T)空头组合

2. 看涨期权的熊市反向对角组合

它是由看涨期权的(K_1,T^*)空头加(K_2,T)多头组合,其盈亏与图 6-35 刚好相反。

3. 看涨期权的熊市正向对角组合

它是由看涨期权的(K_2,T^*)多头加(K_1,T)空头组成的组合。用同样的办法可以画出该组合的盈亏分布图,如图 6-36 所示。

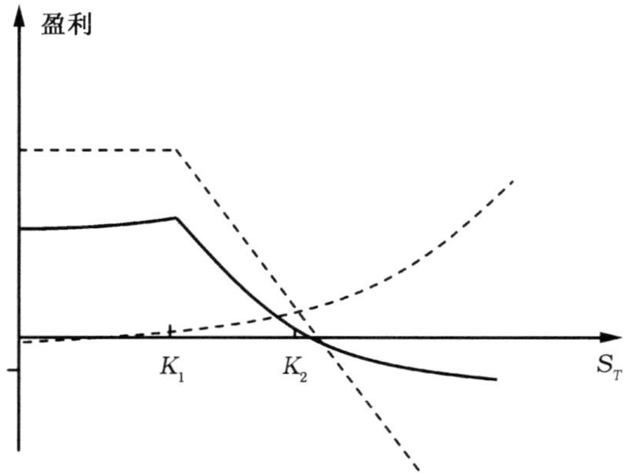

图 6-36　看涨期权(K_2,T^*)多头加(K_1,T)空头组合

4. 看涨期权的牛市反向对角组合

它是由看涨期权的(K_2,T^*)空头加(K_1,T)多头组成的组合,其盈亏与图 6-36 刚好相反。

5. 看跌期权的牛市正向对角组合

它是由看跌期权的(K_1,T^*)多头加(K_2,T)空头组成的组合,其盈亏如图 6-37 正好所示。

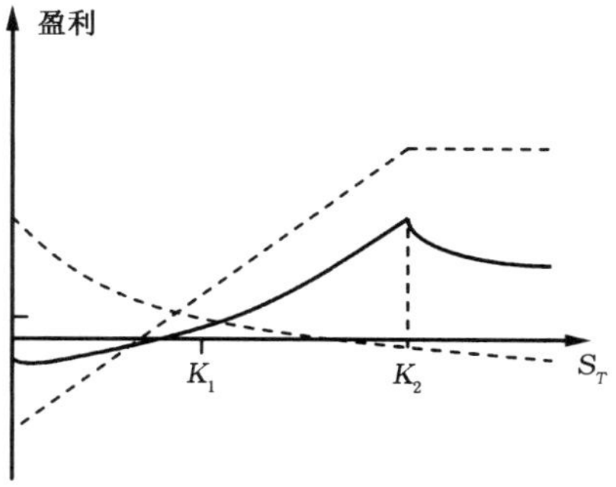

图 6-37 看跌期权的(K_1,T^*)多头加(K_2,T)空头组合

6. 看跌期权的熊市反向对角组合

它是由看跌期权的(K_1,T^*)空头加(K_2,T)多头组成的组合,其盈亏与图 6-37 正好相反。

7. 看跌期权的熊市正向对角组合

它是由看跌期权的(K_2,T^*)多头加(K_1,T)空头组成的组合,其盈亏如图 6-38 所示。

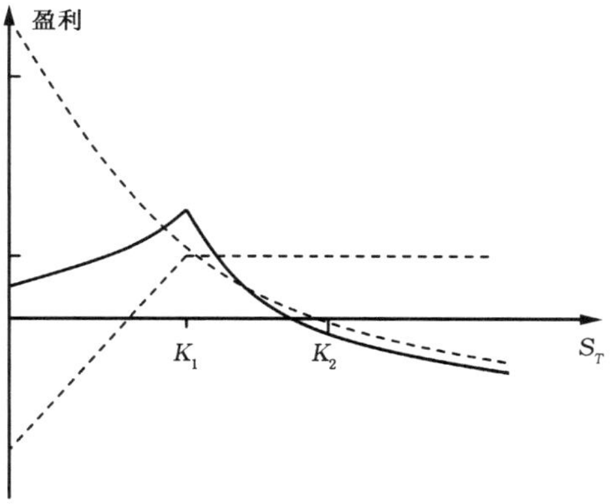

图 6-38 看跌期权的(K_2,T^*)多头加(K_1,T)空头组合

8. 看跌期权的牛市反向对角组合

它是由看跌期权的(K_2,T^*)空头加(K_1,T)多头组成的组合,其盈亏与图 6-38 正好相反。

三、混合期权

混合组合是由看涨期权和看跌期权构成的组合,其种类繁多,这里仅介绍最简单的几种。

(一)跨式组合

跨式组合(Straddle)由具有相同协议价格、相同期限的一份看涨期权和一份看跌期权组成。跨式组合分为两种:底部跨式组合和顶部跨式组合。前者由两份多头组成,后者由两份空头组成。

底部跨式组合的盈亏如图 6-39 所示,在到期日的盈亏如表 6-30 所示,其中 c 和 p 分别为看涨期权与看跌期权的费用。可见,只有在到期日标的资产的价格远离执行价时,该策略才能盈利；否则该策略将亏损，特别是平价期权时亏损最大。顶部跨式组合的盈亏与图 6－39 正好相反。

表 6－30　　跨式组合的盈亏

S_T 的范围	看涨期权多头的收益	看跌期权多头的收益	总盈亏
$S_T \leqslant K$	$-c$	$K-S_T-p$	$K-S_T-p-c$
$S_T > K$	S_T-K-c	$-p$	$S_T-K-p-c$

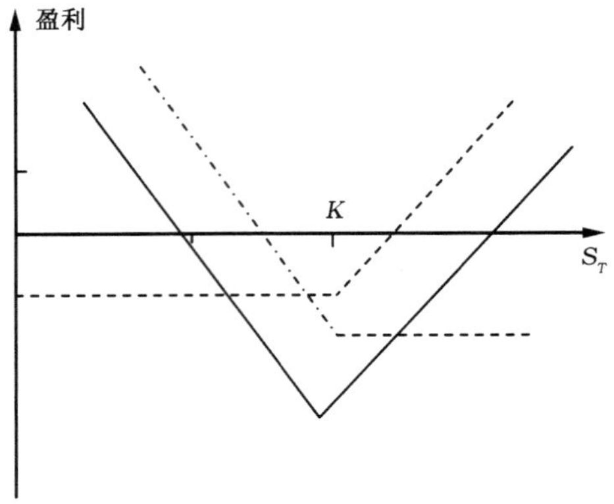

图 6－39　底部跨式组合

(二)条式组合和带式组合

1. 条式组合

条式组合(Strip)由具有相同协议价格、相同期限的一份看涨期权和两份看跌期权组成。条式组合也分底部和顶部两种，前者由多头构成，后者由空头构成。底部条式组合的盈亏如图 6－40 所示，顶部条式组合的盈亏与图 6－40 刚好相反。

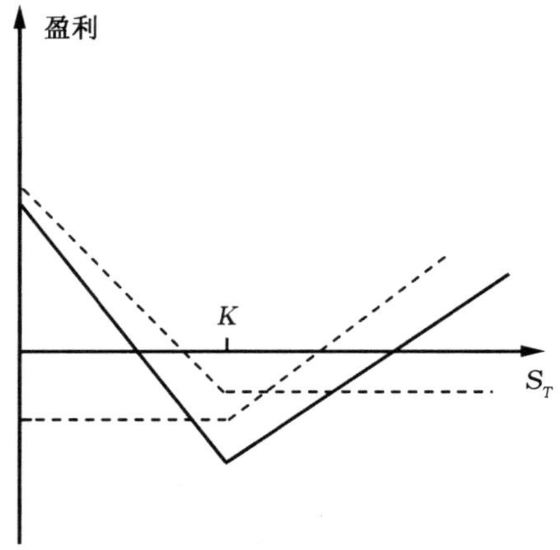

图 6－40　底部条式组合

2. 带式组合

带式组合(Strap)由具有相同协议价格、相同期限的资产的两份看涨期权和一份看跌期权组成,带式组合也分底部和顶部两种,前者由多头构成,后者由空头构成。底部带式组合的盈亏如图 6-41 所示,顶部带式组合的盈亏图刚好相反。

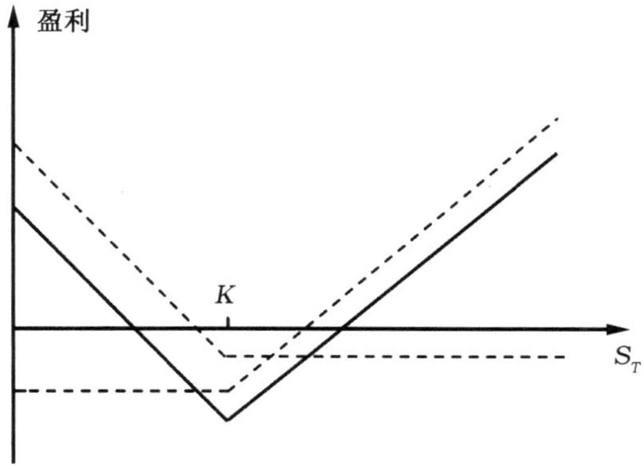

图 6-41 底部带式组合

(三)宽跨式组合

宽跨式组合(Strangle)由相同到期日但协议价格不同的一份看涨期权和一份看跌期权组成,其中看涨期权的协议价格高于看跌期权。宽跨式组合也分底部和顶部,前者由多头组成,后者由空头组成。前者的盈亏如图 6-42 所示,后者的盈亏图刚好相反。

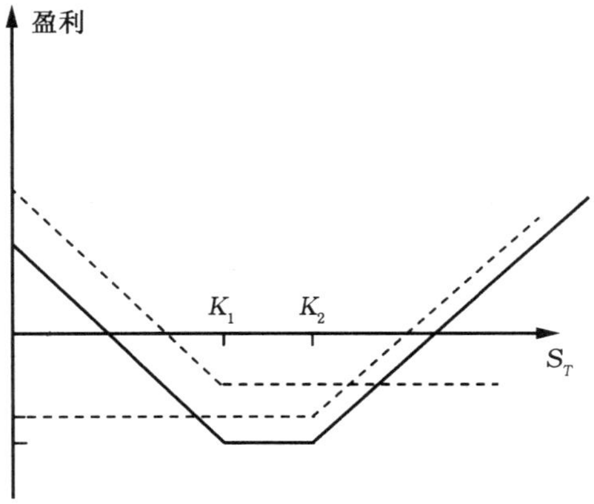

图 6-42 底部宽跨式组合

从理论上讲,只要期权协议价格足够多,期权的组合种类是无限的。投资者可以根据自己对未来价格的判断、套期保值和套利的不同需要以及自己的风险—收益偏好,组建不同的期权组合。这种金融工具的拆分与组合正是金融工程学研究的主要内容。

四、期权组合盈亏图的算法

上面的各类期权组合以及标的资产与期权的组合非常烦琐，往往使人难以掌握。我们可以通过一定的符号，形象化描述期权和期权组合的盈亏状态，便于人们分析期权组合的盈亏状态。

1. 符号规则

首先定义如下符号规则：

如果期权交易的结果在盈亏图上出现负斜率，就用(－1)表示；如果出现的结果是正斜率，就用(＋1)表示；如果出现的结果是水平状态，就用(0)表示。每个折点都用逗号隔开，各种基本头寸的盈亏状态可以分别表示为：

(1)看涨期权多头：(0，＋1)

(2)看涨期权空头：(0，－1)

(3)看跌期权多头：(－1，0)

(4)看跌期权空头：(＋1，0)

(5)标的资产多头：(＋1，＋1)

(6)标的资产空头：(－1，－1)

2. 应用实例

应用上述符号，可以分析各种期权组合的盈亏状况。

[例 6-14] 看涨期权多头＋看跌期权空头＝标的资产多头，如图 6-43 所示。我们可以根据上述符号规则求出：

(0，＋1)＋(＋1，0)＝(＋1，＋1)

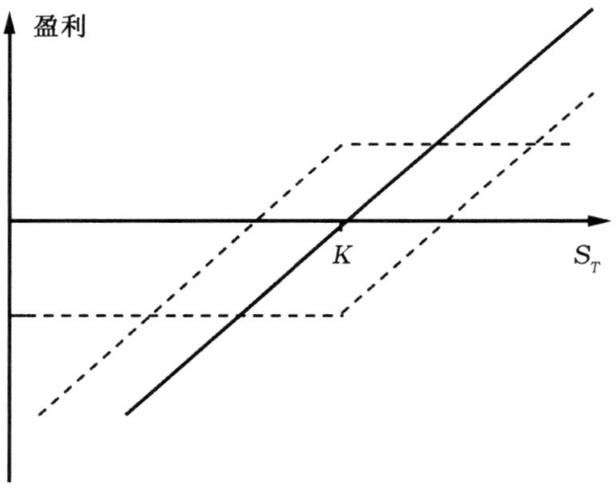

图 6-43 看涨期权多头＋看跌期权空头＝标的资产多头

同样，因为(－1，－1)＋(＋1，0)＝(0，－1)，所以有：标的资产空头＋看跌期权空头＝看涨期权空头，如图 6-44 所示。

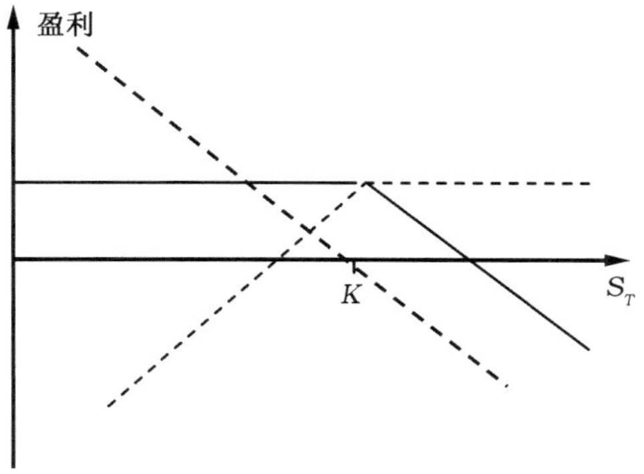

图 6-44 标的资产空头＋看跌期权空头＝看涨期权空头

［**例 6-15**］ 根据图 6-42，写出底部宽跨式组合的符号表示式。

底部宽跨式组合是由相同到期日但协议价格不同的一份看涨期权多头和一份看跌期权多头组成，其中看涨期权的协议价格高于看跌期权。根据图 6-42，有：

(0,0,+1)+(−1,0,0)=(−1,0,+1)

其中，(0,0,+1)表示看涨期权多头在$(0,K_1)$、(K_1,K_2)及(K_2,∞)三个标的价格变化区间的斜率；(−1,0,0)表示看跌期权多头在$(0,K_1)$、(K_1,K_2)及(K_2,∞)三个标的价格变化区间的斜率；(−1,0,+1)表示底部宽跨式组合在$(0,K_1)$、(K_1,K_2)及(K_2,∞)三个标的价格变化区间的斜率。

五、沪深 300 指数期权交易策略实例

沪深 300 指数期权是在中国金融期货交易所交易的指数期权品种，在实践中得到了广泛应用，本部分主要介绍其在实际中的应用，使读者了解期权交易策略的实际应用。

(一)沪深 300 指数期权交易策略

1. 按交易的复杂性，分为基本策略与组合策略。

基本策略有买入看涨期权、买入看跌期权、卖出看涨期权、卖出看跌期权四种，其到期日的盈亏见图 6-7 和图 6-8。

组合策略有认购牛市价差策略、认沽熊市价差策略、认沽牛市价差策略、认购熊市价差策略、跨市空头、宽跨式空头等；其它策略见本节前述内容。

2. 按沪深 300 指数期权交易策略的使用目的分为方向性策略、保险策略、套利策略与收益增强型策略四类。

(二)沪深 300 指数期权交易策略的应用

1. 方向性策略

方向性策略主要应用于标的资产价格的预测具有明确方向时。如果预测标的资产价格一段时间持续向上，则可买入看涨期权或卖出看跌期权；如果预测标的资产价格一段时间持续向下，则可买入看跌期权或卖出看涨期权。

(1)买入期权方向交易策略

期权买入方通常具有较高的杠杆性，规模较小的资金从而能以较小的成本进行方向投机交易。一份沪深 300 近月平值期权合约成本在 8 000 元至 20 000 元不等，但能撬动 480 000 元的资金，杠杆约为 20～60 倍，见图 6－45。

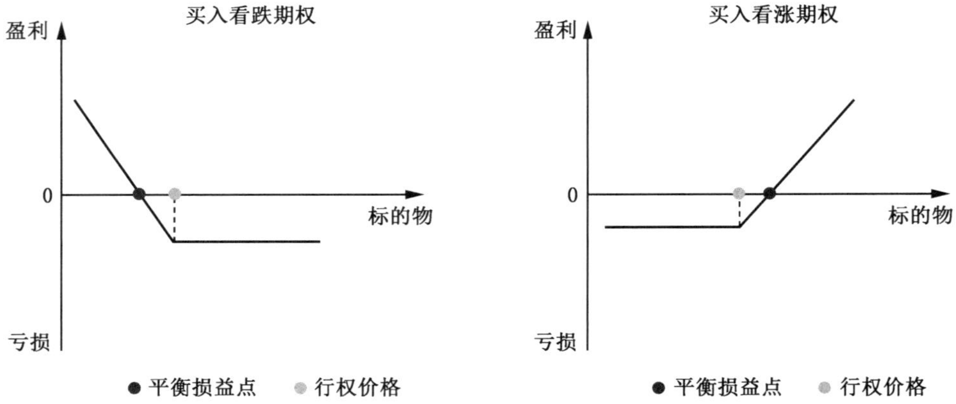

图 6－45　买入期权方向交易策略

对于买入期权方向交易策略，合约的选择至关重要。对于期权合约来说，虚值程度越大，其能够到期获得实际价值的概率越低，对应的胜率也就越低。为了提高胜率，需要买入距离平值期权较近的合约。在日常交易过程中，交易最为频繁的合约是平值期权与浅虚值期权。即平值期权合约与虚 2 档期权合约（最接近平值期权的两个虚值合约）。随着到期日的临近，深度虚值期权行权概率越来越低，因而，随着到期日的临近选择的合约应该离平值越来越近。

对于期权方向性投资来说，利润来源于对趋势的跟踪，因而，买入期权时机的选择至关重要，在日常交易过程中，趋势跟踪型技术指标是买方交易期权的一项重要参考。以均线指标为例，在 60 分钟周期 K 线中运用 MA5 均线与 MA10 均线作为参考建仓，构建投资指标跟踪趋势，获得趋势性收益，见图 6－46。

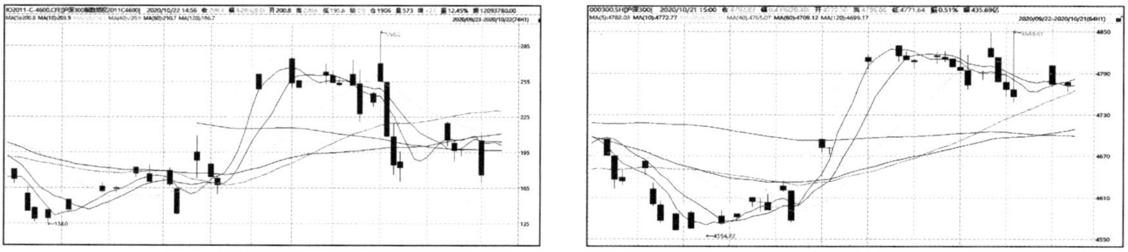

(a) 期权价值变化　　(b) 标的价值变化

图 6－46　买入期权时机的选择

由于期权买方存在时间价值损耗的特性，通过单腿买入期权合约进行交易，需要较强的精确择时能力。在实例行情中，2020 年 9 月 9 日至 21 日沪深 300 指数上涨 57.18 点，涨幅 1.23%，而行权价为 4 700 的 11 月看涨期权却下跌了 15.2 元。

(2) 卖出期权方向策略

相对于期权买入方来说，期权卖方杠杆较小，资金利用率相对较低，投资成本较高，能够容纳相对较大的资金投入。一份沪深 300 近月平值期权合约保证金为 50 000～60 000 元，撬动 48 万元的合约资金，杠杆约为 6～10 倍，见图 6-47。

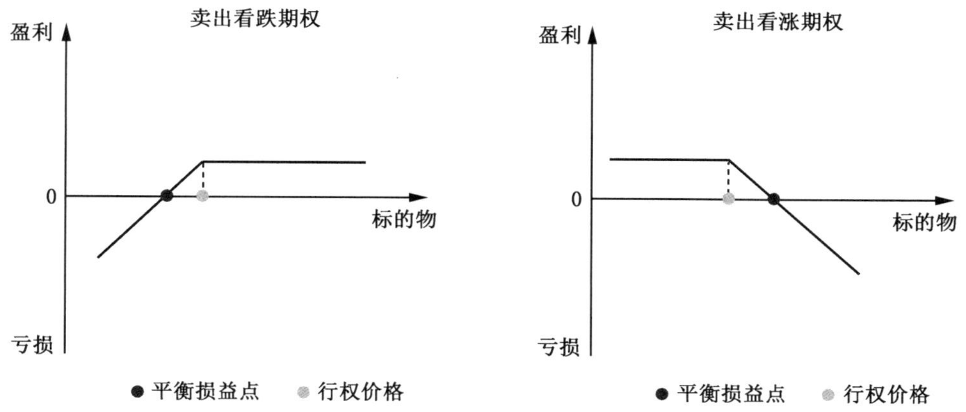

图 6-47 卖出期权方向交易策略

通过卖出期权进行方向性交易，本质上对应的对行情的判断为：未来行情不会涨至或跌至某个价位，这样的判断相对容错率更高。无论行情在到期日前如何波动，只要卖出方保证金充足，在到期日为虚值，最终期权合约价值都会归零，通过卖出虚值期权，能使投资维持较高的胜率。当然，极端行情出现时投资者可能面临较大的回撤，因而需要做好风险防范措施。

通过分析 2020 年 7—11 月的沪深 300 指数走势，我们发现 4 450 点是技术形态中重要的支撑位。在实际交易过程中，在行情临近 4450 并反弹时卖出行权价 4 450 元的看跌期权是在 4 480 元附近做多指数的投资策略之一，见图 6-48。

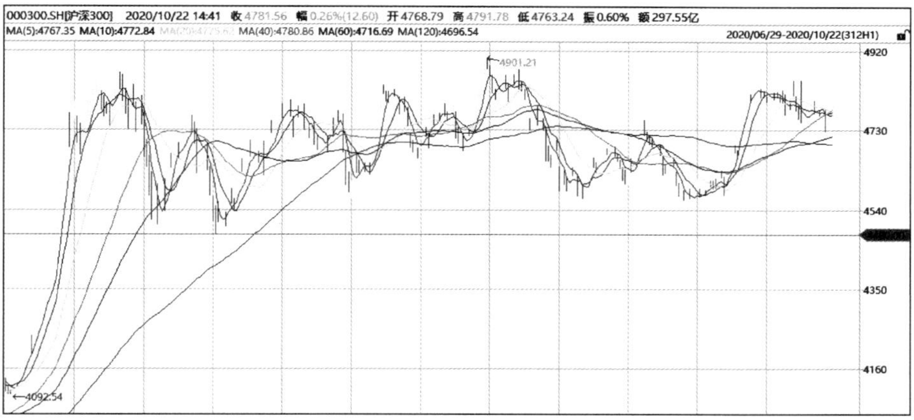

图 6-48 沪深 300 指数行情

2. 保险策略

期权的保险策略是指用沪深 300 股指期权防范系统性风险。例如，2015 年出现千股跌停的现象，一周内沪指下跌 13.32%，深指下跌 13.11%，一年内 A 股市值蒸发 25 万亿。面对如此的股市暴跌，如何用沪深 300 股指期权防范系统性风险？

假设 2015 年 6 月 15 日沪深 300 指数为 5 000 点，某投资者买入某股票 200 万元，用历史

数据计算该股票的 β 系数为 0.75，即期收益率相对于沪深 300 指数的 β 系数为 0.75。用沪深 300 股指期权对冲系统性下跌风险，此时应买入沪深 300 股指期权平值看跌期权（Delta 为 −0.5）0.75 * 200/50/0.5＝6 手，即 12 万元权利金成本。当时的期权信息与期权保护效果见表 6－31 及图 6－49。

表 6－31 期权信息

期权信息	到期剩余时间	标的	现价	执行价	波动率	权利金	保证金
买入看跌期权	30 天	沪深 300 指数	5 000	买入平值看跌	38%	20 000 元	无需

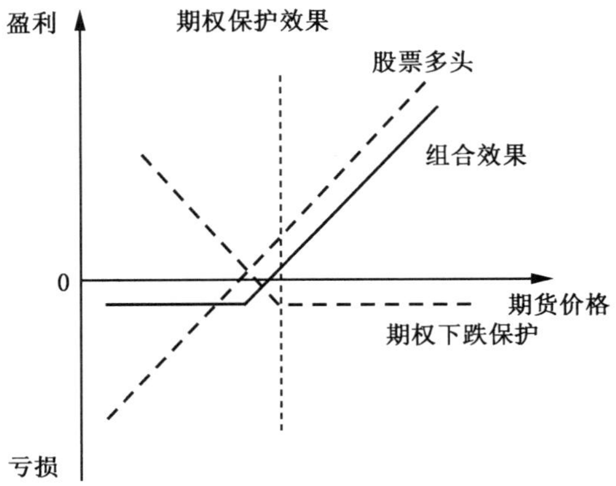

图 6－49 期权保值效果

该策略一个月后到期保值效果为：

一个月后沪深 300 指数下降了 1 500 点，则

期权端的收益为：1 500×100×6＝90（万元）

股票下跌的损失为：200×1 500/5 000×0.75＝45（万元）

组合收益为：90－45－12＝33（万元）

3. 增强收益策略

增强收益策略是指在原有投资的基础上增加投资收益的策略，主要有备兑开仓策略和卖出看跌期权策略两类

（1）备兑开仓策略

拥有标的资产，然后卖出虚值看涨期权。

适用环境：市场不温不火，震荡中偏上行；持有 ETF，希望降低持仓成本。

建仓头寸：持有 ETF 同时卖出虚值看涨期权。这样，虚值看涨期权变为实值看涨期权的概率小，被执行的概率也小，投资者可以得期权费，进而增加收入。

跟踪方式：定期检查虚值额变化，适时调仓，为避免行权，到期日前提前移仓至下月。

策略效果：如果没有涨超，则收入权利金，增加额外收益；如果标的资产大幅涨超，则相当于止盈。效果如图 6－50 所示。该策略的优点是：风险较小，备兑卖出期权无需保证金。

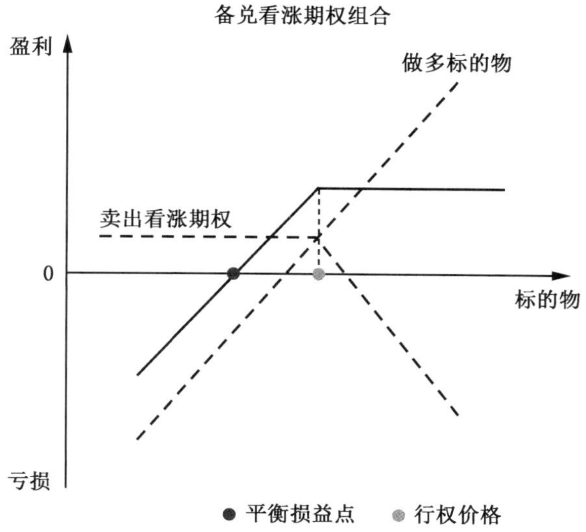

图 6-50　备兑开仓策略效果图

(2)卖出看跌期权策略

拥有标的资产,当标的资产价格持续上涨时卖出虚值看跌期权增加收益。

适用环境:市场行情有上涨期望且下跌空间有限,持有标的资产,希望增加收益。

建仓头寸:持有 ETF 同时卖出虚值看跌期权。这样,市场行情有上涨,虚值看跌期权变为实值看涨期权的概率小,被执行的概率也小,投资者可以得期权费,进而增加收入。

策略效果:不跌破执行价,收入权利金;跌破行权价,两端同时亏损,可选择被行权,高价买入证券,继续长期持有等待上涨。缺点为:风险较大,对资金力量要求更高,需要保证金,有追保压力。效果如图 6-51 所示。

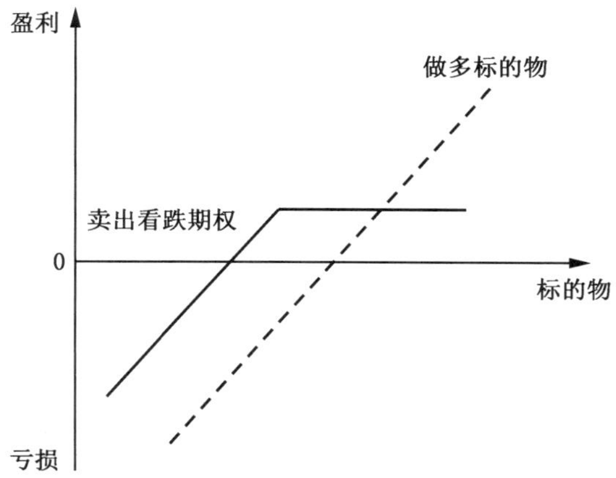

图 6-51　卖出看跌期权策略效果图

例如,1993 年可口可乐股价过高透支业绩增长幅度,巴菲特长期看好但担心回撤,重仓股票情况下卖出 500 万份认沽期权,股价震荡两年但获得 750 万美元期权费收入。2004—2008 年巴菲特卖出了巨量的看跌期权,主要集中在四个股票指数,收到 42 亿美金的权利金,期权到期时间分布在 10 年之间。

4. 交易波动率策略

交易波动率策略是根据波动率变化特征进行交易的策略。采用的是方向＋波动率策略，该策略的优点是：不用准确判断方向，在波动时也能赚钱.

波动率的性质是：从长期看，波动率具有均值回归的性质。对于一个品种来说，通常可以认为波动率有一项长期的均衡值，每日的波动率围绕均衡值上下波动。从短期看，波动率具有聚集的性质，通常来说，高的波动率伴随着高波动率，低的波动率伴随着低波动率。

根据波动率均值回归的特性，通过历史波动率锥，识别实际波动率的运行范围，判断目前标的波动率的高低及运动方向，进而制定相应的期权交易策略，如图 6－52 所示。

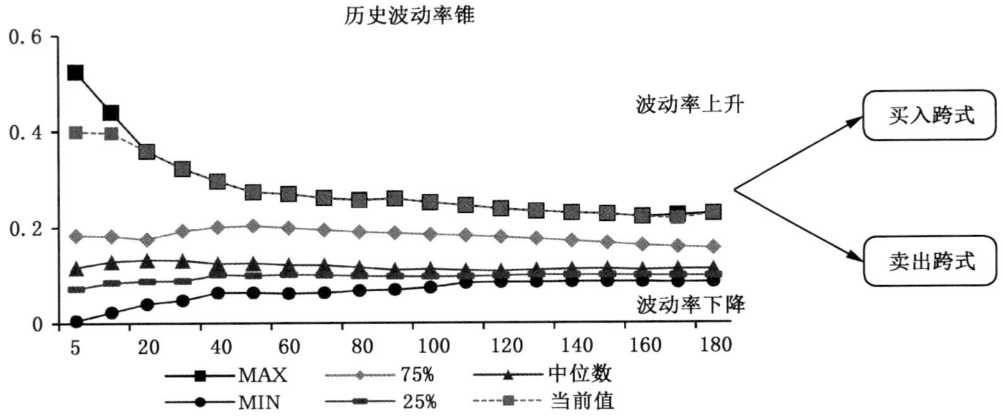

图 6－52　交易波动率期权策略制定

期权波动率交易的技巧是：波动率交易的核心是消除方向性风险。希望收益与价格波动的方向基本无关，而只与波动的幅度相关。由于不能准确预测未来波动率的方向，因而在交易中通过 Delta 中性持仓（Delta＝0），来动态对冲风险。

买入跨式组合策略：买入平值看涨＋买入平值看跌（＋调整），Delta＝0，Gamma 为正（高），Vega 为正（高），Theta 为负。

该策略的风险：隐含波动率下降风险＋时间价值损耗，如图 6－53 所示。

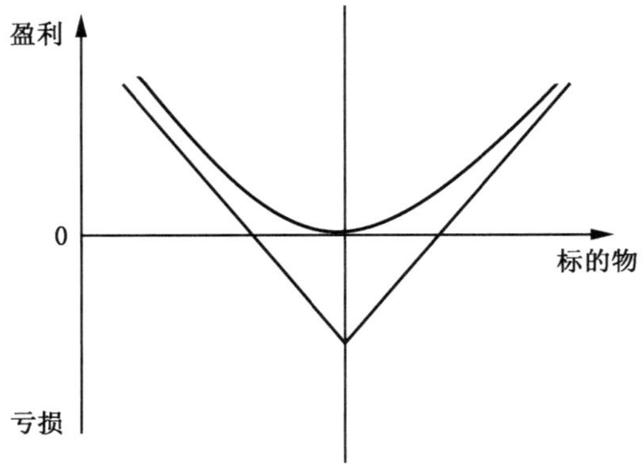

图 6－53　买入跨式组合策略

假设市场价格波动过程为:1 价格上涨,2 拉回原点,3 继续下跌,4 再次回归,见图 6-54。

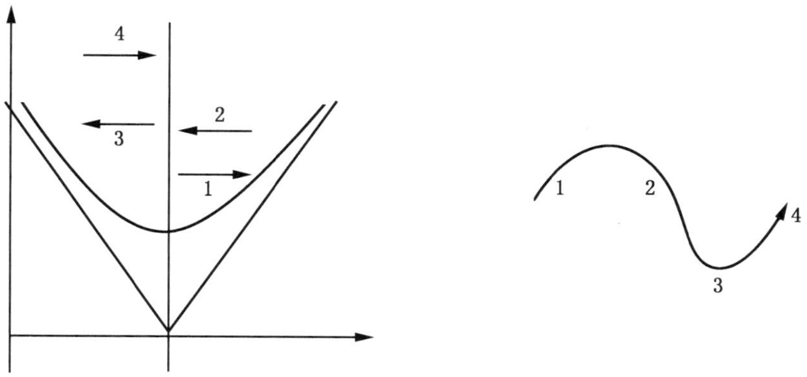

图 6-54 买入跨式组合策略调整方法

调整方法是:

过程 1:call 赚的钱>put 亏的钱,调整 Delta:平仓部分 call(止盈);买更多 put 或卖出标的物(低买)

过程 2:重新平衡 Delta:低价买回 call;购买的 put 或者卖出的现货已经盈利

过程 3:保持增仓或减仓……

5. 期权套利策略

期权套利策略常用在期货与现货的基差较大时,应用期权市场合成现货资产,然后与期货进行套利,即期现基差套利。

例如,沪深 300 指数期现基差情况如图 6-55 所示,可以用期权市场合成现货资产,与期货进行套利。

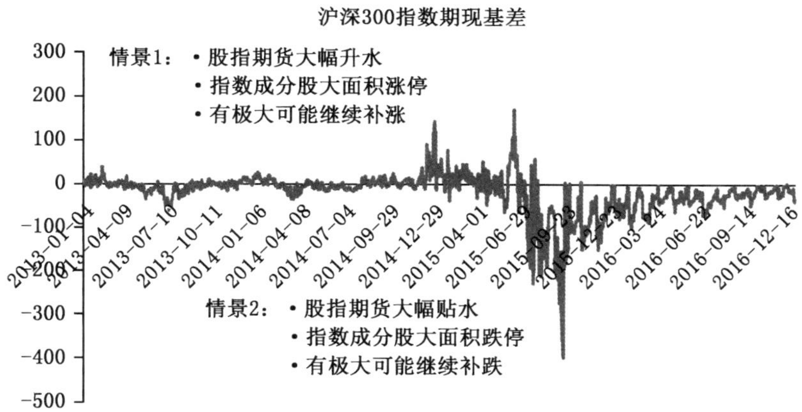

图 6-55 沪深 300 指数期现基差情况

情景 1:股指期货大幅升水,可以做多 ETF,做空期货套利。对于 ETF 多头,可以用期权合成。

情景 2:股指期货大幅贴水,可以做空 ETF,做多期货套利。对于 ETF 空头,可以用期权合成。图 6－56 为期权合成标的空头的示意图。

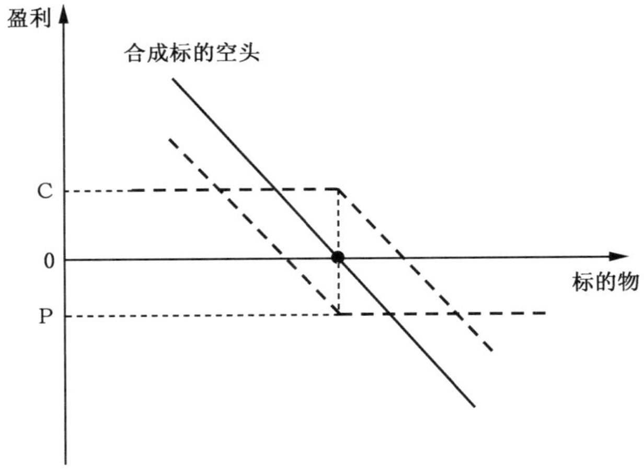

图 6－56　期权合成标的空头示意图

第五节　金融期权交易的风险与防范

金融期权在防范标的资产风险的同时，自身也存在一定的风险。这些风险主要有市场风险、流动性风险、交易风险等。市场风险主要是指由于标的资产价格、标的资产价格波动率、利率等因素变化导致期权投资者收益的损失；期权交易的流动性风险主要与合约成交量和合约种类有关，当选用的期权合约交易量过少导致期权交易者无法在期权合约到期前做反向对冲时就存在流动性风险；交易风险是指期权交易者在交易过程中遇到的风险，主要包括行权交割风险和强行平仓风险。行权交割风险包括行权失败风险和交割违约风险，当期权买方提出行权而期权卖方没有足额的资金或证券时，则期权买方无法行使期权合约赋予的权利。若期权卖方无法在交割日缴纳足额的资金或证券，将被判定为违约，从而面临罚金等处罚措施。如果期权买方在合约到期日忘记行权，则期权价值将在到期后归零，此时买方会损失所有的权利金及可能获得的收益。投资者卖出期权时需缴纳一定的初始保证金。随着标的资产价格的波动，期权卖方可能需要追加维持保证金。当投资者保证金不足又没有及时补足时，会面临被强行平仓的风险。除保证金不足外，备兑开仓时标的证券不足时也可能面临被强行平仓。

无论何种期权交易策略，所面临的风险主要是市场风险，本节主要介绍期权市场风险的度量及防范。

一、期权市场风险的度量

影响期权价格的因素有很多，这些因素包括标的证券价格波动、标的波动率的变化、无风险利率的变化及期权的剩余时间等。当影响期权价格因素发生微小变化时，期权价格的变动程度或是期权价格对其决定因素变动的反应程度对期权投资者管理市场风险而言具有关键意义。这些常称为期权价格的敏感性指标（Greeks），常用的 Greeks 有 Delta（Δ）、Gamma（Γ）、Vega（Λ）和 Theta（θ）、Rho（ρ）。其具体含义及计算公式如表 6－32 所示。

表 6－32 期权希腊字母的含义与计算

	风险因素	数学含义
Delta	标的资产价格(S)变化引起期权价格变化	期权价格变化/标的资产价格变化
Gamma	标的资产价格(S)变化引起 Delta 值的变化	Delta 变化/标的资产价格变化
Theta	期权的时间价值随时间流逝(t)损耗的速度	期权价格变化/期权到期时间变化
Vega	标的波动率(σ)变化引起期权价格变化	期权价格变化/标的资产波动率变化
Rho	无风险利率(r)变化引起期权价格变化	期权价格变化/利率变化

(一)Delta(Δ)

1. Delta 的含义

Delta 是期权价格最为重要的敏感性指标，它表示期权的标的物价格的变动对期权价格的影响程度。换句话说，Delta 衡量的是期权对标的物价格变动所面临风险程度的指标。例如，一个期权的 Delta 是 0.5，说明标的物价格上升 1 美元，该期权费上升 0.5 美元。

考虑一个股票看涨期权的情况。图 6－57 为看涨期权价格与股票价格之间的关系曲线，股票价格对应于 A 点，期权价格对应于 B 点，该看涨期权的 Delta 为图中所示直线的斜率。

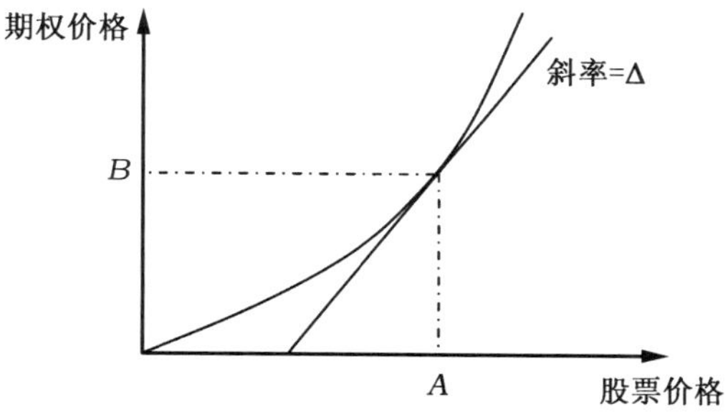

图 6－57 Delta 的基本含义

一般地：

$$\Delta=\frac{\partial C}{\partial S} \tag{6-56}$$

近似为：

$$\Delta=\frac{\Delta C}{\Delta S}$$

其中，ΔS 为股票价格的微小变化，ΔC 为相应的看涨期权价格的变化。

一般来说，平价看涨期权的 Delta 为 0.5，平价看跌期权的 Delta 为－0.5，实值期权 Delta 的绝对值大于 0.5 小于 1，虚值期权 Delta 的绝对值将小于 0.5 而大于 0。在极端情况下，当期权处于极度实值时，其 Delta 的绝对值将趋近于 1；处于极度虚值时，其 Delta 的绝对值将趋近于 0；这是因为当期权的虚值程度很深时，相关标的物的价格变动对期权费的影响很小，或者说，市场参与者受相关标的物市场的影响不大；当期权处于深度实值时，相关标的物的价格的任何变动将导致期权费差不多同等幅度的变动，这将导致所面临的风险与持有相同额度的相关标的物一模一样。

需要指出的是，任何期权的 Delta 都不可能是固定不变的。一方面，它随着标的物的价格变动而变动；另一方面，它又随着期权期间的变化而变化。在金融期权交易中，这一点是值得重视的。

2. Delta 的计算

(1)无收益资产欧式看涨和看跌期权的 Delta 值

根据 Delta 的含义，对于无收益资产的欧式看涨期权，应用布莱克—斯科尔斯期权模型的定价公式(6-47)，Delta 值为：

$$\Delta=\frac{\partial C}{\partial S}=N(d_1) \tag{6-57}$$

同样，对于无收益资产的欧式看跌期权，Delta 值为：

$$\Delta=N(d_1)-1$$

由此可见，无收益资产欧式看涨期权的 Delta：$0<\Delta<1$；无收益资产欧式看跌期权的 Delta：$-1<\Delta<0$。

一般无风险利率水平越高，无收益资产看涨期权和欧式看跌期权的 Delta 也越高。

股票看涨期权和看跌期权的 Delta 值与股票价格之间的变化关系曲线如图 6-58 所示。图 6-59 为实值期权、平值期权与虚值期权三种情况下 Delta 值与到期时间之间关系的曲线。

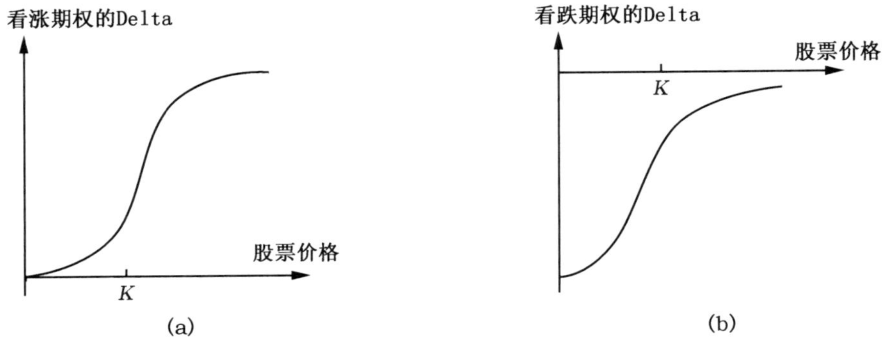

图 6-58　不支付红利股票的看涨期权(a)和看跌期权(b)的 Delta 值与股票价格之间的变化关系

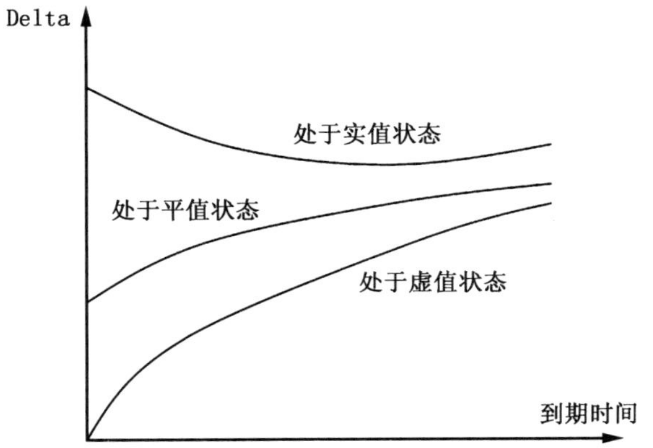

图 6-59　看涨期权 Delta 与到期时间之间的变化关系

(2)其他欧式期权 Delta 值的计算公式

对有红利率为 q 的有收益资产欧式看涨和看跌期权 Delta 的计算公式分别为：

看涨期权：$\Delta=e^{-q(T-t)}N(d_1)$

看跌期权：$\Delta=e^{-q(T-t)}[N(d_1)-1]$

对欧式货币看涨期权和看跌期权 Delta 的计算公式分别为：

货币看涨期权：$\Delta=e^{-r_f(T-t)}N(d_1)$

货币看跌期权：$\Delta=e^{-r_f(T-t)}[N(d_1)-1]$

其中，r_f 是外汇无风险利率。

对欧式期货看涨和看跌期权 Delta 的计算公式分别为：

欧式期货看涨期权：$\Delta=e^{-r(T-t)}N(d_1)$

欧式期货看跌期权：$\Delta=e^{-r(T-t)}[N(d_1)-1]$

对于 $\Delta>0$ 的期权，期权价格与标的物价格同向变动；

对于 $\Delta<0$ 的期权，期权价格与标的物价格反向变动；

由于 $-1<\Delta<1$，因此，期权价格变动小于标的物价格变动。

(3)其他资产的 Delta 值

标的资产本身的 Delta 值为 1，因为 $\Delta=\dfrac{\partial S}{\partial S}=1$。

债券的 Delta 值为 0，这里假设债券价格与股票价格无关。

股票远期合约的 Delta 值为：

无收益资产与支付已知现金收益资产的 Delta 值为 1。根据这两种情况下远期合约价值的计算公式为：$f=S-Ke^{-r(T-t)}$、$f=S-I-Ke^{-r(T-t)}$，其 Delta 值为：

$$\Delta=\frac{\partial f}{\partial S}=1$$

对于支付已知收益率的资产，因为 $f=Se^{-q(T-t)}-Ke^{-r(T-t)}$，其股票远期合约的 Delta 值为：

$$\Delta=\frac{\partial f}{\partial S}=e^{-q(T-t)}$$

各种期货的 Delta 值分别为：

对于无收益资产与支付已知现金收益资产的期货，其 Delta 值为：

$$\Delta=\frac{\partial F}{\partial S}=e^{r(T-t)}$$

因为 $F=Se^{r(T-t)}$，$F=(S-I)e^{r(T-t)}$，所以按 Delta 值公式可直接求得。

对于支付已知收益率的资产，因为 $F=Se^{(r-q)(T-t)}$，其 Delta 值为：

$$\Delta=\frac{\partial F}{\partial S}=e^{(r-q)(T-t)}$$

3. 有价证券组合的 Delta 值

当持有某种标的资产的期权以及该标的资产的其他衍生证券的组合时，组合的 Delta 值就是组合内每种衍生证券 Delta 值的加权总和。若一个有价证券组合Ⅱ，它的第 $i(1\leqslant i\leqslant n)$ 种衍生证券为 f_i，投资在衍生证券 i 的比例为 ω_i，则有价证券组合Ⅱ的 Delta 值为：

$$\Delta_{\Pi}=\frac{\partial\Pi}{\partial S}=\sum_{i=1}^{n}\omega_i\frac{\partial f_i}{\partial S}=\sum_{i=1}^{n}\omega_i\Delta_i \tag{6-58}$$

其中，$\Pi=\sum_{i=1}^{n}\omega_i f_i$。

这里，Δ_i 是第 i 种衍生证券的 Delta 值。也就是说，证券组合的 Delta 值等于构成证券组合的各证券 Delta 值的加权之和。如果一个有价证券组合的 Delta 值为 0，称该证券组合为 Delta 中性组合。一个具有 Delta 中性的组合对标的资产价格的变化没有敏感性。也就是说，当标的资产的价格变化时，证券组合的价值不受影响。

（二）Gamma(Γ)

1. Gamma 的含义

Gamma(Γ)是一个与 Delta 联系密切的敏感性指标，表示当期权标的物价格发生很小变动时期权 Delta 变化的程度，是用于描述期权的凸度。例如，一个期权的 Gamma 是 0.1 时，说明标的物价格上升 1 美元，期权的 Delta 上升 0.1。Gamma 的一般计算公式为：

$$\Gamma=\frac{\partial\Delta}{\partial S}=\frac{\partial^2 C}{\partial S^2} \tag{6-59}$$

由于 Gamma 反映的是标的物价格变动对 Delta 的影响程度，所以 Gamma 的变动与 Delta 的变动相呼应。无论是看涨期权还是看跌期权，其 Delta 都与标的物价格呈同方向的变化，因此在任何条件下任何期权的 Gamma 都是正的。一般来说，当期权处于极度实值或极度虚值时，Delta 的绝对值将趋近于 1 或 0，此时 Gamma 将趋近于 0。这说明，当标的物价格远离协定价格时，它的变动几乎对 Delta 没有任何影响；而在期权处于平价时，其 Gamma 将出现极大值，说明当标的物价格等于或接近于协定价格时，它的变动对 Delta 的影响最大。

Gamma 随 S 变化的曲线如图 6－60 所示。在实值期权、虚值期权和平值期权这三种不同价值状态的期权情况下，Gamma 值随到期时间的变化如图 6－61 所示。对于一个平值期权，越接近到期日，Gamma 越大。期限很短的平值期权的 Gamma 值可能非常大，这意味着持有期权头寸的价值对于股票价格的跳跃极其敏感。

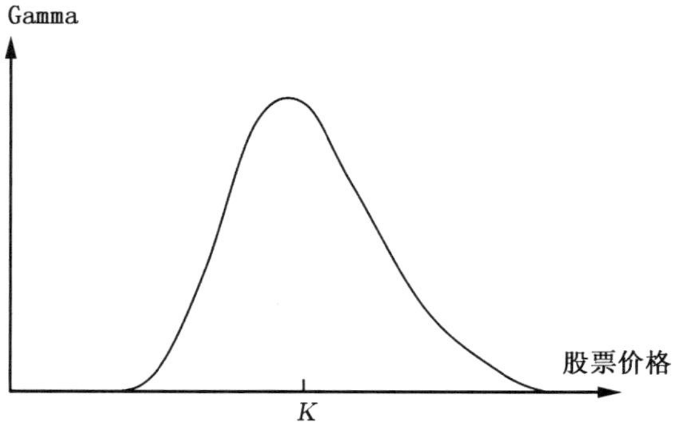

图 6－60　某只股票期权 Gamma 与股票价格之间的关系

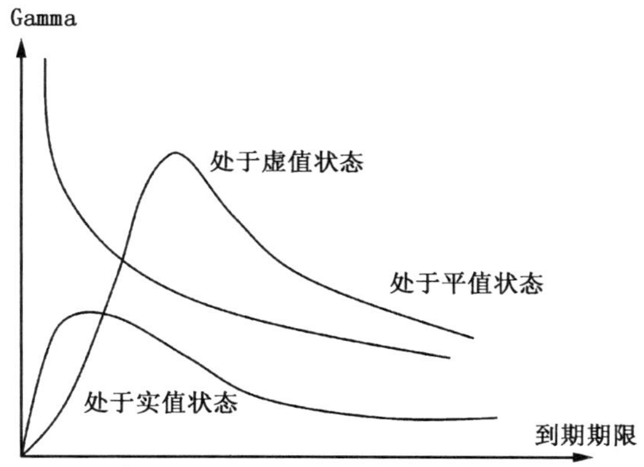

图 6-61 某只股票期权 Gamma 与到期期限之间的关系

2. Gamma 的计算

与 Delta 的计算类似，根据 Gamma 的含义，用式(6-59)和相关期权计算公式可计算各种不同情况下的 Gamma 值。

(1)无收益资产的欧式看涨期权或看跌期权的 Gamma 值

$$\Gamma=\frac{\partial\Delta}{\partial S}=\frac{\partial^2 C}{\partial S^2}=\frac{N'(d_1)}{S\sigma\sqrt{T-t}}$$

其中，$N'(d_1)$为标准正态分布的密度($N'(x)=\frac{1}{\sqrt{2\pi}}e^{-x^2/2}$)，以下相同。

(2)有红利收益资产的欧式看涨期权或看跌期权的 Gamma 值

$$\Gamma=\frac{\partial\Delta}{\partial S}=\frac{\partial^2 C}{\partial S^2}=\frac{N'(d_1)e^{-q(T-t)}}{S\sigma\sqrt{T-t}}$$

(3)欧式期货看涨和看跌期权的 Gamma 值

$$\Gamma=\frac{\partial\Delta}{\partial S}=\frac{\partial^2 C}{\partial S^2}=\frac{N'(d_1)e^{-r(T-t)}}{S\sigma\sqrt{T-t}}$$

(4)其他资产的 Gamma 值

根据标的资产、债券、远期合约、各种期货的 Delta，可求得它们的 Gamma 值均为 0。

与前面分析相同，证券组合的 Gamma 值等于构成证券组合的各证券 Gamma 值的加权之和。当一个证券组合的 Gamma 值为 0 时，我们称该组合为 Gamma 中性组合。一个具有 Gamma 中性的组合，其 Delta 值对标的资产的价格变化没有敏感性。也就是说，当标的资产的价格变动时，证券组合的 Delta 值不变。

(三)Vega(Λ)

1. Vega 的含义

我们前面的讨论都隐含一个前提，即衍生证券的标的资产价格波动率为常数。实际上，标的资产的价格波动率随时间的变化而变化，它意味着衍生证券价值有可能随波动率的变化而变化。期权的 Vega 反映的是标的物价格的波动性对期权价格的影响程度，即标的资产价格波动性的微小变化导致期权价格的变化。例如，一个期权 Vega 是 2，说明当标的资产的价格波动性增加 1%时，期权的价格增加 2 美分。

一般来说，一个期权的 Vega 可由下式计算：

$$\Lambda=\frac{\partial C}{\partial \sigma} \tag{6-60}$$

2. Vega 的计算

根据 Vega 的含义，用式(6－60)和相关期权计算公式可计算各种不同情况下的 Vega 值。

(1)无收益资产欧式看涨和看跌期权的 Vega 值

$$\Lambda=\frac{\partial C}{\partial \sigma}=S\sqrt{T-t}N'(d_1)$$

(2)有红利收益资产欧式看涨和看跌期权的 Vega 值

$$\Lambda=\frac{\partial C}{\partial \sigma}=S\sqrt{T-t}N'(d_1)e^{-q(T-t)}$$

(3)欧式期货看涨和看跌期权的 Vega 值

$$\Lambda=\frac{\partial C}{\partial \sigma}=S\sqrt{T-t}N'(d_1)e^{-r(T-t)}$$

(4)其他资产的 Vega 值

根据标的资产、债券、远期合约、各种期货的计算公式，其价值均与标准差无关，因此它们的 Gamma 值均为 0。

证券组合的 Vega 值等于构成证券组合的各证券 Vega 值的加权之和。当一个证券组合的 Vega 为 0 时，我们称为 Vega 中性组合。具有 Vega 中性的组合对标的资产的价格波动性没有敏感性。也就是说，当标的资产价格的波动性变化时，证券组合的价值不受影响。

(四)Rho(ρ)

1. Rho 的含义

期权的 Rho(ρ)反映的是利率对期权价格影响程度的敏感性指标，即利率发生微小变化导致期权价格的变化。一般来说，一个期权的 Rho 可由下式计算：

$$\rho=\frac{\partial C}{\partial r} \tag{6-61}$$

2. Rho 的计算

根据 Rho 的含义，用式(6－61)和相关期权计算公式可计算各种不同情况下的 Rho 值。

(1)无收益资产欧式看涨期权的 Rho 值：

$$\rho=\frac{\partial C}{\partial r}=K(T-t)e^{-r(T-t)}N(d_2)$$

(2)无收益资产欧式看跌期权的 Rho 值：

$$\rho=\frac{\partial C}{\partial r}=-K(T-t)e^{-r(T-t)}N(-d_2)$$

这两个公式对于支付连续收益率和期货期权同样适用[对 $N(d_2)$做适当的调整即可]。

(3)对应于国外利率的欧式外汇看涨期权的 Rho 值：

$$\rho=\frac{\partial C}{\partial r}=-S\cdot(T-t)e^{-r_f(T-t)}N(d_1)$$

(4)对应于国外利率的欧式外汇看跌期权的 Rho 值：

$$\rho=\frac{\partial C}{\partial r}=S\cdot(T-t)e^{-r_f(T-t)}[1-N(d_1)]$$

在一般情况下，利率的变动对看涨期权的价格有正的影响，而对看跌期权的价格有负的影响。所以，看涨期权的 Rho 一般为正，看跌期权的 Rho 一般为负。Rho 的大小既取决于标的物价格与协定价格的关系，也取决于权利期间的长短。一般来说，越是实值的期权，其 Rho 的绝对值越大；越是虚值的期权，其 Rho 的绝对值越小。所以，若以绝对值表示，则极度实值的期权有着最大的 Rho，而极度虚值的期权则有着最小的 Rho。至于期权期间对 Rho 的影响也是同方向的。也就是说，权利期间越长，Rho 的绝对值就越大；权利期间越短，Rho 的绝对值就越小。在期权到期日，任何期权的 Rho 将为 0。

由于 Rho 反映期权价格对利率变化的敏感程度，因此，在利率变动比较频繁的条件下，Rho 是一个比较重要的敏感性指标，这在金融期权的套利和投机中尤为明显。

(5)其他资产的 Rho 值

根据标的资产、债券、远期合约、各种期货的计算公式和式(6－61)，可计算其他资产的 Rho 值。

标的资产本身的 Rho 值为 0(认为标的资产与利率无关)。

标的资产远期合约的 Rho 值为：

$$\rho=\frac{\partial f}{\partial r}=(T-t)Ke^{-r(T-t)}$$

各种期货的 Rho 值为：

$$\rho=\frac{\partial F}{\partial r}=(T-t)F$$

与前面分析相同，证券组合的 Rho 值等于构成证券组合的各证券 Rho 值的加权之和。当一个证券组合的 Rho 为 0 时，我们称该组合为 Rho 中性组合。具有 Rho 中性的组合对利率没有敏感性。也就是说，当市场利率波动时，证券组合的价值不受影响。

(五)Theta(θ)

1. Theta 的含义

期权的 Theta(θ)是反映期权剩余期限对期权价格影响程度的敏感性指标，即期限发生微小变化导致期权价格的变化，有时 θ 也被称为有价证券组合的时间损耗。

期权 Theta 计算的一般公式为：

$$\theta=\frac{\partial C}{\partial t} \tag{6-62}$$

单个期权的 Theta 几乎总为负，因为越来越临近到期日时，期权的时间价值就变得越来越小。图 6－62 显示的是一种股票看涨期权的 Theta 值随股票价格变化的曲线。当股票价格很低时，Theta 近似为 0。对于一个平值看涨期权，Theta 相当大并且为负值。股票价格升高时，Theta 趋近于$-rKe^{-r(T-t)}$。图 6－63 给出了期权处于实值期权、平值期权和虚值期权三种状态下 Theta 值随到期期限的变化而变化的典型状况。

2. Theta 的计算

根据 Theta 的含义，用式(6－62)和相关期权计算公式可计算各种不同情况下的 Theta 值。

(1)无收益资产欧式看涨期权

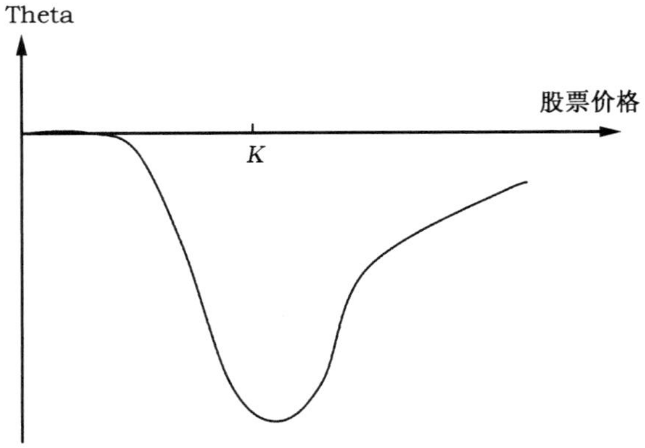

图 6－62 欧式看涨期权的 Theta 与股票价格之间的变化关系

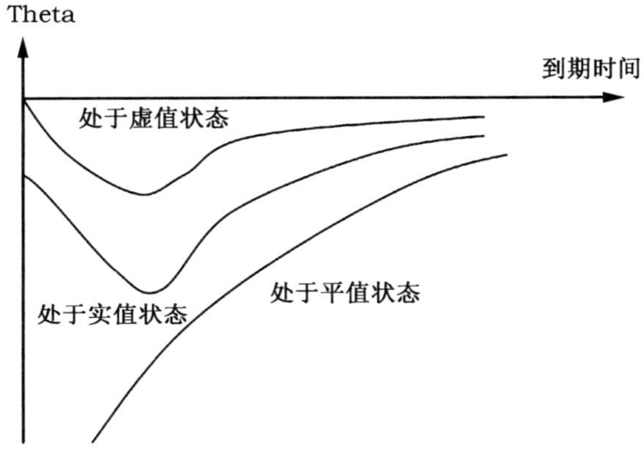

图 6－63 欧式看涨期权的 Theta 与到期时间之间的变化关系

$$\theta=-\frac{SN'(d_1)\sigma}{2\sqrt{T-t}}-rKe^{-r(T-t)}N(d_2)$$

(2)无收益资产欧式看跌期权

$$\theta=-\frac{SN'(d_1)\sigma}{2\sqrt{T-t}}+rKe^{-r(T-t)}N(-d_2)$$

(3)有红利收益资产的欧式看涨期权

$$\theta=-\frac{SN'(d_1)\sigma e^{-q(T-t)}}{2\sqrt{T-t}}+qSN(d_1)e^{-q(T-t)}-rKe^{-r(T-t)}N(d_2)$$

(4)有红利收益资产的欧式看跌期权

$$\theta=-\frac{SN'(d_1)\sigma e^{-q(T-t)}}{2\sqrt{T-t}}-qSN(-d_1)e^{-q(T-t)}+rKe^{-r(T-t)}N(-d_2)$$

将(3)、(4)中的 q 用无风险利率 r 替代,可得到欧式期货看涨、看跌期权的 Theta 值。

(5)其他资产的 Theta 值

根据标的资产、债券、远期合约、各种期货的计算公式和式(6－62),可计算其他资产的 Theta 值。

标的资产本身的 Theta 值为 0(认为标的资产与时间无关)。

标的资产为无收益资产与支付已知现金收益资产时远期合约的 Theta 值为:

$$\theta=\frac{\partial f}{\partial t}=-rKe^{-r(T-t)}$$

标的资产为支付已知收益率资产时远期合约的 Theta 值为:

$$\theta=\frac{\partial f}{\partial t}=qSe^{-q(T-t)}-rKe^{-r(T-t)}$$

标的资产为无收益资产与支付已知现金收益资产时期货的 Theta 值为:

$$\theta=\frac{\partial F}{\partial t}=-rF$$

标的资产为支付已知收益率时期货的 Theta 值为:

$$\theta=\frac{\partial F}{\partial t}=-(r-q)F$$

与前面分析相同,证券组合的 Theta 值等于构成证券组合的各证券 Theta 值的加权之和。当一个证券组合的 Theta 为 0 时,我们称该组合为 Theta 中性组合。

二、市场风险管理

期权投资者在制订投资策略时,有可能出现对标的资产价格变化趋势预判失误或市场突发偶然情况使原策略失效,从而给投资者造成巨额损失。在制定期权策略后,需要检验该策略是否面临极端情况下的巨额损失,并针对这些极端情况提前采取防范措施,以免造成巨额亏损。

(一)方向性策略的市场风险管理

在方向性策略中,买入看涨/看跌期权、牛市看涨/看跌期权价差以及熊市看涨/看跌期权价差策略面临的市场风险是价格向不利方向变化时,期权处于虚值或平值而无法执行,此时的最大损失是所支付的净权利金大小。若选择这些期权投资策略,投资者防范市场风险的方法是控制买入期权或期权组合的数量,避免因标的价格低于/超出预期而造成大额权利金亏损。

当标的物价格持续下跌时,卖出看跌期权策略的损失将持续扩大(直至标的物价格降为0),因此对于这类投资策略,可以考虑等比例买入同一到期日的更低行权价的看跌期权,构建牛市看跌期权价差策略,将下行风险限定在一定水平,避免巨额亏损,如图 6-64 所示。

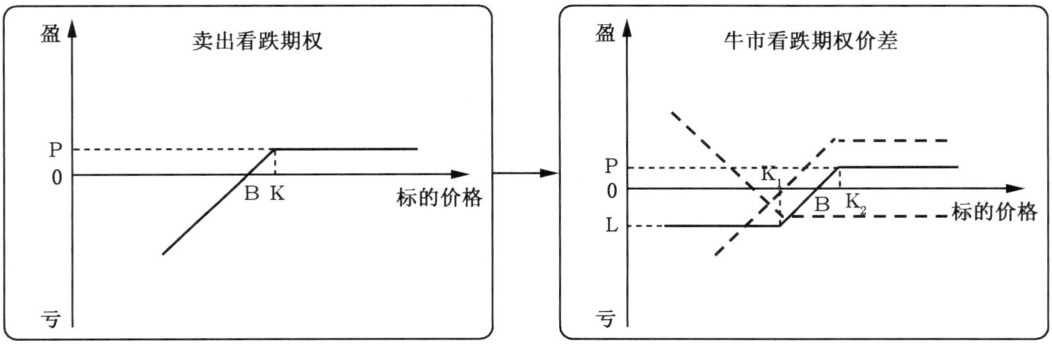

图 6-64 构建牛市看跌期权价差限定下行风险

类似地，当标的物价格持续上涨时，卖出看涨期权策略的损失将持续扩大，且损失无上限。此时可以考虑等比例买入同一到期日的更高行权价的看涨期权，通过构建熊市看涨期权价差策略，将下行风险限定在一定水平，避免巨额亏损，如图 6－65 所示。

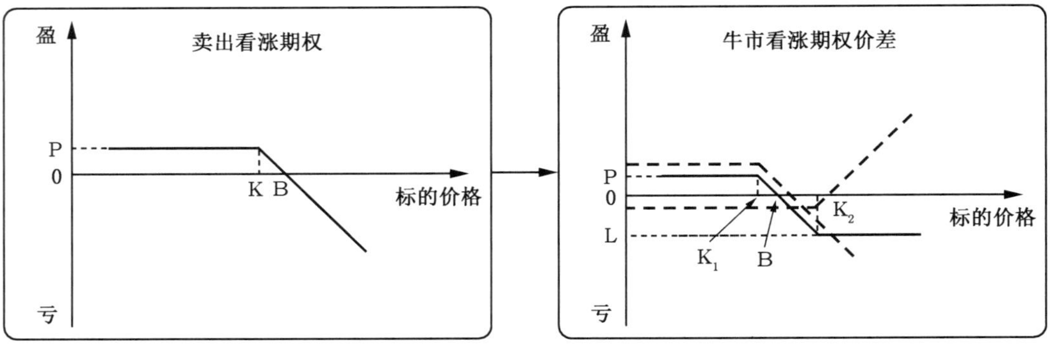

图 6－65　构建熊市看涨期权价差限定下行风险

（二）波动率策略的市场风险管理

在波动率策略中，买入跨式/宽跨式期权策略均面临有限的下行风险，因此在投资这两种策略时，投资者需注意控制期权数量，防范价格波动较小时造成大额权利金损失。

在卖出跨式/宽跨式期权策略中，若价格波动程度太大，投资者将面临无限的下行风险。此时可以买入宽跨式期权组成买入铁蝶式期权策略，将下行风险限定在一定水平，避免巨额亏损。其中买入宽跨式期权中的看涨期权的行权价应高于原期权组合中的期权行权价，而看跌期权的行权价应低于原期权组合中的期权行权价，如图 6－66 所示。

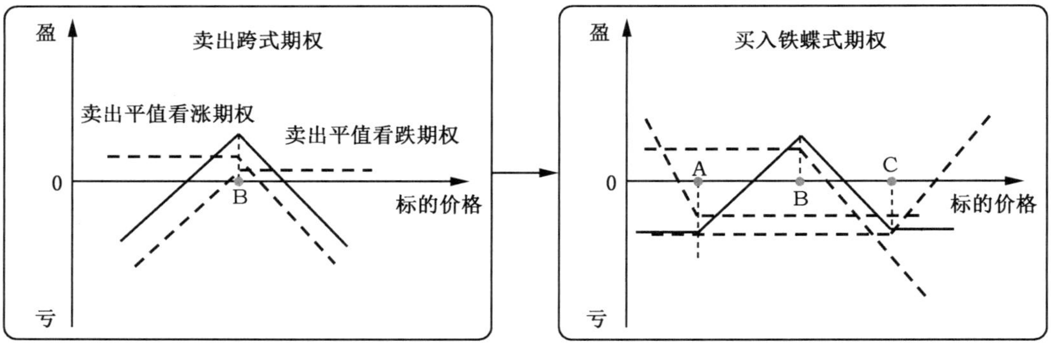

图 6－66　构建买入铁蝶式期权策略限定下行风险

（三）对冲策略的市场风险管理

在对冲策略中，保护性看涨和保护性看跌期权组合均有有限的下行风险，因此投资者需要控制期权数量即可。备兑看涨期权和备兑看跌期权组合则面临无限损失，因此可以采取一定的措施将无限的下行风险转化为有限的下行风险。

备兑看涨期权策略在收益特点方面等同于卖出看跌期权策略，可以参照卖出看跌期权策略的市场风险管理方式，通过构建牛市看跌期权价差策略，将下行风险限定在一定水平，避免巨额亏损。

类似地，备兑看跌期权策略在收益方面等同于卖出看涨期权策略，可以参照卖出看涨期权策略的市场风险管理方式，通过构建熊市看涨期权价差策略，将下行风险限定在一定水平，避免巨额亏损。

(四)利用希腊字母进行市场风险管理

除以上市场风险管理方法外，在实际期权交易中，还可以利用希腊字母进行市场风险对冲管理。利用希腊字母进行市场风险管理的方法很多，有 Delta、Gamma、Delta-Gamma、Vega、Delta— Vega 套期保值等多种，这里仅介绍 Delta、Delta-Gamma 套期保值方法。

对于标的资产价格 S 的一个微小变化，组合价值基本上为常数的基本条件为：

$$\delta V \approx \Delta_{portfolio} \delta S = 0$$

其中，δV，$\Delta_{portfolio}$，δS 分别为组合价值的微小变化、组合的 Delta 值和标的资产价格的微小变化。可见，当 $\Delta_{portfolio}=0$ 时，组合价值基本不变，达到了套期保值的目的。

按照对冲过程中是否进行股票调仓划分，Delta 中性对冲可以分为静态 Delta 中性和动态 Delta 中性。静态 Delta 中性对冲是指仅在期权开仓时买入标的股票实现 Delta 中性的操作，并且直到平仓前不再对股票持仓进行调整。动态 Delta 中性对冲是指从开仓到平仓的过程中定期对股票持仓进行调整，从而使组合的 Delta 定期保持在 0 附近操作。下面以“50ETF 购 12 月 2500”期权合约为例说明如何进行 Delta 动态对冲。

[例 6 - 16]　(期权的静态 Delta 中性对冲)某投资者卖出某股票的一份看涨期权，假设股票当前价格为 50 美元，该股票期权的执行价格为 50 美元，剩余期限为 10 周；再假设股票的年波动率为 0.5，无风险年利率为 0.03(连续复利)。问：投资者应当购买多少份股票可实现该期权的 Delta 套期保值？

解　根据题中的条件，有：

$S=K=50, T-t=10/52=0.192, \sigma=0.5, r=0.03$

应用 B-S 公式，得期权的 Delta 值为：

$\Delta_C=0.554$

设投资者购买 n_S 份股票，这样投资者构造的证券组合价值为：

$V=n_S S-C$

因为股票的 Delta 是 1，对于 Delta 套期保值，我们选 n_S，使得：

$n_S \times 1-0.554=0$

这样投资者应当购买 0.554 份股票，可实现该期权的 Delta 套期保值。

那么套期保值的效果如何呢？

我们先看股票价格的微小变化：

当 S 从 50 美元上涨到 51 美元，根据 B-S 公式，看涨期权空头的价值减少为：0.572 美元(\$5.064－\$4.492)，股票的价值则上升了 0.554 美元，总的损失为：\$0.572－\$0.554＝0.018(美元)，仅是股票价格变化的 1.8%，Delta 套期保值的效果很好。

我们再看股票价格的较大变化：

当 S 从 50 美元上涨到 60 美元，根据 B-S 公式，看涨期权空头的价值减少为 7.09 美元(\$11.577－\$4.492)，股票的价值则上升了 0.554 美元，总的损失为：\$7.09－5.54＝1.55

（美元），是股票价格变化的 15.5%，Delta 套期保值的效果较差。

这就是说，Delta 套期保值只有在标的资产价格变化较小时效果才好，资产价格变化较大时 Delta 套期保值的效果不好。另外，投资者只能在一个相当短暂的时间内保持 Delta 套期保值，因为随着股票价格的变化及时间的流逝，Delta 值也在不断变化，实际上进行套期保值操作后，需要定期调整保值头寸。

[例 6－17] （"50ETF 购 12 月 2500"期权的动态 Delta 对冲）假如某投资者在 2022 年 5 月 24 日卖出一张执行价格为 2.5 元、2022 年 12 月 28 日到期的上证 50ETF 认购期权，权利金为 0.323 5 元，合约单位为 10 000。对该期权进行为期一周（5 个交易日）的动态 Delta 中性对冲，调仓时间为每个交易日收盘前 5 分钟，且仅通过买入 50ETF 进行对冲。由于该认购期权的 Delta 为 0.772 0，因此需要以每份 2.72 元的价格买入 7 720 份 ETF，则动态 Delta 对冲的盈亏情况如表 6－33 所示。

表 6－33　Delta 对冲盈亏情况

日期	50ETF 收盘价	50ETF 期权收盘价	50ETF 期权 Delta	期权头寸	ETF 头寸变动	期权仓位资金变动	ETF 仓位资金变动（元）	总资金变动（元）
5.24	2.720	0.323 5	0.772	卖出 1 张	买入7 720 份	3 235	－20 998.40	－17 763.40
5.25	2.725	0.322 7	0.785		买入 130 份	—	－354.25	－18 117.70
5.26	2.744	0.322 5	0.782		卖出 30 份	—	81.75	－18 035.90
5.27	2.758	0.337 7	0.795		买入 130 份	—	－356.72	－18 392.60
5.30	2.792	0.339 0	0.820		买入 250 份	—	－689.50	－19 082.10
5.31	2.585	0.371 0	0.837	买入平仓	卖出8 200 份	－3 710	22 894.40	102.28

由表 6－33 可知，假如不对期权进行动态对冲，则期权买入平仓后将亏损 475 元（不考虑交易费用）；如果进行对冲，反而盈利 102.28 元，因此进行 Delta 对冲将降低亏损程度，甚至能扭亏为盈。

期权投资者在参与交易尤其是期权卖方在进行卖出开仓时，必须牢记保证金交易的杠杆效应在放大收益的同时也在放大风险。在行情向不利方向变动时，投资者应及时平仓来规避风险。对于期权买方而言，若价格与预期的走势相反，则应判断行权是否比卖出平仓更加有利。如果选择不行权，则期权买方会损失全部的权利金，这种积少成多的风险同样不可忽视，因此期权买方在必要时要果断卖出平仓，及时止损。

只有在标的资产价格变化较小时，Delta 套期保值的效果才好；当资产价格变化较大时，Delta 套期保值的效果不好。投资者只能在一个相当短暂的时间内保持 Delta 套期保值，因为随着股票价格的变化及时间的流逝，Delta 值也在不断变化，投资者需要及时调整股票仓位。频繁调整仓位在实际操作中并不现实，并且带来很大的交易成本。如果调整仓位的时间间隔过长，对冲就会不充分，因此要引入 Gamma 对冲。Gamma 套期保值一般不单独存在，它往往是在 Delta 套期保值的基础上进行的。

[例 6－18] 应用例 6－16 中的数据，某投资者有一个看涨期权的空头，其 $\Delta=0.554$，$\Gamma=0.036\,1$，应用股票和第二个看涨期权（标的物与第一个看涨期权相同，$K=55$，$T=10$ 周），构造一个同时 Delta 中性又 Gamma 中性的组合进行套期保值。

解 根据 B-S 期权定价公式，第二个看涨期权的 $\Delta=0.382$，$\Gamma=0.034\,8$。

假设需要 n_S 份股票，n_2 为第二个看涨期权。这样：

组合的价值为：$V=n_S S+n_2 C_2-C_1$

组合的 Delta 和 Gamma 分别为：

$n_S+0.382n_2-0.554=0$

$0+0.0348n_2-0.0361=0$

解之得：$n_S=0.158$，$n_2=1.037$

也就是说，购买 0.158 份股票和 1.037 第二个看涨期权可以实现对第一个看涨期权的 Delta-Gamma 套期保值。

保值的效果如下：$\Delta V=n_S\Delta S+n_2\Delta C_2-\Delta C_1$

当 S 从 50 美元上涨到 51 美元时，组合价值的变化仅为股票价格变化的 0.1%；

当 S 从 50 美元上涨到 60 美元时，组合价值的变化为 20 美分，大大低于 1.55 美元的水平（仅进行 Delta 套期保值）。

从上例可以看出，Delta 对冲的效果只有在股票价格变化微小时才是好的，在 Delta 对冲的基础上再进行 Gamma 对冲可以改进对冲的效果。

三、流动性风险与交易风险管理

1. 流动性风险管理

对于期权交易流动性风险的管理，期权投资者可以从以下两个方面出发来降低流动性风险：

首先，在交易期权时尽量选择交易活跃的合约（如近期合约），对参与低流动性的期权合约数量要加以控制。

其次，在进行场外交易时，要尽量避免与不能提供相应流动性的对手交易，并设立投资于场外衍生品交易的投资限额。交易品种不能过于集中，应分散交易，充分研究不同品种、不同市场间的相互联系；当市场发生异常变动时要及时平仓。

2. 交易风险管理

与期货的交易风险管理类似，在期权交易过程中，投资者也应该严格进行仓位控制和管理，以控制交易风险。期权有以下三个交易风险：

首先，及时准备好行权交割时所需的资金或证券，以避免行权交割失败的风险；

其次，为了避免被强行平仓，在交易过程中应及时追加保证金并进行仓位控制；

最后，投资者在期权到期日时应及时行权，以避免损失可能的盈利。

本章案例

雪球产品的风险管理

2021 年以来，在利率中枢下行、优质资产稀缺的市场环境中，场外衍生品市场迎来了大发展，高票息的雪球产品成了其中发行最热门的产品，雪球产品也因其较高的投资胜率以及与传统投资标的的低相关性成为资管机构进行资产配置时的一个新选择。但随着 2022 年年初以来 A 股市场的持续下跌，中证 500 指数在 2022 年 4 月 26 日跌破 5300 点，较 2021 年的高点下跌超过 30%，导致众多前一年发行、挂钩中证 500 指数的雪球产品集体敲入，产品到期后面临亏损风险。资管机构在进行雪球投资时，需要建立完善的风险管理机制，以防范雪球产品的投资风险。下面以某信托公司为例介绍雪球产品投资的风险管理机制。

一、雪球产品介绍

投资雪球产品的本质是卖出带有触发条件的奇异看跌期权。雪球产品通常以股票指数或单一股票为挂钩标的，存续期通常为 1 到 2 年。以表 6－34 中的普通雪球产品为例，挂钩标的为最常见的中证 500 指数，敲入敲出价格分别为标的初始价格的 80％和 100％，产品最终收益分三种情况：一是发生敲出事件，产品提前结束，投资者可按敲出票息和相应期限获得收益；二是未触发敲出和敲入事件，投资者在到期日可按红利票息获得收益；三是发生敲入事件，则卖出的看跌期权生效，投资者可能亏损，亏损额为到期日标的收盘价与初始价之差。

表 6－34　某公司挂钩单一标的的普通雪球产品要素

<table>
<tr><td colspan="3">挂钩单一标的的普通雪球结构</td></tr>
<tr><td>挂钩标的</td><td colspan="2">中证 500 指数(000905.SH)</td></tr>
<tr><td>期限</td><td colspan="2">2 年，每月观察敲出</td></tr>
<tr><td>敲出事件</td><td colspan="2">存在某一敲出观察日，挂钩标的收盘价大于或者等于期初价格×100％；否则称为未敲出</td></tr>
<tr><td>敲入事件
(每日观察)</td><td colspan="2">产品存续期间只要有某一交易日挂钩标的收盘价小于期初价格×80％；否则称为未敲入</td></tr>
<tr><td>敲出票息
(同红利票息)</td><td colspan="2">25％(年化)</td></tr>
<tr><td rowspan="3">产品收益</td><td>敲出(自动提前终止)</td><td>敲出收益金额：25％×名义本金×计息天数/365</td></tr>
<tr><td>未敲入未敲出</td><td>红利收益金额：25％×名义本金×计息天数/365</td></tr>
<tr><td>敲入且未敲出</td><td>(期末价格/期初价格－1)×本金(本金亏损)</td></tr>
</table>

可以看出，作为期权的卖方，雪球产品投资者的最大收益为期权费，最大亏损为全部本金。雪球产品的投资逻辑是看跌标的资产的波动率，适用于标的资产处于震荡的行情。如果标的资产出现持续下跌的情形，雪球产品可能出现敲入甚至亏损全部本金的风险。除了上述市场风险外，雪球产品投资中面临的另一个主要风险是信用风险。大部分雪球产品不保障本金和收益，如果作为发行方的证券公司不能按照合同规定进行赎回或兑付，投资者将遭受损失。

二、雪球产品的风险管理

雪球产品本质是奇异看跌期权，是一种另类资产，资管机构投资雪球产品相当于获得了一种与股票和债券这类传统资产相关性较低的资产，从资产配置的逻辑来看，可以提高整体资产组合的夏普比率。某信托公司通过建立覆盖投前环节与投后环节的风险管理机制，有效防范投资雪球产品的市场风险与信用风险。

(一)投前环节

投前环节主要通过交易对手准入、挂钩标的和收益结构准入、择时指标预警和设置投资集中度的方式进行管理，具体措施如下：

1. 交易对手准入

制定雪球产品合作券商的分级准入标准，并对不同级别的准入主体制定对应的规模限额。

2. 挂钩标的和收益结构准入

针对雪球产品的挂钩标的、收益结构，建立统一的准入标准和管理措施，形成公司层面的挂钩标的与收益结构池。投资部门在实际投资前，根据所管理产品的风险偏好选择适当的挂钩标的、收益结构等进行严谨的数据回测并履行部门内部的投资决策程序。

3. 择时指标预警

雪球产品的风险主要与挂钩标的的下行空间有关，可基于 PE 或 EPS 等指标建立择时模型并建立相应的投资决策机制，根据择时模型给出的预警信号，对雪球产品的投资进行决策，降低极端风险发生的可能性。

4. 设置投资集中度

雪球产品虽然比直接投资挂钩标的具有一定的安全垫，但在极端的市场行情下仍然面临尾部风险。为防范极端风险，可设置投资组合中雪球产品的集中度限额，如单只资管产品投资雪球产品的比例不超过 25%。

(二)投后环节

投后环节主要通过建立雪球产品的监控与预警止损机制进行。建立业务部门与风险管理部门的两级监控机制，业务部门对雪球产品的净值、安全垫进行每日监控，风险管理部门进行整体的市场风险与信用风险监控。如发生触发预警止损线或雪球产品出现敲入、到期亏损的情形，由投资决策小组采用止损、展期、转换雪球产品结构等方式进行应对。

附录

一、提前执行无收益资产美式期权的合理性

(一)看涨期权

提前执行无收益资产的美式看涨期权是不明智的。

为了推导这个结论，考虑如下两个组合：

组合 A：一份美式看涨期权加上金额为 $Ke^{-r(T-t)}$ 的现金

组合 B：一单位标的资产

在 T 时刻，组合 A 的现金变为 K，组合 A 的价值为 $\max(S_T, K)$，而组合 B 的价值为 S_T。可见，组合 A 在 T 时刻的价值一定大于等于组合 B。这意味着，如果不提前执行，组合 A 的价值一定大于等于组合 B。

下面看提前执行美式期权的情况。若在 τ 时刻提前执行，则提前执行看涨期权所得盈利等于 $S_\tau - K$，其中 S_τ 表示 τ 时刻标的资产的市价，而此时现金金额变为 $Ke^{-\hat{r}(T-\tau)}$，其中 $\hat{r}$ 表示 $T-\tau$ 时段的远期利率。若提前执行，在 τ 时刻组合 A 的价值为：$S_\tau - K + Ke^{-\hat{r}(T-\tau)}$，而组合 B 的价值为 S_τ。由于 $T>\tau$，$\hat{r}>0$，因此 $Ke^{-r(T-t)}<K$。这就是说，若提前执行美式期权，组合 A 的价值将小于组合 B。

比较两种情况我们可以得出结论：提前执行无收益资产美式看涨期权是不明智的。

(二)看跌期权

为考察提前执行无收益资产美式看跌期权是否合理,考察如下两种组合:

组合A:一份美式看跌期权加上一单位标的资产

组合B:金额为 $Ke^{-r(T-t)}$ 的现金

若不提前执行,则到 T 时刻,组合A的价值为 $\max(S_T, K)$,组合B的价值为K,因此组合A的价值大于等于组合B。

若在 τ 时刻提前执行,则组合A的价值为 K,组合B的价值为 $Ke^{-\hat{r}(T-\tau)}$,因此组合A的价值也高于组合B。

比较这两种结果我们可以得出结论:是否提前执行无收益资产的美式看跌期权,主要取决于期权的实值额($K-S$)、无风险利率水平等因素。一般来说,只有当 S 相对于 K 来说较低或者 r 较高时,提前执行无收益资产美式看跌期权才可能是有利的。

二、提前执行有收益资产美式期权的合理性

(一)看涨期权

由于提前执行有收益资产的美式期权可较早获得标的资产,从而获得现金收益,而现金收益可以派生利息,因此在一定条件下提前执行有收益资产的美式看涨期权是合理的。

假设在期权到期前标的资产有 n 个除权日,$t_1, t_2, \cdots, t_n$ 为除权前的瞬时时刻,在这些时刻之后的收益分别为 $D_1, D_2, \cdots, D_n$,在这些时刻的标的资产价格分别为 $S_1, S_2, \cdots, S_n$。

由于在无收益的情况下不应提前执行美式看涨期权,据此可以得到一个推论:在有收益的情况下,只有在除权前的瞬时时刻提前执行美式看涨期权有可能是最优的。因此我们只需推导在每个除权日前提前执行的可能性。

先来考察在最后一个除权日(t_n)提前执行的条件。如果在 t_n 时刻提前执行期权,则期权多方获得 S_n-K 的收益。若不提前执行,则标的资产价格将由于除权降到 S_n-D_n。

根据式(6-9),在 t_n 时刻期权的价值

$$C_n \geqslant c_n \geqslant \max[S_n-D_n-Ke^{-r(T-t_n)}, 0]$$

因此,如果

$$S_n-D_n-Ke^{-r(T-t_n)} \geqslant S_n-K$$

即:

$$D_n \leqslant K[1-e^{-r(T-t_n)}] \qquad (附6-1)$$

则在 t_n 时刻提前执行是不明智的。

相反,如果:

$$D_n > K[1-e^{-r(T-t_n)}] \qquad (附6-2)$$

则在 t_n 时刻提前执行有可能是合理的。实际上,只有当 t_n 时刻标的资产收益足够大时,提前执行美式看涨期权才是合理的。

同样,对于任意 $i<n$,在 t_i 时刻不能提前执行有收益资产的美式看涨期权的条件是:

$$D_i \leqslant X[1-e^{-r(t_{i+1}-t_i)}] \qquad (附6-3)$$

由于存在提前执行更有利的可能性,有收益资产的美式看涨期权价值大于等于欧式看涨

期权，其下限为：

$$C \geqslant c \geqslant \max[S-D-Ke^{-r(T-t)},0] \quad (附 6-4)$$

(二)看跌期权

由于提前执行有收益资产的美式期权意味着自己放弃收益权，因此收益使美式看跌期权提前执行的可能性变小，但不能排除提前执行的可能性。

通过同样的分析，可以得出美式看跌期权不能提前执行的条件是：

$$D_i \geqslant K[1-e^{-r(t_{i+1}-t_i)}], D_n \geqslant K[1-e^{-r(T-t_n)}]$$

由于美式看跌期权有提前执行的可能性，因此其下限为：

$$P \geqslant \max(D+K-S,0) \quad (附 6-5)$$

三、无收益资产情况下美式看涨期权与看跌期权之间的平价关系

由于 $P>p$，从式(6-14)可得：

$$P>c+Ke^{-r(T-t)}-S$$

对无收益资产看涨期权来说，由于 $c=C$，因此：

$$P>C+Ke^{-r(T-t)}-S$$

$$C-P<S-Ke^{-r(T-t)} \quad (附 6-6)$$

为了推导出 C 和 P 的更严密关系，考虑以下两个组合：

组合 A：一份欧式看涨期权多头加上金额为 K 的现金

组合 B：一份美式看跌期权多头加上一单位标的资产

如果美式期权没有提前执行，则在 T 时刻组合 B 的价值为 $\max(S_T,K)$，而此时组合 A 的价值为 $\max(S_T,K)+Ke^{r(T-t)}-K$，因此组合 A 的价值大于组合 B。

如果美式期权在 τ 时刻提前执行，则在 τ 时刻组合 B 的价值为 K，而此时组合 A 的价值大于等于 $Ke^{r(T-t)}$，因此组合 A 的价值也大于组合 B。

也就是说，无论美式期权是否提前执行，组合 A 的价值都大于组合 B，因此在 t 时刻组合 A 的价值也应大于组合 B，即：

$$c+K>P+S$$

由于 $c=C$，因此，

$$C+K>P+S, C-P>S-K$$

结合式(附 6-6)，可得：

$$S-K<C-P<S-Ke^{-r(T-t)} \quad (附 6-7)$$

四、二叉树模型的扩展

正文中的期权二叉树定价模型是假定标的资产在期权有效期内无收益，无风险利率为常数。事实上，在期权有效期内很多标的资产是有收益的，无风险利率也不一定为常数。另外，在确定 u,d,q 时，我们采用的是 Cox，Ross，Rubinstein 条件，实际上，除了 Cox，Ross，Rubinstein 条件外，还有其他条件，对这些问题的分析就是期权二叉树定价模型的扩展。

1. 支付连续红利率资产的期权定价

若标的资产在期权有效期内将支付已知收益率 δ，那么在用二叉树定价模型进行期权定价时要进行两方面的调整：一是风险中性条件下标的资产价格上升概率 q，二是各结点处标的资产的价格。

(1)标的资产价格上升概率 q 的调整

若记标的资产支付连续红利率为 δ，在风险中性条件下，可以用 $r-\delta$ 替代 q 计算公式中的 r，其他不变。这时，

$$q=\frac{e^{(r-\delta)\Delta t}-d}{u-d}=\frac{R-d}{u-d}$$

对于期货期权，可以将期货看成支付连续红利率为 r 的证券，则：

$$q=\frac{1-d}{u-d}$$

(2)各结点处标的资产的价格调整

若标的资产在未来某一确定时间支付已知收益率，那么，各结点处标的资产的价格将变化，为此必须对其进行调整。调整的方法如下：

如果时刻 $i\Delta t$ 在除权日之前，则结点处证券价格仍为：

$$Su^{j}d^{i-j},j=0,1,\cdots,i$$

如果时刻 $i\Delta t$ 在除权日之后，则结点处证券价格相应调整为：

$$S(1-\delta)u^{j}d^{i-j},j=0,1,\cdots,i$$

对在期权有效期内有多个已知红利率的情况，也可进行同样处理。若 δ_i 为 0 时刻到 $i\Delta t$ 时刻之间所有除权日的红利支付率，则 $i\Delta t$ 时刻结点的相应证券价格为：

$$S(1-\delta_{i})u^{j}d^{i-j}$$

2. 利率是时间函数的情况

在二叉树模型中，假定无风险利率是常数，这显然与实际不符。合理的假设是无风险利率是时间的函数($r=f(t)$)，即在时刻 t 的结点上，其应用的利率等于 t 到 $t+\Delta t$ 之间的远期利率。在这种情况下，用二叉树定价模型进行期权定价时，也要进行两方面的调整：一为资产价格上升的概率，二为贴现率的调整。

其他条件不变，资产价格上升的概率为：

$$q=\frac{e^{f(t)\Delta t}-d}{u-d}$$

贴现率为 $e^{-f(t)\Delta t}$，期权定价公式变为：

$$f=e^{-f(t)\Delta t}[qf_{u}+(1-q)f_{d}] \qquad (附 6-8)$$

3. 构造二叉树图的其他方法

在确定 u,d,q 时，常用的是 Cox，Ross，Rubinstein 条件。实际上，我们还可以用其他条件，例如有人用 $q=0.5$，此时不必假定 $d=1/u$，当 Δt 的高阶小量可以忽略时，得：

$$u=e^{(r-i-\sigma^{2}/2)\Delta t+\sigma^{2}\sqrt{\Delta t}}$$

$$d=e^{(r-i-\sigma^{2}/2)\Delta t-\sigma^{2}\sqrt{\Delta t}}$$

4. 方差控制技术

方差控制技术基于下面的基本原理：

假设期权 A 和期权 B 的性质相似(如其他条件相同的欧式和美式期权)，我们可以得到期权 B 的解析定价公式，而只能得到期权 A 的数值方法解。记 f_B 为期权 B 的真实价值(解析解)，f_A 为期权 A 的较优估计值，$\hat{f}_A$、$\hat{f}_B$ 分别表示用同一种方法计算出的期权估计值。假设用数值计算出的期权 B 的误差等于期权 A 的误差，即：

$$f_B-\hat{f}_B=f_A-\hat{f}_A$$

$$f_A=\hat{f}_A+(f_B-\hat{f}_B)$$

可以证明，当 $\hat{f}_A$ 与 $\hat{f}_B$ 之间相关系数较大时，有：

$$\text{Var}(f_A)<\text{Var}(\hat{f}_A)$$

这说明方差控制技术减少了期权 A 价值估计的方差，我们利用 f_B 和 $\hat{f}_B$ 的信息改进了对期权 A 价值的估计。

这种方法常用于美式期权的估计中，其中 A 为美式期权，B 为除执行时间不同外其他均与美式期权相同的欧式期权。因为欧式期权可以得到解析解和估计值，而美式期权只能得到估计值，因此，可以应用欧式期权的信息改进美式期权的估值。

五、布莱克—斯科尔斯期权定价模型的进一步讨论：不确定参数

在 BS 公式中，假定无风险利率、波动率以及红利收益率都是常数，但实际上这些都是变化的。对于这些不确定的参数值，Avellaneda 和 Levy 等人提出了解决的基本思路，即假设我们知道这些参数位于某一特定区间内，之后考虑最悲观的情况，求出期权最小值。这样，我们不去计算期权的某一特定价值，而是计算期权的价值区间。下面我们给出不确定波动率 σ、不确定波动率 r 及不确定标的资产收益率 q 情况下期权的定价方法。

(一)不确定波动率

假设波动率位于 $\sigma^-<\sigma<\sigma^+$ 的范围内，我们沿用 BS 模型的无套利组合方法，构造下列组合：

$$\Pi=f-\frac{\partial f}{\partial S}S$$

根据 Ito 引理和证券收益率正态分布的假设，有：

$$d\Pi=\left(\frac{\partial f}{\partial t}+\frac{1}{2}\frac{\partial^2 f}{\partial S^2}\sigma^2 S^2\right)dt$$

由于只知道波动率的范围，所以我们可以计算出最糟糕情况下的期权价值。其方法为：在给定的波动率范围内取组合价值的最小值，并使其等于无风险收益，这样可以计算出期权的最小值。其公式为：

$$\min_{\sigma^-<\sigma<\sigma^+}\left(\frac{\partial f}{\partial t}+\frac{1}{2}\frac{\partial^2 f}{\partial S^2}\sigma^2 S^2\right)dt=r\left(f-\frac{\partial f}{\partial S}S\right)dt$$

令 $\Gamma=\dfrac{\partial^2 f}{\partial S^2}$，要实现左边最小，当 Γ 为正时，应取 σ^-；当 Γ 为负时，应取 σ^+。期权下限应满足：

$$\frac{\partial f^-}{\partial t}+\frac{1}{2}\frac{\partial^2 f^-}{\partial S^2}\sigma(\Gamma)^2 S^2+\frac{\partial f^-}{\partial S}rS-rf^-=0 \qquad (附 6-9)$$

也就是说，当 Γ 为正时，我们用 σ^- 代替 BS 公式中的 σ，可直接求出期权的最小值；当 Γ 为负时，可用 σ^+ 代替 BS 公式中的 σ 求解。其中，

$$\Gamma=\frac{\partial^2 f^-}{\partial S^2},\sigma(\Gamma)=\begin{cases}\sigma^+,\Gamma<0\\ \sigma^-,\Gamma>0\end{cases}$$

当然，也可以算出上限，即：

$$\frac{\partial f^{+}}{\partial t}+\frac{1}{2}\frac{\partial^{2} f^{+}}{\partial S^{2}}\sigma(\Gamma)^{2}S^{2}+\frac{\partial f^{+}}{\partial S}rS-rf^{+}=0$$

$$\Gamma=\frac{\partial^{2} f^{+}}{\partial S^{2}},\sigma(\Gamma)=\begin{cases}\sigma^{+},\Gamma>0\\ \sigma^{-},\Gamma<0\end{cases}$$

也就是说，当 Γ 为正时，应取 σ^{+}；当 Γ 为负时，应取 σ^{-}，代入 BS 公式中，求出期权的最大值。

(二)不确定利率

假设无风险利率位于 $r^{-}<r<r^{+}$ 的范围内，与上面的方法相同，构造下列组合：

$$\Pi=f-\frac{\partial f}{\partial S}S$$

并得到：

$$\left(\frac{\partial f}{\partial t}+\frac{1}{2}\frac{\partial^{2} f}{\partial S^{2}}\sigma^{2}S^{2}\right)dt=r\left(f-\frac{\partial f}{\partial S}S\right)dt$$

由上式可知，求出期权的最小、最大值的利率取决于 Π 的符号。在最差的情况下，Π 为正时，利率应取最大值；Π 为负时，利率应取最小值。其原因是，当组合为正时，我们在期权上有正的投资，此时利率越高越不利。

相应的方程为：

$$\frac{\partial f^{-}}{\partial t}+\frac{1}{2}\frac{\partial^{2} f^{-}}{\partial S^{2}}\sigma^{2}S^{2}+r(\Pi)\left(\frac{\partial f^{-}}{\partial S}S-f^{-}\right)=0 \tag{附 6-10}$$

其中，

$$\Pi=f^{-}-\frac{\partial f^{-}}{\partial S}S,r(\Pi)=\begin{cases}r^{+},\Pi>0\\ r^{-},\Pi<0\end{cases}$$

也就是说，当 Π 为正时，我们用 r^{+} 代替 BS 公式中的 r，可直接求出期权的最小值；当 Π 为负时，可用 r^{-} 代替 BS 公式中的 r 求解。

求解期权价值上限的方程式也可以用上述方法容易推导出来。

(三)不确定红利收益率

假设红利收益率位于 $q^{-}<q<q^{+}$ 的范围内，与上面的方法相同，构造下列组合：

$$\Pi=f-\frac{\partial f}{\partial S}S$$

并得到：

$$d\Pi=\left(\frac{\partial f}{\partial t}+\frac{1}{2}\frac{\partial^{2} f}{\partial S^{2}}\sigma^{2}S^{2}\right)dt$$

在 Δt 内，证券组合的投资者获得资本利得 $\Delta\Pi$ 以及红利为：

$$\frac{\partial f}{\partial S}qS\Delta t$$

则在 Δt 内，证券组合的投资者的财富变化为：

$$dW=\left(\frac{\partial f}{\partial t}+\frac{1}{2}\frac{\partial^{2} f}{\partial S^{2}}\sigma^{2}S^{2}-qS\frac{\partial f}{\partial S}\right)dt$$

由于组合是瞬态无风险的，则有：

$$dW = r\Pi dt$$

这样，有：

$$\left(\frac{\partial f}{\partial t} + \frac{1}{2}\frac{\partial^2 f}{\partial S^2}\sigma^2 S^2 - qS\frac{\partial f}{\partial S}\right)dt = r\left(f - S\frac{\partial f}{\partial S}\right)dt$$

因此，有：

$$\frac{\partial f}{\partial t} + (r-q)S\frac{\partial f}{\partial S} + \frac{1}{2}\frac{\partial^2 f}{\partial S^2}\sigma^2 S^2 = rf$$

由于假设红利率位于 $q^- < q < q^+$ 的范围内，因此与上面的方法相同，对于最不利的情况，我们只要解下列方程即可：

$$\frac{\partial f^-}{\partial t} + \frac{1}{2}\frac{\partial^2 f^-}{\partial S^2}\sigma^2 S^2 + r\left(\frac{\partial f^-}{\partial S}S - f^-\right) - qS\frac{\partial f^-}{\partial S} = 0 \qquad (附6-11)$$

其中，$\Delta = \dfrac{\partial f^-}{\partial S}$，$q(\Delta) = \begin{cases} q^+, \Delta > 0 \\ q^-, \Delta < 0 \end{cases}$

也就是说，当 Δ 为正时，我们用 q^+ 代替有固定收益率 BS 公式中的 q，可直接求出期权的最小值；当 Δ 为负时，可用 q^- 代替有固定收益率 BS 公式中的 q 求解。

从 q 的取值公式看出，当 Δ 为正时，q 越大，f 的数值越小。这是因为，当 Δ 为正时，应为看涨期权，而标的资产收益率越高，标的资产的价格越低，看涨期权价格越低；当 Δ 为负时，应为看跌期权，而标的资产收益率越低，看跌期权价格越低。因此，当 Δ 为正时，要使期权值最小，要用 q^+；当 Δ 为负时，要用 q^-。

（四）Hoggard-Whalley-Wilmott 交易成本模型

在 BS 期权定价模型中，假设没有交易成本，但实际交易中这个假设是难以成立的，特别是连续的交易将导致很高的交易成本。在期权交易中，根据 BS 期权定价模型，套期比率 Δ 对资产价格变化非常敏感，因此需要进行不断的调整，从而导致较高的交易成本。Hoggard-Whalley-Wilmott 提出了考虑交易成本的期权定价模型。其基本思路是：采用 BS 模型相同的方法，首先推导相应的微分方程，然后定价。在推导微分方程时，将组合价值修正为原来的价值减去交易成本。

该模型的基本假设为：

(1)投资者投资于期权组合；

(2)交易成本正比于所交易的资产价格（$kS|n|$，其中，S 为资产价格，n 为资产交易数量，k 为系数）；

(3)股票价格的随机过程以离散形式给出。

构造与 BS 分析方法中类似的无风险组合：

$$\Pi = f - \frac{\partial f}{\partial S}S$$

计算 Δt 之后的预期组合价值变化：

$$E(\Delta\Pi) = \left(\frac{\partial f}{\partial t} + \frac{1}{2}\frac{\partial^2 f}{\partial S^2}\sigma^2 S^2\right)\Delta t - E(kS|n|) \qquad (附6-12)$$

根据无风险套利假设，有：

$$E(\Delta\Pi) = r\left(f - \frac{\partial f}{\partial S}S\right)\Delta t \qquad (附6-13)$$

交易成本的预期值 $E(ks|n|)$。其中，n 为：

$$n=\frac{\partial f}{\partial S}(S+\Delta S,t+\Delta t)-\frac{\partial f}{\partial S}(S,t)$$

其中，n 为 $t+\Delta t$ 之后持有标的资产数量与期初 t 持有量之差。

应用泰勒展开式和 Ito 定理，n 的主要部分为：

$$n\approx\Delta S\frac{\partial^2 f}{\partial S^2}(S,t)\approx\frac{\partial^2 f}{\partial S^2}(S,t)\sigma S\varepsilon\sqrt{\Delta t} \tag{附 6－14}$$

这样，得到定价方程为：

$$\frac{\partial f}{\partial t}+\frac{\partial f}{\partial S}rS+\frac{1}{2}\frac{\partial^2 f}{\partial S^2}\sigma^2 S^2-k\sigma S^2\sqrt{\frac{2}{\pi\Delta t}}\left|\frac{\partial^2 f}{\partial S^2}\right|=rf \tag{附 6－15}$$

其中，

$$E(|\varepsilon|)=\sqrt{\frac{2}{\pi}}$$

式(附 6－15)(也称为 H-W-W 方程)中的 $\Gamma=\frac{\partial^2 f}{\partial S^2}$ 反映的是证券组合的凸度，是对保值误差的衡量。由于存在保值误差，就需要调整资产头寸，因此它是与交易成本相关的量。

对于单个期权的多头，$\Gamma>0$，H-W-W 方程实际上可简化成以式(附 6－16)为波动率的 BS 定价公式：

$$\hat{\sigma}=\left(\sigma^2-2k\sigma\sqrt{\frac{2}{\pi\Delta t}}\right)^{\frac{1}{2}} \tag{附 6－16}$$

对于单个期权的空头，$\Gamma<0$，H-W-W 方程实际上可简化成以式(附 6－17)为波动率的 BS 定价公式。也就是说，考虑交易成本后的期权定价，可以通过在 BS 公式中使用修正的波动率得到。

$$\hat{\sigma}=\left(\sigma^2+2k\sigma\sqrt{\frac{2}{\pi\Delta t}}\right)^{\frac{1}{2}} \tag{附 6－17}$$

根据上面分析，当处于多头情况下，考虑交易成本后的波动率明显较小，因此期权定价应较低；当处于空头情况下，考虑交易成本后的波动率明显较大，期权定价应较高。

本章小结

金融期权是 20 世纪 70 年代以来的国际金融创新中发展起来的一种新的金融衍生工具，其应用广泛，是一种颇受投资者欢迎的套期保值工具和投资工具。期权是变化最复杂的金融工具之一，它与各种工具相配置，可以组合出具有各种特性的金融交易工具。本章首先介绍了金融期权的基本概念、交易制度和基本交易策略；其次介绍了金融期权的主要种类；再次重点分析了金融期权的定价模型，分析了金融期权的交易策略及沪深 300 股指的应用与投资策略；最后，分析了金融期权投资面临的风险及防范。

金融期权是指当期权购买者支付给期权出售者一定的期权费后，赋予购买者在规定期限内按双方约定的价格购买或出售一定数量某种金融资产的权利，它是通过期权合约来规定的。期权的分类很多，主要有看涨期权和看跌期权、欧式期权和美式期权、现货期权和期货期权、有担保看涨期权和无担保看涨期权、场内期权与场外期权、奇异期权等。交易所内交易的期权，其交易制度与期货交易类似，主要包括：期权合约的标准化、保证金制度、平仓制度、结算体系与制度等。期权市场与期货市场具有类似的结构，也是由期权交易所（清算所）、经纪公司（会员）和交易者组成。金融期权的四种基本交易策略为：看涨期权多头，看涨期权空头，看跌期权多头，看跌期权空头。

常见的金融期权主要有外汇期权、利率期权、股指期权、股票期权、期货期权等多种类型。外汇期权主要有英镑、加元、日元、瑞士法郎、欧元期权等。常见的利率期权有中长期国债期权、利率上限、利率下限和利率双限等。常见的股指期权有 NYSE 综合指数期权、主要市场指数期权、S&P100 指数期权、S&P500 指数期权和价值线指数期权。股票期权的标的股票很多，有看涨期权和看跌期权之分。常见的股票期权有认股权证、职工购股期权、可转换债券等。金融期货期权常见的有股指期货期权、利率期货期权和外汇期货期权。国内金融期权主要有沪深 300 股指期权、上证 50ETF 期权、沪深 300ETF 期权等。

目前，最著名的期权定价模型有两个：一个是二项式定价模型，另一个是布莱克—斯科尔斯定价模型。金融期权价格主要由内在价值和时间价值构成。期权的内在价值是指期权的买方立即执行期权能获得的收益，期权的时间价值是指期权购买者为购买期权而实际付出的期权费超过该期权的内在价值的那部分价值。影响期权价格的因素主要有：标的资产的市场价格与期权的协议价格、期权的有效期、标的资产价格的波动率、无风险利率及标的资产的收益等。欧式看涨期权与看跌期权之间存在平价关系，因此，求出其中一个期权，就可以求出另一个期权。二项式期权定价模型，是指假设股票价格的变动呈二次分布的模式，衍生证券的价值是其预期收益在风险中性世界中按无风险利率贴现的值，它是一种离散状态下期权定价方法。当二项式模型的区间长度很小、区间个数达到无穷时，二项式模型收敛于布莱克—斯科尔斯模型。布莱克—斯科尔斯模型是在布莱克—斯科尔斯微分方程基础上推导出来的，主要有标的资产无收益的欧式期权定价模型、标的资产有固定收益的欧式期权定价模型、标的资产有固定收益率的欧式期权定价模型和期货欧式期权定价模型等多种。

人们可以通过不同的期权品种构成众多具有不同盈亏分布特征的组合，构成不同的期权交易策略，以满足自己不同的需求。这些交易策略主要有：标的资产与各种期权头寸的组合，相同期限、不同协议价格的两个或多个同种期权头寸组合，相同期限、相同协议价格的看涨期权和看跌期权的组合等。沪深 300 指数期权交易策略主要有方向性策略、保险策略、套利策略与收益增强型策略四类。

金融期权在防范标的资产风险的同时，自身也存在一定的风险。这些风险主要有市场风险、流动性风险、交易风险等，本章主要介绍期权市场风险的计量与防范方法。这需要对期权价格的敏感性做出分析。期权价格的敏感性是指期权价格决定因素的变动对期权价格的影响程度，可以用期权价格的敏感性指标反映。这些指标常用的有 Delta(Δ)、Gamma(Γ)、Vega(Λ)、Theta(θ)、Rho(ρ)。针对方向性策略、保险策略、套利策略与收益增强型策略提出相应的管理方法，特别是利用希腊字母进行市场风险管理，方法主要有 Delta 套期保值和 Delta—Gamma 综合套期保值。

关键词

期权（Option） 期权合约（Option contract）
看涨期权（Call option） 看跌期权（Put option）

欧式期权(European option)
美式期权(American option)
期货期权(Futures options)
实值期权(In-the-money option)
平值期权(At-the-money option)
虚值期权(Out-of-the-money option)
期权内在价值(Intrinsic value of option)
期权时间价值(Option time value)
风险中性定价(Risk-neutral pricing)
隐含易变性(Implied variability)
波动率微笑(Volatility smile)
波动率期限结构(Volatility term structure)
差价组合(Price difference portfolio)
差期组合(Differential portfolio)
期权交易策略(Option trading strategy)
Delta(Δ)
Gamma(Γ)
Vega(Λ)
Theta(θ)
Delta 套期保值(delta hedging)
Delta-Gamma 综合套期保值(Delta-Gamma comprehensive hedging)

思考与练习

1. 使用模型对期权定价时存在哪两类风险?

2. 在 B-S 模型和其他的期权定价模型中有哪三类易变性?如何确定隐含易变性?

3. 什么是 Delta(Δ)、Gamma(Γ)和 Vega(Λ)?如何计算 Delta(Δ)、Gamma(Γ)和 Vega(Λ)?

4. 什么是 Delta 中性?什么是 Gamma 中性?

5. 什么是波动率微笑与波动率期限结构?产生波动率微笑的原因是什么?它对期权定价有什么影响?

6. 期权的买方(卖方)有什么权利和义务?

7. 什么是实值期权、虚值期权和平价期权?

8. 金融期货与期权的主要区别是什么?

9. 期权的内在价值如何计算?

10. 期权的时间价值如何计算?

11. 期权价格有哪些特性?

12. 影响期权价格的主要因素有哪些?

13. 什么是衍生证券的风险中性定价?其实质是什么?

14. 有一个无红利支付股票的期权,股票价格为 20 美元、执行价格为 19 美元,无风险年利率为 5%,年波动率为 25%,到期日为 4 个月。

(1)如果这是一个欧式看涨期权,计算其价格。

(2)如果这是一个美式看涨期权,计算其价格。

(3)如果这是一个欧式看跌期权,计算其价格。

(4)检验看涨—看跌期权的平价关系。

15. 基于无红利支付股票的看涨期权,期限为 6 个月,执行价格为 20 美元,股票价格为 21 美元,无风险年利率为 3%。该看涨期权价格的下限为多少?

16. 执行价格为 30 美元,6 个月后到期的欧式看涨期权的价格为 2 美元。标的股票的价格为 29 美元,2 个月后和 5 个月后分红利 0.50 美元,期限结构为水平,无风险利率为 5%,执行价格为 30 美元,6 个月后到期的欧式看跌期权的价格为多少?

17. 股票现价为 20 美元。已知在 1 个月后股价将为 25 美元或 15 美元。无风险年利率为 4%(连续复利)。执行价格为 20 美元的 1 个月期欧式看涨期权的价值为多少?

18. 某只股票现价为 100 美元。有连续 2 个时间段,每个时间段的步长为 6 个月,每个单步二叉树预期上涨 10%,或下跌 10%,无风险年利率为 5%(连续红利)。执行价格为 100 美元的一年期欧式看涨期权的价值为多少?

19. 某公司持有 100 万英镑现货头寸,假设当时英镑兑美元的汇率为 1 英镑=1.520 0 美元,美国的无风险连续复利年利率为 3%,英国的为 2.5%,英镑汇率的波动率每年为 12%。为防止英镑贬值,该公司打算用 6 个月期协定价格为 1.500 0 美元的英镑欧式看跌期权进行保值。请问该公司应买入多少期权?

20. 无风险年利率为 5%,股票价格的年波动率为 20%,计算标的物为不分红股票、6 个月期两平期权欧式看涨期权的 Delta 值。

21. 一家金融机构有下列英镑的柜台交易的期权组合:

种类	头寸情况	期权的 Delta	期权的 Gamma	期权的 Vega
看涨期权	−1 000	0.5	2.2	1.8
看涨期权	−500	0.8	0.6	0.2
看跌期权	−2 000	−0.40	1.3	0.7
看涨期权	−500	0.70	1.8	1.4

某个可交易期权,其 Delta 值为 0.6,Gamma 值为 1.5,Vega 值为 0.8。

(1)可交易期权和英镑的头寸为何值时?该组合为 Delta 中性和 Gamma 中性。

(2)可交易期权和英镑的头寸为何值时?该组合为 Vega 中性和 Delta 中性。

(3)假设第二个可交易期权的 Delta 值为 0.1,Gamma 值为 0.5,Vega 值为 0.6。如何才能使该组合为 Delta、Vega、Gamma 中性?

参考文献

1. 王明涛,王凯涛. 资产管理中的风险管理[M]. 上海:上海财经大学出版社,2023.

2. 王明涛. 金融风险计量与管理[M]. 上海:上海财经大学出版社,2008.

3. 柳晓怡. 股指期权交易与风险管理(课件). 新湖期货研究所,2021.

4. 约翰·赫尔著. 期权、期货及其他衍生产品(第 7 版)[M]. 王勇、索吾林译. 北京:机械工业出版社,2011.

5. 叶永刚,郑康彬,熊和平,彭红枫. 金融工程概论(第二版)[M]. 武汉:武汉大学出版社,2013.

6. 郑振龙,陈蓉. 金融工程(第五版)[M]. 北京:高等教育出版社,2020.

7. 尹常玲,方雯,张莉莉. 金融工程(第二版)[M]. 北京:清华大学出版社,2021.

8. 李淑锦. 金融工程学[M]. 杭州:浙江大学出版社,2019.

9. 方杰,李杰辉. 金融工程学[M]. 厦门:厦门大学出版社,2022.

第七章

市场风险的计量与管理

引 言

金融工程的主要目的是管理金融风险。不同金融风险的管理方法不尽相同。从本章开始，我们对常见的几种金融风险的计量与管理进行介绍。

在众多的金融风险中，市场风险是人们关注最早、研究最深入、理论成果最多、管理方法最完善的一种风险。市场风险是指由于市场各种因素变化引起资产价格的波动而导致投资者亏损的可能性。市场风险的计量方法主要有波动性方法、敏感性方法及 VaR 方法等多种。

第一节 市场风险概述

一、市场风险的基本含义

一般认为，市场风险是指由于市场各种因素（如利率、汇率、通货膨胀率、市场供求关系等）变化引起资产价格的波动而导致投资者亏损的可能性；当市场各种因素变化较大或较频繁时，投资者遭受损失的可能性或数额也会变大，市场风险就越大。但到目前为止，还没有广泛认同的、一致的市场风险定义。关于市场风险的定义至少有以下四种观点：

第一种观点认为，金融市场风险是指由于金融资产价格的波动，造成投资收益率的不确定性或易变性。一切影响价格波动的因素都是产生市场风险的原因。这种观点认为市场风险就是总风险，包括系统风险与非系统风险。

第二种观点认为，金融市场风险是由于金融资产价格波动给投资者造成损失的可能性或损失的不确定性。一切影响价格波动的因素并给投资者造成损失时才有风险，不造成损失的任何波动都不应视为风险。这种观点也认为市场风险是总风险，包括系统风险与非系统风险。

第三种观点认为，市场风险是指由于（证券）市场长期趋势变化而引起的风险，而引起市场长期趋势变化的决定性因素是经济周期的变动。它属于系统风险的一种。

第四种观点认为，市场风险是指因市场各种系统性因素（如利率、汇率、通货膨胀率等）变化而导致投资者亏损的可能性。当市场各种因素变化较大或较频繁时，投资者遭受损失的可能性或数额也会变大。它属于系统风险的一种。

总之,上述四种有关市场风险的观点,可以分为两大类观点:一类认为市场风险是总风险,另一类认为是系统风险。这两类观点都有道理,当分析问题的角度不同时,对市场风险的认识也就存在差异。我们倾向于市场风险是一种总风险的观点,因为这更符合市场风险的特点。

二、市场风险的特点

了解市场风险的特点是市场风险管理的前提与基础。市场风险一般具有如下特点:

1. 市场风险实质上是价格风险

市场风险是由于资产价格波动给投资者带来收益率的不确定性或造成损失的可能性。从这个意义上说,任何引起资产价格波动的因素(包括系统性因素和非系统性因素)变化都可能导致投资者亏损或收益率的不确定,因此,市场风险应当是一种总风险。

2. 市场风险具有系统风险的特征

因为在产生市场风险的因素中,有些是系统性因素(如利率、汇率风险、购买力及市场结构、宏观环境、政策因素等),这些因素带来的风险不可能通过分散化予以消除,因此,市场风险具有系统风险的特征。

3. 市场风险也具有非系统风险的特征

因为在产生市场风险的因素中,有些是非系统性因素(如行业因素、个别企业的经营状况等),只影响部分或个别证券的价格变动,这些因素带来的风险可能通过分散化予以消除,因此,市场风险也具有非系统风险的特征。

4. 其他一些风险可以看成市场风险的子风险(如利率风险、权益价值风险、汇率风险、购买力风险等)

利率风险实质上是由于市场利率的变化给投资者造成损失的风险;权益价值风险是由于权益价格变化给投资者造成损失的风险;而汇率风险则是由于汇率的变化给投资者造成损失的风险。这些风险都属于市场中的某些风险因子变化引起的资产价格波动给投资者造成损失的可能性,因此,可以将它们看成是市场风险的子风险。当然,如何将市场风险分解成这些风险是一个值得研究的问题。这不但有利于研究市场风险,也有利于对市场风险的管理,目前这个问题没有得到很好的解决。

第二节 市场风险计量的一般方法

市场风险的计量方法是一个逐渐演变的过程,由最初的名义交易量法、波动性方法、敏感性方法一直到后来的 VaR 方法等,可以说市场风险计量方法是目前最为丰富的。根据市场风险的定义与特征,市场风险计量的一般方法主要有以下几类:

一、波动率方法

波动率方法认为风险是未来收益的不确定性,可以用实际收益率偏离期望收益率的程度,即收益率的波动性来计量市场风险;其中,方差或标准差是最常用的方法。

以方差度量风险有一些严格的假设,这些假设条件主要有:第一,每种证券的收益率都服从正态分布;第二,各种证券收益率之间服从联合正态分布;第三,证券市场为有效市场;第四,投资者是风险厌恶型的。

证券市场有效性假设是相当苛刻的条件，即使在相当成熟的股票市场也无法完全满足。即使承认证券市场是有效的，当以方差作为风险的计量指标时，资源配置的有效性也取决于方差方法的优劣。

自以收益率的方差作为风险计量指标以来，一直受到多方面批评，许多学者从不同方面对此问题进行了阐述：

(1)方差是用来衡量收益率的不确定性或易变性的，用其反映风险是不恰当的。

(2)从效用函数的角度分析，以方差为风险的计量指标，只有在投资者的效用函数为二项式时才成立，而二次效用函数并不是投资者偏好的恰当选择，因此，方差不是风险的最好测度方法。

(3)方差度量风险的另一个条件是要求证券投资收益率及其联合分布是正态的。实际上，证券市场投资收益率基本不服从正态分布的假设，因此，用方差衡量证券投资的风险是不恰当的。

(4)从心理学角度，Kahneman 和 Tversky 的研究表明，损失和盈利对风险的贡献是不同的。方差计量风险是假定正、负偏差之间对称，但投资者对上下偏差具有明显的不对称看法。所以，以风险的方差计量风险有违投资者对风险的真实心理感受。

有些风险测度如 Sharpe 的 β 系数、平均误差平方和(MSE)、平均绝对误差平方和(MSE)、平均绝对误差等，看上去似乎与方差无关，但在数学上等价于方差，因此上述问题对它们同样存在。

二、损失波动率方法

损失波动率方法认为风险是未来损失的不确定性，可以用下方风险(downside-risk)的方法来计量市场风险；其中，最常用的方法是下偏矩方法。

下偏矩(Lower Partial Moments，$\mathrm{LPM_q}$)是下方风险方法的一种，意思为只有收益分布的左尾部分才被作为风险衡量的计算因子。在既定目标下，用 LPM_q 计量一个离散分布投资收益率序列的风险可表示为：

$$LPM_q = \sum_{R_p = -\infty}^{k} P_p (h - R_p)^q \tag{7-1}$$

其中，P_p 为证券组合收益 R_p 发生的概率；h 为目标收益率；$q(=0,1,2)$为某种“矩”的类型，q 取不同的值，反映了 LPM_q 的不同含义。LMP_0 为低于目标收益率的概率；LMP_1 为单边离差的均值，或称为目标不足(Target shortfall)。LMP_2 类似于方差，是偏差平方的概率加权，因为它是关于目标计算的偏差，因此 LMP_2 被称为目标半方差。另外，计量风险的一些常用方法(损失概率和期望损失方法)都是下偏矩方法的特例：$q=0$ 时的下偏矩方法就是损失概率方法；$q=1$ 时的下偏矩方法就是期望损失方法。

相对于风险的方差计量方法，下偏矩计量方法有如下优点：

第一，它仅将损失作为风险的计量因子，反映了投资者对风险的真实心理感受，符合行为科学的原理；

第二，从效用函数的角度看，它仅要求投资者是风险厌恶型，即效用函数是凹型的，而不像方差那样要求二次型的效用函数；

第三，从资源配置效率看，风险的下偏矩计量方法优于方差方法。

总之，下偏矩方法被认为是风险测度的一种较好的方法。

此方法存在的主要不足是下偏矩统计量的计算比方差复杂得多。

三、市场因子灵敏度法

市场因子灵敏度方法，是指利用金融资产价值对其市场因子的敏感性来计量金融资产市场风险的方法。这种方法的理论基础是多因素模型。

根据多因素模型：$r_{it}=a_i+b_{i1}F_{1t}+\cdots+b_{iK}F_{Kt}+\varepsilon_{it}$，若第 j 个因素为市场风险因子(可以是一个或多个)，则在多因素模型中市场因素前面的系数即为市场风险。如在资本资产定价理论中的市场模型：$r_i=a_i+\beta_i r_M+\varepsilon_{it}$，$r_M$ 为市场因素，其前面的系数即为著名的 β 系数，是度量市场风险的一个重要指标。

灵敏度表示当市场因子变化一个百分数单位时金融资产价值变化的百分数。灵敏度越大的金融资产，受市场因子变化的影响越大，风险越大。用灵敏度计量市场风险时，仅当金融资产价值与其市场因子变化呈线性关系时才成立。因此，灵敏度方法只是一种线性近似，是对风险的局部测量。

不同的市场因子，存在不同类型的灵敏度。实际中常用的灵敏度包括：针对债券(或利率性衍生工具)的久期和凸度，针对股票的 β 系数，针对衍生金融工具的 Delta、Gamma、Theta、Vega、Rho 等。

四、损失量方法

损失量方法认为风险是不利结果的程度，可以从损失量的角度计量市场风险；主要有最大损失量、期望损失量、VaR 方法等，其中，VaR 方法是实际中最常用的方法。

VaR(Value at Risk)是 1993 年摩根大通集团在考察衍生产品的基础上提出的一种新的风险测度方法。VaR 的基本含义是，风险资产在给定的置信区间和持有期间上在正常市场条件下的最大期望损失。VaR 的一般描述为：设某一证券组合价值的概率分布密度为 $f(w)$，给定一置信水平 c，w_0 为风险资产的初值，r 为持有期间 t 上的收益率，w^* 为置信水平 c 上的资产最低价值，则

$$VaR=E(w)-w^* \tag{7-2}$$

其中，$w=w_0(1+r)$，而 w^* 则由下式求得：

$$c=\int_{w^*}^{\infty} f(w)\mathrm{d}w \tag{7-3}$$

或

$$1-c=\int_{-\infty}^{w^*} f(w)\mathrm{d}w=p(w\leqslant w^*)=p$$

VaR 有多种计算方法，如正态方法、历史模拟方法、压力测试法、蒙特卡罗法等。这是本章后面章节讲述的重点。

VaR 方法的优点为：

第一，简洁的含义和直观的价值判断，使资产组合风险能够具体化为一个可以与收益相配比的数字，从而有利于经营管理目标的实现。

第二，从本质上看，VaR 也是一种下方风险测度方法，因此，它比方差、标准差的风险测度更接近于投资者对风险的真实心理感受。

第三，VaR 考虑了决策者所处的环境及具体情况，使风险决策更具有可操作性。

VaR 方法的不足为：

第一，对于资产组合的收益率分布为一般分布时，求解比较困难。

第二，置信区间的选择带有任意性。选择不同，风险 VaR 的测度值也不同。

第三，该方法在一般分布时计算量很大。

五、压力试验与极值方法

(一)压力试验方法

压力试验是测量市场因子发生极端不利变化时金融机构或证券组合的损失大小。

该方法首先要确定可能发生的对资产组合产生不利影响的极端市场行为；其次，根据具体情况确定进行压力测试的时间频率，如选择每日、每周、每月或每年等；最后，计算不同压力下资产组合可能的损益变化，同时提出相应的调整头寸或调整资本以适应头寸需要的方案，以应付特殊情况的或有发生。

压力测试被认为是与 VaR 模型互相补充的方法。因为 VaR 模型只是给出了给定置信水平下的市场行为变化，并没有描述极端情形，而且 VaR 值只提供了一个总括性的风险损失值，并不指明风险的来源或方向，一系列的压力测试刚好弥补了这一不足，从而有可能比单个使用这两个指标能更全面地了解市场风险的状况。

(二)极值分析方法

极值分析方法是通过对收益率的尾部进行统计分析，从另一个角度估计市场极端条件下的金融机构损失大小的方法。

在以上方法中，目前应用最广泛、理论基础最扎实的方法是 VaR 方法。本章主要介绍 VaR 的相关理论与方法。

第三节　VaR 的基本概念

一、VaR 的基本含义

VaR(Value at Risk)的英文含义是在险价值，其基本含义是指一个风险暴露的头寸在未来一段时间内以一定的概率损失的最大值。

VaR 的表述方法为：一个价值为 V_t 的头寸，$\alpha\%$、t 天的 VaR，是指在未来 t 天，V_t 以 $\alpha\%$ 的概率损失的最大值。如一个投资者在欧元上投资了 1 136.4 万美元，99%，1 天的 VaR 为 158 595.98 美元，意味着在未来 24 小时，该投资者的最大损失为 158 595.98 美元的概率为 99%，也就是说，在未来 24 小时，其最大损失超过 158 595.98 美元的概率只有 1%。

[例 7-1] 假设一个投资者投资 1 000 万欧元，欧元汇率为：1 欧元＝1.136 4 美元，那么投资者在欧元上的投资为 1 136.4 万美元(1 000×1.136 4)，其价值变化为：

$$\begin{aligned}\Delta V_t &= V_{t+1} - V_t = 10milM_{t+1} - 10milM_t \\ &= 10milM_t\left(\frac{M_{t+1} - M_t}{M_t}\right) \\ &= 10milM_tR_t = 11.364milR_t\end{aligned}$$

其中，M_t 为欧元对美元的汇率，R_t 为欧元汇率的收益率，即：

$$R_t=\frac{M_{t+1}-M_t}{M_t}$$

假设欧元汇率的收益率服从正态分布，则 ΔV_t 也服从正态分布。根据 R_t 的分布密度，我们可以画出 ΔV_t 的分布图，如图 7－1 所示（图中 ΔV_t 的日波动率为 0.6%）。99%、1 天的 VaR 为 158 595.98 美元，VaR 是这样一个数据（负数），即只有 1% 的概率使得投资在 1 000 万欧元上的 1 136.4 万美元资产的变化低于这个数值。

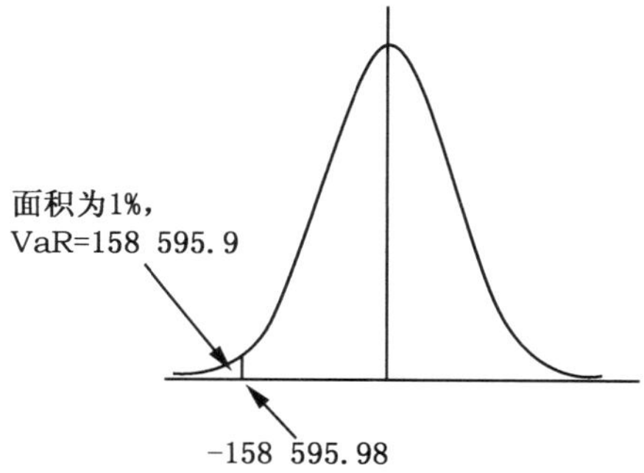

图 7－1 VaR 含义示意图

二、注意的问题

在应用 VaR 要注意以下两个重要问题：

第一，VaR 的值取决于市场变量（例 7－1 中是指欧元汇率的收益率 R_t）统计特征的假设（如正态分布、t 分布等），也就是说，取决于风险管理者对市场变量运动的假设。假设不同，得出的 VaR 数值也不同，因此，风险管理者可能得出不同的 VaR 值。

第二，VaR 仅为统计意义上的风险指标，它与样本均值、方差、协方差一样，有统计误差。产生这些误差，有很多原因（如小样本），不仅仅是模型的问题。

虽然如此，VaR 仍是目前计量市场风险的主要指标。

第四节 独立同分布正态收益率下的 VaR 计算

一、单一证券 VaR 的计算

假设有一个价值为 V_t 的头寸，在未来 24 小时（1 天）的价值变化服从正态分布，即：

$$\Delta V_t \sim N(\mu_V, \sigma_V^2) \qquad (7-4)$$

其中，期望（μ_V）和标准差（σ_V）均为常数；时间单位为 1 天，即 μ_V 和 σ_V 是 ΔV_t 的日期望收益率和易变性（标准差），而不是年数据。

令 $Z(\alpha)$ 是标准正态分布的 α 分位数。分位数的含义是：如果 $Z\sim N(0,1)$，$Z(\alpha)$ 表示这样的数字，即随机抽样中，$Z>Z(\alpha)$ 的概率正好为 α。表 7－1 给出了一些常用的 $Z(\alpha)$ 值。

表 7-1 常用的 α 分位数

α%	99.99	99.9	99	97.5	95	90	84.13	50
分位数 $Z(\alpha)$	−3.72	−3.09	−2.326	−1.96	−1.64	−1.28	−1.00	0

例如，如果 $\alpha=99\%$，则 $Z(\alpha)=-2.326$，说明从一个标准正态分布中随机抽取一个数值，其值大于−2.326 的概率为 99%。也就是说，只有 1%的概率，使得从一个标准正态分布中随机抽取一个数值，其值小于均值的 2.326 个标准差。

根据上述 $Z(\alpha)$ 的定义，可以计算分布为 $N(\mu_V,\sigma_V^2)$ 的分位数为：

$$\Delta \underline{V}(\alpha)=\mu_V+Z(\alpha)\sigma_V \tag{7-5}$$

$\Delta \underline{V}(\alpha)$ 即为一个分界点，即损失超过 $\Delta \underline{V}(\alpha)$ 的概率为 $(1-\alpha)$，即：

$$P(\Delta V_t<\Delta \underline{V}(\alpha))=1-\alpha \tag{7-6}$$

这样，根据 VaR 的含义，α%，1 天的在险价值(Value at Risk)为：

$$\text{VaR}=-\Delta \underline{V}(\alpha)=-(\mu_V+Z(\alpha)\sigma_V) \tag{7-7}$$

式(7-7)中的负号表示 VaR 测量的是损失而不是收益。

[例 7-2] 应用例 7-1 中的数据，求投资者在欧元上投资的 99%，24 小时的 VaR。

解 根据例 7-1 中的数据，投资者在欧元上投资的价值变化为：

$\Delta V_t=V_{t+1}-V_t=10milM_tR_t=11.364milR_t$

假设欧元汇率的收益率 R_t 服从于均值为 0、标准差为 0.6%的正态分布。根据上式，ΔV_t 也服从正态分布，其均值和标准差分别为：

$\mu_V=0,\sigma_V=11.364mil\times 0.6\%=68\ 184$

将 μ_V,σ_V 代入式(7-7)，投资在欧元上 1 136.4 万美元的 99%，24 小时的 VaR 为：

$VaR=-(\mu_V+Z(\alpha)\sigma_V)=-(0-2.326\times 68\ 184)=158\ 595.98$(美元)

二、证券组合 VaR 的计算

当投资者的风险暴露头寸是一个证券组合，而且构成证券组合的各个证券收益率服从正态分布，各证券收益率之间服从联合正态分布时，我们可以利用同样的方法求出证券组合的 VaR。

设有 m 种证券，投资者在 t 时刻投资在每种证券的价值为 $V_{1t},V_{2t},\cdots,V_{mt}$，证券组合 P 在 t 时刻的总价值 V_p 为：$V_{pt}=V_{1t}+V_{2t}+\cdots+V_{mt}=\sum_{i=1}^{m}V_{it}$，每种证券在 t 时刻的收益率为：$r_{1t},r_{2t},\cdots,r_{mt}\left(r_{it}=\dfrac{V_{i,t+1}-V_{it}}{V_{it}},i=1,2\cdots,m\right)$，各证券的投资比例为：$x_1,x_2,\cdots,x_m\left(x_i=\dfrac{V_{it}}{\sum_{i=1}^{m}V_{it}},i=1,2,\cdots,m\right)$。

证券组合价值的变化为：

$$\begin{aligned}\Delta V_{pt}&=V_{p,t+1}-V_{pt}=\Delta V_{1t}+\Delta V_{2t}+\cdots+\Delta V_{mt}=\sum_{i=1}^{m}(V_{i,t+1}-V_{it})\\&=\sum_{i=1}^{m}V_{it}\left(\frac{V_{i,t+1}-V_{i,t}}{V_{it}}\right)=\sum_{i=1}^{m}V_{it}\sum_{i=1}^{m}\frac{V_{it}}{\sum_{i=1}^{m}V_{it}}\left(\frac{V_{i,t+1}-V_{i,t}}{V_{it}}\right)\end{aligned}$$

$$=V_{pt}\sum_{i=1}^{m}x_i r_{it}=V_{pt}r_{pt}$$

其中，$r_{pt}=x_1r_{1t}+x_2r_{2t}+\cdots+x_mr_{mt}=\sum_{i=1}^{m}x_ir_{it}$

如果 r_{it} 服从均值、方差分别为 $\mu_i,\sigma_i(i=1,2,\cdots,m)$ 的正态分布，那么证券组合的变化值也服从正态分布。根据概率的知识，证券组合 P 变化值的均值、方差分别为：

$$\mu_V=V_{pt}\mu_p=V_{pt}(x_1\mu_1+x_2\mu_2+\cdots+x_m\mu_m)=V_{pt}\sum_{i=1}^{m}x_i\mu_i$$

$$\sigma_V^2=V_{pt}^2\sigma_p^2=V_{pt}^2\left(\sum_{i=1}^{m}\sum_{j=1}^{m}x_ix_j\sigma_{ij}\right)=V_{pt}^2\sum_{i=1}^{m}\sum_{j=1}^{m}x_ix_j\sigma_i\sigma_j\rho_{ij}$$

其中，μ_p,σ_p 是组合收益率的期望值和标准差，ρ_{ij} 为 r_i 与 r_j 的相关系数$(i,j=1,2,\cdots,m)$。

这样，99%，1 天的 VaR 可以由下式给出：

$$VaR=-(\mu_V+Z(\alpha)\sigma_V)=-V_{pt}(\mu_p+Z(\alpha)\sigma_p) \tag{7-8}$$

[例 7-3] 假设一个投资者投资 1 000 万欧元，10 亿日元，欧元汇率为：1 欧元＝1.136 4 美元，日元汇率为：1 日元＝0.008 398 美元。再假设欧元汇率与日元汇率的收益率服从联合正态分布，它们的均值和标准差分别为(0，0.6%)、(0，0.67%)，相关系数为 0.5。求该投资者 99%，1 天的 VaR。

解 记 M_t 为欧元对美元的汇率，J_t 为日元对美元的汇率；R_{Mt} 为欧元汇率的收益率，R_{Jt} 为日元汇率的收益率。投资者在 t 时刻投资的总资产价值为：

$V_t=10milM_t+1bilJ_t$

那么投资者在 $t+1$ 时刻的价值变化为：

$$\begin{aligned}\Delta V_t&=V_{t+1}-V_t=(10milM_{t+1}-10milM_t)+(1bilJ_{t+1}-1bilJ_t)\\&=10milM_tR_{Mt}+1bilR_{Jt}\\&=11.364\,0milR_t+8.398milR_{Jt}\end{aligned}$$

由于欧元和日元汇率的收益率都服从正态分布，则 ΔV_t 也服从正态分布。ΔV_t 的期望值和标准差分别为：

$$\mu_V=V_{pt}\mu_p=V_{1t}\mu_1+V_{2t}\mu_2=0$$

$$\begin{aligned}\sigma_V^2&=V_{Mt}^2\sigma_M^2+V_{Jt}^2\sigma_J^2+2\times V_{Mt}V_{Jt}\sigma_M\sigma_J\rho_{MJ}\\&=(11.364mil)^2(0.006)^2+(8.398mil)^2(0.006\,7)^2+2\times(11.364mil)(8.398mil)\\&\quad(0.006)(0.006\,7)(0.5)\\&=(107\,941.98)^2\end{aligned}$$

$$\sigma_V=107\,941.98$$

这样，99%、1 天的 VaR 为：

$$VaR=-(\mu_V+Z(\alpha)\sigma_V)=-(0-2.326\times107\,941.98)=251\,073.05(\text{美元})$$

也就是说，投资者在未来 24 小时内，只有 1%的概率，组合的损失大于 251 073.05 美元。

当证券组合中的证券数量很大时，计算将非常复杂，为此，可以用因素模型予以简化计算。因素模型的一般形式为：

$$r_{it}=a_i+b_{i1}F_{1t}+\cdots+b_{iK}F_{Kt}+\varepsilon_{it}\quad(i=1,2,\cdots,m)$$

其中，$F_{1t},F_{2t},\cdots,F_{Kt}$ 为 K 个因素在 t 期的预期值；$b_{i1},b_{i2},\cdots,b_{iK}$ 为证券 i 对这 K 个因素的灵敏性，ε_{it} 为证券 i 在 t 期的残差项。

如果每个证券收益率都由上式决定，那么，整个证券组合的收益取决于这些因素，我们就容易找到证券组合价值变化 ΔV_{pt} 的值及其分布。

$$\Delta V_{pt}=V_{pt}\sum_{i=1}^{m}x_i r_{it}=\sum_{i=1}^{m}V_{it}r_{it}=\sum_{i=1}^{m}V_{it}(a_i+b_{i1}F_{1t}+\cdots+b_{iK}F_{Kt}+\varepsilon_{it})$$

$$=\sum_{i=1}^{m}V_{it}a_i+(\sum_{i=1}^{m}V_{it}b_{i1})F_{1t}+(\sum_{i=1}^{m}V_{it}b_{i2})F_{2t}+\cdots+(\sum_{i=1}^{m}V_{it}b_{iK})F_{Kt}+\sum_{i=1}^{m}V_{it}\varepsilon_{it}$$

如果这些因素服从联合正态分布，我们可以先求出 ΔV_{pt} 的均值与标准差，进而用前述同样的方法计算 VaR。

三、边际 VaR 的计算

上面计算证券组合的 VaR 是证券组合的总风险，它不是单个证券风险之和，一般来说，总风险小于单个证券风险之和，这是分散化原理的进一步体现。在很多场合下，不但要知道证券组合的总风险，还要知道在总风险中单个证券的边际贡献，这对风险资产配置、评估各项业务业绩以及有效管理风险都是很重要的。例如，一个金融机构提供一组金融服务，这个金融机构有几个服务窗口（如有互换业务、外汇业务等），它们相互独立，而且每个服务窗口都经营若干金融资产。为了估计金融机构总的风险，我们将金融机构看成证券组合，计算证券组合一天的 VaR，但从内部管理的角度，金融机构估计每一种业务对企业总风险的边际贡献是非常重要的。

（一）边际 VaR 的含义

边际 VaR 的含义是指如果在证券 i 上增加 1 美元的投资，证券组合 VaR 的边际变化是多少，用数学公式表示为：

$$DVaR_i=\frac{\partial VaR}{\partial V_{it}} \tag{7-9}$$

其中，$DVaR_i$ 表示证券 i 的边际 VaR，其他符号的含义与上面相同。

（二）边际 *VaR* 的计算

根据式(7－9)，有：

$$DVaR_i=\frac{\partial VaR}{\partial V_{it}}=-\left(\frac{\partial\mu_V}{\partial V_{it}}+Z(\alpha)\frac{\partial\sigma_V}{\partial V_{it}}\right)=-\left(\mu_i+Z(\alpha)\frac{1}{\sigma_V}\sum_{j=1}^{m}V_{jt}\sigma_{ij}\right) \tag{7-10}$$

由于 $\sigma_V^2=V_{pt}^2\sigma_p^2=(\sum_{i=1}^{m}\sum_{j=1}^{m}V_{it}V_{jt}\sigma_{ij})$，故：

$$\frac{\partial\sigma_V}{\partial V_{it}}=\frac{\partial(\sigma_V^2)^{\frac{1}{2}}}{\partial V_{it}}=\frac{1}{\sigma_V}\sum_{j=1}^{m}V_{jt}\sigma_{ij}$$

那么，

$$\sum_{j=1}^{m}V_{jt}\sigma_{ij}=\sigma_V\frac{\partial\sigma_V}{\partial V_{it}} \tag{7-11}$$

因为，

$$\sigma_V^2=V_{pt}^2\sigma_p^2=(\sum_{i=1}^{m}\sum_{j=1}^{m}V_{it}V_{jt}\sigma_{ij})$$

$$=V_{1t}\sum_{j=1}^{m}V_{jt}\sigma_{1j}+V_{2t}\sum_{j=1}^{m}V_{jt}\sigma_{2j}+\cdots+V_{mt}\sum_{j=1}^{m}V_{jt}\sigma_{mj} \tag{7-12}$$

将式(7－11)代入式(7－12)，得：

$$\sigma_V=V_{1t}\frac{\partial\sigma_V}{\partial V_{1t}}+V_{2t}\frac{\partial\sigma_V}{\partial V_{2t}}+\cdots+V_{mt}\frac{\partial\sigma_V}{\partial V_{mt}} \tag{7-13}$$

我们有：$\mu_V=V_{pt}\mu_p=V_{1t}\mu_1+V_{2t}\mu_2+\cdots+V_{mt}\mu_m$

这样：

$$\begin{aligned}VaR&=-(\mu_V+Z(\alpha)\sigma_V)\\&=-V_{1t}\left(\mu_1+Z(\alpha)\frac{\partial\sigma_V}{\partial V_{1t}}\right)-\cdots-V_{mt}\left(\mu_m+Z(\alpha)\frac{\partial\sigma_V}{\partial V_{mt}}\right)\\&=IVaR_1+IVaR_2+\cdots+IVaR_m\end{aligned} \tag{7-14}$$

这里，

$$IVaR_i=-V_{it}\left(\mu_i+Z(\alpha)\frac{\partial\sigma_V}{\partial V_{it}}\right)=-V_{it}\left(\mu_i+Z(\alpha)\frac{1}{\sigma_V}\sum_{j=1}^{m}V_{jt}\sigma_{ij}\right)$$

$$IVaR_i=V_{it}DVaR_i \tag{7-15}$$

由式(7－14)知，证券组合的总风险可分解为以 $IVaR_i$ 表示的风险之和。

[例 7－4] 用例 7－3 中的数据，求投资在欧元和日元上面的边际 VaR。

解 记投资在欧元和日元上面的边际 VaR 分别为 $DVaR_M$ 和 $DVaR_J$，则有：

$$\begin{aligned}DVaR_M&=-\left(\mu_i+Z(\alpha)\frac{1}{\sigma_V}\sum_{j=1}^{m}V_{jt}\sigma_{ij}\right)\\&=\frac{2.326}{107\ 941.98}\times(11.364mil\times(0.006)^2+8.398mil\times0.006\times0.006\ 7\times0.5)\\&=0.012\ 45\end{aligned}$$

$$\begin{aligned}DVaR_J&=-\left(\mu_i+Z(\alpha)\frac{1}{\sigma_V}\sum_{j=1}^{m}V_{jt}\sigma_{ij}\right)\\&=\frac{2.326}{107\ 941.98}\times(11.364mil\times0.006\times0.006\ 7\times0.5+8.398mil\times(0.006\ 7)^2)\\&=0.0130\ 5\end{aligned}$$

这样：

$IVaR_M=11.364mil\times DVaR_M=11.364mil\times0.012\ 45=\$141\ 481.8$

$IVaR_J=8.398mil\times DVaR_J=8.398mil\times0.013\ 05=\$109\ 556.8$

从这个例子可以看出，证券组合的 VaR 等于以 $IVaR$ 表示的边际 VaR 之和，但这并不意味着我们取消资产 i，余下资产的 VaR 等于最初总的 VaR 减去 $IVaR_i$。例如，在上例中，取消日元业务并不等于将 VaR 从 251 073.05 美元降低为 $(VaR-IVaR_j)=141\ 481.8$ 美元。事实上，从例 7－2 中知道，仅投资于欧元的 VaR 为 15 859.98 美元。

四、连续复利正态分布收益率情况下 VaR 的计算

如果投资者的资产组合是由多种资产的乘积构成，假设各资产的收益率是连续正态分布，可以使问题的分析得以简化。为了方便，我们以两个资产的组合为例进行分析。

假设 V_1，V_2 是构成证券组合的两种资产，y_1，y_2 是两种资产的收益率且为连续复利，证

券组合的价值为 $V(V=V_1\times V_2)$。

记 V_{1t}, V_{2t} 分别为两种资产在 t 时刻的价值，则它们在 $t+1$ 时刻的价值分别为：

$$V_{1,t+1}=V_{1t}e^{y_1}, V_{2,t+1}=V_{2t}e^{y_2}$$

证券组合在 $t+1$ 时刻的价值为：

$$V_{t+1}=V_{1,t+1}\times V_{2,t+1}=V_{1t}\times V_{2t}e^{y_1+y_2}=V_te^y$$

其中，$y=y_1+y_2$。

如果 y_1, y_2 服从正态分布，其均值、标准差分别为 (μ_1,σ_1)、(μ_2,σ_2)，则 y 也服从正态分布，其均值、标准差为 (μ,σ)，$\mu=\mu_1+\mu_2$，$\sigma^2=\sigma_1^2+\sigma_2^2+2\sigma_1\sigma_2\rho_{12}$。

证券组合从时刻 t 到 $t+1$ 的价值变化为：

$$\Delta V_t=V_{t+1}-V_t=V_te^y-V_t=V_t(e^y-1)$$

记 $\underline{y}(\alpha)$ 为 y_t 的 α 分位数，即 y_t 小于 $\underline{y}(\alpha)$ 的概率为 $1-\alpha$。这样，我们可以计算 α, t 天证券组合的 VaR。

根据 VaR 的计算公式，得：

$$VaR=-\underline{V}(\alpha,\tau)=-V_t\times(e^{\underline{y}(\alpha,\tau)}-1) \tag{7-16}$$

［例 7－5］ 假设一投资者在纽约证券市场上投资了 1 000 万美元的指数基金。设美元的日收益率为 y_a，纽约证券市场的该指数收益率为 y_s（均为连续复利）。假设 y_a、y_s 服从正态分布和联合正态分布，其均值和标准差分别为：(0，0.6%)、(0，2.5%)，y_a、y_s 的相关系数为 －0.5。设现在美元兑人民币的汇率为 1∶6.250 0，求该投资者 99%，24 小时的 VaR。

解 记 M_t 为第 t 天美元兑人民币的汇率，S_t 为第 t 天纽约证券市场该指数的价格。在 $t+1$ 天，有：

$$M_{t+1}=M_te^{y_a}, S_{t+1}=S_te^{y_s}$$

在 $t+1$ 天，投资者的财产价值（以人民币计）为：

$$V_{t+1}=\frac{10mil}{S_t}\times S_{t+1}\times M_{t+1}=10milM_te^{y_a+y_s}=10milM_te^y=62.5mile^y$$

由于 y_a, y_s 服从正态分布，则 y 也服从正态分布，其均值、标准差为：

$$\mu_y=\mu_{y_a}+\mu_{y_s}=0$$

$$\begin{aligned}\sigma_y^2&=\sigma_{y_a}^2+\sigma_{y_s}^2+2\sigma_{y_a}\sigma_{y_s}\rho_{y_ay_s}\\&=(0.6\%)^2+(2.5\%)^2+2\times0.6\%\times2.5\%\times(-0.5)\\&=(2.26\%)^2\end{aligned}$$

这样，$\sigma_y=2.26\%$

从 t 天到 $t+1$ 天的价值变化为：

$$\Delta V_t=V_{t+1}-V_t=V_te^y-V_t=V_t\times(e^y-1)=62.5mil(e^y-1)$$

根据 VaR 的计算公式，该投资者 99%，24 小时的 VaR 为：

$$VaR=-62.5mil\times(e^{(0-2.326\times2.26\%)}-1)=3\ 201\ 346(\text{元})$$

除此之外，应用连续复利收益率分析在时间序列事件时也是很方便的。例如，假设我们有收益率的日均值和日方差，如果改变时间长度，计算一个月收益率的均值和方差（设一个月为 20 个交易日）。在独立同分布的日复利收益率下，20 天的收益率为：

$$\frac{S_{t+20}}{S_t}=\frac{S_{t+1}}{S_t}\times\frac{S_{t+2}}{S_{t+1}}\times\cdots y_{s,t+1}\times\frac{S_{t+20}}{S_{t+19}}$$

$$=e^{y_{s,t+1}}\times e^{y_{s,t+2}}\times\cdots\times e^{y_{s,t+20}}$$
$$=e^{y_{s,t+1}+y_{s,t+2}+\cdots+y_{s,t+20}}=e^{y_{s,t,t+20}}$$

由于日收益率是独立同分布的，因此 20 天的连续复利收益率为：

$$y_{s,t,t+20}=y_{s,t+1}+y_{s,t+2}+\cdots+y_{s,t+20}$$

这样，月均收益率和标准差分别为：

$$\mu_{s,20}=\mu_s\times 20,\sigma_{s,20}=\sigma_s\times\sqrt{20}$$

一般来说，如果时间水平为 τ，则收益率和标准差分别为：

$$\mu_{s,\tau}=\mu_s\times\tau,\sigma_{s,\tau}=\sigma_s\times\sqrt{\tau} \tag{7-17}$$

应用式(7－17)和 VaR 的计算公式，只要日收益率是独立同分布的，我们不但可以计算一天的 VaR，而且可以计算任意 τ 天的 VaR。

五、含有非线性衍生品组合的 VaR 计算

前面的分析都是假定资产的收益率服从正态分布，但当组合中包含衍生证券时，组合的收益率不服从正态分布，因为衍生证券的价值相对于标的资产而言是非线性的。例如，如果一个证券组合包括指数看跌期权(如组合保险)，即是假定指数收益率服从正态分布，指数看跌期权的价值则不服从正态分布。在这种情况下，可以采用 Delta 方法和 Delta-Gamma 方法求含有非线性衍生品组合的 VaR。

令：$R^v_{S,t+1}=S_{t+1}-S_t=S_tR_{S,t+1}$ 为资产 S_t 以价值形式表示的收益(是绝对值而不是百分比)。如果 $R_{S,t+1}\sim N(\mu_S,\sigma_S^2)$，则 $R^v_{S,t+1}\sim N(S_t\mu_S,S_t^2\sigma_S^2)$。

(一)Delta 方法

假设一个衍生证券在 t 时刻的价格为 $f_t=g(S_t)$，其中，S_t 为标的资产的价格，那么，该衍生证券的 Delta 值为：

$$\Delta_{f,t}=\frac{dg}{dS_t}$$

该衍生证券在 $t+1$ 时刻的价格为：

$$f_{t+1}\approx g(S_{t+1})=g(S_t)+\frac{dg}{dS_t}\times(S_{t+1}-S_t)$$

那么，该衍生证券在 $t+1$ 时刻的收益为：

$$R^v_{f,t+1}=f_{t+1}-f_t\approx\Delta_{f,t}\times R^v_{S,t+1}$$

由于 $R^v_{S,t+1}$ 服从正态分布，所以，衍生证券的收益也服从正态分布，其均值和方差分别为：$(\Delta_{f,t}S_t\mu_S,\Delta^2_{f,t}S_t^2\sigma_S^2)$。这样，我们就将收益为非正态分布的衍生证券转化为正态分布，可以用前面相同的方法求证券组合的 VaR。

[例 7－6] 一个投资者购买了 10 亿美元的 S&P500 市场指数基金和由三个月看跌期权保险策略构成的组合。假设当前的 S&P500＝936，S&P500 的指数收益率服从正态分布，其均值与标准差分别为(0，1.624%)；三个月看跌期权(执行价 $K=930$)的价格为 $ft=36$ 美元，无风险收益率为 $r=5\%$，标的物的红利收益率为 0。求该组合 99%，1 天的 VaR。

解 根据 Black-Shose 公式，有：

$$\Delta_{f,t}=\frac{dg}{dS_t}=-0.413\ 7$$

投资在 S&P500 指数基金的份额为：

$N_s=\dfrac{1\ 000\ 000\ 000}{936}=1\ 068\ 376$

假设一份看跌期权对应一份指数基金，即令 $N_f=N_s=1\ 068\ 376$。这样整个头寸的变化量为：

$$\Delta V_{t+1}=N_s\times R_{s,t+1}^v+N_f\times R_{f,t+1}^v\approx N_s(1+\Delta_{f,t})\times R_{s,t+1}^v$$
$$=N_s(1+\Delta_{f,t})\times S_tR_{s,t+1}=1bil(1+\Delta_{f,t})\times R_{s,t+1}$$

可见，ΔV_{t+1} 服从正态分布，其均值和标准差分别为：

$\mu_V=1bil(1+\Delta_{f,t})\times\mu_s=0$

$\sigma_V=1bil(1+\Delta_{f,t})\times\sigma_s=1bil\times(1-0.413\ 7)\times1.624\%=9\ 521\ 512$

根据 VaR 的计算公式，该组合 99%，1 天的 VaR 为：

$VaR=-(\mu_V+Z(\alpha)\sigma_V)=-(0-2.326\times9\ 521\ 512)=22\ 147\ 036.91\approx22.15mil$

从这个例子中，你可能注意到在计算非线性证券 VaR 时，Delta 方法的不足：

根据 VaR 的定义，VaR 给出的是在小概率下极端的损失值，应当是股指的一个较大变化（在未来 24 小时，损失大于 22.15mil 美元的概率仅有 1%）；而 Delta 方法仅仅在股指小的变化时才适用。因此，Delta 方法（假设价格有小的变化）与 VaR（价格有大的变化）定义之间存在不一致性。

为了进一步考察近似的程度，我们计算看跌期权的价值。这里收益率为均值的 −2.326 个标准差（这里均值为 0），这样，日收益率为：

$\underline{R}=-2.326\times\sigma_s=-2.326\times1.624\%=-0.037\ 77$

它是低于均值 2.326 标准差的股票收益率（也是用于计算没有期权时 VaR 的分界值）。这时，对应的新指数值为 $\underline{S}=900$（对应于 VaR 的分界值）。此时，看跌期权的价格为：$\underline{f}=53.34$。总头寸的价值下跌（也就是 VaR）为：

$VaR=-1\ 068\ 376((900-936)-(53.34-36))=19.94mil$

这与我们计算的结果不同（22.15mil 美元），其差异的原因是相对于标的资产，看跌期权的价值是非线性的（价值上升得快，进而高估了 VaR）。换言之，随着股票价格的下跌，看跌期权的 Delta 变得更负，即它的 Gamma 是正值，看跌期权的价值比其 Delta 增加更快。在这种情况下，估计值超过实际的 99%，1 天的 VaR。注意，同样的非线性也可能低估 99%，1 天的 VaR。

（二）Delta-Gamma 方法

为了改进 Delta 方法的不足，可以用更好的近似方法求证券组合的 VaR，即 Delta-Gamma 方法。应用泰勒展开式，我们有：

$$f_{t+1}=g(S_{t+1})\approx g(S_t)+\frac{dg}{dS_t}\times(S_{t+1}-S_t)+\frac{1}{2}\frac{d^2g}{dS_t^2}\times(S_{t+1}-S_t)^2$$

这样，有：

$$R_{f,t+1}^v\approx\frac{dg}{dS_t}\times(S_{t+1}-S_t)+\frac{1}{2}\frac{d^2g}{dS_t^2}\times(S_{t+1}-S_t)^2$$

或：

$$R_{f,t+1}^v\approx\Delta_{f,t}\times R_{s,t+1}^v+\frac{1}{2}\Gamma_{f,t}\times(R_{s,t+1}^v)^2 \tag{7-18}$$

从式(7－18)看出，使用泰勒高阶展开式估计衍生证券风险的问题。即使 $R^v_{s,t+1}$ 服从正态分布，$R^v_{f,t+1}$ 也不服从正态分布[实际上，$\left(\frac{R^v_{s,t+1}-\mu^v_s}{\sigma^v_s}\right)^2$ 服从自由度为 1 的 χ^2 分布]。

在这种情况下，使用正态分布假设的优点消失了。这时，可以用两种方法计算 VaR：一种方法是计算整个头寸(股票＋期权)的标准差，并应用 2.326 分位数计算 VaR；另一种方法是使用更符合实际的收益率分布计算 VaR。

第一种方法是一个相对简单的方法。如果 $R^v_{f,t+1}$ 服从正态分布，则它的所有矩分析表达式均可以写出(参考数理统计教科书)。例如，$R^v_{f,t+1}$ 的一、二阶矩为：

$$E(R^{v2}_{s,t+1})=\sigma^{v2}_s+\mu^{v2}_s$$

$$Var(R^{v2}_{s,t+1})=2\sigma^{v2}_s\times(\sigma^{v2}_s+2\mu^{v2}_s)$$

$$Cov(R^v_{s,t+1},R^{v2}_{s,t+1})=2\mu^v_s\sigma^{v2}_s \tag{7-19}$$

这里，$\mu^v_s=S_t\mu_s$，$\sigma^v_s=S_t\sigma_s$。

这样，我们得到：

$$\Delta V_{t+1}=N_s\times R^v_{s,t+1}+N_f\times R^v_{f,t+1}=N_s\times R^v_{s,t+1}+N_f\times\left(\Delta_{f,t}\times R^v_{s,t+1}+\frac{1}{2}\Gamma_{f,t}\times R^{v2}_{s,t+1}\right)$$

$$=N_s(1+\Delta_{f,t})\times R^v_{s,t+1}+N_s\frac{1}{2}\Gamma_{f,t}\times R^{v2}_{s,t+1} \tag{7-20}$$

因此，

$$E(\Delta V_{t+1})=\mu_V=N_s(1+\Delta_{f,t})\times E(R^v_{s,t+1})+N_s\frac{1}{2}\Gamma_{f,t}\times E(R^{v2}_{s,t+1}) \tag{7-21}$$

$$Var(\Delta V_{t+1})=\sigma^2_V=N^2_s(1+\Delta_{f,t})^2\times Var(R^v_{s,t+1})+N^2_s\frac{1}{4}\Gamma_{f,t}\times Var(R^{v2}_{s,t+1})$$
$$+N^2_s(1+\Delta_{f,t})\Gamma_{f,t}Cov(R^v_{s,t+1},R^{v2}_{s,t+1}) \tag{7-22}$$

根据式(7－21)和式(7－22)，可求出证券组合(股票＋期权)的 VaR。如果取 $Z(\alpha)=-2.326$，则 VaR 为：

$$VaR=-(\mu_v-2.326\sigma_v) \tag{7-23}$$

应用例 7－6 中的数据($\mu_s=0$，$\sigma_s=1.624\%$)，根据式(7－21)和式(7－22)，得：

$E_t(\Delta V_{t+1})=0.428\,2mil$，$\sigma^2_v=(9.521\,5mil)^2$

这样，$VaR=-(\mu_v-2.326\sigma_v)=-(0.428\,2-2.326\times 9.521\,5)=21.72mil$

这个结果比用 Delta 方法更接近实际值(19.94mil)。我们应用－2.326 的分位数，实质上是假定收益率为正态分布，但实际上往往不是正态分布，这是产生误差的另一个原因。

第二种方法是使用更符合实际的收益率分布计算 VaR。

将式(7－20)重新整理为：

$$\Delta V_{t+1}=N_s\left(a_t+\frac{1}{2}\Gamma_{f,t}(b_t+R^v_{s,t+1})^2\right)$$

这里，

$$a_t=-\frac{1}{2}\Gamma_{f,t}b^2_t,\ b_t=\frac{1+\Delta_{f,t}}{\Gamma_{f,t}}$$

如果 $R^v_{s,t+1}\sim N(S_t\mu_s,S^2_t\sigma^2_s)$，则 $b_t+R_{S,t+1}\sim N(b_t+S_t\mu_s,S^2_t\sigma^2_s)$，那么，

$$\frac{\Delta V_{t+1}-N_S a_t}{N_S\frac{1}{2}\Gamma_{f,t}S^2_t\sigma^2_S}=\left(\frac{b_t+R^V_{S,t+1}}{S_t\sigma_S}\right)^2$$

服从于非中心的 $\chi^2(v,d)$ 分布，其中，$v=1, d=\left(\frac{b_t+S_t\mu_s}{S_t\sigma_s}\right)^2$。如果 $Z(\alpha)$ 是 $\chi^2(v,d)$ 分布的 α 分位数，这样，更好的估计是：

$$VaR(\alpha)=-N_s\left(a_t+Z(\alpha)\frac{1}{2}\Gamma_{f,t}S_t^2\sigma_t^2\right)$$

在这种情况下，我们得到：VaR=20.130 3，比其他两种方法更接近实际。这说明找到风险头寸变化的符合实际的分布，对求 VaR 是非常重要的。

第五节　非独立同分布正态收益率下的 VaR 计算

前面分析了独立同分布正态收益率假设情况下 VaR 的计算，但现实中存在大量非独立同分布正态收益率的情况。图 7－2 是欧元对美元汇率日收益率的历史分布密度与在参数估计中假设的正态分布密度。从图 7－2 可以看出，历史分布密度表现为胖尾细腰的特征。也就是说，欧元对美元汇率日收益率出现大值或小值的概率比具有相同期望收益率和方差的正态分布假设下出现大值或小值的概率大，亦即这些值比正态分布假设下做出的预测更容易发生。这意味着，对应于 99%概率的实际分界点要低于使用基于正态分布收益率计算的分界点。实际上，1%处分界点的值对应于正态分布中－1.4%的值，在实际分布中对应于－1.54%。

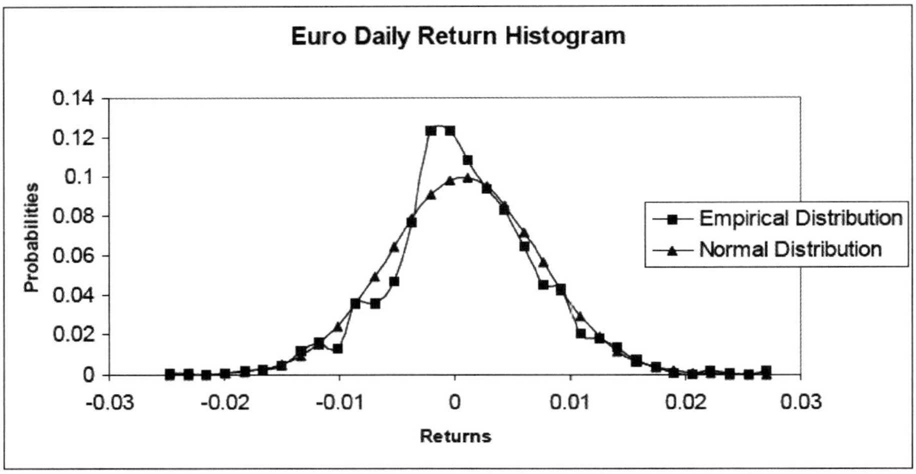

图 7－2　欧元对美元汇率日收益率的历史分布密度与正态分布假设下的密度

在这种情况下，前面求 VaR 的方法将产生较大的误差。在这一部分，我们将介绍几种不依赖于独立同分布正态收益率假设的 VaR 计算方法。

一、应用历史收益率密度计算 VaR

(一)基本思路

这种方法的基本思路是直接利用风险资产头寸的历史日收益率分布密度，找出 α 对应的分位数，根据 VaR 的基本含义，直接求出 VaR 的值。

如例 7－2 中的例子，我们可以应用欧元对美元汇率日收益率的历史分布密度图（见图 7－2）可以找到 $\alpha=99\%$ 对应的分位点。此时，$Z(\alpha)=-1.54\%$，这样，有：

$$VaR=-11.364mil\times Z(\alpha)=-11.364mil\times(-1.54\%)=\$175\ 006$$

此值比独立同分布正态收益率假设下的 VaR（158 595.98 美元）大。这种方法对估计大型证券组合的 VaR 以及含有非线性衍生证券的证券组合的 VaR 也是十分有效的。

（二）应用实例

我们用实例说明历史收益率密度方法在大型证券组合 VaR 的计算以及含有非线性衍生证券的证券组合 VaR 的计算中的应用。

［例 7－7］（证券组合 VaR 计算实例）假设一个公司在欧元上的投资额为 11.364million 美元，在日元上的投资额为 8.398 million 美元。用历史收益率密度方法计算公司 99%，1 天的 VaR。

解 为了计算 VaR，我们只需要计算证券组合价值变动 ΔV_t 的历史分布中左边 1%对应的分位数即可。也就是说，对于样本中每一个 t 值，计算：

$$\Delta V_t=11.364mil\times R_{M,t}+8.398mil\times R_{J,t}$$

然后计算对应于左边 1%概率的证券组合变化值所对应的值，如为“300 570”，这样，VaR＝300 570 美元。

同样，此值比使用正态分布假设下，通过计算均值和标准差，进而计算的 VaR 的数值大（为 251 073.05 美元）。在此例中，得到的 VaR 数值比正态分布假设下大 20%。

［例 7－8］（含有非线性衍生证券的证券组合 VaR 计算实例）再考虑前面例 7－6 的组合保险的例子。其中，证券组合是由 S&P500 市场指数基金和 3 个月看跌期权组成。为了计算 VaR，对样本区间$[0,t]$中的每一个 τ，令 $R_{s,\tau}$ 为股票 S_τ 的日收益率，我们可以计算明天股票模拟价格的变化为：

$$R^v_{s,\tau}=S_{\tau+1}-S_\tau=S_\tau R_{s,\tau}$$

给定明天股票模拟价格的分布，可以根据 Black-Scholes 模型计算明天看跌期权的价格变化：

$$R^v_{f,\tau}=f_{\tau+1}-f_\tau$$

最后，计算证券组合价值的变化及其分布：

$$\Delta V_{t,\tau}=N_sR^v_{s,\tau}+N_fR^v_{f,\tau}$$

使用 2021 年 S&P500 日收益率数据，我们计算 99%、1 天的 VaR 值为：VaR＝13.31mil 美元。这个数据比例 7－6 得到的 VaR 值小得多。这是因为在本例中 2021 年 S&P500 仅有 251 个日收益观测数值。这意味着 1%最低百分位数是第 3 个最负的收益率数值。由于仅有 2 个低于该数值的观测值，这样计算的 VaR 数值并不可靠，也就是说存在很大的标准差。另外，2021 年美国股市呈震荡上行的行情，因此，根据 2021 年 S&P500 日收益率数据计算的 VaR 值反映的是市场没有任何实质性利空的收益率的情况（本例采用的数据来自 CSMAR 数据库）。

二、可变方差正态分布收益率情况下 VaR 的计算

（一）基本思路

独立同分布正态收益率的假设使 VaR 的计算非常方便，但在实际中满足这个假设的情况

并不多，但有些情况，收益率仍然服从正态分布，只是分布的均值与方差随时间变化。在这种情况下，为计算风险头寸的 VaR，只要能够估计或预测下一个分析区间内风险头寸变化的均值与标准差，就可以按式(7－7)计算 VaR。这样，我们不但可以放松独立同分布假设，同时也保持“正态收益率”的灵活性。

在实际中，有许多证据证明，资产收益率的分布参数是随时间变化的。

如果我们取欧元对美元的汇率收益率为分析对象，其方差估计量的均值为：

$$\sigma_{M,t}^2 = \frac{1}{90}\sum_{\tau=1}^{90} R_{M,t-\tau}^2$$

取一定的分析区间，可以画出方差的估计量随时间变化图，如图 7－3 所示，可以看到，方差的估计量随时间大幅变动。

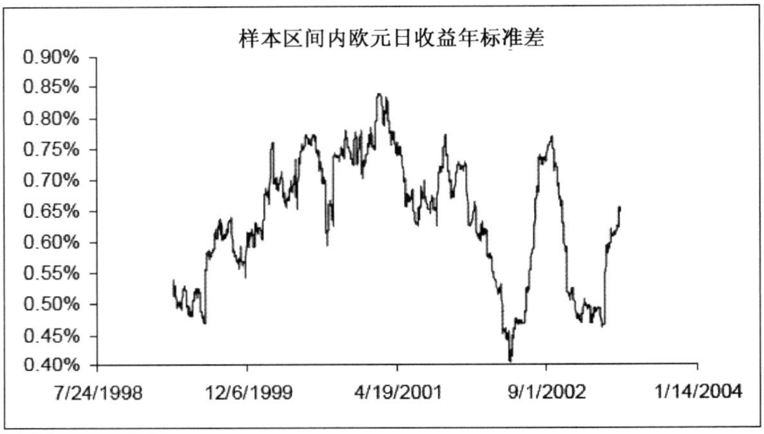

图 7－3　方差随时间变化

下面介绍的几个模型，其收益率仍然服从正态分布，VaR 的计算与前面相同，唯一不同的是均值与方差随时间变化。

(二)简单移动平均法

简单移动平均法是利用证券收益率最新一段时间数据，通过计算收益率平方的平均作为收益率方差的估计值。

设分析区间为$[0,T]$，取 n 个样本点，第 t 个样本点证券 i 的收益率记为 $R_{i,t}(t=1,2,\cdots,n)$，则收益率方差的估计值为：

$$\sigma_{i,t}^2 = \frac{1}{n}\sum_{t=1}^{n} R_{i,t}^2 \tag{7－24}$$

在这种情况下，要在估计的精度与使用时间之间寻求平衡。使用距现在较长时间的数据可能与明天收益率标准差的估计无关，使用较少的数据却可能降低估计的精度。

类似地，两个资产之间的相关系数也是随时间而变化的。如考虑两个证券(i,j)收益率之间的相关系数为：

$$\rho_{ij,t} = \left(\frac{1}{n}\sum_{t=1}^{n} R_{i,t}R_{j,t}\right)/(\sigma_{i,t}\sigma_{j,t}) \tag{7－25}$$

同样，它是随时间而变化的。

(三)风险测度(Risk Metrics)方法:指数加权法

简单移动平均法预测将来易变性存在的问题是:对所有的观测值给予相同的权重,对看似与预测明天易变性无关的3个月前的数据也给予同样的权重。

风险测度方法是一种给予各观测值不同权重的方法,最近的观测值给予更大的权重。特别地,J. P. Morgan给出了下列的平均数:

$$\hat{\sigma}_{i,t}^2=\frac{\sum_{\tau=t_0}^{t-1}\lambda^{t-\tau}R_{i,\tau}^2}{\sum_{\tau=t_0}^{t-1}\lambda^{t-\tau}} \tag{7-26}$$

这里,t_0为样本的第一期,对于日数据,取$\lambda=0.94$;对于月数据,取$\lambda=0.97$。

当样本数量为无穷大时,上述公式变为:

$$\hat{\sigma}_{i,t+1}^2=(1-\lambda)R_{i,t}^2+\lambda\hat{\sigma}_{i,t}^2 \tag{7-27}$$

这说明明天收益率方差的预测值为今天收益率方差的预测值与今天实际收益率平方的加权平均和。

类似地,风险测度可以使用同样的程序计算相关系数。事实上,协方差的估计为:

$$\hat{\sigma}_{ij,t}^2=\frac{\sum_{\tau=t_0}^{t-1}\lambda^{t-\tau}R_{i,\tau}R_{j,\tau}}{\sum_{\tau=t_0}^{t-1}\lambda^{t-\tau}}$$

同样,当样本数量为无穷大时,上述公式变为:

$$\hat{\sigma}_{ij,t+1}^2=(1-\lambda)R_{i,t}R_{j,t}+\lambda\hat{\sigma}_{ij,t}^2 \tag{7-28}$$

之后,可根据协方差、方差的估计值求相关系数。

(四)GARCH模型方法

GARCH模型是广义的自回归条件异方差模型(ARCH模型),是计量经济学中的一种重要方法,广泛应用在时间序列分析中。ARCH模型家族非常庞大,对ARCH模型的深入了解,请参考有关计量经济学书籍,这里简单介绍GARCH模型在资产收益率时间序列中方差预测的应用。

最常用的模型是GARCH(1,1),其模型的基本结构为:

$$\sigma_{i,t+1}^2=a+b\sigma_{i,t}^2+cR_{i,t}^2 \tag{7-29}$$

其中,$R_{i,t+1}\sim N(\mu_i,\sigma_{i,t+1}^2)$为证券$i$在$t+1$时刻的收益率,$\sigma_{i,t}^2$为证券$i$在$t$时刻收益率的方差。

我们可以利用式(7-29)预测证券收益率的方差,然后再利用VaR的计算公式计算VaR。

第六节 市场风险的管理方法

根据市场风险的含义与特点,市场风险是价格风险,是一种总风险,它既具有系统风险的特征,也具有非系统风险的特征。针对市场风险的特点,其管理有以下多种方法。

一、分散化投资方法

由于市场风险具有非系统性风险的特征，因此可以采用组合投资的方法分散一部分市场风险。这种方法的基本原理是组合投资的基本理论，此方法也是基金等机构投资者管理市场风险的主要方法之一。

根据投资组合的基本理论，通过多元化投资，可以有效分散非系统风险，因此分散化投资是降低风险的有效方法。例如开放式基金在投资时，在现金、国债（企业债）、股票之间按一定比例分配资金，构成投资组合，其目的之一就是控制市场风险。

分散化投资的核心内容是投资比例的确定，确定的方法主要有定性方法和数量化方法两种。定性方法是根据证券分析师的经验构建和调整证券组合中各证券的比例关系。尽管已经出现了定量化的方法，但大多数组合管理者仍习惯于采用这种传统的方法。数量化分析方法是运用数学规划模型，通过定量化的方法求解证券组合中各证券的最佳比例关系。目前，这种方法已经越来越受到重视。

二、价值分析法

价值分析法也是控制市场风险的主要方法。价值分析可以判断证券的合理价位，评估证券的投资价值：如果证券的市场价格低于证券“内在价值”，也就是说，当证券价值被市场低估时，买进证券出现亏损的概率较小，市场风险就小。

价值分析法的核心是证券内在价值的确定，方法很多，如市盈率法、现金流贴现法等，然而要想确定证券的内在价值不是一件容易的事，需要投资者对宏观经济、行业发展以及公司的经营状况有全面深入的了解。

三、应用金融衍生品管理风险的方法

由于市场风险具有系统风险的特征，因此，用于系统风险管理的方法都可以用于市场风险的管理。系统风险管理的主要方法是应用金融衍生品，所以，本书前面所介绍的方法都可以应用在市场风险的管理中。这里仅介绍金融衍生品管理市场风险的基本思路。

金融远期合约管理市场风险的主要目的是锁定证券的价格，其基本思路是：如果投资者是为了防范价格上升的风险，他可以购买金融远期；如果是为了防范价格下降的风险，投资者可以出售金融远期。使用金融远期合约管理市场风险的主要风险是远期合约交易对手的信用风险，因此，在防范市场风险的同时也要注意信用风险。对于远期合约交易对手信用风险的防范，可以参考第三章的内容。

应用金融期货合约管理市场风险的主要方法是套期保值法，是指在现货市场某一笔交易的基础上，在期货市场上做一笔价值相当、期限相同但方向相反的交易，并在期货合约到期前对冲，以期货的盈利（亏损）弥补现货亏损（盈利），以达到套期保值的目的。套期保值的基本原理是同一品种的商品，其期货价格与现货价格受到相同因素的影响和制约，虽然波动幅度会有不同，但其价格的变动趋势和方向有一致性。因此一旦保值者在期货市场上建立了与现货市场相反的头寸，则无论市场价格朝哪个方向变动，均可避免风险，实现保值。金融期货套期保值一般有空头套期保值、多头套期保值等。套期保值的主要风险是基差风险。

应用金融互换合约管理市场风险的主要方法是通过交易双方在未来某一确定时间内交换一系列现金流的方法实现的。如果预计股票组合的价值在未来一段时间内下跌，我们可以通过股票组合与债券组合现金流的互换减少股票组合价值的损失，同时不出售股票组合；如果预计汇率变化给投资者造成损失时，可以利用货币互换将其外汇支出锁定。

应用金融期权合约管理市场风险的基本思想是：如果预计某证券的价格将上涨，为了减少价格上涨带来的成本增加，可以买入该证券的看涨期权；同样，如果预计某证券的价格将下跌，为了减少价格下跌带来的损失，可以买入该证券的看跌期权。另外，可以利用多个金融期权和标的资产对金融期权的交易进行套期保值，具体内容参考第六章。

四、制度化风险管理方法

制度化风险管理方法就是制定规章制度及检查监督制度防范风险的方法，这种方法是实践中最常用和最有效的方法之一。在证券投资过程中，通过制定规章制度，根据市场条件与环境选择投资品种、控制仓位、制定止损与止盈点、选择合适的投资方法（如分批建仓、低位补仓、股票债券在规定的情况下相互转换）、及时进行检查监督等方法，降低市场风险。对于股票主动投资策略的市场风险管理，一般在研究的基础上进行以下风险管理：

1. 建立投研框架

（1）基本框架

从宏观、中观入手进行策略选择。宏观上，考虑长期因素（技术、人口、制度变迁）、周期性因素（增长—通胀组合下的投资时钟）、股票市场整体特征（流动性、整体估值、市场政策）等因素；中观层面，考虑产业景气度、风格板块估值、市场主题热度等因素。

（2）大类策略框架：多策略综合运用

可选的大类策略有：自下而上选股型策略：价值型、成长型、GARP、PB/ROE；自上而下宏观驱动的配置策略：MVPCT 择时、投资时钟；风格策略：动量与逆向、大小盘轮动、成长价值轮动、弱周期轮动、主题驱动；事件驱动策略：政策、主要股东增减持。

（3）个股研究

个股研究的要求是：覆盖面广，对重点标的研究深，跟踪紧密。覆盖面广才能支撑多策略实现，各种风格股票都要研究跟踪；重点标的影响大，要理解透，钉得住。重点持仓和可能重点投资的品种，对组合业绩影响大；要做到策略的相对收益，就要将影响组合业绩的重点标的和影响市场指数表现的重点股票进行全面跟踪和全面覆盖，使市场的全貌和变化在自己的掌握之中。

2. 构建投资组合

（1）组合构建策略

投资组合的构建有两种方法：一为多元均衡配置，二为动态多元策略轮动。

多元均衡配置是考虑在不同维度上的均衡，可以是风格均衡（如成长风格与价值风格的均衡、大中小市值维度的均衡等）、行业均衡（周期性行业与稳定性行业的均衡）、驱动因素均衡（组合的驱动力来源可以是宏观景气驱动，也可以是某个投资主体相关的因素）。均衡配置下，由于组合的分散度较高，在策略配置上不激进，风格可能不够鲜明，整个组合的风险收益特征可能与所跟踪的指数较为接近，这样就需要进行个股优选以增强阿尔法。在构建组合时应偏向于选择质量高、低估值、低预期、GARP、长期高天花板的公司。

动态多元策略轮动在有明显获得超额收益的机会时适用，如 2013—2015 年的 TMT 主题投资及 2014 年下半年的证券、2015 年中的航空、2016 年以来的白酒。动态多元策略轮动很难有体系性的结构化投资框架，更多依据具体的投资场景来判断。

(2)构建选股关注点

关注股票的质量因子，如ROE/ROIC、负债率、现金流等指标，这些指标直接反映公司质量的好坏，当个股的这些指标不够好时需慎重投资。

对机构抱团品种要慎重，由于机构的资金量巨大，如果选择投资机构抱团的股票，大概率是在山顶买入，并且由于存在信息不对称，若未进行充分研究，这类股票买入、卖出的时机很难把握，风险事件发生时机构的抛售还会造成踩踏风险。

3. 进行仓位管理

在均衡配置策略下，一般品种的仓位应在1%以下，重点投资品种在1%～3%，把握很大的品种可以到5%左右，保证组合的均衡和分散。在大幅偏离策略(动态多元策略轮动)下，个股投资比例上限可以提升至10%。

4. 进行策略检视

不同市场环境下选择不同的策略，判断信心强时，进行较大程度偏离；判断信心不强时，进行均衡配置。配置策略为：左侧布局，右侧跟随，即在市场行情接近底部时，进行投资布局(左侧布局)，在市场行情由底部开始上升时，进行投资跟进(右侧跟随)。

5. 跟踪风险指标

以静态的多策略构建初始组合，根据市场判断适度调整策略比例。检查对指数的偏离，对重要行业的偏离要深入论证，持续跟踪。检查组合风格特征，思考是否符合市场趋势。

重仓股控制持仓比例，检查股价重要风险，控制投资的行业、风格均衡。非重仓股通过充分分散化，保证阿尔法在概率上能够实现。原则上不对个股的下跌做纯技术止损。

本章案例

A资管机构的定增策略与风险管理

定向增发在折价发行与流通中存在巨大的利润空间，同时面临一定风险。本案例通过A资管机构参与定增策略的过程，分析资管机构管理该类投资风险的方法与效果。

一、定向增发及投资风险

(一)定向增发的目的

定向增发是指上市公司采用非公开方式，向特定对象发行股票的行为。上市公司定增主要有以下目的：引入战略投资者；进行项目融资，为公司培养新的利润增长点；进行股权激励、股权争夺等。

2020年2月14日，证监会发布《上市公司证券发行管理办法》《上市公司非公开发行股票实施细则》，规定发行折价率由原来的9折下降为最低8折，参与竞价投资者有6个月的锁定期。因此，资管机构参与定增有6个月的锁定期。

(二)定向增发投资的风险

“折价”伴随未来锁定期的不确定性，即一方面，定增享受折价，增加收益；另一方面，定增带有锁定期，牺牲流动性，未来股价不确定，面临较大的市场风险。A资管机构如果参与上市公司定增，如何防范股票的市场风险？

定增投资的收益来源主要有：

1. 折价收益

定向增发的发行价一般低于市价，折价增厚了安全垫。

2. α 收益（个股成长收益）

α 收益主要来自企业的内生性发展，如公司营利能力增强、公司治理结构改善、财务健康、内在价值提升后所获取的收益。

3. β 收益（市场波动收益）

这一部分收益来源于市场的博弈，虽然市场波动存在不确定性因素，但折扣收益又为市场波动提供保护。

定增收益＝折价收益＋个股收益 α ＋系统收益 β。

定增的收益主要来自折价收益和锁定期内二级市场的涨幅。

上述收益因子也是定向增发的风险因子。

二、定增投资策略及实施效果

（一）定增投资策略

A 资管机构进行定增投资的策略为：从发展前景和估值水平两个角度出发，通过定性和定量分析相结合的方法评价定向增发项目对上市公司未来价值的影响。结合定向增发一、二级市场价差的大小，理性做出投资决策。在严格控制投资组合风险的前提下，对行业进行优化配置和动态调整。

（1）采用定性分析方法进行价值挖掘。在充分分析与评价上市公司面临的市场环境及现有业务环节、竞争优劣势的基础上，从定向增发的目的、发行对象、项目类别等角度，多层面分析定向增发项目可能对上市公司产生的影响，预测上市公司在完成定向增发项目后能够获得的资源质量、能够达到的经营状态以及能够实现的竞争优势等。

（2）在定性分析的基础上，采用定量分析的方法筛选具有较好投资价值的定向增发股票。通过分析定向增发项目公司的估值、成长性、现金流等指标，筛选出成长性确定、现金流量状况良好、营利能力和偿债能力较强但价值相对被低估的公司，作为备选定向增发股票。再将定向增发对上市公司的影响量化为对财务指标的影响，预测定向增发公司未来在资产结构、运营效率、营利能力等方面的动态变化趋势。将上市公司估值水平与市场整体估值水平、行业估值水平、主要竞争对手估值水平进行比较，综合评价成长能力与估值水平。

（3）经过严格的定性分析和定量分析，最终确定股票投资组合，并适时进行投资组合调整。

（二）实施效果及风险管理

1. 实施效果

2017 年 2 月监管层发布再融资新规，对发行价格、发行规模和发行节奏提出明确要求。此后，叠加市场进入漫漫下跌路，定增投资收益的不确定性增加，定增项目成了“鸡肋”，这些产品 2017 年出现亏损。

2. 策略风险管理的缺陷

限售期内持有股票必然面临股票价格的波动风险。定增收益依赖于折价收益和大盘走势。分散化会降低投资组合的风险,可以防范个体风险,但对市场波动往往无可奈何,不能抵御市场系统性风险。

三、定增量化对冲基金效果

既然组合投资不能防止市场下跌的净值下降,部分机构创设定增量化对冲基金,以规避组合基金不能对冲系统风险的缺点。

A 资管机构在参与定向增发时,选择性地参与多只定向增发的股票,构建现货组合分散非系统性风险,并采用股指期货等金融工具对冲系统性风险,从而锁定收益、减小风险。这种策略可以是"定增+期指""定增+融券"的对冲模式。

某公司在这类产品的宣传中提到:××定增主题对冲投资基金的核心优势是用对冲工具管理市场风险,剥离掉不确定性市场波动,抓住折价收益和成长性收益这些确定性的收益,从而达到攻守兼备的效果。在定增组合足够分散的情况下,六七只股票就能复制市场 80%~90% 的波动,然后用对冲工具进行对冲,防范系统性风险。

这种策略的不足在于:构建的现货组合不能完全分散非系统性风险(仅能复制市场 80%~90%的波动),在此基础上的对冲是不完全对冲,在市场下跌过程中会有部分风险敞口。

四、"定增+量化配平+对冲"策略

针对定增量化对冲的对冲性不足的缺点,如果采用定增多票组合,再通过量化配平,构建一个与所使用的对冲指数几乎完全相关的组合,各类风险敞口尽可能小,再用股指期货对冲,则可以在规避底仓波动的情况下实现定增组合折扣收益。于是,"定增+量化配平+对冲"策略应运而生。

(一)基本策略

基于定增"安全垫",通过"量化+"的方式对定增策略进行"再组合",通过资产配置组合平滑传统定增纯多头组合的波动,进一步对冲、降低整体组合投资的风险。通过对冲,将定增的折扣从组合 Beta 中部分剥离出来,使投资者获得定增股票的折扣,而较少承担底仓的波动,见图 7-4。

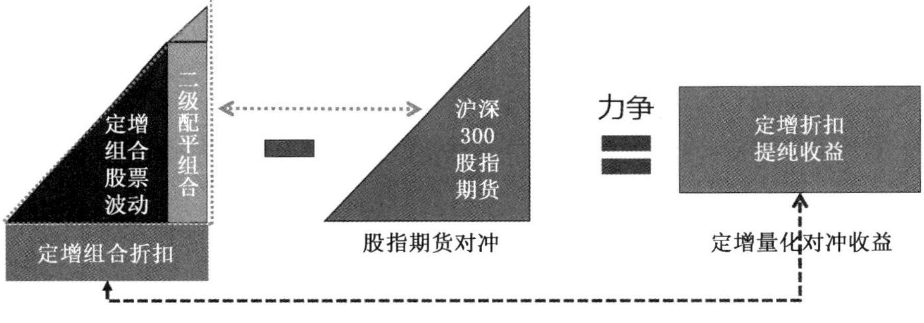

图 7-4 "定增+量化配平+对冲"策略示意图

目前这个策略的主流产品期限是 18 个月,基本可以覆盖两轮定增周期。

(二)具体步骤

1. 构建定增组合

首先,通过基本面量化筛选定增股票。用量化的方法对定增股票池进行初步筛选,力争剔除存在财务造假风险或报表结构不健康、未来业绩可能变脸的标的,保证客户可以赚取真实可靠的定增折扣收益。使用的指标主要包括分析师下调指标、业绩预亏指标、限售股解禁指标、预测亏损指标、监管警示指标。

其次,比较股票预期收益,量化优选定增股票。基于"定增股票收益=股票预期收益率+定增折扣收益(即定增发行价相对于发行日股票二级市场价格的折价率)",通过比较股票预期收益,确定每个定增项目有吸引力的折扣应当处于何等水平,并以该折扣报价。

经过上述流程,构建定增多票组合(30 只股票)。

2. 构建配平组合

根据选出的定增组合,精选个股构建配平组合,力争使"定增组合+风险配平"这个二级组合在市值、行业等与要对冲的股指期货的指数大致相符,最大程度对冲定增组合底仓波动,从而部分剥离定增股票的折扣 Alpha。

3. 股指期货对冲

对冲交易简单地说就是盈亏相抵的交易。对冲交易即同时进行行情相关、方向相反、数量相当、盈亏相抵的交易。考虑到中证 500 股指期货(IC)贴水较深、成本较高,考虑到上证 50 股指期货(IH)风格极端、对市场整体跟踪效果一般,本策略拟采用沪深 300 股指期货(IF)进行对冲操作(最终情况请以产品合同约定的策略为准),见图 7-5。

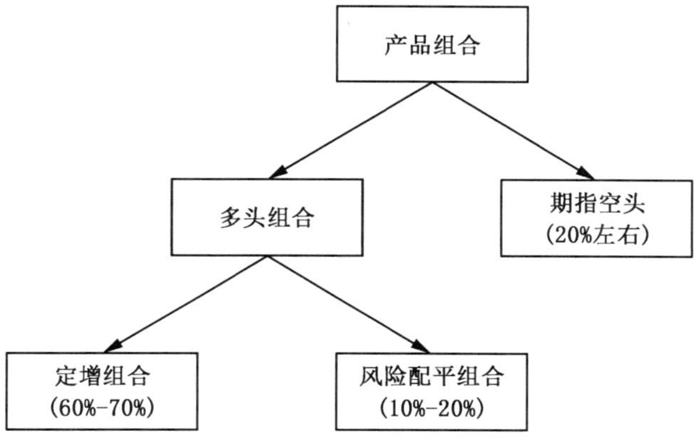

图 7-5 "定增+量化配平+对冲"组合示意图

(三)风险管理逻辑与效果

"定增+量化配平+对冲"产品基于定增股票的折扣优势,产品多头仓位会布局定增标的,再利用股指期货组合,力争通过股指空头有效对冲定增组合系统性风险敞口,稳定获得定增组合的折扣收益。

根据该策略投资运作的某基金产品的基本信息如表 7-2 所示。

表 7-2　某"定增＋量化配平＋对冲"基金基本信息

成立时间	产品规模	定增仓位	股指期货	平均折扣	净值(2021—7—22 市值法)
2020—12—28	5.1 亿元	约 60%	沪深 300	82.2%	1.115

产品的风险归因情况如表 7-3 所示。策略多头由定增组合和风险配平组合两部分构成，多头持仓部分没有明显的波动率、流动性、动量、杠杆、成长、营利、估值和大小盘偏好，产品策略多头的配平效果明显。

表 7-3　某"定增＋量化配平＋对冲"基金风险归因结果

风险因子	因子涵义	风险敞口
非线性市值	通常代表中盘股	0.19
Beta	股票相对于整个股市的价格波动情况	—0.19
波动率	价格波动程度	0.01
流动性	交易活跃程度	0.09
动量	过去一段时间相对强势与弱势股票的收益差异	—0.03
杠杆	资产负债率	0.09
成长	销售或盈利增长	0.06
营利	营利能力、现金收益等	0.06
估值	市净率	0.01
市值	大盘股和小盘股之间的收益差异	—0.36

总收益＝定增折扣收益＋配平后组合收益＋基差波动。从净值走势可以看出，策略整体保持权益敞口中性，策略的主要收益来源为定增股票折价，市场 BETA 对冲效果较为稳定，见图 7-6。

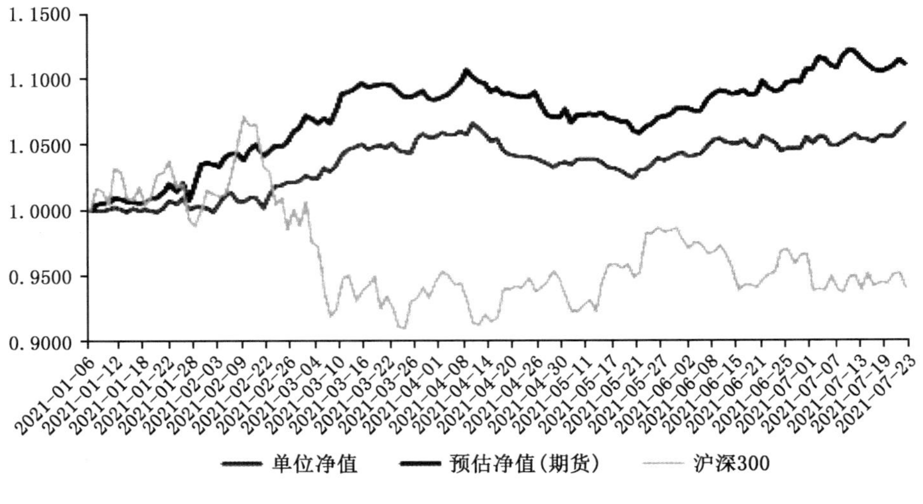

图 7-6　某"定增＋量化配平＋对冲"基金净值走势图

本章小结

金融工程的主要目的是管理金融风险。本章主要介绍市场风险计量与管理的主要理论与方法。

市场风险是指由于市场各种因素变化引起资产价格的波动而导致投资者亏损的可能性。一种观点认为市场风险是总风险,另一种观点认为是系统风险。本书倾向于市场风险是一种总风险的观点。计量市场风险的方法主要有波动性方法、敏感性方法及 VaR 方法等多种,本章主要介绍 VaR 方法。VaR 的含义是指一个风险暴露的头寸,在未来一段时间内,以一定的概率损失的最大值。

计算 VaR 的方法有多种:第一种是独立同分布正态收益率的 VaR 计算,包括单一证券 VaR 计算、证券组合 VaR 的计算、边际 VaR 的计算、连续复利正态分布收益率情况下 VaR 的计算。第二种是含有非线性衍生品组合的 VaR 计算,包括 Delta 方法和 Delta－Gamma 方法。第三种为非独立同分布正态收益率下的 VaR 计算,包括应用历史收益率密度计算 VaR、可变方差正态分布收益率情况下 VaR 的计算等。

市场风险管理的方法主要有制度化风险管理、分散化投资、价值分析、金融衍生品管理风险等。

关 键 词

市场风险(Market risk)　　波动率方法(Volatility method)
敏感性方法(Sensitivity method)　　VaR
边际 VaR(Marginal VaR)　　可变方差(Variable variance)
历史收益率密度(Historical yield density)　　GARCH 模型(GARCH model)
分散化投资(Diversified investment)　　价值分析(Value analysis)
制度化风险管理方法(Institutionalized risk management method)
金融衍生品管理风险(Financial derivatives management risk)

思考与练习

1. 什么是市场风险? 你对市场风险是如何认识的?
2. 市场风险具有什么特点?
3. 市场风险计量的一般方法是什么? 各种方法的理论基础和应用范围是什么?
4. 什么是 VaR? VaR 在应用时应注意哪些问题?
5. 在独立同分布正态收益率条件下,单一证券与证券组合的 VaR 如何计算?
6. 什么是边际 VaR? 如何计算边际 VaR?
7. 在连续复利正态分布收益率条件下,VaR 如何计算?
8. 如何计算含有非线性衍生品组合的 VaR?
9. 在非独立同分布正态收益率条件下,VaR 有几种计算方法? 各种方法有何特点?
10. 可变方差的正态分布收益率条件下,VaR 有几种计算方法? 各种方法有何特点?

11. 设一个投资者投资证券 A,100 万美元,证券 A 的日收益率服从正态分布,其均值与标准差分别为 0.5%和 0.6%。求该投资者持有证券 A 的 99%,24 小时的 VaR。

12. 设一个投资者购买证券 1 000 万欧元,当时的汇率为 1EU=1.564USD,同时购买 1bil 日元,汇率为 1J￥=0.007 629USD,欧元与日元汇率日收益率分别服从正态分布,其均值为 0,标准差分别为 0.6%和 0.67%,欧元与日元汇率日收益率的相关系数为 0.653 9。求该投资者持有证券组合的 99%,24 小时的 VaR。

13. 设一个证券组合价值的日变化量是两因子的线性函数,该证券组合对第一个因子的 Delta 系数为 6,对第二个因子的 Delta 系数为−4,两因子分别服从正态分布,其均值为 0,标准差分别为 20 和 8,两因子相互独立。求该证券组合 5 日的 99%的 VaR。

14. 假设某投资者在法兰克福市场上投资 1 000 万欧元的指数基金,设欧元汇率的日连续复利收益率为 Y_M,当时的汇率为 1EU=1.564USD,法兰克福市场的日连续复利收益率为 Y_S,假设 Y_M 和 Y_S 服从正态分布和联合正态分布,其均值和方差分别为:$\mu_M=\mu_S=0$,$\sigma_M=0.6\%$,$\sigma_S=2.61\%$,它们的相关系数为:$\rho_{MS}=-0.6$。求该投资者持有证券组合的 99%,24 小时的 VaR。

15. 假设 S&P500= 936,三个月看跌期权(执行价 $K=930$)的价格为 $ft=36$ 美元,无风险收益率 $r=5\%$,标的物的红利收益率为 0,年隐含的收益率波动性 $\sigma=24\%$。用 Delta-Method 求一个投资在 S&P500 市场指数上 10 亿美元的养老基金和由 3 个月看跌期权保险策略构成组合的 99%,24 小时的 VaR。

参考文献

1. 王明涛.金融风险计量与管理[M].上海:上海财经大学出版社,2008.

2. 约翰·赫尔著.期权、期货及其他衍生产品(第 7 版)[M].王勇、索吾林译.北京:机械工业出版社,2011.

3. 王明涛,王凯涛.资产管理中的风险管理[M].上海:上海财经大学出版社,2023.

4. 尹常玲,方雯,张莉莉.金融工程(第二版)[M].北京:清华大学出版社,2021.

5. 李淑锦.金融工程学[M].杭州:浙江大学出版社,2019.

6. 方杰,李杰辉.金融工程学[M].厦门:厦门大学出版社,2022.

7. 郑振龙,陈蓉.金融工程(第五版)[M].北京:高等教育出版社,2020.

第八章

利率风险的计量与管理

引言

利率风险是金融市场中一类重要的风险，各种证券的价值都受到利率风险的影响，尤其是固定收益证券。利率风险有自己特有的计量方法与管理方法。

第一节 利率风险概述

一、利率的基本概念与分类

（一）利率的含义

利率，即利息率。利息是资金的借入者在所借用资金期满后偿还贷款者的资金中超出原借入金额的那一部分。利率是资金的价格，是单位时间内利息与本金的比率，是借款人在单位时间内融资的成本或贷款人投资的收益率。

如果用 r 表示利率，I 表示利息，Q 表示借出额，则有：

$$r=\frac{I}{Q} \tag{8-1}$$

利率和利息额成正比，与借出额成反比。利率一般用年化利率表示。

（二）利率的分类

利率有多种分类，主要的有以下几种：

1. 固定利率与浮动利率

固定利率是指在整个贷款期内利率不随供求关系变化，是固定不变的；浮动利率是指在贷款期内利率随市场的变化而定期调整。

2. 短期利率与长期利率

长期利率一般是指借贷期限超过 1 年的利率，短期利率是指借贷期限不满 1 年的利率。

3. 即期利率与远期利率

即期利率是指现在到某个给定时点上的借款利率，也是无息债券的到期收益率，是与一个即期合约有关的利率水平。远期利率是指未来两个时点之间的利率水平，可以看作与一个远期合约有关的利率水平。远期利率相当于将来某个时点开始的、一定期限内的借款利率，也就是将来的即期利率。

二、利率风险的定义与影响因素

(一)利率风险的定义

利率风险是指由于利率的变动给投资者带来损失的可能性，或是指由于预期利率水平和到期时的实际市场利率水平产生差异而给投资者带来损失的可能性。

如果预期利率水平高于到期时的实际利率水平，在借入资金的条件下，有可能预先确定较高的偿还利率水平，从而造成利率风险；同样，在贷出资金条件下，对预期利率的高估会使到期资金的实际收益价值降低，增大了机会成本。

要形成利率风险必须存在下列条件，即利率风险的形成要素：

1. 借贷关系的发生

利率是资金的价格，这种价格只有在资金借贷活动中才能得以体现。也就是说，利率是资金借贷活动的产物，利率风险只有在借贷关系发生时才有产生的可能；如果没有借贷关系发生，就没有利率风险的问题。

2. 利率的波动

利率的波动是产生利率风险的前提。如果没有利率的波动，就没有预期利率与实际市场利率的差异，也就没有利率风险了。

3. 利率预期与到期市场利率的差异

只有当利率预期与到期实际利率产生差异时，才能产生由于这种差异而形成损失的可能性。如果利率预期是准确的，它与市场实际利率完全吻合，也就没有利率风险了。因为风险是在不确定的情况下产生的，十分确定的情况是涉及不到风险问题的。但在实际中，无论预先考虑得多么周到细致，最后结果总是与实际市场利率发生差别，总有风险存在，只是有大小不同的区别而已。因为预期中包含有很大的主观因素，加之客观经济运行受多种因素的综合作用，运行中出现难以预料的情况也属正常情况。因此，所有的利率风险都由利率预期与到期市场实际利率不一致而产生的。

(二)利率风险的影响因素

根据利率风险形成的条件，影响利率风险的一般因素有：

1. 借贷资金的供求状况

在金融市场上，借贷资本是作为商品的资本，服从市场的供求规律；当市场上借贷资本供应紧张时(即供不应求)，利率会向上浮动，使借贷资金的成本增加，从而限制对借贷资本的需求，使供求关系在高于基本利率水平上达到均衡；当借贷资本供应宽松时(即供大于求)，利率会降低。

2. 社会经济运行状况

在经济运作过程中，由于客观规律的作用和各种主观因素的影响，总是呈现一定周期性。在经济运行周期性的不同阶段，无论是借贷资本的供给还是需求都会发生很大的变化，从而引起市场利率的波动。

3. 通货膨胀率

在纸币流通的货币制度下，就有产生通货膨胀的可能，通货膨胀的最终结果引起物价上涨，物价上涨的结果必将引起纸币贬值，纸币贬值将给货币持有者带来损失，借贷资金也不例外。为了弥补这种损失，贷款人就可以通过提高利率的手段来进行。由此看出，物价上涨不仅会给借贷资本金造成损失，还会使正常利息额的实际价值下降，造成利息贬值。为了保证实际利息不贬值，利率的升降既要考虑物价上涨对本金的影响，又要考虑对利息的影响。一般来说，上升幅度的大小会与物价上涨幅度相一致。这既决定于现实上涨率，又决定于对通货膨胀率上涨水平的预期。

4. 税收政策

税收政策决定税种的设置和税率的高低。税率水平影响利率水平可以分两个方面：一是存款利率和税率之间的关系，另一个是税率与贷款利率之间的关系。就税率与存款利率而言，税率水平的高低影响实际存款利率的大小，同时存款利率的高低也影响税种的设置和税率的调整。税收比率与存款利率之间的关系为存款利率决定税率，而不是税率决定存款利率。就税率与贷款利率而言，两者之间成反比例关系：当企业税率低时，投资获利的可能性大，机会多，投资兴趣就会增加，引起借款需求增大，在供给不变或供给增加速度与幅度低于需求增加的速度与幅度时会迫使利率向上浮动；相反，当企业税率高时，投资获利的可能性变小，机会变小，投资兴趣会减弱，引起借款需求减少，最终导致利率下降。可见，企业税率与利率之间的关系为税率决定利率，而不是利率决定税率。

5. 国家政策

无论什么性质的国家，也无论哪一种经济，国家都会运用可利用的经济杠杆进行调节，以求得经济平稳发展，其中可运用的经济手段之一就是利率。政府会根据宏观经济政策和经济运行状况，适时适度调整利率水平。这种调整可以直接操纵利率的升降，也可以通过其他手段间接达到提高或降低利率的目的。

6. 国际利率汇率水平

开放型经济是当今世界经济的一个突出特点。国际市场逐步形成，国际联系日益加强，所以国际利率水平及其变动趋势对本国利率水平具有很强的“示范效应”。国际利率水平的传导对本国利率水平的影响，引起利率变动的频率和幅度也呈扩大趋势。汇率对利率的影响如下：当外汇汇率上升、本币贬值时，国内居民对外汇的需求就会降低，从而使本币由紧张变为充裕，国内利率于是趋于稳定，并在稳定中逐步下降；相反，当外汇汇率下跌、本币升值时，国内居民对外汇的需求就会增加，本币供应由相对充裕变为相对紧张，从而使国内市场上的利率上升。

(三)利率风险的特点

了解利率风险的特点是利率风险管理的前提与基础。利率风险一般具有如下特点：

1. 利率风险属于市场风险

利率风险是利率变动给投资者造成损失的可能性，而这种损失主要反映在利率变动引起的证券价格的变动上，因此应属于市场风险。

2. 利率风险具有系统风险的特征

利率是货币政策的重要工具，也是宏观经济中的一个重要变量。利率变动不仅影响某个证券或某一部分证券的价格，而且影响所有证券价格的变动。因此，利率风险具有系统风险的特征，对利率风险的管理是不能通过分散化的方法进行的。

3. 利率风险是一种因素风险，可以用因子灵敏度法计量

导致价格变动的因素有多种，利率风险可能是引起证券价格变动的一种利率变动因素，因此可以用市场因子灵敏度法计量利率风险。

4. 只有利率敏感性的产品中利率风险才是主要风险

尽管利率风险是一种系统风险，但利率对各类证券的影响程度是不同的，有些证券对利率的变化不敏感，而有些证券对利率的变化则十分敏感，只有利率敏感性的产品中利率风险才是主要风险。利率敏感性产品主要包括债务类产品，如各类存贷款产品、国债、企业债、商业票据等。

第二节　利率风险的计量

利率风险是一类特殊的风险，它的计量不同于市场风险，有其特殊性。根据利率风险的定义与特征，利率风险计量的方法主要有以下几种。

一、利率风险计量的一般方法

根据利率风险的一般特点，利率风险是一种因素风险，它主要反映由于市场利率变化对证券价格的影响程度，因此，利率风险计量的一般方法可用下式表示：

$$\Delta P/P=f(\Delta r)\text{或 }\Delta P=f(\Delta r) \tag{8-2}$$

其中，ΔP，P 为证券的价格及其变化；Δr 为利率的变化；f 为某一函数关系，可以是线性的也可以是非线性的。

二、久期计量法

(一)久期的定义

久期又称存续期，是以现金流量剩余期限用现值加权平均数形式计算债券的平均到期期限，是衡量债券持有者在收到现金付款之前平均需要等待的时间，一般以年表示。久期也是指债券的到期收益率变动一定幅度时债券价格变动的比例，反映了债券价格对利率的敏感性。

(二)久期的计算公式

1. 久期的一般计算公式

根据久期的含义，久期计算的一般公式为：

$$D=\sum_{t=1}^{T}t\omega_t=\sum_{t=1}^{T}\frac{t\times PV(CF_t)}{\sum_{t=1}^{T}PV(CF_t)}=\frac{\sum_{t=1}^{T}t\times PV(CF_t)}{\sum_{t=1}^{T}PV(CF_t)}=\frac{1}{P}\sum_{t=1}^{T}t\times PV(CF_t) \tag{8-3}$$

其中，D 表示久期，P 表示债券现值或债券价格，CF_t 表示第 t 期的现金流，T 表示距到期日产生现金流的时期数。

式(8-3)也可以写成：

$$D_p=-\frac{1}{P}\frac{dP}{dy} \tag{8-4}$$

当利率为连续复利时,债券的价格为:

$$P=\sum_{t=1}^{T}CF_{t}e^{-yt}$$

根据式(8-4),债券的久期为:

$$D_{p}=-\frac{1}{P}\frac{dP}{dy}=-\frac{1}{P}\sum_{t=1}^{T}(-t)CF_{t}e^{-yt}=\frac{1}{P}\sum_{t=1}^{T}tPV(CF_{t})$$

其中,$PV(CF_{t})=CF_{t}e^{-yt}$。与式(8-3)的结果相同。

根据式(8-2),久期实际上反映了债券价格对利率的敏感性。也就是说,久期是反映市场利率的微小变动对债券价格变动的影响程度;而且,久期越大,单位利率变动引起的债券价格变动越大;反之,久期越小,单位利率变动引起的债券价格变动越小。

[**例 8-1**] 计算一个到期日为$(T-t)$,价格为$Z(t,T)$的零息债券的久期。

解 根据式(8-4),一个到期日为$(T-t)$,价格为$Z(t,T)$的零息债券的久期为:

$$D_{p}=-\frac{1}{P}\frac{dP}{dy}=-\frac{1}{Z}\frac{dZ(t,T)}{dy}=-\frac{1}{e^{-y(T-t)}}\frac{de^{-y(T-t)}}{dy}=T-t$$

因此,零息债券的久期等于其到期时间。

2. 证券组合久期的计算

(1)计算公式

债券投资组合也有相应的久期,其久期为单个久期的加权平均,其计算公式为:

$$D_{p}=w_{1}D_{1}+w_{2}D_{2}+\Lambda+w_{K}D_{K}=\sum_{i=1}^{K}w_{i}D_{i} \tag{8-5}$$

其中,w_i 为投资在债券上的投资比例;D_i 为债券的久期;K 为投资组合中的债券数;D_p 为组合的久期。

(2)推导过程

假设我们有 N_1 个单位的证券 1 和 N_2 个单位的证券 2,构成一个证券组合。Π表示证券组合的价值,则有:

$$\Pi=N_{1}P_{1}+N_{2}P_{2}$$

那么,组合的久期为:

$$D_{\Pi}=-\frac{1}{\Pi}\frac{d\Pi}{dy}=\frac{1}{\Pi}\left(-N_{1}\frac{dP_{1}}{dy}-N_{2}\frac{dP_{2}}{dy}\right)=w_{1}D_{1}+w_{2}D_{2}$$

其中:$w_{i}=\dfrac{N_{i}P_{i}}{\Pi}$是投资在第 i 个资产上的投资比例。

(3)附息债券的久期

一个附息债券相当于若干零息债券的组合,应用证券组合久期的公式,可得到:

$$D=\sum_{i=1}^{n}w_{i}D_{z(t,T_{i})}=\sum_{i=1}^{n}w_{i}(T_{i}-t)$$

其中,$w_{i}=\dfrac{c(T_{i})Z(t,T_{i})}{P(t,T_{n})}$,$c(T_{i})$为债券在 T_i 时刻的债息,$Z(t,T_{i})$为贴现因子。

(三)利率风险的久期计量方法

根据利率风险的一般计量模型和久期的计算公式(8-4),将微分离散化,得出利率风险的久期计量模型:

$$\Delta P/P \approx -D_P \Delta y \text{ 或 } \Delta P \approx -PD_P \Delta y \tag{8-6}$$

由式(8－6)看出，久期是一种风险计量指标，因为在市场利率变化一定的情况下(单位利率变动)，债券的久期越大，债券价格变动越大，利率风险越大；反之，风险越小。从因素模型的角度看，式(8－6)是一个单因素模型，风险因子为市场利率变化，其前面的系数(即久期)即为因素敏感性指标，所以久期是计量利率风险的重要指标。这样，式(8－6)就称为利率风险的久期计量模型。

[例 8－2] 假设一个 5 年期的附息债券，其久期为 4.2 年，你拥有 2 000 万元的这种债券。当利率上升 1 个基点(0.01%)时，你手中债券的价值将下降多少？

解 根据(8－6)式，有：

$\Delta P \approx -PD_P \Delta y = -2\ 000 \times 0.01\% \times 4.2 = -0.84$(万元)

即当利率上升 1 个基点时，债券的价值将下降 0.84 万元。

三、基点价值计量法

(一)基点价值的定义

在实际应用中，交易者经常使用一个相关的利率风险测度指标，即一个基点的价值($PVBP$)。每 100 万美元 $PVBP$ 定义如下：

$$PVBP = -\frac{dP}{dy} = MD \times P \tag{8-7}$$

可见，$PVBP$ 是久期的一个变换指标，它等于久期与债券价格的乘积。从式(8－6)单因素模型看，$PVBP$ 是利率风险因子前面的系数，即因素敏感性指标，所以 $PVBP$ 也是计量利率风险的重要指标。

应用 $PVBP$ 计量的利率风险为：

$$\Delta P = -\Delta y \times PVBP \times \frac{PV}{1\ 000\ 000} \tag{8-8}$$

其中，PV 为债券的面值。

[例 8－3] 假设一个证券组合的 $PVBP$ 是 420，如果该证券组合的价值是 1 000 万美元，那么，当利率上升 1 个基点时该组合的损失是多少？

解 根据式(8－8)，利率上升 1 个基点时该组合的损失是：

$$\Delta P = -\Delta y \times PVBP \times \frac{PV}{1\ 000\ 000} = -1 \times 420 \times \frac{10\ 000\ 000}{1\ 000\ 000} = -4\ 200 \text{(美元)}$$

(二)利率互换的 PVBP

1. 利率互换的价值

根据利率互换定价的内容，利率互换相当于一个固定利率债券与一个浮动利率债券的组合。对于固定支出的一方，其互换的价值为：

$$V_{swap} = B_{ft} - B_{fix} \tag{8-9}$$

其中，V_{swap} 为收入一个浮动利率债券收益、支出固定利率债券收益互换的价值；B_{fix} 为互换中的固定利率债券的价值；B_{ft} 为互换中的浮动利率债券的价值。

也就是说，固定支出的一方出售固定收益债券，得到浮动收益债券。在互换开始执行期，互换价值为0，因为浮动收益债券的价值等于固定收益债券的价值，但当利率变化时，互换价值也发生变化。如果利率上升，固定支出的一方获利(互换价值增加)；如果利率下降，固定支出的一方亏损(互换价值减少)。

2. 利率互换的 $PVBP$

对式(8-9)两边对利率求一阶导数，得：

$$\frac{dV_{swap}}{dy}=\frac{dB_{ft}}{dy}-\frac{dB_{fix}}{dy}=0-\frac{dB_{fix}}{dy}$$

即：

$$PVBP_{swap}=-PVBP_{fix} \tag{8-10}$$

这说明利率互换的 $PVBP$ 等于互换中固定收益债券 $PVBP$ 的相反数。所以，经常将互换的久期看成是一种固定收益债券的久期。

这里，利率互换中浮动收益债券的 $PVBP$ 为0，这是因为：

$$P_f=\sum_{i=1}^{n}\frac{C_i}{(1+r)^i}+\frac{FV}{(1+r)^n}=\sum_{i=1}^{n}\frac{FV\times r}{(1+r)^i}+\frac{FV}{(1+r)^n}$$

$$=FV\left(1-\frac{1}{(1+r)^n}\right)+\frac{FV}{(1+r)^n}=FV$$

$$\frac{dP_f}{dr}=0 \tag{8-11}$$

其中，P_f 为浮动收益债券的价格，FV 为浮动收益债券的面值，r 为浮动利率。

式(8-11)说明，浮动利率债券对利率的变化没有敏感性：如果利率上升，它的债息率上升，贴现率也上升。债息的上升正好平衡了贴现率的上升，结果是浮动利率债券的价值不随利率的变化而变化。

[例8-4]　假设一个利率互换中固定现金流的 $PVBP$ 为420，一个公司在该互换中支付固定现金流，其名义本金为1亿美元。那么，如果利率下降2个基点，该公司是损失还是盈利？其损失(盈利)是多少？

解　根据题意，公司互换的 $PVBP$ 为−420。再由式(8-8)，如果利率下降2个基点，该公司将亏损，其损失为：

$$\Delta P=-\Delta y\times PVBP\times\frac{PV}{1\ 000\ 000}=-(-2)\times(-420)\times\frac{100\ 000\ 000}{1\ 000\ 000}=-8\ 400(\text{美元})$$

四、利率风险的久期凸度计量方法

当收益率变动较大时，应用久期公式计量的利率风险不准确，对风险的防范效果并不好，因为债券的价格不是收益率的线性函数。图8-1说明当收益率变动较大时，久期的线性近似将产生较大的误差。为此，引入利率风险的久期凸度计量模型。

(一)凸度的含义

由图8-1看出，久期代表了“债券价格—收益率曲线”上任一点切线的斜率，在收益率变化很小时，久期可近似地反映债券价格 P 的变动。但是，当收益率变化较大时，久期无法描述利率变动对债券价格的非线性影响。为此，引入一种新的利率风险度量工具——凸度，它体现在债券价格 P 对收益率 y 的泰勒展开式中的第二项：

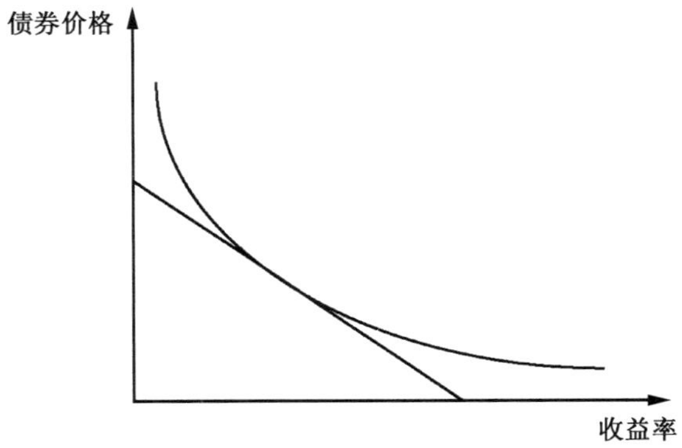

图 8-1　债券的价格与收益率的关系

$$dP=\frac{dP}{dy}dy+\frac{1}{2}\times\frac{d^2P}{dy^2}(dy)^2+\frac{1}{3!}\times\frac{d^3P}{dy^3}(dy)^3+\cdots$$

从考察收益率变动对债券价格变化影响的角度，根据这个泰勒展开式，稍做变化：

$$\frac{dP}{P}=\frac{1}{P}\times\frac{dP}{dy}dy+\frac{1}{2}\times\frac{1}{P}\frac{d^2P}{dy^2}(dy)^2+\frac{1}{3!}\times\frac{1}{P}\frac{d^3P}{dy^3}(dy)^3+\cdots$$

与 Macaulay 修正久期 $DM=-\frac{1}{P}\times\frac{dP}{dy}$ 类似，我们可将凸度定义为：

$$C=\frac{1}{P}\times\frac{d^2P}{dy^2} \tag{8-12}$$

若债券定价公式仍采用本息现金流贴现的形式，则债券的凸性可表示为：

$$C=\frac{1}{P}\times\frac{d^2P}{dy^2}=\frac{1}{P}\times\sum_{t=1}^{T}\frac{t(t+1)CF_t}{(1+y)^{t+2}} \tag{8-13}$$

(二)凸度的性质

凸度具有以下性质：

(1)在票面利率和收益率均保持不变时，债券凸度随着到期日的增加而提高；

(2)到期收益率与久期相同的债券，票面利率越高，债券凸度越大；

(3)到期收益率与久期相同的两种不隐含期权的债券，债券凸度越大，对投资者越有利。

(三)组合的凸度

债券凸度与债券久期一样具有可加性。债券组合的凸度等于各组成债券凸度的加权平均，权重为某组成债券价值占债券组合总价值的比例，有：

$$C_p=\sum_{i=1}^{k}w_iC_i \tag{8-14}$$

其中，C_p 为债券组合的凸度，C_i 为债券 i 的凸度，w_i 为债券 i 的价值占债券组合总价值的比例。

注意：凸度既可能是正的，也可能是负的，要关注一个组合的负凸度。

(四)利率风险的久期凸度计量方法

根据利率风险的一般计量模型和久期凸度的概念，当函数为多项式函数时，此时的模型为利率风险的久期凸度计量模型。

我们仅考虑泰勒展开的前两项，则：

$$\Delta P/P \approx -D\times\Delta y+\frac{1}{2}\times C\times\Delta y^2 \tag{8-15}$$

或：
$$\Delta P \approx -P\times D\times\Delta y+\frac{1}{2}\times C\times P\times\Delta y^2$$

可以看出，凸度是利率变化平方项前的系数，根据因素模型(这里将利率变化平方作为一个风险因子)，凸度应为利率风险的一个计量指标。需要注意的是，凸度一般不能单独用于计量利率风险，而是与久期一起计量利率风险。

[例 8-5]　假设你购买了 1 000 万美元 Ford 公司发行的债券，久期为 5 年，定价为面值($P=100$)。为了防范利率风险，你作为支出固定收益的一方进入互换协议。设互换的名义金额为 1 000 万美元，*PVBP* 为 500。

那么，证券组合(Ford 公司债券的多头与互换协议的空头)的 *PVBP* 为：

$$PVBP=-\frac{dPortfolio}{dy}=-\frac{dFord}{dy}-\frac{dSwap}{dy}$$

$$=-5\times100\times\frac{10\ 000\ 000}{1\ 000\ 000}-(-500)\times\frac{10\ 000\ 000}{1\ 000\ 000}=0$$

也就是说，你可以完全转移利率风险($PVBP=0$)。

如果证券组合的凸度为正，如图 8-2 所示。

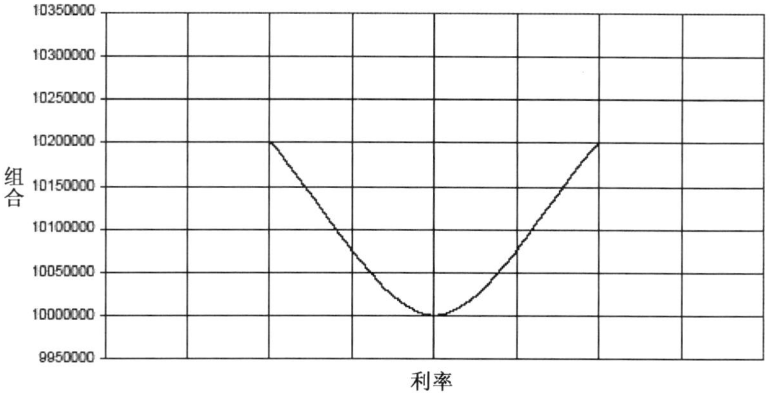

图 8-2　正凸度债券组合

由于组合的价值是利率的函数，因此，对于正凸度的债券组合，当利率发生较大变化时，将使你获得更多财富。

对于负凸度的债券组合，当利率发生较大变化时，你将损失更多财富。这就是为什么要注意固定收益证券负凸度的问题。在 MBS 和可赎回债券中经常遇到负凸度的问题。

五、利率敏感性缺口模型

(一)缺口的含义

缺口是指利率变动使资产和负债的利息收入或支付发生不对称的变化;缺口分析可测定这种利率风险敞口。

根据敏感性资产和负债规模的相对大小,利率敏感性缺口可分为三类:正缺口、负缺口和零缺口。

若缺口为正时,当利率敏感性资产总量大于利率敏感性负债总量时,利率上升将使金融机构的净收入增加,利率下降将使其净收入减少。

若缺口为负时,利率上升使金融机构净收入减少,利率下降反而使其盈利提高。

缺口管理是根据银行的利率敏感性资产和负债之间的差额,来调整资产负债组合以控制银行的利率风险。保守的缺口管理是始终维持零缺口,就是对利率的任何变化都尽可能地使资产收入与负债成本以相同方向和相近比例变化,起到对利率风险免疫的效果。积极的缺口管理,是根据利率未来趋势的预测形成或正或负的缺口。

(二)基于久期缺口的利率风险度量

假设一家金融机构的净市场价值等于其资产价值与负债价格的差额,即:$NV=A-L$;如果市场利率发生变化,则其市场净值的变动为:

$$\Delta NV=\Delta A-\Delta L$$

久期缺口管理的目的是构造金融机构"市场净值的久期零缺口",使利率变动对资产 A 与负债 L 的久期影响相互抵消,实现金融机构的市场净价值对利率变动不敏感。

只要净资产的久期缺口不为零,那么利率变动必然导致金融机构市场净价值的变动,从而使其面临利率风险。而且,净资产久期缺口的绝对值越大,金融机构承受的利率风险就越大。

第三节　利率风险的管理方法

利率风险管理的方法有多种,常见的有利用缺口、久期、利率衍生工具及限额控制等管理利率风险等。

一、缺口管理

缺口管理方法是利用缺口理论对利率风险管理的方法。一般来说,在利率上升阶段,应采用正缺口战略;在利率转为下降趋势时,应及时调整为负缺口战略。敏感性缺口目标值,可由以下公式大致确定:

$$\frac{\text{敏感性缺口目标值}}{\text{敏感性资产}}=\frac{\text{资产负债利差率}}{\text{允许变动幅度}}\times\frac{\text{资产负债利差率预期值}}{\text{利率变动预期值}}$$

缺口管理是一种粗略的利率风险管理办法,它没有考虑不同头寸或不同金融产品对利率的敏感性不同(即基差风险)。此外,在实际中很难将所有头寸在重新定价的时间段全部划分出来,这些都影响该方法的应用。

二、利用久期管理利率风险

利用久期管理利率风险的方法有两类：一类是利用久期构造免疫资产组合来管理利率风险；一类是根据对利率变化趋势的预测，利用久期来达到盈利或降低风险的目的。

(一)利用久期进行免疫

1. 免疫组合的概念

免疫组合是这样一个投资组合：在组合内部，利率变化对债券价格的影响可以相互抵消，因此组合在整体上对利率不具有敏感性。我们可以通过构造一个免疫组合的方法，防范利率风险。利用久期进行免疫是一种消极的投资策略。

2. 基本思想

根据债券组合的久期等于各债券久期加权平均和的原理，利用一组债券可以构造久期等于0的债券组合，即免疫组合，该组合对利率不敏感性。

[例8-6] 根据计划，一债券投资经理在两年后有一笔10 000万元的现金流出。现在市场上交易两种债券：一种是期限3年，年息票利息80元，现在市价为950元，到期收益率为8%，久期为2.5年的债券；另一种是期限1年，年息票利息70元，现在市价为970元，到期收益率为8%，到期一次支付1 070元的债券。问：债券投资经理如何构造免疫组合以防范利率风险？

解 假设债券投资经理构建的债券组合为P，因为两年后只有一次现金流出，故该债券组合的久期为2年。现债券投资经理有多种选择方案：

(1)可将所有资金投资于1年期债券，1年以后将所有本息再投资于1年期债券。这一做法的风险是，如果下一年利率下降，则再投资只能获得低于8%的收益(这是再投资风险)。

(2)将所有资金投资于3年期债券，在两年末出售以满足10 000万元的支付需求。这一做法的风险是，如果在出售之前利率上升，则债券价格会下降，出售的价格就会低于10 000万元(这就是利率风险)。

为了防范利率风险和再投资风险，债券投资经理可以将一部分资金投资于1年期债券，其余资金投资于3年期债券，构造一种免疫组合。

记w_1，w_3分别为投资于1年期和3年期债券上的比例，则有：

$$w_1+w_3=1$$

$$w_1\times 1+w_3\times 2.5=2$$

其中，第一个方程表示两个权数之和必须等于1，第二个方程的含义是组合的久期必须等于现金流出的平均期限(这里要求的平均期限为2年，一年期债券的久期为1年)。

解得结果为：$w_1=0.333\ 3$，$w_3=0.666\ 7$，可知该投资经理应将33.33%的资金投资于一年期债券，其余的66.67%投资于3年期债券。

这里，投资经理需要8 573.388万元[$100\ 000\ 000/(1.08)^2$]用以购买债券以构成充分的免疫资产。其中，2 857.796万元用以购买1年期债券，5 715.592万元用以购买3年期债券。

购买的数量为：

1年期债券：28 577 960÷970=29 462(张)

3年期债券：57 155 920÷950=60 164(张)

免疫组合的免疫作用是：如果收益率上升，组合在2年以后贴现3年期债券所遭受的损失正好可以被 1 年后 1 年期债券到期所回收的收入(以及 3 年期债券的第一年的息票利息)再进行高利率投资所带来的额外收益所补偿。相反,如果收益率下降,则 1 年后用 1 年期债券到期所收回的收入(以及 3 年期债券的第一年的息票利息)再进行低利率投资所造成的损失,正好可以被 2 年以后出售的 3 年期债券的价格上升值所递补。可见,该债券组合可以免受因未来利率变动所带来的任何影响。

3. 免疫组合存在的问题

在实际应用中,使用免疫组合防范利率风险存在如下问题:

①如存在推迟和提前赎回的风险,整个组合就失去免疫作用。

②如收益率曲线是非水平的以及存在非平行的移动,则组合失去免疫能力。因为免疫资产和平均期限是以收益率期限是水平的以及移动是平行的这一假设为前提的。

③需要重新平衡。随着时间的流逝和收益率的变化,平均期限可能按不同的速度改变,此时债券组合就不再具有免疫能力。这就需要对组合经常进行再平衡。通过出售某些债券和购入另一些债券,使新的组合的平均期限与约定的现金流的平均期限相一致。

(二)根据利率变化趋势,利用久期盈利或降低风险

根据利率风险的久期计量模型,债券的久期越大,利率的变化对该债券价格的影响也越大,因此利率风险也越大。在降息时,久期大的债券上升幅度较大;在升息时,久期大的债券下跌的幅度也较大。预期未来升息时,可选择久期小的债券,这时债券下跌的风险较小;预期未来降息时,可选择久期大的债券,此时债券上涨的幅度较大。因此,可以根据对利率变化趋势的预期进行组合管理,达到盈利或降低风险的目的。这一方法也称为积极的债券组合管理方法,一般分为收益率结构分析、骑乘收益率曲线和债券互换。

1. 收益率结构分析

投资者持有债券的收益率,通常取决于债券的期初价格、期末价格和票面利率。对于一张债券来说,票面利率是给定的,债券的期初价格和期末价格取决于期初和期末市场的收益率结构,因此债券的投资收益取决于持有期内收益率结构的变动。由于期初的收益率结构是已知的,一旦能对期末的收益率结构进行预测,就能测算出持有某只债券的回报率。

如果有若干债券可供投资,投资者在对未来收益率结构进行预测后,就可以测算出各债券在持有期的回报率,从而选择持有期回报率较大的债券进行投资。

[例 8-7] 一张票面利率为 5%的债券,面值 100 元,每年付息一次,剩余期限为 10 年,当前售价为 92.64 元。根据计算,可以知道该债券 10 年期的到期收益率为 6%。如果投资者买入该债券后打算持有 5 年并在 5 年后出售,并且该投资者预期 5 年后的到期收益率会下降至 4%,问该投资者持有该债券 5 年的总收益为多少?

持有期债券的总回报包括债券价格的变动、持有期间的利息收入以及利息的再投资收益。债券价格的变动又可以分解为受到时间推移(剩余期限)的变动和受到期收益率变动两部分。

表 8-1 中,当剩余期限为 10 年、到期收益率为 6%时,债券的价格为 92.64 元;5 年之后,剩余期限为 5 年、到期收益率变为 4%时,债券的价格为 104.45 元。如果 5 年之后的到期收益率没有发生变化,还是 6%,仅仅是由于到期日的临近,那么债券的价格应该是 95.79 元。因此,可以将债券价格从 92.64 元到 104.45 元的变动进行分解,时间因素的影响为 3.15 元(=95.79−92.64),到期收益率变动影响为 8.66 元(=104.45−95.79)。5 年时间内利息收入为 25 元(=5×5)。当计算每年利息的再投资收益时,理论上需要知道收到利息那个时刻的

利率，即需要对每年年末的到期收益率进行预测，这样比较烦琐，往往需要估计一下平均而言的利息再投资收益（假设为 5%），那么投资者的利息再投资收益为 2.63 元（$=\sum_{i=1}^{5}5\times(1+r)^{t-1}-25$）。最后，债券的总回报可以表示为：

债券持有期的总回报＝时间因素的影响＋到期收益率变动的影响＋利息支付＋利息的再投资收益

＝3.15＋8.66＋25＋2.63＝39.44

表 8－1　　剩余期限和到期收益率变动对债券价格的影响

到期收益率＼剩余期限	10 年	9 年	……	5 年	……
2%	126.95	124.49		114.14	
3%	117.06	115.57		109.16	
4%	108.11	107.44		104.45	
5%	100.00	100.00		100.00	
6%	92.64	93.20		95.79	
7%	85.95	86.97		91.80	
8%	79.87	81.26		88.02	

时间因素的影响

收益率变化的影响

只要债券不提前赎回，上式中第一项和第三项是确定的，不确定的主要是第二项和第四项。第二项受到期末到期收益率的影响，第四项受到期初至期末到期收益率的影响。所以要准确地对债券持有期间的到期收益进行估计，需要对未来到期收益率及收益率的变动进行预测。

如果投资者认为其有能力对到期收益率及其变动进行预测，就可以根据其预测的情况，选择是否投资及选择何种债券进行投资来获取超额收益。对到期收益率及其变动进行预测，又称为对利率水平进行预测，所以债券收益率结构分析又称为水平分析。

2. 骑乘收益率曲线

采用骑乘收益率曲线的策略有两个前提：第一，期初收益率曲线向上倾斜；第二，投资期间收益率曲线保持不变。如果满足这两个前提，投资者会购买比他所期望的期限更长一点的债券，然后在到期日之前出售，获得一定的资本利得。

[例 8－8] 某投资者准备投资国库券，投资期限为 90 天。目前一张面额为 100 元的 90 天期的国库券价格为 98.75 元，贴现率为 5%（即 98.75＝100(1－5%×90÷360)）。同时，市场上 180 天期的国库券价格是 97 元，折现率为 6%（即 97＝100(1－6%×180÷360)）。投资者应如何选择？

如果投资者确定未来 3 个月收益率曲线形状保持不变，那么按照骑乘收益率曲线策略，购买 180 天期的国库券并持有 90 天出售，比简单地购买 90 天国库券并持有到期会获得更高的回报。

如果投资者购买 90 天期的国库券，并持有到期，年化回报率为：

$$\frac{100-98.75}{98.75}\times\frac{360}{90}=5.06\%$$

如果投资者购买 180 天期的国库券，持有 90 天后出售，只要收益率曲线不发生变化，到时出售的价格也为 98.75 元(因为此时该国库券剩余期限还有 90 天，折现率仍然是 5%)，年化回报率为：

$$\frac{98.75-97}{97}\times\frac{360}{90}=7.21\%$$

从两种选择来看，采用骑乘收益率曲线方法的年化回报率要高。但是，如果持有期间收益率曲线发生变化，骑乘收益率曲线方法比简单地买入适当期限短期债券风险更大。因为简单地买入适当期限短期债券并持有到期的终值(面值)是确定的，而收益率曲线策略由于在未到期前就要出售，会面临债券价格变动的可能。同时由于用骑乘收益率曲线方法必须进行两次交易(先买后卖)，而简单地买入适当期限短期债券只需要一次交易(买入)，因此前者的交易成本较大。

3. 债券互换

债券互换是将预期收益率较低的债券转换成预期收益率更高的债券。债券互换有多种方法，这里仅介绍常用的几种债券互换方法。

(1)替代互换

替代互换是指将债券组合中的债券转换为市场上同质但收益率更高的债券。这里的同质债券主要是指两种债券在票面利率、到期日、风险等级、赎回特征等方面基本相同。采用替代互换的原因在于债券投资者认为市场对这两种同质债券的定价存在错误，或者说两种债券的收益率差异不合理。

例如，某债券投资者持有一只 10 年期 AAA 级金融债，票面利率为 3.5%，按照目前的市价计算，到期收益率为 4%。如果市场上同时还有一种 10 年期的 AAA 级金融债，按照目前的市价计算，到期收益率为 4.1%。于是该债券投资者将目前持有的第一种债券替换成同等金额的第二种债券，同时赚取 0.1%的收益。

(2)跨市场利差互换

跨市场利差互换是指利用两类市场(如国债市场与公司债券市场)收益率差额的不合理，从一个收益率低的市场转移到收益率高的市场以获取额外收益。这种方法是在对市场正常收益率差额预测与现实市场实际收益率差额比较的基础上进行的。同时，债券投资者相信利差实际值与预测值不一致只是暂时的情况，随着时间的推移这种偏离现象会逐渐消失。

假如某债券投资者持有一只 10 年期 AA 级金融债，到期收益率为 4%。同时他发现市场上有一只 5 年期的国债，到期收益率是 3%。如果投资者认为 1%的利差太小了，将来还会进一步扩大，那么跨市场利差互换的做法就是将 10 年期的 AA 级金融债转换成 5 年期的国债。若预计利差扩大，则 10 年期 AA 级金融债到期收益率上升，即未来的价格会下跌；5 年期国债的到期收益率下降，即未来的价格会上升。投资者通过这样的跨市场利差互换，获得超额收益。

跨市场利差互换与替代互换的区别主要在于，替代互换是同类债券之间的互换，跨市场利差互换是不同类债券之间的互换。

(3)利率预测互换

利率预测互换是指债券投资者根据对市场利率变动的判断，来调整手中所持有债券的久期，以获得更高的收益或避免更大的损失。如果投资者预测利率会上升，就应该将久期长的债券转换成久期短的债券，避免更大的损失；如果投资者预测利率会下降，就应该将久期短的债券转换成久期长的债券，获得更大的收益。当然，利率预测互换成功的前提是对利率走势的预测准确度，若预测失误，投资者操作完全相反，损失更大。

三、基于利率衍生工具的风险管理

利用利率衍生品是管理利率风险的重要工具，常见的利率衍生品有远期利率协议、利率期货、利率互换合约、利率期权和资产证券化等多种。应用远期利率协议、利率期货、利率互换合约管理利率风险的方法，我们在本书前面有关章节已经介绍，这里仅就利率期权和资产证券化进行简单介绍。

（一）运用利率期权合约管理利率风险

利率期权是期权的一种，其品种主要有普通的利率期权、利率上限/下限期权和利率双限期权。普通的利率期权是指各种与利率相关的金融产品（如国债、存贷款等）以及它们的期货合约作为标的物的期权，买入者享有在未来一定时间内按照协定价格买进或卖出某种证券的权利。利率上限/下限期权是买卖双方签订一个固定的利率作为未来一段时间内的利率上限/下限，如果结算日市场利率高于（低于）利率上限（下限），则期权的买方可以行权，按协议签订的固定利率执行。利率双限期权是指买卖双方在一个协议中同时签订未来一段时间内的利率上限和下限，如果结算日市场利率高于利率上限或低于利率下限，则期权的买方可以行权，按协议签订的固定利率执行。

商业银行用普通利率期权对利率风险实施套期保值的原理是：持有利率敏感性正缺口的商业银行，为规避利率下跌给商业银行可能带来的损失，可买入看涨期权，一旦未来市场利率下跌，作为期权基础资产的利率相关证券价格将提高，银行买入的看涨期权上的获利将弥补商业银行因持有利率敏感性正缺口而遭受的收益损失，从而控制利率风险；持有利率敏感性负缺口的商业银行，为规避利率上升给商业银行可能带来的损失，可买入看跌期权，一旦未来市场利率上升，作为期权基础资产的利率相关证券价格将下跌，银行买入的看跌期权上的获利将弥补商业银行因持有利率敏感性负缺口而遭受的收益损失，从而控制利率风险。

商业银行用利率上限/下限期权对利率风险实施套期保值的原理是：由浮动利率债务的商业银行或拥有利率敏感性负缺口的商业银行，可买入利率上限期权，为利率债务成本设置上限，从而把利率风险控制在一定范围内；有浮动利率资产的商业银行或拥有利率敏感性正缺口的商业银行，可买入利率下限期权，为利率相关资产收益设置下限，达到把利率风险控制在一定范围内的目标。鉴于商业银行利率敏感性缺口正负方向经常发生变化，商业银行也可以通过买入双限期权，既锁定利率上涨带来的风险，也防止利率下跌带来的收益损失。

（二）资产证券化管理利率风险

资产证券化是指将非流动性或流动性差的金融资产转变为可交易资产证券的一种技术。资产证券化的产生和发展与商业银行利率风险的管理密切相关。在 20 世纪 70 年代，发达国家的商业银行处于利率自由化后利率不断上升的环境下，而商业银行的收益却来自一些长期的低息贷款资产，因此，商业银行面临不断增加的利率风险。为了减少利率风险，商业银行愿意将其低收益的固定利率贷款资产卖给可以接受这一现金流的投资者，从而刺激了资产证券化的发展。通过资产证券化，商业银行可以把其所发放的长期贷款资产出售，用得到的资金进行短期投资，从而减少了资产负债期限不匹配所导致的利率风险；另外，在利率下降的环境下，长期贷款者可能提前还贷款，从而使商业银行面临内含选择权风险形式的利率风险，而通过资产证券化,商业银行也通过对其资产的"真实出售"有效降低了该种形式的利率风险。

四、限额管理及业绩归因分析

(一)限额管理

限额管理是通过设置相应风险指标限额并进行监控预警,是对相应风险事中和事后管理的常规方法。债券组合利率风险限额包括组合杠杆、久期、凸性及损益类指标等,投资过程中须严格执行风险限额要求,实时掌握风险指标,以免指标预警或超限。这种利率风险管理方法是实际中机构对利率风险管理常用的方法。

在组合成立前,需根据产品定位明确组合的收益风险目标,了解组合收益回撤及波动率的可承受范围,以此建立组合的风险限额,如对于固收绝对收益组合,若投资者承受收益波动的能力极低,则需严格控制组合的收益回撤,组合久期带来的收益波动应不超过组合的静态收益率水平,可对久期、利差久期、杠杆等明确风险限额。

(二)业绩归因分析

对于固定收益类资管产品,可以通过对债券部分的归因分解来评估投资经理的业绩,可衡量出投资经理的市场风险管理能力,也是利率风险管理常用的方法。

以 Campisi 模型为例,将债券投资收益拆分为利息收入、国债效应、利差效应和择券效应,利差效应和择券效应也可简化为总利差效应,如图 8-3 所示。归因中的国债效应即无风险利率曲线变动带来的收益,等于久期和国债收益率变动的乘积,通常用来评估投资经理的久期管理能力,可反映组合受市场利率的影响程度。

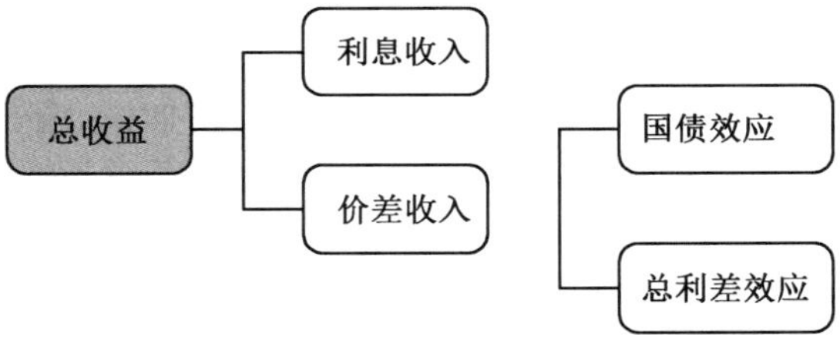

图 8-3 简化的 Campisi 模型

附录

久期与利率期限结构的变化

久期是度量利率风险的主要指标,利率变化,债券价格也变化。本章分析是假定利率期限结构是平行移动的,实际中,很多期限结构是平行移动的。因此,这样的假设是合理的,但是,也存在利率期限结构非平行移动的情况,这样利率的变化不同步,不同到期日的债券有不同的收益率(利率)。我们可能观察到 10 年期国债的收益率上升 3 个基点而 1 年期的国库券却下降 2 个基点的情况。因此,要注意固定收益证券组合对非平行移动的期限结构的敏感性。

[**附例 8-1**] (利率曲线形状变化风险)考虑一个交易者,他对收益率曲线的形状有自己

的观点。假设 30 年期国债与 2 年期国债之间的收益率差为 266 个基点，特别地，该交易者的利差表上有下列数据：

附表 8-1　　时刻 t 30 年期国债与 2 年期国债的有关数据

时刻 t	出价(Bid)	要价(ask)	到期收益率	累计利息	PVBP
30 年期国债	108.840 5	108.903	7.96%	0.408 654	1 200.643
2 年期国债	100.373 5	100.436	5.30%	0.030 22	187.360 2

交易者认为，未来几天收益率曲线将变得更陡(30 年期国债与 2 年期国债之间的收益率差将扩大)。那么，该交易者如何设计一个交易策略，在不承担利率风险的情况下进行投机？

解　第一步，如果利差扩大，很可能是 30 年期国债价格的上升比 2 年期国债价格上升得少(30 年期国债的收益率下降小于 2 年期国债收益率的下降)(价格与收益率变化方向相反)。要想从这个变动中获利，交易者必须卖空 30 年期国债，做多 2 年期国债。

记 n_2 和 n_{30} 分别为该交易策略中 2 年期国债和 30 年期国债的数量。该交易者为防范利率风险，有：

$$n_2 \times PVBP_2 = n_{30} \times PVBP_{30}$$

设 $n_{30}=100mil$(面值)，则有：

$n_2=100\times 1\ 200.643/187.3602=641$

该交易者可买入 2 年期国债 641mil (面值)，同时卖出 30 年期国债 100 mil(面值)，以构成套利策略。

考虑回购市场：假设一个交易者以 5% 的利率进入回购协议，以 4.9% 进入逆回购协议。回购协议与逆回购协议的利率差为回购经销商的利润：他以 4.9% 的利率借入，以 5.0% 的利率拆出(注意：回购利率一般低于国债市场利率，因此回购十分安全)。

假设 haircut(扣除)=0。在时刻 t 的交易如附表 8-2 所示。

附表 8-2　　时刻 t 的市场交易数据

日刻	交　易	现金流
t	借入现金为 2 年期国债付款，2 年期国债作为抵押品 借入 30 年期国债并卖出，现金作为抵押品	(100.436 0+0.030 22)×10 000×641=643 988 470 (108.840 5+0.408 654)×10 000×100=109 249 154

注：现金流仅仅是市场中名义支出或收入额。由于交易者在借款或贷出资金时没有 haircut，它本身没有净现金流。

假设在时刻 $t+2$，新的市场数据为：

附表 8-3　　$t+2$ 时刻 30 年期国债与 2 年期国债的有关数据

时刻 $t+2$	出价(Bid)	要价(ask)	到期收益率	累计利息	PVBP
30 年期国债	109.807 6	109.870 1	7.88%	0.456 731	1 218.246
2 年期国债	100.596 7	100.659 2	5.18%	0.060 4	187.408 6

新的利差扩大为 270 个基点，交易者的观点正确，那么该交易者是否可以获得收益？

交易者的实际操作过程为：

在时刻 t，进入正回购，借入现金，在市场中以“ask”价购买2年期国债（以2年期国债作为抵押）；同时，进入逆回购，用现金买入30年期国债，在市场中以“bid”价卖出30年期国债。

在时刻 $t+2$，根据正回购协议再买回2年期国债，并付给对方一定的利息，在市场中以“bid”价卖出2年期国债；从市场中以“ask”价买入30年期国债，再卖给逆回购协议的对方，收回本金并收取一定的利息。其交易过程见附表8-4。

附表8-4　　时刻 $t+2$ 的市场交易数据

日刻 $t+2$	交　易	现金流
A	在现货市场卖出2年期国债641张，得到：	(100.596 7+0.060 4)×10 000×641 =645 212 011
B	在正回购中，买回2年期国债并支付对应利息，总支出为：	643 988 470×(1+2×5%/360) =(644 167 356)
C	在逆回购中，收回现金并得到对应的利息，总收入为：	109 249 154×(1+2×4.9%/360) =109 278 894
D	在现货市场买回30年期国债100张，共支出：	(109.870 1+0.456 7)×10 000×100 =(110 326 800)

总利润＝A－B＋C－D＝－3 251

由以上计算结果看，即使收益率曲线变陡峭，交易者仍亏损，其主要原因是交易成本太大，如国债现货市场和回购市场的出价—要价差等均为交易成本（收益率曲线并非平行移动），即为收益率曲线风险。

本章小结

利率风险是金融市场中一类重要的风险，各种证券的价值都受到利率风险的影响，尤其是固定收益证券。利率风险有自己特有的计量方法与管理方法。本章首先介绍与利率风险相关的概念，其次介绍利率风险计量与管理的主要理论与方法。

利率风险是指由于利率的变动给投资者带来损失的可能性，或是指由于预期利率水平和到期时的实际市场利率水平产生差异而给投资者带来损失的可能性。一般来说，影响利率风险的因素主要有：借贷资金的供求状况、社会经济运行状况、通货膨胀率和税收政策、国家政策和国际利率汇率水平等。

利率风险计量的方法主要有：久期计量方法、基点价值计量方法、久期凸度计量方法、利率敏感性缺口计量方法等多种。

利率风险管理的方法有多种，常见的有利用利率衍生工具、久期、缺口理论等。利用利率衍生品是管理利率风险的重要工具，常见的利率衍生品有远期利率协议、利率期货、利率互换合约、利率期权和资产证券化等多种。利用久期管理利率风险的方法有两类：一类是根据对利率变化趋势的预测，利用久期来达到盈利或降低风险的目的；另一类是利用久期构造免疫资产来管理利率风险。缺口管理方法是利用缺口理论对利率风险管理的方法：一般来说，在利率上升阶段，应采用正缺口战略；在利率转为下降趋势时，应及时调整为负缺口战略。限额管理是通过设置相应风险指标限额对相应风险事中和事后管理的常规方法。债券组合利率风险限额包括组合杠杆、久期、凸性及损益类指标等。对于固定收益类资管产品，可通过对债券部分的归因分解来评估投资经理的业绩,也可衡量出投资经理的市场风险管理能力。

关 键 词

利率风险(Interest rate risk)　　久期(Duration)
基点价值(Basis-point Value)　　凸度(Convexity)
利率敏感性缺口(Interest rate sensitivity gap)
利率期权(Interest rate option)　　资产证券化(Asset securitization)
免疫组合(Immune combination)
积极的债券组合管理方法(Active bond portfolio management approach)
限额管理(Limit Management)
业绩归因分析(Performance attribution analysis)

思考与练习

1. 什么是利率风险？利率风险形成的要素是什么？
2. 影响利率风险的因素有哪些？
3. 利率风险具有什么特点？
4. 利率风险计量指标有哪些？它们的基本含义是什么？
5. 缺口的含义是什么？缺口模型的缺陷是什么？
6. 什么是久期与凸度？如何利用久期与凸度计量利率风险？
7. 什么基点价值？如何计算基点价值？
8. 利率风险管理有哪些方法？这些管理方法具有什么特点？应用的效果如何？
9. 对于有着相同久期的两种债券,投资管理者偏爱小凸度还是大凸度的债券？为什么？
10. 运用免疫组合策略时应注意的问题是什么？
11. 10 年期的平价债券,修正久期为 8,凸性为 40,如果该债券的收益率上升 5 个百分点,对价格产生的影响是多少？
12. 考虑以 10%收益率出售的 5 年期 8%息票债券。假如收益率从 10%上升至 12%,那么由凸性引起的价格变化是多少？
13. 久期的实质是什么？零息票债券的久期等于多少？以下因素如何变化才能使得久期变长？

(1)剩余有效期；

(2)资本市场利率；

(3)息票(名义收益率)

14. 假设你拥有 10 000 万美元的 10 年期附息债券,该债券的 *PVBP* 是 750。为了防止利率风险,你需要买进或卖出多少 3 年期的附息债券(其 *PVBP* 是 198)？

参考文献

1. 王明涛,王凯涛.资产管理中的风险管理[M].上海:上海财经大学出版社,2023.

2. 王明涛. 金融风险计量与管理[M]. 上海:上海财经大学出版社,2008.

3. 王明涛. 投资学教程[M]. 上海:上海财经大学出版社,2022.

4. 约翰·赫尔著. 期权、期货及其他衍生产品(第7版)[M]. 王勇、索吾林译. 北京:机械工业出版社,2011.

5. 郑振龙,陈蓉. 金融工程(第五版)[M]. 北京:高等教育出版社,2020.

6. 尹常玲,方雯,张莉莉. 金融工程(第二版)[M]. 北京:清华大学出版社,2021.

7. 李淑锦. 金融工程学[M]. 杭州:浙江大学出版社,2019.

8. 方杰,李杰辉. 金融工程学[M]. 厦门:厦门大学出版社,2022.

第九章

信用风险的计量与管理

引　言

信用风险是金融市场中另一类重要的风险，也是近十几年理论界与实务界研究和关注的重点之一，并取得了一系列研究成果。与利率风险类似，信用风险是固定收益证券面临的主要风险之一，它也有自己特有的计量方法与管理方法。

第一节　信用风险概述

一、信用风险的含义

信用风险是指受信方（借款人）拒绝或无力按时、全额支付所欠债务时，给信用提供方（贷款人）带来的潜在损失，包括由于借款人的信用评级的变动和履约能力的变化导致其债务的市场价值变动而引起损失的可能性。

狭义的信用风险通常是指信贷风险，一般分为商业信用风险和银行信用风险。信用风险的范畴还可以扩展到信用的提供者，是指由于供货方或银行因资金原因而无法提供商品、服务和资金等给授信方（商品购买者或借款方）带来损失的可能性。

二、信用风险的影响因素

影响信用风险的因素非常复杂，但总的来说，可分为外部因素和内部因素两个方面。

（一）外部因素是指企业无法控制的外界因素

在企业经营过程中，有许多因素是企业本身无法控制的，如国家经济运行状况的改变、社会政治因素的变动以及自然灾害等不可抗拒因素等。这些因素的出现可能使企业经营处于困境，使得企业无力按时、全额支付所欠债务，导致信用风险的产生。外部因素主要有宏观环境恶化和行业风险等因素。

1. 宏观经济下行的影响

成熟市场（如美国）债券违约率与 GDP 的增长率呈典型的负相关关系，在经济下行时

(GDP 增长率下降),企业的信用状况会恶化,企业发行的公司债违约率会上升,债券市场违约率与失业率变动(本年失业率减上年失业率)呈现明显的正相关关系。统计上看,宏观经济的波动能解释违约率 40%～50%的变动,对于投机级违约率的解释能力更强。

2. 行业不景气、周期性调整等因素也会导致企业债券发生违约

从美国债券市场来看,不同行业违约率具有如下特征:为经济提供基础服务、受到严格管制行业的违约率最低,如公用事业、航天与军火、银行、金融保险等;竞争类行业的违约率最高,如酒店博彩等休闲业、媒体出版、制造业、能源与环境、零售与分销、交通运输等。每次信贷危机的发生总是伴随一个主要行业的违约:20 世纪 70 年代能源企业的违约,20 世纪 80 年代末和 90 年代初的储贷和房地产危机,2000 年网络泡沫破灭、通信产能严重过剩而导致通信行业及其上下游企业的违约。

2015—2016 年中国经济下行压力加大,过剩产能行业盈利承压,国企密集违约,钢铁、煤炭、有色行业共有 5 家国企出现违约(分别为中钢股份、桂有色、东特钢、中煤华昱及川煤炭)。

(二)内部因素是指由企业内部原因产生的信用风险

企业内部因素主要是指企业经营失败、无力偿还企业债务,或企业间相互拖欠债务,或企业主观上无意偿还债务,以及故意拖欠债务等产生的信用风险。

公司治理缺陷、战略失误、投资激进和经营不善等内部因素是导致企业债券发生违约的主要原因。企业违约之前往往存在以下传导链条:实际控制人性格和公司治理(违约前 N 年)→公司战略(违约前 3—5 年)→经营指标(违约前 1—2 年)→财务指标(违约前 1 年—前 1 季度)①。

1. 公司治理缺陷是导致企业违约的主要因素

公司治理缺陷一般是导致违约的伴生性因素,或加剧为发行人资金链紧张的导火索,极端情况下会成为引发违约的首要因素。如山水水泥的控制权之争、金立实控人赌博、亿利实控人被逮捕、丹东港实控人贿选等,均出现于公司自身遭遇资金链困境的背景下,事件深度发酵带来的"破窗效应"成为遭遇债权人"挤兑"的导火索。

2. 战略激进及盲目扩张是导致企业违约的重要因素

公司战略风险属于内生性风险中最核心的部分。进行与原有业务无关的多元化扩张,盲目投资,投资失败或者投资收益不足以弥补融资成本,恰又进入融资紧缩周期导致资金链断裂,这些都可能导致企业违约。近几年多家"巨头"公司债券违约,如中民投、中信国安、海航、方正以及多元化转型失败的银亿和华业,激进扩张的天威集团、脱实向虚的雏鹰农牧,最根本的原因就是信贷扩张期战略失误、大额举债扩张。此外,公司战略失误还容易衍生出财务舞弊风险。对于战略风险的识别,可从主业聚焦性、战略激进性、商业合理性、前后一致性等角度进行衡量。

3. 管理混乱与经营困难是导致企业违约的根本原因

一般而言,较为强势的行业及行业内较为强势、地位较高的公司,往往应收账款、预付款项比较小,应付账款、预收款项比较大。反之,因为行业地位较低而被迫采取被动的信用销售政策,资金被交易对手方占用过于严重,也可能导致资金链断裂。例如 2018 年违约的神雾环保由于受工程总承包垫资业务模式的影响,违约前数年应收账款不断增加,资金占用的问题愈发

① 周冠南.风波初定:114 个信用债违约主体因素分析汇总——债券违约复盘系列之一[R].华创证券,2019.

突出，成为导致违约的重要影响因素之一。

企业债券集中到期，又遇到内部资金紧张、外部融资受限，是造成债券违约的直接原因。企业违约机理如图 9－1 所示。

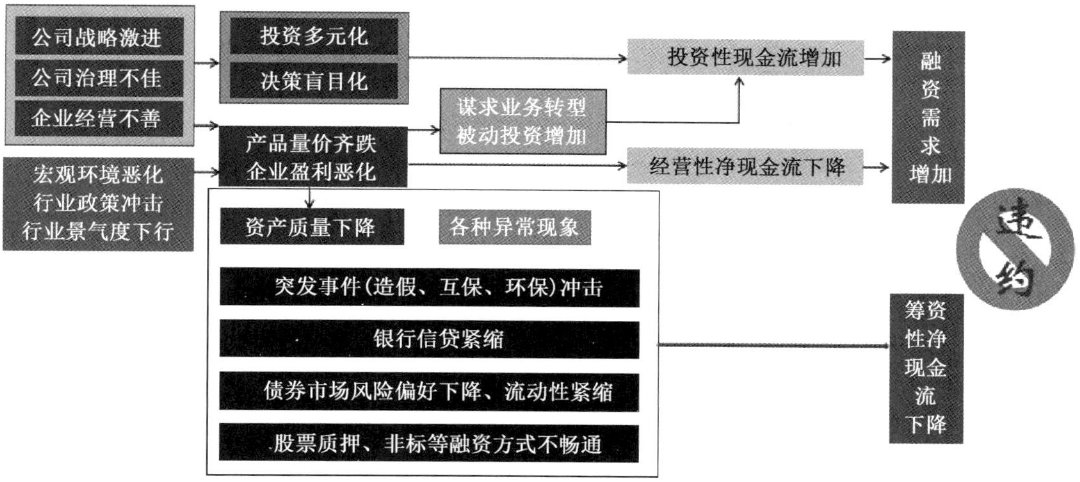

图 9－1 企业违约机理示意图

三、信用风险的主要特点

与市场风险相比，信用风险主要有以下特点：

1. 信用风险往往具有离散化、发生概率较低的特点

信用风险不同于其他风险的一个重要特点是，它的发生往往是离散的、低概率的。也就是说，对于一家企业，信用风险并不是经常、连续发生而是间断的小概率事件，而且一旦发生，往往具有损失大、影响大、容易引起连锁效应的特点。

2. 信用风险往往具有正反馈放大机制

在信用事件的影响下，信用风险承受者本身的资信状况会受到其他相关业务往来机构的质疑或下调，接受更严格的信用审查机制，从而处于雪上加霜的处境。这将加重信用风险的破坏作用。

3. 信用风险具有非系统风险的特征。

尽管产生信用风险的因素有内部与外部两个方面，但产生信用风险的主要原因来自企业内部，是由于企业经营不善造成的。因此，信用风险具有非系统风险的特征，从原理上讲可以通过分散化的方法进行管理。

4. 信用风险计量具有复杂性

信用风险不同于其他风险的另一个方面是计量的复杂性，这主要有以下几个原因：

(1)信用风险发生的历史数据难以收集。由于信用事件离散、低概率的特点以及企业对于信用风险事件不愿披露的客观事实(担心这些信息会对企业的信用评级或正在进行中的信用业务产生负面影响)，使信用风险发生的历史数据难以进行连续、长周期的收集整理，不利于信用风险的量化分析。

(2)信用风险的损失难以直观估算。在不同的市场、不同的政策法律环境、不同的对手方

以及不同的标的物等情况下，信用风险损失率均会不同，这使信用风险的损失难以得到统一的估算值。

(3)信用风险管理在实践中难以找到诸如久期、基点价值等直观指标来揭示信用风险的频率和危害。

第二节　信用风险的计量

尽管信用风险的计量具有复杂性，但在理论界与实务界的共同努力下，取得了一系列研究成果，这些成果形成了信用风险计量的基本方法。

一、专家评级系统

(一)专家评级系统的含义

专家评级系统是由相关部门的主管人员和行业资深人士对企业违约可能性作出判断，并给出评价等级，如信用风险为高、较高、中、较低、低。在这个系统中，专家个人的经验、主观判断和对关键因素的不同衡量对最后的结果影响很大。专家评级系统中最为典型的是五"C"评级法，它是通过对五个关键因素的分析，评价企业的违约风险。这 5 个关键因素即是专家的评价指标。

(二)五个关键因素

五个关键因素是指：

1. Character(特征)

它衡量公司的信誉、偿还意愿、偿还债务的历史等。从经验上看，公司的成立时间可作为其偿债信誉的代表。公司成立时间越长，这一指标值就越高。

2. Capital(资本)

它包括所有者权益和股权—债务比。所有者权益越高，股权—债务比越低，公司资不抵债的可能性就越小，违约的可能性也就越小，这些指标值也越小。

3. Capacity(偿债能力)

它可由借款人的收入、利润的波动率刻画。一般来说，借款人收入的波动率越低，利润的波动率越低，说明借款人的经济状况越稳定，出现无法偿还借款的概率越低。

4. Collateral(抵押品)

它是指债务人一旦违约，则债务人拥有对抵押品的优先要求权。抵押品质量越好，违约可能性越小。

5. Cycle conditions(经济环境)

一般来说，经济处于上升阶段，该指标值较大；经济衰退时，该指标值越小。在考察与经济周期紧密相关的行业时，这一因素在决定信用风险的大小时非常重要。

(三)专家评级系统的主要问题

专家评级系统一般存在以下问题：

1. 主观性问题

对于不同影响因素，不同专家可能给出不同的权重，并没有一个客观的评定标准。

2. 一致性问题

由于专家的主观性问题，可能导致评定结果的不一致，具有较大的分散性。另外，专家评级系统没有考虑借款人的不同类型对信用评级的影响，因此得出的结论可能不一致。

3. 标准化问题

将专家的决策过程转化为一系列的规章制度需要相当的时间和精力；编写决策规程及维护系统非常困难，耗费巨大。

二、信用等级计量法

信用等级计量法是一种应用较早、应用广泛的信用风险计量方法，它实质上是专家评分系统的标准化，即将专家、评价因素及评价结果标准化。它用一些符号表示信用风险的等级，是一种定性的风险计量方法。目前国际上常用的信用等级计量法是 S&P 、Moody 和惠誉评级系统。这里主要介绍前两个评级系统。

(一)两个主要的评级系统

1. S&P 评级系统

在 S&P 评级系统中，用 AAA，AA，A，BBB，BB，B，CCC 等表示信用风险的等级；其中，AAA 级是最高(最优)等级，之后为 AA，A，BBB 等。评级越高的，信用风险越小；评级越低的，信用风险越大。

2. Moody 评级系统

Moody 评级系统与 S&P 评级系统类似，信用风险的等级也是用一些符号表示。其中，Aaa 级是最高(最优)等级，之后分别为 Aa，A，Baa，Ba，B，and Caa 等。评级越高，信用风险越小。

(二)评级系统的有关说明

(1)BBB(或 Baa)以上的等级称为“投资级”(含 BBB)，BBB(or Baa)以下的等级称为高收益债券(或称为垃圾债券，Junk Bonds)。

(2)相应等级后“＋”或“－”和“1，2 或 3”的符号。

我们可能看到在 S&P 评级中有“＋”或“－”符号。例如，一个债券有 BBB＋级，这表示这个债券为 BBB 级，但它前景看好，有可能升为 A 级。

在 Moody 评级中有“1，2 或 3”的符号 ，1 代表乐观的看法，2 代表中性的看法，3 代表悲观的看法。例如，一个债券有 Baa1 级，表示这个债券为 BBB 级，但它前景看好，有可能升为 A 级。

三、财务指标模型

上面两种方法是评定信用风险的定性分析方法。实践中，人们往往希望用定量方法评定企业或企业债券的信用风险，其中财务指标模型是常用的一种定量分析方法。

(一)财务指标模型的含义

财务指标模型也称为企业破产预测模型，是利用财务指标来判断企业的偿债能力，进而度量信用风险的方法。

财务比率种类繁多，选择哪些指标度量企业的财务状况是一个值得研究的问题。目前有两类模型：一是用一个“关键”指标进行企业破产预测的模型；二是用几个关键财务指标联合进行破产预测的模型。

W. H. Beaver 认为，现金流量与总债务的比值是最可靠的破产预测指标。此后，人们的注意力转移到了利息保障倍数上。但实践证明，凭经验寻找到的单一预测指标是不充分的，也是不可靠的。人们更多的是用几个财务指标联合进行企业破产预测，即对几个主要的财务比率进行评分或财务健康评级。其中，Z 值模型是这些模型中最有代表性的。

（二）Z 值模型的一般形式

Z 值模型是由美国学者 Redward Altman 和英国学者 Richard Taffer 等提出的。Z 值是通过几个财务比率计算出来的。这些比率用于分析企业财务的健康程度，而且绝大多数计算所需的财务比率数据都可以从企业或企业集团的公开报表中获得。

Z 值模型是通过对“健康”企业和“失败”企业样本数据的分析而构建的。这一过程要用到统计多元分析。具体过程如下：

（1）选择能够把健康企业和失败企业区分开的指标；

（2）计算每一指标的系数，从而构建 Z 值模型。

Z 值模型的一般形式为：

$$Z=C_1R_1+C_2R_2+\cdots+C_nR_n \tag{9-1}$$

其中：$R_1,R_2,\cdots,R_n$ 是模型选用的指标；$C_1,C_2,\cdots,C_n$ 是每个指标对应的系数。如果 Z 值较高，说明企业比较健康；如果 Z 值较低，说明企业具有潜在的破产风险。

（三）Altman 的 Z 值模型

Altman(1986)分析了美国破产企业和非破产企业的 22 个会计指标和 22 个非会计指标，从中挑选出 5 个关键指标，并依据这 5 个关键指标建立了 Z 值模型。如果企业的 Z 值高于某一界限，就认为该企业财务状况良好；如果企业的 Z 值低于某一界限，就认为该企业具有潜在的破产风险。Altman 还定义了介于破产区和非破产区之间的 Z 分值“灰色区域”，处于该区域企业的前景尚不明朗，无法判断。

Altman 的 Z 值模型如下：

$$Z=1.2X_1+1.4X_2+3.3X_3+0.6X_4+0.99X_5$$

其中：

$$X_1=\frac{\text{营运资本}}{\text{资产总额}},X_2=\frac{\text{留存收益}}{\text{资产总额}},X_3=\frac{EBIT}{\text{资产总额}}$$

$$X_4=\frac{\text{股东权益的市场价值总额}}{\text{负债总额}},X_5=\frac{\text{销售收入}}{\text{资产总额}}$$

在这一模型中，如果企业的 Z 值高于 2.675，就认为该企业财务状况良好；如果企业的 Z 值低于 1.8，就认为该企业具有潜在的破产风险；如果企业的 Z 值在 1.8 到 2.675 之间，是灰色地带，则无法判断企业的破产风险。由于每个国家经济环境不同，每个国家值的判断标准也不同，因而各国家公司值的临界值也各不相同。类似地，不同行业的判断标准与临界值也各不相同。

针对公共企业和私营企业,Z值模型需要做出相应的调整和变更。其中,公开上市交易的制造业公司的破产指数模型为:

$$Z=1.2X_1+1.4X_2+3.3X_3+0.6X_4+0.99X_5$$

其中:

$$X_1=\frac{流动资本}{总资产},X_2=\frac{留存收益}{总资产},X_3=\frac{EBIT}{总资产}$$

$$X_4=\frac{优先股和普通股市值}{总负债},X_5=\frac{销售额}{总资产}$$

此模型中,如果企业的Z值高于2.99,就认为该企业财务状况良好;如果企业的Z值低于1.8,就认为该企业具有潜在的破产风险;如果企业的Z值在1.8到2.99之间,是灰色地带,则无法判断企业的破产风险。

此外,Altman针对非上市公司给出了如下修正的破产模型:

$$Z=6.56X_1+3.26X_2+6.72X_3+1.05X_4$$

模型中各参数同上,在此模型中,如果企业的Z值高于2.9,就认为该企业财务状况良好;如果企业的Z值低于1.23,就认为该企业具有潜在的破产风险;如果企业的Z值在1.23到2.9之间,是灰色地带,则无法判断企业的破产风险。

Altman模型选择的都是美国企业的数据。这一模型不一定适用于其他国家,适用于某一行业的Z值模型也不一定适用于其他行业。

Z值模型可以寻找导致企业破产的原因。有些Z值模型也比较有效,但到目前为止,还没有出现能被普遍接受的企业破产模型。

四、信用差额计量法

信用差额(Credit Spreads)计量方法是用某种债券的收益率与同期无违约风险债券收益率的差来计量该债券的信用风险:该差越大,信用风险越大。其计算公式为:

$$R_c=y_B-y_f$$

其中,R_c 为某债券的信用风险,y_B,y_f 分别为债券的到期收益率与同期无违约风险债券的收益率。

例如,一个5年期的公司债券的到期收益率为5.95%,相应期限的国债券收益率为5%,则公司债券的到期收益率与相应期限的国债券收益率之间的收益率差为:

$$R_c=y_B-y_f=5.95\%-5\%=0.95\%$$

这里,0.95%就表示该公司债券的信用风险。

五、违约概率计算法

违约概率与违约损失是人们分析信用风险关心的主要指标。前两种指标尽管可以分析信用风险,但没有给出违约概率或违约损失。

违约概率是指债务人到期不能还本付息的可能性,是计量公司债券信用风险的最直接指标。在一系列假设的情况下,可以应用概率论的方法直接计算公司的违约概率。

(一)违约概率计算的假设条件

1. 假设公司资产的价值服从对数正态分布

记 S_t 为公司在 t 时刻的价值，公司资产的价值服从如下对数正态分布：

$$\ln(S_T)-\ln(S_t)\sim N\left[\left(\mu-\frac{\sigma^2}{2}\right)(T-t),\sigma^2(T-t)\right] \tag{9-2}$$

这里：$\ln(S_T)-\ln(S_t)=\ln(S_T/S_t)$。

2. 假设当公司价值小于公司债券价值时发生违约

也就是说，违约发生点在公司价值等于公司债券价值的时候；当公司价值大于公司债券价值时，企业不会违约；一旦公司价值等于公司债券价值时，企业立即违约。

这样，可以利用公司价值的分布特征计算公司违约概率。

(二)违约概率的计算

记公司债券的价值为 S_t（t 时刻公司的价值），则违约概率为：

$$P(S_T/S_t<1)=P[\ln(S_T/S_t)<0] \tag{9-3}$$

根据式(9-2)，有：

$$\begin{aligned}P(S_T/S_t<1)&=P[\ln(S_T/S_t)<0]\\&=\frac{1}{\sqrt{2\pi}\sigma\sqrt{T-t}}\int_{-\infty}^{0}e^{\frac{-[0-(\mu-\sigma^2/2)(T-t)]^2}{2\sigma^2(T-t)}}dx=N\left(\frac{0-(\mu-\sigma^2/2)(T-t)}{\sigma\sqrt{T-t}}\right)\\&=N(-d_2)\end{aligned} \tag{9-4}$$

其中，

$$\begin{aligned}d_2&=\frac{\ln(S_T/S_t)+(\mu+\sigma^2/2)(T-t)}{\sigma\sqrt{T-t}}-\sigma\sqrt{T-t}\\&=\frac{0+(\mu-\sigma^2/2)(T-t)}{\sigma\sqrt{T-t}}-\sigma\sqrt{T-t}=\frac{(\mu-\sigma^2/2)(T-t)}{\sigma\sqrt{T-t}}\end{aligned}$$

d_2 是B-S公式(期权定价公式)中的一项。式(9-4)说明，公司债券的违约概率就是B-S公式中 d_2 相反数的标准正态分布下的概率。

[例 9-1] 假设一公司初始价值为 10 000 万元，公司价值服从对数正态分布，其对数收益率服从正态分布，均值为 30%，标准差为 10%。问：一年后公司违约的概率是多少？

解 这里，$S_0=10\,000$，$\mu=30\%$，$\sigma=10\%$。

$$\ln(S_T/S_0)\sim N[(\mu-\frac{\sigma^2}{2})(T-t),\sigma^2(T-t)]\sim N(0.3-\frac{0.01}{2},0.01)=N(29.5\%,1\%)$$

这样，

$$\begin{aligned}P(S_T/S_0<1)&=P[\ln(S_T/S_0)<0]=P[z<(0-29.5\%)/10\%]\\&=P(z<-2.95)=0.16\%\end{aligned}$$

也就是说，一年后企业违约的概率是 0.16%。

六、期望损失方法

期望损失方法是从债券定价的角度引出的，是指在风险中性情况下债券违约时的期望损失。

(一)债券的风险中性定价

Merton 将债券的价格等同于股票的价格进行分析定价，但实际中由于公司有许多不同的债券，这些债券往往具有不同的条款，很难直接应用 Merton 模型来处理所有的实际问题。

为了简单起见，采用与 B-S 模型相同的方法，企业债券的价格等于在其到期日盈利贴现值的期望，此期望值是应用风险中性概率计算的。

令 P 代表本金为 100、到期日为 Δt 的零息债券的价格。定义下列符号：

$h_t \times \Delta t$：t 到 $t+\Delta t$ 公司违约的风险中性概率。

L_t：在公司违约情况下债券价值损失的百分比。

这样，有：

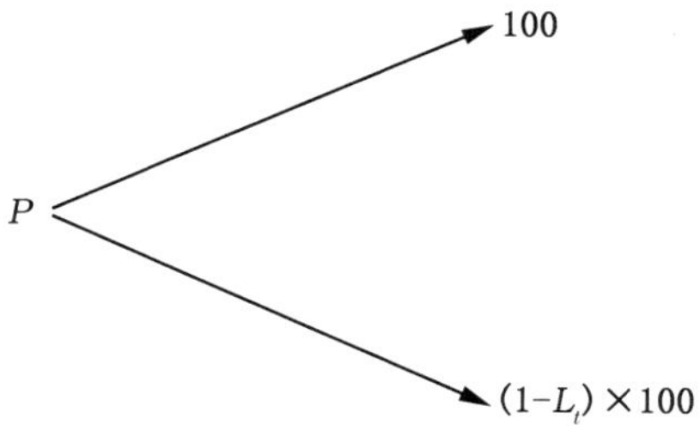

图 9-2 债券价值的二叉树模型

债券价格 P 为：

$$P = e^{-r\Delta t}\{(1-h_t \times \Delta t)\times 100 + (h_t \times \Delta t)\times(1-L_t)\times 100\}$$

将上式重新整理，得：

$$P = e^{-r\Delta t}\times 100 - (h_t \times \Delta t \times L_t)\times(e^{-r\Delta t}\times 100) \tag{9-5}$$

式(9-5)中，$e^{-r\Delta t}\times 100$ 为无信用风险时债券的价格，$(h_t \times \Delta t \times L_t)\times(e^{-r\Delta t}\times 100)$ 为债券的期望损失，$(h_t \times \Delta t \times L_t)$ 为期望损失率。式(9-5)说明，债券价格 P 等于无信用风险时债券价格与债券期望损失之差。

(二)期望损失的计算

在式(9-5)中，期望损失率等于公司违约的风险中性概率与债券价值损失百分比的乘积，是一种典型的风险计量指标，由于这里的损失概率是公司违约的概率，损失量是由公司违约造成的损失，因此，期望损失方法是计量信用风险的一个重要指标。其计算方法可由式(9-5)直接得到：

$$EL = (h_t \times \Delta t \times L_t) = \frac{e^{-r\Delta t}\times 100 - P}{e^{-r\Delta t}\times 100} = \frac{\text{无信用风险债券价格} - P}{\text{无信用风险债券价格}} \tag{9-6}$$

式(9-6)说明期望损失率等于无信用风险时债券价格与债券价格的差除以无信用风险时债券价格。

[例 9-2] 表 9-1 是一个 A 等级的企业债券与无风险债券收益率的比较，求公司债的持有者在第一年由于违约风险造成的期望损失。

表 9-1　某 A 等级的企业债券与无风险债券收益率的比较

到期年限(年)	1	2	3	4	5
无风险国债券收益率	5%	5%	5%	5%	5%
A 等级企业债券收益率	5.25%	5.50%	5.70%	5.85%	5.95%

解 假设债券的本金为1元。根据表9-1,有:

(1)一年期国债的价格 $P_{0,1}$ 为:

$P_{0,1}=e^{-0.05\times1}=0.951\ 229$

(2)一年期企业债券的价格 $P_{A,1}$ 为:

$P_{A,1}=e^{-0.052\ 5\times1}=0.948\ 854$

公司债的持有者在第一年由于违约风险造成的期望损失为:

$$EL_1=\frac{P_{0,1}-P_{A,1}}{P_{0,1}}=\frac{0.951\ 2-0.948\ 9}{0.951\ 2}\times100\%=0.249\ 7\%$$

这说明,公司债的持有者在第一年由于违约风险造成的期望损失为无风险债券的0.249 7%。

(3)类似地,两年A等级债券的持有者在前两年的期望损失为:

$$EL_2=\frac{e^{-0.05\times2}-e^{-0.052\ 5\times2}}{e^{-0.05\times2}}\times100\%=0.995\ 0\%$$

债券持有者在第一年和第二年之间的期望损失为无风险债券的0.745 3%,即:

0.995 0%−0.249 7%=0.745 3%

利用同样的方法,可以建立表9-2。

表9-2　某A等级的企业债券与无风险债券收益率的比较

到期年限(年)	1	2	3	4	5
累积的期望损失(%)	0.249 7	0.995 0	2.078 1	3.342 8	4.639 0
年间的期望损失(%)	0.249 7	0.745 3	1.083 1	1.264 7	1.296 2

(三)累积期望损失与年间期望损失的计算公式

将例9-2的概念公式化,可得出计算累积期望损失与年间期望损失的计算公式。

为此,引入以下符号:

$H(T_1,T_2)$:时间 T_1 与 T_2 之间期望损失的比例。

$y(T)$:到期日为 T 的零息企业债券的收益率。

$y^*(T)$:到期日为 T 的零息国债券的收益率。

$P(T)$:在 T 时刻1元的零息企业债券的价格。

$P^*(T)$:在 T 时刻1元的零息国债券的价格。

根据式(9-6),债券持有者第 T 年的违约损失(%)为:

$$H(0,T)=\frac{P^*(T)-P(T)}{P^*(T)}$$

因为 $P(T)=e^{-y(T)T}$,$P^*(T)=e^{-y^*(T)T}$

故:

$$H(0,T)=\frac{P^*(T)-P(T)}{P^*(T)}=1-e^{-[y(T)-y^*(T)]T}=1-e^{-Spread(T)\times T} \tag{9-7}$$

又因为,

$$H(T_1,T_2)=H(0,T_2)-H(0,T_1)$$

有：

$$H(T_1,T_2)=e^{-[y(T_1)-y^*(T_1)]T_1}-e^{-[y(T_2)-y^*(T_2)]T_2}=e^{-Spread(T_1)\times T_1}-e^{-Spread(T_2)\times T_2} \tag{9-8}$$

［例 9－3］ 假设 5 年期与 10 年期的 BBB 级零息企业债券与对应的国债券收益率的差分别为 120 基点和 150 基点。求该债券持有人持有前 5 年、10 年及第五年到第十年之间的期望违约损失。

解 由题意得：

债券持有人持有前 5 年、10 年的期望违约损失是：

$$H(0,5)=1-e^{-0.012\times 5}=0.058\ 2$$

$$H(0,10)=1-e^{-0.015\times 10}=0.139\ 3$$

这样，第五年到第十年之间的期望违约损失是：

$H(T_1,T_2)=H(0,T_2)-H(0,T_1)=0.139\ 3-0.058\ 2=0.081\ 1$

投资 BBB 级零息企业债券，自第 5 年到第 10 年期的期望损失是无违约债券价值的 8.11%。

(四)违约概率的计算

违约概率也可以根据期望损失计算。在式(9－6)中，如果已知损失率为 L_t，则违约概率为：

$$h_t\times\Delta t=EL/L_t \tag{9-9}$$

另外，违约概率还可以用评级机构提供的历史数据(如表 9－3 所示)来估计。

表 9－3　　评级机构提供的平均累计违约率历史数据

Yrs	1	2	3	4	5	7	10
AAA	0.00	0.00	0.07	0.15	0.24	0.66	1.40
AA	0.00	0.02	0.12	0.25	0.43	0.89	1.29
A	0.06	0.16	0.27	0.44	0.67	1.12	2.17
BBB	0.18	0.44	0.72	1.27	1.78	2.99	4.34
BB	1.06	3.48	6.12	8.68	10.97	14.46	17.73
B	5.20	11.00	15.95	19.40	21.88	25.14	29.02
CCC	19.79	26.92	31.63	35.97	40.15	42.64	45.10

资料来源：S&P Credit, April 15, 1996, Hull Table 23.2, p. 627.

通过债券价格计算的违约概率估计值[式(9－9)]比由历史数据得到的违约概率大得多。例如，考虑 A 等级的债券：这些债券收益率至少要比对应的国债高出 50 基点。这就是说，对 5 年期的债券，期望损失最少为债券价值的 2.47%($H(0,5)=1-e^{-0.005\times 5}=0.024\ 7$)。

假设最低的回收率为 30%($L_{5年}=70\%$)，那么违约的概率为：

$h_t\times\Delta t=EL/L_t=0.024\ 7/0.7\times 100\%=3.53\%$

由表 9－3 知，5 年期 A 等级债券的违约概率为 0.67%，这比用式(9－9)计算的违约概率低得多。产生这种差异的主要原因是债券价格估计时所用的违约概率是风险中性违约概率；

而由历史数据估计的违约概率是现实世界的违约概率。两者存在本质的差异。也就是说，当从证券价格推出违约概率时，它们是风险中性的；当从历史数据推出违约概率时，它们是现实世界的。

七、KMV 模型和“违约距离”方法

计量信用风险的另一种方法是“违约距离”，而“违约距离”的计算是以 KMV 模型为基础的。

KMV 模型是一个对于公司信用风险进行计量的模型，它的基础是默顿(Merton)证券估价模型。KMV 模型首先求解默顿模型中公司资产的价值和公司资产价值波动率，然后求出“违约距离”，并用它来衡量公司的信用状况。

(一) 公司股票和债券定价的莫顿方法

从期权的观点看，公司股票可看作基于公司资产的看涨期权。

考虑一个具有债务的公司，假设其资本结构由权益资本和零息债务组成。设 $V(t)$ 是 t 时刻公司资产的价值，$E(t)$ 表示 t 时的权益资本(普通股票)的价值，$B(t)$ 为 t 时的债务资本的总价值。根据 MM 非相关定理，有：

$$V(t)=E(t)+B(t) \tag{9-10}$$

假设公司债务期限为 T，到期值为 $B(T)$(如面值是 1 000 美元的 10 000 份债券，$B(T)=\$10\ 000\ 000$)。令 $V(0)$ 表示公司现在的价值；$V(T)$ 是 T 时的公司价值，它是不确定的，假设在债务到期日 T 清算。在债务到期日，若 $V(T)\geqslant B(T)$，公司所有者(股东)可以卖掉企业，支付债权人，股票持有者获得差额 $E(T)=V(T)-B(T)$，即在 T 时公司股票价值为 $V(T)-B(T)$。在债务到期日，若 $V(T)<B(T)$，则资产不足以支付债权人，这时股票持有者由于有限责任原则，只能是一无所获，而不能是 $V(T)-B(T)$，因为有限责任意味着股票的价值不能为负。综合这两种情况，在 T 时股票的价值为：

$$E(T)=\max[V(T)-B(T),0]$$

T 时刻债券的价值为：

$$D(T)=V(T)-E(T)=V(T)-\max[V(T)-B(T),0]=\min[V(T),B(T)]$$

总结上述，T 时刻股票和债券的报酬如表 9－4 所示。

表 9－4　　股票价值、债券价值和公司总价值的关系

	违约	不违约
	$V(T)<B(T)$	$V(T)\geqslant B(T)$
股票价值 $E(T)$	0	$V(T)-B(T)$
债券价值 $D(T)$	$V(T)$	$B(T)$
公司价值 $V(T)$	$V(T)$	$V(T)$

表 9－4 和图 9－3 说明，在期权意义上，公司股票实际上是一种基于公司资产的看涨期权，其价值可直接用布莱克—斯科尔斯看涨期权定价公式估计：

$$E(t)=V(t)N(d_1)-B(T)e^{-r(T-t)}N(d_2) \tag{9-11}$$

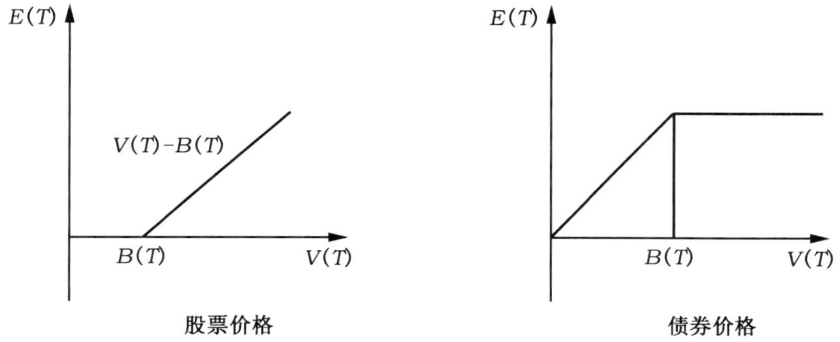

图 9-3　T 时的股票价值、债券价值与公司价值

其中：

$$d_1=\frac{\ln(V(t)/B(T))+r_f T}{\sigma_V\sqrt{T}}+\frac{1}{2}\sigma_V\sqrt{T}$$

$$d_2=d_1-\sigma_V\sqrt{T}$$

r_f 是无风险利率；$B(T)$是公司债的到期值；T 是公司债务的期限；σ_V 是公司资产价值的标准差，反映公司资产的风险程度。

在式(9-11)中，$V(t)$与 σ_V 都是未知的，为此，莫顿给出下列公式：

$$\sigma_E=\frac{V(t)}{E}\frac{\partial E}{\partial V}\sigma_V=\frac{V(t)}{E}N(d_1)\sigma_V \tag{9-12}$$

其中，σ_E 是公司股票价格的标准差。

当给出股票价格及其标准差时，解式(9-11)和式(9-12)，可求出公司资产价值及标准差。

(二)违约点和违约距离

违约点是指公司资产开始不足以偿付协议支付额的临界点，一般取债务的票面价值。违约距离描述的是公司违约的可能性及程度。KMV 模型定义“违约距离”如下：

设公司资产价值分布为正态分布，债务的到期日为 T，时刻 t 的违约距离为：

$$D_L=\frac{V-F(V,\tau)}{V\sigma_V} \tag{9-13}$$

其中，D_L 表示债务的违约距离，$F(V,\tau)$表示违约点，$\tau=T-t$ 表示距离到期日的时间，σ_V 表示公司资产的波动率，$V=V_T$ 表示资产在 T 时的预期值。

“违约距离”反映公司资产价值距离违约点的标准差数。由于“违约距离”是一个标准化指标，因而不同公司使用该指标可以进行相互比较，反映公司信用状况的好坏。该值越大，说明公司到期能偿还债务的可能性越大，发生违约的可能性越小，该公司信用状况越好；该值越小，说明公司到期偿还债务的可能性越小，有清盘可能，该公司信用状况越差。

计算“违约距离”时使用了公司股票市场交易数据和基本财务数据，因而能综合各方面信息，比较全面地对公司信用状况做出评价。上市公司股价每天有交易数据，且定期公布财务报表，因而可经常对公司“违约距离”进行更新，提供与公司实际情况符合较好的信用状况指标。另外，通过分析“违约距离”和传统信用等级之间的统计关系，可将不同范围的“违约距离”映射为不同的信用等级，因而使该指标和信用等级指标联系起来。

对任何上市公司，"违约距离"可根据公司历史交易数据和财务报表中的财务数据求出，因此，该方法同样可用于我国上市公司的信用状况分析。

八、VaR 模型

VaR 模型是计量市场风险的重要模型，同样可以应用 VaR 模型计算信用风险。在应用 VaR 模型计算信用风险时一般要用到借款人信用评级的数据、信用评级转移概率等。下面我们以银行贷款的信用风险为例说明 VaR 模型在信用风险计算中的应用。

[例 9-4] 假设一固定利率贷款的本金为 100 万元，年利率为 6%，期限为 5 年，借款人的信用评级为 BBB 级。在应用 VaR 模型计算贷款的信用风险时要用到借款人信用评级的数据、信用评级转移概率、违约贷款的回收率、债券市场的信用溢价等资料。

(1)信用评级转移矩阵

一般来说，借款人的信用等级在未来可能上升，也可能下降，会相应影响贷款的质量。信用评级转移矩阵是描述借款人信用等级变化的矩阵，一般可由历史数据计算得到。假设一年内借款人的信用转移矩阵如表 9-5 所示。

表 9-5　　一年 BBB 级借款人的信用转移概率矩阵

信用评级	AAA	AA	A	BBB	BB	B	CCC	Default
概率(%)	0.02	0.33	5.95	86.93	5.3	1.17	0.12	0.18

(2)第一年末贷款的价值

由于信用评级的变化会影响投资者要求的信用风险溢价，从而影响贷款的隐含价值。如果借款人的信用评级下降，投资者要求的信用风险溢价将会上升，从而贷款未来现金流的现值将会下降；若信用评级上升，则效果相反。假设第一年内借款人的信用等级发生了变化。在第一年末贷款的价值为：

$$P=6+\frac{6}{(1+{}_1r_1+s_1)}+\frac{6}{(1+{}_1r_2+s_2)^2}+\frac{6}{(1+{}_1r_3+s_3)^3}+\frac{106}{(1+{}_1r_4+s_4)^4} \quad (9-14)$$

其中，${}_1r_i$ 为一年后的远期利率，s_i 为以年计的信用风险溢价，i 为到期时间。

假设一年后的远期无风险利率和信用溢价之和见表 9-6。

表 9-6　　一年后的远期无风险利率和信用溢价之和

信用评级	一年期	两年期	三年期	四年期
AAA	3.60	4.17	4.73	5.12
AA	3.65	4.22	4.78	5.17
A	3.72	4.32	4.93	5.32
BBB	4.10	4.67	5.25	5.63
BB	5.55	6.02	6.78	7.27
B	6.05	7.02	8.03	8.52
CCC	15.05	15.02	14.03	13.52

若借款人的信用等级上升为A，则将表9-6中的数据代入式(9-14)，可以得到：

$$P=6+\frac{6}{(1+0.0372)}+\frac{6}{(1+0.0432)^2}+\frac{6}{(1+0.0493)^3}+\frac{106}{(1+0.0532)^4}=108.66$$

同理，可得到借款人的信用等级变化时一年后贷款的价值，见表9-7。

表9-7　　信用等级变化时一年后贷款的价值

第一年末的信用等级	贷款的价值
AAA	109.37
AA	109.19
A	108.66
BBB	107.55
BB	102.02
B	98.10
CCC	83.64
Default	51.13

由表9-7可以看出，一年后，若借款人的等级上升到AAA级，贷款的最高市值为109.37万元；若借款人违约，则贷款的最低市值为51.13万元。显然，两者不对称。一般来说，贷款价值向上波动的范围有限，向下波动的范围较大。由于贷款的价值不是对称分布的，因此用信用矩阵方法计算在险价值VaR的方法有两种：一是假设贷款价值服从正态分布；二是从贷款价值的实际分布出发。

(3)VaR的计算

表9-8展示了BBB级贷款价值的均值与方差的计算过程。

表9-8　　BBB贷款价值的均值与方差

年末可能的信用等级	发生概率(100%)	新贷款价值与息票之和	概率与价值的乘积	该等级价值与均值之偏差	概率与偏差平方的乘积
AAA	0.02	109.37	0.021 9	1.28	0.000
AA	0.33	109.19	0.360 3	1.10	0.004 0
A	5.95	108.66	6.465 3	0.57	0.019 3
BBB	86.93	107.55	93.493 2	−0.54	0.253 5
BB	5.30	102.02	5.407 1	−6.07	1.952 8
B	1.17	98.10	1.147 8	−9.99	1.167 7
CCC	0.12	83.64	1.103 7	−24.45	0.717 4
Default	0.18	51.13	0.092 03	−56.96	5.834 0
总和	100		108.09		9.948 7

根据表9-8，贷款价值的均值为108.09元，标准差为3.15元。

若资产服从正态分布，则在5%的置信度下，$VaR=1.65\times\sigma=5.198$；在1%的置信度下，

VaR＝2.33×σ＝7.34。

若直接从实际分布出发，则在6.77%的置信度下，VaR＝108.09－102.02＝6.07；在1.47%的置信度下，VaR＝108.09－98.10＝9.99；在1%的置信度下，VaR＝108.09－92.29＝15.80。

在实际计算VaR时可能碰到如下问题：

(1)信用转移矩阵的计算。使用信用转移矩阵，实际上是假设信用转移概率服从一个稳定的马尔科夫过程。也就是说，在某一段时间内，债券从当前的信用等级转移到其他信用等级的概率是与其过去的信用状态无关的。但是，研究表明，信用转移矩阵的时间序列是自相关的。

(2)在例9－4的计算中，假定信用转移矩阵是稳定、不变的。现有研究表明，随着整体经济环境的变化，信用转移矩阵也会随之变化。

(3)VaR的计算。在计算VaR时，还需要确定回收率、信用价差、无风险远期利率等，特别是回收率的确定，这需要具体问题具体分析，并且与研究人员的具体判断密切相关。

第三节　信用风险的管理方法

根据信用风险的含义与特点，信用风险具有非系统风险的特征，因此，非系统风险管理的理论与方法都可以应用在信用风险的管理中。具体来说，信用风险管理有以下多种方法：

一、信用风险管理的一般方法

债券投资信用风险管理的一般方法主要有：

(一)内评体系及债券池管理

1. 内评体系建设

首先对违约风险进行建模。常规建模步骤包括数据收集和清洗、数据分析和模型建设，如图9－4所示。

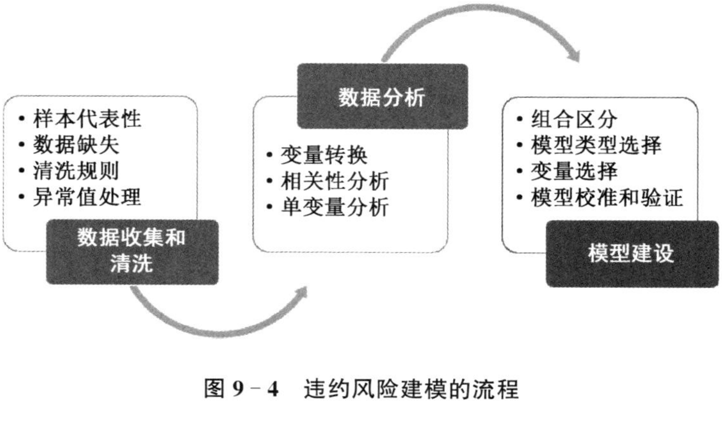

图9－4　违约风险建模的流程

常用的违约风险评级模型分为如下三大类：

(1)专家模型

专家模型主要基于信贷分析师的经验和判断，建立打分卡模型给出债券的评级，又称为专家经验法。专家模型核心是建立打分卡，打分范围一般局限在一个细分行业内，根据行业及主体的相对排名进行打分。下面就专家模型进行简要说明。

首先，专家根据每个行业的特征和差异确定相应的指标和权重，常规的指标大类包括行业经营风险（如上游供应、下游需求、产业政策等）、企业经营风险（如行业地位、实控人、产品技术壁垒、成本控制能力等）、营利能力（如 ROE、毛利率等）、偿债能力（EBITDA 利息保障倍数、流动比率、速动比率等）等。除了基本的财务、经营数据外，每个行业需要增加行业特有的关键指标，比如房地产企业的土地储备、城投企业的平台重要性、高速公路企业的单公里通行费等。

其次，考虑如何对每个指标单独打分。将每个指标的计算结果在行业中进行排名，对排名结果进行分档，如资产负债率的权重为 5%，即满分为 5 分，可分档为排名前 20%为 5 分，前 20%～40%为 4 分，前 40%～60%为 3 分，前 60%～80%为 2 分，后 20%为 1 分。

实践中，打分卡模型需在完整提取行业和发债主体数据后，赋予每个主体相应指标的得分，与相应指标权重相乘后再相加，即可得到每个发债主体的评分，根据评分结果和公司及资管产品的投资偏好设置相应的准入标准。打分卡模型和内部准入标准往往根据投资风险偏好、行业违约风险案例进行不定期的调整。

（2）统计模型

统计模型包括传统方法与非传统方法两类。统计模型是基于数据和统计分析，包括线性回归、Logistic 回归、判别分析、数学规划等；非传统方法是使用模式识别与分类等衍生计算方法，如人工神经网络方法等优化债券的信用评级结果。

（3）混合模型

混合模型结合了专家判断和统计模型。

2. 债券池管理

由于内部评级结果的区分度较外部评级更强，可根据公司内部的风险偏好构建信用分级标准，构建债券分级可投池，如图 9－5 所示。核心池的主体/券可投资规模最高，重点池次之，黑名单的主体/券禁止投资。总的来说，通过内部评级的结果可以更有效管理信用风险，建立差异化的准入和集中度管理标准。

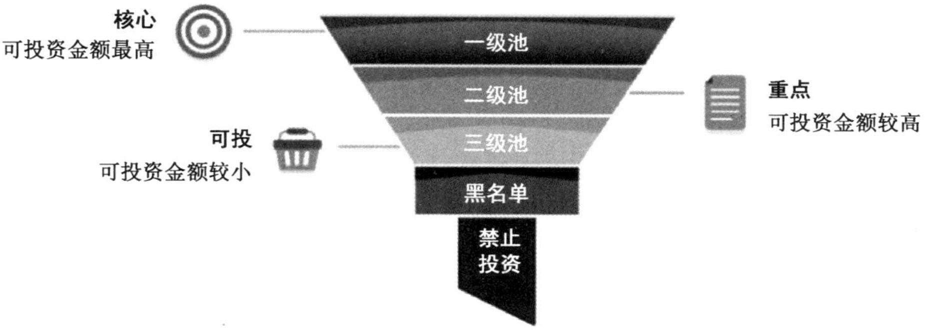

图 9－5　企业分级系统

3. 信用组合管理

资管产品在成立时往往详细列举出产品的可投资品种，同时通过一些较宽泛的集中度限额来约束投资经理进行分散化的信用组合管理，如“AA 级以下信用债比例不超过净值的

10%”。公司在建立内部评级及债券分级可投池后，可进一步根据投资人的风险偏好建立更细化的信用组合管理，如“二级池内单只信用债占比不超过净值的5%”等，控制组合整体的信用风险。一般来说，投资人的风险偏好越低，投资集中度限制也越多。

（二）信用风险预警

1. 基本面监控

主要监测企业长期经营状况、发展趋势及外部融资环境。通过对企业所在行业、所在地区以及企业治理架构、经营及财务状况的分析，获得发债主体整体基本面健康程度的判断。对财务状况的监测还应该包括对发债企业的财务粉饰情况进行分析和辨别。

2. 舆情监控

利用大数据和人工智能工具进行监控，具体包括选择模型、阈值设定、排除噪声和干扰项。

3. 隐含评级监控

市场隐含评级包括部分行业、企业及市场的信息，在债券违约预警方面能够发挥前瞻性作用，对于外部级别下调和估值下调亦有一定的预测作用。

4. 价格异动监控

债券的市场成交价格较前一日价格偏离较大，往往释放了市场对该债券发行主体违约的预期。

5. 现场调研

可以对风险事项证实或证伪，具体包括行业和企业资料收集、针对性访谈和调研。

（三）信用风险对冲

在投资策略中已有介绍，如果持有信用债，可以购买信用违约互换（CDS）等对冲信用风险，虽然名义上持有信用债但实际上不承担信用风险。

二、信用风险管理的具体方法

在信用风险管理中，常用的具体方法有：

（一）分散化投资方法

分散化投资是非系统性风险管理的主要方法。根据投资组合的基本理论，通过多元化投资，可以有效分散信用风险。因为信用风险是属于单个企业债券的风险，即使选择了个别违约风险大的债券，但通过分散化投资可以有效降低这种选择错误的风险，即信用风险的组合管理。

（二）信用风险分析法

信用风险分析法是通过对债务凭证的信用风险分析，选择低信用风险债券以降低信用风险的方法。一般来说，国债（国库券）的信用风险最小（可认为0）；然后是金融债券，信用风险也很小；而企业债券的信用风险较大，我们可以用本章第二节介绍的方法对其信用风险进行评估，选择符合要求的企业债券。例如，可以参考S&P评级方法选择企业债券，如对信用风险要求严格，可以选择AAA级企业债券；如对信用风险要求不太严格，可以选择AA、A等级企业债券。这种风险管理的方法即为债券池管理方法。

(三)应用信用衍生品管理信用风险

尽管信用风险具有非系统风险的特征,但最近十几年信用衍生品的出现为信用风险的管理提供了有效的方法。这种方法也称为信用风险对冲方法。

信用衍生品(信用工具衍生品)是对冲信用风险的一种重要方法。信用衍生品的优点主要有:

第一,能使投资者以较低的交易成本防范信用风险。一般来说,信用衍生品与其他金融衍生品类似,其交易成本是很低的。

第二,有非常灵活的结构。信用衍生品的结构一般非常灵活。例如,一个投资者拥有5年期的企业债券,但他仅关心后两年的信用风险,信用衍生品可以让投资者仅将这两年的风险转移出去(转移给其他投资者)。

第三,表外业务。信用衍生产品是一种表外工具。例如,互换不是资产也不是负债,有时互换中的固定支出方是净支出,有时固定支出方是净收入。

根据资产负债表定义的约束,管理者为有创新能力的投资银行提供了激励,使其发明衍生品,在不使用客户资产负债表的情况下,将风险转移给他的客户。

信用衍生品有很多类型,这里介绍几种常见的信用衍生品。

1. 总收益互换(Total Return Swaps)

总收益互换与传统的互换一样,也有付出和接收两方。在总收益互换中,付出的一方将资产总收益付给接收一方,如企业债券利息收入与价差收入(包括收益与亏损);作为交换,接收一方定期付给付出一方合同规定的支付款,如3个月LIBOR加利差。

总收益互换接收的一方可以不需要在他的资产负债表中拥有这些资产,就可以得到这些资产的收益;付出一方可以在不清算标的资产(卖出标的资产)的情况下使用总收益互换保护资产免受信用风险。总收益互换的管理成本一般比清算的成本低,而且总收益互换可以使银行在不充分了解客户资信的情况下分散信用风险,因为资产本身是不转移的。

例如,一家公司发行了15年期的浮动利率债券,其票面利率为LIBOR+50个基点;债券当前的价格为99,一个投资者进入了2年互换协议,他支付的利率为LIBOR+60个基点(6个月交换利息一次),收入该公司债券收益。投资者支付的比该公司债息高的原因是他认为该债券的价格将上升。如果互换协议是支付LIBOR+30个基点,则投资者认为该债券的价格将下降。在互换中,投资者既考虑债息,也考虑资本利得。

如果这家公司债券的信用等级下跌,债券的价格将下降,互换接收的一方将遭受损失。如果这家公司债券的信用等级提高,债券的价格将上升,互换接收的一方将获利。

2. 信用违约互换(Credit Default Swap)

(1)信用违约互换的含义与构成

信用违约互换是一种对现金流支付违约提供防范的方法。购买信用违约互换的投资者付给提供者一定的费用,以保证在投资违约的情况下现金流的获得。这些现金流的获得可以在互换协议开始时一次性支付,也可以在合约的有效期内定期支付。

信用违约互换的提供者仅仅在初始投资存在某种程度违约时(如不付、少付利息或不付本金),才支付给投资者合同规定的现金流,以弥补信用违约互换购买者的损失。也就是说,信用违约互换相当于一类保险工具,是仅仅在违约发生时才支付赔偿的一种工具。其基本结构如图9-6所示。

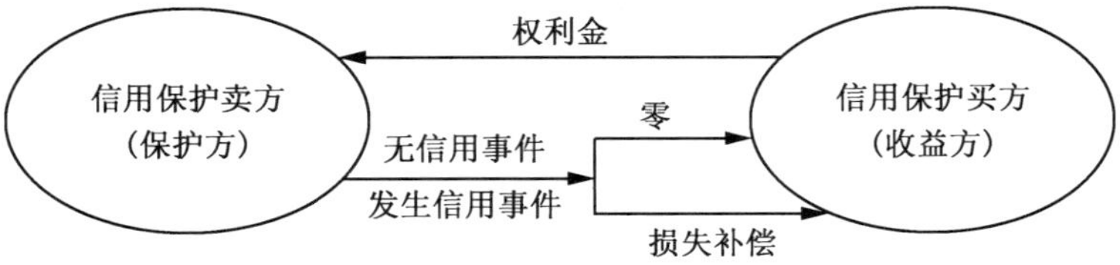

图 9-6 信用违约互换交易示意

违约互换与保险有相似之处,故保护买方向卖方支付的信用风险保护费用通常称为保险费。不过,两者又有所不同。如果信用事件发生,保护买方就可以得到赔偿,不管信用事件是否实际上对其造成损失,而被保险方必须在遭受损失后才能获得赔偿。

一项信用违约互换合约一般由信用保护买方、信用保护卖方、参考实体、信用事件、权利金等构成。

①信用保护买方也称为信用保护发起人,一般为持有某家公司债券的投资者,为了防范信用风险而购买信用保险。

②信用保护卖方也称为信用投资者或保护人,在发生信用事件时,向信用保护买方支付相应信用违约款项。

③"参考实体"或"参考资产",是指发行债券的某家公司。

④"信用事件",是指公司发生违约的事件。

⑤"权利金",是指信用保护买方为了防范信用风险,向信用保护卖方支付的款项。一般每年支付一次,数量为保护金额的一定比例。当未发生约定信用事件时,信用保护卖方无须向信用保护买方支付(零支付);当发生约定信用事件时,一般将违约公司债券按面值卖给信用违约互换的卖出方。

信用保护买方购买信用违约互换,可以将参考资产相关的信用风险转移至信用保护卖方。

[例 9-5] 假设 A、B 两公司 2022 年 3 月 1 日签订了一份 5 年期、面值为 1 亿美元的信用违约互换协议。协议约定:信用违约互换买入方每年支付给卖方费用为 80 个基点(2022—2027 年);如果 5 年参考实体没有违约,买入方得不到任何补偿,当有信用事件时,卖方将向买方支付赔偿。A、B 两公司信用违约互换交易如图 9-7 所示。

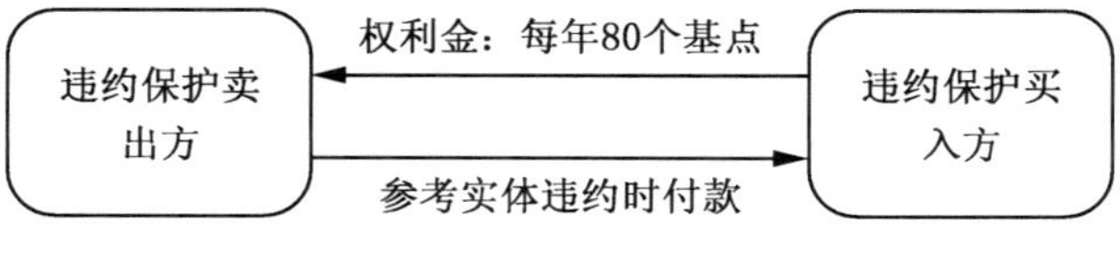

图 9-7 A、B 两公司信用违约互换交易

在本例中,信用违约互换买方每年支付 80 万美元(10 000 万美元×0.8%)。如果 5 年参考实体没有违约,买入方得不到任何补偿;当有信用事件时,卖方将向买方支付赔偿。卖方赔偿买方的方式通常是按面值从买方买回债券;若为现金交割,往往为卖方以面值与违约债券面值之差赔偿给买方。

当信用事件发生时,信用违约互换的买方定期支付给卖方的权利金将立即停止,当然该付款项是要付的。

信用违约互换的价格为权利金与本金的比率，如本例中每年 80 个基点(0.8%)。

信用保护卖方一般为大银行，它们是信用违约互换交易的做市商；参考实体一般为公司或国家；信用违约互换的期限常见的有 1、2、3、5、7、10 年等。

(2)信用违约互换合约的要素

1997 年国际互换与衍生产品协会(International Swaps and Derivatives Association，ISDA)颁布信用互换交易的确认书，成为信用违约互换文件的标准文本。信用违约互换合约通常包括以下要素：

①参考实体。参考实体一般是指贷款的借款人或债券的发行人，它既可以是主权实体(国家)，也可是非主权实体(企业、个人或其他组织)，这些实体有可能出现债务违约。信用保护买方购买信用违约互换合约的目的就是防范参考实体的信用违约风险。

②参考债务。参考债务是指参考实体的特定债务，也即违约互换的基础资产。参考债务一般是买方对参考实体的贷款或买方持有的参考实体发行的债券，买方希望出售参考债务的风险，卖方则意欲购买参考债务的风险。

③保护期限。保护期限是指交易双方须确定的互换交易有效期限。在此期间内，只要合约规定的条件得到满足，卖方就有义务履行对买方的支付承诺。保护期限既可以等于参考债务的到期期限，也可以短于这一期限。

④权利金(保险费或保护价格)。权利金是指保护买方在合同期限内向卖方定期支付的费用，也可在交易开始时一次性支付。卖方所收取的费用取决于多种因素：一是保护期限。保护期限越长，权利金就越高，因为参考实体发生违约的可能性越大。二是参考实体的违约概率。参考实体违约的可能性越大，卖方收取的费用越高。三是保护卖方的信用等级。保护卖方信用等级越高，索取的保险价格也越高，买方为得到可靠的信用保护，也愿意支付更多的保险费。四是参考债务与保护卖方信用度的相关性关系。如果参考实体与保护卖方发生违约事件的可能性是高度正相关，则买方向卖方购买保护就是毫无意义的。五是参考债务的预期返回价值(残值)。参考债务的预期残值越低，卖方对买方的或有支付款项就越多，信用互换的价格也越高。影响残值的因素包括债务类型(优先或次级债务)、抵押品变现力等。

⑤信用事件。"信用事件"是保护卖方对买方进行或有支付的确认条件。如果在合约到期前参考实体或其有关债务发生合约中规定的信用事件，则买方即可向卖方要求偿付。在违约互换合约中，交易双方规定的支付条件往往包括多项信用事件，如不能支付、破产、合并、交叉加速到期与交叉违约、降级、拒付等。

不能支付是指参考实体无力支付债务。不能支付作为违约的直接体现，是买方所关心的最重要信用事件。不能支付事件可能附加一个"支付要求"，即仅当参考实体的拒付金额超过支付要求时，买方才会向卖方索偿，因此支付要求相当于触发或有支付的门槛，以免由于极其微小的违约行为导致或有支付的启动。

破产是指参考实体因无法偿付债务而宣告终止业务。破产同样表示参考实体丧失了清偿能力。

合并事件是指参考实体与另一实体合并，而合并后的实体实力弱于合并前的表现，则信用事件成立。

交叉加速到期与交叉违约的共同之处在于，两者都不是指参考债务出现了违约事件，而是按照债务合约的约定，如果参考实体的其他债务出现加速到期或违约，则参考债务也视同加速到期或违约。

降级一般是指参考债务或参考实体的信用级别下降到交易双方一致确认的某一信用等级以下。

拒付是指参考实体整体或部分否认、反对或拒绝支付债务。拒付与无力支付在性质上存在区别。拒绝支付可能是主观原因，而无力支付则可能源于客观原因。

⑥结算条款。一旦支付条件得到满足，双方须履行结算条款。信用违约互换的结算方式主要有两种：一是实物结算，二是现金结算。

实物结算是指买方将其持有的、可交割的资产移交给卖方，卖方则向买方支付与资产面值相当的金额。实物结算金额一般相当于买方持有的债券（贷款）面值，有时根据参考价格进行调整，以便反映在信用违约互换的交易日与生效日之间较长时段内参考债务价格的可能变化。

现金结算是指当支付条件满足后，卖方对买方支付现金，双方不交割债务工具。现金结算金额反映信用事件发生前后参考债务的价值变化。如果参考信用是银行贷款，赔付金额通常等于贷款未收回部分及相关费用。如果参考债务是债券，则赔付金额通常是债券原始价格与期终价格的差额。期终价格是信用事件发生后参考债务的价值，也即参考债务的残值。

在理论上，现金结算与实物结算的经济结果是相同的。现金结算不必涉及参考资产的实际转移。不过，现金结算方式一般需要在信用事件发生后确定期终价格，双方可能因此发生争议，加之债务工具发生违约后可能因缺乏市场流动性而无法对其估价，故而违约互换交易大多采用实物结算，以避免价格发现机制不健全所导致的问题。

(3)信用违约互换与债券收益率

信用违约互换的作用是对冲了企业债券的信用风险。信用违约互换的保护买方购买信用违约互换后将企业债券的信用风险转移给了信用违约互换的卖方，这样，信用违约互换的保护买方所购买的企业债券将变为无风险债券。因此，对于 N 年期企业债券、N 年期无风险债券收益率和 N 年期信用违约互换溢价而言，有如下关系：

$$N\text{ 年期信用违约互换溢价}=N\text{ 年期债券收益率}-N\text{ 年期无风险债券收益率} \quad (9-15)$$

例如，某企业 5 年期债券收益率为 7%，5 年期无风险债券收益率为 5%，则信用违约互换溢价为 2%。原因是信用违约互换为债券提供了信用违约保护，使其变为无风险债券（违约后按本金收回，可以再按无风险债券投资）。如果信用违约互换溢价不为 2%，将出现套利。

(4)信用违约互换的种类

信用违约互换有单一信用违约互换、篮子信用违约互换等类型。

①单一信用违约互换。单一信用违约互换是指以某参考实体的某一特定债务为参考资产，一旦该参考实体或参考债务发生规定的信用事件，卖方即对买方支付，合约即告终止。

例如，银行 A 持有 B 国 2022 年 1 月 10 日发行的面值 1 000 元的 10 年期政府债券，为避免该国偿债能力可能下降所造成的损失，A 银行与 C 银行于 2022 年 8 月 10 日达成信用违约互换合约，以 B 国政府为参考实体，以该笔政府债券为参考债务，合约名义本金为 20 亿元，保护期限为 5 年，A 银行每半年向 C 银行支付保险费，费率为名义本金的 50 个基点/年。合约采用现金结算方式，若在合约到期日前发生规定的信用事件，卖方应在规定时间内将结算金额支付给买方，现金结算金额＝名义本金额×（100%－期终价格（以信用事件发生后债券市值与面值的比率表示））。2023 年 2 月 5 日，B 国宣布无力按期偿付债券利息和到期偿还本金。合约规定，在 10 个被认可的交易商对参考债券的报价中取其最高值作为期终价格。假设期终价格确定为 500 元（50%面值），则 C 银行应向 A 银行支付 10 亿元。A 银行将债券在市场上以 500 元的价格出售后可得到 10 亿元，加上从 C 银行得到的偿付，A 银行可以收回债券的全部面值。

②信用篮子违约互换。信用篮子违约互换是以一篮子多项贷款组合为参考，有多个参考实体，在任意一家参考实体违约时均提供违约补偿。它有多种形式：

第一，多重违约篮子。多重违约篮子对篮子中可能发生的任意数量的违约事件提供保护。当篮子中出现第一项违约事件后，在参考实体首次违约时提供违约赔偿；在参考实体第二次违约时提供违约赔偿，依次类推。如果合约对所有参考贷款提供保护，则保护买方就将基础贷款组合的全部信用风险转移给卖方，篮子信用违约互换所保值的信用违约数量将等于参考贷款数量。多重违约篮子不同于一系列单一违约互换的总和，双方只需就一套合约文件进行谈判，可节省交易成本。

第二，第一违约篮子。在篮子中任何一个参考实体发生第一件信用事件后，合约就告终止，卖方承担的暴露以第一违约为限，并据此对买方支付。第一违约篮子交易所提供的信用保护的价格取决于篮子里参考贷款的数量、相关性和违约概率。如果参考贷款违约相关性较低，这种交易结构就是低成本高效率的保值工具。

第三，第一损失篮子。银行保留信贷组合的部分风险暴露（第一损失），将剩余暴露（第二损失）转移给保护卖方，若组合的违约损失超过约定金额，卖方向买方偿付。银行通过限定损失上限减少保护成本，而不是对全部潜在暴露保值。保护买方的保留部分越大，组合越分散化，第二损失也即未预期到的意外损失的可能性就越小，违约互换的保护价格就越低。

(5)信用违约互换远期合约与期权

信用违约互换远期合约与期权是以信用违约互换作为标的物的衍生品。

信用违约互换远期合约是指在将来 T 时间买入或卖出某参考实体信用违约互换的远期合约。在时间 T 之前，如果参考实体违约，则这种义务取消。例如，某银行同意在一年后卖出5年期的福特公司信用保护，在合同中信用买入方付费280个基点。如果福特公司在一年内违约，远期合约中银行的义务被自动取消。

信用违约互换期权是指在将来 T 时间可以买入或卖出某参考实体信用保护的一种权利。例如，一个投资者在某交易商处买入某种权利，其1年后可以买入5年期的福特公司信用保护，买入这种信用保护需每年付费280个基点，其为一个看涨期权。如果1年后福特公司5年信用违约互换溢价大于280个基点，期权将被行使；否则，不行使。

3. 资产担保债券（Asset-backed Security，ABS）

资产担保债券（ABS）是由贷款组合、住房抵押贷款证券等派生出来的债券产品。市场上有许多种资产担保债券，信用风险常被分配到不同的份额之中。资产担保债券的基本结构如图9－8所示。

在图9－8中，左边为资产池，中间为特殊目的机构（SPV）。假设某银行有10 000个非优质贷款，该银行将这些贷款卖给SPV。SPV以这些贷款的现金流为支持发放债券，并将贷款的信用风险分配到不同的份额中。在图9－8中，SPV将总面值为1亿美元的资产组合分为三个份额（层次）。假定该资产担保债券的期限为5年，第一份额称为股权份额，其面值占总面值的5％，其承诺收益率为30％；第二份额称为中间份额，其面值占总面值的20％，其承诺收益率为10％；第三份额称为高级份额，其面值占总面值的75％，其承诺收益率为6％。资产组合产生的现金流由最高级到最低级被分配到不同的份额中。资产组合产生的现金流首先分配到高级份额中（收益率为6％）；在满足第三份额收益的前提下，资产组合产生的现金流最大限度地分配到第二份额中（收益率为10％）；最后，资产组合的剩余现金流被用来支付第一份额的

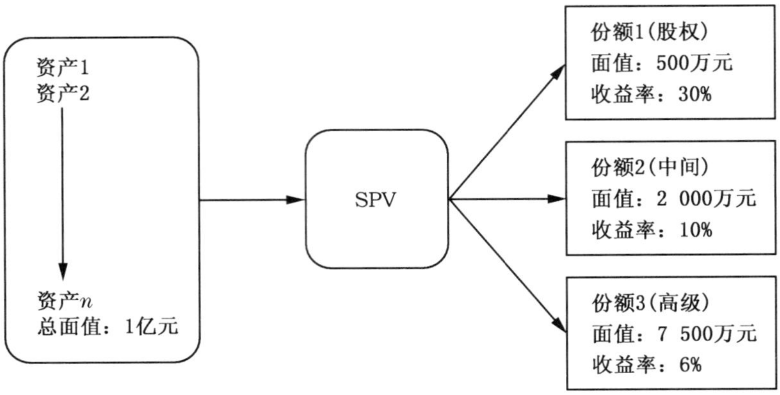

图 9-8 资产担保债券的基本结构

收益(收益率为 30%)。当资产组合出现违约时,第一份额首先受到影响,该份额的收益率将低于 30%,这时该份额可能损失本金;当违约损失达到一定程度时,第二份额将受到影响;当违约损失非常大时,第三份额也将受到影响,得不到承诺的收益。

在实际中,交易商也可以对中间份额再次打包产生新的资产担保债券,即 ABSCDO,如图 9-9 所示。

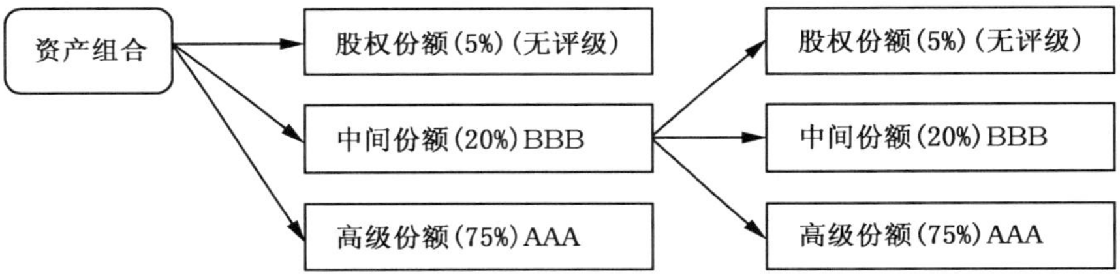

图 9-9 ABSCDO 过程

4. 债务抵押债券(Collateralized Debt Obligation,CDO)

(1)债务抵押债券的概念

债务抵押债券也属于资产担保证券,其抵押资产是企业债或国债。CDO 的构造与图 9-8 相似,所不同的是 CDO 份额个数一般多于 3 个。

CDO 的运作过程是:发行者首先取得证券组合,然后将证券组合卖给 SPV,SPV 再将证券的收入传递给一系列不同的份额。债券收入首先支付最高级的份额(AAA),然后再用于次高级份额等,最低级有时由 CDO 发行者拥有。假设一个 CDO 的中间份额为 BBB 级,CDO 结构(参考图 9-8)将面值为 1 亿美元、信用等级为 A 级的证券转换为面值 7 500 万美元 AAA 的证券、面值为 2 000 万美元 BBB 的证券和面值 500 万美元无级别证券的组合。

CDO 发行者的目标是使卖出份额的收入高于买入抵押债券的费用。

(2)合成 CDO

持有一家企业债券(多头)相当于持有关于这家企业信用违约互换的空头(即在信用违约互换中卖出信用保护)。这样可以用另外一种方式产生 CDO:CDO 的发行者可以生成由信用违约互换的空头所组成的交易组合,其信用风险被转移到相应的份额中。用这种方式产生的

CDO称为合成CDO。

假定信用违约互换的总面值为1亿美元，按上面的例子，合成CDO把信用违约互换产生的违约风险分配到相应的份额中。

第一份额：承担初始的500万美元损失，收益为既存面值的15%。

第二份额：承担接下来的2 000万美元损失，收益为第二份额面值的1%。

第三份额：承担接下来的7 500万美元损失，收益为第三份额面值的0.1%。

若6个月后，信用损失为100万美元，第一份额将承担此损失，15%的收益将以400万美元计算；如果损失超过500万美元，第一份额将不存在，第二份额将开始承担损失；如损失超过800万美元，第二份额的面值将变为1 700万美元，这时第二份额已承担300万美元的损失。

(3)相关系数在篮筐(子)式信用违约互换与CDO中的作用

参考实体之间的违约相关性与第K次信用违约互换的信用保护及CDO的份额溢价有密切的关系。例如，有100个参考实体，每个参考实体的违约概率为2%，当每个参考实体的违约相关性为0时，根据二项式分布得出今后5年内1个或多个参考实体出现违约为86.7%，10个或以上参考实体出现违约为0.003 4%，因此对第一个违约保护的价格会比较高，而对第10次违约保护的价格几乎为0。

随着违约相关性增加，1个或多个参考实体出现违约的概率会下降，但10个或以上参考实体出现违约的概率会上升。违约相关性为1时，要么所有的参考实体均违约，要么均不违约。

CDO份额的价格也与违约相关性密切相关。当相关性较低时，低级股权份额风险较大，高级份额较安全；当相关性较高时，低级股权份额风险会降低，高级份额风险性会增大。

5. 信用中介互换

信用中介互换也是一种互换。只不过在这种互换中，一个机构(实体)作为一个互换中介服务于互换交易，以降低互换过程中的信用风险。

例如，假设有两个小公司，一个在绍兴，一个在嘉兴。它们想进入一个互换合同，但由于它们是小公司，需要对对方的市场地位进行调查，而且每一方都不能确信对方是否有能力存活到互换合同的结束。为了方便互换交易，它们找到在上海的具有AAA等级的一家大公司。它们以这家大公司作为媒介来担保该互换。例如，绍兴的公司承诺付给上海的大公司6.5%的利息，收到以LIBOR计息的收益；嘉兴的公司付给上海公司LIBOR+10个基点的利息，收到6.5%的固定利息收益。每家小公司都相信上海公司的信誉，上海公司获取10个基点的收益作为承担两个小公司信用风险的报酬。

6. 信用风险期权

信用风险期权与普通期权类似，具有一般期权所具有的一切要素，也可分为违约看涨期权和违约看跌期权两种。所不同的是，它只是一个保护投资者在投资违约时遭受损失的期权，是与违约相关的期权。如投资者投资的债券信用等级变化(如从A降到BBB级)或违约时，债券价格将下跌，投资者将遭受损失，信用风险期权则可保护投资者免受这种损失。这种作用类似一个看跌期权，当公司信用等级下降时造成的债券价格下跌给投资者带来的损失部分由这种期权的出售方给予补偿。

7. 信用价差期权

信用价差测度的是风险债券的到期收益率与政府债券收益率之间的差。基于这个差额的衍生证券称为信用价差衍生证券，包括信用价差期权、远期和互换等。

信用价差期权是基于某一特定信用价差变化的期权合约,期权买方向卖方支付一定数额的期权费,从而获得在未来按预先确定的信用价差(即敲定价格)购买或出售参考债务的权利。信用价差期权分为看跌期权和看涨期权。看跌期权的买方有权以事先约定的信用价差出售基础资产,看涨期权的买方则有权按事先约定的信用价差购买基础资产。信用价差期权通常不进行实物交割,双方只进行差额结算。期权卖方对买方的支付取决于信用价差的变化方向和变动幅度。

例如信用价差看跌期权,若参考贷款或债券的债务人信用等级下降,则其信用价差将变大,如果期权到期日的信用价差高于执行价差,看跌期权的卖方对买方进行支付:

卖方的支付金额=名义本金金额×持续期×(指标信用价差-执行价差)

假如银行甲持有A公司发行的债券。银行甲担心A公司债券信用等级可能下降,从而导致信用价差增大,债券贬值,而银行乙则认为A公司资信状况将得到改善,于是银行甲与银行乙在2022年1月5日达成信用价差期权交易,合约名义本金金额为10 000万美元,基础资产为2030年10月31日到期的A公司债券。以同年到期的美国国债作为计算信用价差的参照,指标信用价差为基础资产的净买价(即除去应计利息和未计利息的净买价)减去执行日期两天前的作为参照的美国国债认购收益率,执行价差为1.05%,执行日期为2022年3月5日,期权费为名义本金的1.25%。若到期日的指标信用价差为2%(或200个基点),则卖方向买方支付金额为:

10 000万×(2%-1.05%)=95万美元

8. 信用关联票据

信用关联票据(Credit-linked Note,CLN)是嵌入信用违约互换中的结构化票据。保护买方(通常是银行)与CLN发行人(一般是特设机构,即SPV)达成以单项参考债务或一篮子参考债务为基础的违约互换交易,保护买方向发行人支付权利金,发行人然后向投资者发行CLN,并对其支付利息,其中包括保护买方支付的权利金。若参考债务人没有违约,投资者在票据到期时收回票据面值(本金)。一旦参考贷款发生信用事件,发行人即停止向投资者支付票据利息,一方面向保护买方偿付,另一方面将票据面值扣除对保护买方的偿付后的余额(参考债务残值)返还给投资者。CLN的交易结构如图9-10所示。

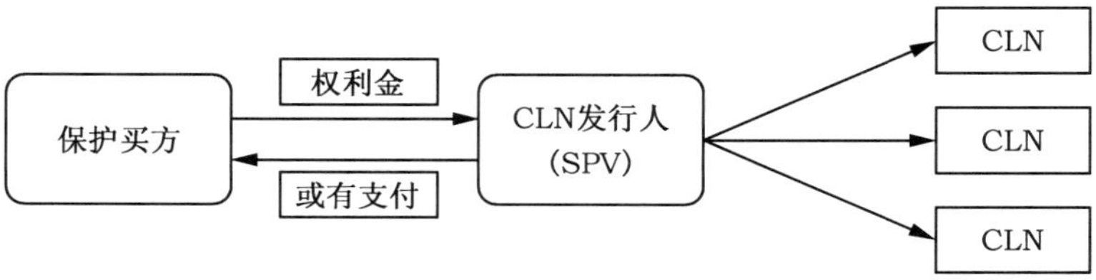

图9-10 CLN交易

假如一家银行与SPV达成信用违约互换交易,向SPV支付50个基点的权利金,为其持有的1 000万元贷款购买风险保护。SPV向投资者发行面值为1 000元的10 000份的CLN。假设SPV的融资利率为LIBOR+10个基点,故票据利率为:LIBOR+10+50 =LIBOR+60。若基础参考贷款发生违约,残值为800元,则SPV向保护买方支付200万元,同时向投资者每张票据返还800元。

与传统证券化相比,CLN是复制参考债务信用风险的合成投资工具,它只是将贷款的信用风险转移给投资者，贷款仍然保留在银行的资产负债表上，因此不需要办理转让贷款的法律手续。

与其他类型的信用衍生品相比，CLN 具有下列特点：

(1)CLN 是要求投资者提供资金的信用衍生工具，因而不存在交易对手风险，这对保护买方具有吸引力。由于投资者在购买 CLN 时已支付票据面值，当违约发生时，发行人只需返还低于面值的残值即可。信用违约互换的保护卖方没有预先提供资金作为履约担保，信用事件发生后，保护买方面临保护卖方不履行支付承诺的可能。总收益互换由于包含现金流双向运动，因此交易双方都面临对手风险。

(2)对于投资者，CLN 能够为他们提供一条参与信用衍生交易的渠道，而有些衍生交易，对涉足的投资者是有约束的。例如，某基金委托契约只允许基金投资于 AAA 级债券，而 CLN 的发行人通常是具有 AAA 级的特设机构，故其发行的票据在基金可以购买的范围之内。此外，CLN 的流动性相对较好。信用违约互换一般是非交易性的双边合约，投资者通常执行一项反向的互换交易以抵消其头寸。CLN 则是一项可交易的工具，能够像其他债券那样方便地出售。

9. 违约指数合约

违约指数合约由破产指数(国内或某一地区的破产数量)驱动，若到期日指数高于合约起始时指数，合约买方可得到补偿。

1998 年 11 月，芝加哥期货交易所(CME)推出第一个场内交易的信用衍生产品，即美国季度破产指数衍生产品。破产指数衍生产品可以是期货，也可以是期权，都是基于 CME 季度破产指数(CMEQBI)产生的。该指数是合约到期日前三个月在美国新登记的破产数。交易者购买该合约后，若在到期日 QBI 高于订立合约时的指数，合约买方就可获得偿付，合同金额等于指数乘以 1 000 美元。

银行可以利用违约指数合约对其持有的大规模信贷组合进行管理，以规避经济衰退导致普遍的个人或企业破产造成的信贷损失，缓解信用环境恶化的系统风险造成的冲击。而且，由于违约指数是公开可得的参照基准，寻求风险保护的银行并不具有相对于交易对手的信息优势，从而可以避免信用风险出售中交易双方信息不对称导致的风险。

本章案例

富贵鸟信用债券违约

一、案例背景

富贵鸟股份有限公司的前身为石狮市富贵鸟鞋业发展有限公司，成立于 1995 年，2012 年整体改制为股份有限公司，并于 2013 年成功在香港上市(股票代码：01819. HK)。公司主要从事皮鞋和服装的研发、生产和销售。

14 富贵鸟(122356. SH)公司债发行总额为 8 亿元，期限为 5 年，附第三年末发行人上调票面利率选择权和投资者回售选择权，前三年票面利率为 6. 30%，应于 2018 年 4 月 23 日兑付回售本金 6. 52 亿元和第三个付息年度的利息 5 040 万元。

发行人于 2018 年 4 月 23 日公告称，由于公司前期存在大额对外担保及资金拆借，相关款项无法按时收回,公司无法按期偿还应付本金及利息,担保人林和平也未能履行担保责任,14富贵鸟债券发生实质性违约。公告同时提示,发行人目前尚有一支私募公司债16富贵01存续,本次14富贵鸟公司债违约可能触发16富贵01提前到期。

2019年7月31日,富贵鸟发布公告称,公司正在破产重整,将根据破产重整的进度安排复牌计划。2019年8月12日,富贵鸟发布公告,告知公司股份的最后上市日期为2019年8月23日,股份上市地位于2019年8月26日9时起取消。

2019年8月24日,泉州中院公告富贵鸟股份有限公司破产。泉州中院驳回了富贵鸟管理人关于"批准重整计划草案"的申请,并终止富贵鸟重整程序。

二、违约原因分析

(一)行业风险

皮鞋和服装行业处于下行阶段,公司营利能力、收入质量及现金流均较差,公司债务不断增长,偿债能力不断变差。2015年公司年报称,"鞋服行业受宏观经济景气度及鞋服行业自身发展周期的影响,仍处于筑底阶段"。

公司各项财务指标均出现不同程度的下滑。公司2015年营收和税前利润首次出现同比下滑,而且2011年以来营收和税前利润增长率也呈现下滑趋势。收入放缓,应收账款、预付账款以及存货继续增加,公司现金流质量较差;应收和存货周转天数逐年增加,营运压力较大。与此同时,公司2014年以来总债务金额逐年增加,偿债压力较大。公司财务状况如表9-9所示。

表9-9　富贵鸟财务报表

	2015-12-31	2014-12-31	2013-12-31		2015-12-31	2014-12-31	2013-12-31
营业总收入(亿元)	20.32	23.23	22.95	应收账款(亿元)	7.80	6.68	8.34
同比(%)	−12.54	1.23	18.75	预付账款(亿元)	1.04	0.31	0.41
税前利润(亿元)	5.23	6.02	5.930	存货(亿元)	3.54	2.51	2.46
同比(%)	−13.04	1.49	37.36	预收账款(亿元)	0.18	0.34	0.10
应收账款周转天数	129.45	117.03	94.55	总债务(亿元)	15.64	5.65	5.39
存货周转天数	88.41	63.61	61.96	自由现金流量(亿元)	−8.8	−2.0	−2.5

(二)财务报表存在造假的可能

1. 销售净利率显著高于同行

如表9-10所示,富贵鸟的销售净利率自2013年起就维持在接近20%的水平,能达到这一水平的除了富贵鸟外只有安踏体育,远超其他品牌。

表9-10　同行业销售净利率对比　单位:%

	2015年	2014年	2013年	2012年
富贵鸟	19.30	19.42	19.34	16.74
奥康国际	11.75	8.71	9.81	14.86

续表

	2015 年	2014 年	2013 年	2012 年
红蜻蜓	10.11	10.47	8.00	9.66
千百度	8.36	8.74	9.58	13.29
安踏体育	18.77	19.40	18.21	17.74

2. 大存大贷

2014 年富贵鸟发行 8 亿元公司债，2016 年 3 月初又发行 13 亿私募债，2016 年 3 月底发行不超过 4 亿元人民币的短期融资券，发债理由均为补充运营资金及偿还集团的银行贷款。

截至 2015 年底公司货币资金 27.8 亿元，短期银行贷款只有约人民币 5.54 亿元，债券约为 7.94 亿元。在集团处于净现金的水平下，2016 年公司建议发债 19 亿元人民币。

推断：公司账上实际的货币资金似乎没有 27.8 亿元。或者说，公司的货币资金大多数为受限资金，也可能是通过存单质押的方式将信用输送到股东关联的企业。

（三）治理混乱的端倪

1. 更换审计师，报表质量难以保证

2016 年中报审计师（毕马威）发现前期未发现担保事项并与公司发生较大争议，随后公司将审计机构由毕马威变更为中安达。

2. 独立董事辞职，公司内部治理混乱

2017 年公司两名独立董事辞职，辞职原因是："一是财务数据意见分歧；二是未有就事实资料回应港交所的问询；三是未经审核委员会委任新任审计师。"

3. 体系外风险

大股东涉嫌通过预付账款、其他应收款科目和对外担保等方式挪用公司资金并进行对外投资（P2P 和矿产）。

（1）公司其他应收款余额从 2016 年的 1 650 万元增长到 10.12 亿元，增长幅度为 60 倍。预付账款由 2014 年 0.31 亿元增加到 1.06 亿元，增长幅度为 2.25 倍。

根据公司年报，这些其他应收账款、预付账款和担保对象均为贸易公司，注册资本很小，而应收账款、预付账款金额却上亿。通过全国企业信用信息系统查询，这些其他应收账款、预付账款以及担保对象互为关联方，都与实际控制人有一定的关联，大概率是以贸易等方式掩盖其转移上市公司资产的目的。从中国证监会出具的警示函看，其在 2016 年年报中存在 11.06 亿元的对外担保未披露，而 2017 年新增对外担保合计 10.7 亿元，超过了公司 2016 年末净资产 25.76 亿元的 20%，也没有临时公告。通过预付其他应收和对外担保转移出上市公司的资金高达 30 多亿，如果无法收回，肯定造成毁灭性的影响。

（2）转移的资金投资 P2P 和矿业领域，并且以失败告终。

石狮富贵鸟通过富银金融信息服务有限公司投资了叮咚钱包（共赢社），并在 2017 年 3 月将股份转让。

另外一个方向是矿业，主体是富贵鸟矿业集团有限公司。虽然从股权和高管关系上无法看出有任何联系，但富贵鸟矿业被执行和诉讼大部分与石狮富贵鸟、林和平绑定在一起，大概率属于同一控制人，而从与金融机构涉诉结果来看，其经营肯定遇到问题。通过查询被执行人等的相关网站，石狮富贵鸟被执行的涉诉金额达 5 亿元，从裁判文书和金额来看大概率是金融机构,这间接说明实际控制人在上市公司体系外的产业经营和偿付能力出现较大问题。

从2016年以后的年报可以推断出,上市公司本身的资金遭大股东挪用,挪用的资金被大股东投资到与主业无关的P2P平台和矿业。从后续的公开信息来看,大股东对外投资(P2P和矿业)均遇到了不同程度的麻烦,对上市公司的偿债能力产生了巨大影响。

三、案例启发

违约企业普遍存在以下一些特征,这些特征可以帮助有效识别公司的违约风险:

1. 公司平台化

公司平台化是指公司虽有自己的品牌,但通过贴牌等方式发展成一个销售或者服务平台,提供给同行业其他供应商做销售渠道。企业在发展过程中,可能由于主营业务不赚钱从而平台化,缺乏核心竞争力,使得对抗外部冲击的能力较弱。

2. 战略多元化

战略多元化是指企业不断进入新的事业领域,一般代表企业原业务的营利能力下降,不得不开拓新的市场寻求新的发展机会。

3. 治理混乱化

治理混乱是违约企业的明显特征。一个正常运转的企业治理是不会混乱的。

4. 财务操纵化

营利能力较好的企业无需操纵财务,只需向公众展示自身的基本面即可融到成本较低的资金。只有在内部"岌岌可危"的情况下,为了保证企业的存续,企业才会通过操纵财务等违规手段掩饰真实情况,试图向不明真相的投资者融资。

5. 经营异常化

经营异常是指公司没有在法定期限公示年度报告,或者未在责令的期限内公示有关企业信息等情况,被工商局纳入经营异常。企业通常在经营出问题的时候,可能是为了伪造财务报表或者其他目的,才会使年报或者相关信息未及时公布。

本章小结

信用风险是金融市场中另一类重要的风险。与利率风险类似,它是固定收益证券面临的主要风险之一。本章首先介绍信用风险的有关概念,其次介绍信用风险计量与管理的主要理论与方法,最后介绍了信用风险管理的主要方法。

信用风险,是指受信方(借款人)拒绝或无力按时、全额支付所欠债务时,给信用提供方(贷款人)带来的潜在损失。影响信用风险的因素非常复杂,可分为外部因素和内部因素两个方面。信用风险的特点主要有:信用风险具有离散化、发生概率较低的特点,具有正反馈放大机制,具有非系统风险的特征,具有计量复杂性等特征。

信用风险有多种计量方法,这些方法主要分为定性与定量方法两类。定性方法有专家评级法、信用等级计量法,定量方法主要有财务指标模型法、信用差额计量法、违约概率法、期望损失法、KMV模型与"违约距离"法及VaR模型法。

信用风险具有非系统风险的特征,因此,非系统风险管理的理论与方法都可以应用在信用风险的管理中。信用风险管理的一般方法有内评体系及债券池管理、信用风险预警及信用风险对冲。信用风险管理的具体方法有分散化投资、信用风险分析及信用衍生品对冲等。这些信用衍生品主要有总收益互换、信用违约互换、资产担保债券、债务抵押债券、信用中介互换、信用风险期权、信用价差期权和信用关联票据、违约指数合约等。

关键词

信用风险(Credit risks)
专家评级系统(Expert rating system)
信用等级计量法(Credit rating measurement method)
财务指标模型法(Financial indicator model method)
信用差额计量法(Credit difference measurement method)
违约概率(Probability of default)
期望损失法(Expected loss method)
KMV 模型(KMV model)
内评体系及债券池管理(Internal evaluation system and bond pool management)
信用风险预警(Credit risk warning)
信用风险对冲(Credit risk hedging)
违约距离(Default distance)
信用衍生品(Credit Derivatives)
信用违约互换(Credit default swap)
资产担保债券(Asset-backed bond)
信用中介互换(Credit intermediary swap)
信用风险期权(Credit risk options)
信用关联票据(Credit related notes)
违约指数合约(Default index contract)

思考与练习

1. 什么是信用风险?它有哪些主要特点?

2. 信用风险的影响因素有哪些?

3. 信用风险有哪些主要的计量方法?各种方法有什么特点?

4. 在资产的价值服从对数正态分布时,违约概率如何计算?

5. 如何用期望损失方法计量信用风险?为什么用这种方法计算的违约概率估计值比由历史数据得到的违约概率大?

6. 什么是"违约距离"?用违约距离计量信用风险有什么优缺点?

7. 如何用 VaR 模型计量信用风险?

8. 信用风险管理的一般方法有哪些?

9. 什么是信用衍生品?它有什么特点?

10. 总收益互换与信用违约互换的区别是什么?

11. 什么是信用违约互换?它是如何构成的?

12. 信用违约互换与债券收益率的关系是什么?

13. 什么是资产担保债券(ABS)?

14. 相关系数在篮筐式信用违约互换与 CDO 中的作用是什么?

15. 什么是信用关联票据?与其他信用衍生品相比,CLN 具有什么特点?

16. 一个信用等级为 A 级的 5 年期公司债券的收益率为 5.95%,5 年期国债券的收益率为 5%,则投资者持有该公司债券 5 年的期望损失为无违约债券价值的多少?

17. 假设 5 年期与 10 年期的 A 级零息企业债券与对应的国债券收益率的差分别为 130bps 和 170bps。求该公司债券投资者自第 5 年到第 10 年期的期望损失(占无违约债券价值的百分比)?

18. 假设5年期的A级零息企业债券与对应的国债券收益率的差为130bps,再假设最低的回收率为40%。求该公司债券的违约概率。

19. 一个企业的总价值为200 000美元,其中普通股150股,不分股利;零息债券100份,该债券的面值为1 000美元,剩余期限2年。假设企业价值服从对数正态分布,其波动率为30%,无风险利率为6%。求该公司的违约概率?

20. 一个三年期的公司债券的到期收益率为5%,相应期限的国债券收益率为4%,则该公司债券的信用差额是多少?

参考文献

1. 王明涛,王凯涛.资产管理中的风险管理[M].上海:上海财经大学出版社,2023.

2. 王明涛.金融风险计量与管理[M].上海:上海财经大学出版社,2008.

3. 王明涛.投资学教程[M].上海:上海财经大学出版社,2022.

4. 约翰·赫尔著.期权、期货及其他衍生产品(第7版)[M].王勇,索吾林译.北京:机械工业出版社,2011.

5. 叶永刚,郑康彬,熊和平,彭红枫.金融工程概论(第二版)[M].武汉:武汉大学出版社,2013.

6. 郑振龙,陈蓉.金融工程(第五版)[M].北京:高等教育出版社,2020.

7. 尹常玲,方雯、张莉莉.金融工程(第二版)[M].北京:清华大学出版社,2021.

8. 李淑锦.金融工程学[M].杭州:浙江大学出版社,2019.

9. 方杰,李杰辉.金融工程学[M].厦门:厦门大学出版社,2022.